目　　次

※新潟県統一模試，新潟県公立高校入試

・教科の実施順序は，国語・数学・英語・社会・理科の順番です。
・この問題集の構成も，国語・数学・英語・社会・理科の順番になっています。
・ただし，国語は「右から左にページが進む」形態になっていますのでご注意ください。

※解答用紙について

解答用紙は，左側にミシン目が入っていますので簡単に切り取れます。切り取った解答用紙は別に保管しておきましょう。

【問題集の使い方】

●はじめに

この問題集は，新潟県公立高校入試において，志望校合格を目指す皆さんが，効果的な学習を進められるように，次の方針で編集されています。

① 学習到達度・志望校合格の判定のために	２０２３年度実施の新潟県統一模試５回分を掲載
② 志望校合格の判定資料として	得点を記録し高校合格可能性判定をＷＥＢで診断
③ 理解を深めるために	問題の解答方法を詳しく解説
④ 受験準備の総まとめをするために	新潟県公立高校入試問題過去３年間分を掲載

●本書の効果的な使い方

新潟県公立高校入試　傾向と対策

新潟県公立高校入試の傾向と対策がわかりやすくまとめられています。
入試傾向を理解し，入試対策としての学習計画をつくる際に役立ててください。

新潟県統一模試（志望校判定テスト）

・２０２３年度に，新潟県統一模試会が行った５回分の模擬試験が掲載されています。試験時間は新潟県公立高校入試に沿って，全教科５０分で実施しています。
・この問題集の具体的な活用例をいくつかご紹介します。

≪その１　不得意分野を克服する≫

・まず，問題を確認して，「自分の力で解けそうか，そうでないか」の区別をします。
・解けそうな問題は，自分の力で解いた後，答え合わせだけで終わらせずに，“解き方や考え方”が正しいかどうかまで確認します。
・解くのが難しい問題は，“解き方や考え方”が納得できるまで，問題解説を熟読してください。不得意分野は，理解が定着するまで時間がかかるため，何度も復習することが大切です。

≪その２　得意分野の得点力をＵＰする≫

・得意分野の得点力を上げたい場合は，実施回にこだわらず，該当する問題に積極的にチャレンジして，問題対応力を身につけます。自己採点後，問題解説で理解をさらに深めてください。

≪その３　模試への受験準備≫

・この問題集に掲載されている問題を模試の１か月程度前から解いて，傾向や難易度に慣れていきましょう。

昨年度の新潟県統一模試の実施時期・実施テーマ

〔 実施時期 〕	〔 テーマ 〕
第４回(２０２３年　８月)	１，２年生内容の弱点発見，夏休み学習の指針作り
第５回(２０２３年１０月)	夏休み後の学力定着度の確認
第６回(２０２３年１１月)	総合問題での実践練習
第７回(２０２３年１２月)	３年間の学習内容の総チェック，入試予想問題での学力判定
第８回(２０２４年　１月)	３年間の学習内容の総チェック，入試予想問題での学力判定

新潟県公立高校入試

新潟県公立高校入試（令和４年度～令和６年度）の過去３年間分の問題です。
・１２月前後から，受験準備の総まとめとして使用してください。
・試験時間は「全教科５０分」です。なお，入試は「国→数→英→社→理」の順番で実施されています。
・テスト終了後は，「解答・解説編」を見て問題解法を十分に理解してください。

英語リスニング放送問題　音声

・英語リスニング放送問題の音声は，すべてオンライン上で配信しております。
以下のアドレスまたはQRコードから一覧にアクセスし，解答に必要な音声をお聴きください。

英語リスニング音声は
以下WEBサイトから

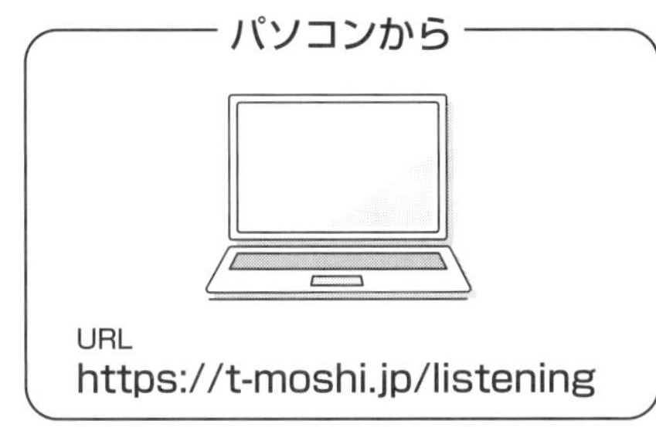

・試験開始直後に，音声を再生して放送問題から開始してください。
放送問題の終了後，他の問題を解答してください。
英語の試験時間は，放送問題を含めて５０分です。

解答・解説（新潟県統一模試，新潟県公立高校入試）

各問題の解説がわかりやすくまとめられています。
採点後は誤答部分を中心に，弱点補強のために解説を徹底的に活用することが重要です。

すべての模試に
解説動画つき
模試会チャンネル–YouTubeから

新潟県公立高校入試
傾向と対策

新潟県公立高校入試　傾向と対策（国語）

1　公立入試の出題内容

大問	〔一〕〔二〕基礎知識										〔三〕古文							〔四〕論説文					
出題内容／年度	漢字の読み書き	部首名・筆順・総画数	熟語の組み立て・意味	ことわざ・慣用句・俳句、詩歌の表現	文の構造	自立語の知識	付属語の知識	敬語・語句の意味と使い方	内容理解	文章全体の解釈（基礎知識と随筆文の融合問題）	古語・古文の意味	歴史的かなづかい	鑑賞文・文章全体の解釈	古文内容の解釈	心情・人物像理解	和歌の表現技法	記述式問題（制限字数以内）	語句の意味・知識	段落構成・適語補充（接続詞・副詞）	適語補充	内容理解	記述式問題―内容理解（制限字数以内）	記述式問題―要旨・主題の理解・意見作文（制限字数以内）
令和２年	○		○			○	○		○	○	○	○		○	○	○	50字		○	○	○	70字	90字
令和３年	○				○	○	○	○			○	○		○			50字		○	○	○	60字	120字
令和４年	○		○	○	○	○	○	○			○	○		○	○		20字 40字		○	○	○	60字	120字
令和５年	○		○			○		○			○	○		○	○		60字		○	○	○	35字	60字・120字
令和６年	○		○	○	○			○			○	○		○	○		60字		○	○	○	45字	120字
令和７年予想	○	△	○	△		○	○	○			○	○	△	○	○	△	30字～60字程度1,2問	△	○	○	○	40字～60字程度1,2問	120字程度1問

＊１問で複数の要素を含む問題もあり

2　公立入試の出題傾向

〔出題構成〕

令和６年度の出題構成は昨年と同様，大問４題構成で基礎知識と文章読解に分けられた。〔一〕は漢字の読み書きの問題。〔二〕は語句・文法の基礎知識の問題。〔三〕は古文の問題。近年は，古文だけではなく現代語の会話文なども出題されている。本年も二つの文章からなり，現代語で書かれたあらすじと，あらすじに続く古文の構成である。記述問題は１問で，部分的な理解ではなく，文章全体の内容を読み取れているかが試されている。〔四〕は論説文の問題。文章は読みにくいものではないので，筆者が用いている言葉が何を意味するのかを丁寧におさえながら読み進めれば，理解はしやすかったものと考えられる。近年は，最終問題で本文に関連する500字弱の文章が提示されている。二つの文章を横断して答える記述問題が出題されており，要求されているレベルは高い。この他にも１問，記述問題が出題されている。書き抜き問題１問，内容を問う選択問題２問については，ポイントとなる部分を文章中から探しやすかったと思われる。

〔大問別出題内容と留意点〕

〔一〕「漢字の読み書き」は，例年と同様５問ずつの出題となっている。読みは中学校で学習する漢字や，中学校で新たに習った読みが出題されている。書きは小学校学習漢字が中心だが，一部，中学校で学習する読み(「１盛ん」「２授ける」)も出題されている。

〔二〕語句・文法の基礎知識からの問題。すべて選択問題になっている。㈠多義語の問題。複数の意味をもつ「立てる」という語の意味を識別する。㈡文を単語に分ける問題。㈢修飾する文節を選ぶ問題。(問題の不備により全員正解)㈣四字熟語の構成(組み立て)の問題。㈤対話形式で出題されているが，問われているのは故事成語などの知識である。

〔三〕古文の問題。小問は６問，そのうち１問が記述問題となっている。前半の現代語のあらすじＡを踏まえ，傍訳を頼りにしながら古文Ｂを読み取る必要がある。登場人物が多いので，それぞれの人物の言動をおさえ，心情を理解しながら読み進めていくこと。㈠歴史的かなづかいの問題。古文特有のかなづかいに注意すること。㈡語句の意味の問題。前後の文脈から解答を推測する。㈢内容理解の問題。和歌に誰のどのような気持ちが込められているかが問われているので，登場人物の会話や行動を整理したうえで読み取ること。㈣㈤内容理解の問題。

先の問題同様，それぞれの登場人物の行動や発言内容に注意しながら捉えていく。㈥記述問題。A・Bの文章全体から，ポイントとなる点をおさえて解答すること。

〔**四**〕食物連鎖の均衡が崩れることが懸念(けねん)されている今，私たちは次世代に向けて何をすればよいのか，筆者の考えを述べている論説文である。例年同様，内容理解や主題の理解に関する記述問題などが出題されている。㈠適語補充の問題。接続語の理解が問われている。㈡適語補充の問題。選択肢の言葉が直接文章中では使われていないので，前後の文脈を把握し，意味が通る語を選ぶ必要がある。㈢記述問題。文頭にある指示語に着目できると，――線部分⑴の近くにある内容をまとめればよいので，答えやすくなる。㈣抜き出し問題。各段落で述べられていることをおさえておけば，問われている部分を見つけやすくなる。㈤内容理解の問題。――線部分⑶と同じ段落で述べられている内容を理解していればよいので，比較的答えやすかったと思われる。㈥記述問題。二つの文章から，ヒトが幸福になるために必要なことについて，筆者の主張を読み取ってまとめる問題である。設問文をよく読んで，何を書けばよいのかを整理してから，問われている内容を文章中から探すこと。最終問題のため，試験時間内に書き終えられるかも重要となる。キーワードに注目しながら，二つの文章から要点を見つけ，書き出せるようにすること。

3　来年度の公立入試の予想と対策

来年度も例年と同様に，漢字の読み書き・語句と文法の基礎知識・古文・論説文の四つの構成になると思われる。出題パターンは変更される可能性があるが，問われる内容は例年どおりで，いくらか新しい要素を加えたものになるだろう。出題内容に関する細かな点は，〔大問別出題内容と留意点〕を参照しながら，ここでは，以下の点を最低限の心構えとしてもらいたい。〔**一**〕の漢字の出題に関しては，書きは小学校学習漢字については完璧に，読みは中学校学習範囲まで広げておさえておこう。練習を重ねれば必ず得点できる分野なので，〔**一**〕は満点をねらえる。〔**二**〕に関しては，語句・文法の基礎知識が出題される。まず語句の知識については，頻出の「熟語の構成（組み立て）」を確認しておこう。また，近年は「複数の意味を持つ語や漢字」が出題されている。例文を見ながら，使い方の違いを見分けられるようにしておこう。次に文法については，「動詞の活用の種類・活用形」「助詞・助動詞の意味用法」「品詞の識別」「文節・単語」などをおさえ，教科書のほか問題集にもあたることが望ましい。また，「敬語」「俳句の季語」「手紙文」などが出題されることもあり，幅広い分野での基礎知識が問われているといえる。〔**三**〕に関しては，古文を読解するには文章自体に慣れることが重要である。多くの古文にあたり，初見の文章の内容を読み取る経験を積んでおくことが必要である。複数の登場人物がいる文章では，人物の名前を整理し，それぞれの言動や考え，人物像を捉える。評論文や随筆であれば，筆者の考えや感想を整理する。そして，場面の展開や人物の心情，筆者の考えなどを予想しながら読み進めていくとよい。〔**四**〕に関しては，身近な話題から，体験したことのない事象，抽象的な内容まで，幅広い文章が出題される。したがって，さまざまな分野の文章に触れておくことが効果的である。スピードを意識しながら，要点を捉えて読み進める練習を積むとよい。記述問題では，文章内容だけではなく，設問の意図を理解する力も求められる。意図に即した解答を的確にまとめられるようにしよう。80字～120字程度で要旨をまとめる問題を，問題集などを通して練習しておくことが望ましい。また，近年は本文に関連する短い文章が提示され，二つの文章から解答をまとめる記述問題が出題されている。本文の各段落の要点や段落構成にも気をつけながら必要な情報を取り出し，二つの文章を関連づけられるようにしよう。なお，記述の基本として，主述の照応や，漢字・かなづかいなどの作文の基礎的な事柄についても誤りのないように注意すべきである。

どの科目でも共通のことだが，特に国語は読解のスピードが求められる。そして，記述問題の配点が高いので，問題集などにあたって100字を超える長めの記述問題に慣れておくことも必要である。記述問題に関して言えば，配点が高いということは，たとえ満点ではなくても部分点は取れる可能性があるということである。マス目の多さにしり込みせず，とにかく筆を進めることが大切だ。

新潟県公立高校入試　傾向と対策（数学）

1　公立入試の出題内容

領域	分野	出題内容	令和2年	令和3年	令和4年	令和5年	令和6年	令和7年予想
小学校の内容			○					
数と式	正の数・負の数			○	○	○	○	○
	式の計算（1・2年）		○	○	○	○	○	○
	多項式の計算							
	因数分解							
	平方根		○	○	○	○	○	○
	式の計算の利用（不等式含む）					○		
	解き方	一次方程式（比例式含む）						
		連立方程式	○			○		
		二次方程式	○	○	○		○	○
	利用	一次方程式（比例式含む）						
		連立方程式	○					
		二次方程式		○				
	規則性		○					
図形	作図・計量	作図	○	○	○	○	○	○
		平面図形		○				
		空間図形	○	○	○	○	○	○
		平行線と角（多角形）						
		三角形・四角形	○				○	
		相似	○	○	○		○	○
		円	○	○	○	○	○	○
		三平方の定理	○	○	○	○	○	○
	証明	合同	○		○	○		○
		相似		○	○		○	
		その他（角が等しいこと）		○				
関数	比例・反比例		○				○	
	一次関数		○	○	○	○	○	○
	関数 $y = ax^2$		○	○	○	○	○	○
	関数の利用		○	○	○	○	○	○
データの活用	データの活用（1年）			○		○		○
	確率		○	○	○	○	○	○
	箱ひげ図				○	○		○
	標本調査		○				○	

2　公立入試の出題傾向

ここ数年，大問数は５問，小問数は枝問を含めて24問前後である。大問〔**1**〕，〔**2**〕の基本～標準レベルの問題だけで配点が全体の約半分を占める傾向も変わらない。

〔**1**〕は，例年通り単問形式の小問が８問であった。数と式の計算，方程式の解き方を中心に，ほぼすべての領域から基本問題が出題されている。

〔**2**〕は，標準問題が３問であった。確率と作図は毎年出題されていて，作図は難度のやや高い問題が続いている。〔**2**〕では他に関数，平方根，方程式の利用などが出題されやすい。

〔**3**〕以降の出題内容に大きな変化はないが，今年度の出題順は，〔**3**〕が証明問題を含む平面図形，〔**4**〕が関数の利用，〔**5**〕が空間図形であった。

〔内容別出題傾向〕

「数と式」領域

(1)　『数と式の計算』分野では，正の数・負の数の計算，１・２年の式の計算，平方根の計算が中心である。

(2)　『方程式』分野では，連立方程式の解き方や二次方程式の解き方が毎年出題されている。また，ここ数年は出題がないが，方程式の利用の問題はよく出題される可能性が高い。

「図形」領域

『図形』分野では，平行線と線分の比の性質や三平方の定理を利用して線分の長さを求める問題，円の性質を利用して角の大きさを求める問題がよく出題されている。

証明問題は，円や三角形・四角形の性質を用いて三角形の合同や相似を証明する問題が多い。

空間図形については，三平方の定理や相似を利用して解く難度の高い問題が多く出題されている。

「関数」領域

(1) 『関数とグラフ』分野では，比例・反比例の基本問題，直線の式を求める問題，関数$y=ax^2$についての変化の割合や変域に関する問題がよく出題されている。

(2) 『関数の利用』分野では，一次関数の利用の問題が多く，関数$y=ax^2$の内容が含まれることもある。今年度は，棚の引き戸を動かすことによって変化する図形の面積を考察する問題であった。過去には，２つの図形の重なっている部分の面積に関する問題，ボートがスタートしてからゴールするまでの時間を考える問題，水量の変化に関する問題，円周上を動く２点間の短い方の弧の長さについて考える問題などが出題されている。

「データの活用」領域

(1) 『データの活用(１年)』分野では，用語の理解を確認する程度の基本的な問題が多い。

(2) 『確率』分野では，例年，標準的な問題が目立つ。今年度は，７人の生徒の中から２人の代表を選ぶ問題であった。過去には，さいころを２回投げる問題や，袋から玉を取り出す問題などが出題されている。

(3) 『箱ひげ図』分野では，示された箱ひげ図から情報を読み取る問題が出題されている。

(4) 『標本調査』分野では，教科書の例題で扱われるような典型的な問題が出題されている。

3　来年度の公立入試の予想と対策

大問〔**1**〕は８問程度の基本問題，〔**2**〕は３～４問の標準問題，〔**3**〕以降は大問単位の標準問題から発展問題の出題形式で，今年度と同様であると考えられる。

(1) 解答用紙の〔求め方〕は採点の対象であるので，日ごろから，考え方・計算の過程がきちんとわかるように記述する練習をしておこう。

(2) 正の数・負の数の計算，式の計算，平方根の四則計算などの基本的な計算は毎年出題されているので，ミスをしないように丁寧に計算し，必ず得点できるようにしよう。

二次方程式の解き方の問題も毎年のように出題されているので，いろいろな解き方をマスターしておこう。

(3) 図形領域では，作図，角度を求める問題，合同や相似を証明する問題の出題が予想される。図形の基本性質を覚え，いろいろな図形の問題で使えるようにしよう。とくに，証明問題では条件を図に記入しながら見通しを立てて，論理的に書き表す方法を身につけておくこと。

空間図形では，相似と三平方の定理が融合した難度の高い出題が予想される。

(4) 関数の利用とグラフに関する問題は，毎年のように出題されている。とくに，xとyの関係を式で表す問題はよく出題されているので，しっかり練習しておこう。

(5) 確率は，標準的な問題が出題されている。すべての場合を樹形図や表に表し，条件に合う場合を調べるという流れを身につけておこう。

(6) 比例・反比例，投影図，データの活用(１年)，連立方程式，平行四辺形の性質，箱ひげ図，多項式の計算，標本調査なども復習しておきたい。

(7) 今年度の〔**4**〕のような，思考力を求められる問題に対応するためには，日ごろから，ものごとをいろいろな角度から見て，じっくり考え，式やグラフを使って表現する習慣を身につけておくことが大切である。

新潟県公立高校入試　傾向と対策（英語）

1　公立入試の出題内容

出題内容 ／ 年度	リスニング			資料を読み取る問題＋自由英作文	自由英作文〔単独〕	対話文読解								長文読解										
	短い文〜やや長い文についてのQ&A	短い対話〜やや長い対話についてのQ&A	やや長い文についてのQ&A			語形変化	適語(句)選択	適文選択	語順整序	指示語句(該当文抜き出し)	内容・理由説明	内容・理由選択	内容一致文選択	適文・適語句選択	適語句補充	文適所挿入	指示語(適語句選択／日本語)	英問英答	指示内容(該当文抜き出し)	内容・理由説明	内容・理由選択	内容一致文選択	内容一致文完成(適語句選択)	自由英作文
令和２年	○	○	○		○	○	○	○	○		○		○	○		○		○		○		○		
令和３年	○	○	○	○			○		○		○	○	○					○		○	○	○		○
令和４年	○	○	○	○			○	○	○	○	○		○	○	○		○	○					○	○
令和５年	○	○	○	○			○	○	○		○		○	○	○			○	○	○				○
令和６年	○	○	○	○		○	○		○		○		○		○	○		○		○		○		○
令和７年予想	○	○	○	○			○		○		○		○		○			○		○				○

2　公立入試の出題傾向

県教育委員会発表の【出題の観点】は，⑴話される英語の情報を正確に聞き取る力，⑵言語の仕組み，使われている言葉の意味や働きを理解する力，⑶英文の内容を正しくとらえ，その内容に関して英語で表現する力，⑷自分の考えや情報等をまとめて英語で表現する力，⑸まとまりのある英文を読んで，要点を正確にとらえる力，となっている。基本的なものから難易度の高いものまで出題され，聞く・読むことによって理解し，表現する力も必要とされる。文法問題はあまり出題されない。

令和３年度以降は資料の読み取りが出題され，自由英作文の問題が増えた。リスニング問題でも英文で答える形式が含まれることもあり，読解力とともに，英語での表現力が求められている。

令和４年度は全体的に英文量も増え，令和５，６年度もほぼ同量の英文量で，効率よくスピーディーに解答していく力も求められている。また，令和４年度から新学習指導要領に追加された文法事項が扱われるようになり，感嘆文，〈主語＋動詞＋目的語＋動詞の原形〉，仮定法，現在完了進行形などが扱われている。

大問構成は令和３年度から，次のようになっている。

〔**1**〕リスニング　〔**2**〕資料読解・自由英作文　〔**3**〕対話文読解　〔**4**〕長文読解(自由英作文を含む)

〔内容別出題傾向〕

〔**1**〕リスニング

⑶は令和３年度より「単語を補充して内容にあう英文を完成させる問題」(４問)が，「内容についての英語の質問に英語で答える問題」(２問)へ変更となった。リスニングは問題数・配点ともやや減ったが，それでも配点は30％で大きな比重を占める。⑴は短い英文〜やや長い英文を聞いて，それについての質問に対する答えを選択する問題，⑵は短い対話〜やや長い対話を聞いて，それについての質問に対する答えを選択する問題(⑴，⑵は解答選択肢が図表・イラストの場合もあり)，⑶はやや長い文を聞いて，英語の質問に英語で答える問題。今後も，このような「聞いて，理解して書く力」を問う形の出題が続く可能性がある。

〔**2**〕資料読解・自由英作文　※令和２年度は資料読解はなし。自由英作文は〔**3**〕で出題

従来は自由英作文の単独出題だったが，令和３年度からは資料の読み取り問題とセットになって出題されて

いる。今後も図表などの資料を読み取って答える問題の出題が続く可能性がある。自由英作文は令和３，４，６年度は指示にしたがって自分の考えを書くものだったが，令和５年度はグラフによって示された，ある程度限定された内容に基づいて書くので，自由度は低くなっていた。

【過去の自由英作文の内容と語数の目安】

(令和２年度)メールへの返事を英語で自由に書く。５行以内(模範解答48語)

(令和３年度)資料を読んで参加したいボランティア活動を選び，その理由を書く。４行以内(模範解答38語)

(令和４年度)ａ資料を読んで聞きたい講演を選び，ｂその理由を書く。(ａ：３語以上，ｂ：３行以内)(模範解答ａ：７語，ｂ：24語)

(令和５年度)会話の空欄に当てはまる英語をグラフの内容に合うように書く。３行以内(模範解答19語)

(令和６年度)日本文化を経験したい留学生に対する提案を書く。３行以内(模範解答23語)

〔３〕対話文読解　※令和２年度は〔２〕で出題

典型的な対話文読解問題で，基礎的な問題からやや高度な問題まで，バランスよく出題されている。

ほぼ毎年，適語(句)選択問題，語順整序問題，本文内容について日本語で説明する問題，本文と内容が一致する英文を選択する問題が出題されている。令和４年度は下線部の内容に該当する文を抜き出す問題が出題されたが，令和５年度はこの形式の問題が〔４〕の長文読解で出題された。また，令和６年度は語形変化の問題が４年ぶりに復活した。内容理解・説明などの読解に関する設問が中心で，流れをつかんで解答する力が必要とされる。内容を理解していなくても解ける文法問題も何問か出題されている。

〔４〕長文読解

令和４～６年度は複数の手紙，メール，記事，発表を含む長めの英文が出題されているが，いくつかのまとまりに分かれているので，取り組みやすくはなっている。〔３〕に比べて，さらに高度な読解力が問われ，全体の流れ・前後関係の理解を必要とする問題も多い。具体的な内容や理由を日本語で答える問題は，令和３年度以降は１問に減り，その代わりにいろいろなバリエーションの問題が出題されている。そのほか英問英答も毎年出題されている。解答の該当部分を本文から速やかに見つけ，簡潔かつ正確に英語で答える力が問われる。令和３年度以降は最終問題に４行以内の英文で書く自由英作文が追加されている。令和３年度「うれしいと感じたこととその理由」と令和６年度「ＡＩの活用方法とその理由」は自分の考えを自由に書く問題だが，令和４年度「問題をかかえた生徒への返事の手紙」と令和５年度の「アドバイスしてくれた友人へのメール」は本文の内容を踏まえて自分の考えを書く問題で，自由度が低くなっている。

3　来年度の公立入試の予想と対策

全体的には出題形式，難易度は令和６年度とほぼ同等と思われる。比重の高いリスニングでは，過去問などに挑戦し，積極的に取り組もう。また，自由英作文の問題も増え，配点も高くなっているので，下記を参考に対策を立てておこう。

〔１〕リスニング：質問の疑問詞を確実に聞き取る練習をしておこう。問題用紙の選択肢を見て，質問の予想をすることも有効。英語の質問に英語で簡潔に答える練習も必要。

〔２〕資料読解　：他の都道府県で出題された図表を使う問題に挑戦して，慣れておこう。

自由英作文：自己紹介，親友・町・学校の紹介，将来の夢，やってみたいこと，感動したこと，関心のあること，感謝したいこと，日本の代表的な文化・伝統などを，簡潔で誤りのない英文で書けるようにしておこう。理由があるものは必ず書けるようにしておこう。

〔３〕対話文読解：〔４〕とともに文章量が増える傾向にあるので，短時間で正確に内容を読み取る練習が必要。読解の設問は，最初に目を通しておくことが解答への近道となる。ふだんから読解問題に取り組むときはまず設問に目を通し，それから本文を読む習慣をつけておこう。

〔４〕長文読解　：こちらも読解の設問が多いので，〔３〕で述べたように最初に設問に目を通しておくと効率的に解答できる。英問英答の問題も目を通しておいて，該当箇所を見極めながら本文を読み進めよう。自由英作文も毎年出題されるので，〔２〕も参照し，条件に合う英文を書けるようにしておこう。時事問題がテーマになることもあるので新聞やニュースに親しんでおこう。

新潟県公立高校入試　傾向と対策（社会）

1　公立入試の出題内容

出題内容＼年度	地理的分野												歴史的分野						公民的分野												
	世界						日本																								
	①世界のすがた	②人々の生活と環境	③東アジア・東南アジア・南アジア	④ヨーロッパ	⑤北アメリカ	⑥その他世界の国々	⑦世界から見た日本のすがた	⑧九州地方・中国四国地方	⑨近畿地方・中部地方	⑩関東地方	⑪東北地方・北海道地方	⑫身近な地域の調査	①古代までの日本(～平安時代)	②中世の日本(鎌倉～室町時代)	③近世の日本(安土桃山～江戸時代)	④開国と近代日本の歩み(幕末～日清・日露戦争)	⑤二つの世界大戦と日本	⑥現代の日本と世界	①現代社会と生活	②人間の尊重と日本国憲法	③現代の民主政治(選挙のしくみ、政党と世論)	④国の政治のしくみ(国会と内閣)	⑤国の政治のしくみ(裁判所、三権分立)	⑥地方の政治と自治	⑦生活と経済(家計と消費)	⑧生産と労働(企業のしくみ、労働)	⑨市場経済と金融(市場と価格、金融の役割)	⑩国民生活と福祉(財政、景気変動)	⑪国民生活と福祉(社会保障、環境保全)	⑫国際社会と世界平和(国際連合、世界平和)	⑬国際問題とわたしたち(資源、環境、人口、食料)
令和２年	○	○	○	○		○	○		○	○	○		○	○	○	○	○	○		○	○	○	○		○	○		○		○	○
令和３年	○	○	○	○	○	○		○	○			○	○	○	○	○	○		○	○		○			○	○	○	○	○		
令和４年	○		○		○	○			○	○	○	○	○	○	○	○	○	○		○	○	○			○			○	○	○	
令和５年	○	○	○	○		○			○			○	○	○	○	○	○	○		○		○	○			○				○	○
令和６年	○		○		○	○			○	○	○	○	○	○	○	○	○	○		○	○	○	○			○		○	○	○	○
令和７年予想	○	○	○	○		○	○	○	○			○	○	○	○	○	○	○		○		○		○	○		○	○	○	○	○

2　公立入試の出題傾向

今年度は昨年度と同じく６大問で構成されている。内訳は地理が２大問，歴史が２大問，公民が２大問である。小問数は36問で，内訳は記号選択の問題が21問，語句記述の問題が７問，説明記述の問題が７問で，作図の問題が１問である。昨年と比べると総小問数は３問減っているが，作図の問題が復活し，説明記述の問題数は変わっていない。また，説明記述の問題は文字数の多い答えを求めているものが多い。問題用紙は昨年度と同様に７ページであり，〔**6**〕は，一つのテーマに関連した六つの資料を活用する高度な大問となっていて，説明記述の問題が２問出題されるなど，今回も思考力や技能を重視する傾向が強い。

〔**1**〕世界地理総合

世界の地域別の地図を使用して，世界の諸地域に関する基本的な知識をみる問題が出題されている。４か国の統計表を読みとって当てはまる国を答える問題は，昨年度に続いて出題された。昨年度はこの分野では説明記述の問題は出題されなかったが，今年度は，写真を使い，地理・歴史融合問題の形をとった説明記述の問題が出題された。大問の難易度は昨年度よりもやや高い。

〔**2**〕日本地理(中部～東北地方)

今年度は中部・関東・東北の三つの地方に関する知識を中心とした出題。出題内容は，自然・産業・気候に関する知識，地形図の読みとりなどで，昨年度は出題されなかった作図の問題が復活している。また，⑷の県別の統計については，各県の特色の理解と，数値の細かい読みとりが必要で，⑸②では数値を使った細かい計算も必要となる。難易度は昨年度と同じ程度である。

〔**3**〕歴史総合(古代～近世)

歴史上の有名な短歌を使用し，古代から近世までの政治・社会・文化に関する知識をみる基本問題が中心である。世界史に関する問題は出題されていない。⑵の系図を使った問題では，知識とともに思考力が求められる。また，歴史的文化財に関して，例外的に「当てはまらないもの」を選ぶ記号選択問題が出題されている。難易度は昨年度と同じ程度である。

〔4〕歴史総合(近代～現代)

略年表を使った江戸時代末期から現代までの政治史・外交史に関する出題である。(2)では，二つの資料から読みとれることをもとに説明させる記述問題が出題された。また，(4)の図を用いた国際関係に関する問題は，知識だけでなく思考力が必要な問題で，やや難しい。全体的に昨年度よりもやや難易度が高くなっている。

〔5〕政治・経済分野総合，国際社会のしくみ

政治分野・経済分野，国際社会のしくみにまたがる総合問題であり，説明記述の問題を含めて知識を重視した基本問題が中心。政治分野ではしくみ図が重視されている。経済分野では，(3)①の税収，歳出，国債依存度の関係を示したグラフの読みとりは思考力が必要である。また，国際社会のしくみに関する(5)②の問題は細かい知識が必要。全体にやや難易度が上がっている。

〔6〕日本の農業

日本の農業というテーマを設けて，六つの資料を使った問題で，資料を正確に読みとる能力が重視されている。特に(3)の三つの資料を読みとった上で説明記述させる問題は，空欄に適切な内容を補う国語的な能力も必要とされる。この大問は，昨年度と同様に難易度が高い。

3　来年度の公立入試と対策

(1)　地理的分野

①　世界地理：来年度も１大問のみの出題と思われる。今年度は三つの地図を使った問題であったが，世界地図を一つだけ使用する形に戻る可能性や，図法の異なる地図を組み合わせて使う可能性も想定しておきたい。国別の統計に関する問題は，特に主要輸出品に注意が必要である。地理・歴史融合問題が引き続き出題される可能性も高い。

②　日本地理：来年度も特定の地方，あるいは地方のまとまりに関する１大問のみの出題と思われる。作年度は中部地方に関する出題，今年度は中部・関東・東北地方に関する問題であり，中部地方に関しては，ほぼ毎年のように出題されている。ここ数年間，中国・四国，九州地方が出題範囲になっておらず，来年度は出題される可能性が高い。資料の読みとりと作図を組み合わせた問題も引き続き出題されると思われる。

(2)　歴史的分野

来年度も近世までと近代以後に分けた２大問の出題であると思われる。今年度は，近世までが資料中心の大問，近代以後が略年表を使った大問であったが，来年度は逆になることも予想される。単一または複数の資料を使って説明記述させる問題の出題が定着してきており，そのような問題に慣れておきたい。また，歴史的文化財の写真を使った問題が引き続き出題されると思われ，教科書や資料集に写真が載っている文化財は，視覚的にも理解しておく必要がある。

(3)　公民的分野

来年度も２大問となるだろう。政治分野の国や地方の政治のしくみは，模式図などを活用して理解したい。経済分野では，統計資料を使った問題が出題される傾向があるため，主な統計をおさえておきたい。国際連合の専門機関や，地域組織に関する知識も必要である。〔6〕は時事問題に関する知識と思考力が必要で，日常的にそうした問題に関心をもつことが重要である。

4　学習のポイント

地理分野では，緯度・経度と陸地・海洋の位置関係，主な国の農産物や工業製品などを理解すること。貿易に関する統計資料では，主な国の主要輸出品に注意しよう。

歴史分野では，各時代の代表的な文化財をおさえておこう。また，一つのできごとの背景・原因・結果や特徴を，複数の資料を使って説明できるように練習しよう。

公民分野では，政治・経済のしくみ・法則は，模式図などを用いて視覚的にとらえよう。また，あるテーマについて複数の資料を用い，読みとった内容を説明記述する練習をしよう。

新潟県公立高校入試　傾向と対策（理科）

1　公立入試の出題内容

出題内容／年度	物理的内容								化学的内容									生物的内容											地学的内容									総合
	①光の進み方	②音の性質	③力のはたらき	④電流回路、電流と電圧、オームの法則	⑤電流がつくる磁界、電磁誘導	⑥電力と発熱	⑦力のつり合い	⑧物体の運動とエネルギー、仕事	①器具の操作、身のまわりの物質	②物質のすがたと状態変化	③気体の性質	④水溶液の性質	⑤物質の分解、電気分解	⑥化学変化と原子・分子、物質の質量	⑦電解質とイオン	⑧酸・アルカリ・中和・イオン	⑨電池とイオン	①身近な生物の観察、花のつくりとはたらき	②植物のからだ(茎・根・葉・蒸散)	③植物のからだ(光合成と呼吸)	④植物の分類	⑤動物の行動(刺激と反応、骨格と筋肉)	⑥動物のからだ(消化と吸収)	⑦動物のからだ(呼吸と血液循環)	⑧動物の分類	⑨生物と細胞	⑩生物の子孫のふやし方	⑪自然と人間(生物どうしのつながり)	①地層の重なりと過去のようす	②火山活動と火成岩	③地震と地球内部の活動	④気象観測(天気図の記号、気圧・気温・湿度)	⑤空気中の水の変化	⑥前線と天気の変化	⑦天体の1日の動きと地球の自転	⑧天体の1年の動きと地球の公転、季節の変化	⑨太陽系と惑星	人間と自然ほか
令和２年				○		○	○	○			○					○		○			○							○	○			○		○				
令和３年			○	○		○	○	○	○				○	○			○		○			○					○			○				○			○	
令和４年				○			○		○	○				○		○					○				○		○		○				○		○			
令和５年	○			○		○		○				○		○			○			○				○		○				○		○			○		○	
令和６年			○	○		○	○			○			○	○			○	○							○	○	○		○			○			○	○		
令和７年予想		○		○			○	○						○		○	○		○		○		○					○		○	○		○		○	○		

2　公立入試の出題傾向

今年の大きな特徴としては，次のようなことがあげられる。

- 大問は８題，小問数は40問で昨年と比べ小問数が３問増加した。一昨年に新しく加わった会話形式の問題も引き続き出題された。昨年より計算問題が増え，記述問題が減る傾向がみられた。
- 大問〔**2**〕～〔**8**〕は，物理，化学，地学から各２題ずつ，生物から１題出題された。大問〔**1**〕の小問集合では，生物分野から６問中３問出題され，昨年と同様に大問が２題出題された分野は小問集合で１問ずつ出題された。全体での小問数は１年範囲が16問，２年範囲が13問，３年範囲が11問で，例年３年生の範囲が最も多いのに対し，今年は１年範囲から多く出題された。１年範囲からは，地層，スケッチの仕方，動物の分類，状態変化，ばねの問題が出題された。２年範囲からは，細胞，飽和水蒸気量，水の電気分解，還元反応，電流と電圧の計算問題が出題された。特に還元反応に関する大問では，会話形式の出題や表の読み取りがあるため，しっかりと問題文を読む必要があり，グラフの作図，計算問題が出題されたため多くの受験生が問題を解くのに時間がかかっただろう。３年範囲からは，燃料電池，星の動き，遺伝，水圧が出題された。
- 記述式の問題は計３問で昨年より１問少なかったが，その分計算問題が９問と多くなった。また，今年もグラフの作図が出題されている。

〔分野別出題傾向〕

①　物理的内容：物理範囲からは例年，計算問題がよく出題され，今年もその傾向が見られた。昨年度と比べ，計算問題の数が増加し，計算量が求められる問題も見られた。

大問〔**1**〕の小問集合では，水圧と浮力に関する基礎的な知識が問われた。

大問〔**5**〕は，ばねに関する問題が出題され，フックの法則の基礎的な理解からばねののびを計算する能力が問われた。電子てんびんが示す値を問う計算問題では，力のつり合いを理解したうえで，ばねを引く力と混同しないように集中力を要する問題であった。

大問〔**7**〕は，電流のはたらきに関する問題で，毎年出題されている。直列回路や並列回路のときの電流，電圧，抵抗をオームの法則を使って計算する問題であった。また，電力の計算の問題では，ほかの電力に比べ何倍かという問い方であり，計算量を要する問題であった。

②　化学的内容：化学範囲からは，昨年度と同様に化学変化についての実験や計算問題が出題され，昨年では物

理的内容でみられたグラフの作図が，化学的内容で１問出題され，会話形式の出題が１題出題された。

大問〔１〕の小問集合では，状態変化を観察した実験に関する問題が出題された。固体である食塩を液体にするという受験生にとっては馴染みのない事象であり，やや応用的思考が求められた。

大問〔４〕は，水の電気分解に関する問題が出題された。電気分解を行うときに水酸化ナトリウムを加える理由や燃料電池，化学反応式に関する知識が問われた。一方で，実験後残った気体の体積について計算する問題も問われ，各実験手順で発生した気体の種類や量を整理し，まとめる論理的思考が求められた。中３の範囲である燃料電池に関する知識を問う問題も出題されるなど，学年をまたぐ問題構成となっている。

大問〔６〕は，酸化銅と炭素の還元反応に関する問題であった。会話形式の出題であり，文章量が多く，読解力が求められる。試験管に残った物質が酸化銅と炭素のどちらかという軸に沿って問題が出題された。

③　生物的内容：生物範囲からは，主に動物の分類に関する問題が出題された。昨年に比べ大問が１つ減ったが，小問集合では生物範囲の問題が３問出題された。

大問〔１〕の小問集合では，スケッチのしかた，オオカナダモの細胞の観察，生物の生殖についての基礎的な知識が問われた。

大問〔３〕は，動物の分類についての知識を問う問題が出題された。10種類の動物を７つのグループに分類する必要があるが，各グループの特徴を理解していれば解くことができる典型的な問題が出題された。

④　地学的内容：地学範囲からは，湿度に関する問題や地層や星の動きに関する問題が出題された。記述式の問題や計算問題が見られた。また，昨年に比べ大問数が１つ増え，幅広い知識を問う問題が多くなった。

大問〔１〕の小問集合では，部屋の空気中の水蒸気量に関する計算問題が出題された。

大問〔２〕は，地層の堆積に関する問題が出題された。石灰岩の特徴を問う問題や河口からの距離を堆積した粒の大きさによって推測する記述問題など典型的な問題が多く出題された。

大問〔８〕では，星の動きについての問題が出題された。星の動きについて基本的な知識を問う問題から，星の日周運動や年周運動の知識を使ってさそり座が同じ位置に見える時間帯を問う計算問題や12月にさそり座が見えない理由を問う記述問題などが出題された。

３　来年度の公立入試と対策

令和７年度入試は，出題内容，難易度，解答形式(記号・記述等)ともに今年と同様と考えられる。特に，小問集合の大問が１題出題されるだろう。小問数も今年並みと考えられ，今年度出題されたグラフの作図も同様に出題されると予想される。一昨年から例年出題されている会話形式の出題もあるだろう。記述問題では，長い文章で説明することは求められないが，文章を簡潔に要領よくまとめる練習はしておきたい。

今年は昨年とは異なり１年生の内容から多く出題されていたが，全学年の内容にわたり学習成果をみる方針は今後も変わらないと考えられる。来年度も幅広い範囲で出題されると予想され，融合問題の形式で各分野・各領域から広く出題される可能性もある。記述問題に関しては，科学的な視点で考察して表現させる問題があり，簡潔にまとめることが求められると考えられる。

①　物理的内容：音について長らく出題されていない。小問集合で出題される可能性もあるので，音についてまとめておこう。例年出題されている電流回路については，オームの法則や直列回路と並列回路のそれぞれの回路における電流と電圧の関係など基本的な事項をまとめておきたい。力のつり合いやエネルギーに関する問題も頻出している分野であり，来年の出題が予想される。ふり子や台車を使った実験においての力のつり合いの作図や力学的エネルギーに関連した問題も練習しておきたい。

②　化学的内容：近年では化学変化の問題がよく出題されている。酸化還元反応や中和反応について復習したい。また，化学変化の問題は計算問題やグラフを用いた問題が多くみられるため，素早く正確に計算する力を身につけるだけでなく，グラフを利用して計算が容易にできる方法も身につけておこう。

③　生物的内容：今年は大問が１つであったが，来年度は大問が２つとなり，より広い範囲の出題が予想される。生物内容は例年決まった分野から出題される傾向が見られないため，全体的に知識をつける必要がある。生物分野は化学分野と同じように，学年をまたいで出題されることが予想される。

④　地学的内容：近年出題の多い天体の日周運動や隔年出題されている火山活動に加え，長らく出題のない地震についてもまとめておこう。

令和６年度新潟県公立高校入試

志願倍率一覧

特色化選抜：令和６年２月６日　教育庁高等学校教育課発表

一 般 選 抜：令和６年２月21日　教育庁高等学校教育課発表

※志願変更後の倍率です。

全日制

＜普通科＞

学校名	学科名 コース名	募集学級	募集人数	特色化選抜				一般選抜		
				分野や種目等	特色化募集人数	志願者数	合格内定者数	一般募集人数	志願者数	倍率
新潟	普通	7	280					280	307	1.09
新潟中央	普通	5	200	バスケットボール（女子）※1	5	5	3	197	199	1.01
				文化又は科学的活動	10	0				
	学究コース	2	80					80	87	1.08
新潟南	普通	8	320					320	384	1.20
	理数コース	1	40					40	50	1.25
新潟江南	普通	7	280					280	336	1.20
新潟西	普通	7	280	サッカー（男子）	12	11	11	269	302	1.12
新潟東	普通	6	240					240	280	1.16
新潟北	普通	3	120	社会貢献	32	20	20	100	130	1.30
新潟向陽	普通	5	200					200	289	1.44
巻	普通	7	280	バレーボール（男子） ソフトテニス（男子） ホッケー（男女）	5	11	5	275	296	1.07
豊栄	普通	2	80	柔道（男女）	8	2	2	78	32	0.41
新津	普通	6	240					240	259	1.07
新津南	普通	3	120					120	99	0.82
白根	普通	2	80					80	43	0.53
村松	普通	2	80					80	17	0.21
阿賀黎明	普通	1	40	ボート競技（男女）	4	0	0	37	16	0.43
				地域探究	8	3	3			
新発田	普通	6	240					240	289	1.20
新発田南	普通	3	120					120	145	1.20
村上	普通	3	120					120	92	0.76
中条	普通	2	80	地域探究	24	1	1	79	33	0.41
阿賀野	普通	2	80	地域探究	24	1	1	79	34	0.43
長岡	普通	6	240					240	285	1.18
長岡大手	普通	6	240	水泳（競泳）（男女）※2	8	13	7	233	279	1.19
長岡向陵	普通	5	200					200	297	1.48
正徳館	普通	1	40					40	16	0.40
見附	普通	2	80					80	59	0.73
三条	普通	6	240					240	291	1.21
三条東	普通	5	200					200	228	1.14
吉田	普通	2	80	自転車競技（男女）	4	0	0	80	69	0.86
分水	普通	2	80	カヌー（男女）	4	0	0	80	44	0.55
加茂	普通	4	160	器械体操（男女）	5	5	5	155	220	1.41
小千谷	普通	5	200					200	234	1.17
小出	普通	4	160	スキー（クロスカントリー）（男女） 陸上競技（男女）	7	1	1	159	140	0.88
六日町	普通	5	200					200	199	0.99
八海	普通	2	80	陸上競技（男女） スキー（アルペン）（男女） レスリング（男子）	8	4	4	76	69	0.90
十日町	普通	5	200	スキー（クロスカントリー）（男女） 陸上競技（男女）	10	12	10	190	190	1.00
松代	普通	2	80	地域探究	24	3	3	77	47	0.61
柏崎	普通	5	200	陸上競技（男女）	5	5	5	195	169	0.86
柏崎常盤	普通	3	120					120	101	0.84
高田	普通	5	200					200	210	1.05
高田北城	普通	5	200					200	222	1.11
有恒	普通	1	40					40	32	0.80
糸魚川	普通	3	120					120	110	0.91
佐渡	普通	5	200					200	194	0.97
羽茂	普通	1	40	地域探究	12	0	0	40	18	0.45
県立計		180	7,200		219	97	81	7,119	7,442	1.04
万代	普通	5	200					200	206	1.03
市立計		5	200					200	206	1.03
計		185	7,400		219	97	81	7,319	7,648	1.04

※1：特色化選抜の募集人数と志願者数は普通科と食物科を併せた募集になっています。
※2：特色化選抜の募集人数と志願者数は普通科と家政科を併せた募集になっています。

＜農業に関する学科＞

学校名	学科名 コース名	募集学級	募集人数	特色化選抜				一般選抜		
				分野や種目等	特色化募集人数	志願者数	合格内定者数	一般募集人数	志願者数	倍率
新発田農業	農業	4	160					160	177	1.10
長岡農業	農業	4	160					160	176	1.10
加茂農林	農業	4	160					160	174	1.08
高田農業	農業	4	160					160	194	1.21
計		16	640		0	0	0	640	721	1.12

＜工業に関する学科＞

学校名	学科名 コース名	募集学級	募集人数	特色化選抜				一般選抜		
				分野や種目等	特色化募集人数	志願者数	合格内定者数	一般募集人数	志願者数	倍率
新潟工業	ミライ創造工学	7	280	ラグビー（男子） サッカー（男子） ウェイトリフティング（男子） バスケットボール（男子）	18	33	18	262	324	1.23
新津工業	工業マイスター	1	40	科学 ものづくり・木工 ロボット・コンピュータ	6	0	0	40	52	1.30
	生産工学	1	40				0	40	16	0.40
	ロボット工学	1	40				0	40	19	0.47
	日本建築	1	30				0	30	31	1.03
新発田南	工業	4	160					160	163	1.01
長岡工業	工業	5	200					200	230	1.15
新潟県央工業	工業	4	160	レスリング（男子） 卓球（男子）	10	3	3	157	111	0.70
塩沢商工	地域創造工学	2	80					80	32	0.40
柏崎工業	工業	3	120	ハンドボール（男子）	5	0	0	120	116	0.96
上越総合技術	工業	5	200	バレーボール（男子）	5	6	5	195	213	1.09
計		34	1,350		44	42	26	1,324	1,307	0.98

＜商業に関する学科＞

学校名	学科名 コース名	募集学級	募集人数	特色化選抜				一般選抜		
				分野や種目等	特色化募集人数	志願者数	合格内定者数	一般募集人数	志願者数	倍率
新潟商業	総合ビジネス	4	160	バスケットボール（男子） 剣道（男女） 陸上競技（女子）	24	26	24	136	209	1.53
	情報処理	2	80				0	80	93	1.16
新発田商業	商業	3	120	バレーボール（女子）	5	6	5	115	117	1.01
長岡商業	総合ビジネス	4	160	バレーボール（女子） ソフトテニス（男女）	16	11	11	149	131	0.87
三条商業	総合ビジネス	3	120					120	119	0.99
塩沢商工	商業	1	40					40	19	0.47
高田商業	総合ビジネス	3	120					120	121	1.00
計		20	800		45	43	40	760	809	1.06

＜水産に関する学科＞

学校名	学科名 コース名	募集 学級	募集 人数	特色化選抜				一般選抜		
				分野や種目等	特色化 募集 人数	志願 者数	合格 内定 者数	一般 募集 人数	志願 者数	倍率
海　洋	水　産	2	80	相撲（男子） 海洋・水産	8	2	2	78	68	0.87
計		2	80		8	2	2	78	68	0.87

＜家庭に関する学科＞

学校名	学科名 コース名	募集 学級	募集 人数	特色化選抜				一般選抜		
				分野や種目等	特色化 募集 人数	志願 者数	合格 内定 者数	一般 募集 人数	志願 者数	倍率
新潟中央	食物	1	40	バスケットボール（女子）※1	5	5	2	38	54	1.42
長岡大手	家政	1	40	水泳（競泳）（男女）※2	8	9	1	39	41	1.05
高田北城	生活文化	1	40					40	52	1.30
計		3	120		13	14	3	117	147	1.25

※1：特色化選抜の募集人数と志願者数は普通科と食物科を併せた募集になっています。
※2：特色化選抜の募集人数と志願者数は普通科と家政科を併せた募集になっています。

＜上記以外の専門教育を主とする学科＞

学校名	学科名 コース名	募集 学級	募集 人数	特色化選抜				一般選抜		
				分野や種目等	特色化 募集 人数	志願 者数	合格 内定 者数	一般 募集 人数	志願 者数	倍率
新潟	理数	2	80					80	144	1.80
新潟中央	音楽	1	40	音楽	28	14	14	26	3	0.11
新潟商業	国際教養	2	80					80	75	0.93
新発田	理数	1	40					40	44	1.10
長岡	理数	2	80	自然科学	3	2	2	78	85	1.08
国際情報	専門系	3	120					120	48	0.40
高田	理数	1	40					40	57	1.42
県立計		12	480		31	16	16	464	456	0.98
万代	英語理数	1	40					40	65	1.62
市立計		1	40		0	0	0	40	65	1.62
計		13	520		31	16	16	504	521	1.03

＜総合学科＞

学校名	学科名 コース名	募集 学級	募集 人数	特色化選抜				一般選抜		
				分野や種目等	特色化 募集 人数	志願 者数	合格 内定 者数	一般 募集 人数	志願 者数	倍率
巻総合	総合	5	200					200	222	1.11
五泉	総合	5	200					200	202	1.01
村上桜ヶ丘	総合	3	120	陸上競技（駅伝）（男子） 野球（男子）	10	6	6	114	110	0.96
栃尾	総合	2	80					80	50	0.62
小千谷西	総合	4	160					160	126	0.78
十日町総合	総合	3	120	スキー（ノルディック）（男女）	5	4	4	116	125	1.07
柏崎総合	総合	3	120					120	117	0.97
新井	総合	4	160	スキー（男女）	5	4	4	156	171	1.09
糸魚川白嶺	総合	3	120					120	99	0.82
佐渡総合	総合	4	160					160	108	0.67
計		36	1440		20	14	14	1,426	1,330	0.93

全日制合計	309	12,350		367	214	182	12,168	12,551	1.03

定時制

学校名	学科名 コース名	募集 学級	募集 人数	特色化選抜 分野や種目等	特色化募集人数	志願者数	合格内定者数	一般選抜 一般募集人数	志願者数	倍率
新潟翠江	普通午前	1	35					35	26	0.74
西新発田	普通午前	2	70					70	67	0.95
荒川	普通午前	1	35					35	31	0.88
長岡明徳	普通午前	3	105					105	94	0.89
	普通夜間	1	35					35	16	0.45
堀之内	普通午前	2	70					70	59	0.84
十日町	普通	1	40					40	18	0.45
出雲崎	普通午前	1	35					35	24	0.68
高田南城	普通午前	2	70					70	52	0.74
佐渡（相川）	普通午前	1	35					35	8	0.22
県立計		15	530		0	0	0	530	395	0.74
明鏡	普通午前	3	105					105	96	0.91
	普通夜間	1	35					35	12	0.34
市立計		4	140		0	0	0	140	108	0.77
定時制合計		19	670		0	0	0	670	503	0.75
公立合計		328	13,020		367	214	182	12,838	13,054	1.01

２０２３年度新潟県統一模試

（第４回模試～第８回模試）

**英語リスニング音声は
以下WEBサイトから**

パソコンから

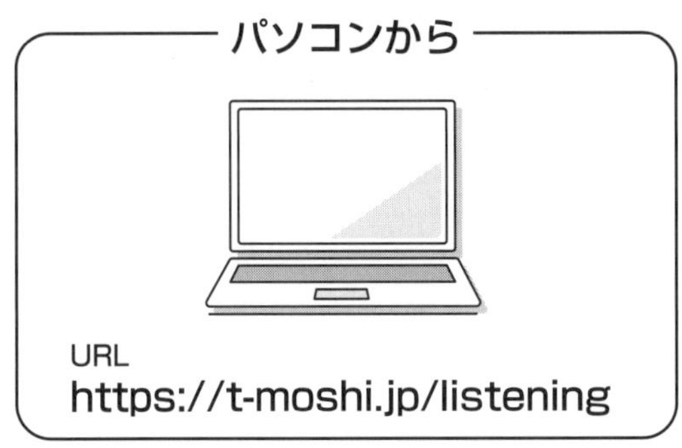

URL
https://t-moshi.jp/listening

スマホ・タブレットから

㈤　次のⅡの文章は、Ⅰの文章と同じ著書の一部である。Ⅱの文章中の［a］と［b］に当てはまる言葉を、Ⅰ・Ⅱの文章中から抜き出し、［a］は二字、［b］は三字で、それぞれ書きなさい。

Ⅱ

人間が処理できる情報には量的な限界があります。私たちが暮らしの中で受けとる情報量はその限界値をとっくに超えています。しかし情報をデジタル化すればとりあえずストックして目の前からモノを消すことができる。記念写真がもたらす記憶、思い出もデジタル化すればいつでも取り出せます。本も雑誌も新聞も音楽もストックして好きなときに楽しめる。古くなったが未だ捨てがたいスーツもスマホで撮影すれば、それにまつわる思い出までいっしょにストックできるでしょう。

「ぼくらはスマホで何でもできる」（『ぼくたちに、もうモノは必要ない。』）

そう、実はミニマリストとは［a］に占有された暮らしからの離脱者であり、［b］を信奉する情報主義者でもあるのです。

㈥　Ⅰの文章中の〰〰線部分について、筆者がそのように考えるのはなぜか。モノを捨てるとどのような生活になるのかをふまえて、Ⅰ・Ⅱの文章を参考に、百二十字以内で書きなさい。

し彼らはモノの量とそのスペースをコントロールしようとしているのではありません。彼らはモノが発信するメッセージ情報が、人の処理能力からはみだしてしまったことに気づいた最初の人々だといえます。そこで(2)彼らはモノが発する情報とスマホでハンドリングできる情報を天秤（てんびん）にかけて、前者を捨てることを決意したのです。

　私たちは二〇年前は考えられなかったような情報量を、日々、スマホやタブレットの画面を通してハンドリングしています。その忙（いそが）しい日常には、棚に飾られた古びた家族写真の記憶や思い出が入り込む余地はないのかもしれません。モノよりも情報を優先し、形あるものはできるだけ統合して、小さく扱いやすくする。それがミニマリストに受けるところです。

　しかし私は、形あるモノ、時間の経過を刻みつけた古びたモノ、そこから発せられるイメージ、記憶さえもデジタル情報とネットに還元できるとは思いません。「モノ捨て」はネットとデジタル情報依存をますます促進するだけに終わるのではないか、と危惧（きぐ）しています。

（藤原　智美「スマホ断食」より　一部改）

(注)　ミニマリスト＝家に置いて所有するものをできるだけ少なくして生活しようとする人のこと。
　　　ハンドリング＝この文章では「処理」という意味。

(一)　文章中の［A］に当てはまる言葉を、次のア～エから一つ選び、その符号を書きなさい。

ア　つまり　　イ　しかし　　ウ　ところで　　エ　たとえば

(二)　文章中の［B］に当てはまる内容を、次のア～エから一つ選び、その符号を書きなさい。

ア　常に意識しているわけではありません
イ　ふだん目にしながらも気づいていません
ウ　つい見て見ないふりをしてしまいます
エ　敏感に感じ取り必要に応じて選択します

(三)　――線部分(1)について、「存在感を見せつける」とはどういうことか。三十字以内で書きなさい。

(四)　――線部分(2)について、「天秤にかける」「前者を捨てる」とはどうすることか。説明している部分をⅠの文章中から一文で抜き出し、はじめと終わりの五字を、それぞれ書きなさい。

〔四〕次のⅠ・Ⅱの文章を読んで、㈠〜㈥の問いに答えなさい。

Ⅰ　シンプルに暮らそうという志向は、私は情報社会とネットにこそ鍵があると考えます。

「モノだからといって、ただ黙って置かれているわけではない。置かれたモノはメッセージを発している」(『ぼくたちに、もうモノは必要ない。』佐々木典士著二〇一五年より)

この感覚は私もよく分かります。[A]ハンガーに掛かったコート。もしも誰かからのプレゼントならば、コートは思い出などのさまざまな記憶を発信しているはず。ブランド品ならば、それにふさわしいイメージがまとわりついているし、目にするたびに価格を思いだすかもしれない。服には流行の形がある。ファッションに敏感な人だと、年々変わるモードと自分のコートのスタイルをつねに照らし合わせるのでしょう。ものいわぬモノもメッセージを発していて、常に人を新しい消費へと駆り立てます。

よほどの片づけ魔でもないかぎり、その人の部屋には、衣服が発するうんざりするほどのメッセージがあふれているはずです。衣類を捨ててすっきりするというのは、このメッセージを切り捨てるということ。情報の整理整頓です。

かつて「メディアはメッセージだ」といったメディア論者、マーシャル・マクルーハンにならえば「現代のモノはメッセージだ」ということになります。しかし、私たちはモノのメッセージを[B]。

たとえば冷蔵庫をあけて、牛乳パックを取りだす。ただの牛乳にすぎないが、パッケージはメーカーのブランドイメージを発信している。もしもそれが真っ黒なパッケージだったりすると、人はびっくりするでしょう。私たちは瞬間的にデザインという情報を受けとりイメージをつくりあげている。そして賞味期限の数字に目を走らせ飲むかどうかの判断を下す。ふだんこうしたメッセージの受信を、私たちは何気なく大量にやっています。メッセージを情報という言葉に置き換えると理解しやすいかもしれません。(中略)

時間に追われ新聞に目を通す時間は少ない。ほとんどの記事を読まないままリサイクルゴミとして出す。読書家なら、本棚には未読の本がずらりと並んでいるはずです。

私は本棚に目を向けるたびに、早く読め！　と本が叫んでいるように感じます。

「自炊」という言葉を知ってますか？　蔵書をページごとに分解してスキャンし、電子書籍化してデジタルデータを保存することです。こうすれば一〇〇〇冊が収まった本棚も、小さなUSBメモリーにまるごと収まってしまう。これで本の山から解放されます。再び紙の本を買いそろえていくことはもうないでしょう。こうして本はすべてデジタル情報に代わる。新聞もタブレットやスマホで読むのがいずれ当たり前になる？　のです。

私の部屋の壁には一〇枚ほどの絵はがきがピンで留められています。人から送られてきたり自分で買ったもので、その隣にはこれも人から贈られた絵が掛かっています。これらも鬱陶しいと感じれば、スキャンしてデジタル情報化できます。家族写真のアルバムも何もかもデジタル化が可能です。

こうしてモノはデジタル情報化されてスマホやタブレットの中に収められ、もう二度と目の前でその(1)存在感を見せつけてくることはありません。いま話題になっているミニマリスト、シンプルライフ志向の人々は、モノにこだわることをやめようとしています。しか

〔三〕 次の文章は、「徒然草」の一部である。この文章を読んで、㈠～㈤の問いに答えなさい。

> 今日は、その事をなさんと思へど（その事をしようと思うけれど、）、あらぬ急ぎ先づ出で来て（思いがけない急用がその事よりも先に出て）、まぎれ暮らし、(1)待つ人は障り有りて、頼めぬ人は（期待していない人は）来り、【頼みたる方の事は違ひて、思ひよらぬ道ばかりはかなひぬ。(2)わづらはしかりつる事はことなくて、やすかるべき事はいと心苦し。】日々に過ぎ行くさま、かねて思ひつるには似ず（前もって予想していたのとは違っている）。一年の中もかくの如し。一生の間も又(3)しかなり。かねてのあらまし（前から予期していた事が）、皆違ひゆくかと思ふに、おのづから（たまたま）違はぬ事もあれば（思うとおりになる事もあるので）、いよいよ物は定めがたし。(4)不定と心得ぬるのみ、実にて違はず（真実であって、狂いはないのだ）。

㈠ ――線部分(1)の「待つ人は障り有りて」の後に、ある内容が省略されている。古文内容を参考にして、現代語で三字で書きなさい。

㈡ ――線部分(2)の「わづらはし」を現代かなづかいに直し、すべてひらがなで書きなさい。

㈢ 次の［　］内の二文は、文章中の【　】の内容を整理してまとめたものである。a～dに当てはまる言葉を、それぞれの文字数の指定にしたがって現代語で書きなさい。

> 期待していた事は［a 五字以上、十字以内］、思いがけない事だけが［b 五字以上、十字以内］。［c 四字以上、六字以内］はことなきを得るが、［d 四字以上、六字以内］はとても心苦しい結果になる。

㈣ ――線部分(3)について、「しかなり」とは、これより前の内容を指して「そのとおりである」という意味を表している。「しかなり」と同様の意味で用いられている言葉を文章中から抜き出し、五字で書きなさい。

㈤ ――線部分(4)について、次の①・②の問いに答えなさい。

① ――線部分(4)の意味として最も適当なものを、次のア～エから一つ選び、その符号を書きなさい。

ア 誤りだと思い込まないことだけが
イ 真実ではないと納得することだけが
ウ 確かではないと認めることだけが
エ 思いどおりと過信しないことだけが

② 筆者が、「不定と心得ぬる」ことが真実だと考えるのはなぜか。現代語で六十字以内で書きなさい。

(四) 次の手紙文は、中学校三年生の野中梨花(なかりか)さんが、叔母(おば)の野中望(のぞみ)さんにあてたものである。手紙文を読んで、あとの①・②の問いに答えなさい。

拝啓

暦(こよみ)の上では ＊ を過ぎていますが、厳しい暑さが続いています。望叔母さんはお変わりなくお過ごしでしょうか。

先日は、私の誕生日に本を送っていただき、ありがとうございました。私には少し難しいかと購入をためらっていた本でしたが、読み始めると難解ながらもとても面白(おもしろ)く、残りの夏休み中には読破したいと思っています。

この夏は、叔母さんは仕事がお忙(いそが)しいとのことでしたが、来月は連休が取れそうだとうかがいました。ご都合がよろしければ、ぜひこちらに来てください。母と一緒(いっしょ)に、叔母さんのお好きなちらし寿司を作ってお迎えします。

暑さは当分続くことと思います。どうか、体に気を付けてお過ごしください。

敬具

令和五年八月十二日

野中 梨花

野中 望様

① 文章中の ＊ に当てはまる言葉を、次のア〜エから一つ選び、その符号を書きなさい。

ア 立秋　イ 梅雨(つゆ)　ウ 夏至(げし)　エ 秋分

② 〰〰 線部分の「来て」を、適切な敬語になおして、三字で書きなさい。

〔一〕次の㈠、㈡の問いに答えなさい。

㈠　次の１～５について、――線をつけた漢字の部分の読みがなを書きなさい。

1　兄は、留学の経験を誇らしげに語った。
2　彼女の作品を優秀賞にするように強く薦めた。
3　選手の実力は伯仲しているので、勝者が予想できない。
4　ライバルチームの練習を偵察するために出かける。
5　都内某所で水道管が破裂（はれつ）する事故が発生した。

㈡　次の１～５について、――線をつけたカタカナの部分に当てはまる漢字を書きなさい。

1　忙しいと言いつつ遊びに行くのはムジュンしている。
2　ケンヤクして楽器の購入資金を貯める。
3　私の腕の骨折はナオるまで三か月かかるそうだ。
4　文化祭の展示に工夫をコらす。
5　姉は放送関係の仕事にツいた。

〔二〕次の㈠～㈣の問いに答えなさい。

㈠　次の文と、文節の数が同じ文を、あとのア～エから一つ選び、その符号を書きなさい。

あの丘（おか）を越えれば海が見える。

ア　そんなことは誰でも知っている。
イ　夏休みには一緒（いっしょ）に海に行こう。
ウ　彼の態度はとても立派だった。
エ　洗濯物（せんたくもの）は私がたたんでおいたよ。

㈡　次の文の――線部「だろう」と呼応する副詞として［＊］に当てはまる言葉を、四字のひらがなで書きなさい。

［＊］明日の天気は雨だろう。

㈢　次の文中から、あとの例にならって複合名詞（二つ以上の単語が組み合わさってできた名詞）を抜き出し、その組み合わせ方を書きなさい。

戦争が終わっても暮らしは楽にならず、食べ物は十分にならなかった。

例　週末には弟と山登りに行く予定だ。
　複合名詞→山登り
　組み合わせ方→名詞（山）＋動詞（登り）

第４回新潟県統一模試　　数　　学

（試験時間50分）

〔1〕次の(1)～(9)の問いに答えなさい。

(1)　$-8+18\div(-2)$　を計算しなさい。

(2)　$2(a-2b)-(7a-5b)$　を計算しなさい。

(3)　$6\sqrt{3}+\sqrt{12}$　を計算しなさい。

(4)　$(\sqrt{5}-1)^2$　を計算しなさい。

(5)　比例式　$(6x+1):(3x-2)=5:2$　を解きなさい。

(6)　$a=49$のとき，$2a^2-16a-18$　の値を答えなさい。

(7)　nを整数とするとき，いつでも奇数になる式を，次のア～オからすべて選び，その符号を書きなさい。

ア　$n+3$　　イ　$2n+1$　　ウ　$2n+2$　　エ　$2n+3$　　オ　$3n$

(8)　右の図で，$\ell /\!/ m$ であるとき，$\angle x$の大きさを答えなさい。

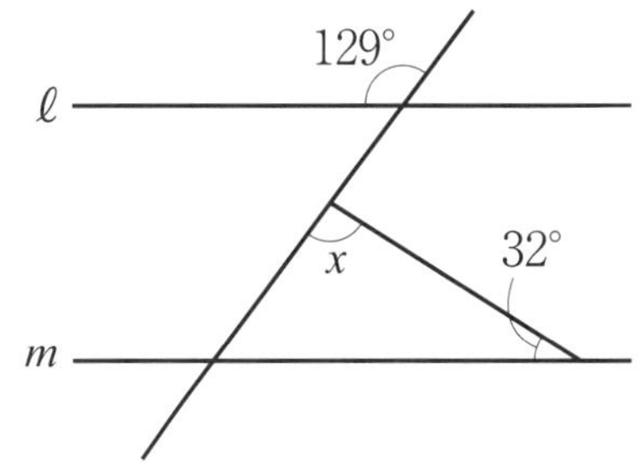

(9)　赤玉1個，青玉1個，白玉4個が入っている袋がある。この袋から玉を取り出すとき，次の①，②の問いに答えなさい。

①　1個の玉を取り出すとき，取り出した玉が赤玉または青玉である確率を答えなさい。

②　2個の玉を同時に取り出すとき，取り出した2個の玉のうち少なくとも1個は赤玉または青玉である確率を答えなさい。

〔2〕次の(1)〜(4)の問いに答えなさい。

(1) 3つの数 $\frac{6}{\sqrt{2}}$，4，$\sqrt{17}$ の大小を，不等号を使って表しなさい。

(2) 学校から神社の前を通ってコウさんの自宅までの全体の道のりは980mである。ある日，コウさんは，学校を出発して神社までの x mの道のりを分速70mで歩き，神社から自宅までの y mの道のりを分速140mで走ったところ，学校を出発してから11分後に自宅に着いた。このとき，x，y の値を求めなさい。

(3) 右の図は，ある中学校の3年生女子45人の，持久走（1000m）の記録をヒストグラムに表したものである。このヒストグラムから，持久走（1000m）の記録の最頻値を求めなさい。

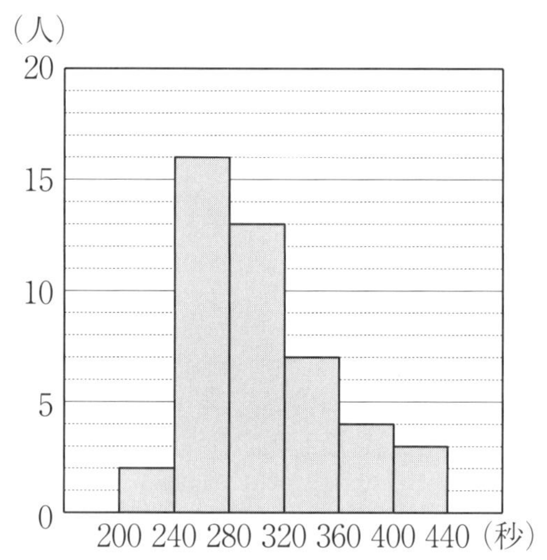

(4) 下の図のように，∠BAC＝40°，AB＝ACである二等辺三角形ABCがある。辺AB上にあり，∠BCP＝35°となる点Pを，定規とコンパスを用いて作図しなさい。ただし，作図は解答用紙に行い，作図に使った線は消さないで残しておくこと。

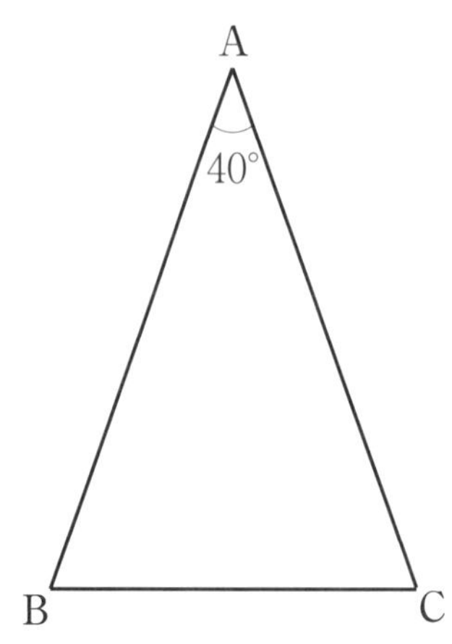

〔3〕右の図のように，平行四辺形ＡＢＣＤがあり，対角線ＡＣと対角線ＢＤとの交点をＥとする。線分ＢＥ上に点Ｆを，線分ＤＥ上に点Ｇを，ＥＦ＝ＥＧとなるようにとる。このとき，△ＡＢＦ≡△ＣＤＧであることを証明しなさい。

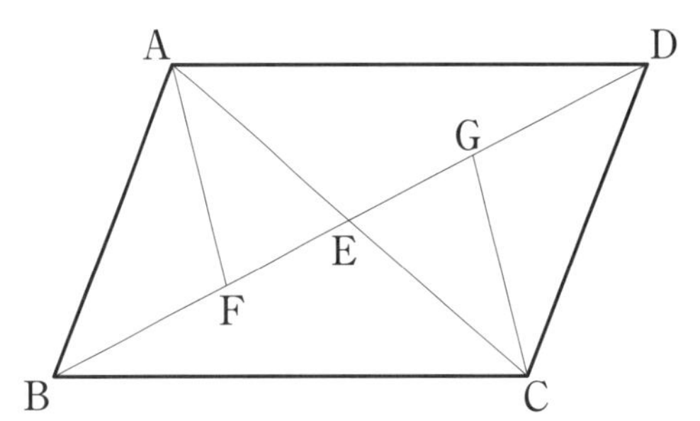

〔4〕右の図で，曲線ℓは関数$y=\dfrac{8}{x}$の$x>0$の部分のグラフ，曲線mは関数$y=-\dfrac{40}{x}$の$x>0$の部分のグラフである。点Aは，曲線ℓ上の点で，そのx座標は2であり，点Bは，曲線m上の点で，そのx座標は8である。また，点Cは，x軸上の点で，そのx座標は-5である。このとき，次の(1)～(3)の問いに答えなさい。

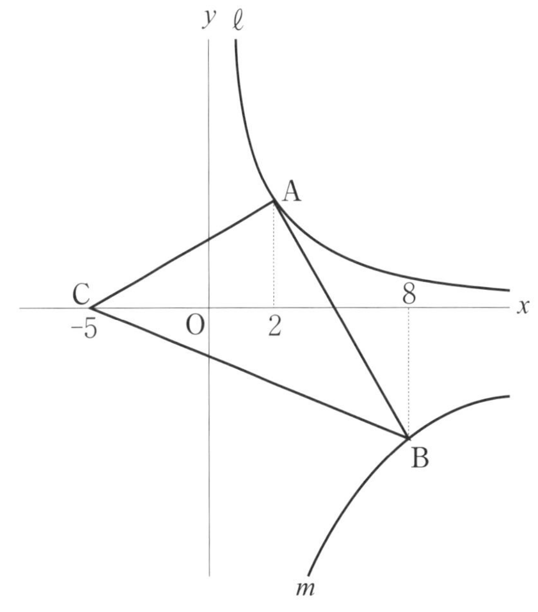

(1)　点Aのy座標を答えなさい。

(2)　2点A，Bを通る直線の式を求めなさい。

(3)　y軸上に点Pを△ＡＣＢの面積と△ＡＰＢの面積が等しくなるようにとる。このとき，点Pのy座標を求めなさい。ただし，点Pのy座標は負の数とする。

〔5〕次の文は，ある中学校の数学の授業での，先生と生徒の会話の一部である。この文を読んで，あとの(1)〜(6)の問いに答えなさい。

先生：　右の図1のように，2つの図形P，Qがあります。図形Pは，1辺9cmの正方形を9つの合同な正方形に分けたうち，真ん中の1辺3cmの正方形を切り抜いた図形で，図形Qは，縦9cm，横6cmの長方形です。これら2つの図形を，図2のように，9cmの辺どうしを重ねて直線ℓ上に並べます。そして，図形Qを固定し，図形Pを，直線ℓに沿って，矢印の向きに動かします。図形Pを$x$cm動かしたときの，2つの図形が重なった部分の面積を$y$cm²として，xとyの関係を考えてみましょう。ただし，図2のように，辺どうしが重なっているだけのときは$y=0$とします。

ミキ：　$0 \leqq x \leqq 3$のときは，右の図3のようになり，例えば，$x=2$のとき，$y=$［ア］です。だから，$0 \leqq x \leqq 3$のとき，xとyの関係を式に表すと，$y=$［イ］となります。

先生：　そうですね。では，xの値が3以上になると，どうなりますか。

リク：　$3 \leqq x \leqq 6$のときは，右の図4のようになり，例えば，$x=4$のとき，$y=$［ウ］です。だから，$3 \leqq x \leqq 6$のとき，xとyの関係を式に表すと，$y=$［エ］となります。

先生：　そうです。よくできました。さて，図形Pをさらに動かすと，2つの図形が重なっている間で，xの値が増加してもyの値が変わらないときがあります。そのxの変域はわかりますか。

ユイ：　xの変域が［オ］のとき，xの値が大きくなってもyの値は変わりません。

先生：　そのとおりです。では，ここまで一緒に考えてきたことも参考にして，$0 \leqq x \leqq 15$のときのxとyの関係を表すグラフをノートにかいてみましょう。

図1

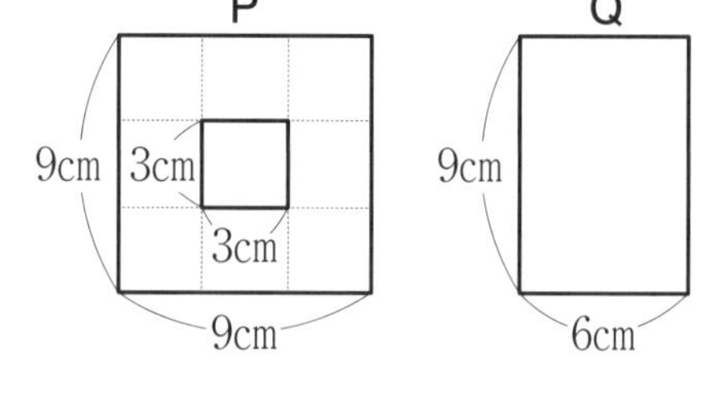

図2

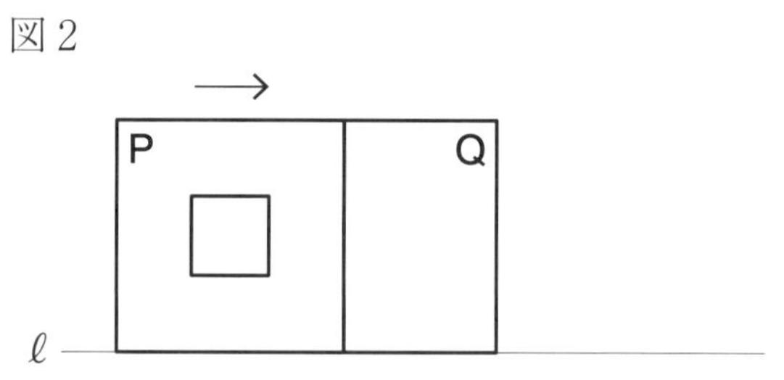

図3

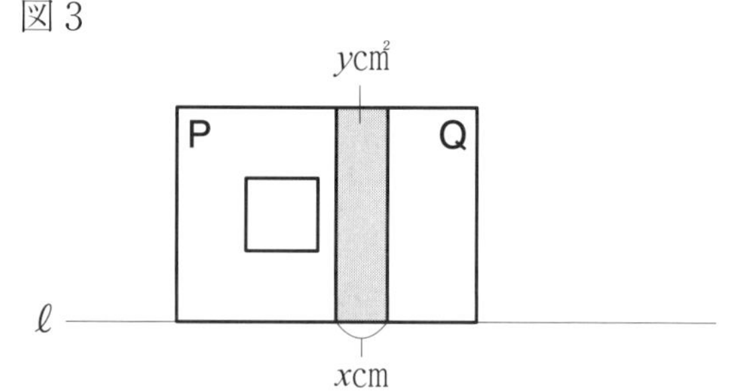

図4

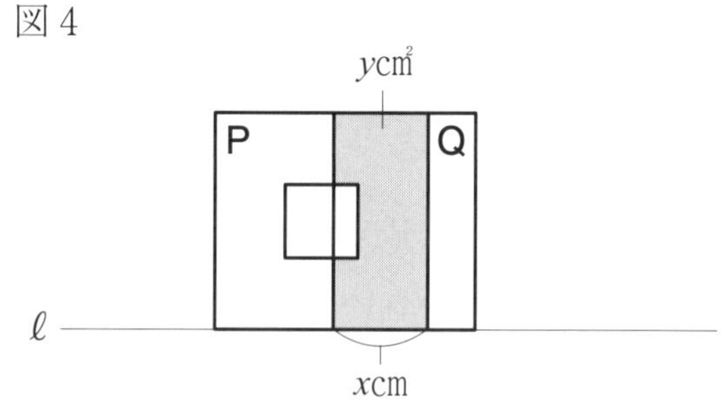

第4回模試

(1) [ア] に当てはまる数を答えなさい。

(2) [イ] に当てはまるxを用いた最も簡単な式を答えなさい。

(3) [ウ] に当てはまる数を答えなさい。

(4) [エ] に当てはまるxを用いた最も簡単な式を答えなさい。

(5) [オ] に当てはまる最も適切なxの変域を，次の①～④から1つ選び，その符号を書きなさい。

① $6 \leqq x \leqq 9$　② $6 \leqq x \leqq 12$　③ $9 \leqq x \leqq 12$　④ $9 \leqq x \leqq 15$

(6) $0 \leqq x \leqq 15$のときのxとyの関係を表すグラフを，解答用紙の図にかきなさい。

〔6〕下の図1，図2のように，∠ＡＣＢ＝90°，ＡＢ＝15cm，ＡＣ＝9cm，ＢＣ＝12cmの△ＡＢＣがある。このとき，次の(1)，(2)の問いに答えなさい。ただし，円周率はπとする。

(1) 図1のように，辺ＡＣと重なる直線をℓとする。△ＡＢＣを，直線ℓを軸として1回転させてできる立体について，次の①，②の問いに答えなさい。

図1

① この立体を，直線ℓに垂直な平面で切ったときの切り口の形として最も適切なものを，次のア～エから1つ選び，その符号を書きなさい。

ア 二等辺三角形　　イ 正方形　　ウ 円

エ 半円

② この立体の体積を求めなさい。

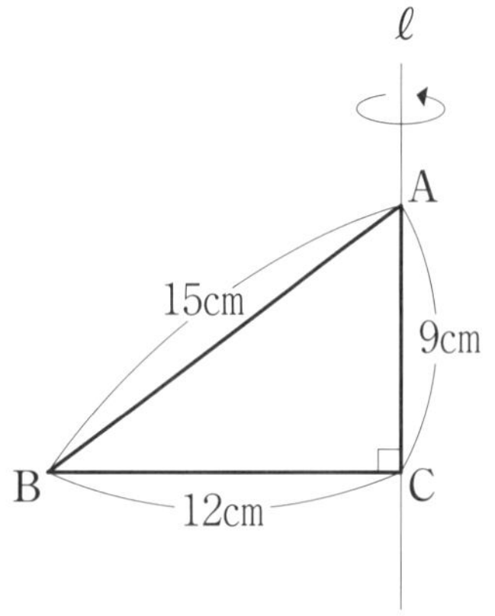

(2) 図2で，点Ｄは辺ＡＢ上の点で，ＢＤ：ＤＡ＝1：2であり，点Ｅは辺ＢＣ上の点で，ＢＥ：ＥＣ＝1：2である。2点Ｄ，Ｅを通る直線をmとすると，m⊥ＢＣとなる。このとき，△ＡＢＣを，直線mを軸として1回転させてできる立体の表面積を求めなさい。

図2

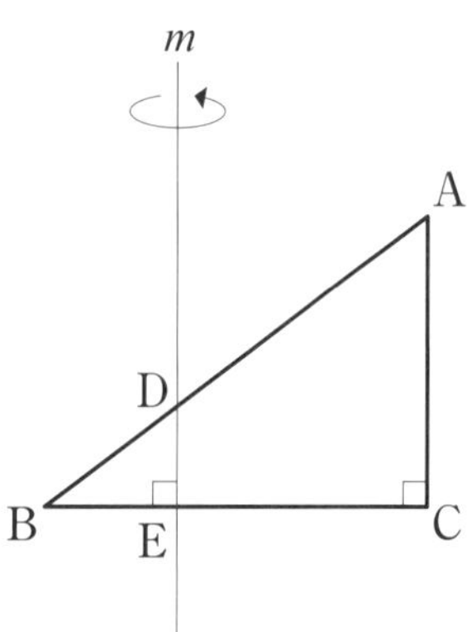

第４回新潟県統一模試　英　語

（試験時間50分）

〔１〕 放送を聞いて，次の(1)～(3)の問いに答えなさい。

(1) これから英文を読み，それについての質問をします。それぞれの質問に対する答えとして最も適当なものを，次のア～エから一つずつ選び，その符号を書きなさい。

1　ア　A kitchen.　イ　A bedroom.　ウ　A hall.　エ　A bathroom.

2　ア　At her school.　イ　At the station.　ウ　At Mary's house.　エ　At the park.

3　ア　Five days ago.　イ　Four days ago.　ウ　Yesterday.　エ　Today.

4　ア　For one hour.　イ　For two hours.　ウ　For three hours.　エ　For four hours.

(2) これから英語で対話を行い，それについての質問をします。それぞれの質問に対する答えとして最も適当なものを，次のア～エから一つずつ選び，その符号を書きなさい。

1　ア　Yes, he is.　イ　No, he isn't.　ウ　Yes, he was.　エ　No, he wasn't.

2　ア　He will ask his grandfather about his town.
　イ　He will read about his town in the library.
　ウ　He will eat dinner with his family.
　エ　He will study about his town on the Internet.

3　ア　Because he will go shopping with his mother.
　イ　Because he has to make dinner with his mother.
　ウ　Because he has to make dinner for his family.
　エ　Because he will play tennis with Ann.

4

バス時刻表

Time	Sunday				
9	9:00	9:15	9:25	9:40	9:50
10	ア…10:00	イ…10:15	ウ…10:25	10:40	10:50
11	エ…11:00	11:15	11:25		11:45

(3) これから，英語の授業で，アメリカ出身のエマ(Emma)がスピーチをします。その内容について，四つの質問をします。それぞれの質問に対する答えとなるように，次の１～４の □ の中に当てはまる英語を１語ずつ書きなさい。なお，数字も英語のつづりで書きなさい。

1　For □ months.

2　She often goes to a Japanese □.

3　She decided to buy a □ about Japanese cooking.

4　They will go shopping this □.

〔２〕 次の英文を読んで，あとの(1)〜(7)の問いに答えなさい。

Ryota is a junior high school student. Mr. Harris is an ALT at Ryota's school. Ryota talks to Mr. Harris after school.

Ryota :Mr. Harris, you taught children in another country as a volunteer before you came to Japan, right?

Mr. Harris :Yes. I taught art to children at a school in Bhutan. It was a really good experience for me. Are you interested in teaching abroad?

Ryota :I'm interested in helping people in developing countries.

Mr. Harris :Great! How will you help people?

Ryota :[A], so I want to get some advice from you.

Mr. Harris :I see. I think the important thing is to know people's problems and necessary things for them.

Ryota :Necessary things for them.... I have collected unused items and (B) them to developing countries, but do people there really need those things?

Mr. Harris :I hope so, but C<u>it is better to think about teaching them skills</u>.

Ryota :Why?

Mr. Harris :If people in developing countries learn skills, they can support themselves and teach the skills to their children.

Ryota :Then, they can have a better life!

Mr. Harris :That's right. Oh, I just remembered a good example. When I stayed in Bhutan, I often heard about Mr. Keiji Nishioka.

Ryota :Mr. Keiji Nishioka? Who is he?

Mr. Harris :He is D[famous, most, Japanese, the] person in Bhutan. He first visited Bhutan in 1964 and started to teach agriculture to people there. [E], they didn't believe him because agriculture there was different. But he tried hard to (F) agriculture better and they began to listen to him. He kept teaching there for 28 years.

Ryota :That's a very long time! Did he come back to Japan (G) 28 years?

Mr. Harris :No.... He died in Bhutan in 1992, but people in Bhutan can get more rice and vegetables than before because Mr. Nishioka changed agriculture there.

Ryota :Could people there continue agriculture (G) Mr. Nishioka died?

Mr. Harris :Yes. He made tools and waterways. People there could maintain them easily at a low cost.

Ryota :Oh, that's an important point.

Mr. Harris :I think so. Please study hard and learn a lot of things. Many H [needed, are, by, skills] people in developing countries. You can teach something.

Ryota :Thank you, Mr. Harris. I'm starting to understand what to do now.

Mr. Harris :You're welcome, Ryota.

(注) volunteer ボランティア　Bhutan ブータン(国名)　developing country 発展途上国
advice 助言　necessary 必要な　collect 集める　unused item 未使用品　skill 技術
support themselves 自分たちの力で生活を成り立たせる　agriculture 農業　hard 一生けん命に
began beginの過去形　keep ～ing ～し続ける　tool 道具　waterway 水路
maintain 維持管理する　at a low cost 低コストで

(1) 文中のAの[　　　]の中に入る最も適当なものを，次のア～エから一つ選び，その符号を書きなさい。

ア I know a lot of things about Bhutan　イ I'll also teach art to them

ウ I'm not interested in volunteer work　エ I don't know what to do

(2) 文中のB，Fの(　　　)の中に入る最も適当な語（句）を，次のア～エからそれぞれ一つずつ選び，その符号を書きなさい。

B　ア send　イ sent　ウ sending　エ to send

F　ア be　イ become　ウ make　エ give

(3) 下線部分Cについて，ハリス先生(Mr. Harris)がそのように言った理由を，具体的に日本語で書きなさい。なお，文末を「～から。」の形にしなさい。

(4) 文中のD，Hの[　　　]の中の語を，それぞれ正しい順序に並べ替えて書きなさい。

(5) 文中のEの[　　　]の中に入る最も適当なものを，次のア～エから一つ選び，その符号を書きなさい。

ア At first　イ More than　ウ Over there　エ For example

(6) 文中の２か所のGの(　　　)の中に共通して入る最も適当な語を，１語の英語で書きなさい。

(7) 本文の内容に合っているものを，次のア～オから一つ選び，その符号を書きなさい。

ア Mr. Harris has never done volunteer work in another country.

イ Mr. Harris thinks Ryota only needs to know people's problems and necessary things for them.

ウ Ryota didn't know about Mr. Keiji Nishioka before Mr. Harris told Ryota about him.

エ Mr. Keiji Nishioka brought rice and vegetables from Bhutan to Japan.

オ Mr. Keiji Nishioka made tools and waterways, but people in Bhutan couldn't maintain them.

〔３〕 次の(1)～(3)の日本語を英語に直しなさい。なお，数字も英語のつづりで書きなさい。

(1) あれはだれの犬ですか。

(2) 彼の友人たちは彼をヤス(Yasu)と呼びました。

(3) 彼女は７年間ずっとイタリア(Italy)で暮らしています。

〔4〕 次の英文は，女子中学生のアサコ(Asako)が書いた英語の作文です。これを読んで，あとの(1)〜(7)の問いに答えなさい。

If your toy is broken, what do you do? Do you throw it away and buy a new one? Instead, you can take it to a toy hospital. Toy doctors repair broken toys at toy hospitals. If the doctors repair toys, you can play with them again.

I read a newspaper article about toy hospitals two years ago. To know more about them, I worked at Okada Toy Hospital as a volunteer for a month last summer. Mr. Okada is a toy doctor there. He gave me $_{\text{A}}$<u>a job</u>. It was to ask toy owners about their problems and to help Mr. Okada. During the work, he often said to me, "Sometimes repairing toys is difficult. But toy doctors do not give up easily."

Mr. Okada taught me how to make new parts for broken toys. Several days later, a boy came to the hospital with his toy, and I gave it my first treatment. I made some parts for the toy, and finished repairing it with some help from Mr. Okada. The treatment went well. The boy said to me, "I'm happy. Thank you." When I heard this, I also felt happy. But things sometimes didn't go well.

One day, a girl visited us with her broken toy. It was a music box. Its condition was not good. I thought, "$_{\text{B}}$<u>we can't repair it</u>." But I asked her about the toy's condition, and Mr. Okada listened to her carefully. He said, "Oh, this is from your grandfather. Then it's very (C) to you. We will take care of this." I thought, "Why does he always listen to toy owners?" He looked at the toy carefully, explained how to repair it, and started making some new parts for it. While he was repairing the music box, he showed her that it was getting better. He kept encouraging her, and the girl kept watching him. Finally she said, "It's singing! I'm so happy!" The girl smiled, and Mr. Okada smiled back at her. Their happy faces were nice. But I only stood by Mr. Okada, and I could not help the girl. I felt sorry about that, so $_{\text{D}}$<u>I didn't say a word to the girl.</u>

After the work, Mr. Okada said to me, "Are you OK? Don't feel so disappointed, Asako. Remember your feelings after your first treatment. We should not give up too easily. If toy doctors give up, owners have to say goodbye to their toys." He encouraged me. And then I found the answer to my question.

The experience at Okada Toy Hospital has taught me another meaning of repairing something broken. When toy doctors repair something, owners can use it again. This is one meaning of repairing something broken. Also, owners have shared time with their broken toys. Repairing something means thinking about the time. To do so, we should listen to owners. I know that Mr. Okada always $_{\text{E}}$<u>does so</u>.

I think it was a good experience for me. I want to remember I should not give up too easily.

(注) toy　おもちゃ　　broken　壊れた　　throw ～ away　～を捨てる　　instead　代わりに
repair　修理する　　article　記事　　volunteer　ボランティア　　owner　持ち主
give up　あきらめる　　several　いくつかの　　treatment　治療，処置　　go well　うまくいく
music box　オルゴール　　condition　状態　　carefully　注意深く
take care of ～　～を処置する　　explain　説明する　　keep ～ ing　～し続ける
encourage　励ます　　finally　ついに　　smile　にっこり笑う　　stood　standの過去形
disappointed　がっかりして　　feelings　気持ち　　meaning　意味

(1) 下線部分Aについて，オカダさん（Mr. Okada）がアサコに与えた仕事の内容を，具体的に日本語で書きなさい。なお，文末を「～こと。」の形にしなさい。

(2) 下線部分Bについて，アサコがそのように考えた理由を，次のア～エから一つ選び，その符号を書きなさい。

ア　Asako asked the girl about the toy's condition.

イ　Asako had to make some new parts for the music box.

ウ　The condition of the girl's music box was not good.

エ　The music box was a present from the girl's grandfather.

(3) 文中のCの(　　　)の中に入る最も適当な語を，次のア～エから一つ選び，その符号を書きなさい。

ア　important　　イ　positive　　ウ　traditional　　エ　easy

(4) 下線部分Dについて，アサコがそのような状態になったのは，どのようなことについて申し訳ないと感じたからか。具体的に日本語で書きなさい。なお，文末を「～こと。」の形にしなさい。

(5) 下線部分Eについて，その内容を，3語の英語で書きなさい。

(6) 次の①～③の問いに対する答えを，それぞれ3語以上の英文で書きなさい。

① Did Asako do volunteer activities at Okada Toy Hospital for two years?

② How did Asako feel after her first treatment?

③ What does Asako want to do?

(7) 本文の内容に合っているものを，次のア～オから一つ選び，その符号を書きなさい。

ア　Asako's toy was broken, so she took it to Okada Toy Hospital and repaired it with Mr. Okada.

イ　Asako got some help from Mr. Okada when she repaired a toy for the first time.

ウ　Asako encouraged the girl while Mr. Okada was repairing the girl's toy.

エ　Asako made some parts for the music box, but the girl couldn't listen to it again.

オ　Repairing something broken has only one meaning.

第４回新潟県統一模試　　　社　　会

（試験時間50分）

〔１〕 右の地図を見て，次の(1)〜(5)の問いに答えなさい。なお，地図中の緯線は赤道を基準として，また，経線は本初子午線を基準として，いずれも30度間隔で表している。

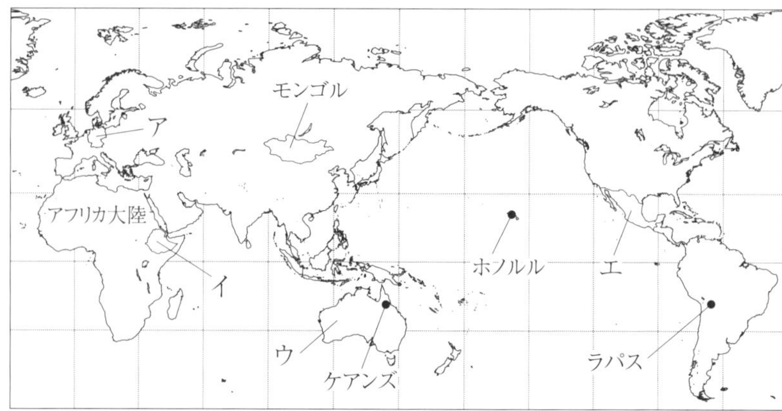

(1) 地図中のアフリカ大陸に位置する国を，次のア〜エから一つ選び，その符号を書きなさい。

ア　エクアドル　　イ　パキスタン
ウ　ガーナ　　　　エ　メキシコ

(2) 次の文中の X ， Y に当てはまる語句の組合せとして，最も適当なものを，下のア〜エから一つ選び，その符号を書きなさい。

> 地図中のホノルルの標準時子午線は，西経150度なので，日本との時差は X となる。また，日本を１月２日午後７時に出発した飛行機が７時間かけてホノルルに到着したとき，ホノルルの日時は Y である。

ア〔X　５時間，Y　１月２日午後９時〕　イ〔X　５時間，Y　１月３日午前７時〕
ウ〔X　19時間，Y　１月２日午前７時〕　エ〔X　19時間，Y　１月３日午後９時〕

(3) 右の表は，地図中のケアンズとラパスの観測地点の位置を示したものである。また，右のグラフは，ケアンズとラパスの月平均気温を表したものである。ほぼ同じ緯度に位置するにもかかわらず，ケアンズと比べてラパスは一年中涼しい。その理由を，表からわかることに関連づけ，「ラパスは，」という書き出しに続け，「標高」，「アンデス山脈」の二つの語句を用いて書きなさい。

	ケアンズ	ラパス
緯　度	南緯16度52分	南緯16度31分
高　度	３m	4,058m

（「理科年表」令和５年版による）

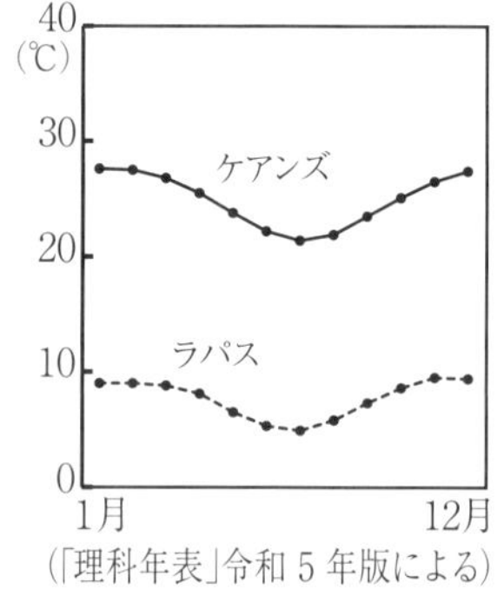

（「理科年表」令和５年版による）

(4) 右の写真は，地図中のモンゴルにみられる伝統的な住居のようすを示したものである。これについて述べた次の文中の Z に当てはまる語句を，漢字２字で書きなさい。

> モンゴルには乾燥した草原が広がっており，ここに住む人々の多くは，右の写真に示したようなテント式の住居を利用している。このような住居は，草や水を求めて移動しながらやぎや羊を育てる， Z という牧畜に適している。

(5) 右の表は，地図中の国ア〜エの，2021年における人口と人口密度，2020年における一人当たりの国民総所得，2020年における輸出額上位２品目を示したものである。これについて，次の①，②の問いに答えなさい。

	人口（千人）	人口密度（人/km²）	一人当たりの国民総所得（ドル）	輸出額上位の品目	
				１位	２位
A	25,921	3	54,251	鉄鉱石	石炭
B	120,283	109	836	コーヒー豆	野菜・果実
C	126,705	65	8,033	機械類	自動車
D	83,409	233	47,186	機械類	自動車

（「世界国勢図会」2022/23年版より作成）

① ４か国の中で面積が最も大きい国を，表中のA〜Dから一つ選び，その符号を書きなさい。

② 表中のCに当てはまる国を，地図中のア〜エから一つ選び，その符号を書きなさい。

〔2〕 Nさんは,「産業からみた日本の特色」について調べるため,さまざまな資料を集めた。これについて,次の(1)～(3)の問いに答えなさい。

(1) 右の表は,日本の2020年度における主な食料の国内生産量と国内消費仕向量を示したものである。これについて,次の①,②の問いに答えなさい。なお,国内消費仕向量とは,国内生産量＋輸入量－輸出量－在庫の増減量で計算された数値である。

		国内生産量(千t)	国内消費仕向量(千t)
ア	穀類	9,360	32,054
イ	豆類	290	3,843
ウ	野菜	11,474	14,361
エ	果実	2,685	7,110
オ	肉類	3,452	6,540

(「日本国勢図会」2022/23年版より作成)

① 国内で消費する食料のうち,国内産でまかなえる割合を何というか。漢字5字で書きなさい。

② 表中のア～オの食料のうち,①の割合(国内消費仕向量に占める国内生産量の割合)が最も小さいものはどれか。ア～オから一つ選び,その符号を書きなさい。

(2) Nさんがまとめた次の文を読み,下の①,②の問いに答えなさい。

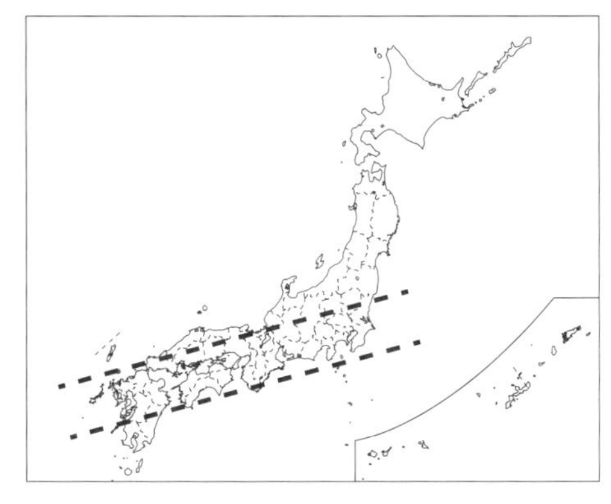

> 日本は工業国であり,特に関東地方から九州地方北部にかけての[a]には,主な工業地帯(地域)が連なっている。ほとんどの工業地帯(地域)の製造品出荷額において最も大きな割合を占めているのは,b自動車などの輸送用機器を含む機械である。

① [a]には,右の地図中に ‐‐‐‐ で示した地域を表す語句が当てはまる。その語句を書きなさい。

② 下線部分bについて,右のグラフは,日本の自動車メーカーの国内生産台数に占める輸出台数の割合の推移を示したものである。このグラフについて述べた次の文中の[X],[Y]に当てはまる語句の組合せとして,最も適当なものを,下のア～エから一つ選び,その符号を書きなさい。

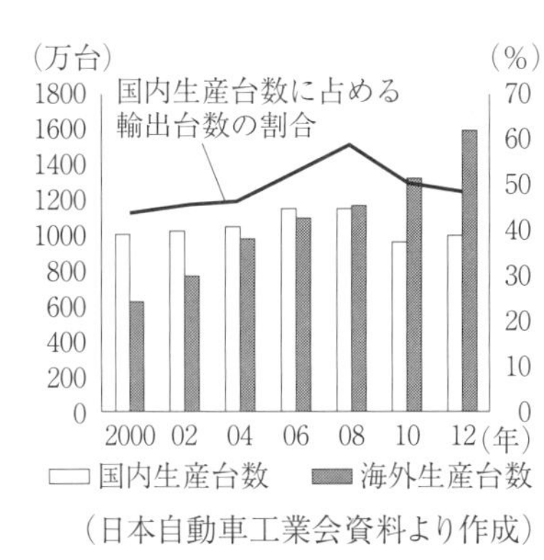

(日本自動車工業会資料より作成)

> グラフから,2008年を境に日本の自動車メーカーが海外向けの自動車の生産を海外生産中心に大きく切りかえたと考えられる。それは,2008年を境に,海外生産台数が国内生産台数よりも[X]なり,国内生産台数に占める輸出台数の割合が[Y]からである。

ア〔X 多く, Y 上がった〕 イ〔X 多く, Y 下がった〕
ウ〔X 少なく, Y 上がった〕 エ〔X 少なく, Y 下がった〕

(3) 右のグラフは,2015年における,日本とタイの産業別人口の割合を示したものであり,グラフ中のA～Cは,第一次産業,第二次産業,第三次産業のいずれかである。これについて,次の①,②の問いに答えなさい。

日本 6,316万人	A 69.4%	B 26.8%	C 3.8%
タイ 3,964万人	42.3	22.4	35.3

(ILO STATより作成)

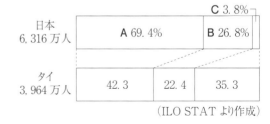

① グラフ中のA～Cに当てはまるものを,次のア～ウから一つずつ選び,その符号を書きなさい。

ア 第一次産業　　イ 第二次産業　　ウ 第三次産業

② 情報通信技術関連産業は第三次産業に含まれる。情報通信技術を表す英語の略称を,大文字のアルファベット3字で書きなさい。

〔3〕 右の地図を見て，次の(1)～(4)の問いに答えなさい。

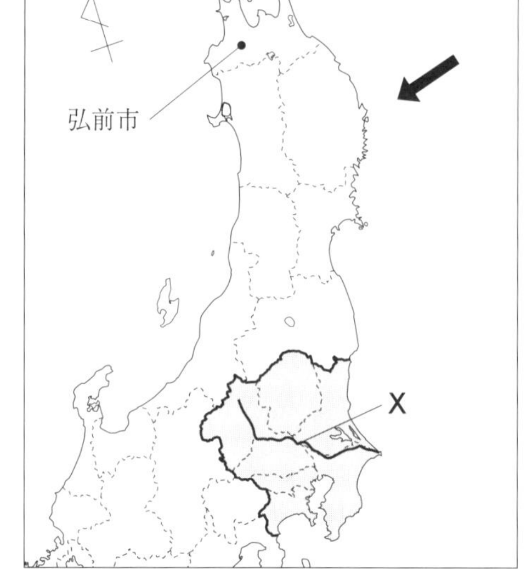

(1) 地図中の河川Xについて述べた次の文中の［ a ］に当てはまる河川名と，［ b ］に当てはまる山脈名の組合せとして，最も適当なものを，下のア～エから一つ選び，その符号を書きなさい。

> この河川は，流域面積が日本最大の［ a ］であり，群馬県北部の［ b ］を源流として関東地方の中央部を流れ，千葉県の銚子(ちょうし)港から太平洋に注いでいる。

ア〔a 利根川， b 越後山脈〕
イ〔a 利根川， b 奥羽山脈〕
ウ〔a 多摩川， b 越後山脈〕
エ〔a 多摩川， b 奥羽山脈〕

(2) 地図中の↙は，夏に吹く風の向きを示したものである。この風の名称を，ひらがな3字で書きなさい。

(3) 次の表は，地図中に［　］で表した関東地方の各都県の昼間人口と夜間人口を示したものである。また，右の図は，表をもとにして，1都6県中の4県について，夜間人口100人に対する昼間人口を示したものである。これについて，下の①，②の問いに答えなさい。

（2020年）

	昼間人口(千人)	夜間人口(千人)
茨城県	2,799	2,867
栃木県	1,914	1,933
群馬県	1,939	1,939
埼玉県	6,435	7,345
千葉県	5,550	6,284
東京都	16,752	14,048
神奈川県	8,306	9,237

（「データでみる県勢」2023年版より作成）

① 表を参考にして，残りの3都県の夜間人口100人に対する昼間人口を，区分にしたがって，解答用紙の図中に作図しなさい。

② 関東地方の各都県の昼間人口と夜間人口を比べたとき，東京都は他の県とどのように異なっているか。「通勤・通学者」という語句を用いて，40字以内で書きなさい。ただし，具体的な数値にはふれないこと。

(4) 右の地形図は，地図中の弘前(ひろさき)市の一部を表した地理院地図である。これについて，次の①，②の問いに答えなさい。

① 地形図中の地点［A］において，川はどの方角に向かって流れているか。8方位で書きなさい。

② 地形図中の◯の範囲に位置する施設として，最も適当なものを，次のア～エから一つ選び，その符号を書きなさい。

ア 高等学校　　イ 市役所
ウ 図書館　　エ 老人ホーム

（地理院地図より作成）

〔4〕 Nさんは，我が国の世界遺産(文化遺産)について調べ，次のカード A ～ D を作成した。これらのカードについて，下の(1)～(6)の問いに答えなさい。

A 法隆寺金堂
・ 斑鳩(いかるが)(奈良県)の a法隆寺にある建物。現存する世界最古の木造建築物。
・ 安置されている釈迦三尊像は渡来系の仏師によってつくられた。

B 東大寺正倉院
・ 東大寺(奈良県)の倉で聖武天皇の遺品や b史料などが納められた。
・ 収蔵品の中には c遣唐使が唐からもち帰ったものも含まれる。

C 中尊寺金色堂
・ 豪族の奥州藤原氏が平泉(岩手県)に建てた阿弥陀堂。
・ [d]信仰([d]の教え)が地方に広まっていたことを示している。

D 慈照寺東求堂
・ e足利義政が将軍の職を退いたのちに京都の東山に建てた。
・ f現代の和風建築のもとになる様式が取り入れられている。

(1) カード A 中の下線部分 a を創建した聖徳太子(厩戸皇子(うまやどのおうじ))は，十七条の憲法を定めた。その一部を示した右の**資料**中の [X] ～ [Z] に当てはまる語句を，次のア～ウから一つずつ選び，その符号を書きなさい。

ア 法　　イ 詔(みことのり)　　ウ 和

資料 十七条の憲法(部分要約)

一に曰(いわ)く，[X]をもって貴(たっと)しとなし，さからう(争う)ことなきを宗(むね)と(第一に)せよ。
二に曰く，あつく三宝(さんぼう)を敬え。三宝とは仏・[Y](仏教の教え)・僧なり。
三に曰く，[Z](天皇の命令)をうけたまわりては必ずつつしめ(守りなさい)。

(2) カード B 中の下線部分 b について，次の**資料Ⅰ**は，古代の戸籍をもとに作成された計帳(調・庸などの税を課する台帳)の在帳者数と逃亡者数をまとめたものである。**資料Ⅰ**中の在帳者数では，女性といつわって登録する男性が多かったことから，女性が男性を大幅に上回っている。また，成人の逃亡者数が非常に多い。女性といつわる成人男性の在帳者数や，逃亡者数が非常に多い理由を，**資料Ⅱ**を参考にして，「成人男性」という語句を用いて書きなさい。

資料Ⅰ 在帳者数と逃亡者数

年齢	在帳者数			逃亡者数		
	男	女	計	男	女	計
66歳以上	6	13	19	1	4	5
61～65歳	1	6	7	0	0	0
21～60歳	正丁 60	丁女 101	161	8	20	28
17～20歳	5	12	17	1	1	2
16歳以下	72	60	132	0	2	2

(北山茂夫「大仏開眼」より作成)

資料Ⅱ 人々の負担

	正丁(21～60歳の男子)		老丁(61～65歳の男子)	少丁(17～20歳の男子)
調	絹，糸，真綿，布または特産物		正丁の$\frac{1}{2}$	正丁の$\frac{1}{4}$
庸	布（労役10日のかわり）		正丁の$\frac{1}{2}$	なし
雑徭	地方での労役（年間60日まで）		正丁の$\frac{1}{2}$	正丁の$\frac{1}{4}$
兵役	3，4人に一人。食料・武器を自分で負担し訓練を受ける。一部は都1年か防人3年		なし	なし

(3) 右の図に示した僧は，カード B 中の下線部分 c にともなわれて唐から来日し，仏教の正しい教えを広めた。この僧を，次のア～エから一つ選び，その符号を書きなさい。

ア 最澄　　イ 鑑真　　ウ 栄西　　エ 空海

(4) カード C 中の [d] に共通して当てはまる語句を，漢字2字で書きなさい。

(5) カード D 中の下線部分 e について述べた文として，最も適当なものを，次のア～エから一つ選び，その符号を書きなさい。

ア 対立して争っていた南朝と北朝を統一した。
イ 武家政治の再興をよびかけて挙兵した。
ウ 勘合を用いた日明貿易を始めた。
エ あとつぎ問題をきっかけに戦乱が起こった。

(6) カード D 中の下線部分 f は，畳(たたみ)を敷いて床の間を設ける様式である。この建築様式の名称を，漢字3字で書きなさい。

〔5〕 右の略年表を見て，次の(1)～(7)の問いに答えなさい。

年代	我が国のできごと
1573	a 織田信長が室町幕府を滅ぼす。
1615	b 最初の武家諸法度が定められる。
1641	オランダ商館が長崎の［c］に移される。
1680	d 徳川綱吉が将軍になる。
1825	e 異国船打払令が出される。
1841	f 水野忠邦が天保の改革を始める。

（1680～1841：A）

(1) 下線部分aに関する次の文中の［X］，［Y］に当てはまる語句や人物名の組合せとして，最も適当なものを，下のア～エから一つ選び，その符号を書きなさい。

> 全国統一をめざす織田信長は，仏教勢力に対して強い姿勢をとり，［X］や一向一揆を武力で従えた。しかし，［Y］にそむかれて自害し，全国統一を達成することはできなかった。

ア 〔X 比叡山延暦寺，Y 明智光秀〕
イ 〔X 比叡山延暦寺，Y 豊臣秀吉〕
ウ 〔X 本能寺，Y 明智光秀〕
エ 〔X 本能寺，Y 豊臣秀吉〕

(2) 右の**資料**は，下線部分bの一部を示したものである。条文中の［P］に共通して当てはまる語句を，漢字1字で書きなさい。

資料 武家諸法度(部分要約)

> 一 学問と武芸にひたすら精を出すようにしなさい。
> 一 諸国の［P］は，修理する場合であっても，必ず幕府に申し出ること。新しい［P］をつくることは厳しく禁止する。
> 一 幕府の許可なく，結婚をしてはならない。

(3) ［c］には，右の図に示した人工島が当てはまる。この人工島の名称を書きなさい。

(4) 下線部分dについて述べた次の文中の①，②｛　｝中のア，イのうち，正しいものを一つずつ選び，その符号を書きなさい。

> 経済の発展にともなう出費の増加によって，幕府の財政が苦しくなると，徳川綱吉は貨幣の質を①｛ア 下げ　イ 上げ｝，発行量を②｛ア 減らした　イ 増やした｝が，経済はかえって混乱した。

(5) 次のア～ウは，年表中のAの時期に起こったできごとである。ア～ウを，年代の古いものから順に並べ，その符号を書きなさい。

ア ききんが広がって百姓一揆や打ちこわしが相次ぎ，老中田沼意次が失脚した。
イ 元役人で陽明学者の大塩平八郎が，弟子たちを率い，大阪で反乱を起こした。
ウ 庶民の意見を取り入れるため，目安箱とよばれる投書箱が江戸に設置された。

(6) 下線部分eにしたがって，外国船への砲撃が行われると，蘭学者の高野長英らが幕府の鎖国政策を批判した。高野長英と同様に幕府を批判して処罰された蘭学者を，次のア～エから一つ選び，その符号を書きなさい。

ア 伊能忠敬　　イ 本居宣長　　ウ 渡辺崋山　　エ 杉田玄白

(7) 下線部分fのときに，老中水野忠邦は，右の**資料**に示した命令を出した。これについて述べた次の文中の［Z］に当てはまる内容を，1840年に東アジアで起こった戦争の名称と，「清」，「イギリス」の二つの語句を用いて書きなさい。

> 水野忠邦は，［Z］ことを知ると，この命令を出し，日本に寄港した外国船に燃料の薪や水を与えるよう命じた。

資料 天保の薪水(しんすい)給与令(1842年)

> 外国船が難破して漂流し，薪(まき)や水，食料を求めてきた場合，事情を考えずにいちずに打ち払うのは失礼であるから，よくようすをみて必要な品物を与え，帰るように言い聞かせること。ただし上陸させてはならない。
> （「徳川禁令考」）

〔6〕 Nさんは，明治時代から昭和時代前期にかけての政治上の大きな動きについて調べるため，次の表を作成した。これについて，下の(1)～(7)の問いに答えなさい。

時代	政治上の大きな動き	行われたこと
明治	明治維新の三大改革	・　政府は a 近代国家建設をめざし，学制・兵制・税制の改革を進めた。
	立憲制国家の成立	・　b 大日本帝国憲法の発布に続き，帝国議会が開かれた。
大正	政党内閣の成立	・　立憲政友会総裁の原敬が c 本格的な政党内閣を組織した。
	男子普通選挙の実現	・　加藤高明内閣が d 普通選挙法を成立させ，男子普通選挙が実現した。
昭和	軍部の台頭と戦時体制	・　政党政治が行きづまる一方で， e 軍部の発言力が高まった。 ・　f 日中戦争と太平洋戦争の長期化に対応する体制がつくられた。
	戦後の民主化	・　ＧＨＱ(連合国最高司令官総司令部)の指令の下で， g 民主化と戦後改革が進められた。

(1) 下線部分aについて，明治政府は，欧米列強に対抗できる国家を建設するため，経済を発展させて国力をつけ，軍隊を強くすることをめざした。近代国家になるためのこれらの政策をまとめて何というか。漢字4字で書きなさい。

(2) 下線部分bの一部を示した右の**資料**中の［ P ］に共通して当てはまる語句を書きなさい。

資料　大日本帝国憲法

第１条　大日本帝国ハ万世一系(ばんせいいっけい)ノ［ P ］之(これ)ヲ統治ス
第３条　［ P ］ハ神聖ニシテ侵(おか)スベカラズ
第４条　［ P ］ハ国ノ元首ニシテ統治権ヲ総攬(そうらん)シ此(こ)ノ憲法ノ条規ニ依(よ)リ之ヲ行ウ
第11条　［ P ］ハ陸海軍ヲ統帥(とうすい)ス

(3) 下線部分cについて，右の**資料Ⅰ**は，1918年に成立した原敬内閣の閣僚とその所属(出身)を示したものである。また，下の**資料Ⅱ**は，この内閣が組織されたころの衆議院の政党別議席数を示したものである。**資料Ⅰ**と**資料Ⅱ**を参考にし，原敬内閣が「本格的な政党内閣」といわれる理由を，「第一党」という語句を用いて書きなさい。なお，「第一党」とは，最も議員の数が多い政党のことである。

資料Ⅰ　原敬内閣の閣僚と所属

閣僚	所属(出身)
内閣総理大臣	立憲政友会
外務大臣	外交官
内務大臣	立憲政友会
大蔵大臣	立憲政友会
陸軍大臣	陸軍
海軍大臣	海軍
司法大臣	立憲政友会
文部大臣	立憲政友会
農商務大臣	立憲政友会
逓信大臣	立憲政友会
内閣書記官長	立憲政友会
法制局長官	立憲政友会

(「岩波日本史辞典」より作成)

資料Ⅱ　衆議院の政党別議席数(1918年)

議席数(定数381)	立憲政友会 165	憲政会 121	立憲国民党 35	無所属 60

(「日本史大辞典」より作成)

(4) 下線部分dによって選挙権を得たのは満何歳以上の男子か，書きなさい。

(5) 下線部分eのきっかけとなった，陸軍の青年将校らによる反乱を軍隊が鎮圧したできごとを，次のア～エから一つ選び，その符号を書きなさい。

ア　日比谷焼き打ち事件　　イ　五・一五事件　　ウ　大逆事件　　エ　二・二六事件

(6) 下線部分fについて，次のＸ～Ｚは，この時期に起こったできごとである。年代の古い順に並べたものとして，正しいものを，下のア～カから一つ選び，その符号を書きなさい。

Ｘ　国家総動員法の制定　　Ｙ　学徒出陣　　Ｚ　大政翼賛会の結成

ア　Ｘ→Ｙ→Ｚ　　イ　Ｘ→Ｚ→Ｙ　　ウ　Ｙ→Ｘ→Ｚ
エ　Ｙ→Ｚ→Ｘ　　オ　Ｚ→Ｘ→Ｙ　　カ　Ｚ→Ｙ→Ｘ

(7) 下線部分gについて，自作地と小作地の割合を示した右のグラフにみられる変化をもたらした政策を何というか，書きなさい。

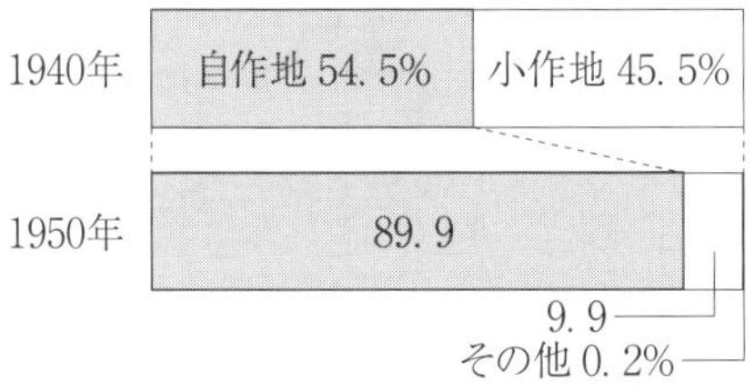

年	自作地	小作地	その他
1940年	54.5%	45.5%	
1950年	89.9	9.9	0.2%

(「完結昭和国勢総覧」ほかより作成)

第４回新潟県統一模試　理　科

（試験時間50分）

〔１〕音の速さについて調べるために，次の実験を行った。これらの実験に関して，下の(1)～(4)の問いに答えなさい。ただし，人の反応にかかる時間は無視できるものとし，実験１，２中の音の伝わる速さは一定であったものとする。

実験１　204m離れた２つの地点A，Bを決め，太郎さんと花子さんが，地点Aで同時にストップウォッチをスタートさせ，太郎さんのみ地点Aから地点Bに移動した。その後，地点Aで先生が競技用ピストルを鳴らし，地点A，Bのそれぞれで競技用ピストルの音が聞こえた瞬間に２人ともストップウォッチを止めた。この操作を３回繰り返し，２つの地点で記録した時間の差を次の表にまとめた。

	１回目	２回目	３回目
記録した時間の差〔秒〕	0.57	0.61	0.62

実験２　右の図のように，太郎さんと花子さんは校舎から70m離れた地点に立ち，校舎に向かって太鼓をたたいてからその音が校舎で反射して聞こえるまでの時間をストップウォッチではかった。

(1)　競技用ピストルや太鼓のように，音を出している物体を何というか。その用語を書きなさい。

(2)　音の伝わり方について説明したものとして，最も適当なものを，次のア～エから一つ選び，その符号を書きなさい。

ア　音は空気中のみ伝わり，液体中や固体中，真空中では伝わらない。

イ　音は空気中や液体中を伝わり，固体中や真空中では伝わらない。

ウ　音は空気中や液体中，固体中を伝わり，真空中では伝わらない。

エ　音は空気中や真空中を伝わり，液体中や固体中では伝わらない。

(3)　実験１から，音の伝わる速さは何m/sと考えられるか。３回の平均から求めなさい。

(4)　実験２で，校舎に向かって太鼓をたたいてからその音が校舎で反射して聞こえるまでの時間は何秒と考えられるか。小数第３位を四捨五入して小数第２位まで求めなさい。

〔２〕酸素，窒素，二酸化炭素，水素のいずれかである気体A～Dが入っている４種類のボンベを使って，気体を見分けるために，次の実験を行った。これらの実験に関して，あとの(1)～(5)の問いに答えなさい。

実験１　図１のように，気体A，B，Cのボンベの先にノズルを取り付け，ノズルの先にシャボン液をつけて気体をふきこんでシャボン玉をつくった。このとき気体Aをふきこんだシャボン玉は上昇したが，気体B，Cのシャボン玉は下降した。

実験２　３本のペットボトルを用意し，それぞれに水を半分入れてから気体B，C，Dを，それぞれ異なるペットボトルにふきこんで，図２のようにふたをしてよく振ったとき，気体Bを入れたペットボトルだけがへこんだ。

実験３　気体C，Dをそれぞれ異なる試験管にふきこみ，図３のように火のついた線香を中に入れると，気体Cでは線香が炎を出して激しく燃え，気体Dでは線香の火が消えた。

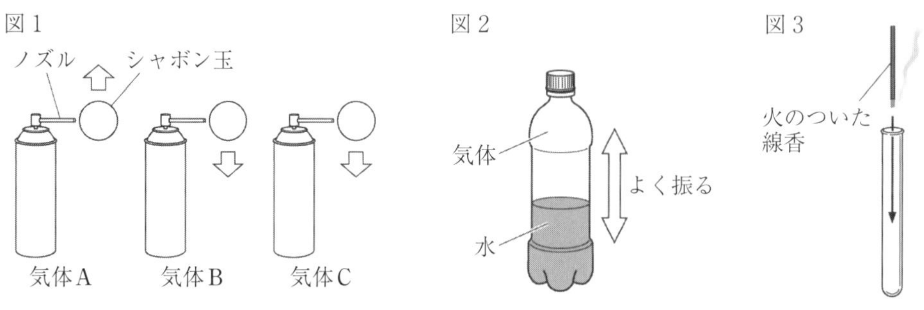

(1) 気体Aの密度の説明として，最も適当なものを，次のア～ウから一つ選び，その符号を書きなさい。

ア　気体Aの密度は空気の密度よりも大きい。

イ　気体Aの密度は空気の密度よりも小さい。

ウ　気体Aの密度は空気の密度と同じである。

(2) 気体Aとして，最も適当なものを，次のア～エから一つ選び，その符号を書きなさい。

ア　酸素　　イ　窒素　　ウ　二酸化炭素　　エ　水素

(3) 実験2で，気体Bを入れたペットボトルがへこんだのはなぜか。気体Bの名称を明らかにして，簡潔に書きなさい。

(4) 気体Cを発生させる方法として，最も適当なものを，次のア～エから一つ選び，その符号を書きなさい。

ア　二酸化マンガンにオキシドール(うすい過酸化水素水)を加える。

イ　石灰石にうすい塩酸を加える。

ウ　亜鉛にうすい塩酸を加える。

エ　塩化アンモニウムと水酸化カルシウムの混合物を加熱する。

(5) 気体Dの特徴として，最も適当なものを，次のア～エから一つ選び，その符号を書きなさい。

ア　空気中に最も多く存在する。

イ　水溶液はアルカリ性を示す。

ウ　有機物を燃やすと，水とともに発生する。

エ　気体の中で最も軽い。

〔3〕無脊椎動物(むせきついどうぶつ)のからだのつくりについて，次の観察を行った。この観察に関して，下の(1)～(4)の問いに答えなさい。

観察　二枚貝(アサリ)やバッタのからだのつくりを観察し，スケッチを行った。図1は二枚貝(アサリ)のからだのつくりを，図2はバッタのからだのつくりを模式的に表したものである。また，二枚貝の内臓はAの膜(まく)におおわれており，バッタのからだは外側が殻(から)におおわれ，節があった。

図1

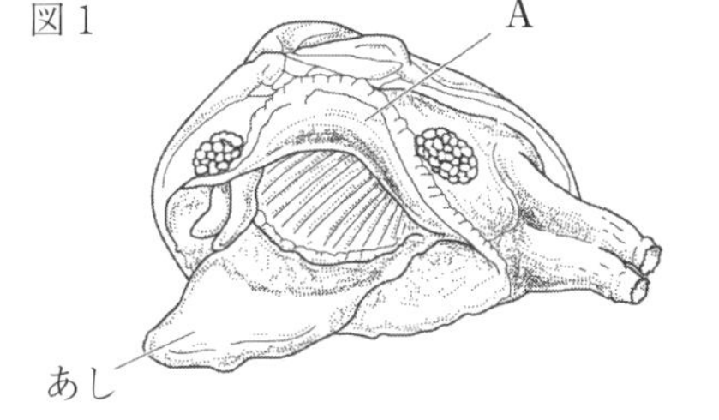

図2

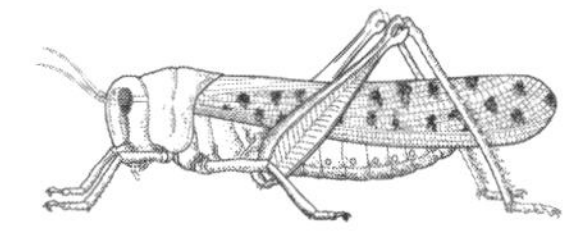

(1) Aの膜を何というか。その用語を書きなさい。

(2) 無脊椎動物のうち，特に二枚貝(アサリ)のようにAの膜をもつ動物のなかまとして，最も適当なものを，次のア～エから一つ選び，その符号を書きなさい。

ア　ヒトデ　　イ　ミジンコ　　ウ　マイマイ　　エ　クラゲ

(3) バッタのからだの外側をおおう殻を何というか。その用語を書きなさい。

(4) 図3は，クモのからだのつくりを模式的に表したものである。図3から，クモはバッタと同じ昆虫類(こんちゅうるい)に分類できないことがわかる。そのように考えられる理由を2つ挙げ，簡潔に書きなさい。

図3

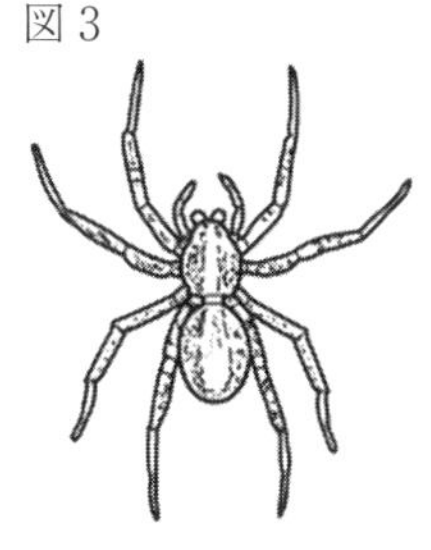

〔4〕地層の広がりについて調べるために，ある地域の地層の調査を行った。この調査に関して，下の(1)～(5)の問いに答えなさい。

調査　ある地域における地点A～Dのボーリング調査を行い，その結果をまとめた。図1は，ボーリング調査が行われた地点A～Dとその標高を表す地形図であり，地点Bは地点Aの真東，地点Cは地点Bの真南かつ地点Dの真東，地点Dは地点Aの真南の地点である。図2は，地点A～Cでのボーリング調査の結果をもとに作成した柱状図であり，Xの砂岩の層からはサンゴの化石が見つかった。また，この地域の地層に上下の逆転はなく，見られた凝灰岩(ぎょうかいがん)はいずれも同一のものであり，地層はある方角に一定の傾(かたむ)きをもって平行に堆積していることがわかっている。

図1

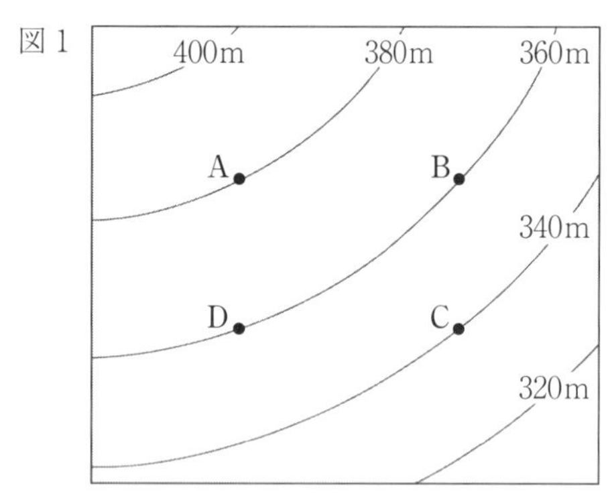

図2

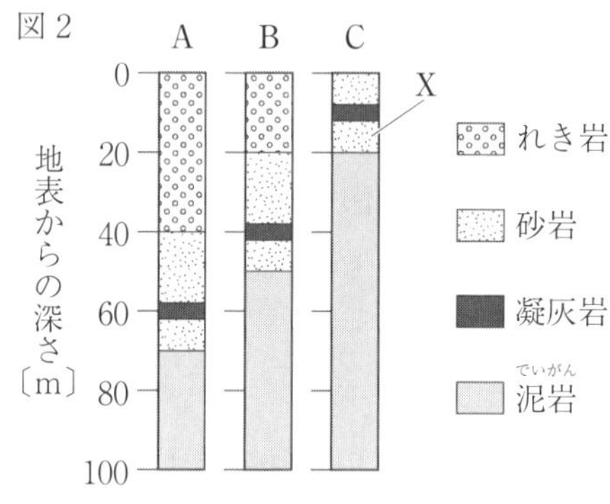

(1) 凝灰岩の層が見られたことから，この地域ではどのような大地の変化があったと考えられるか。簡潔に書きなさい。

(2) Xの砂岩の層からサンゴの化石が見つかったことから，この地層ができた当時はどのような環境だったと考えられるか。簡潔に書きなさい。

(3) 化石には，地層が堆積した当時の環境を推定することができるものの他に，地層が堆積した年代を推定することができるものがある。このような生物の化石を示準化石という。示準化石に適した生物の特徴として，最も適当なものを，次のア～エから一つ選び，その符号を書きなさい。

ア　長い期間に，広い範囲(はんい)で栄えた生物である。

イ　長い期間に，限られた範囲で栄えた生物である。

ウ　短い期間に，広い範囲で栄えた生物である。

エ　短い期間に，限られた範囲で栄えた生物である。

(4) この地域の地層はどの方角に向かって低くなるように傾いているか。最も適当なものを，次のア～エから一つ選び，その符号を書きなさい。

ア　東　　イ　西　　ウ　南　　エ　北

(5) 地点Dでは，地表からの深さがおよそ何mの地点で凝灰岩の層が見られるか。最も適当なものを，次のア～エから一つ選び，その符号を書きなさい。

ア　20m　　イ　30m　　ウ　40m　　エ　50m

〔5〕異なる物質どうしを摩擦したときのようすについて調べるために，次の実験を行った。この実験に関して，あとの(1)～(4)の問いに答えなさい。

実験　発泡(はっぽう)ポリスチレンでできた小球a～cをそれぞれちがう種類の布で別々に摩擦して糸でつるすと，右の図のようになった。

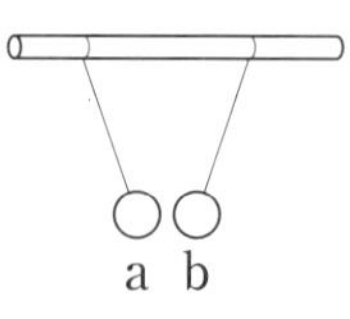

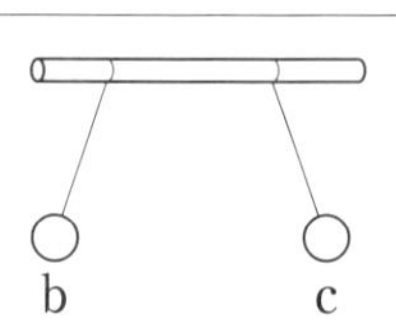

(1) 発泡ポリスチレンと布のように異なる種類の物質を，たがいに摩擦するときに発生する電気を何というか。その用語を書きなさい。

(2) 小球a～cのうち，同じ種類の電気を帯びているものの組合せとして，最も適当なものを，次のア～エから一つ選び，その符号を書きなさい。

ア　aとbとc　　イ　aとb　　ウ　aとc　　エ　bとc

(3) 小球aを摩擦した布と同じ種類の電気を帯びている小球の組合せとして，最も適当なものを，次のア～エから一つ選び，その符号を書きなさい。

ア　aとbとc　　イ　aとb　　ウ　aとc　　エ　bとc

(4) 雷のように，物体にたまっていた電気が流れ出す現象や，電気が空間を移動する現象を何というか。その用語を書きなさい。

〔6〕物質の分類について調べ，次の資料にまとめた。この資料に関して，下の(1)～(4)の問いに答えなさい。

資料　物質には純粋(じゅんすい)な物質と混合物があり，純粋な物質はさらに単体と化合物に分類できる。また，単体と化合物には分子からできている物質と，分子のまとまりがない物質がある。下の図は，このことに関してまとめたものである。

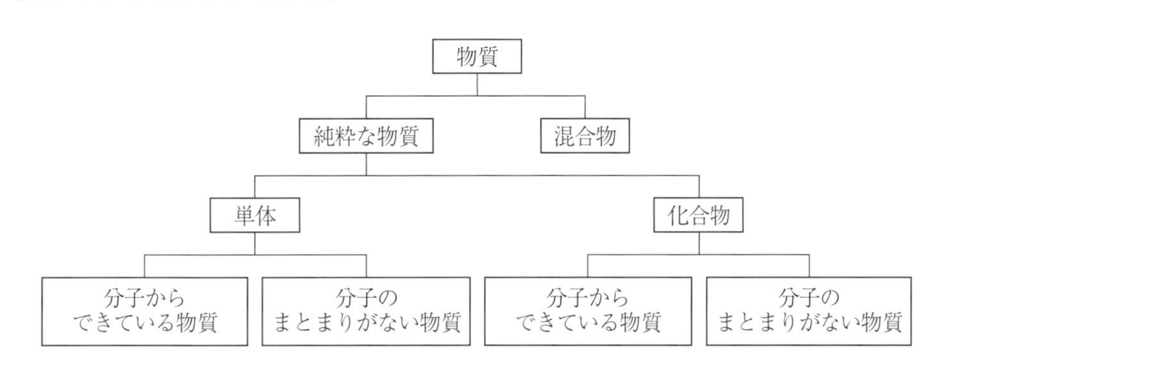

(1) すべての物質は原子からできている。原子の性質として，最も適当なものを，次のア～エから一つ選び，その符号を書きなさい。

ア　化学変化によってさらに分割することができる。

イ　化学変化によってなくなったり，新しくできたりする。

ウ　原子の種類によって質量は異なる。

エ　原子の種類が異なっても大きさは同じである。

(2) 混合物として適当なものを，次のア～オからすべて選び，その符号を書きなさい。

ア　食塩水　　イ　水　　ウ　空気　　エ　アルミニウム　　オ　アンモニア

(3) 単体で分子のまとまりがない物質として，最も適当なものを，次のア～エから一つ選び，その符号を書きなさい。

ア　酸化銅　　イ　鉄　　ウ　水素　　エ　塩化ナトリウム

(4) 化合物とはどのような物質か。簡潔に書きなさい。

〔7〕ヒトの呼吸のしくみについて調べるために，次の実験を行った。この実験に関して，下の(1)～(4)の問いに答えなさい。

実験　図1のように，切り取ったペットボトルの上半分を用いてヒトの胸部のつくりを模式的に表した装置をつくった。装置のゴム膜を引いたり戻したりして，ペットボトル内のゴム風船のようすを観察したところ，図2のように，ゴム膜を引くとゴム風船がふくらんだ。

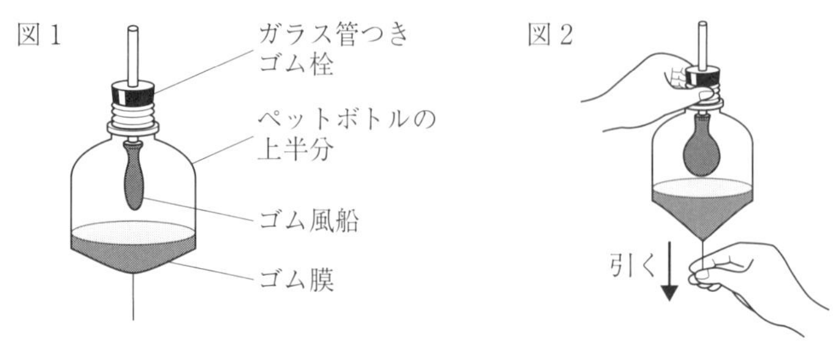

(1)　図1のゴム膜はヒトのからだのどの部分に対応するか。その用語を書きなさい。

(2)　実験からわかることとして，最も適当なものを，次のア～エから一つ選び，その符号を書きなさい。

ア　ゴム膜を引くと，ペットボトルとゴム膜で囲まれた空間が広がり，ゴム風船がふくらんだ。これは息を吸うときのしくみと同じである。

イ　ゴム膜を引くと，ペットボトルとゴム膜で囲まれた空間が広がり，ゴム風船がふくらんだ。これは息をはくときのしくみと同じである。

ウ　ゴム膜を引くと，ペットボトルとゴム膜で囲まれた空間がせばまり，ゴム風船がふくらんだ。これは息を吸うときのしくみと同じである。

エ　ゴム膜を引くと，ペットボトルとゴム膜で囲まれた空間がせばまり，ゴム風船がふくらんだ。これは息をはくときのしくみと同じである。

(3)　鼻や口から取りこまれた空気は気管を通り，気管支をへて左右の肺に入る。図3は，気管支の先端のつくりを模式的に表したもので，気管支の先端は小さな袋のようなつくりになっている。この小さな袋のようなつくりを何というか。その用語を書きなさい。

(4)　(3)のつくりがあることで，酸素と二酸化炭素の交換が効率よく行われる。これはなぜか。簡潔に書きなさい。

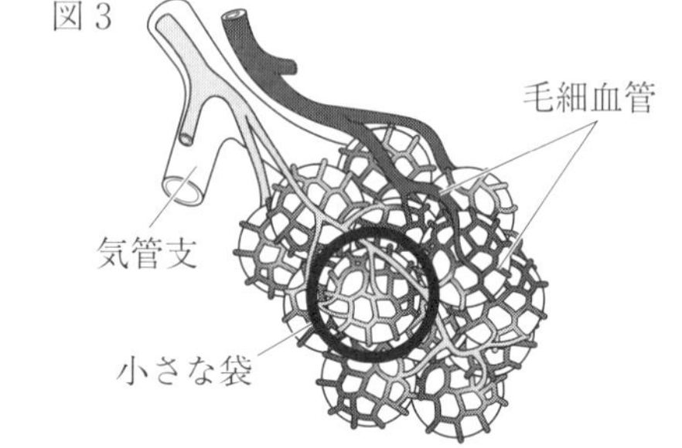

〔8〕ある地点において気象観測を行った。この観測に関して，あとの(1)～(5)の問いに答えなさい。

観測　ある地点で気象観測を行った。このとき，降水はなく雲量は8であった。また，湿度は48％であった。

図1は気象観測を行ったときの風のふいているようすを表したものであり，図2は図1を真上から見た場合の模式図である。また，図3は気象観測を行ったときの乾湿計の乾球温度計のようすであり，表は湿度表の一部を表したものである。

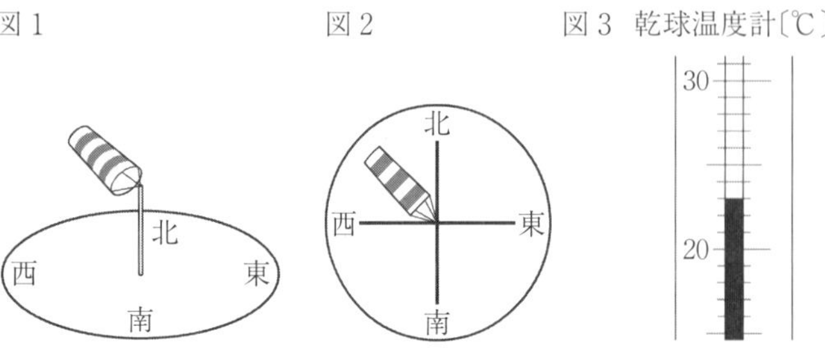

表

		乾球と湿球の示度の差〔℃〕					
		5.5	6.0	6.5	7.0	7.5	8.0
乾球の示度〔℃〕	23	55	52	48	45	41	38
	22	54	50	47	43	39	36
	21	53	49	45	41	38	34
	20	52	48	44	40	36	32
	19	50	46	42	38	34	30
	18	49	44	40	36	32	28
	17	47	43	38	34	30	26
	16	45	41	36	32	28	23

(1) 観測を行ったときの天気は何か。書きなさい。

(2) 観測を行ったときの風向として，最も適当なものを，次のア～エから一つ選び，その符号を書きなさい。

ア 北東　　イ 北西　　ウ 南東　　エ 南西

(3) 乾湿計で測定を行うときの操作として，最も適当なものを，次のア～エから一つ選び，その符号を書きなさい。

ア 地上から約1.0mの高さで，風通しのよい日光が直接当たる場所で測定する。

イ 地上から約1.0mの高さで，風通しのよい日かげで測定する。

ウ 地上から約1.5mの高さで，風通しのよい日光が直接当たる場所で測定する。

エ 地上から約1.5mの高さで，風通しのよい日かげで測定する。

(4) 観測を行ったときの湿球温度計の示度は何℃か。求めなさい。

(5) 図4は，観測を行った日と異なる，よく晴れた日に同じ地点で気象観測をした結果をグラフにまとめたものである。晴れた日の湿度の変化が，図4のように気温の変化と逆になっているのはなぜか。簡潔に書きなさい。

図4

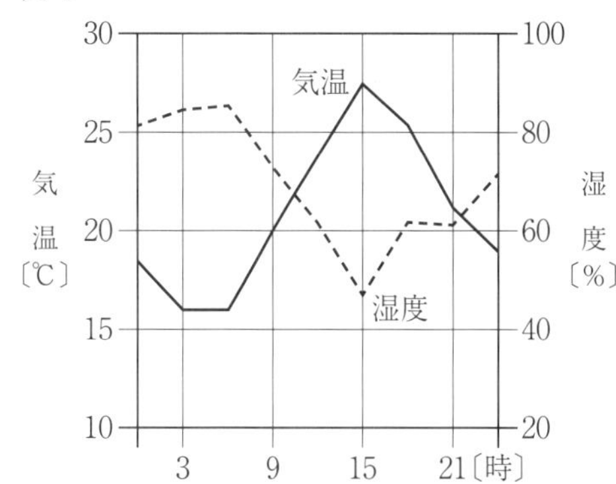

第4回新潟県統一模試 <中3志望校判定テスト> 国語

氏名		得点

〔一〕

(一)
1 誇　らしげ
2 薦　めた
3 伯仲
4 偵察
5 某所

(二)
1 ムジュン
2 ケンヤク
3 ナオ　る
4 コ　らす
5 ツ　いた

〔二〕

(一)
(二) 4
(三) 複合名詞
組み合わせ方（　　）＋（　　）
(四) ①
② 3

〔三〕

(一) 3
(二)
(三) a 10
b 10
c 6
d 6
(四) 5
(五) ①
② 60

〔四〕

(一)
(二)
(三) 30
(四) はじめ 5 終わり 5
(五) a 2 b 3
(六) 120

第４回新潟県統一模試
＜中３志望校判定テスト＞　数 学

氏名		得 点

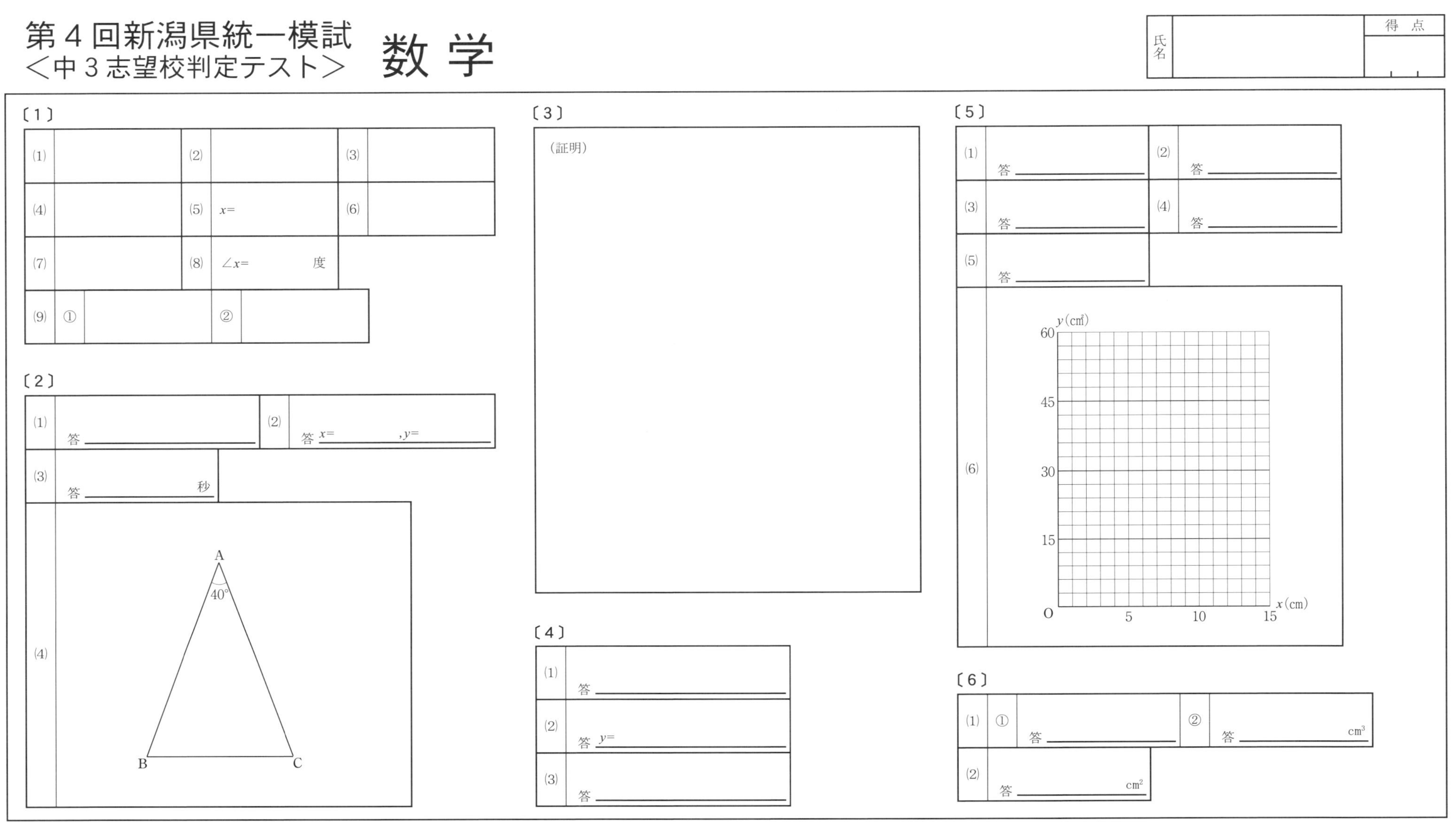

第４回模試

第４回新潟県統一模試
<中３志望校判定テスト>

英　語

氏名		得　点

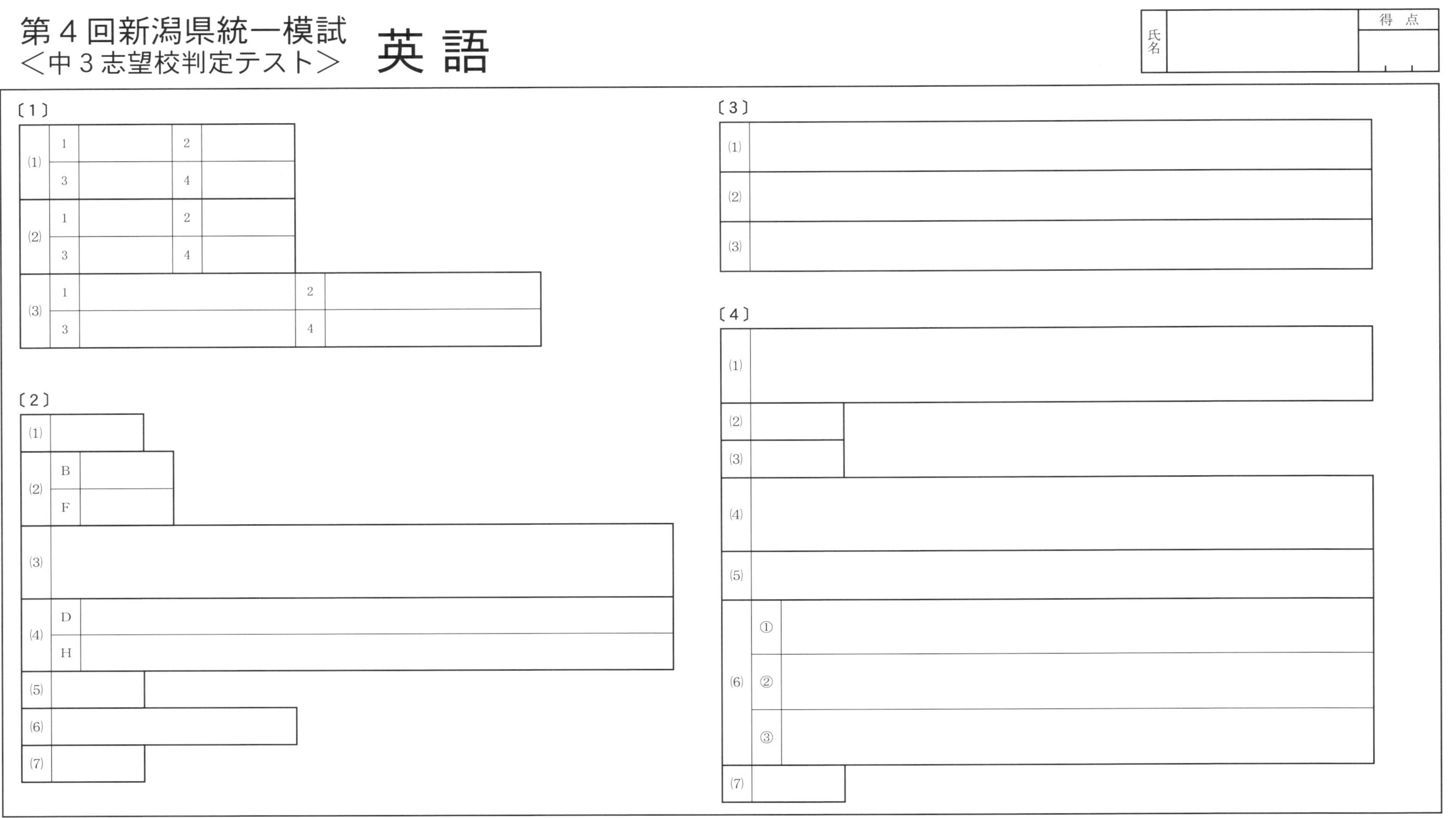

〔１〕

(1)	1		2	
	3		4	
(2)	1		2	
	3		4	
(3)	1		2	
	3		4	

〔２〕

(1)		
(2)	B	
	F	
(3)		
(4)	D	
	H	
(5)		
(6)		
(7)		

〔３〕

(1)	
(2)	
(3)	

〔４〕

(1)		
(2)		
(3)		
(4)		
(5)		
(6)	①	
	②	
	③	
(7)		

第４回新潟県統一模試 ＜中３志望校判定テスト＞ 社会

氏名		得点

〔1〕

(1)	
(2)	
(3)	ラパスは，
(4)	
(5) ①	
(5) ②	

〔2〕

(1) ①	
(1) ②	
(2) ①	
(2) ②	
(3) ① A	
(3) ① B	
(3) ① C	
(3) ②	

〔3〕

(1)	
(2)	

〔3〕

(3) ①	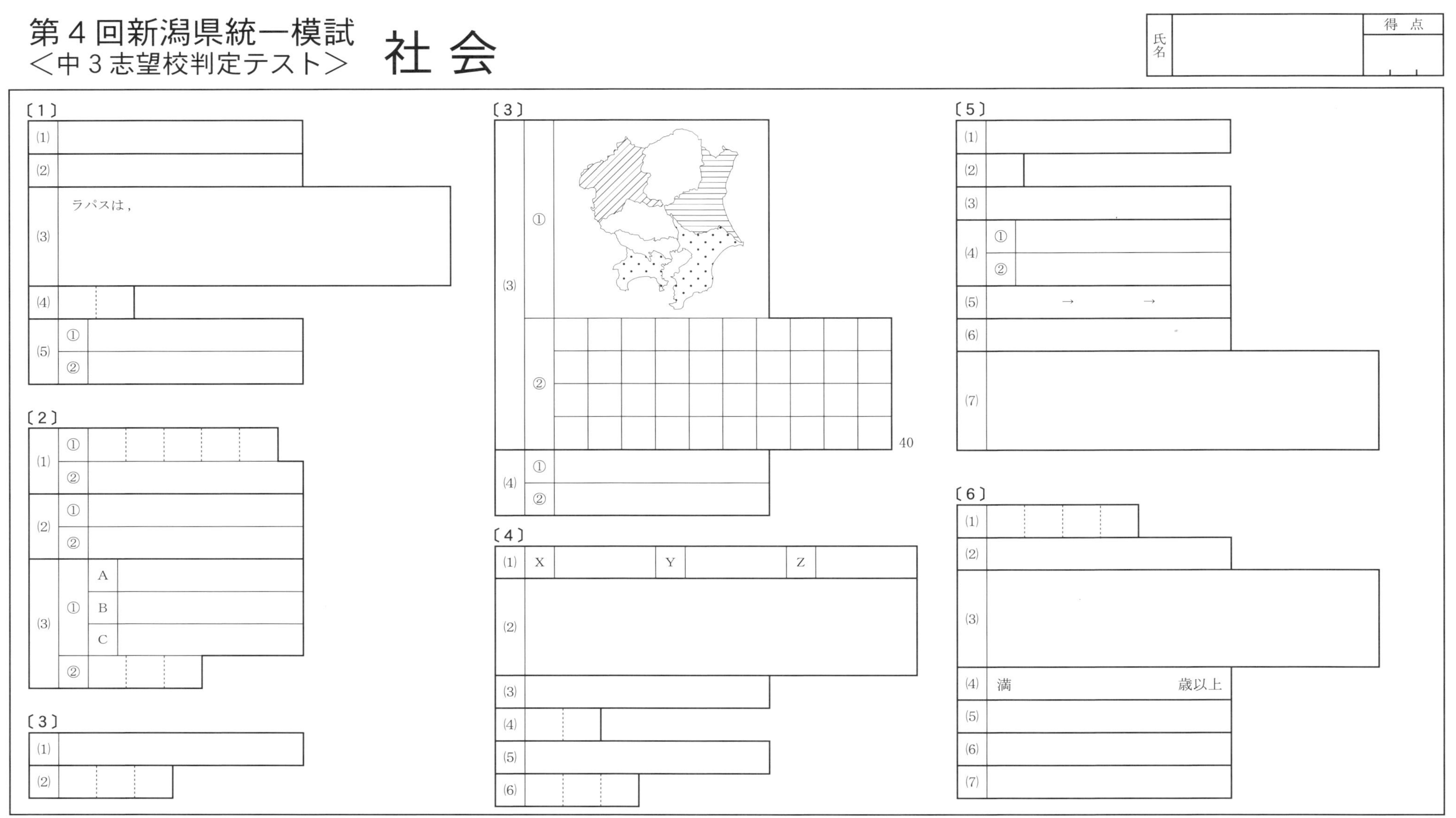
(3) ②	40
(4) ①	
(4) ②	

〔4〕

(1)	X		Y		Z
(2)					
(3)					
(4)					
(5)					
(6)					

〔5〕

(1)	
(2)	
(3)	
(4) ①	
(4) ②	
(5)	→ →
(6)	
(7)	

〔6〕

(1)	
(2)	
(3)	
(4)	満　　歳以上
(5)	
(6)	
(7)	

第４回新潟県統一模試 ＜中３志望校判定テスト＞ 理科

氏名		得点

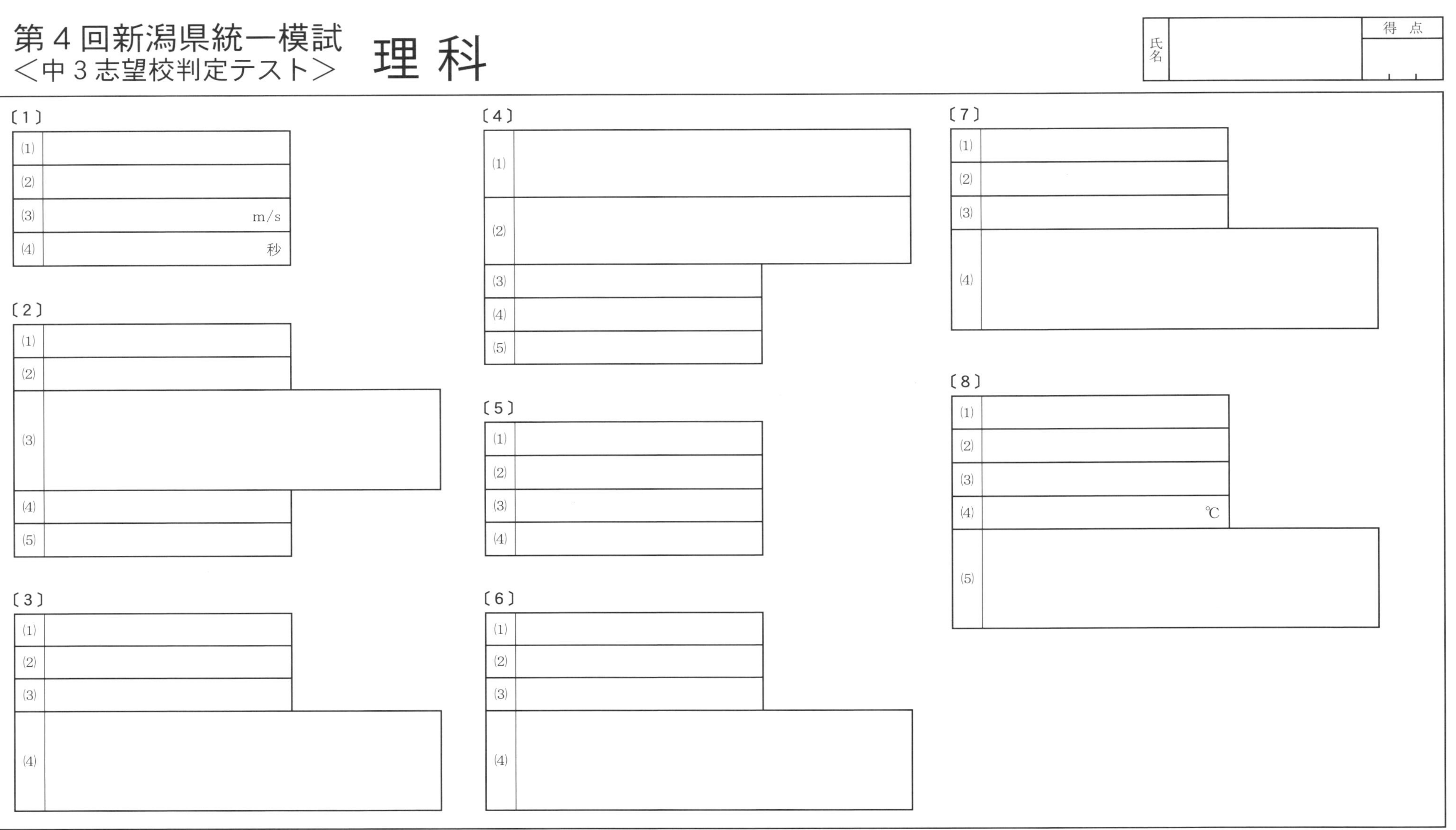

〔１〕

(1)	
(2)	
(3)	m/s
(4)	秒

〔２〕

(1)	
(2)	
(3)	
(4)	
(5)	

〔３〕

(1)	
(2)	
(3)	
(4)	

〔４〕

(1)	
(2)	
(3)	
(4)	
(5)	

〔５〕

(1)	
(2)	
(3)	
(4)	

〔６〕

(1)	
(2)	
(3)	
(4)	

〔７〕

(1)	
(2)	
(3)	
(4)	

〔８〕

(1)	
(2)	
(3)	
(4)	℃
(5)	

き、私たちは、その花びらを目で追わずにはいられなくなる。

ところが、Cherry blossoms の語感は、華やかで賑やかだ。手まりのような花をたわわにつけた、豊満な枝振りが、累々と重なるイメージである。ここには、風のドラマが入っていない。

さて、散歩中の日本人の親子が、見ごろの桜に出会ったとしよう。母親は、日本語で育ったので、当然、サクラとしてその花を見る。つまり、はらはらと散る花びらに心を奪われる。感激した母親が、バイリンガルにするために英語で育てている娘に「It's Cherry blossoms. How beautiful!」と話しかけたとしよう。

母親の視線は、散る花びらを追っている。豊満な枝振りのCherry blossoms を凝視してはいない。娘は、母親の視線を追うので、(2)ことばの象と合っていない花の風景を見ることになる。

母親（主たる保育者）の母語でないことばを、子どもの母語に採択するのには相当の覚悟が必要、と、私が主張する理由がここにある。

母親の母語でないことばで子どもを育てると、ときに、ことばの語感と母親の意識がずれる。つまり、ことばの語感と、母親の所作や情景がずれるのである。当然、子どもの脳は混乱して、感性のモデル（仕組み）を作りそこねる。

母語をけっして軽んじてはいけない。母語は、自らの意識とつながり、外界のすべてとつながっている。これこそが、母語の本質なのである。

(注) 語感＝そのことばから受ける感覚的な印象、イメージ。
Cherry blossoms＝英語で「桜の花」を意味する。

(六) 筆者は、母語形成にはどのような役割があると考えているか。また、語感にはどのような働きがあり、子育てにどのように関わっていると考えているか。Ⅰ・Ⅱの文章を参考に、百字以内で書きなさい。

とともに、外界認識の基礎、コミュニケーションの基礎を作り上げることだからだ。

(1)ヒトは、母語形成の道のりで、人になっていくのである。

（黒川　伊保子「日本語はなぜ美しいのか」より　一部改）

(一) 文章中の A に最もよく当てはまる言葉を、次のア～エから一つ選び、その符号を書きなさい。

ア　しかし　　イ　むしろ　　ウ　すなわち　　エ　ずいぶん

(二) 文章中の B に最もよく当てはまる言葉を、次のア～エから一つ選び、その符号を書きなさい。

ア　状況認識　　イ　本能行動　　ウ　感情形成　　エ　帰属意識

(三) 文章中の【　】の内容から、子どもに母語を身につけさせるにはどのようなことが大切か。筆者の考えを四十字以内で書きなさい。

(四) ——線部分(1)について、筆者が「ヒト」と「人」という異なる表現をしているのはなぜか。その理由として最も適当なものを、次のア～エから一つ選び、その符号を書きなさい。

ア　人間は子どもの保育を通して、個別に生きる立場から他者のために生きる立場へ変化するという過程を示すため。

イ　人間は成長するにつれて、他者の動作を体感する能力が他者の感情を実感する能力へと進化することを示すため。

ウ　まだ何の感性も持っていない赤ちゃんが、母語を獲得するにつれて社会性を身につけていく過程を示すため。

エ　生まれたての赤ちゃんは生物であり成長した子どもは人間であるという、発達段階における違いを示すため。

(五) 次のⅡの文章は、Ⅰの文章と同じ著書の一部である。——線部分(2)の「ことばの象と合っていない花の風景を見る」とは、聞いたことばの語感と目で見る感覚がずれてしまうことを意味している。このようになってしまうのはなぜか。その理由を五十字以内で書きなさい。なお解答では、「Cherry blossoms」を「英語のサクラ」と表記すること。

Ⅱ

語感はまた、ものの見方や、ことの捉え方にも影響している。

サクラ SaKuRa は、息を舌の上にすべらせ、口元に風を作り出す Sa、何かが一点で止まったイメージの Ku、花びらのように舌をひるがえす Ra で構成された語である。つまり、語感的には、風に散る瞬間の花の象（しょう）を表す名称なのだ。

あの花を「サクラ」と呼ぶ私たち日本人は、散り際（ぎわ）を最も愛する。桜の枝に風が吹きぬけ、はらりと花弁がひるがえったと

〔四〕 次のⅠ・Ⅱの文章を読んで、㈠〜㈥の問いに答えなさい。

Ⅰ

母語というのは、ある個体の脳が、人生の最初に獲得する言語のことである。脳の基本機能と密接に関わっているので、後に獲得する二つ目以降の言語とは、性格を大きく異にする。

「朝よ、おはよう」

母親がそう言って、赤ちゃんを抱き上げるシーンを想像してほしい。

アサという発音体感には、爽やかな開放感がある。オハヨウは、実際には「オッハヨォ」と、二拍目のハを中心にして発音される語で、弾むような開放感をもっている。したがって、「朝よ、おはよう」と声をかけた母親は、無意識のうちに自分の発音体感によって、爽やかな、弾むような開放感を味わっているのだ。

さて、注目すべきは、赤ちゃんの脳である。赤ちゃんには、目の前の人間の口腔周辺の動きを自らのそれのように感じとる能力がある。このため、母親が無意識に感じている、爽やかな、弾むような開放感に赤ちゃんは共鳴して、一緒に味わっているのである。

アサ、オハヨウということばは、これとともにある情景、［A］、透明な朝の光や、肌に触れる爽やかな空気や、抱き上げてくれた母親の弾むような気分とともに、脳の中に感性情報としてインプットされていくのである。

人生の最初の三年間、人は、母語と出会い、ことばと意識と所作と風景と、周囲の人々の反応とを結びつけていく。

母語は、母親（主たる保育者）との密接なコミュニケーションによって形成されていくもので、肌と肌を合わせ、息遣いを感じながら、脳に根づいていくものだ。赤ちゃんをベッドに寝かせたまま、言語教育のビデオを見せ続けても、赤ちゃんの母語は形成されない。母語が形成されないと、外界を上手に認知できず、他者とコミュニケーションもとれない。

【とはいうものの、脳と母語との関係からいって、そうであろうことが予見できても、健康な赤ちゃん相手に、この実験はできるものじゃない。ところが、二〇〇六年三月一四日付の読売新聞朝刊に、これをしてしまった親子の記事が載っていた。

父親が英語で苦労した経験があったため、日本人の夫婦が、生まれたばかりの長男を英語で育てようと決心。「生後二ヶ月から、一日約一〇時間途切れることなく英語のCDやビデオを聞かせたり見せたりして育てた。『英語の発音が悪くなる』と、あまり話しかけもしなかった」結果、この坊やは、「二歳を過ぎてもパパ、マンマなど三つの単語しか話せなかった。両親が話しかけても無表情で、手をつなぐのも嫌がり、親子のコミュニケーションがとれなかった」と、記事にはある。

二歳といえば、発話の早い子なら「ジュース、ちょうだい」「ぶーぶ、いこう」などという二語文を操り始める頃である。発話がまだでも、「これ、パパに渡して」と言って新聞を渡せば、隣の部屋の父親のもとに運んでくれるくらいの［B］ができたりする。二歳にして、コミュニケーション不成立という報告には息を呑んだ。】

母語を馬鹿にしてはいけない。

母親（主たる保育者）の母語でない言語を、子どもの母語に採択するについては、よほどの覚悟と周囲のサポートが必要になる。

なぜなら、三歳までに、母親と肌を合わせ、呼吸を合わせ、声を出して話したり、笑い合ったりすることは、言語の基礎を獲得する

ミキ　と聞いたことがあります。平仮名は漢字よりも、身の回りの出来事や心の動きを言い表すのに向いていますね。この場面でも、(5)筆者の気持ちの変化が詳しく表現されています。

先生　そうですね。土佐へ赴任している間に家の管理を頼んだ人に対する、筆者の気持ちがはっきりと書かれています。

ミキ　さらに庭を眺めながら、筆者の気持ちはさらに沈んでいきますね。

ショウ　任期を終えてようやく帰りついた我が家なのに、暗い気持ちで日記が終わるんですね。

(注)　この家にて生まれし女子＝京の筆者の家で生まれ、一緒(いっしょ)に任国の土佐に下ったが、そこで亡くなってしまった子。
心知れる人＝筆者の妻と考えられるが、ここでは筆者は女性の書き手を装って作品を書いているので、「妻」と表現はしていない。

(一)　――線部分(1)の「いふかひなくぞ」について、次の①・②の問いに答えなさい。

①　「いふかひなくぞ」を現代かなづかいに直し、すべてひらがなで書きなさい。

②　「いふかひなくぞ」の意味として最も適当なものを、次のア～エから一つ選び、その符号を書きなさい。

ア　あれほど言い聞かせていたのに
イ　なんとも言いようもないほどに
ウ　文句を言える立場ではないのだが
エ　あれこれ言いたいのをこらえるが

(二)　――線部分(2)のあとに、ある言葉が省略されている。Aの文章中から抜き出して、漢字二字で書きなさい。

(三)　――線部分(3)について、筆者がこのように思ったのはなぜか。その理由を現代語で、六十字以内で書きなさい。

(四)　――線部分(4)の「なほ、飽かずやあらむ」には、筆者のどのような思いが表れているか。最も適当なものを、次のア～エから一つ選び、その符号を書きなさい。

ア　歌を詠むことで女子が成仏できると信じ、歌に救いを求めようとする思い。
イ　一首詠んだら意欲がわいてきたので、もっと歌を詠もうという思い。
ウ　歌を詠んでも、まだ悲しみを静めるのには十分ではないという思い。
エ　京で歌を詠みたいという願いが叶(かな)い、しみじみと歌を味わおうとする思い。

(五)　次の文章は、――線部分(5)についてまとめたものである。a～dに当てはまる言葉を、あとのア～エからそれぞれ一つずつ選び、その符号を書きなさい。なお、それぞれの符号は、解答に一度ずつ使用するものとする。

京に到着したときは、［a］を感じていた。しかし、荒れ果てた家を目にして、留守中に家を預けた人への［b］と、庭の様子のあまりの変わりようへの［c］が交錯(こうさく)し、一緒に帰ってきた人々も「ひどい」と言うありさまだった。さらに、一緒に土佐から京へ帰って来られなかった亡き子どもへの［d］も、募る思いになった。

ア　不満　イ　驚き　ウ　喜び　エ　悲しみ

〔三〕 次のAの文章は、「土佐日記」の一部である。また、Bの文章は、Aの文章についての二人の生徒と先生の会話である。この二つの文章を読んで、(一)~(五)の問いに答えなさい。

A

夜更けて来れば〔夜遅クニ到着シタノデ、〕、ところどころも見えず〔(暗クテ)アチコチハ見エナイ〕。京に入りたちて〔(ダガ、)京ノ地ニ入ッテ〕うれし〔ウレシイ〕。

家に到りて、門に入るに、月明ければ〔月ガ明ルカッタノデ〕、いとよく有様見ゆ。聞きしよりもまして〔(ウワサデ)聞イテイタ以上ニ〕、(1)いふかひなくぞ、こぼれ破れたる。家にあづけたりつる人の心も、荒れたるなりけり〔(人ニ家ヲ預ケタツモリダガ、逆ニ)家ニ預ケタ人ノ心モスサンデイタノデアル〕。(中略)

さて、池めいて窪まり、水つけるところあり〔(庭ニハ)池ノヨウニ窪ンデ、水ガタマッテイル所ガアル〕。ほとりに〔(ソノ池ノ)ホトリニハ〕松もありき〔松モアッタ〕。五年六年のうちに、千歳や過ぎにけむ〔コノ五、六年ノウチニ、千年モ過ギテシマッタノデアロウカ〕、かたへは〔(松ノ)半分ハ〕なくなりにけり〔ナクナッテイタ〕。(2)今生ひたるぞまじれる。おほかたの〔アタリ一面ガ〕、みな荒れにたれば、「あはれ」〔「アア(ヒドイコトダ)」〕とぞ、人々いふ。

思ひ出でぬことなく〔(コレマデ)思イ出サナイコトハナク、〕、思ひ恋しきがうちに〔恋シイ思イデイッパイデアル中デ〕、この家にて生まれし女子の、もろともに帰らねば〔イッショニ帰ッテコナイノデ〕、いかがは悲しき。船人も〔(京へ帰ルタメニ)同ジ船ニ乗ッテイタ人タチモ〕、みな子たかりてののしる〔ミンナ、子ドモタチガ寄リ集マッテハシャイデイル〕。かかるうちに〔コウシタ中デ〕、(3)なほ、悲しきに〔ヤハリ、悲シミニ〕堪へずして〔耐エラレナクテ〕、ひそかに心知れる人といへりける歌〔ヒソカニコノ心ヲ分カリ合ウ人ト言イ合ッタ歌ハ〕、

生まれしも帰らぬものをわが宿に小松のあるを見るが悲しさ

(ここで生まれた幼い人も帰らないのに、我が家にその間に育った小さな松があるのを見るのは、なんとも悲しいことだ)

とぞいへる。(4)なほ、飽かずやあらむ〔ナオ、コレデハ飽キ足リナカッタノカ、〕、また、かくなむ〔マタ、コノヨウニ(詠ンダノデアル)〕、

見し人の松の千歳に見ましかば遠く悲しき別れせましや

(亡くなったあの子を千年も生きるという松にあやかって長生きするものと見たかった。そうだったらなぜ遠い土佐の国で、永遠の悲しい別れをすることがあっただろうか)

B

先生　「土佐日記」は平安時代に紀貫之によって書かれた日記文学です。国司(地方の行政官)として赴任した土佐(現在の高知県)で任期を終えた筆者の、京の自宅に戻るまでの旅がつづられています。男性である筆者が、女性を装って平仮名で作品を書いているのが特徴的です。

ショウ　この時代の正式な文書は漢字で書くものとされていたけど、女性が平仮名を使って日記や和歌を書いていた

(三) 次の文中の「はるばる」と同じ品詞を、あとのア～エの――線部分から一つ選び、その符号を書きなさい。

> 彼女は日本の文化を学ぶために、はるばるアメリカからやってきた。

ア 呼ばれる声が聞こえるはずなのに、なぜ妹は返事をしないのだろう。
イ 私の失敗は、たいした事件でもないのに大げさに言いふらされた。
ウ 彼は山の中で、きらきらと光り輝くとてもきれいな石をみつけた。
エ 世界初の実験を成功させるために、あらゆる可能性を探るべきだ。

(四) 次の文中の「泳ぎ」と活用形が同じ動詞を、あとのア～エの――線部分から一つ選び、その符号を書きなさい。

> 六十二歳の祖母は、毎日プールで三千メートルも泳ぎます。

ア 朝五時までに起きれば、始発のバスに間に合うよ。
イ 燃えないごみを捨てる日をよく確認してください。
ウ 私は毎晩、一日の出来事を日記に詳しく書いた。
エ もっと練習をしないとコンクールで賞を取れない。

(五) 次の会話文の A ～ C に当てはまる言葉の組み合わせとして最も適当なものを、あとのア～エから一つ選び、その符号を書きなさい。

> ユイト この間「浮き足立つ」という言葉の意味を調べたら、辞書では A という意味が書かれていました。
> アヤカ 私は「浮き足立つ」とは B という意味だと思っていました。
> ユイト それは「 C 」という言葉の意味ですね。「浮き足立つ」は「浮く」という言葉から受ける印象で、足どりが軽いかのように勘違いするのだと思います。
> アヤカ 「浮く」のイメージだけで意味を考えていました。正しい言葉の意味を知るのは重要ですね。

ア A 物事がはっきりと際立って見える
　B 楽しくて陽気になる
　C 浮き立つ

イ A 不安で落ち着かなくなる
　B 楽しくて陽気になる
　C 浮き立つ

ウ A 不安で落ち着かなくなる
　B 見た目に弱々しくて頼りない
　C 浮き出る

エ A 見た目に弱々しくて頼りない
　B 物事がはっきりと際立って見える
　C 浮き出る

〔一〕 次の㈠、㈡の問いに答えなさい。

㈠ 次の１～５について、――線をつけた漢字の部分の読みがなを書きなさい。

１ サクラの枝を水はけのよい容器に挿し木する。
２ 今日はあいにくの曇天模様だが、運動会は決行だ。
３ 夜になってまだ間もないころを宵という。
４ 作業の進捗は予定よりもずいぶん遅れている。
５ この織物は世界でも類を見ない逸品である。

㈡ 次の１～５について、――線をつけたカタカナの部分に当てはまる漢字を書きなさい。

１ 生徒をインソツして工場見学に向かう。
２ 祖父の墓前に好きだった果物をソナえた。
３ 完成品を何度も見直して品質の向上をハカる。
４ 彼の笑顔で私はココロヨい気分になった。
５ 光のクッセツを観察する。

〔二〕 次の㈠～㈤の問いに答えなさい。

㈠ 次の文中の「挙げて」と同じ意味で使われているものを、あとのア～エの――線部分から一つ選び、その符号を書きなさい。

チームの優勝のために全力を挙げて戦う。

ア オリンピックの準備に国を挙げて取り組んだ。
イ 一刻も早く犯人を挙げて事件を解決しよう。
ウ 新記録を出した彼は名を挙げて得意そうだった。
エ 皆がわかりやすいように例を挙げて説明する。

㈡ 次の文中の「期限」と構成が同じ熟語を、あとのア～エから一つ選び、その符号を書きなさい。

数学の宿題の提出期限が迫っている。

ア 受信　イ 非常　ウ 決心　エ 原油

第５回新潟県統一模試　　数　　学　（試験時間50分）

第5回模試

〔1〕次の(1)~(8)の問いに答えなさい。

(1)　$1-8-(-7)$　を計算しなさい。

(2)　$2(9a-4b)-5(2a-b)$　を計算しなさい。

(3)　$(-3ab)^2 \div a^2b$　を計算しなさい。

(4)　$\sqrt{63}-\dfrac{14}{\sqrt{7}}$　を計算しなさい。

(5)　2次方程式　$2x^2+3x-6=0$　を解きなさい。

(6) y は x に反比例し，$x=2$ のとき $y=-10$ である。$x=-5$ のときの y の値を答えなさい。

第5回模試

(7) 右の図で，$\angle x$ の大きさを答えなさい。

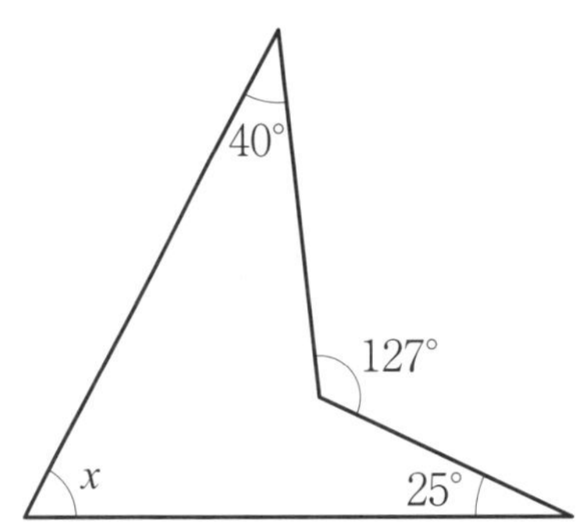

(8) ある公園に植えられている30本のサクラの木について，木の幹の太さを調べた。右の表は，そのデータを度数分布表にまとめたものであり，一部は空欄になっている。また，下の図は，同じデータを箱ひげ図に表したものである。このとき，度数分布表の［　　］に当てはまる数として考えられる最小の数を答えなさい。

階級(cm)	度数(本)
以上　未満 40 ～ 60	1
60 ～ 80	5
80 ～ 100	3
100 ～ 120	
120 ～ 140	［　　］
140 ～ 160	
計	30

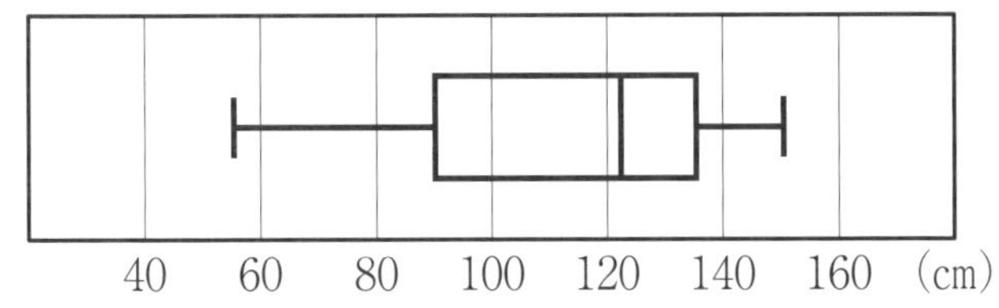

〔2〕次の(1)～(4)の問いに答えなさい。

(1)　2次方程式　$x^2+ax+3a-9=0$　の解の1つが8であるとき，aの値を求めなさい。また，もう1つの解を求めなさい。

(2)　1から6までの目のついた1つのさいころを2回投げるとき，1回目に出る目の数をa，2回目に出る目の数をbとする。このとき，bがaの約数になる確率を求めなさい。

(3)　右の図のような，△ABCがあり，∠BACの二等分線と辺BCとの交点をDとする。また，四角形ADECが平行四辺形となる点Eをとる。さらに，線分DE上に，∠ADB＝∠ECFとなる点Fをとる。このとき，△ABD≡△EFCであることを証明しなさい。

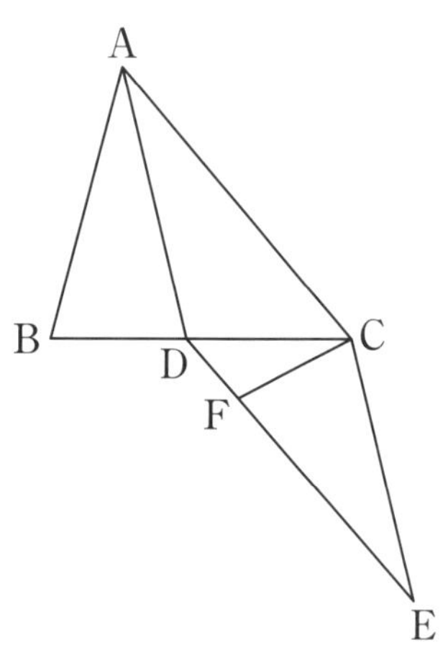

(4)　下の図のように，円Oの周上に2つの点A，Bがある。点Aを通る円Oの接線と，点Bを通る円Oの接線との交点Pを，定規とコンパスを用いて作図しなさい。ただし，作図は解答用紙に行い，作図に使った線は消さないで残しておくこと。

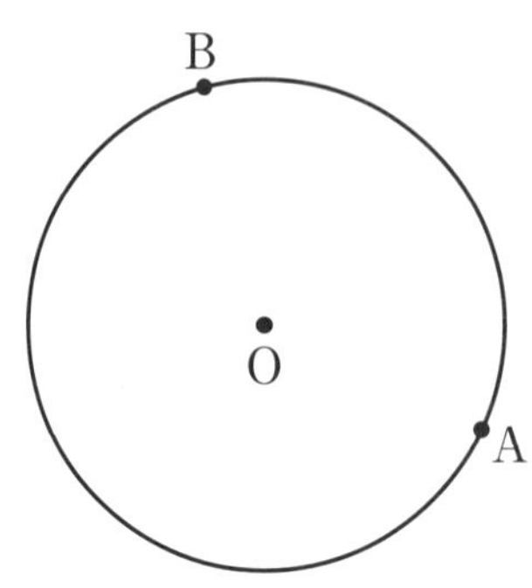

〔**3**〕ユイさんは，自宅を出発し，1800m離れた図書館まで一定の速さで歩いて行った。

ユイさんの兄は，ユイさんが自宅を出発したのと同時に，図書館を出発し，自宅に向かった。はじめは，自転車に乗って毎分150mの速さで進んでいたが，図書館を出発してから8分後に，自転車のタイヤがパンクしたため，その地点から自宅までは，自転車を押しながら毎分50mの速さで歩いて帰った。

2人がそれぞれ自宅と図書館を出発してからx分後に，図書館からym離れた地点にいるとする。下の図は，ユイさんについて，xとyの関係をグラフに表したものである。このとき，次の(1)～(4)の問いに答えなさい。ただし，2人は同じ道を通ったものとし，兄は自転車のタイヤがパンクしてからすぐに自転車を押しながら歩いたものとする。

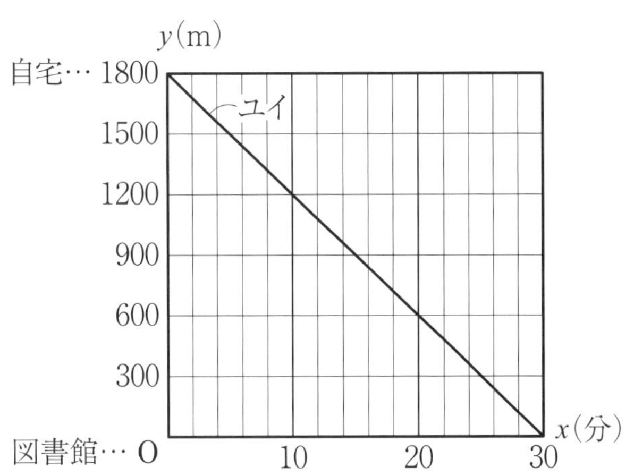

(1) ユイさんが歩く速さは毎分何mか，答えなさい。

(2) ユイさんの兄について，次の①，②のとき，yをxの式で表しなさい。

① $0 \leqq x \leqq 8$ のとき

② $8 \leqq x \leqq 20$ のとき

(3) ユイさんの兄について，$0 \leqq x \leqq 20$のとき，xとyの関係を表すグラフを解答用紙の図にかき加えなさい。

(4) 2人の間の道のりが540mとなるxの値をすべて求めなさい。

第5回模試

〔4〕表面が白色，裏面が灰色のカードがたくさんある。これらのカードを使い，次の手順Ⅰ，Ⅱに従って，下の図のように，両面に数が書かれたカードをつくっていく。このとき，あとの(1)～(3)の問いに答えなさい。

手順

Ⅰ　カードの表面には，1から順に自然数を1つずつ書く。

Ⅱ　カードの裏面には，表面に書かれた数の正の方の平方根を求め，その整数部分を書く。

例えば，表面が3であるカードの裏面には，3の正の方の平方根が$\sqrt{3}=1.732\cdots$だから，1を書く。また，表面が4であるカードの裏面には，4の正の方の平方根が$\sqrt{4}=2$だから，2を書く。

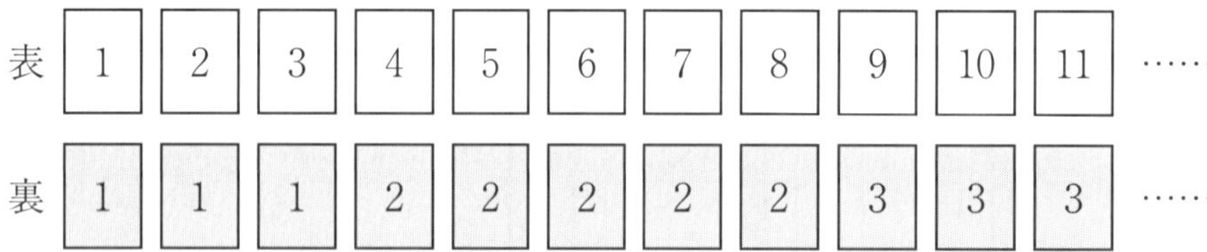

表	1	2	3	4	5	6	7	8	9	10	11	……
裏	1	1	1	2	2	2	2	2	3	3	3	……

(1)　表面が19であるカードについて，次の①，②の問いに答えなさい。

①　表面が19であるカードの裏面に書かれた数を答えなさい。

②　19の正の方の平方根の小数部分をaとするとき，a^2+8aの値を求めなさい。

⑵ リクさんは，裏面が1であるカードの枚数は3枚，裏面が2であるカードの枚数は5枚，……であることから，裏面がnであるカードの枚数は$(2n+1)$枚と表されると予想した。ミキさんは，リクさんの予想が正しいことを，裏面がnであるカードの表面に書かれた数のうち，最大の数と最小の数に着目することによって証明した。ミキさんの考え方を使って，裏面がnであるカードの枚数は$(2n+1)$枚と表されることを証明しなさい。ただし，nは自然数とする。

⑶ 裏面がpであるカードの枚数が89枚であるとき，裏面がpであるカードの表面に書かれた数のうち，最大の数を求めなさい。

〔5〕図1，図2のような三角柱ＡＢＣ－ＤＥＦがあり，∠ＢＡＣ＝90°，ＡＢ＝５cm，ＡＣ＝12cm，ＢＣ＝13cm，ＡＤ＝15cmである。このとき，次の(1)～(3)の問いに答えなさい。

図1

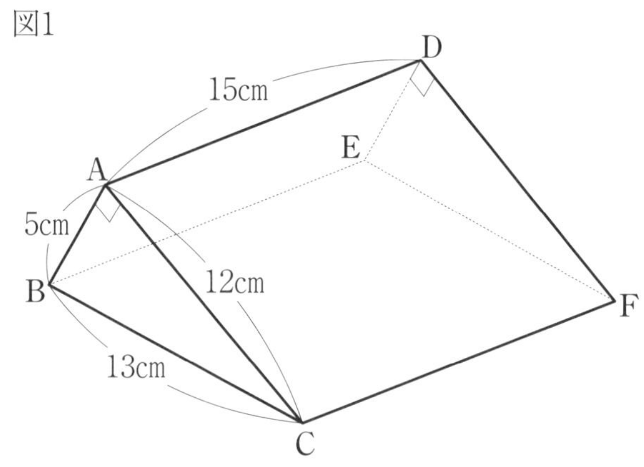

(1) 直線ＢＣとねじれの位置にある直線を，次のア～カからすべて選び，その符号を書きなさい。

ア　直線ＡＢ　　イ　直線ＡＤ

ウ　直線ＣＦ　　エ　直線ＤＥ

オ　直線ＤＦ　　カ　直線ＥＦ

(2) 三角柱ＡＢＣ－ＤＥＦの表面積を求めなさい。

(3) 図2のように，辺ＡＣ，ＤＦ，ＥＦ上をそれぞれ動く点Ｐ，Ｑ，Ｒがある。ＢＰ＋ＰＱ＋ＱＲの長さが最も短くなるとき，その長さを求めなさい。

図2

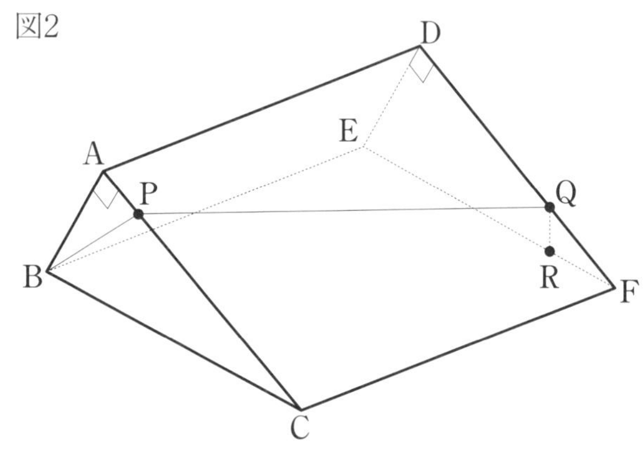

第５回新潟県統一模試　英　語

（試験時間50分）

〔1〕 放送を聞いて，次の(1)～(3)の問いに答えなさい。

(1) これから英文を読み，それについての質問をします。それぞれの質問に対する答えとして最も適当なものを，次のア～エから一つずつ選び，その符号を書きなさい。

1 ア 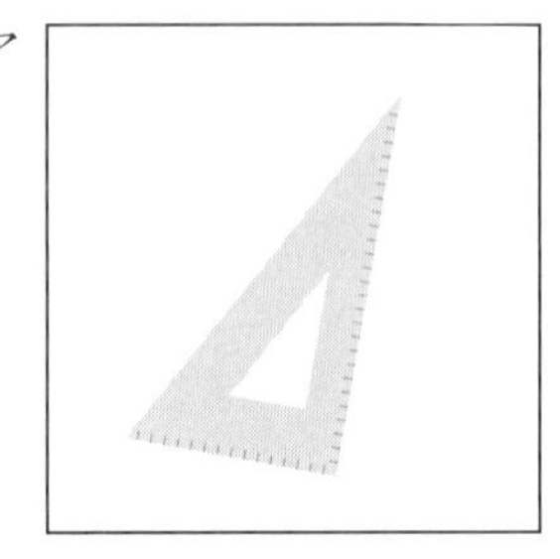　イ　ウ 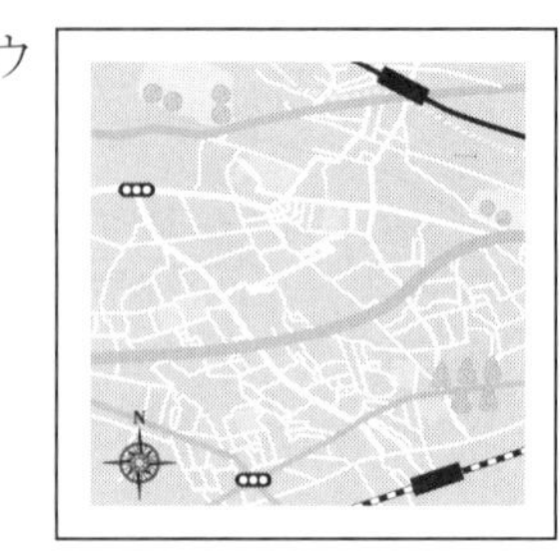　エ 

2 ア On Sunday, October 1.　イ On Monday, October 2.
ウ On Tuesday, October 3.　エ On Wednesday, October 4.

3 ア To the bookstore.　イ To Akira's house.
ウ To the station.　エ To the U.K.

4 ア Jiro.　イ Kate.
ウ Jiro's brother.　エ Jiro and Kate.

(2) これから英語で対話を行い，それについての質問をします。それぞれの質問に対する答えとして最も適当なものを，次のア～エから一つずつ選び，その符号を書きなさい。

1 ア Yes, he does.　イ No, he doesn't.
ウ Yes, he is.　エ No, he isn't.

2 ア Because he needs to get to school before six.
イ Because he doesn't have anything to do.
ウ Because he'll practice soccer at school.
エ Because he'll have a game tomorrow.

3 ア At 10:00.　イ At 10:30.
ウ At 11:00.　エ At 11:30.

4 ア A hamburger and a cup of tea.　イ A pizza and a cup of tea.
ウ A hamburger and a cup of coffee.　エ A pizza and a cup of coffee.

(3) 交換留学生として新潟の中学校で学んでいたマーク（Mark）から，クラスにビデオレターが届きました。これから，ビデオレターの音声を放送します。その内容について，二つの質問をします。それぞれの質問に対する答えを，３語以上の英文で書きなさい。

〔2〕 あなたは平和高校(Heiwa High School)の生徒です。次のグラフは，平和高校とアメリカの姉妹校メープル高校（Maple High School）の生徒たちを対象に行ったアンケート結果をまとめたものです。あなたとメープル高校のナンシー（Nancy）は，グラフを見ながらオンライン上で話をしています。次の【グラフ】と【会話】を読んで，あとの(1)〜(3)の問いに答えなさい。ただし，【会話】の＊＊＊の部分には，あなたの名前が書かれているものとします。

【グラフ】

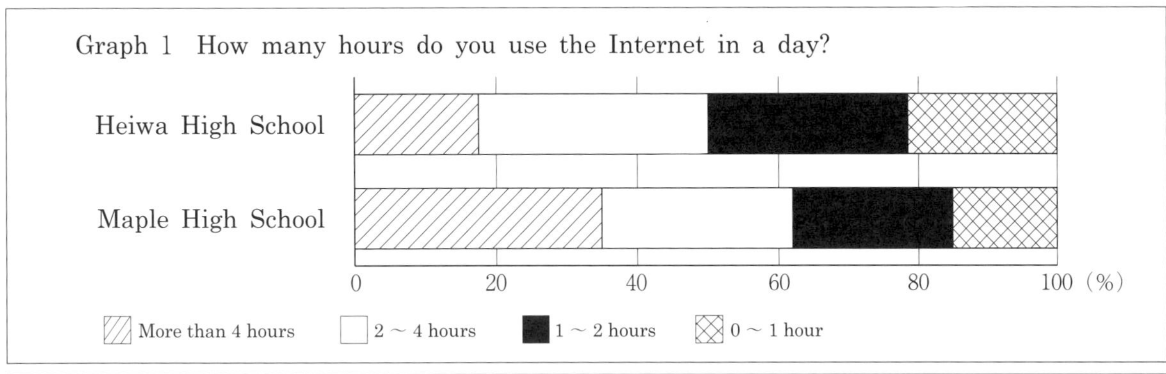

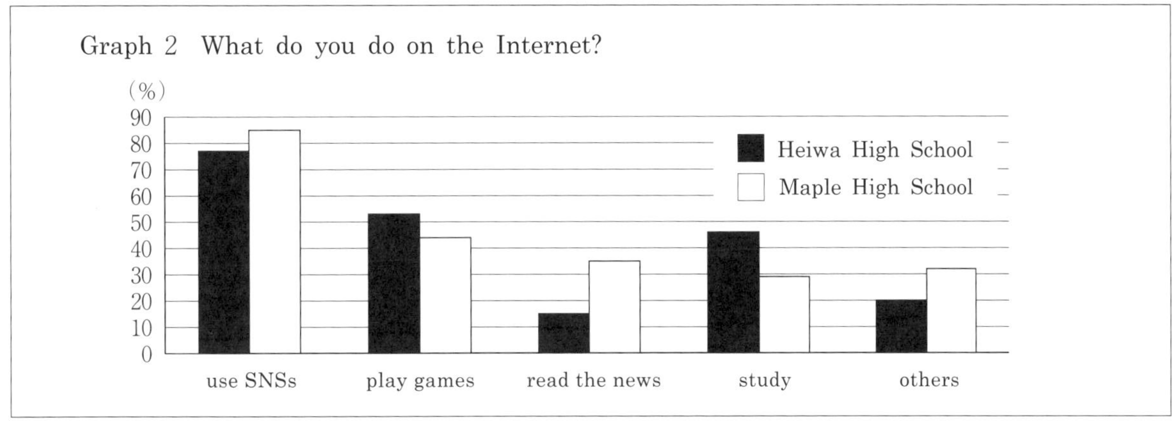

（注）SNS インターネット上のソーシャル・ネットワーキング・サービス

【会話】

Nancy : There are some differences between our schools.

＊＊＊ : Yes. Look at Graph 1. About 35% of the students from your school use the Internet for ［　　　］. I'm surprised to know American students use it for many hours.

Nancy : Look at Graph 2. In both schools, (　a　). I also use Instagram. Well, <u>what do you do on the Internet, ＊＊＊?</u>

＊＊＊ : (　b　)

Nancy : Oh, I see.

(注) difference 違い　Instagram インスタグラム(SNSの一つ)

(1) 【会話】の［　　　］の中に入る最も適当なものを，次のア〜エから一つ選び，その符号を書きなさい。

ア more than 4 hours　　イ 2 〜 4 hours　　ウ 1 〜 2 hours　　エ 0 〜 1 hour

(2) 【会話】の流れが自然になるように，aの(　　　)に当てはまる内容を，1行以内の英語で書きなさい。

(3) 【会話】の下線部分の質問に対するあなたの答えを，【会話】のbの(　　　)の中に，3行以内の英文で書きなさい。なお，具体的な理由も含めて書くこと。

〔3〕 次の英文を読んで，あとの(1)〜(6)の問いに答えなさい。

Ken and Emi are students at Oka Junior High School. Ms. Brown is an ALT at the school. Jake is an Australian student. He studied at Oka Junior High School for six months, and went back to Australia last week. Yesterday, Ken and Emi got an e-mail from Jake.

> Hi Ken and Emi,
> I'm writing e-mail to you from Australia. Thank you for being kind to me. You did everything for me in Japan. I especially liked the music class. I had a lot of fun when we played the *shamisen* together. I think A [to, it, study, cool, is] traditional music at school. You are still practicing the *shamisen*, right? How do you improve your *shamisen* skills? Please tell me that. I will also practice hard here.
> Jake

Ken : Ms. Brown, we got an e-mail from Jake. I'm glad to hear from him so soon.

Ms. Brown : From Jake? Please show me the mail. Oh, I'm glad he enjoyed his stay in Japan.

Ken : He also sent us a picture. (B) the picture.

Ms. Brown : Ken, in the picture, you and Jake are playing the *shamisen*.

Ken : Yes. The picture was taken during the music class.

Ms. Brown : The *shamisen* is a traditional instrument of Japan, right?

Emi : Yes. We studied it when we learned *kabuki* music.

Ms. Brown : I have (C) *kabuki* in Tokyo before. I couldn't understand the lines of the *kabuki* actors, but I understood the story a little from their performances and the music. I was D [that, so, became, happy, I] more interested in *kabuki*.

Emi : That's good. The *shamisen* is an important instrument of *kabuki* because it helps people when they want to understand the feelings of the characters. E <u>Our music teacher said so</u>. I understood traditional Japanese music better by playing the *shamisen*.

Ken : Me, too. I was not so interested in traditional Japanese music at first, but I want to know more about it now. If I practice the *shamisen* more, I think that the sound of the *shamisen* will be more interesting to me.

Ms. Brown : Playing the *shamisen* motivated you, right?

Emi : Actually, [F].

Ms. Brown : That's great! Now I want to hear your *shamisen* performance.

Emi : We can show you our *shamisen* performance in our cultural festival.

Ken : Emi, I have an idea! Jake can play the *shamisen* together in the cultural festival if we use the Internet! G In the next e-mail to Jake, I'll write about the idea.

Emi : How nice! By playing the *shamisen* together, all of us can enjoy traditional music culture more.

Ken : We can share it with his friends in Australia, too.

Ms. Brown : That's really exciting!

(注) Australian オーストラリア(人)の *shamisen* 三味線 skill 技能
hear from ～ ～から連絡がある instrument 楽器 *kabuki* 歌舞伎 line セリフ
actor 俳優，役者 character 登場人物 motivate やる気にさせる actually 実際に

(1) 文中のA，Dの［　　　］の中の語を，それぞれ正しい順序に並べ替えて書きなさい。

(2) 文中のB，Cの(　　　)の中に入る最も適当なものを，次のア～エからそれぞれ一つずつ選び，その符号を書きなさい。

B ア How about イ Welcome to ウ Here is エ Look for

C ア see イ saw ウ seeing エ seen

(3) 下線部分Eについて，音楽の先生は，三味線が歌舞伎の重要な楽器である理由をどのように言っていたか。その内容を具体的に日本語で書きなさい。なお，文末を「～から。」の形にしなさい。

(4) 文中のFの［　　　］の中に入る最も適当なものを，次のア～エから一つ選び，その符号を書きなさい。

ア I'm still not good at playing the *shamisen*

イ our skills are getting better

ウ we have no time to practice the *shamisen*

エ I found another important instrument of *kabuki*

(5) 下線部分Gについて，ケン(Ken)は，ジェイク(Jake)への次のメールで，どのような考えを書くつもりか。その内容を，具体的に日本語で書きなさい。なお，文末を「～こと。」の形にしなさい。

(6) 本文の内容に合っているものを，次のア～オから二つ選び，その符号を書きなさい。

ア Jake wants to learn how to improve his *shamisen* skills from Ken and Emi.

イ Ms. Brown is glad because Jake wrote an e-mail to her soon.

ウ Emi played the *shamisen*, but she didn't understand traditional Japanese music well.

エ Jake will come to Japan to play the *shamisen* with Ken and Emi in the cultural festival.

オ Ken thinks that Jake's friends in Australia can enjoy the *shamisen* performance on the Internet.

第5回模試

〔4〕 次の英文を読んで，あとの(1)～(6)の問いに答えなさい。

Megumi is a high school student. She has a friend in America. His name is Andy. One day, she sent an e-mail to him.

【E-mail from Megumi to Andy】

Hi, Andy. How are you? I cannot wait to go to America to meet you and your family this winter.

Before visiting you, I want your help. My English teacher said to us, "I'll give you homework during the winter vacation. Write about a person in English. You can choose your favorite person. For example, your family member, your friend, or a famous person." At first, I wanted to write about a person around me, but I have decided to [A] because I am going to visit America. Do you know a good person? If the person works for the world, please tell me. I'm sorry to ask you for help suddenly. I hope I can meet you soon.

【E-mail from Andy to Megumi】

Hi, Megumi.

Thank you for your e-mail. I'm also very excited to meet you!

By the way, I know a good person. You can write about him. He is a very famous person in my country. I met him at my friend Rose's birthday party in August. He is her uncle, and I was lucky to meet him. I told him that I was very interested in his projects. He has many projects, and they will change the world's future. He is a very busy person, but he said to me, "Andy, [B] this winter."

At the party he said to me, "$_{\text{C}}$<u>I work hard not for money but for the future</u> because I hope the world will be a better place for people all over the world." I thought, "He is a great person." $_{\text{D}}$<u>He believes all his projects are important to save people on the earth</u>. They are very exciting, and I like them very much.

For example, Rose's uncle works for a solar energy company. The company makes electricity from solar energy for electric cars and houses. He says, "If people use only solar energy, they will not use fossil fuels in the future." He also works for an electric car company. He believes that he can stop global warming if people in the world drive his electric cars to reduce CO_2. He also works for other different projects. Can you believe it? My dream is to work to change the world's future like him.

During the winter vacation, I'm going to visit him at his spacecraft company with Rose. He believes that people need to move to Mars to live in the future. It is a very interesting idea. If you want to meet him at the company, why don't you join us? Please think about it.

"That will be a great chance!" Megumi thought. "E I'll write an e-mail to Andy this evening."

(注) high school 高校　ask ～ for … ～に…を求める　project 事業　money お金
solar energy 太陽エネルギー　company 会社　electricity 電気　electric car 電気自動車
fossil fuel 化石燃料　global warming 地球温暖化　reduce CO_2 二酸化炭素を削減する
spacecraft 宇宙船　Mars 火星　chance 機会

(1) 文中のAの[　　　]の中に入る最も適当なものを，次のア～エから一つ選び，その符号を書きなさい。

ア find a famous Japanese person

イ write about you as my good friend

ウ write about my brother in America

エ write about a person from America

(2) 文中のBの[　　　]に当てはまる内容を，4語以上の英語で書きなさい。

(3) 下線部分Cについて，ローズ（Rose）のおじさんがそのように言っている理由を，具体的に日本語で書きなさい。なお，文末を「～から。」の形にしなさい。

(4) 下線部分Dについて，ローズのおじさんが働いている太陽エネルギーの会社が，どのような事業を行っているかを示している1文を，本文から探して抜き出しなさい。

(5) 次の①～③の問いに対する答えを，それぞれ3語以上の英文で書きなさい。

① Has Megumi finished her English homework yet?

② Who did Andy meet at Rose's birthday party?

③ What is Andy's dream?

(6) 下線部分Eについて，メグミ(Megumi)になったつもりで，アンディ(Andy)に対するメールを，解答用紙の "Hi, Andy. Thank you for your e-mail." に続けて，[　　　]の中に，4行以内の英文で書きなさい。

〔1〕 次の図は，ある角度から見た地球儀を表す模式図である。また，右下の地図中の緯線は赤道を基準に，経線は本初子午線を基準に，いずれも30度間隔で表している。これらを見て，下の(1)～(5)の問いに答えなさい。

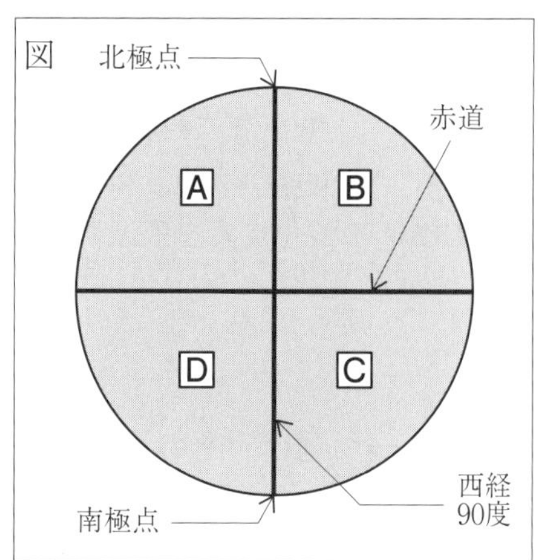

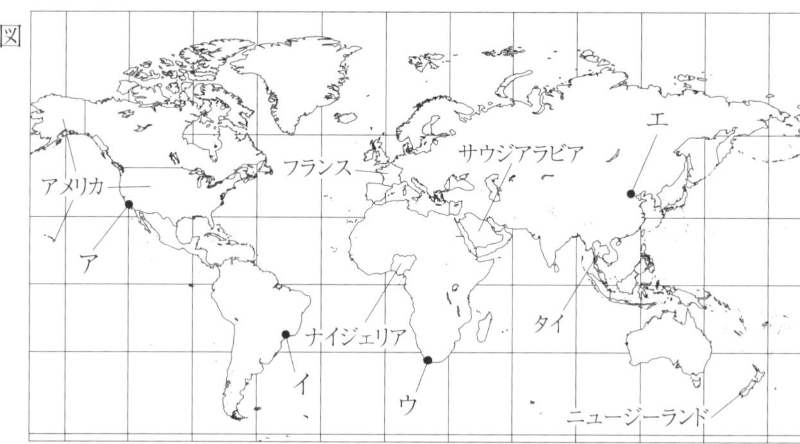

(1) 三大洋のうち，図中のA～Dのいずれの範囲にも含まれない海洋の名称を書きなさい。

(2) 図中のCに位置する都市を，地図中のア～エから一つ選び，その符号を書きなさい。

(3) 地図で示したサウジアラビアについて，国内で最も多くの人が信仰する宗教の特色として，最も適当なものを，次のア～エから一つ選び，その符号を書きなさい。

ア

教典は聖書であり，クリスマスやイースター（復活祭）などの祝日で知られている。

イ

信者の男性の多くは，一生に一度は出家して，僧侶としての修行を積む。

ウ

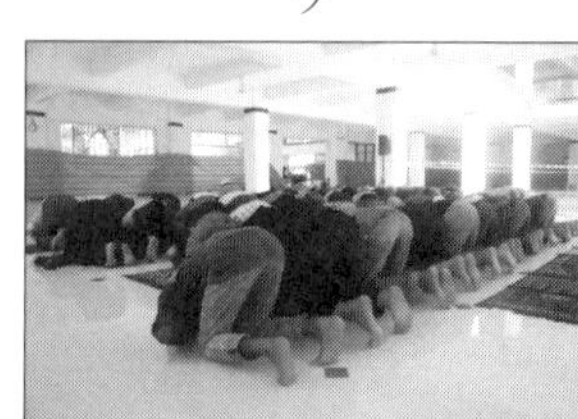

人々は聖地メッカに向かって祈りを捧げる。宗教上のきまりにより豚肉を食べない。

エ

牛を神の使いとし，牛肉を食べない。信者の多くは，ガンジス川で身を清める。

(4) 地図で示したアメリカについて述べた次の文中の［X］，［Y］に当てはまる語句の組合せとして，最も適当なものを，下のア～エから一つ選び，その符号を書きなさい。

> この国の北緯37度付近から南に位置する［X］では，ＩＣＴ（情報通信技術）関連産業が発達している。また，南部諸州では，［Y］などから移住してきた，ヒスパニックと呼ばれる人々が増えている。

ア〔X　サンベルト，Y　メキシコ〕　　イ〔X　サンベルト，Y　ブラジル〕

ウ〔X　プレーリー，Y　メキシコ〕　　エ〔X　プレーリー，Y　ブラジル〕

(5) 次の表は，地図で示したフランス，ナイジェリア，タイ，ニュージーランドについて，それぞれの国の人口(2021年)，一人当たり国民総所得(2020年)，主要輸出品の輸出額の割合(2020年)を示したものであり，表中のａ～ｄは，これらの四つの国のいずれかである。このうち，ａ，ｃに当てはまる国名を，それぞれ書きなさい。

	人口（万人）	一人当たり国民総所得（ドル）	主要輸出品の輸出額の割合（％）		
			第１位	第２位	第３位
a	513	42,764	酪農品(26.5)	肉類(14.0)	野菜・果実(8.0)
b	7,160	6,988	機械類(31.4)	自動車(9.9)	金(非貨幣用)(5.8)
c	21,340	1,946	原油(75.4)	液化天然ガス(11.2)	船舶(6.2)
d	6,453	39,573	機械類(19.2)	自動車(8.7)	医薬品(7.9)

（「世界国勢図会」2022/23年版による）

〔2〕 右の地図を見て，次の(1)～(5)の問いに答えなさい。

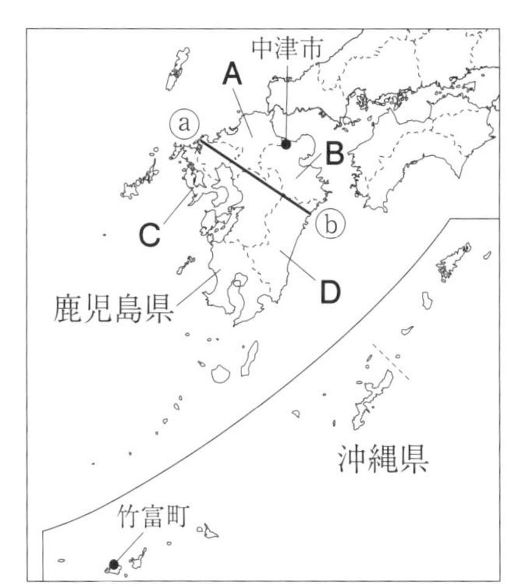

(1) 次の図は，地図中のⓐ—ⓑの断面図である。図中の**X**と**Y**の組合せとして，正しいものを，下のア～エから一つ選び，その符号を書きなさい。

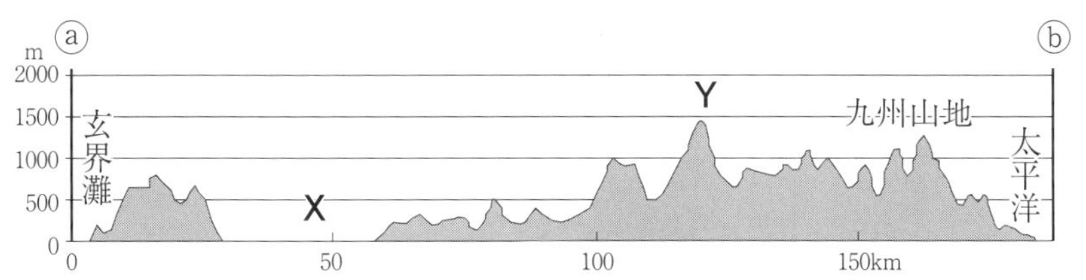

ア〔**X** 宮崎平野，**Y** 阿蘇山〕 イ〔**X** 宮崎平野，**Y** 雲仙岳〕
ウ〔**X** 筑紫平野，**Y** 阿蘇山〕 エ〔**X** 筑紫平野，**Y** 雲仙岳〕

(2) 右下のグラフは，地図中の沖縄県竹富(たけとみ)町の月降水量を表している。また，写真は，竹富町の伝統的住居を示している。これらについて述べた次の文中の P に共通して当てはまる語句を，漢字2字で書きなさい。

> グラフを見ると，竹富町では，8月から10月にかけて降水量が非常に多い。これは，この時期に P が上陸するせいである。 P による家屋の被害を防ぐため，この付近の伝統的住居は，写真に示したように，建物を石垣や樹木で囲み，屋根瓦(やねがわら)を漆喰(しっくい)で固定している。

▲沖縄県，竹富町

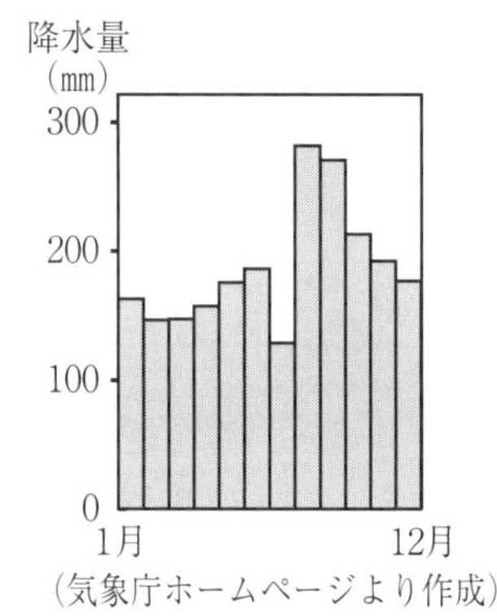

(気象庁ホームページより作成)

(3) 右のグラフは，地図中の鹿児島県の農業産出額に占める米，野菜，畜産の産出額の割合を全国と比べたものである。鹿児島県の農業産出額に占める米の産出額の割合が極端に低い理由を，鹿児島県に広がる火山の噴出物が積もった台地の名称を明らかにし，「水分」という語句を用いて書きなさい。

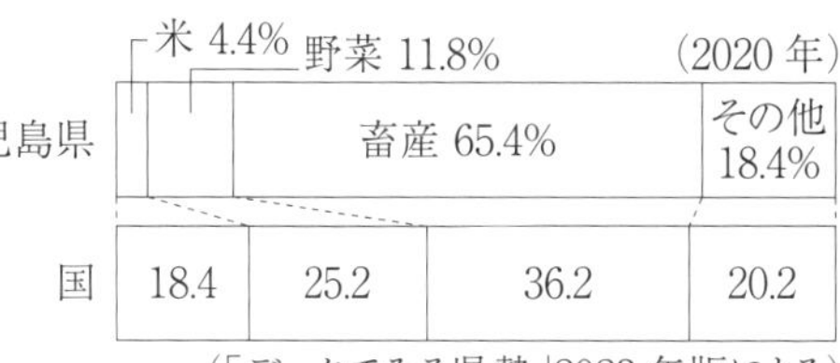

(「データでみる県勢」2023年版による)

(4) 右の表は，地図中の県**A**～**D**の県庁所在地の人口(2022年1月1日)，豚の飼養頭数(2022年)，漁業生産量(2020年)，化学工業の製造品出荷額等(2019年)を示したものであり，表中のア～エは，これら四つの県のいずれかである。県**A**と県**C**に当てはまるものを，表中のア～エから一つずつ選び，その符号を書きなさい。

	県庁所在地の人口(千人)	豚の飼養頭数(千頭)	漁業生産量(千t)	化学工業の製造品出荷額等(億円)
ア	478	137	59	5,496
イ	1,568	82	67	5,007
ウ	401	764	136	1,527
エ	406	196	251	221

(「データでみる県勢」2023年版による)

(5) 右の地形図は，地図中の中津市付近を示す2万5千分の1の地形図を，75%縮小して表したものである。地形図中の「小祝」と「小祝新町」は，川の運搬作用によって河口に形成された地形の上に位置している。この地形を何というか。漢字3字で書きなさい。

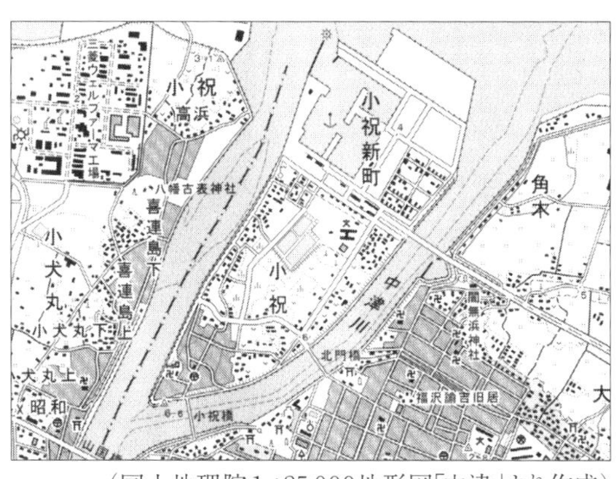

(国土地理院1：25,000地形図「中津」より作成)

〔3〕 社会科の授業で，A～Dの四つの班に分かれて，時代ごとの宗教のようすについて調べ，発表を行うことにした。次の資料は，班ごとに作成した発表資料の一部である。これらの資料を見て，下の(1)～(4)の問いに答えなさい。

第5回模試

A班の資料	B班の資料	C班の資料	D班の資料
 奈良時代に聖武天皇の命令でつくられ，a東大寺にまつられた大仏	 b鎌倉時代，各地を訪れて人々に念仏信仰を勧めた一遍による念仏踊り	 戦国時代，日本に初めてキリスト教を伝えた宣教師フランシスコ = ザビエル	 c江戸時代，キリシタンを取りしまるために用いられた踏絵

(1) A班の資料の下線部分aの倉庫である正倉院について述べた次の文中の X に当てはまる語句を，カタカナで書きなさい。

> 東大寺正倉院には，遣唐使が唐から持ち帰った，インド原産と考えられる木材でつくられた楽器が収められた。これは，中国と西方を結ぶ，X と呼ばれる陸上の交易路を通じて，インドから中国にもたらされた品物であると考えられている。

(2) B班の資料について，次の①，②の問いに答えなさい。

① 一遍が開いた新しい仏教の宗派を，次のア～エから一つ選び，その符号を書きなさい。

ア 浄土宗　　イ 浄土真宗
ウ 臨済宗　　エ 時宗

② 下線部分bについて，右の**資料**は，この時代に幕府が出した命令を示したものであり，資料中の X には，幕府への忠誠を誓い，奉公の義務を負った武士を表す語句が共通して当てはまる。その語句を漢字3字で書きなさい。

資料 永仁（えいにん）の徳政令(1297年)　（部分要約）

> 所領の質入れや売買は，X の生活が苦しくなる原因となるから，今後は禁止する。
> … X 以外の武士や庶民が X から買った土地については，売買後の年数に関係なく，X に返さなければならない。

(3) C班の資料にあげたフランシスコ = ザビエルは，宗教改革に対抗してカトリック教会を立て直すために結成された組織の宣教師であった。この組織の名称を書きなさい。

絵踏のようす

(4) D班の資料について，次の①，②の問いに答えなさい。

① 踏絵（ふみえ）は，キリストや聖母マリアの像を刻んだ金属製の板である。どのような人がキリシタンと見なされたのか。右の絵を参考にし，「絵踏（えふみ）」という語句を用いて書きなさい。

② 下線部分cについて，次のX～Zは，この時期に起こったできごとである。年代の古い順に並べたものとして，正しいものを，下のア～カから一つ選び，その符号を書きなさい。

X ロシアの使節ラクスマンが根室に来航した。
Y 異国船打払令が出された。
Z キリシタンの農民らが島原・天草一揆を起こした。

ア X→Y→Z　　イ X→Z→Y　　ウ Y→X→Z
エ Y→Z→X　　オ Z→X→Y　　カ Z→Y→X

〔4〕 右の略年表を見て，次の(1)～(6)の問いに答えなさい。

年代	我が国のできごと
1860	a 桜田門外の変が起こる。
1872	官営の b が建設される。
1910	c 韓国併合が行われる。
1915	d 中国に対する二十一か条の要求が出される。
1931	e 満州事変が起こる。
1956	f 日本が国際連合に加盟する。

(1) 下線部分 a に関する次の文中の X ， Y に当てはまる人物の名前の組合せとして，正しいものを，下のア～エから一つ選び，その符号を書きなさい。

> 大老の X は，政策に反対する大名や公家，藩士らを厳しく処分した。その中には，私塾を開いて多くの人材を育てた長州藩士の Y も含まれていた。このような弾圧に反発した元水戸藩士らは，江戸城の桜田門外で X を暗殺した。

ア 〔X 水野忠邦(みずのただくに)，Y 吉田松陰(よしだしょういん)〕
イ 〔X 水野忠邦，Y 坂本龍馬(さかもとりょうま)〕
ウ 〔X 井伊直弼(いいなおすけ)，Y 吉田松陰〕
エ 〔X 井伊直弼，Y 坂本龍馬〕

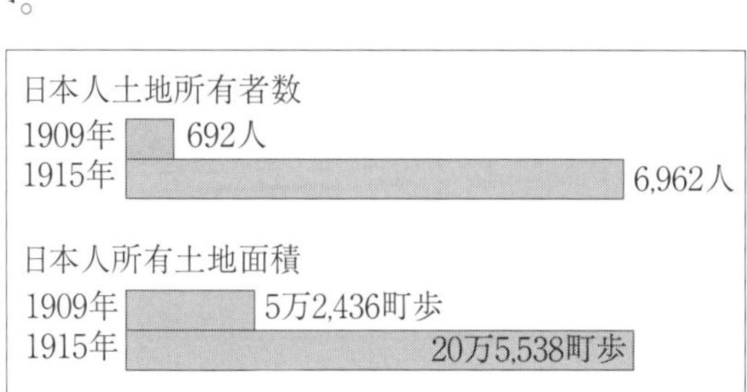

(2) 右の絵は， b に当てはまる官営模範工場のようすを描いたものである。 b に当てはまる官営模範工場の名称を書きなさい。

(3) 下線部分 c によって，日本は韓国を「朝鮮」と改称させ，植民地支配を進めた。その過程で，朝鮮では，右のグラフに示したような変化が生じた。1909年と比べて1915年における日本人土地所有者数と日本人所有土地面積が大幅に増加した理由を，「土地調査」，「土地所有権」，「日本人地主」という語句を用いて，50字以内で書きなさい。

日本人土地所有者数

1909年	692人
1915年	6,962人

日本人所有土地面積

1909年	5万2,436町歩
1915年	20万5,538町歩

（「近代日本経済史要覧」東京大学出版会より作成）

(4) 右の**資料**は，下線部分 d の二十一か条の要求の一部を示したものである。資料中の P に当てはまる国名を，次のア～エから一つ選び，その符号を書きなさい。

ア ドイツ　　イ フランス　　ウ イギリス　　エ ロシア

資料 二十一か条の要求（一部要約）

> 一 中国政府は， P が山東省(さんとう)にもっている一切の権利を日本にゆずること。

(5) 次の表は，下線部分 e の【できごと】の【背景・原因】，【結果・影響】をまとめたものである。表中の X ， Y に当てはまる文として，最も適当なものを，下のア～オからそれぞれ一つずつ選び，その符号を書きなさい。

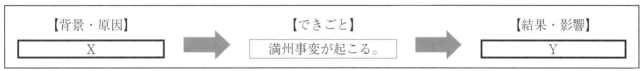

【背景・原因】	→	【できごと】	→	【結果・影響】
X	→	満州事変が起こる。	→	Y

ア 講和条約が結ばれ，日本は中国から遼東(りょうとう)半島・台湾・澎湖(ほうこ)諸島を獲得した。
イ 北京(ペキン)郊外の盧溝橋(ろこうきょう)付近で日中両国軍の武力衝突が起こった。
ウ 撤兵(てっぺい)を求める国際連盟の勧告に反発した日本は，国際連盟を脱退した。
エ 関東軍が奉天(ほうてん)郊外の柳条湖(りゅうじょうこ)で南満州鉄道の線路を爆破した。
オ 北京で始まった反日運動が，帝国主義に反対する全国的な運動へと発展した。

(6) 下線部分 f が実現するきっかけとなったできごとを，次のア～エから一つ選び，その符号を書きなさい。

ア 日中共同声明に調印した。　　イ 日ソ共同宣言に調印した。
ウ 日中平和友好条約が結ばれた。　　エ 日ソ中立条約が結ばれた。

〔5〕 中学校3年生のあるクラスの社会科の授業では，A～Dの四つの班に分かれて，「貿易と国際社会」というテーマで，調べ学習をすることになった。これについて，次の(1)～(4)の問いに答えなさい。

(1) A班は，日本の主な輸出入品について調べた。これについて，次の①，②の問いに答えなさい。

① 右の**資料Ⅰ**は，ある時代に中国との貿易を通じて大量に輸入された貨幣である。これについて述べた次の文中の X ， Y に当てはまる語句の組合せとして，正しいものを，下のア～エから一つ選び，その符号を書きなさい。

資料Ⅰ

> この貨幣は， X との貿易を通じて輸入されたもので， X との国交を開いた人物は，正式の貿易船に Y という証明書を持たせた。

ア 〔X 明(みん)，Y 勘合 〕
イ 〔X 明，Y 朱印状〕
ウ 〔X 宋(そう)，Y 勘合 〕
エ 〔X 宋，Y 朱印状〕

② 右の**資料Ⅱ**は，1960年における日本の主要輸出入品の内訳を示したものである。これについて述べた次の文中の P に当てはまる内容を，「原料や燃料」，「技術力」，「工業製品」という語句を用いて書きなさい。また， Q に当てはまる語句を，漢字2字で書きなさい。

資料Ⅱ 日本の主要輸出入品（1960年） （%）

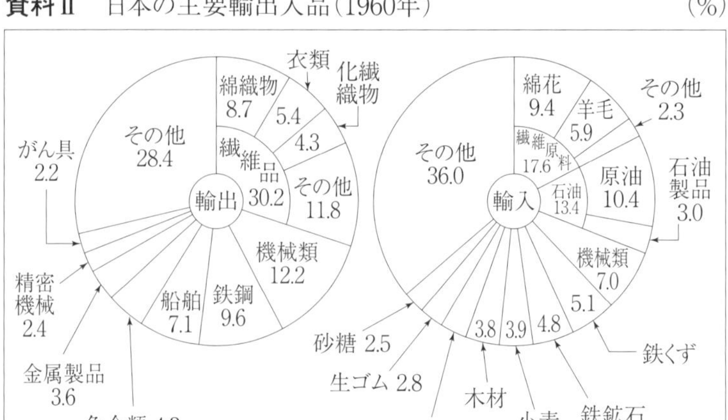

（「日本国勢図会」2022/23年版による）

> **資料Ⅱ**を見ると，1960年における日本の貿易の特徴は， P ことであるといえる。しかし，1980年代後半から，日本企業が海外での生産を増やし，国内の産業が衰退する「産業の Q 化」が問題になった。その結果，国内では，先端(せんたん)技術を生かした製品の生産が重視されるようになってきた。

(2) B班は，日本の主な貿易相手国について調べた。これについて，次の①～③の問いに答えなさい。

① 右の**資料Ⅰ**は，江戸時代末の日本の貿易相手国の変化を示したものである。1865年におけるアメリカの割合が1860年と比べて極端に低くなっているのは，この時期にアメリカ国内で起こった内戦により，日本との貿易に力を入れることができなくなったからである。この内戦の名称を書きなさい。

資料Ⅰ

（「近代日本経済史要覧」より作成）

② 右の**資料Ⅱ**は，2020年における日本の輸出相手国(地域)と輸入相手国(地域)について，輸出額・輸入額の上位5か国(地域)を示したものである。**資料Ⅱ**中の A ， B に当てはまる国の組合せとして，正しいものを，次のア～エから一つ選び，その符号を書きなさい。

資料Ⅱ

	輸出相手国(地域)	輸入相手国(地域)
1位	A	A
2位	アメリカ	アメリカ
3位	B	オーストラリア
4位	(台湾)	(台湾)
5位	(ホンコン)	B

（「日本国勢図会」2022/23年版による）

ア 〔A 韓国，B 中国〕　　イ 〔A インドネシア，B サウジアラビア〕
ウ 〔A 中国，B 韓国〕　　エ 〔A サウジアラビア，B インドネシア 〕

③　次の文中の［　X　］に共通して当てはまる語句を書きなさい。

貿易において，一方の国が，輸出量と比べて輸入量が少ないことで不均衡(ふきんこう)になったり，ある商品の輸入が増えることで国内の同種の産業が衰えたりし，貿易相手国との間に対立が生まれることがある。これを［　X　］という。1980年代に，日本からアメリカへの自動車の輸出をめぐる［　X　］が起こった。

(3)　C班は，日本の主な貿易港について調べた。これについて，次の①，②の問いに答えなさい。

①　右の地図中のア～オは，日米修好通商条約で開かれた五つの港の場所を示したものである。次の文は，これらの港のうちの一つについて述べたものである。この港を，地図中のア～オから一つ選び，その符号を書きなさい。

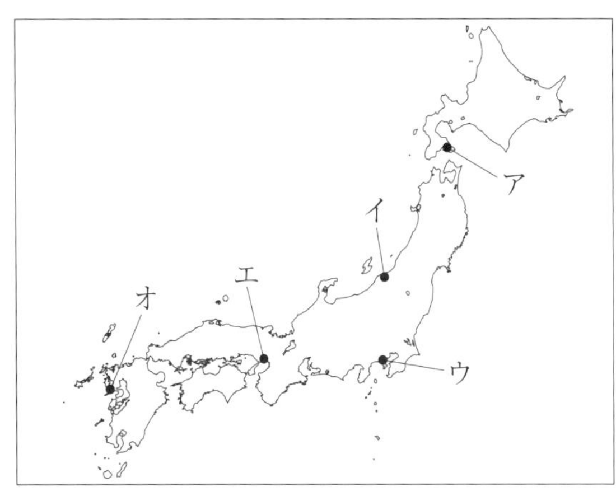

開国後最大の貿易港となり，主に生糸や茶が輸出された。また，明治になってからも，この港を窓口として西洋文化が日本に流入し，周辺の港町は文明開化の中心地として急速に発展した。

②　右の**資料Ⅰ**は，名古屋港の主要輸出品の上位5品目(2020年)を，**資料Ⅱ**は，成田国際空港の主要輸入品の上位5品目(2020年)を示したものである。これらについて述べた次の文中の［　Ⅰ　］に当てはまる工業地帯名を書きなさい。また，［　Ⅱ　］に当てはまる内容を，「工業製品」という語句を用いて書きなさい。

資料Ⅰ　名古屋港

	輸出品目
1位	自動車
2位	自動車部品
3位	内燃機関
4位	電気計測機器
5位	金属加工機械

資料Ⅱ　成田国際空港

	輸入品目
1位	通信機
2位	医薬品
3位	コンピューター
4位	集積回路
5位	科学光学機器

(「日本国勢図会」2022/23年版による)

資料Ⅰを見ると，輸出の上位2品目が自動車と自動車部品であることから，名古屋港が自動車産業のさかんな豊田市を含む［　Ⅰ　］工業地帯にとって重要な貿易港であることがわかる。また，**資料Ⅱ**の輸入品の重量と価格の面から考えると，航空機が［　Ⅱ　］の輸送に適していることがわかる。

(4)　D班は，貿易と経済の関係について調べた。これについて，次の①，②の問いに答えなさい。

①　次の文中の［　X　］に当てはまる語句を書きなさい。

1973年，第四次中東戦争が起こると，アラブの産油国はイスラエルを支持する国に対し，石油の価格を引き上げたり，輸出を停止したりする戦略をとった。その結果，主なエネルギー資源である石油を輸入にたよっていた日本の経済は混乱した。この混乱は石油［　X　］と呼ばれる。

②　右の**資料**は，ヨーロッパにおける，航空機を構成する各部品の生産国を示した模式図である。**資料**から，複数の国で生産した部品を一か所に集めて，最終的な組み立てが行われることがわかる。このような，生産における国境を越えた協力関係を何というか。漢字4字で書きなさい。

資料

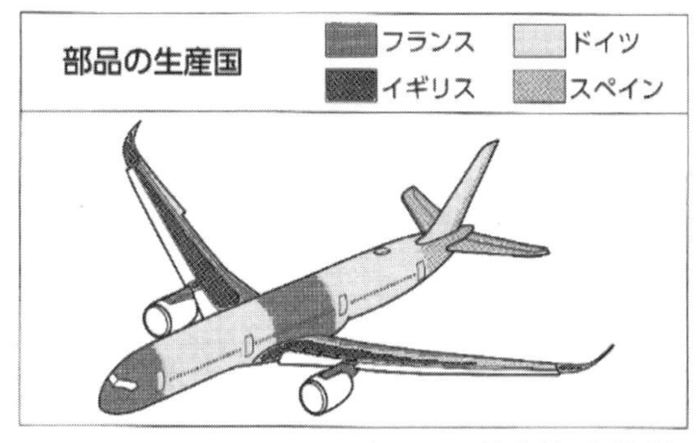

(エアバス社資料より作成)

〔6〕 あるクラスの社会科の授業では，「情報化」について，テーマを決めて調べることにした。次の**資料Ⅰ**～**資料Ⅲ**は，「情報化が変える社会のしくみ」をテーマにNさんが集めたものの一部である。このことについて，下の(1)，(2)の問いに答えなさい。

資料Ⅰ　インターネットの利用者数と人口普及率の推移（各年末時点）

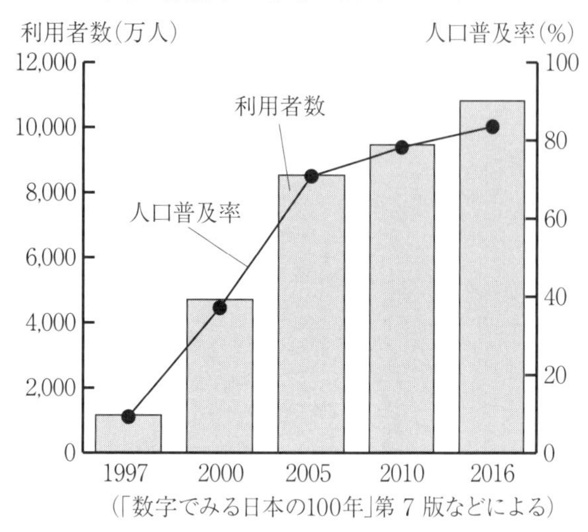

（「数字でみる日本の100年」第７版などによる）

資料Ⅱ　新聞の発行部数の推移

	発行総数（千部）	１世帯当たりの発行部数（部）
1980年	46,391	1.29
1990年	51,908	1.26
2000年	53,709	1.13
2010年	49,322	0.92
2021年	33,027	0.57

（「日本国勢図会」2022/23年版による）

資料Ⅲ　企業がインターネットを利用した広告を行う理由（複数回答）

理 由	製造業（%）	卸売・小売業（%）
広告効果を把握しやすい	19.6	17.3
広告費が安い	38.4	32.8
個々の消費者のニーズに合わせた広告が可能	22.3	39.1
広範囲に情報発信できる	82.5	71.5

（平成28年通信利用動向調査より作成）

(1)　**資料Ⅰ**のグラフと**資料Ⅱ**の表から，インターネット利用者数と新聞の発行総数および１世帯当たりの新聞発行部数の間にはどのような関係が読みとれるか。50字以内で書きなさい。

(2)　Nさんは，インターネットを利用して情報発信や商品販売が行われていることに興味をもち，**資料Ⅲ**を見つけた。**資料Ⅲ**についてNさんがまとめた次の文を読んで，下の①，②の問いに答えなさい。

> コンピューターやインターネットなどの a 情報通信技術（ＩＣＴ）が発達し，インターネットを通じて商品を購入する消費者が増えてきた。また，企業もインターネットを利用した広告を行うようになったのは，**資料Ⅲ**からわかるように，商品やサービスの情報を［　b　］という，情報社会の特性を生かしているからだと考えられる。

①　下線部分ａの発達にともない，その技術やそれを使ってやり取りされる情報を選択し，正しく活用することが私たちに求められるようになっている。このような情報を正しく判断して利用・活用する力を何というか，書きなさい。

②　文中の［　b　］に当てはまる内容を，「対象」，「効率」という語句を用いて書きなさい。

第５回模試

〔１〕次の(1)～(6)の問いに答えなさい。

(1) 鉢植えのアサガオのふ入りの葉にアルミニウムはくをかぶせて一晩おき，その後アルミニウムはくを外し，右の図のように葉の一部を再びアルミニウムはくでおおった。この葉に光を十分に当ててから採取し，熱湯につけてからあたためたエタノールで脱色し，水で洗ってからヨウ素液にひたして葉の色のようすを観察した。このとき，青紫色に染まった部分として，最も適当なものを，次のア～カから一つ選び，その符号を書きなさい。

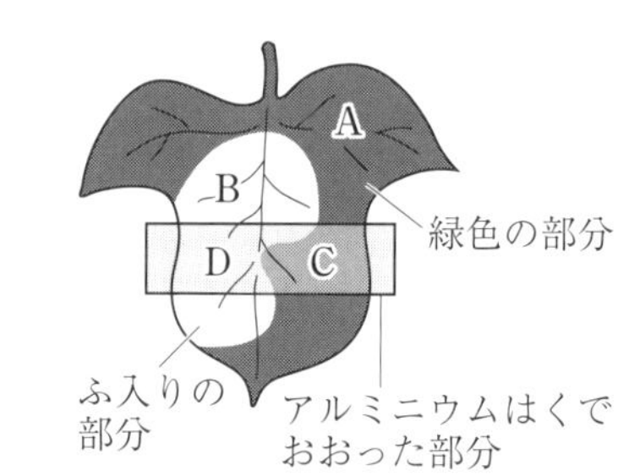

ア　Aのみ　　イ　A，B　　ウ　A，C
エ　B，C　　オ　B，D　　カ　Cのみ

(2) ある火山で採取した火山灰を，双眼実体顕微鏡を用いて観察したところ，六角形で黒っぽく，うすくはがれる性質をもつ鉱物がふくまれていた。この鉱物を何というか。その用語を書きなさい。

(3) 次の文は，塩化アンモニウムと水酸化バリウムを混ぜ合わせたときに起こった化学反応について述べたものである。文中の［ a ］，［ b ］に当てはまる語句の組合せとして，最も適当なものを，下のア～エから一つ選び，その符号を書きなさい。

> 塩化アンモニウムと水酸化バリウムを混ぜ合わせると，温度が低下した。これは，反応の際に［ a ］ためであり，このような反応を［ b ］反応という。

ア〔a　熱を放出した，　b　発熱〕　イ〔a　熱を放出した，　b　吸熱〕
ウ〔a　周囲の熱を吸収した，　b　発熱〕　エ〔a　周囲の熱を吸収した，　b　吸熱〕

(4) 右の表は，ある地域で発生した地震について，震源からの距離が35kmの地点Xと震源からの距離が56kmの地点Yでの初期微動が始まった時刻を示したものである。この地震が発生した時刻は何時何分何秒か。求めなさい。

地点	初期微動が始まった時刻
X	8時22分37秒
Y	8時22分40秒

(5) 右の図は，ある地域の露頭を観察したときのようすを模式的に表したもので，P－Qは断層を表している。

P－Qの断層ができたときに地層に加わった力の向きを(⇨)で，地層がずれた向きを(→)で表したものとして，最も適当なものを，次のア～エから一つ選び，その符号を書きなさい。

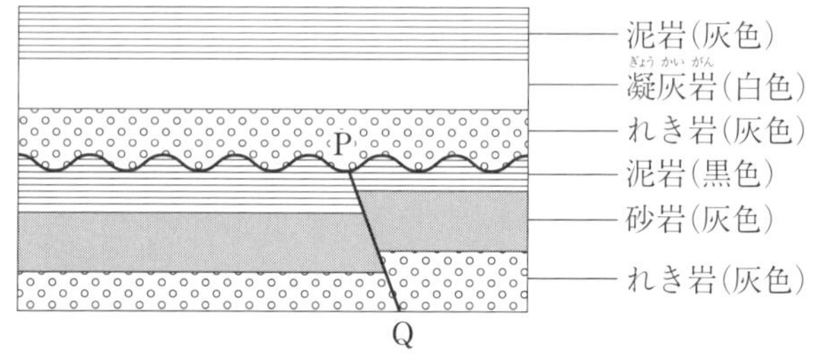

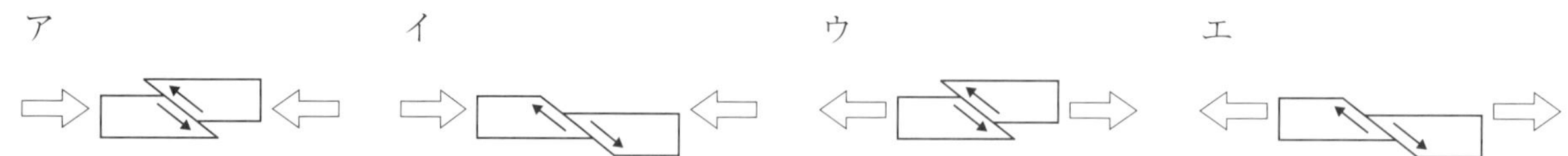

(6) 電熱線を電源装置につないだ回路で，電熱線に流れている電流の大きさと電熱線の両端にかかっている電圧の大きさを測定するために，回路に電流計と電圧計をつないだ。このときの回路を表した回路図として，最も適当なものを，次のア～エから一つ選び，その符号を書きなさい。

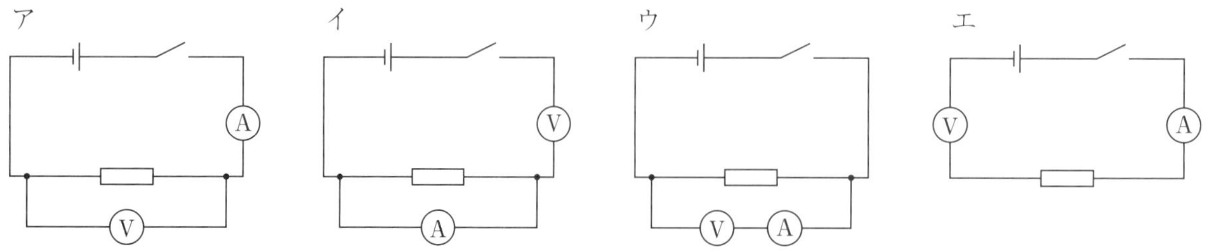

〔2〕水とエタノールの混合物について，次の実験を行った。この実験に関して，下の(1)～(5)の問いに答えなさい。

実験　水17cm³とエタノール3cm³の混合物を用意し，図1のように，枝つきフラスコに入れ，沸とう石を加えて一定の強さで加熱し，出てくる気体の温度を調べた。なお，図1で温度計のイラストは省略してある。また，出てきた気体は冷やして液体にし，2cm³ずつ試験管A～Cの順に集めた。この試験管に集めた液体のにおいや火をつけたときのようすを調べた。図2は，加熱した時間と出てきた気体の温度をまとめたものであり，表は集めた液体の性質をまとめたものである。

図1

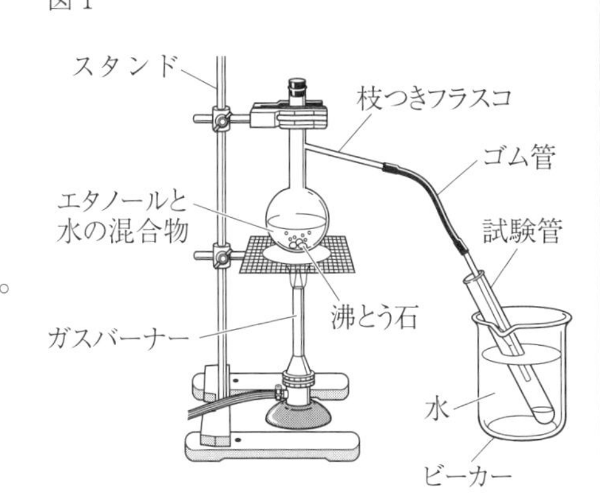

図2

気体の温度〔℃〕
100
80
60
40
20
0
0 1 2 3 4 5 6 7 8 9 10
加熱時間〔分〕

試験管	A	B	C
におい	あった	少しあった	ほとんどしなかった
火をつけたときのようす	よく燃えた	少しだけ燃えた	燃えなかった

(1)　枝つきフラスコに温度計を正しくとりつけたようすを表したものとして，最も適当なものを，次のア～エから一つ選び，その符号を書きなさい。

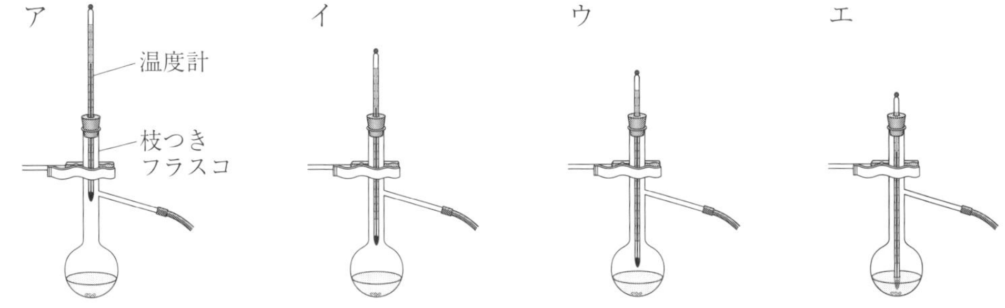

(2)　液体のにおいはどのような操作をして調べればよいか。その方法を書きなさい。

(3)　実験のように液体を沸とうさせて，出てきた気体を冷やして再び液体としてとり出すことを何というか。その用語を書きなさい。

(4)　実験から，試験管Aに集めた液体について説明したものとして，最も適当なものを，次のア～エから一つ選び，その符号を書きなさい。

ア　試験管Aで集めた液体は純粋なエタノールである。

イ　試験管Aで集めた液体はエタノールを多くふくむ水とエタノールの混合物である。

ウ　試験管Aで集めた液体は水を多くふくむ水とエタノールの混合物である。

エ　試験管Aで集めた液体は純粋な水である。

(5)　混合物と純粋な物質（純物質）について説明したものとして，最も適当なものを，次のア～エから一つ選び，その符号を書きなさい。

ア　混合物は純粋な物質(純物質)と同様に沸点が一定の値となる。

イ　混合物は純粋な物質(純物質)と同様に沸点が一定の値にならない。

ウ　混合物は純粋な物質(純物質)とちがって沸点が一定の値となる。

エ　混合物は純粋な物質(純物質)とちがって沸点が一定の値にならない。

第5回模試

〔3〕物体にはたらく力や力のつり合いについて調べるために，次の実験1，2を行った。この実験に関して，下の(1)〜(4)の問いに答えなさい。

実験1　図1のように，水平な床の上に板を置き，その上に小球を置いた。

実験2　図2のように，正方形の工作用紙に2つの穴を開けて，それぞれの穴にばねばかりをとりつけて水平な机の上に置き，それぞれのばねばかりを水平方向に全体が静止するまでゆっくり引いた。

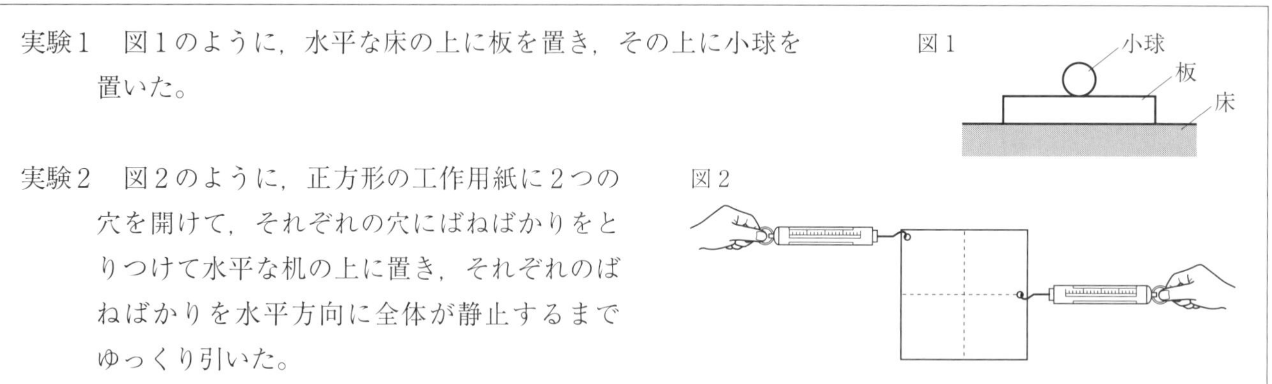

(1)　実験1で，板にはたらく力を表したものとして，最も適当なものを，次のア〜エから一つ選び，その符号を書きなさい。ただし，力のはたらく向きを矢印で、作用点は「•」で表し，見やすいように作用点はずらして表してあるものとする。

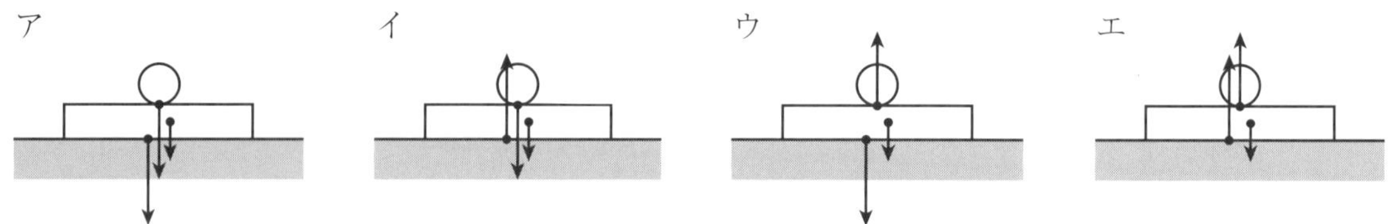

(2)　実験1で用いた板の質量が300gであり，月面上でこの板をばねばかりにつるしたとき，ばねばかりが示す値は何Nと考えられるか。その値を書きなさい。ただし，100gの物体にはたらく重力の大きさを1Nとし，月面上での重力の大きさを地球上の$\frac{1}{6}$とする。

(3)　実験2で，全体が静止したときの工作用紙とばねばかりのようすとして，最も適当なものを，次のア〜エから一つ選び，その符号を書きなさい。

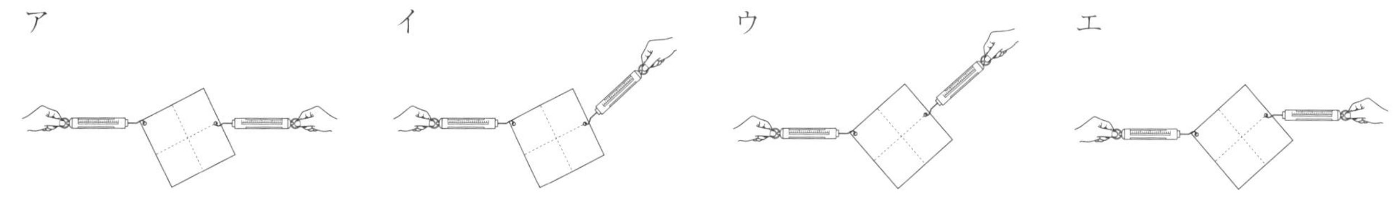

(4)　実験2で，全体が静止したとき，右側のばねばかりが示す値が2.0Nであったとき，左側のばねばかりが示す値として，最も適当なものを，次のア〜エから一つ選び，その符号を書きなさい。

ア　0.50N　　イ　1.0N　　ウ　2.0N　　エ　4.0N

〔4〕ヒトの刺激に対する反応について，次の実験を行った。この実験に関して，下の(1)～(4)の問いに答えなさい。

実験　右の図のように，先生と生徒合わせて15人が手をつないで輪をつくった。先生は右手でストップウォッチを押してスタートさせるのと同時に，左手でとなりの人の右手をにぎった。右手をにぎられた人は，左手でとなりの人の右手をにぎり，この動作を順に行っていった。Aさんは測定を開始するとただちに，先生から左手でストップウォッチを受けとり，右手がにぎられたらストップウォッチを止め,時間を記録した。この操作を合計で3回くり返し，その結果を次の表にまとめた。

	1回目	2回目	3回目
反応にかかった時間	3.74秒	3.71秒	3.65秒

(1)　皮膚（ひふ）のように，刺激を受けとる器官をまとめて何というか。その用語を書きなさい。

(2)　実験で，右手をにぎられたら左手でとなりの人の右手をにぎるという反応をしたとき，刺激と命令の信号が伝わる経路として，最も適当なものを，次のア～エから一つ選び，その符号を書きなさい。

ア　皮膚→脳→筋肉

イ　皮膚→脊髄（せきずい）→筋肉

ウ　皮膚→脊髄→脳→筋肉

エ　皮膚→脊髄→脳→脊髄→筋肉

(3)　実験から，刺激を受けてから反応を起こすまでの時間は1人当たり何秒と考えられるか。その値を，3回の平均から，小数第3位を四捨五入して小数第2位まで求めなさい。

(4)　実験とはちがって意識せずに起きる反応として，最も適当なものを，次のア～エから一つ選び，その符号を書きなさい。

ア　部屋が暑くなったので上着を脱いだ。

イ　手が熱いやかんに触れ，思わず手をひっこめた。

ウ　アラームが鳴ったのですぐに手で止めた。

エ　机から鉛筆が落ちるのが見えたので手をのばして受けとろうとした。

〔5〕大地の動きについて調べ，次の資料をまとめた。この資料に関して，あとの(1)～(4)の問いに答えなさい。

資料　地球の表面はプレートとよばれる厚さ100kmほどの板状の岩盤でおおわれている。右の図は，日本付近の4つのプレートの名称とそれらの境界を示したものである。それぞれのプレートは，さまざまな向きに1年間に数cm～十数cmほどの速さでゆっくりと動いている。これによって地下の岩盤に大きな力がはたらき，ひずみにたえられなくなった岩盤が割れてずれたり，地震が起こったりする。

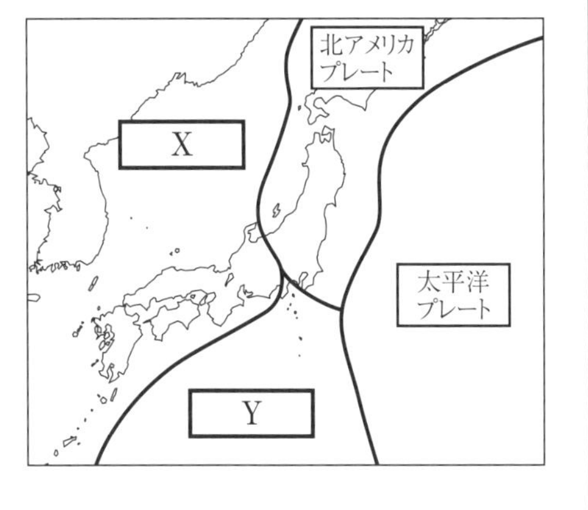

(1)　図の［X］，［Y］に当てはまるプレートの名称をそれぞれ書きなさい。

(2)　地下の岩盤が割れてずれたときに，ずれが地表にも達し，大地が持ち上がることがある。このことを何というか。その用語を書きなさい。

第5回模試

(3) 日本付近の北アメリカプレートと太平洋プレートの動く向きを矢印（→）で表したものとして，最も適当なものを，次のア～エから一つ選び，その符号を書きなさい。

ア
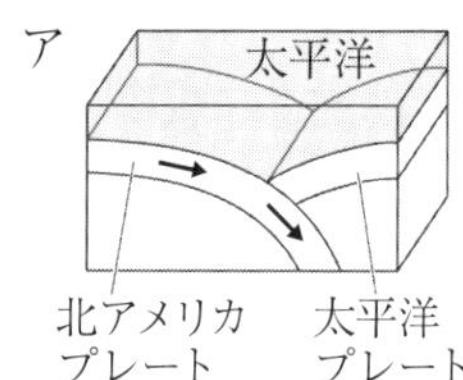

イ
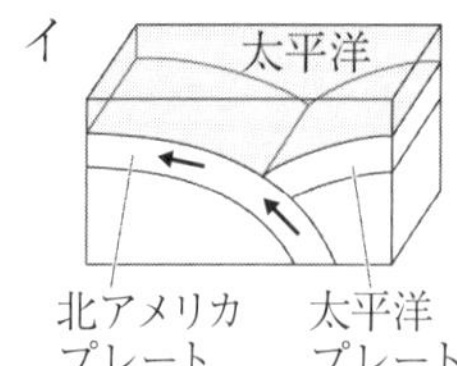

ウ
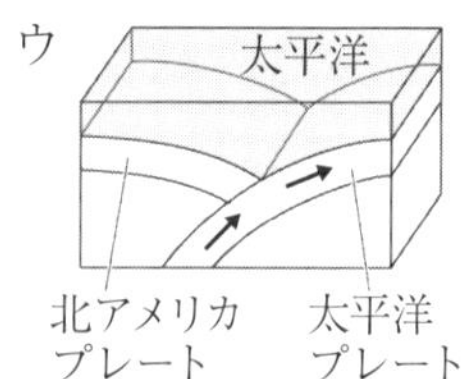

エ
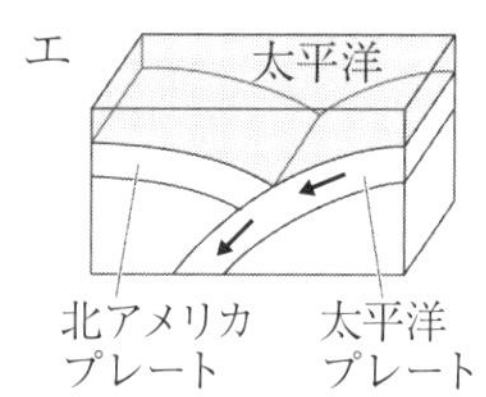

(4) 北アメリカプレートと太平洋プレートの境界などで起こった地震によって，震源付近の海水が持ち上げられることで発生する水のかたまりが陸地におし寄せる現象を何というか。その用語を書きなさい。

〔6〕電流と磁力のはたらく空間について調べるために，次の実験1，2を行った。この実験に関して，下の(1)～(4)の問いに答えなさい。ただし，方位磁針の針は黒くぬりつぶした部分がN極であるものとする。

実験1　図1のように，水平な厚紙に方位磁針を置いて，導線に矢印（➡）の向きに電流を流し，方位磁針の針の向きを調べた。

実験2　方位磁針P～Rを置いた水平な台の中央にコイルを固定し，図2のような回路をつくった。コイルに矢印（➡）の向きに電流を流し，方位磁針の針の向きを調べた。

図1
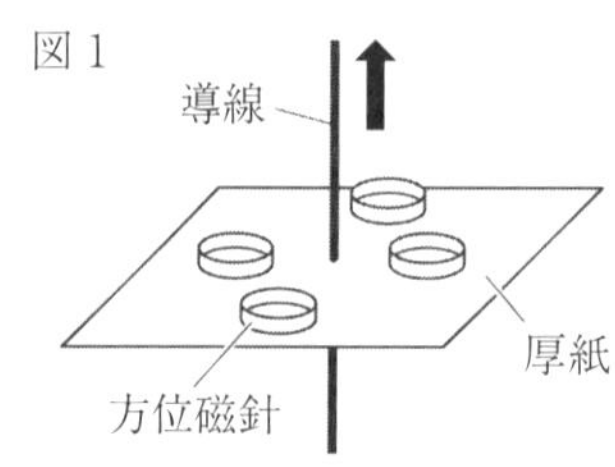

図2
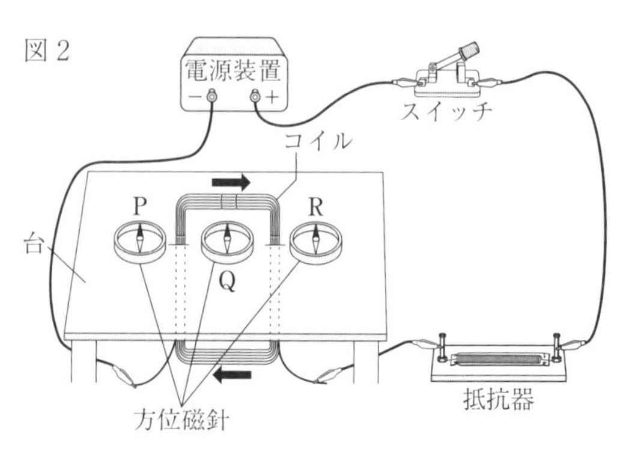

(1) 導線やコイルに電流を流すと磁力のはたらく空間ができた。磁力のはたらく空間を何というか。その用語を書きなさい。

(2) 実験1で，導線に電流を流して真上から見たときの方位磁針の向きを表したものとして，最も適当なものを，次のア～エから一つ選び，その符号を書きなさい。

ア
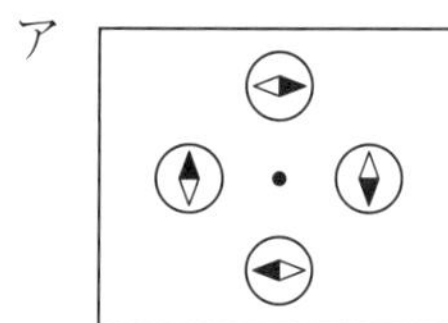

イ
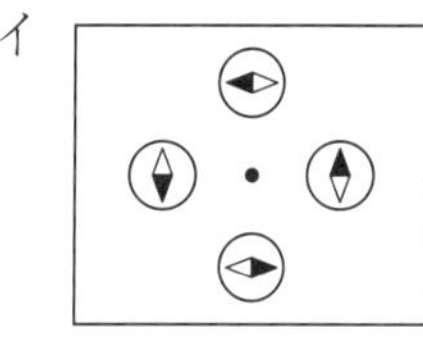

ウ
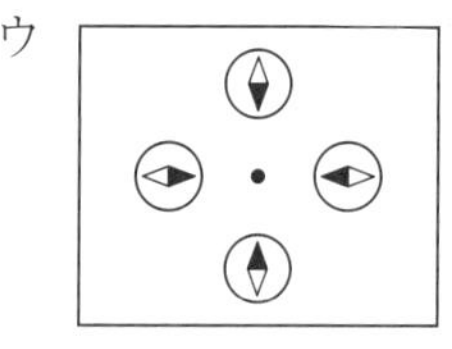

エ
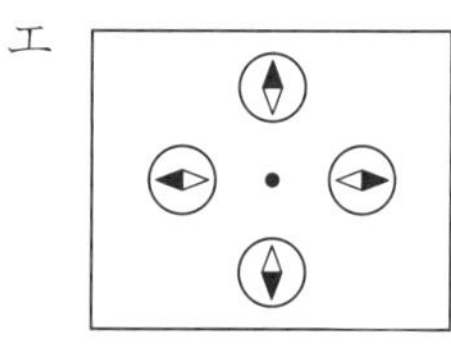

(3) 実験2で，コイルに電流を流して真上から見たときの方位磁針の向きを表したものとして，最も適当なものを，次のア～エから一つ選び，その符号を書きなさい。

ア
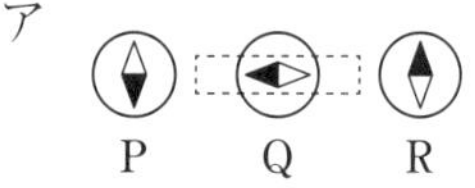

イ
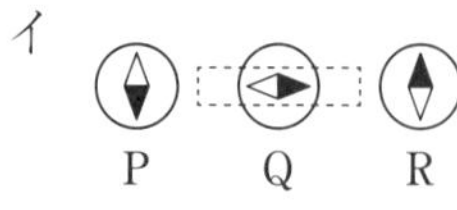

ウ
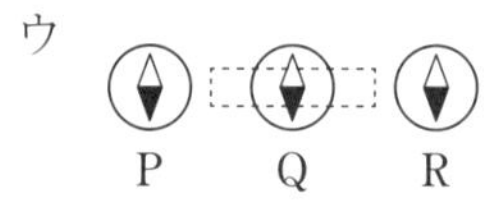

エ
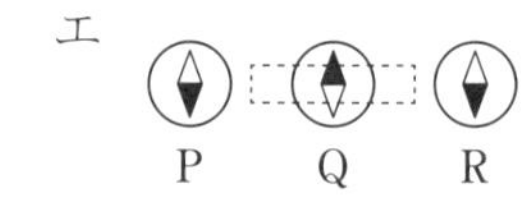

(4) 実験2で，コイルに電流を流したまま，図3の矢印（➡）の方向に方位磁針Pをゆっくりと移動させたところ，ある地点までは針の向きは変化したが，それ以上移動させると針の向きが変化しなくなった。これはなぜか。その理由を書きなさい。

図3
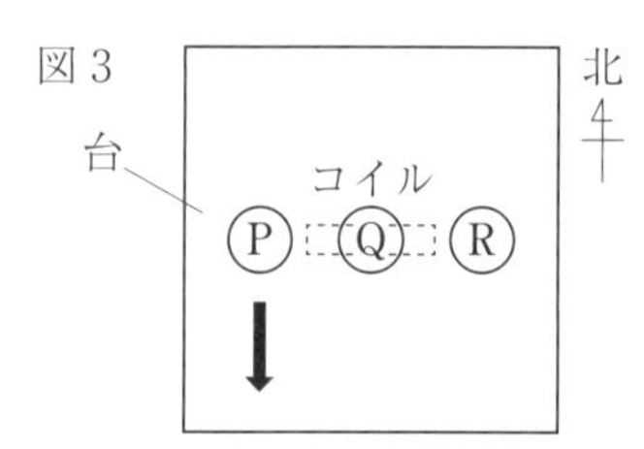

〔7〕酸化銀を加熱したときの反応について，次の実験を行った。この実験に関して，下の(1)〜(4)の問いに答えなさい。

実験　右の図のように，試験管Aに酸化銀1.00 gを入れ加熱し，発生した気体を試験管B，Cの順に集めた。気体が発生しなくなってから加熱をやめ，十分に試験管Aが冷めてから試験管A内に残った物質の質量を測定すると，その値は0.93 gであった。また，発生した気体の性質を調べるために，試験管Cに集めた気体の中に火のついた線香を入れたところ，線香が激しく燃えた。同様の操作を，酸化銀の質量を変えてくり返し行い，加熱後の試験管A内に残った物質の質量を調べたところ，下の表のようになった。なお，酸化銀の質量が4.00 gのときは，加熱が不十分であった。

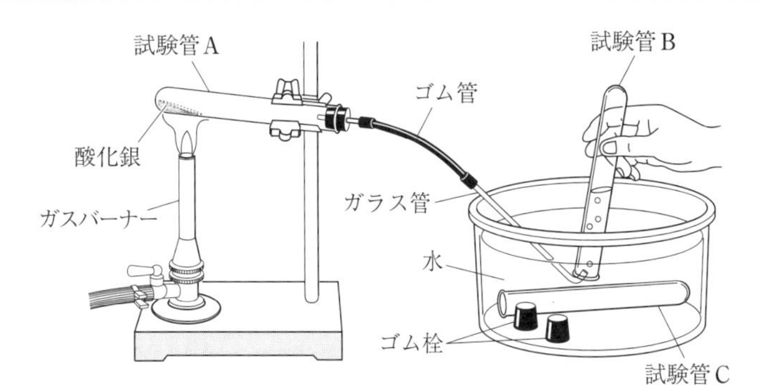

加熱した酸化銀の質量〔g〕	1.00	2.00	3.00	4.00
加熱後の試験管A内に残った物質の質量〔g〕	0.93	1.86	2.79	3.79

(1)　発生した気体の性質を調べるとき，試験管Bに集めた気体を使わなかったのはなぜか。その理由を書きなさい。

(2)　酸化銀を十分に加熱して完全に反応させたときの色の変化として，最も適当なものを，次のア〜エから一つ選び，その符号を書きなさい。

ア　黒色の酸化銀を加熱すると，赤色の固体が残った。

イ　黒色の酸化銀を加熱すると，白色の固体が残った。

ウ　赤色の酸化銀を加熱すると，黒色の固体が残った。

エ　赤色の酸化銀を加熱すると，白色の固体が残った。

(3)　試験管Aに入れた酸化銀を加熱したときに起きた化学変化を，化学反応式で表しなさい。

(4)　酸化銀4.00 gを加熱したとき，加熱後の試験管A内に反応せずに残った酸化銀の質量は何gか。その値を書きなさい。

〔8〕植物の成長について調べるために，次の実験を行った。この実験に関して，あとの(1)〜(4)の問いに答えなさい。

実験　タマネギの根が生える部分を数mm削り，図1のように，切り口が水に接するようにビーカーの上に数日置いたところ根が1cmほどのびたため，この根に油性ペンで等間隔に「●」のような印をつけ，根元に近い部分から順にa，b，c，dとした。この根を再び水につけて，根の成長を観察したところ，根はさらにのびた。のびた根を根元で切りとり，うすい塩酸とともに試験管に入れて60℃の湯の入ったビーカーであたためた。次に，試験管から根をとり出してスライドガラスの上にとって柄つき針でよくほぐしてから，酢酸カーミン液をたらして数分置き，カバーガラスをかけてプレパラートをつくった。このプレパラートを顕微鏡で観察したところ，ある部分では図2のように体細胞分裂が行われている細胞を観察することができた。

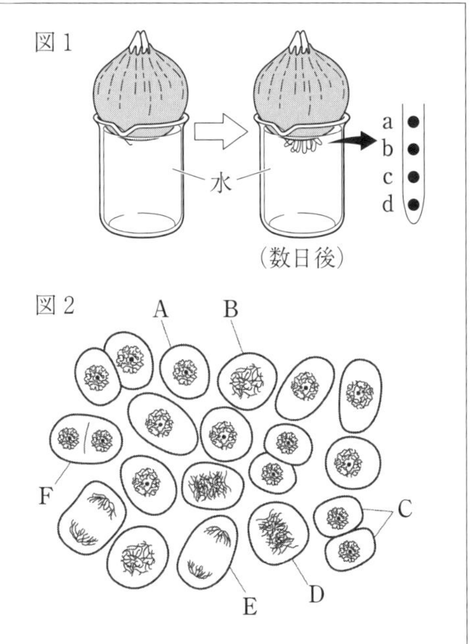

第5回模試

(1) 「●」のような印をつけてから，さらに根がのびたときの印の位置を表したものとして，最も適当なものを，次のア～エから一つ選び，その符号を書きなさい。

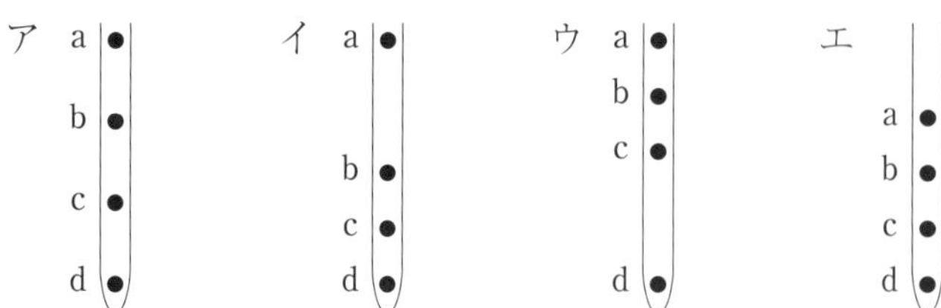

(2) 実験で，のびた根をうすい塩酸とともに試験管に入れてあたためた理由として，最も適当なものを，次のア～エから一つ選び，その符号を書きなさい。

ア　それぞれの細胞をはなれやすくするため。

イ　それぞれの細胞がこわれないようにするため。

ウ　体細胞分裂を盛んに行わせるため。

エ　染色液によって染まりやすくするため。

(3) 図２では，それぞれの細胞で染色液によく染まったひものようなつくりが見られた。このつくりを何というか。その用語を書きなさい。

(4) 図２のＡ～Ｆについて，Ａをはじまりとして細胞分裂の順に並べ，その符号を書きなさい。

第５回新潟県統一模試 <中３志望校判定テスト> 国語

氏名　　　得点

〔一〕

㈠ 1 挿　し　2 曇天　3 宵　4 進捗　5 逸品

㈡ 1 インソツ　2 ソナ　えた　3 ハカ　る　4 ココロヨ　い　5 クッセツ

〔二〕

㈠　㈡　㈢　㈣　㈤

〔三〕

㈠ ①　②

㈡　2

㈢　60

㈣

㈤ a　b　c　d

〔四〕

㈠　㈡

㈢　40

㈣

㈤　50

㈥　100

第5回新潟県統一模試 <中3志望校判定テスト> 数学

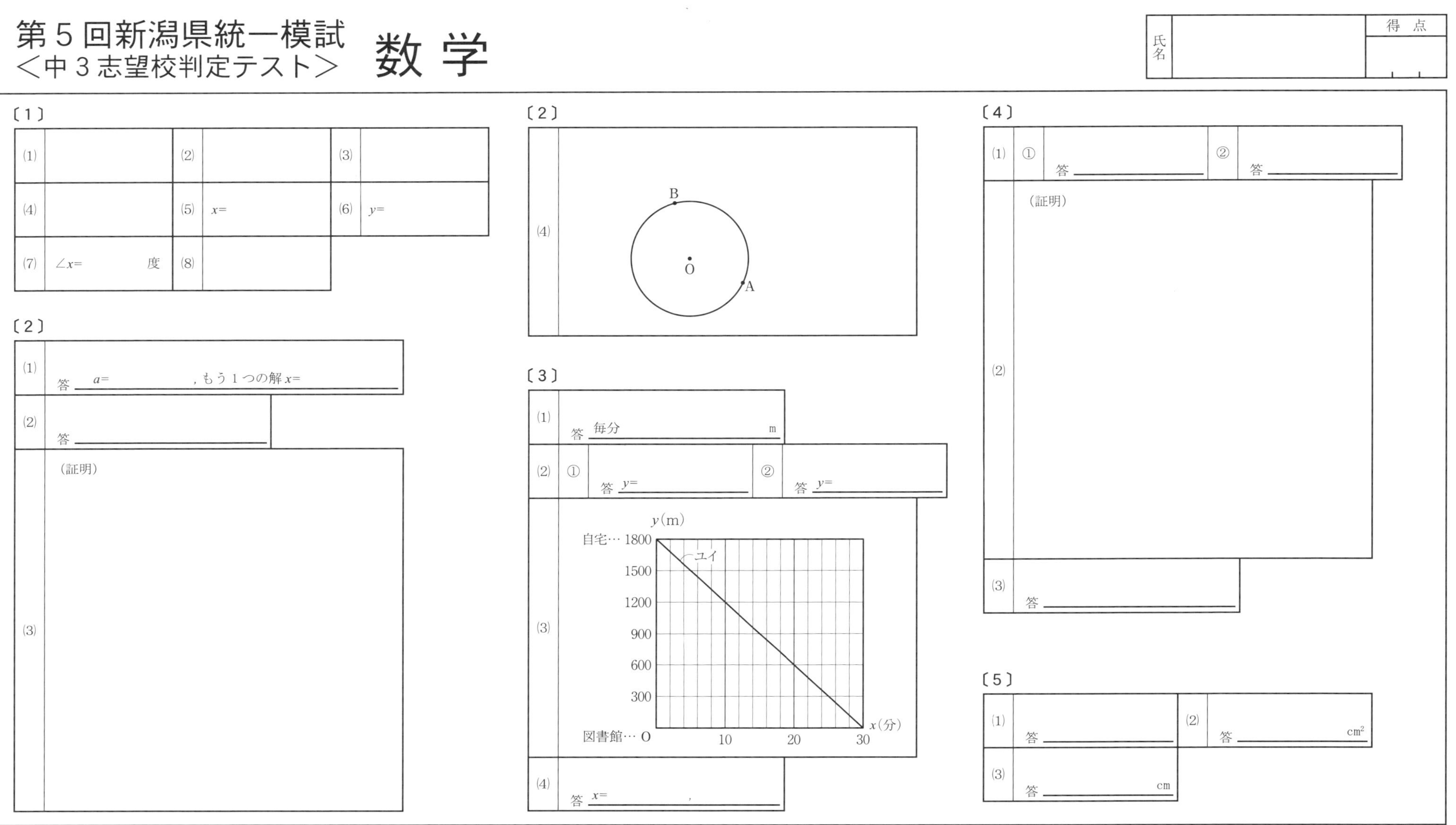

第５回新潟県統一模試 <中３志望校判定テスト> 英語

氏名		得点

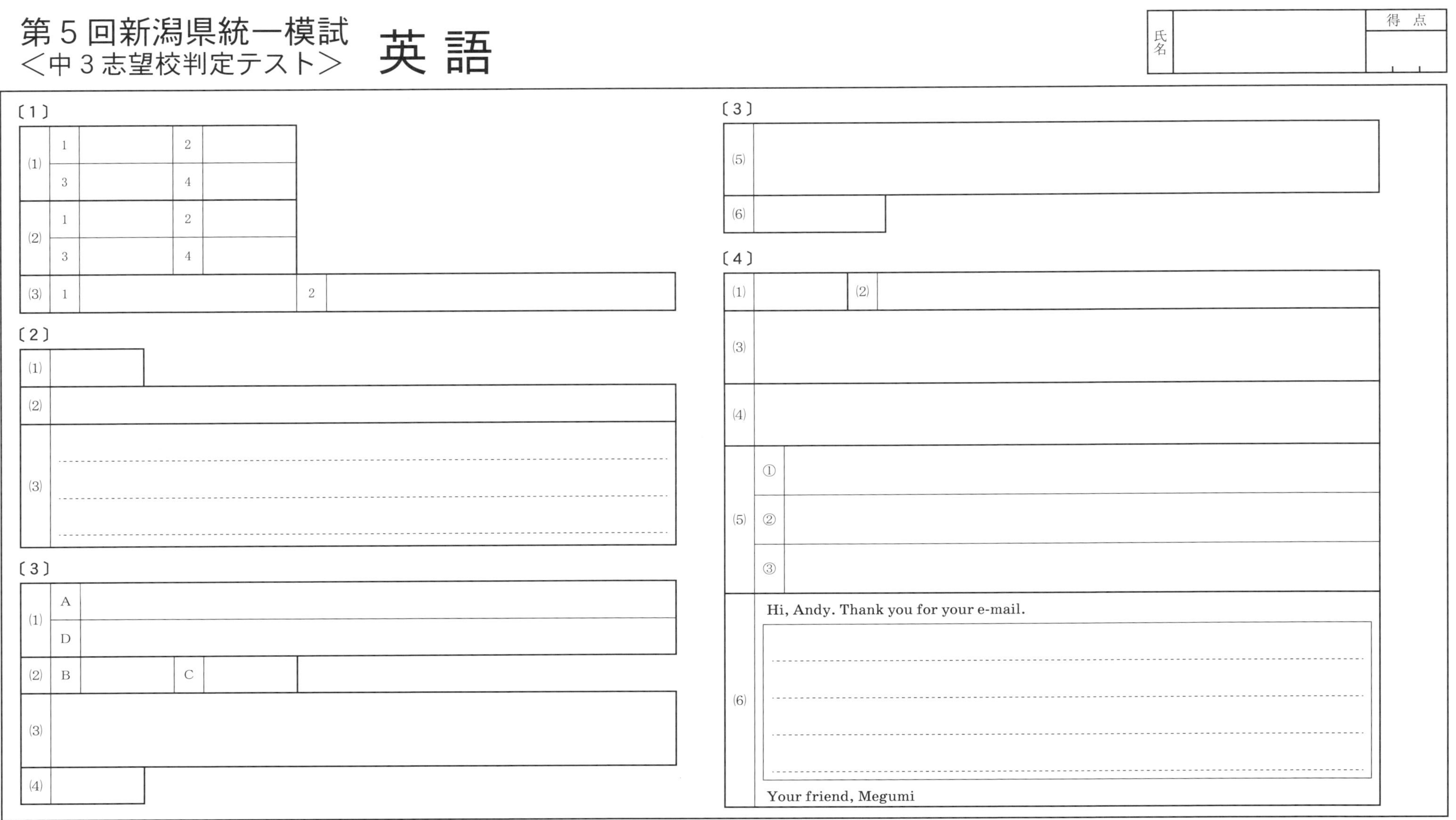

〔1〕

(1)	1		2	
	3		4	
(2)	1		2	
	3		4	
(3)	1		2	

〔2〕

(1)	
(2)	
(3)	

〔3〕

(1)	A			
	D			
(2)	B		C	
(3)				
(4)				

〔3〕

(5)	
(6)	

〔4〕

(1)		(2)	
(3)			
(4)			
(5)	①		
	②		
	③		
(6)	Hi, Andy. Thank you for your e-mail. Your friend, Megumi		

第５回新潟県統一模試 <中３志望校判定テスト> 社会

氏名		得点

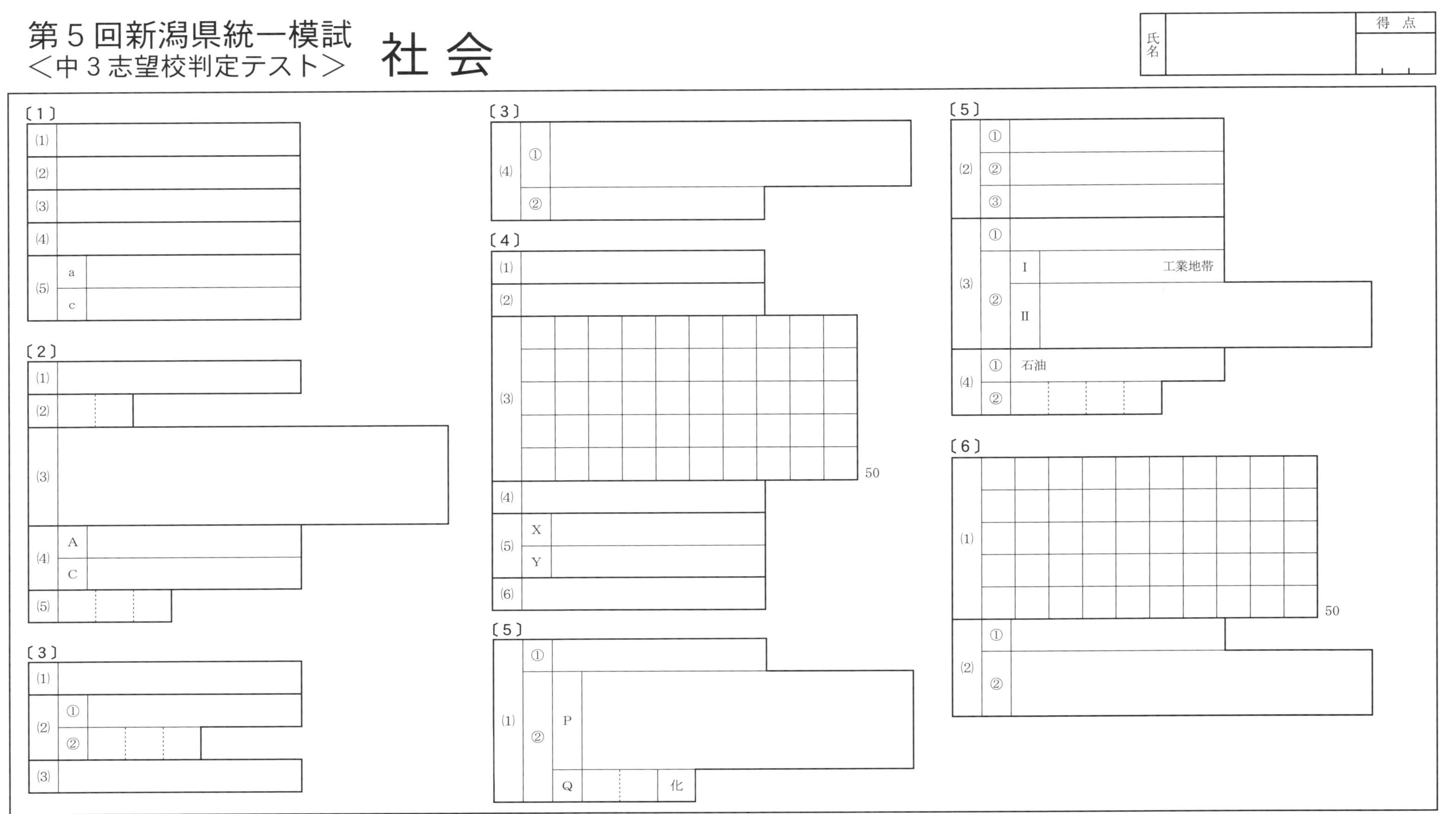

第５回新潟県統一模試
<中３志望校判定テスト>

理科

氏名		得点

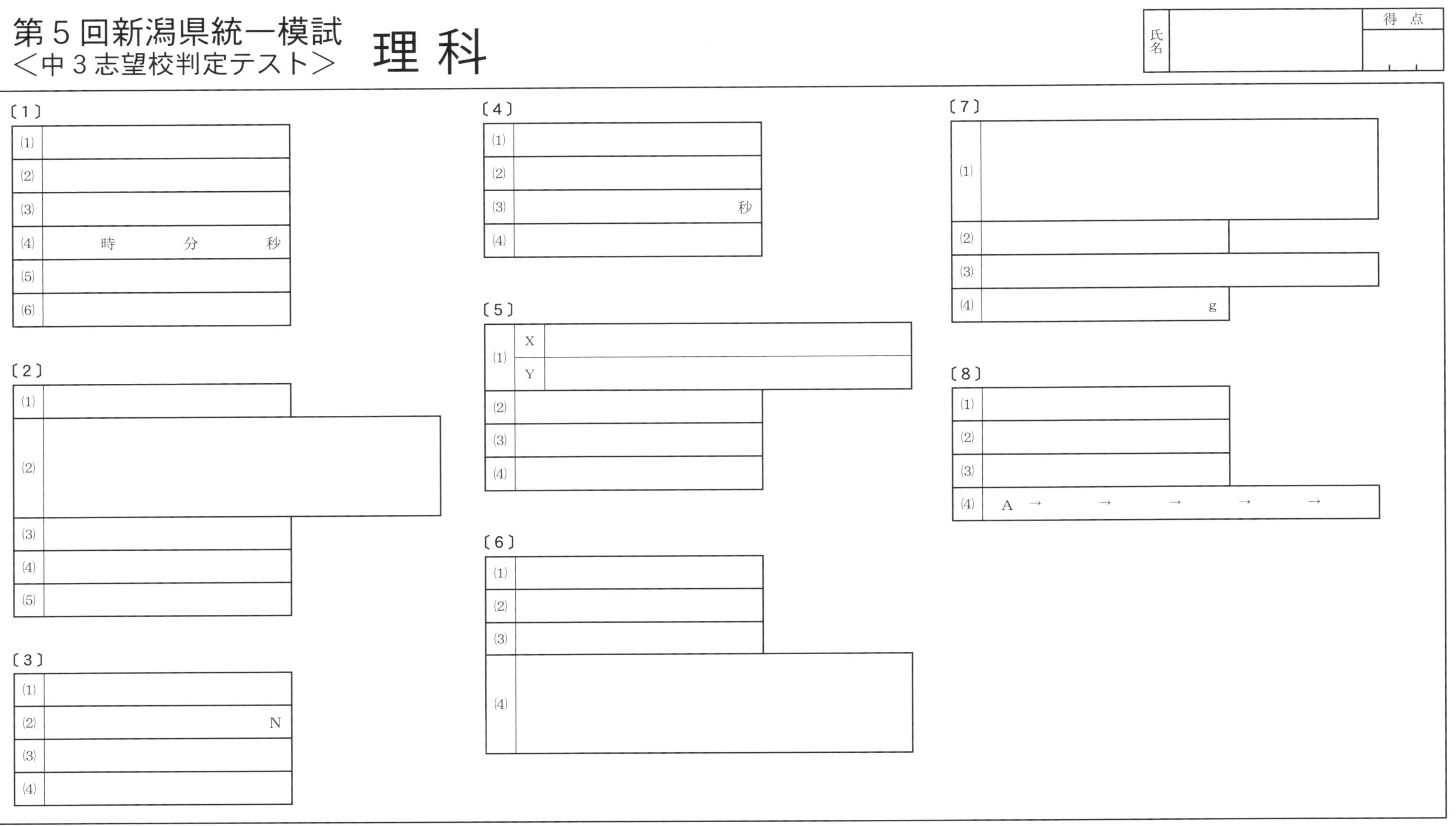

〔1〕

(1)	
(2)	
(3)	
(4)	時　　分　　秒
(5)	
(6)	

〔2〕

(1)	
(2)	
(3)	
(4)	
(5)	

〔3〕

(1)	
(2)	N
(3)	
(4)	

〔4〕

(1)	
(2)	
(3)	秒
(4)	

〔5〕

(1)	X	
	Y	
(2)		
(3)		
(4)		

〔6〕

(1)	
(2)	
(3)	
(4)	

〔7〕

(1)	
(2)	
(3)	
(4)	g

〔8〕

(1)	
(2)	
(3)	
(4)	A →　→　→　→　→

とんど出せなくなる。だれだって内面を振り返れば、不安があったり、迷いがあったりするものだ。だが、そんな暗い面はおくびにも出せない。無理して明るく振る舞っているうちにそれが自動化し、意識的に無理をしなくても、友だちといるときは元気で明るいキャラになる。どんなに落ち込むことがあっても、いつも笑顔でおちゃらけて、周囲を笑わせ、場の盛り上げ役を引き受けている。そんな習性を身につけてしまった自分が悲しいという人もいる。

人づきあいをスムーズにしてくれるはずのキャラに首を絞められる。ここにも自分をうまく出しながら周囲に溶け込むことの難しさがある。

(一) 文章中の［A］に当てはまる内容として適当な言葉を、三字以上五字以内で書きなさい。

(二) ――線部分(1)の「自分の出し方に頭を悩ます」とはどういうことか。「自分を出す」ことの意味を明らかにしながら、四十五字以内で書きなさい。なお、この問いでは「キャラ」という言葉は解答に用いないこと。

(三) 文章中の［B］に最もよく当てはまる言葉を、次のア～エから一つ選び、その符号を書きなさい。

ア　すると　イ　だが　ウ　さらに　エ　だから

(四) ――線部分(2)について、筆者がこのように考えるのはなぜか。その理由として最も適当なものを、次のア～エから一つ選び、その符号を書きなさい。

ア　キャラが決まると、自分の立ち位置も決まり仲間から受け入れられやすくなるから。
イ　キャラが決まると、自分のキャラにそぐわない場でも大目に見てもらえるから。
ウ　キャラが決まると、人から期待される自分の振る舞い方がはっきりするから。
エ　キャラが決まると、友だちごとのコミュニケーションで使い分けができるから。

(五) ――線部分(3)について、「らしくない」とは具体的にどういうことか。文章中の言葉を使って六十字以内で書きなさい。

(六) 次のⅡの文章は、Ⅰの文章と同じ著書の一部である。筆者は、キャラにはどのような良い面と悪い面があると考えているか。ⅠとⅡの文章を踏まえ、百二十字以内で書きなさい。

Ⅱ

人づきあいに気をつかうのは、べつに控え目で無口な人物に限らない。みんなと一緒の場でいつもテンション高くはしゃいでいるムードメーカー的な人物にも、じつは気をつかいながら無理をしておちゃらけているタイプもいる。

教室で、場を盛り上げなければと思ってテンションを上げてはしゃぎ、帰り道で一人になって、「ちょっとやりすぎたかなあ」と振り返り、自己嫌悪（けんお）に苛（さいな）まれたりする。じつは、僕もそんなふうだった。

ピエロを演じている人物を見て、周囲の人は、

「あんなにはしゃいじゃって、能天気なヤツだなあ」

と呆（あき）れたり、

「何だかいつも楽しそうで、お気楽でいいよな」

と羨んだりしがちだが、本人はけっして能天気でもお気楽でもない。周囲に溶け込もうという一心でテンションを上げているのである。何もしないでいると周囲に溶け込めるような気がしない。うっかりすると浮いてしまう。ゆえに、無理をしてはしゃぐことになる。

いつも元気で明るいキャラとみなされてしまうと、内面をほ

〔四〕 次のⅠ、Ⅱの文章を読んで、(一)～(六)の問いに答えなさい。

Ⅰ 若者はキャラという言葉をよく使うが、若者に限らず、だれもが場によって自分の出し方を調整している。

こういう相手には、こんな自分を出し、ああいう相手には、また別の自分を出すというように、その場その場に［A］自分を出すように心がける。まじめな自分で行くか、楽しくはしゃぐ自分で行くか、それはその場の雰囲気や日頃の人間関係をもとに判断する。

これが空気を読むということだが、場の空気を読み、それに合わせて自分の出し方を調整するのは、非常に気をつかう作業になる。だが、もし自分のキャラが決まっていれば、それを出せばよいのだからとても楽だ。

もちろん、場によって微妙にキャラが違うというのがふつうだ。ゆえに、教室でのキャラ、とくに親しい友だちとの間でのキャラ、近所の友だちの間でのキャラ、塾の仲間の間でのキャラというように、複数のキャラを使い分けるのもよくあることだ。

実際、キャラがあることで集団の中での自分の立ち位置がはっきりするので、(1)自分の出し方に頭を悩ます必要がないから便利だという声や、自分のキャラをもつことで友だちとのコミュニケーションが取りやすくなるという声もある。

自分の出し方をうまく調整する自信のない人物にとっては、キャラは強力な武器となる。とりあえずキャラが決まっていれば、自分が人からどのように見られているか、どのように振る舞うことを期待されているかがはっきりするため、自分の出し方に迷うことがなくなる。

［B］、キャラに則(のっと)って行動していれば、うっかり場違いなことを言ったとしても大目に見てもらえるという利点もある。たとえば、「天然キャラ」なら、適当に話を聞いて勝手なことを言っても、「天然だから」と許される。「辛口キャラ」なら、きついことを言ってストレス発散をしても、「辛口キャラだから」ということで、とくに目くじら立てられることはない。「クールキャラ」なら、ちょっと気取った感じになった場合も、「クールキャラだから」と受け入れてもらえる。

その一方で、キャラに縛られ、自由に振る舞えないということが起こってくる。キャラのイメージに沿った行動を取ることによって仲間から受け入れられる。どんな行動がその場にふさわしいかにいちいち頭を悩ませずにすむ。そういったメリットがあるものの、(2)キャラの拘束力はとても強力なため、窮屈な思いをさせられることがある。

たとえば、優等生キャラで通っている人も、ときにみんなと同じように思い切り羽目を外したい気分になることだってある。いつもはもの静かで落ち着いたキャラなのに、大声ではしゃいだり、ふざけたりしたくなることもある。でも、(3)そんなことをしたら、「らしくない」ということで、周囲の仲間たちを驚かせてしまうので、衝動にブレーキをかけ、自分のキャラにふさわしく振る舞わなければならない。

キャラには便利な面があると同時に、そうした不自由さがつきまとう。

（榎本　博明「『対人不安』って何だろう?」より　一部改）

こじし」と読んでみせたのです。

ショウ　(6)帝の難題に見事に答えたのですね。

(一)　――線部分(1)の「仰せ」を現代かなづかいに直し、すべてひらがなで書きなさい。

(二)　――線部分(2)について、帝がこのように言ったのはなぜか。その理由を現代語で、四十字以内で書きなさい。

(三)　――線部分(3)について、篁がこのように言ったのはなぜか。その理由を現代語で、二十五字以内で書きなさい。

(四)　――線部分(4)について、帝は何のためにこのように言ったのか。その理由として最も適当なものを、次のア～エから一つ選び、その符号を書きなさい。

ア　篁に嘘(うそ)を白状させるため。
イ　篁に本心を言わせるため。
ウ　篁に潔白を示させるため。
エ　篁に慢心を改めさせるため。

(五)　――線部分(5)の「何にても読み候ひなん」の意味として最も適当なものを、次のア～エから一つ選び、その符号を書きなさい。

ア　何でもお読み申し上げましょう
イ　何でも読めるわけではございませんが
ウ　何かお読み申し上げないといけませんね
エ　何かお読みするものはございませんか

(六)　――線部分(6)について、帝の難題に答えた結果、篁はどうなったか。それが書かれている部分をAの文章から九字で抜き出して、書きなさい。

〔三〕 次のAの文章は、「宇治拾遺物語」の一部である。また、Bの文章は、Aの文章についての二人の生徒と先生の会話である。この二つの文章を読んで、㈠～㈥の問いに答えなさい。

A

今は昔、小野篁（をののたかむら）といふ人おはしけり。嵯峨帝（さがのみかど）の御時（おほんとき）に、〔嵯峨天皇ノ御代（みよ）ニ〕内裏（だいり）に札（ふだ）を立てたりけるに、〔内裏ニ札ヲ立テタ者ガイタガ、（ソノ札ニハ）「無悪善」ト書イテアッタ〕「無悪善」と書きたりけり。帝、篁に、「読め」と(1)仰（おほ）せられたりければ、「読みは読み候（さぶら）ひなん。〔読ムコトハ読ミマショウ〕されど、恐れにて候へば、え申し候はじ」と奏（そう）しければ、〔シカシ、恐レ多イコトデゴザイマスノデアエテ申シ上ゲマスマイ ト（帝ニ）申シ上ゲルト〕「ただ申せ」とたびたび仰せられければ、「さがなくてよからんと申して候ふぞ。〔スナワチ、帝ヲ呪イ申シ上ゲテイルノデゴザイマス〕されば君を呪（のろ）ひ参らせて候ふなり」と申しければ、「(2)おのれ放（はな）ちては誰（たれ）か書かん」〔オマエ以外ニ誰ガ書コウカ〕と仰せられければ、「さればこそ、(3)申し候はじとは申して候ひつれ」と申すに、御門（みかど）、「(4)さて何も書きたらん物は読みてんや」〔ソレデハ、何デモ書イタモノナラ読メルトイウカ〕と仰せられければ、「(5)何にても読み候ひなん」と申しければ、片仮名の子文字（ねもじ）を十二書かせて給（たま）ひて、「読め」と仰せられければ、「猫（ねこ）の子の子猫（こねこ）、獅子（しし）の子の子獅子（こじし）」と読みたりければ、御門ほほゑませ〔ホホ笑マレテ〕給ひて、事なくてやみにけり。

㈡
小野篁＝人名。漢詩文に優れた才能を持っていた。
嵯峨帝＝当時の天皇。和歌や漢詩文に親しんでいた。
内裏＝帝の住む御所。
御門＝帝（嵯峨帝）のこと。
片仮名の子文字＝当時は片仮名の「ネ」に「子」の字を用いた。

B

先生　この場面では、内裏に立てられた落書きと思われる札をめぐって、嵯峨帝とその家臣であった小野篁のやりとりについて書かれています。札に書かれている三文字の言葉の読み方について、帝は篁に尋ねていますね。

ショウ　はじめは、篁は読むことを渋っていましたね。帝を呪うような良くない文が書かれていると言っていますが、それはどういうことですか。

先生　「悪」を人間の性分である「さが」と読み、漢詩文の知識も合わせて、「悪無（さが）くて善（よ）からん（悪い性分が無いのは良いことだ）」と読んだのですね。

ミキ　文の意味は悪いわけではないですが、帝にとっては自分の名前の「さが」という読み方を掛けて「さがなくてよからん（嵯峨帝がいないのは良いことだ）」と言われれば気分が悪いですよね。

ショウ　立札の文をこのように読んだ篁を、帝は責めていましたね。そして、篁を試すように挑戦的な問題を出しました。

ミキ　片仮名の子文字を十二文字ということは、「子子子子子子子子子子子子」ということですね。

先生　「子」の音読みは「シ」、訓読みは「こ・ね」というのは、当時も同じです。これも漢詩文の知識と合わせて「ねこ（の）こ（の）こねこ、しし（の）こ（の）

(四) 次の文中の「考える」と活用形が同じ動詞を、あとのア～エの――線部分から一つ選び、その符号を書きなさい。

私には考えることが多すぎて、時間がいくらあっても足りない。

ア 寒くなってきたので上着を着る。
イ 窓を開けると心地良い風が入ってきた。
ウ 庭の東には桜を植え、西には紅葉を植えよう。
エ 彼女はクラスで一番歌うのが上手だ。

(五) 次の俳句に詠(よ)まれている季節と同じ季節の情景を詠んだ俳句を、あとのア～エから一つ選び、その符号を書きなさい。

名月をとってくれろと泣く子かな　小林一茶(こばやしいっさ)

ア 赤い椿(つばき)白い椿と落ちにけり　河東碧梧桐(かわひがしへきごとう)
イ 遠山に日の当たりたる枯野(かれの)かな　高浜虚子(たかはまきょし)
ウ 荒海や佐渡に横たふ天の川　松尾芭蕉(まつおばしょう)
エ 月に柄をさしたらばよき団扇(うちわ)かな　山崎宗鑑(やまざきそうかん)

〔一〕 次の㈠、㈡の問いに答えなさい。

㈠ 次の1～5について、――線をつけた漢字の部分の読みがなを書きなさい。

1 兄の母校の自由な校風を慕って受験を決心する。
2 木の腐食がすすんで階段の手すりが折れた。
3 この植物は虫を媒介して受粉する。
4 一位と二位の飛距離の差は僅か数センチだった。
5 彼の経験値を酌量して仕事を任せるべきだ。

㈡ 次の1～5について、――線をつけたカタカナの部分に当てはまる漢字を書きなさい。

1 私の猫はセマいところが好きだ。
2 妹は空想と現実をコンドウすることがある。
3 正しい情報をシュシャ選択するのは難しい。
4 勝手な行動をして規律をミダしてはならない。
5 彼女は優れた才能で音楽界にトウカクを現した。

〔二〕 次の㈠～㈤の問いに答えなさい。

㈠ 次の文中の「掛かる」と同じ意味で使われているものを、あとのア～エの――線部分から一つ選び、その符号を書きなさい。

弟はまだ赤ん坊なので手が掛かる。

ア 祖母の体の具合が気に掛かる。
イ 修行を積めば技に磨きが掛かる。
ウ 光熱費などの経費が掛かる。
エ 病気を治すために医者に掛かる。

㈡ 次の文中の「志願」と意味が最も似ている二字の熟語を、あとの□内の漢字を組み合わせて作り、書きなさい。

兄はすすんでボランティアを志願した。

思　望　宿　取
願　夢　追　希

㈢ 次の文中から、形容詞をすべて抜き出して書きなさい。

幼なじみの彼女は、色白でおとなしく見えるが、実はとても気が強かった。

第６回新潟県統一模試　数　学

（試験時間50分）

〔１〕次の(1)～(8)の問いに答えなさい。

(1)　$-10+3-1$　を計算しなさい。

(2)　$2(a-2b)-(6a-5b)$　を計算しなさい。

(3)　$18ab^2\times\frac{8}{9}b$　を計算しなさい。

(4)　$\sqrt{60}\div\sqrt{3}+7\sqrt{5}$　を計算しなさい。

(5)　２次方程式　$x^2-7x+2=0$　を解きなさい。

第6回模試

(6) 右の図のような，平行四辺形ＡＢＣＤがあり，$\angle A = 105°$ である。辺ＡＢ上に点Ｅを，辺ＢＣをＣの方向に延長した直線上に点Ｆを，ＢＦ＝ＥＦとなるようにとる。このとき，$\angle x$ の大きさを答えなさい。

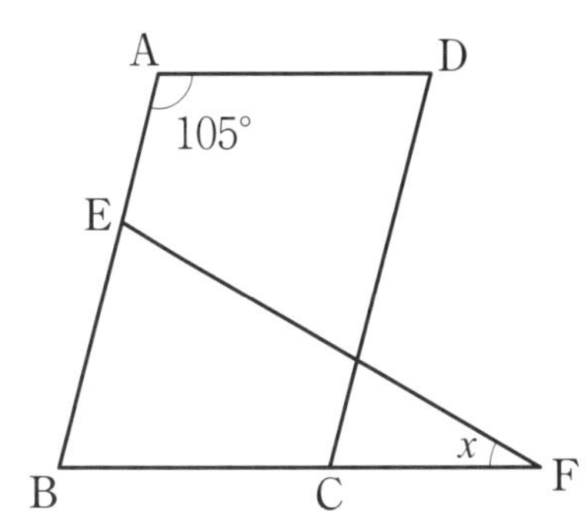

(7) 下の図は，ある中学校の３年１組，２組それぞれ生徒30人の，国語のテストの得点を箱ひげ図に表したものである。このとき，国語のテストの得点について，図から読み取れることとして正しいものを，次のア～オからすべて選び，その符号を書きなさい。

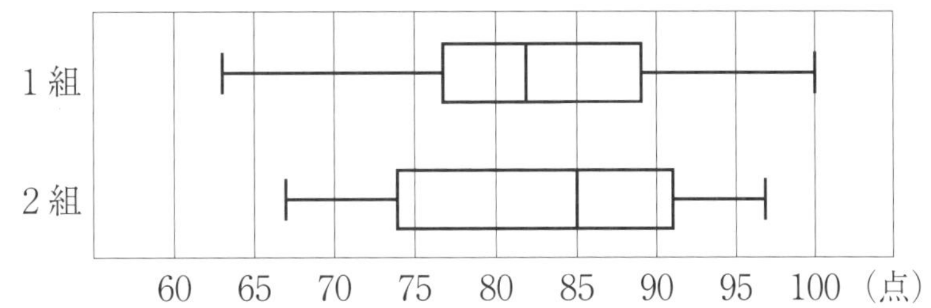

ア　範囲は２組の方が大きい。

イ　第１四分位数は２組の方が大きい。

ウ　80点以上だった生徒は，１組と２組を合わせて30人以上いる。

エ　２組には，85点だった生徒がいる。

オ　90点以上だった生徒の人数は２組の方が多い。

(8) 右の図で，曲線 ℓ は関数 $y = \frac{1}{2}x^2$ のグラフ，曲線 m は関数 $y = \frac{a}{x}$ の $x > 0$ の部分のグラフである。点Ａは，曲線 ℓ と曲線 m の交点で，その x 座標は４である。点Ｂは，曲線 m 上の点で，その x 座標は８である。点Ａ，Ｂから x 軸に引いた垂線と x 軸との交点をそれぞれＣ，Ｄとする。このとき，次の①，②の問いに答えなさい。

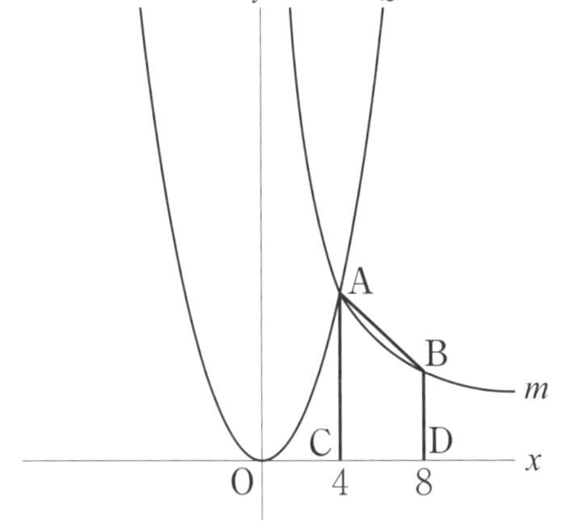

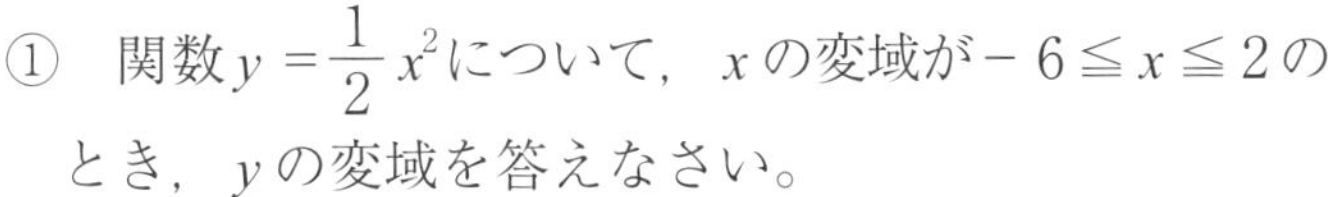

①　関数 $y = \frac{1}{2}x^2$ について，x の変域が $-6 \leqq x \leqq 2$ のとき，y の変域を答えなさい。

②　四角形ＡＣＤＢの面積を答えなさい。

〔２〕次の(1)〜(4)の問いに答えなさい。

(1)　$\sqrt{3n}$ が４より大きく５より小さくなるような，自然数nをすべて求めなさい。

第6回模試

(2)　あなたとＡさんとＢさんの３人で，じゃんけんを１回する。あなたがチョキを出すとき，あなたが勝ちでＢさんが負けとなる確率を求めなさい。ただし，Ａさん，Ｂさんそれぞれについて，グー，チョキ，パーのどの手を出すことも同様に確からしいものとする。

(3)　右の図のように，正方形ＡＢＣＤの頂点Ａが直線ℓ上にある。頂点Ｂ，Ｄから直線ℓに引いた垂線と直線ℓとの交点をそれぞれＥ，Ｆとする。このとき，△ＡＢＥ≡△ＤＡＦであることを証明しなさい。

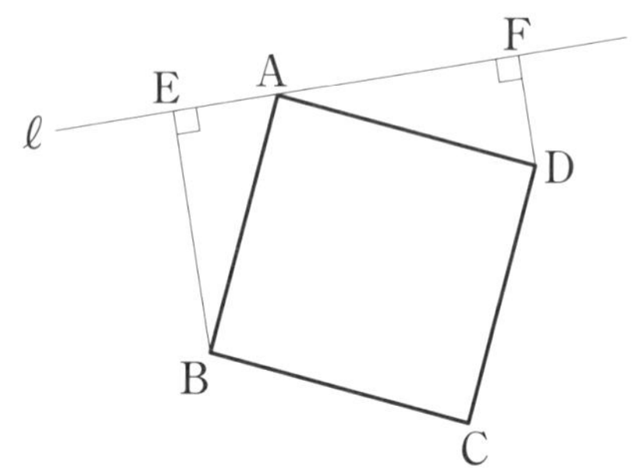

(4)　下の図のような，△ＡＢＣがある。辺ＡＢ上にＡＰ＝ＢＰとなる点Ｐをとり，辺ＢＣをＣの方向に延長した直線上に△ＡＢＣの面積と△ＰＢＱの面積が等しくなる点Ｑをとる。このような△ＰＢＱを，定規とコンパスを用いて作図しなさい。ただし，作図は解答用紙に行い，作図に使った線は消さないで残しておくこと。

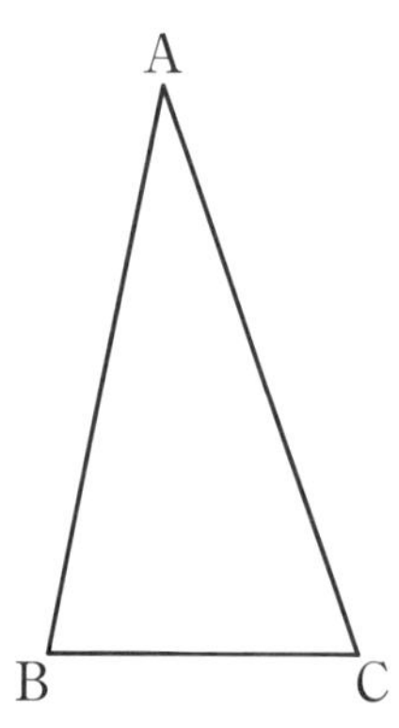

〔3〕右の図のように，高さ24cmの直方体の形をした水そうがあり，その内部は底面に垂直な高さ18cmの仕切り板で区切られている。仕切り板より左側の底面をP，右側の底面をQとすると，底面Pの面積は100㎠，底面Qの面積は300㎠である。はじめ，底面P側には水が入っておらず，底面Q側には底面から8cmの高さまで水が入っている。この状態から，底面Pの真上にある給水管を開いて毎分600㎤の一定の割合で水そうの中に水を入れる。

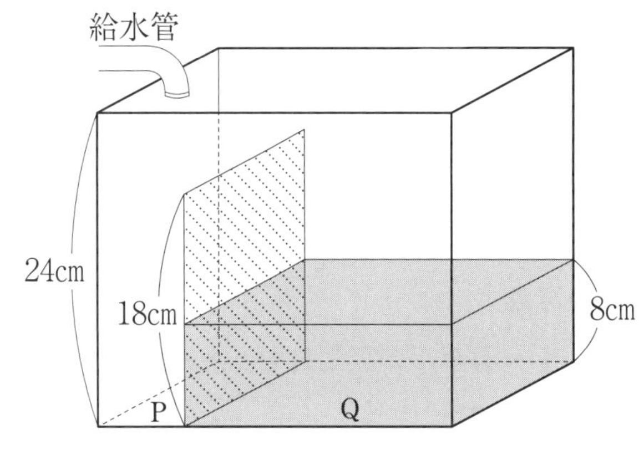

給水管を開いてから，x分後の底面Pの真上の水面の高さを$y$cmとする。このとき，次の(1)〜(3)の問いに答えなさい。ただし，水そうの厚さおよび仕切り板の厚さは考えないものとし，底面P側の水面が仕切り板の高さまで上昇すると，水があふれ出て底面Q側に入るものとする。

(1) $x = 2$のとき，yの値を答えなさい。

(2) 下の表は，給水管を開いてから水そうが満水になるまでの，xとyの関係を式に表したものである。［ア］〜［ウ］に当てはまる式または数を，それぞれ答えなさい。

xの変域	式
$0 \leqq x \leqq 3$	$y =$［ア］
$3 \leqq x \leqq$［イ］	$y = 18$
［イ］$\leqq x \leqq 12$	$y =$［ウ］

(3) $0 \leqq x \leqq 12$のとき，xとyの関係を表すグラフをかきなさい。

第6回模試

〔4〕ある中学校の数学の授業で，先生が「誕生日当てマジック」を行った。誕生日をa月b日として，次の手順Ⅰ～Ⅴに従って，誕生日を当てるというものである。このとき，あとの(1)～(3)の問いに答えなさい。ただし，aは1以上12以下の整数，bは1以上31以下の整数とする。

> 手順
>
> Ⅰ　あなたの誕生日をa月b日として，①$\underline{3a+b}$，②$\underline{2a+b}$を計算し，それぞれの値をP，Qとしてください。
>
> Ⅱ　P^2-Q^2を計算してください。
>
> Ⅲ　Ⅱの計算結果をaでわってください。
>
> Ⅳ　Ⅲの計算結果に③$\underline{20}$をかけてください。
>
> Ⅴ　Ⅳの計算結果から④$\underline{39b}$の値をひいた結果を，私に教えてください。

(1)　次の文は，その授業での先生と生徒の会話の一部であり，会話に出てくるユイさんの誕生日は5月30日である。この文を読んで，［ア］，［イ］に当てはまる数を，それぞれ答えなさい。

> ユイ：　私の誕生日で試していいですか？
>
> 先生：　いいですよ。
>
> ユイ：　（まず，手順Ⅰで，P＝［ア］，Q＝40となり，手順Ⅱで，$P^2-Q^2=$［ア］$^2-40^2=$425となります。次に，手順Ⅲで，425÷5＝85となり，手順Ⅳで，85×20＝1700となります。最後に，手順Ⅴで，1700－39×30＝530となります。）
>
> 先生。Ⅴの計算結果は，530となりました。
>
> 先生：　わかりました。ユイさんの誕生日は，5月30日ですね！
>
> ユイ：　すごい！当たりです！
>
> リク：　どうしてわかったのですか？
>
> 先生：　実は，Ⅴの計算結果で，百の位以上の数が誕生日の「月」，下2けたの数が誕生日の「日」を表しているのですよ。
>
> リク：　私のⅤの計算結果は，［イ］となりました。
>
> 先生：　そうすると，リクさんの誕生日は，10月7日ですね！
>
> リク：　なるほど。そうやって誕生日を当てることができるのですね。

(2) 先生の「誕生日当てマジック」は，すべての誕生日で成り立つ。このことを解答用紙の書き出しに続けて証明しなさい。

(3) リクさんは，先生の「誕生日当てマジック」の下線部分①を $6a+b$ に，下線部分②を $4a+b$ に変えて，新しい「誕生日当てマジック」を考えた。先生と同じ方法で誕生日を当てるとき，下線部分③，④をどのように変えればよいか，答えなさい。ただし，下線部分③は20とは異なる数に，下線部分④は $39b$ とは異なる b を用いた単項式に変えるものとし，下線部分以外は変えないものとする。

第6回模試

〔5〕次の(1)，(2)の問いに答えなさい。ただし，円周率はπとする。

(1) 右の図1のように，1辺の長さが6cmの正方形があり，その辺の1つと重なる直線をℓとする。図2は，この正方形を，直線ℓを軸として90°だけ回転させてできた立体である。このとき，次の①，②の問いに答えなさい。

図1

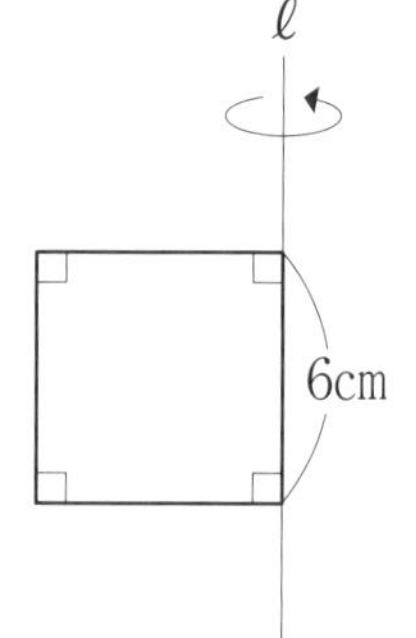

図2

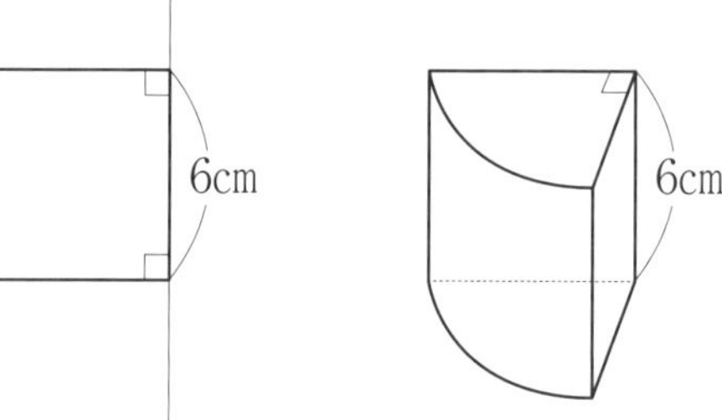

① 図2の立体の体積を求めなさい。

② 図2の立体の曲面部分の面積を求めなさい。

(2) 右の図3のように，半径6cm，中心角90°のおうぎ形があり，その半径の1つと重なる直線をmとする。図4は，このおうぎ形を，直線mを軸としてa°だけ回転させてできた立体である。図4の立体の表面積が39πcm²のとき，aの値を求めなさい。

図3

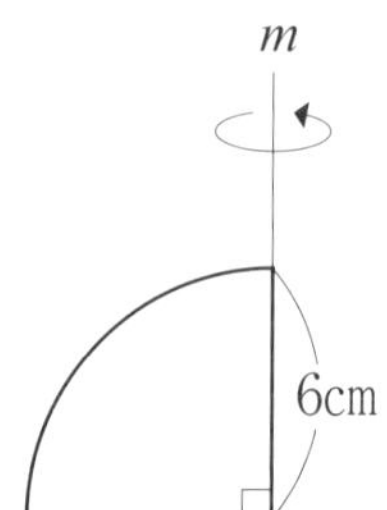

図4

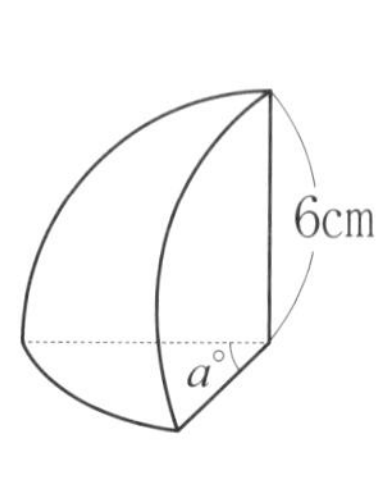

第６回新潟県統一模試　英　語

（試験時間50分）

〔1〕 放送を聞いて，次の(1)～(3)の問いに答えなさい。

(1) これから英文を読み，それについての質問をします。それぞれの質問に対する答えとして最も適当なものを，次のア～エから一つずつ選び，その符号を書きなさい。

1 ア 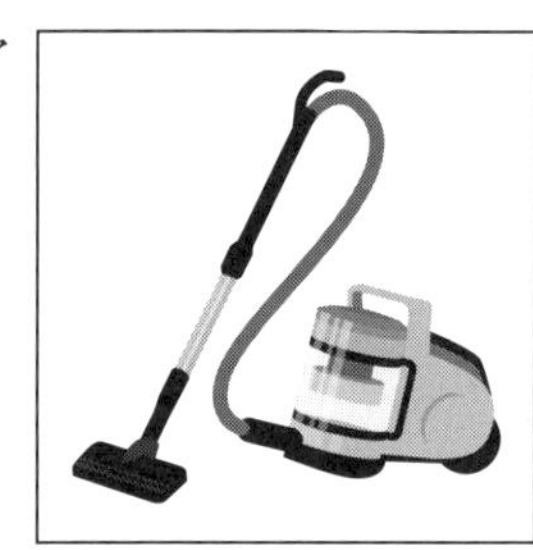 イ ウ エ 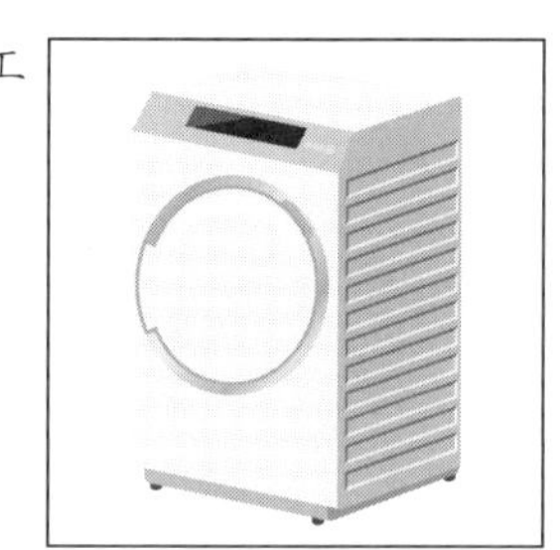

2 ア For two years.　イ For three years.
　ウ For four years.　エ For five years.

3 ア By bus.　イ By car.
　ウ By train.　エ By bike.

4 ア Because she talked with Taro's family in English.
　イ Because she cooked dinner with Taro's family.
　ウ Because Taro's family understood her Japanese.
　エ Because she talked with Taro's family about America.

(2) これから英語で対話を行い，それについての質問をします。それぞれの質問に対する答えとして最も適当なものを，次のア～エから一つずつ選び，その符号を書きなさい。

1 ア Yes, he did.　イ No, he didn't.
　ウ Yes, he has.　エ No, he hasn't.

2 ア To take a bus.　イ To get her bag.
　ウ To stay home.　エ To watch TV.

3 ア Four.　イ Ten.
　ウ Eleven.　エ Fourteen.

4 ア He will clean his room.　イ He will study math.
　ウ He will go shopping with Emily.　エ He will finish dinner.

(3) 中学生のマコト(Makoto)は，同じクラスの留学生トム(Tom)の電話に，留守番電話のメッセージを残しました。これから，留守番電話の音声を放送します。その内容について，二つの質問をします。それぞれの質問に対する答えを，３語以上の英文で書きなさい。

〔2〕 次の英文は，今年のワカバ市の国際交流イベントの【チラシ】の一部と，それについて，あなたとダニエル(Daniel)が話をしている【会話】です。【チラシ】と【会話】を読んで，下の(1)，(2)の問いに答えなさい。ただし，【会話】の＊＊＊の部分には，あなたの名前が書かれているものとします。

【チラシ】

Wakaba City Events This Year

Let's enjoy meeting people from other countries.

Event A : Sports Event	Event B : *Taiko* Festival
We will have a sports event. There will be a tug of war, a relay race, and many more fun games!	We can enjoy listening to the *taiko* drums outside. A famous *taiko* teacher will teach us how to play them.

Event C : City Tour	Event D : Christmas Party
There will be a tour of Wakaba City. We will visit interesting places and enjoy Wakaba City's local foods.	Let's enjoy playing games, singing Christmas songs, and making special cookies at Wakaba Hall.

◆You need to send an e-mail to our office before joining the events.

(注) tug of war 綱引き relay race リレー競走 many more 他にもたくさんの
Christmas クリスマス

【会話】

＊＊＊: All the events look interesting. Which event do you want to join?

Daniel: I want to join [　　　]. I'm interested in music, and I want to do something outside. How about you? Which event are you interested in the most?

＊＊＊:（ a ）

Daniel: Why do you want to join it?

＊＊＊:（ b ）

(1) 【会話】の[　　　]の中に入る最も適当なものを，次のア～エから一つ選び，その符号を書きなさい。

ア Event A　　イ Event B　　ウ Event C　　エ Event D

(2) 【会話】のa，bの（　　）の中に，それぞれ直前のダニエルの質問に対するあなたの答えを，aは3語以上の英文で，bは3行以内の英文で書きなさい。

〔3〕 次の英文を読んで，あとの(1)~(7)の問いに答えなさい。

Kumi is a high school student. Mr. Rich is an ALT at her school. Now they are talking at school.

Mr. Rich : Hello, Kumi. I heard you have become a member of the special project in this town.

Kumi : Yes. The purpose of the project is to make a better future of this town. We are thinking about it. Most members of this project are adults. This year, two high school students were (A) to the project.

Mr. Rich : I see. Why did you decide to be a member?

Kumi : I'm in the student council. What can high school students do for this town? When our members talked about it at the student council meeting, our student council teacher introduced the project. I thought I could do many things if I joined it.

Mr. Rich : Good. [B] You will have a wonderful experience. What are your ideas for this town?

Kumi : Well, yesterday I told the members about my first idea at the meeting of the project. The idea was making a map to introduce good things about our town to tourists. But one of the members said, "We've already had C the same idea. We need a (D) point of view." So, I talked about another idea to make a place like a coffee shop for tourists to meet people in this town.

Mr. Rich : Good idea! Did other members like the idea?

Kumi : No, they didn't. E It has a big problem because we need a lot of money to carry out my plan.

Mr. Rich : That's right, but do you know about crowdfunding? It's a way to get money by asking people for help through the Internet when people want to do something, for example, making a new movie or holding a music festival. If you use crowdfunding, you can ask many people all over the world. This is F one of the good points about it.

Kumi : It sounds very interesting. How can I use it?

Mr. Rich : You should make a great plan to attract many people first. You also have to think about the necessary money to carry out the plan.

Kumi : I see. We must G [interesting, for, our plan, make] many people and think about the necessary money. And then?

Mr. Rich : You have to send your plan to a crowdfunding organization, and then the organization judges it. If the judges of the organization pass it, you can put your plan on the website and ask people for help.

Kumi　　: I see. How does a crowdfunding organization judge?

Mr. Rich　: For example, they judge the possibility of carrying out the plan.

Kumi　　: I understand crowdfunding is good for my idea. I'll talk about crowdfunding and my idea again at the next meeting.

Mr. Rich　: I'm H [hear, to, that, happy]. I hope your presentation will go well in the meeting.

Kumi　　: Thank you very much, Mr. Rich.

(注) project　プロジェクト　purpose　目的　most　大部分の　adult　大人
student council　生徒会　point of view　観点　money　お金　carry out　実行する
crowdfunding　クラウドファンディング　ask ～ for …　～に…を求める　attract　引きつける
organization　組織，団体　judge　審査する，審査員　pass　合格させる　possibility　可能性
presentation　発表　go well　うまくいく

(1) 文中のA，Dの（　　）の中に入る最も適当なものを，次のア～エからそれぞれ一つずつ選び，その符号を書きなさい。

A　ア　invite　イ　invited　ウ　inviting　エ　to invite

D　ア　terrible　イ　similar　ウ　different　エ　crowded

(2) 文中のBの[　　　]の中に入る最も適当なものを，次のア～エから一つ選び，その符号を書きなさい。

ア　I don't think high school students can work with adults in the important project.

イ　I'm going to join the project with you next time.

ウ　I'm not sure it will be useful for you to join the project.

エ　I think being a member of the special project is good for you.

(3) 下線部Cについて，その具体的な内容を表す文を本文から探して，英文１文で抜き出しなさい。

(4) 下線部Eについて，その理由を，具体的に日本語で書きなさい。なお，文末を「～から。」の形にしなさい。

(5) 下線部Fについて，リッチ先生（Mr. Rich）がクラウドファンディングの利点の一つとしてあげている内容を，具体的に日本語で書きなさい。なお，文末を「～こと。」の形にしなさい。

(6) 文中のG，Hの[　　　]の中の語（句）を，それぞれ正しい順序に並べ替えて書きなさい。

(7) 本文の内容に合っているものを，次のア～エから一つ選び，その符号を書きなさい。

ア　Mr. Rich said that Kumi should become a member of the special project at the school council meeting.

イ　The members of the special project told Kumi about their plan to make a coffee shop.

ウ　Kumi didn't know much about crowdfunding before Mr. Rich told her about it.

エ　Kumi will talk about crowdfunding and her first idea again at the next meeting with Mr. Rich.

〔4〕 コウジ(Koji 男子), サオリ(Saori 女子), マサオ(Masao 男子)についての次の英文を読んで, あとの(1)〜(6)の問いに答えなさい。

Koji, Saori, and Masao are junior high school students in Niigata. They are in the same class at their school. Ms. Nagase is their English teacher. Last week, they studied about valuing things in the English class. Today, Koji, Saori, and Masao gave a presentation about the topic.

【Koji's presentation】

Have you ever heard the question, "DO YOU KYOTO?" How do people in Kyoto avoid wasting things? I learned it from some books. I'll tell you about two of their projects.

The first one is a gym uniform recycling project. If gym uniforms get old, people stop using them. So, some students in Kyoto started to collect and recycle them into new gym uniforms.

The second one is a website. It is called *Moppen*. The word is used by people in the area to say, "One more time." People can find repair shops and reuse shops easily on the website. By using these shops, things can be used again.

In these ways, many people in Kyoto think that old things are worth using. Their actions are good for nature. I'm interested in them. Now, you understand the meaning of the question, right? It means, "Do you do good things for the environment?" I want to start a school uniform recycling project at our school in Niigata.

【Saori's presentation】

I'll tell you about a *Little Free Library*. Look at this picture. It looks like a house for birds, but it's a kind of library. This started in America in 2009. Now, we can see such libraries around the world.

The only rule of these small open libraries is "Take a book, return a book." Some people build their own libraries and put their own books in them. People near a *Little Free Library* can borrow the books for a very short time or even a long time. We can share many kinds of books and ideas, so (A) <u>I think that *Little Free Libraries* are good</u>. This year I will build my *Little Free Library* by my house. If you like reading books, please visit my *Little Free Library* and enjoy reading books.

【Masao's presentation】

My grandfather is a toy doctor. Toy doctors are volunteers, and they repair broken toys for children. He gave me a bike as a birthday present and taught me how to take care of it. It is becoming more and more important to me.

My grandfather often says, "If we waste things, tool ghosts will come and do something bad." A traditional Japanese story says that things will get spirits after a long time. We call them *tsukumogami*. They will become angry if people don't [B] things. Some people have told children about *tsukumogami* to teach them "Don't waste." This old story is interesting to me. [C] I want to tell younger people that they should take care of old things.

In the end of the class, Ms. Nagase said, "Thank you for telling us your ways of thinking. Your presentations were really good." And then, she said to all the students, "Now, I want to ask you a question. D<u>What is important to you? And why?</u> Tell me your answers."

(注) valuing value 「大事にする，価値があると考える」のing形　presentation 発表　topic 話題　avoid 避ける　waste むだに使う　project プロジェクト　repair 修理(する)　reuse 再利用(する)　worth ～ ing ～する価値がある　open 自由に参加できる　borrow 借りる　toy おもちゃ　broken 壊れた　tool ghost 道具のおばけ　spirit 魂　*tsukumogami* 付喪神(つくもがみ)

第6回模試

(1) 次の英文は，コウジ(Koji)の発表に関連するものです。X，Yの〔　　〕の中に入るものの組み合せとして，最も適当なものを，下のア～エから一つ選び，その符号を書きなさい。

Many people in Kyoto〔 X 〕, and〔 Y 〕.

	X	Y
ア	stop using old things easily	they do good things for the environment
イ	stop using old things easily	the things are never used again
ウ	value old things	they do good things for the environment
エ	value old things	the things are never used again

(2) 下線部分Aについて，サオリ(Saori)がそのように考えている理由を，具体的に日本語で書きなさい。なお，文末を「～から。」の形にしなさい。

(3) 文中のBの［　　］に当てはまる内容を，３語の英語で書きなさい。

(4) 文中のCの［　　］の中に入る最も適当なものを，次のア～エから一つ選び，その符号を書きなさい。

ア There are many kinds of ghosts in Japan.

イ I have never seen *tsukumogami*, so there are no ghosts.

ウ Young people should teach something to old people.

エ The traditional way of thinking is still important.

(5) 次の①～③の問いに対する答えを，それぞれ３語以上の英文で書きなさい。

① Is Koji interested in the actions of people in Kyoto?

② Where will Saori build her *Little Free Library*?

③ What did Masao get from his grandfather as a birthday present?

(6) 下線部分Dのナガセ先生(Ms. Nagase)の質問に対して，あなたならどのように答えますか。３行以内の英文で書きなさい。

〔1〕 次の地図１は，南極点を中心とした半球図であり，経線[a]～[c]は，本初子午線，東経120度線，西経120度線のいずれかである。また，地図２は緯線と経線が直角に交わる地図であり，緯線は赤道を基準に，経線は本初子午線を基準に，いずれも20度間隔で表している。これらを見て，下の(1)～(4)の問いに答えなさい。

地図１

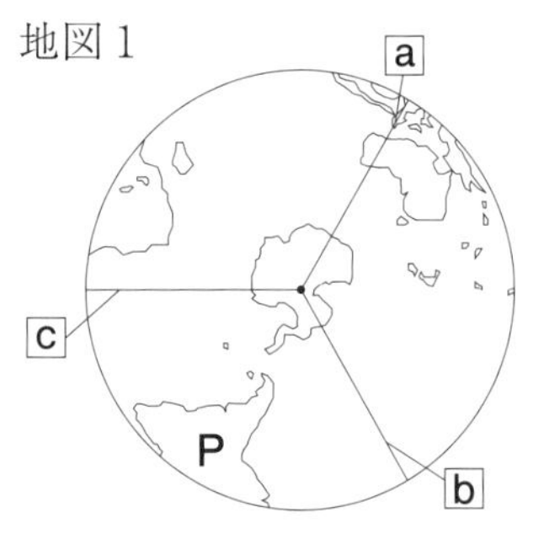

地図２

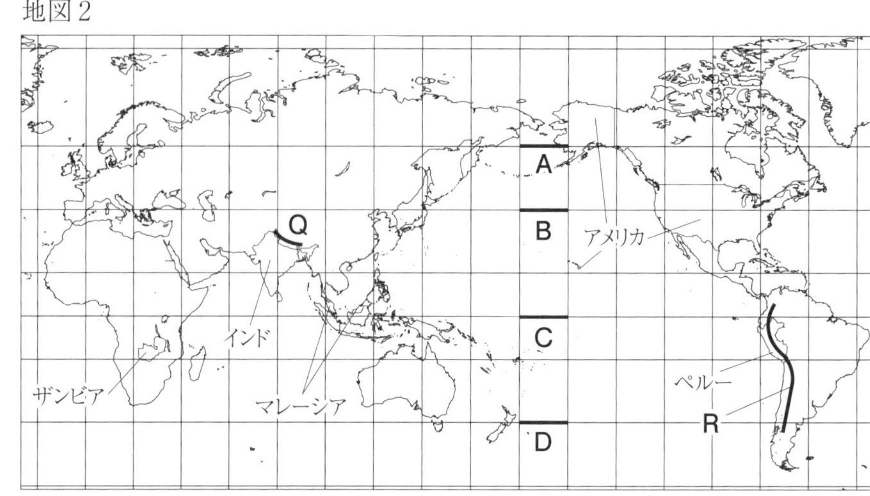

(1) 次の文中の[X]，[Y]に当てはまる語句の組合せとして，最も適当なものを，下のア～エから一つ選び，その符号を書きなさい。

> 地図１中のPは[X]である。また，地図１中の経線[a]～[c]で経度120度ごとに区切られた三つの範囲のうち，北半球で日本が位置するのは，[Y]の範囲である。

ア〔X　アフリカ大陸，　Y　[a]と[b]の間〕　　イ〔X　アフリカ大陸，　Y　[b]と[c]の間〕

ウ〔X　南アメリカ大陸，Y　[a]と[b]の間〕　　エ〔X　南アメリカ大陸，Y　[b]と[c]の間〕

(2) 地図２中のA～Dは，緯線上の２点間に引かれた線分で，２点間の経度の差はすべて同じであるが，線分の実際の長さが同じであるものは二つだけである。その二つはどれとどれか。符号を書きなさい。

(3) 右の図の家畜の説明として，最も適当なものを，次のア～エから一つ選び，その符号を書きなさい。

ア　地図２中の山脈Qの高地で飼育されるリャマで，主に荷物を運ぶために使われる。

イ　地図２中の山脈Qの高地で飼育されるラクダで，主に衣服用の毛皮がとられる。

ウ　地図２中の山脈Rの高地で飼育されるリャマで，主に荷物を運ぶために使われる。

エ　地図２中の山脈Rの高地で飼育されるラクダで，主に衣服用の毛皮がとられる。

(4) 次の表は，地図で示したザンビア，インド，マレーシア，アメリカ，ペルーについて，それぞれの国の人口(2021年)，一人当たり国民総所得(2020年)，主要輸出品の輸出額の割合(2020年)を示したものであり，表中のａ～ｄは，ザンビアを除く四つの国のいずれかである。この表を見て，下の①，②の問いに答えなさい。

	人口(万人)	一人当たり国民総所得(ドル)	主要輸出品の輸出額の割合(%)		
			第１位	第２位	第３位
ザンビア	1,947	968	銅(73.5)	銅鉱(2.3)	セメント(1.6)
a	3,372	5,898	銅鉱(23.7)	金(非貨幣用)(16.6)	野菜・果実(13.4)
b	140,756	1,910	機械類(11.8)	石油製品(9.7)	医薬品(7.3)
c	33,700	64,310	機械類(24.6)	自動車(7.1)	精密機械(4.7)
d	3,357	10,209	機械類(43.4)	石油製品(6.1)	パーム油(4.2)

（「世界国勢図会」2022/23年版による）

①　ａ，ｃに当てはまる国名を，それぞれ書きなさい。

②　ザンビアのように，輸出額に占める特定の資源の割合が極端に高く，国の経済がその資源の輸出に頼っている状態を何というか，書きなさい。

〔2〕 関東地方について，次の(1)～(5)の問いに答えなさい。

B　A　C　勝浦市

(1) 次の文中の［X］，［Y］に当てはまる語句の組合せとして，最も適当なものを，下のア～エから一つ選び，その符号を書きなさい。

> 右の地図中の ➘ は，［X］の季節風の向きを示している。この風は冷たく乾燥しており，［Y］とも呼ばれる。

ア〔X　夏，　Y　やませ〕　　イ〔X　夏，　Y　からっ風〕
ウ〔X　冬，　Y　やませ〕　　エ〔X　冬，　Y　からっ風〕

(2) 関東平野には，箱根山や富士山などの火山灰が積もってできた赤土の層がみられる。この赤土は何とよばれるか，書きなさい。

(3) 右のグラフは，ある野菜の都道府県別生産量の割合を示したものであり，グラフ中のA～Cは，それぞれ地図中の県A～Cを示している。この野菜を，次のア～エから一つ選び，その符号を書きなさい。

2021年 90.0万t	A 27.8%	長野 25.3%	B 3.3%	C 2.7%	その他 40.9%

（「データでみる県勢」2023年版による）

ア　はくさい　　イ　きゅうり　　ウ　レタス　　エ　なす

(4) 右の**資料Ⅰ**は通勤・通学のために東京都に流入する人口の県別割合(2020年)を示したもの，**資料Ⅱ**は通勤・通学に利用する交通手段の割合(2020年)を都県別に示したものである。**資料Ⅰ**と**資料Ⅱ**にあらわれている状況を考えると，東京大都市圏では，地震や台風などにより，どのような問題が起こりやすいか。「公共交通機関」，「帰宅」という語句を用いて書きなさい。

資料Ⅰ　通勤・通学のために東京都に流入する人口

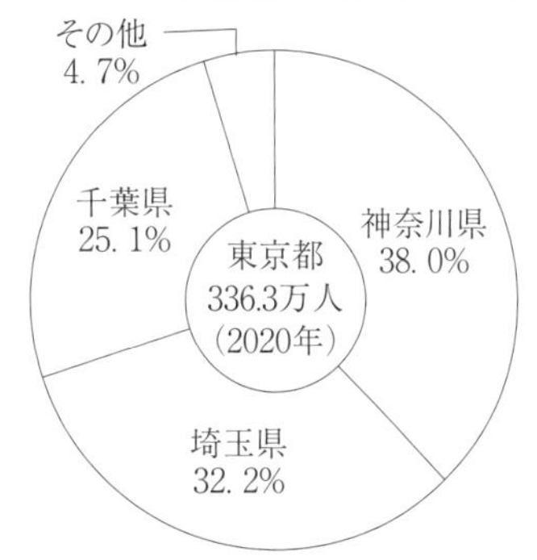

（「データでみる県勢」2023年版による）

資料Ⅱ　通勤・通学に利用する交通手段の割合（%）

	利用交通機関	
	鉄道	自家用車
東京都	59.7	8.5
神奈川県	51.7	18.5
千葉県	41.8	34.6
埼玉県	39.4	33.0
全国平均	25.2	46.9

(注)鉄道は，バス，自転車，オートバイを併用する数値を含む。また，自家用車は，自家用車のみを利用する数値。　（総務省資料による）

(5) 右の地形図は，地図中の勝浦市の一部を表す2万5千分の1の地形図である。この地形図を見て，次の①，②の問いに答えなさい。

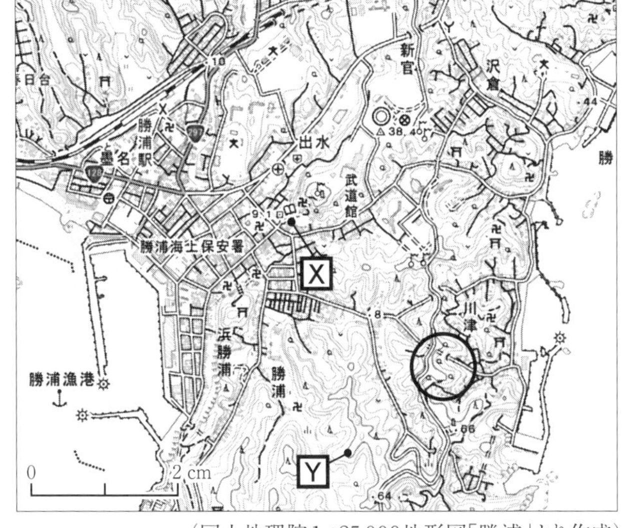

（国土地理院1：25,000地形図「勝浦」より作成）

① 地形図から読みとれることについて述べた文として，最も適当なものを，次のア～エから一つ選び，その符号を書きなさい。

ア　JR勝浦駅からみて市役所は，ほぼ真西に位置している。

イ　地点［X］には博物館がある。

ウ　JR勝浦駅と勝浦海上保安署の間の実際の直線距離は，1km以上である。

エ　地点［Y］は標高50mの等高線上にある。

② 地形図中の◯で囲んだ地域にみられるものを，次のア～エから一つ選び，その符号を書きなさい。

ア　針葉樹林　　イ　広葉樹林　　ウ　桑畑　　エ　茶畑

第6回模試

〔3〕 右の略年表を見て，次の(1)～(7)の問いに答えなさい。

年代	我が国のできごと
663	a 白村江の戦いが起こる。
894	b 遣唐使が停止される。
1232	c 北条泰時が御成敗式目を定める。
1488 ┐A	d 加賀の一向一揆が起こる。
1603 ┘	e 徳川家康が征夷大将軍になる。
1787 ┐B	松平定信が寛政の改革を始める。
1841 ┘	水野忠邦が天保の改革を始める。

(1) 下線部分aに関する次の文中の X ， Y に当てはまる国の名前の組合せとして，最も適当なものを，下のア～エから一つ選び，その符号を書きなさい。

> 唐が X と手を結んで Y を滅ぼすと，中大兄皇子らは， Y の復興を助けるため，大軍を送ったが，白村江の戦いで唐・ X 連合軍に大敗した。その後，中大兄皇子は，西日本の各地に山城を築いて，唐や X の侵攻に備えた。

ア〔X 高句麗，Y 百済〕　イ〔X 高句麗，Y 高麗〕
ウ〔X 新羅，Y 百済〕　エ〔X 新羅，Y 高麗〕

(2) 下線部分bについて，遣唐使の停止を主張した人物を，次のア～エから一つ選び，その符号を書きなさい。

ア 蘇我馬子　イ 菅原道真　ウ 小野妹子　エ 阿倍仲麻呂

(3) 下線部分cについて，次の資料は，文永元年(1264年)に御成敗式目に追加されたことがらを示したものである。資料中の下線部分の生産方法を何というか。漢字3字で書きなさい。

> 諸国の百姓は，田の稲を刈り取ったあと，その跡に麦をまいて田麦とよんでいる。領主らは，この麦の収穫に税をかけて徴収しているという。これは税制上正しいことであろうか。今後，麦に税をかけて徴収してはならない。よろしく田麦が農民の頼みとなるようにせよ。（「御成敗式目」の新編追加）

(4) 下線部分dは，仏教のある宗派の信仰で結びついた武士や農民が起こした一揆である。この宗派に当てはまるものを，次のア～エから一つ選び，その符号を書きなさい。

ア 浄土宗　イ 浄土真宗　ウ 臨済宗　エ 日蓮宗

(5) 次のX～Zは，年表中のAの時期のできごとである。年代の古い順に並べたものとして，正しいものを，下のア～カから一つ選び，その符号を書きなさい。

X 長篠の戦いが起こる。　Y 日本に鉄砲が伝来する。　Z バテレン追放令が出される。

ア X→Y→Z　イ X→Z→Y　ウ Y→X→Z
エ Y→Z→X　オ Z→X→Y　カ Z→Y→X

(6) 下線部分eによって江戸幕府が開かれた。右の地図は，幕府が直接支配した西日本の都市や鉱山を示したものである。この地図に関する次の文中の X に当てはまる内容を，「貿易」，「貨幣」，「経済力」という語句を用いて書きなさい。

> 右の地図からわかるように，幕府は，江戸から離れた西日本の長崎や主な鉱山を直接支配した。これは， X からである。

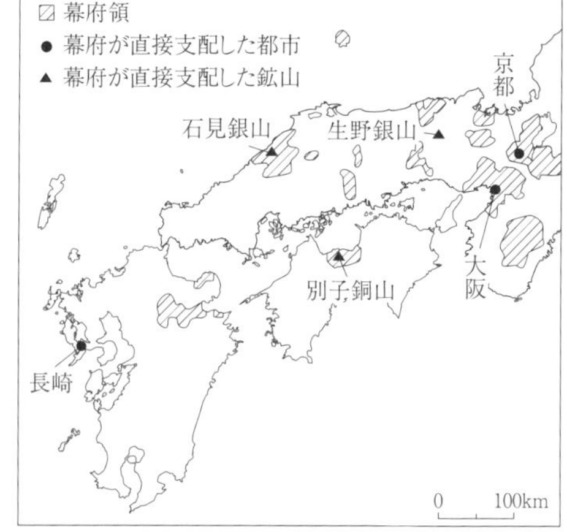

(7) 年表中のBの時期に栄えた化政文化を代表する文学者の一人で，こっけいな小説「東海道中膝栗毛」を書いたのはだれか。次のア～エから一つ選び，その符号を書きなさい。

ア 十返舎一九　イ 近松門左衛門　ウ 曲亭(滝沢)馬琴　エ 井原西鶴

第6回模試

〔4〕 社会科の授業で，A～Eの五つの班に分かれて，近代～現代の我が国の経済状況について調べ，発表を行うことにした。次の表は，各班の発表内容の要約である。この表を見て，下の(1)～(5)の問いに答えなさい。

	調べた時代	経済の状況
A班	江戸時代末	・ 開国によって貿易が始まると，幕府が金の流出を防ぐため，［ a ］
B班	明　治	・ b日露戦争前後の20世紀初頭には，重工業を中心とする産業革命が進展した。
C班	大　正	・ 第一次世界大戦が始まると，日本の経済は大戦景気と呼ばれる好景気となり，重化学工業も発展した。
D班	昭　和	・ 1920年代後半から c1930年代にかけて，たびたび恐慌が起こった。 ・ 1950年代前半に d特需景気がみられ，1950年代後半から高度経済成長が続いた。
E班	平　成	・ 投機によって株式や土地の価格が異常に高くなる［ e ］経済が，1990年代初頭に崩壊し，長期にわたる平成不況が始まった。

(1) A班の発表について，［ a ］に当てはまる内容として，最も適当なものを，次のア～エから一つ選び，その符号を書きなさい。

ア　小判の質を高めたため，物価が急速に下落した。

イ　小判の質を高めたため，物価が急速に上昇した。

ウ　小判の質を落としたため，物価が急速に下落した。

エ　小判の質を落としたため，物価が急速に上昇した。

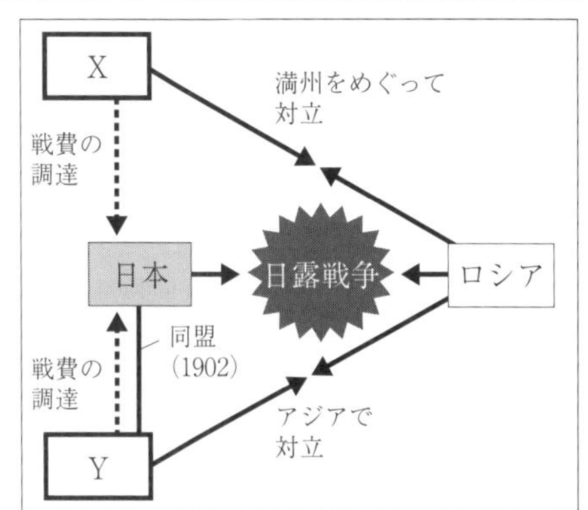

(2) B班の発表について，下線部bをめぐる主な国々の関係を示した右の図中の［ X ］，［ Y ］に当てはまる国の名前の組合せとして，最も適当なものを，次のア～エから一つ選び，その符号を書きなさい。

ア〔X　アメリカ，Y　イギリス〕　　イ〔X　アメリカ，Y　ドイツ〕

ウ〔X　ドイツ，　Y　イギリス〕　　エ〔X　イギリス，Y　ドイツ〕

(3) C班の発表について，右のグラフは，第一次世界大戦前後の時期の日本の貿易額の移り変わりを示したものであり，グラフ中のP，Qは輸出額，輸入額のいずれかを表している。第一次世界大戦中の日本の貿易の動きを，輸出額と輸入額のどちらが上回っているかを明らかにして書きなさい。

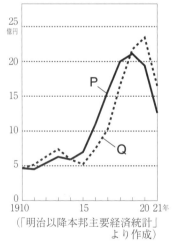

(「明治以降本邦主要経済統計」より作成)

(4) D班の発表について，次の①，②の問いに答えなさい。

① 下線部cの時期に初めて成立した法律を，次のア～エから一つ選び，その符号を書きなさい。

ア　治安維持法　　イ　国家総動員法　　ウ　教育基本法　　エ　普通選挙法

② 次の表は，下線部dの【経済状況】の【背景・原因】，【結果・影響】をまとめたものである。表中の［ X ］，［ Y ］に当てはまる文として，最も適当なものを，下のア～オからそれぞれ一つずつ選び，その符号を書きなさい。

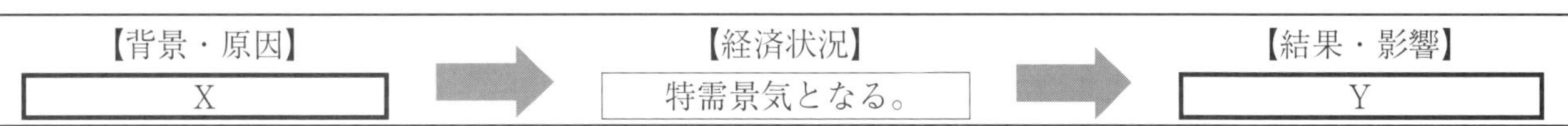

ア　ベトナム戦争が激化した。　　イ　石油危機が起こった。

ウ　第四次中東戦争が起こった。　　エ　日本の経済復興が早まった。

オ　朝鮮戦争が始まった。

(5) E班の発表について，［ e ］に当てはまる語句を，カタカナ3字で書きなさい。

〔5〕 中学校3年生のあるクラスの社会科の授業では，次のA～Dのテーマについて学習を行うことにした。これらのテーマについて，あとの(1)～(4)の問いに答えなさい。

テーマ	
A　日本の家族の形の変化と今後の社会について	B　私たちの生活と文化の役割について
C　人権の歴史と日本国憲法について	D　基本的人権と個人の尊重について

(1) Aのテーマについて，次の①，②の問いに答えなさい。

① 右のグラフは，日本の家族類型別世帯数の変化を示したものである。このグラフから読みとれることについて述べた文として，最も適当なものを，次のア～エから一つ選び，その符号を書きなさい。

	夫婦のみ	夫婦と子	ひとり親と子	単独世帯	その他
1960年 2,223万世帯	7.3%	38.3%	7.5%	16.1%	30.8%
2020年 5,571万世帯	20.0	25.0	9.0	38.0	8.0

（「日本国勢図会」2022/23年版などによる）

ア　1960年から2020年までに，総世帯数は3倍以上に増えた。

イ　夫婦と子の世帯数は，2020年のほうが1960年よりも少ない。

ウ　1960年から2020年までに，核家族世帯の割合はわずかに増えた。

エ　2020年の単独世帯数は，1960年と比べて約2.4倍に増えた。

② 次の文は，日本社会の状況について述べたものである。文中のa，b｛　｝のア，イのうち，正しいものをそれぞれ一つずつ選び，その符号を書きなさい。

> 生産を担う世代（15歳以上65歳未満）がa｛ア　増える　　イ　減る｝ので，公的年金や医療など，高齢者の生活を支えるための一人当たりの負担がb｛ア　増える　　イ　減る｝と考えられる。

(2) Bのテーマについて，次の①～③の問いに答えなさい。

① 右の表は，日本の主な年中行事を示したものである。表中の［X］～［Z］に当てはまる行事を，次のア～ウから一つずつ選び，その符号を書きなさい。

ア　節分　　　イ　七五三　　　ウ　七夕（たなばた）

1月	初詣（はつもうで）	7月	［Y］・お盆
2月	［X］	8月	お盆
3月	ひな祭り・彼岸会（ひがんえ）	9月	彼岸会
4月	花祭り	10月	ハロウィーン
5月	端午（たんご）の節句	11月	［Z］
6月	夏至（げし）	12月	クリスマス

② 右のグラフは，宗教に対するアンケート（調査相手：全国18歳以上2,400人）で，信仰心が「まったくない」と答えた人の割合を，男女別・男女年代別に示したものである。これについて述べた次の文中の［P］に当てはまる内容を，「年齢」，「割合」という語句を用いて書きなさい。

> 宗教に対する信仰心が「まったくない」と答えた人の割合について，年代に着目すると，割合が最も高いのは男女ともに，2018年である。また，年齢に着目すると，男女ともに，［P］という傾向がみられる。

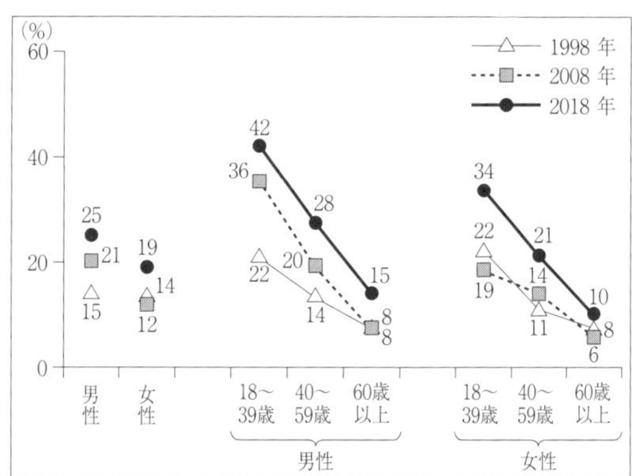

（NHK放送文化研究所調査より作成）

③ 文化に属するものの一つで，音楽や美術，映画や演劇などのように，さまざまな作品や表現を通して，人々を精神的な面で豊かにするものを，まとめて何というか。漢字2字で書きなさい。

(3)　**C**のテーマについて，人権思想の発達に関するできごとをまとめた右の略年表を見て，次の①～③の問いに答えなさい。

年代	国	人権思想の発達に関するできごと
1215	[a]	マグナ・カルタが制定される。
1689	[a]	権利章典が制定される。
1776	アメリカ	独立宣言が出される。
1789	フランス	フランス人権宣言が出される。
1889	日本	大日本帝国憲法が発布される。
1919	ドイツ	b新たに憲法が制定される。
1946	日本	c日本国憲法が公布される。

① 年表中の[a]に共通して当てはまる国名を書きなさい。

② 下線部分bの憲法について述べた文として，最も適当なものを，次のア～エから一つ選び，その符号を書きなさい。

ア　この憲法は，君主権の強いワイマール憲法である。
イ　この憲法は，君主権の強いプロイセン憲法である。
ウ　この憲法は，民主的なワイマール憲法である。
エ　この憲法は，民主的なプロイセン憲法である。

③ 下線部分cについて，右の資料は，日本国憲法に定められた，天皇の主な仕事を示したものである。これらの仕事を何というか。漢字4字で書きなさい。

【第６条①】　国会の指名にもとづく内閣総理大臣の任命
【第６条②】　内閣の指名にもとづく最高裁判所長官の任命
【第７条１】　憲法改正，法律，条約などの公布
【第７条２】　国会の召集
【第７条３】　衆議院の解散
【第７条７】　栄典の授与

(4)　**D**のテーマについて，次の①～③の問いに答えなさい。

① 右の図は，日本国憲法で保障されている基本的人権の一部をまとめたものである。図中の下線部分aに当てはまるものを，次のア～エから一つ選び，その符号を書きなさい。

ア　集会・結社・表現の自由
イ　奴隷的拘束（どれいてきこうそく）・苦役（くえき）からの自由
ウ　思想・良心の自由
エ　居住・移転・職業選択の自由

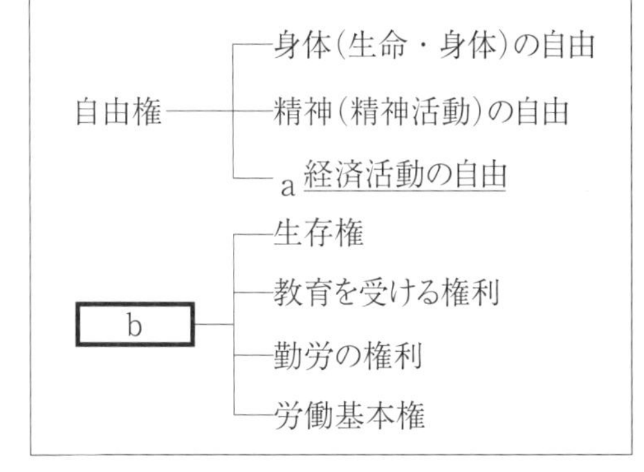

② 右の図中の[b]に当てはまる権利の名称を書きなさい。

③ 企業などに勤める人は，子どもが生まれたときに育児休業を取得することができる。右のグラフは，男女の育児休業取得率の推移を示したものである。これについて述べた次の文中の[X]に当てはまる内容を，「男性」，「女性」という語句を用いて書きなさい。

> 男女平等を進めて行こうとする中で，男性も育児に積極的に参加することが望まれる。2023年，政府は，男性の育休取得率に関して2025年度に50％，2030年度に85％とする目標を打ち出した。これは，グラフからわかるように，[X]ことによる。

育児休業取得率の男女別推移

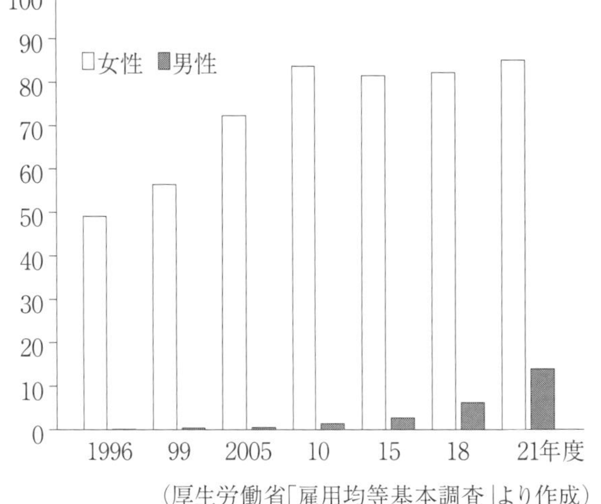

（厚生労働省「雇用均等基本調査」より作成）

第6回模試

〔6〕 あるクラスの社会科の授業では，北海道について，さまざまな観点から調べることにした。次の略地図，**資料Ⅰ**～**資料Ⅳ**は，Nさんが集めたものである。このことについて，下の(1)～(3)の問いに答えなさい。

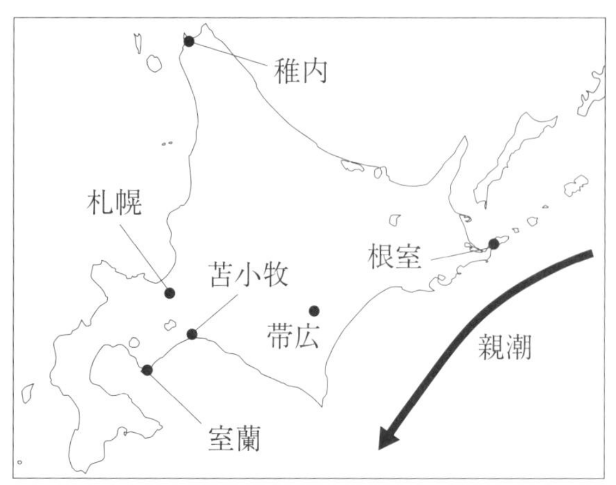

資料Ⅰ　北海道の地名とその由来

地名	X 語の地名	X 語の地名の意味
札幌	サッポロペッ	乾いた大きな川
稚内（わっかない）	ヤムワッカナイ	冷たい水の川
根室	ニムオロ	樹木が茂るところ
帯広	オペレペレケプ	河口がいくつにも分かれている川
苫小牧（とまこまい）	トマコマナイ	沼のあるマコマイ(山のほうに入っている)川
室蘭	モルエランニ	小さい坂

資料Ⅱ　蝦夷地(北海道)の歴史

年代	蝦夷地(北海道)の主なできごと
13～15世紀	X 民族の社会・文化が形成される。
1604	松前藩が徳川家康から X 民族との交易の独占権を認められる。
1669	シャクシャインの戦いが起こる。
1854	日米和親条約が結ばれて，函館が開港場となる。
1869	明治政府が開拓使を置き，蝦夷地を北海道と改める。
1886	北海道庁が置かれる。
1899	a 北海道旧土人保護法が制定される。
1997	X 文化振興法が制定される。

資料Ⅲ　8月の平均気温と降水量

	平均気温(℃)	降水量(mm)
根室市	17.4	132.3
札幌市	22.3	126.8

(「理科年表」令和5年版による)

資料Ⅳ　月別日照時間

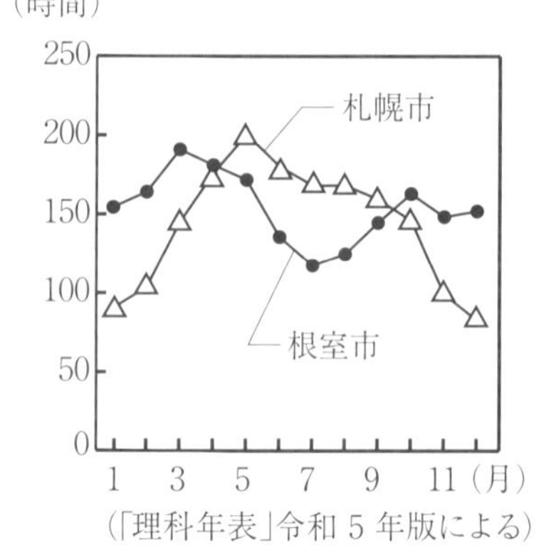

(「理科年表」令和5年版による)

(1) 略地図に示した六つの都市の地名とその由来に関する**資料Ⅰ**と，蝦夷地(北海道)の主なできごとをまとめた**資料Ⅱ**中の X には，蝦夷地(北海道)の先住民族の名称が共通して当てはまる。その名称を，カタカナ3字で書きなさい。

(2) **資料Ⅱ**中の下線部分aについて述べた次の文中の Y に共通して当てはまる語句を，漢字2字で書きなさい。

> 日本国憲法では，「すべて国民は，法の下に平等であつて，人種，信条，性別，社会的身分又は門地により，政治的，経済的又は社会的関係において， Y されない。」と定めている。しかし，明治政府が制定した北海道旧土人保護法は，保護を名目として，先住民族を日本国民に同化させることを目的とした法律であり，先住民族に対する Y は残った。そのため，1997年にこの法律は廃止された。

(3) **資料Ⅲ**は，略地図中の根室市と札幌市の，8月の平均気温と降水量を示したものである。また，**資料Ⅳ**は，それぞれの都市の月別日照時間を示したものである。**資料Ⅲ**と**資料Ⅳ**から，根室市が札幌市よりも8月の気温が低いのは，夏の日照時間が短いためであると考えられる。根室市の夏の日照時間が短い理由を，夏に根室市に吹きつける南東の季節風と，略地図中の親潮の，それぞれの性質に関連づけて書きなさい。

第６回模試

〔１〕次の(1)～(6)の問いに答えなさい。

(1)　多細胞生物について述べた次の文中の X ～ Z に当てはまる語句の組合せとして，最も適当なものを，下のア～カから一つ選び，その符号を書きなさい。

> 多細胞生物のからだの中では，同じはたらきをもつ多数の細胞が集まって X をつくり，さらに X がいくつか集まることで決まった形とはたらきをもつ Y をつくる。さまざまな Y が集まることで，ヒトのような Z がつくられる。

ア〔X　器官，　Y　組織，　Z　個体〕　　イ〔X　器官，　Y　個体，　Z　組織〕
ウ〔X　組織，　Y　器官，　Z　個体〕　　エ〔X　組織，　Y　個体，　Z　器官〕
オ〔X　個体，　Y　組織，　Z　器官〕　　カ〔X　個体，　Y　器官，　Z　組織〕

(2)　右の図は，ある地点で気象要素を観測し，天気図の記号で表したものである。この観測を行ったとき，観測地点の天気について述べた文として，最も適当なものを，次のア～エから一つ選び，その符号を書きなさい。

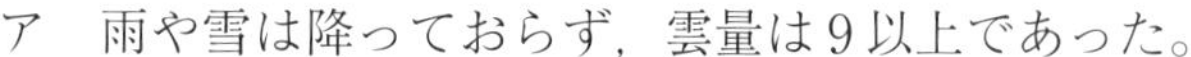

ア　雨や雪は降っておらず，雲量は９以上であった。
イ　雨や雪は降っておらず，雲量は２ ～ ８であった。
ウ　雨や雪は降っておらず，雲量は１以下であった。
エ　雨が降っていた。

(3)　次のａ～ｅは，物体にはたらくさまざまな力を表したものである。物体どうしがはなれていてもはたらく力の組合せとして，最も適当なものを，下のア～エから一つ選び，その符号を書きなさい。

ａ　弾性力(弾性の力)　　ｂ　重力　　ｃ　電気の力　　ｄ　摩擦力　　ｅ　磁力(磁石の力)

ア　ａ，ｃ，ｄ　　イ　ｂ，ｅ　　ウ　ｂ，ｃ，ｅ　　エ　ｃ，ｅ

(4)　右の図は，ある地層で見つかったアンモナイトの化石を模式的に表したものである。この地層が堆積した当時に栄えていた生物として，最も適当なものを，次のア～エから一つ選び，その符号を書きなさい。

ア　フズリナ　　イ　ビカリア　　ウ　サンヨウチュウ　　エ　恐竜（きょうりゅう）

(5)　大きな地震が発生すると，近くの地震計でＰ波を感知して，ゆれの強さなどを予想した緊急地震速報が出される。下の図は，緊急地震速報のしくみを模式的に表したものである。震源からの距離（きょり）が120kmのある地点Ｍでは，地震が発生してから14秒後に緊急地震速報を受信した。地点Ｍで主要動が始まるのは，緊急地震速報を受信してから何秒後か。ただし，震源はごく浅い地点であり，Ｐ波は７km/s，Ｓ波は３km/sでそれぞれ一定の速さで伝わったものとする。

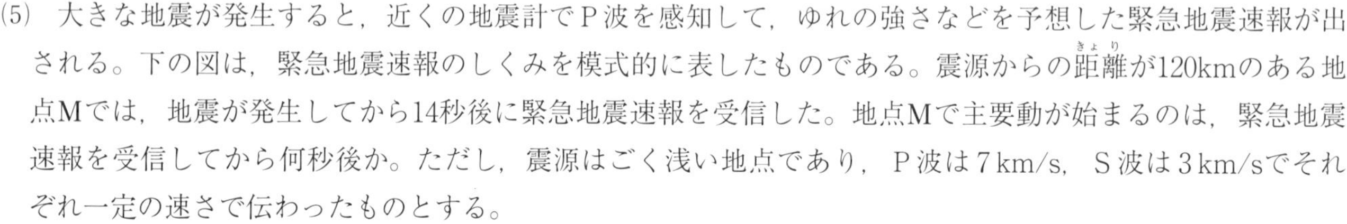

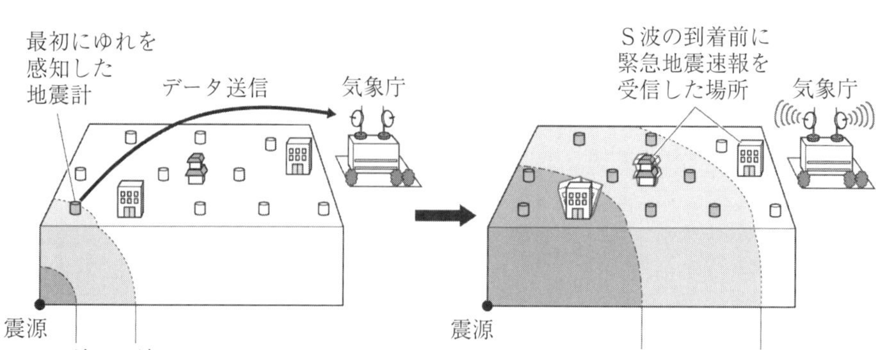

(6) 右の図のように，アンモニアで満たした丸底フラスコをスタンドに固定し，水そうにはフェノールフタレイン溶液を加えた水を入れた。スポイトから水をおし出したところ，水そうの水が吸い上げられ，フラスコ内では赤い水が噴水（ふんすい）のように噴（ふ）き出した。このことから考えられるアンモニアの性質として，最も適当なものを，次のア～エから一つ選び，その符号を書きなさい。

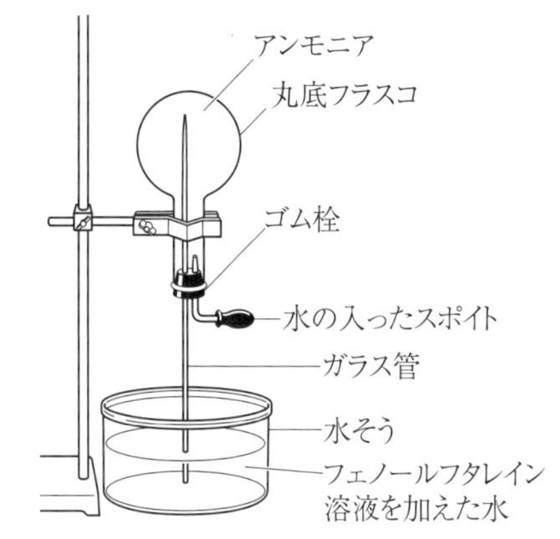

ア　水に非常にとけやすく，水にとけると水溶液はアルカリ性を示す。
イ　水に非常にとけやすく，水にとけると水溶液は酸性を示す。
ウ　同じ温度では空気よりも密度が小さい。
エ　同じ温度では空気よりも密度が大きい。

〔2〕音の性質について調べるために，次の実験1 ～ 3を行った。この実験に関して，下の(1)～(3)の問いに答えなさい。

実験1　おんさA～Dを用意して，それぞれのおんさをたたいて音を鳴らすと，おんさBをたたいたとき，おんさC，Dをたたいたときよりも低い音が出た。

実験2　図1のように，おんさAの横におんさBを置き，おんさAをたたいて音を鳴らし，おんさBが振動するかを調べた。おんさBをおんさC，Dにかえて同様の操作を行ったところ，おんさCのみ振動することが確認できた。

実験3　図2のように，おんさAをたたいたときに出た音の波形をコンピュータの画面に表示した。同様の操作をおんさB～Dでも行った。

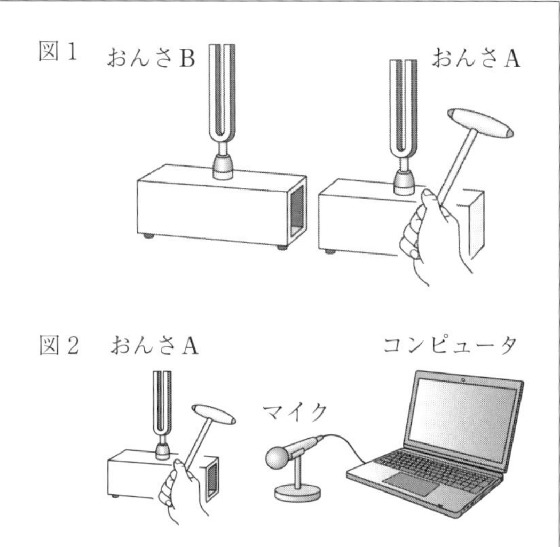

(1) 1秒間に音源が振動する回数を何というか。その用語を書きなさい。

(2) 図3は，実験3でコンピュータの画面に表示されたおんさAをたたいたときに出た音の波形である。振幅を表しているものとして，最も適当なものを，図3のア～エから一つ選び，その符号を書きなさい。

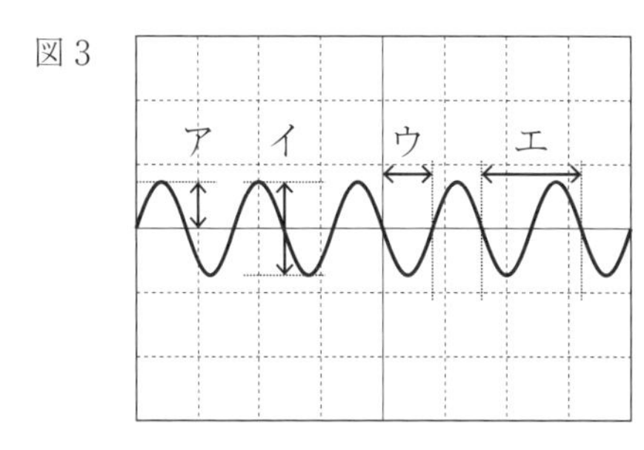

(3) 図4のX～Zは，実験3でコンピュータの画面に表示されたおんさB～Dのいずれかをたたいたときに出た音の波形であり，表示された波形の目盛りの取り方は図3とすべて同じである。おんさB～Dをたたいたときに出た音の波形として，最も適当なものを，図4のX～Zからそれぞれ一つずつ選び，その符号を書きなさい。

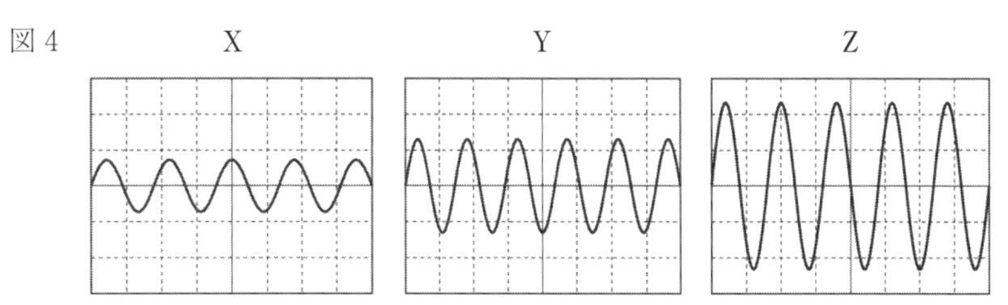

〔3〕光合成について調べるために，鉢植えのアサガオのふ入りの葉を用いて，次の実験を行った。この実験に関して，下の(1)～(4)の問いに答えなさい。

実験　図1のように，葉の一部に光が当たらないように表裏ともにアルミニウムはくでおおった。その後，鉢植えを暗いところに一晩置いた後，じゅうぶんに光を当てた。図2のように，茎(くき)から葉をつみとって，アルミニウムはくを外して熱湯につけた後，あたためたエタノールにひたした。その後，葉をエタノールからとり出してよく水洗いし，ヨウ素液につけて，葉の色の変化を調べた。

下の表は実験の結果をまとめたものである。

葉の部分	色の変化
A	青紫色になった。
B	変化しなかった。
C	変化しなかった。
D	変化しなかった。

図1

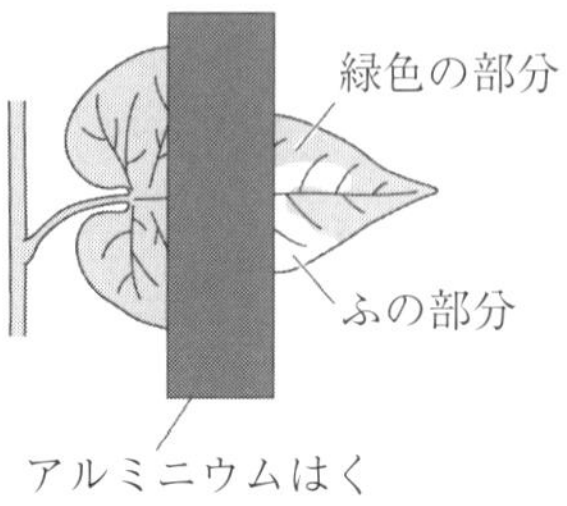

緑色の部分
ふの部分
アルミニウムはく

図2

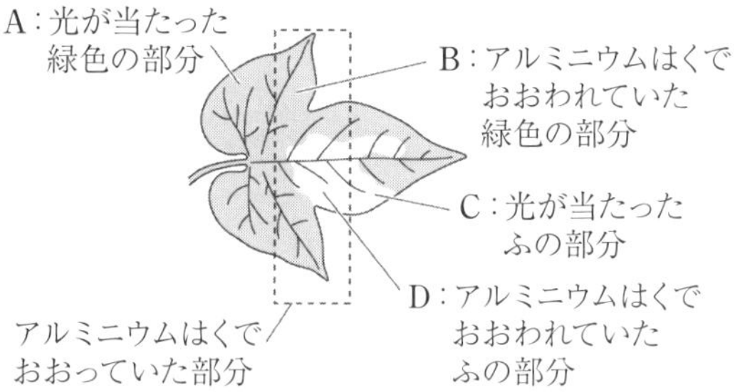

A：光が当たった緑色の部分
B：アルミニウムはくでおおわれていた緑色の部分
C：光が当たったふの部分
D：アルミニウムはくでおおわれていたふの部分
アルミニウムはくでおおっていた部分

(1)　実験で，葉をあたためたエタノールにひたした理由として，最も適当なものを，次のア～エから一つ選び，その符号を書きなさい。

ア　細胞をこわしてヨウ素液と反応しやすくするため。

イ　葉を脱色してヨウ素液の色の変化を見やすくするため。

ウ　光合成をさかんに行わせるため。

エ　葉をやわらかくして観察しやすくするため。

(2)　次の文は，実験からわかることについて述べたものである。文中の［X］に当てはまる語句を漢字3文字で書きなさい。また，［Y］に当てはまるものを，下のア～オから一つ選び，その符号を書きなさい。

図2のAとCの部分の結果を比べると，光合成には［X］が必要であることがわかる。また，［Y］の部分の結果を比べると，光合成を行うためには，光が必要であることがわかる。

ア　AとB　　イ　AとD　　ウ　BとC　　エ　BとD　　オ　CとD

(3)　光合成によって葉でつくられた養分のゆくえについて述べた文として，最も適当なものを，次のア～エから一つ選び，その符号を書きなさい。

ア　水にとけにくい物質に変化し，道管を通ってからだ全体の細胞に運ばれる。

イ　水にとけにくい物質に変化し，師管を通ってからだ全体の細胞に運ばれる。

ウ　水にとけやすい物質に変化し，道管を通ってからだ全体の細胞に運ばれる。

エ　水にとけやすい物質に変化し，師管を通ってからだ全体の細胞に運ばれる。

(4)　光合成には水と二酸化炭素が原料として使われる。植物が二酸化炭素などの気体を出し入れする，葉の表面などに見られる2つの細胞に囲まれたすきまを何というか。その用語を書きなさい。

〔4〕化学変化と質量について調べるために，次の実験を行った。この実験に関して，下の(1)～(5)の問いに答えなさい。

実験　ステンレス皿にマグネシウムの粉末を0.30 gはかりとり，図1のようにガスバーナーで加熱した。加熱をやめて，じゅうぶんに冷えてから全体の質量をはかり，加熱後の物質の質量を求めた。この操作を，全体の質量が変化しなくなるまで繰り返した。マグネシウムの粉末の質量を0.60 g，0.90 g，1.20 gと変えて同様の操作を行った。図2はその結果をまとめたものである。

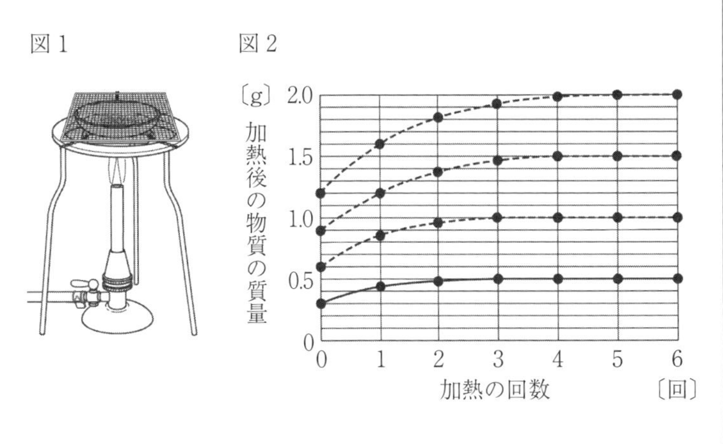

(1)　実験において，加熱を繰り返すと，やがて全体の質量が変化しなくなるのはなぜか。その理由を，「マグネシウム」という語句を用いて書きなさい。

(2)　図2で全体の質量が一定になったときの，加熱したマグネシウムの質量と結びついた酸素の質量の関係を表すグラフをかきなさい。

(3)　マグネシウムを加熱したとき，加熱したマグネシウムの質量と結びつくことができる酸素の質量の比（マグネシウム：酸素）を，最も簡単な整数の比で答えなさい。

(4)　2.10 gのマグネシウムの粉末を質量が変化しなくなるまで加熱したとき，加熱後の物質の質量は何gか。求めなさい。

(5)　マグネシウム2.40 gと銅の混合物を用意し，ステンレス皿に乗せて質量が変化しなくなるまで加熱したところ，加熱後の物質の質量は8.00 gであった。このとき，最初の混合物にふくまれていた銅の質量は何gか。求めなさい。ただし，銅だけを加熱したとき，加熱した銅の質量と結びつくことができる酸素の質量の比（銅：酸素）は4：1であることがわかっており，混合物を加熱したとき金属どうしが反応することはないものとする。

〔5〕化学変化と熱について調べるために，次のⅠの実験を行った。また，Ⅱはこの実験に関して理香さんが太郎さんと行った会話の一部である。Ⅰ，Ⅱに関して，あとの(1)～(4)の問いに答えなさい。

Ⅰ

実験　右の図のように，鉄粉12 gと活性炭8 gの混合物をビーカーに入れ，液体Aを少しずつ加えてかき混ぜると，温度が上がっていった。

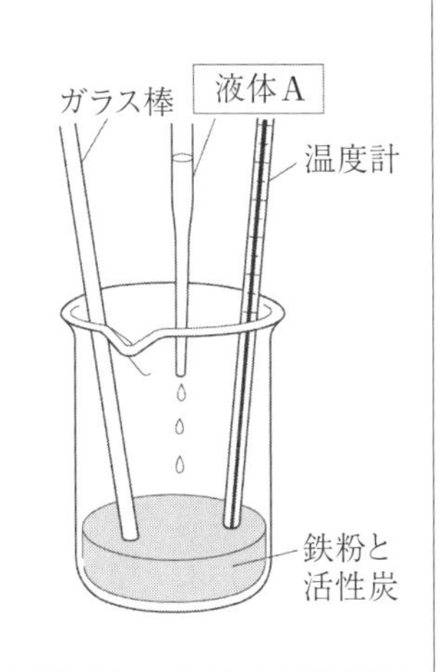

Ⅱ

理香さん：実験のように，温度が上昇する化学変化を［ X ］といいますね。
太郎さん：そうですね。この反応では［ Y ］することで，温度が上昇しています。
理香さん：かいろ（化学かいろ）はこの実験と同じように，鉄粉と液体Aをしみこませた木炭などを混ぜたものが用いられているみたいですね。
太郎さん：かいろを使用する前はあたたかくならないのはなぜなのでしょうか。

(1)　液体Aとして，最も適当なものを，次のア～エから一つ選び，その符号を書きなさい。

ア　石灰水　　イ　水酸化ナトリウム水溶液　　ウ　砂糖水　　エ　食塩水

(2)　実験で鉄は何という物質に変化したか。物質名を書きなさい。

(3) Ⅱの X ，Y に当てはまるものの組合せとして，最も適当なものを，次のア～エから一つ選び，その符号を書きなさい。

ア〔X　発熱反応，　Y　周囲から熱を吸収〕　　イ〔X　発熱反応，　Y　周囲へ熱を放出〕

ウ〔X　吸熱反応，　Y　周囲から熱を吸収〕　　エ〔X　吸熱反応，　Y　周囲へ熱を放出〕

(4) 下線部について，かいろを使用する前はあたたかくならない理由を述べた文として，最も適当なものを，次のア～エから一つ選び，その符号を書きなさい。

ア　鉄粉の量を多くしているから。

イ　液体Aの濃さを小さくしているから。

ウ　木炭の量を少なくしているから。

エ　密閉された袋に入っているから。

〔6〕親から子への特徴（とくちょう）の伝わり方について調べるために，次の実験を行った。この実験に関して，下の(1)～(4)の問いに答えなさい。

実験　図1のように，丸い種子をつくる純系のエンドウとしわのある種子をつくる純系のエンドウの種子をまいて育て，咲（さ）いた花をかけ合わせたところ，得られた子の代の種子はすべて丸い種子であった。図2のように，子の種子をまいて育て，自家受粉させたところ，得られた孫の代の種子には，丸い種子としわのある種子があった。

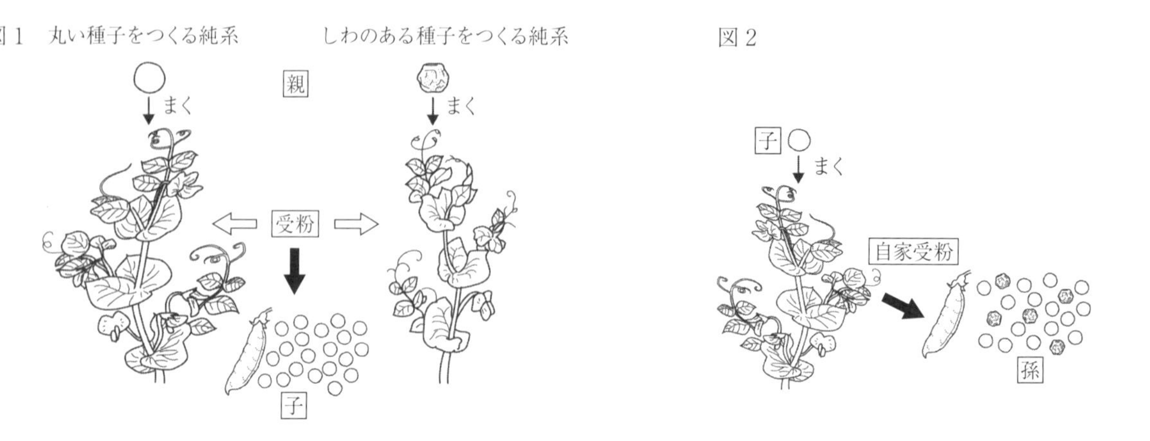

(1) エンドウの種子には丸い種子としわのある種子があり，1つの種子にはそのどちらかの形質のみが現れる。このように，どちらか一方の形質しか現れない2つの形質どうしを何というか。その用語を書きなさい。

(2) 親の代について，丸い種子のもつ遺伝子の組合せをAA，しわのある種子のもつ遺伝子の組合せをaaとするとき，子の代の種子がもつ遺伝子の組合せとして，最も適当なものを，次のア～オから一つ選び，その符号を書きなさい。

ア　A　　イ　a　　ウ　AA　　エ　aa　　オ　Aa

(3) 実験で，孫の代で得られた種子の合計が2400個であったとき，孫の代で得られた丸い種子の個数として，最も適当なものを，次のア～エから一つ選び，その符号を書きなさい。

ア　およそ600個　　イ　およそ800個　　ウ　およそ1200個　　エ　およそ1800個

(4) 孫の代で得られた丸い種子の中から1個の種子を選び，この種子が純系であることを確かめたい。このとき，選んだ種子をまいて育てたものと，孫の代で得られる種子の中から，どのような形の種子をまいて育てたものとかけ合わせ，得られた種子がどのような形質になればよいか。書きなさい。

〔7〕日本付近の天気図について調査を行った。この調査に関して，下の(1)～(3)の問いに答えなさい。

調査　日本付近の春，つゆ(梅雨)，夏，冬の時期のそれぞれに典型的な天気図を調べた。下の図は，調べた天気図についてまとめたものであり，A～Dは春，つゆ(梅雨)，夏，冬のいずれかの時期の天気図である。

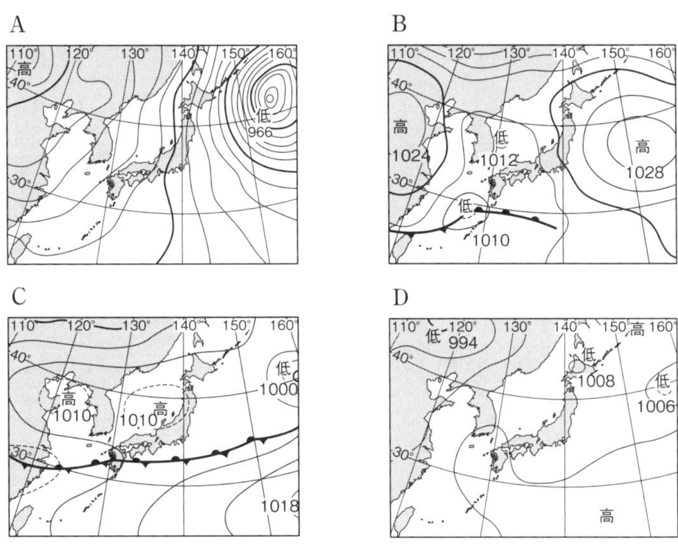

(1)　図のAはどの季節に典型的な天気図か。最も適当なものを，次のア～エから一つ選び，その符号を書きなさい。

ア　春　　イ　つゆ(梅雨)　　ウ　夏　　エ　冬

(2)　図のBとCの天気図となる時期について述べたものとして，最も適当なものを，次のア～エからそれぞれ一つずつ選び，その符号を書きなさい。

ア　日本の広い範囲(はんい)が高気圧におおわれ，晴れた日が続く。

イ　雨やくもりの日が続く。

ウ　天気が周期的に変化する。

エ　北西の季節風がふく。

(3)　図のDの天気図となる時期には，ユーラシア大陸上で低気圧が発達しやすくなる。これはなぜか。「陸」，「海」，「上昇気流」のすべての語句を用いて書きなさい。

〔8〕コイルに流れる電流について調べるために，次の実験を行った。この実験に関して，下の(1)〜(4)の問いに答えなさい。

実験　図1のように，コイルをスタンドに固定し，オシロスコープにつないだ。次に，磁石のN極を下に向けて，コイルの上部に磁石を近づけたところ，コイルに電流が流れ，オシロスコープの画面に図2のような波形が表示された。なお，表示画面の縦軸は電流の向きと大きさを示し，横軸は経過時間を示している。

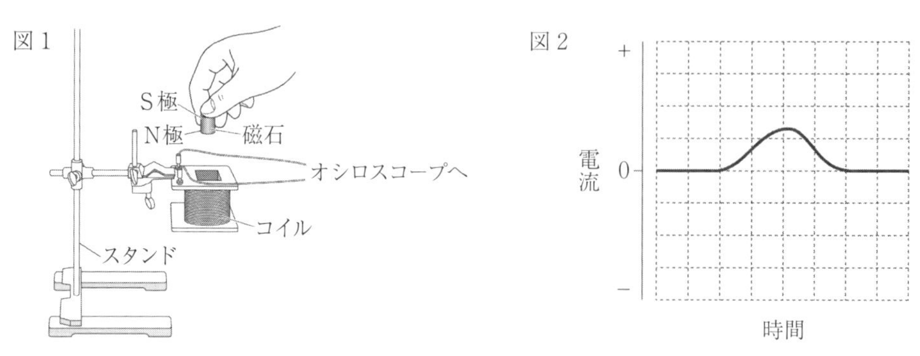

(1)　実験で，コイルに流れた電流を何というか。その用語を書きなさい。

(2)　図1の状態のまま，磁石をコイルの上部で静止させるとコイルに電流は流れなかった。これはなぜか。「磁界」という語句を用いて書きなさい。

(3)　実験とは逆向きの電流をコイルに流す方法として，最も適当なものを，次のア〜エから一つ選び，その符号を書きなさい。

ア　磁石をより磁力が強いものにかえて，同様の操作を行う。

イ　コイルを巻数が多いものにかえて，同様の操作を行う。

ウ　磁石のS極を下に向けてコイルの上部から磁石を遠ざける。

エ　磁石のS極を下に向けてコイルの上部に磁石を近づける。

(4)　図1の状態から，静かに磁石から手をはなし，磁石がコイルに触れないようにコイルの中に磁石を通過させた。このときのオシロスコープに表示された波形として，最も適当なものを，次のア〜エから一つ選び，その符号を書きなさい。ただし，1目盛りの大きさは，図2とすべて同じであるものとする。

ア

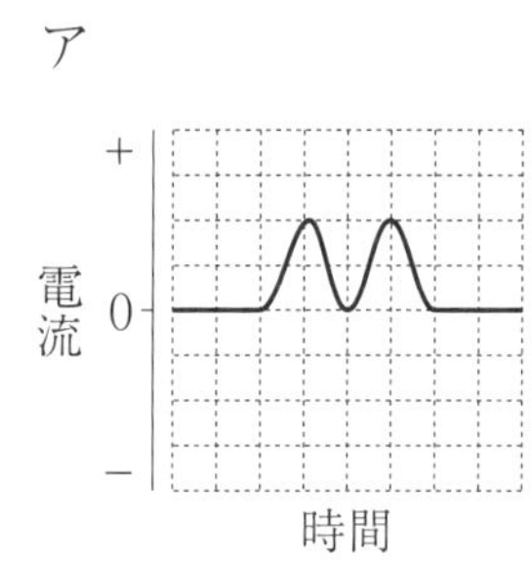

イ

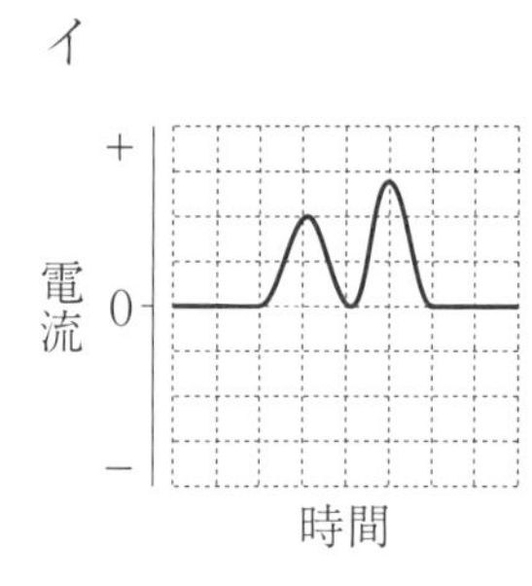

ウ

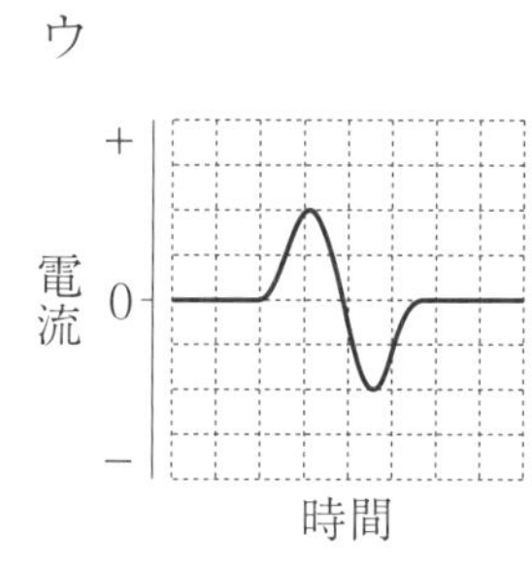

エ

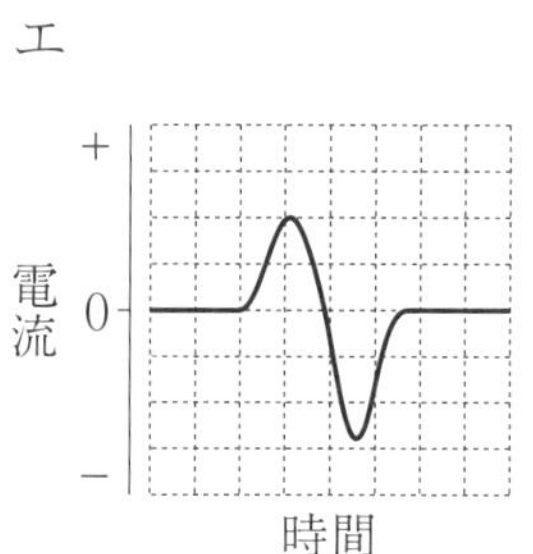

第6回新潟県統一模試 ＜中3志望校判定テスト＞ 国語

氏名

得点

〔一〕

(一) 1 慕（　　）って　2 腐食　3 媒介　4 僅（　　）か　5 酌量

(二) 1 セマ（　　）い　2 コンドウ　3 シュシャ　4 ミダ（　　）して　5 トウカク

〔二〕

(一)

(二) 2

(三)

(四)

(五)

〔三〕

(一)

(二) 40

(三) 25

(四)

(五)

(六) 9

〔四〕

(一) 5

(二) 45

(三)

(四)

(五) 60

(六) 120

第6回模試

第６回新潟県統一模試
＜中３志望校判定テスト＞　数学

氏名		得点

〔1〕

(1)		(2)		(3)	
(4)		(5)	$x=$	(6)	$\angle x=$　　度
(7)		(8)	① $\leqq y \leqq$	②	

〔2〕

(1)	答 $n=$	(2)	答
(3)	(証明)		

〔2〕

(4)	

A

B　C

〔3〕

(1)	答 $y=$		
(2)	ア 答	イ 答	
	ウ 答		
(3)			

30 y

24

18

12

6

O　2　4　6　8　10　12 x

〔4〕

(1)	ア 答	イ 答
(2)	(証明)（誕生日を a 月 b 日とする。） （したがって，先生の「誕生日当てマジック」は，すべての誕生日で成り立つ。）	
(3)	③ 答	④ 答

〔5〕

(1)	① 答　　cm^3	② 答　　cm^2
(2)	答 $a=$	

第６回新潟県統一模試
<中３志望校判定テスト>　英 語

氏名		得点

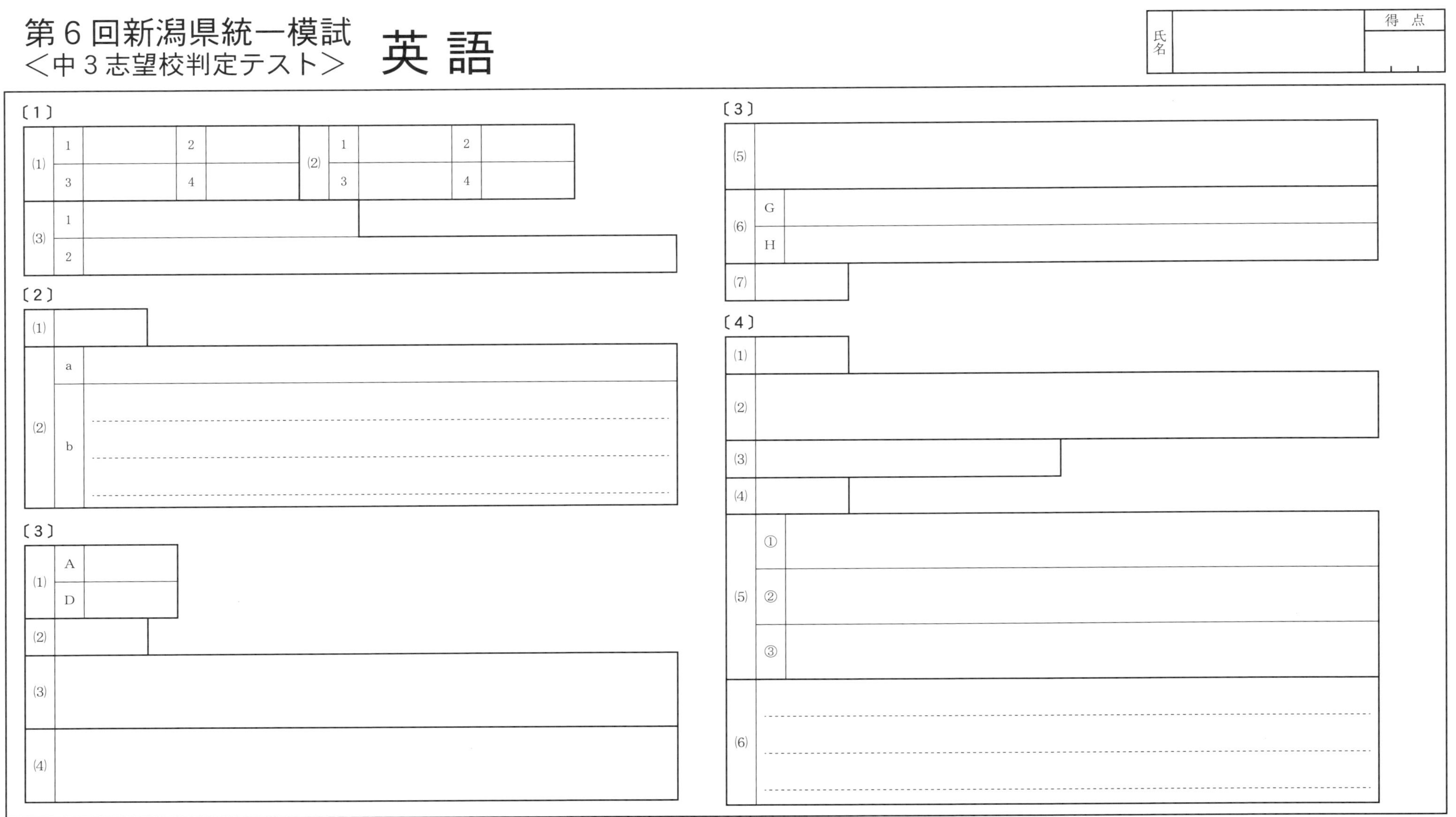

〔1〕

(1)	1		2		(2)	1		2	
	3		4			3		4	

(3)	1	
	2	

〔2〕

(1)		
(2)	a	
	b	

〔3〕

(1)	A	
	D	
(2)		
(3)		
(4)		
(5)		
(6)	G	
	H	
(7)		

〔4〕

(1)		
(2)		
(3)		
(4)		
(5)	①	
	②	
	③	
(6)		

第６回新潟県統一模試 ＜中３志望校判定テスト＞ 社会

氏名 | 得点

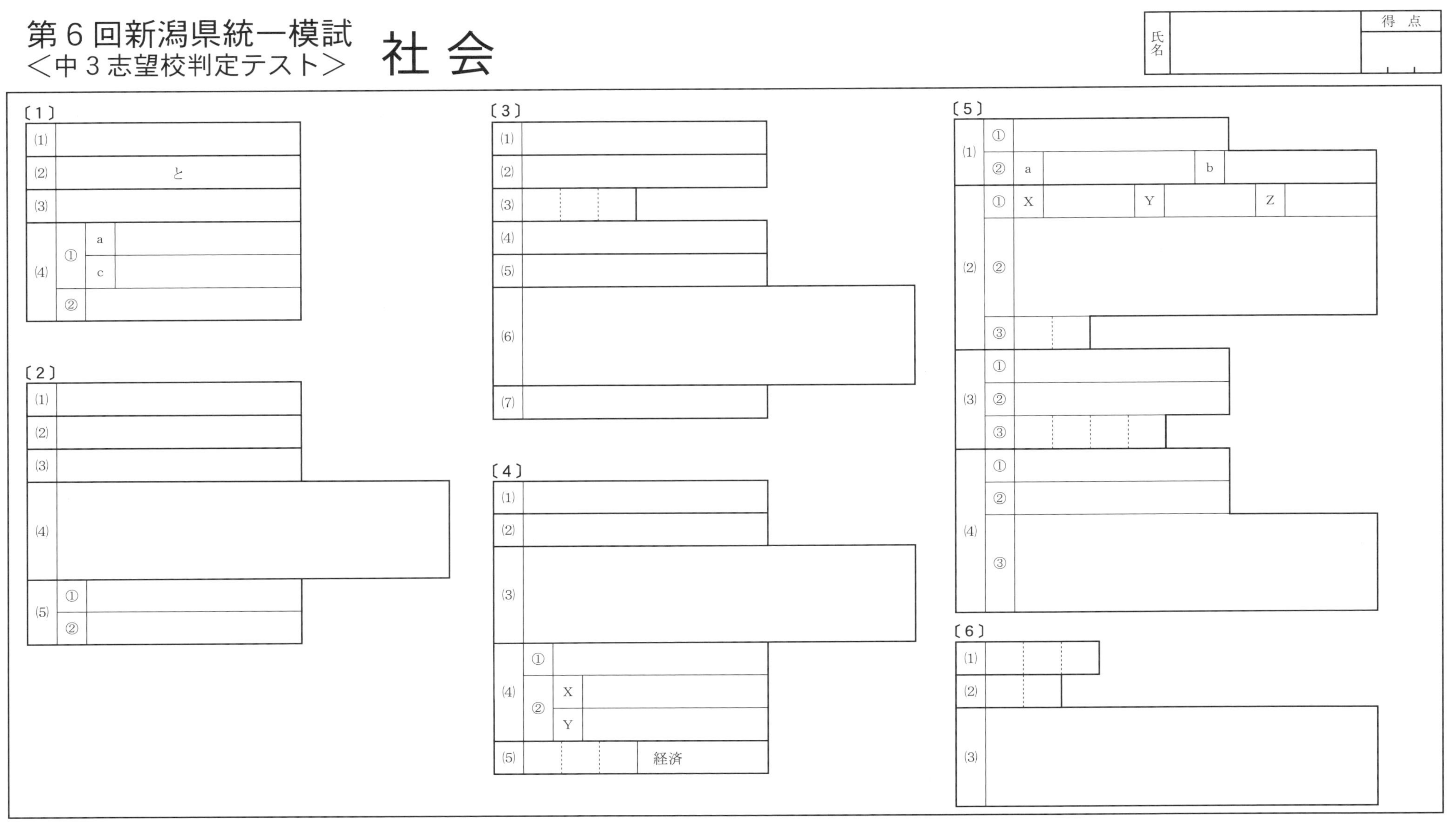

第6回新潟県統一模試 <中3志望校判定テスト> 理科

氏名		得点	

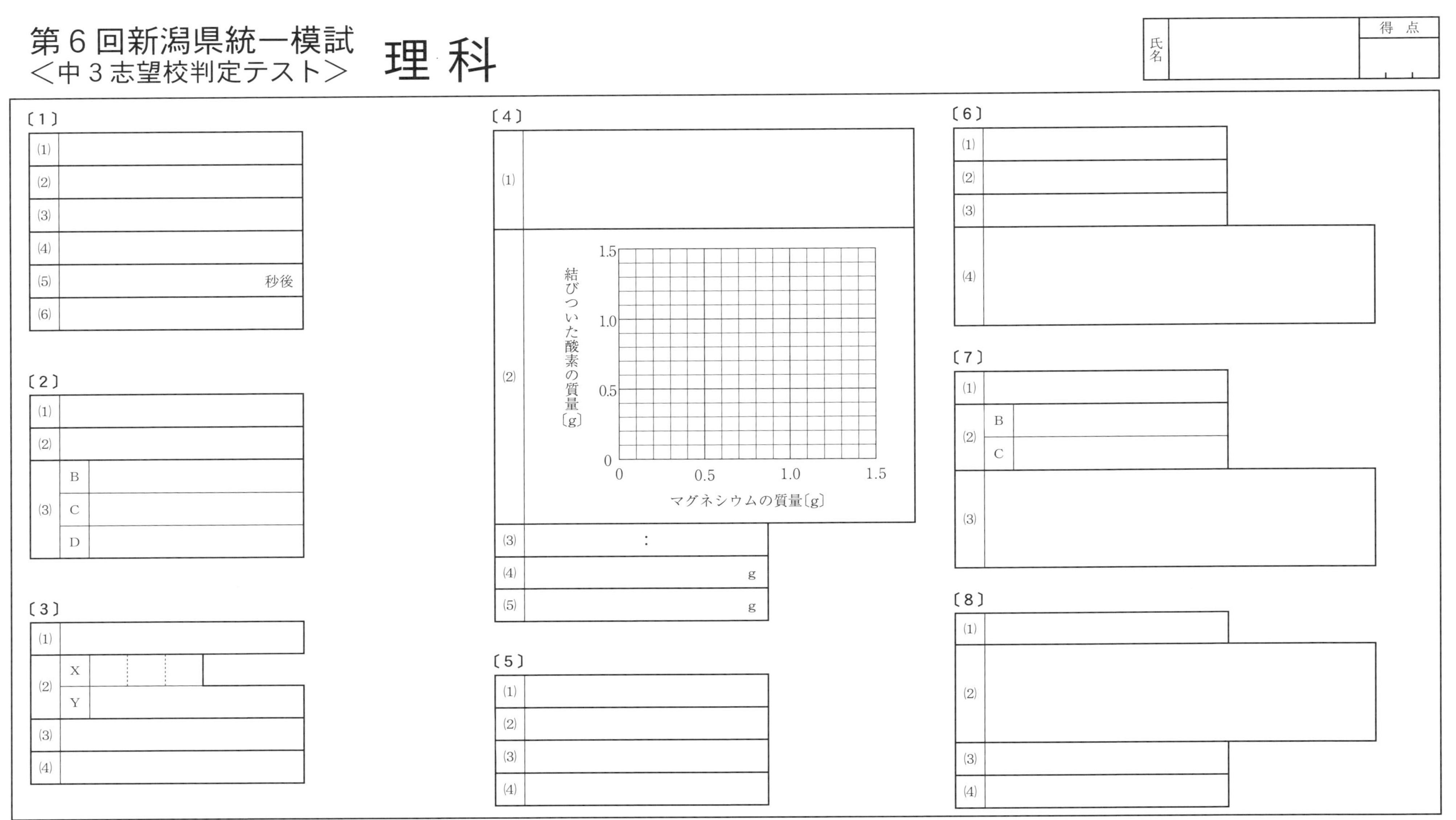

〔1〕

(1)	
(2)	
(3)	
(4)	
(5)	秒後
(6)	

〔2〕

(1)		
(2)		
(3)	B	
	C	
	D	

〔3〕

(1)		
(2)	X	
	Y	
(3)		
(4)		

〔4〕

(1)	
(2)	
(3)	：
(4)	g
(5)	g

〔5〕

(1)	
(2)	
(3)	
(4)	

〔6〕

(1)	
(2)	
(3)	
(4)	

〔7〕

(1)		
(2)	B	
	C	
(3)		

〔8〕

(1)	
(2)	
(3)	
(4)	

㈢ ――線部分(1)について、筆者が地域内での等価交換が「ややこしい」と考えるのはなぜか。文章中の〔　〕内の言葉を使って、六十字以内で書きなさい。

㈣ ――線部分(2)について、「共同体の決まりみたいなもの」とはどういうことか。それを説明したものとして最も適当なものを、次のア～エから一つ選び、その符号を書きなさい。

ア　ものの価格を設定するときは、他の家の設定した価格と照らし合わせて採算がとれるかどうかの判断が必要なこと。

イ　ものの価格を設定するときは、自分の家の都合だけではなく他の家の状況も考慮(こうりょ)して決めなければならないこと。

ウ　ものの価格を設定するときは、その地域に出入りする商人たちのルールに配慮しながら決めなければならないこと。

エ　ものの価格を設定するときは、流通して利益を出しやすいように地域内の価格を固定させなければならないこと。

㈤ 次の□内の文は、――線部分(3)について説明したものである。[①]・[②]に当てはまる言葉を文章中から抜き出し、それぞれの指定字数にしたがって書きなさい。

> 「完全に野放しの流通」とは、この場合、共同体のルールに[①（二字）]されずに、[②（六字）]流通が自由に行われている状態を意味している。

㈥ ――線部分(4)について、筆者がいまの経済活動について「異常」と感じているのはなぜか。百字以内で書きなさい。

式（半返し）になったところが多くなりましたが、もともとは、香典の金額に関係なくその家に用意されていて、それを帰るときにお渡しするというやり方で、昔は米5キログラムでした。
「ダイコンが豊作だったから隣にもっていこうか」式の交換にしても、香典と香典返しのようなかなりはっきりしたルールにしても、どちらも、地域内流通というのは、共同体がもっている「なんとはないルール」、自分たちの地域社会のなかに埋め込まれた交換ルールにしたがっているのであって、等価の価値交換などという流通ではないということなのです。
それに対して、地域外との流通は、やはり価値を定めて流通させます。たとえばダイコンは1本100円という価値を定めて流通させる。ただし、地域内流通の仕組みがしっかり残っている時代は、地域外の流通も、(2)共同体の決まりみたいなものにかなり制約されていました。買いに来る仲買人とか商人たちもその地域の共同体のルールというものを頭に入れながら買っていくし、売る側も共同体のルールを考えながら売っていく。たとえば、自分の家はダイコンが非常に豊作だったとします。豊作だから、去年の半値で売っても採算がとれる。でも、そんなことをしたら他の家が困ってしまうわけです。その半値が相場になってしまいますから。だから共同体の仕組みを考えながらなんとなく価格設定をしていく。商人たちもそういうことを考えながら買いつけをしていく。(3)完全に野放しの流通というのは、じつは伝統的にはほとんどなかったということです。
それが資本主義になってくると、共同体が解体されて、共同体的ルールが弱体化していく。そのことによって、価格に基づく流通が手放しでおこなわれるようになっていく。そういう歴史なのだとポランニーは言っています。

つまりポランニーが言っていることは、もともと経済活動というのは独立した営みではないということです。自分たちの地域社会のなかに埋め込まれているし、生活のなかに埋め込まれているし、文化のなかにも埋め込まれていると言っても構わない。それがいまは、経済とか労働というものが共同体の制約みたいなものをもたなくなって、ある意味では自由に展開するようになった。(4)そういう時代のもっている異常さみたいなものをポランニーはみていたのです。

（内山　節「資本主義を乗りこえる」による　一部改）

(注)　上野村＝群馬県南西部にある群馬県で最も人口の少ない村。上野村に移住した筆者は東京との往復生活をしている。
仲買人＝卸売業者と小売業者の間の品物の売買を仲介する人。
資本主義＝お金と物資をもとでにして、利益追求のために労働者を使用して生産・販売を行う経済の体制。

(一)　文章中の［A］に最もよく当てはまる言葉を、次のア～エから一つ選び、その符号を書きなさい。
ア　つまり　イ　また　ウ　ところが　エ　だから

(二)　文章中の［B］に当てはまる内容として最も適当なものを、次のア～エから一つ選び、その符号を書きなさい。
ア　排除して
イ　納税して
ウ　複合させて
エ　介在させて

〔四〕 次の文章を読んで、㈠～㈥の問いに答えなさい。

伝統的な農業には、三つの流通がありました。ひとつは自家消費用の流通です。簡単に言えば、自分でつくって自分で食べるというものです。これもひとつの流通形態に変わりない。ふたつ目は地域内の流通、地域内交換経済です。

三つ目が地域外への流通です。これは、古くは納税を通しておこなわれました。つまり米が年貢として取られていく。それが結果としては全国的な大規模流通をしていく。ひとつにそういうものがありました。もうひとつは、都市が形成されてくると都市への流通がはじまっていく。わかりやすく言うと、全員が農村で農業をしながら暮らしているならば、必要なものはみんな自分たちでつくっているわけですから、何も流通しないわけです。［A］、北九州、それから奈良とか京都、ああいったところに都市が形成されてくると、食糧を生産しない人たちが発生してくる。そこに農産物を提供するという流通がはじまっていく。その場合には近郊農業と都市の関係で流通が起きてくるのです。

いまの時代を考えるとき非常に重要な経済学者として、カール・ポランニーという人がいます。1964年まで生きていた人で、ウィーン出身のハンガリー人です。

ポランニーがよくみていたことのひとつは、地域内交換経済というものがどういうかたちでおこなわれているかということです。古い経済学だと、もともとは物々交換のかたちで等価交換、つまり同じ価値に基づいて交換がおこなわれていたと言われました。そして、いつも物々交換をするのは不便だから、お金を［B］等価交換をするようになった。そういう方向で経済は発展していくのだと。

でもポランニーはいろんなところを調べて、実際にはそんなふうにはなっていないと言ったのです。地域内交換経済というのは共同体の慣習にしたがっている。だから等価交換なんていうものは成立していないのだと。

〔実際にそうで、(1)等価交換ってじつはものすごくややこしい。たとえば、僕がハクサイをつくり、隣の人がダイコンをつくったとします。「じゃ、交換しましょう」といった場合、どういう交換にしたら等価交換になるのか。価格をつけちゃえば、仮にダイコンが1本100円でハクサイも1個100円だと、1個ずつ交換すれば等価交換だ、ということになりますけど、地域内交換に価格などつけるはずがない。そうすると一体どういう交換をしたら等価になるのか、非常にわかりにくい。実際にはそんなやり方をしていないわけです。なんとなく自分の家でダイコンがたくさんとれて、隣の家は不作だったから「ちょっとうちのを隣にあげようか」とか、それだけの話です。もらったほうも別にすぐにお返しをするわけでもなくて、機会があったときに、「こんどは隣がどうもハクサイが不作だから、この間のお返しにもっていこうか」とか、そんな感じでやっているだけの話です。〕

つまり地域内経済というのは、共同体のもっている「なんとはなくできているルール」のようなものにしたがっている。

そういう「なんとなくのルール」のなかには、ときにはかなり厳格なものもあります。いまおこなわれているものとしては、お葬式のお香典。別に文章にはなっていないけれども、自分の家はいくらもっていくのかというルールがなんとなくある。これがややこしくて、僕などは依然として上野村のルールがよくわからない。というのは集落ごとに違うからです。

お香典返しもかなりルールがあります。うちのほうも最近は東京方

(三) Aの和歌について、次の①・②の問いに答えなさい。

① ——線部分(3)の意味（鑑賞文）として最も適当なものを、次のア～エから一つ選び、その符号を書きなさい。

ア しかし、鶯が見られると評判のわが宿ですが、お客様には鶯はもう来ないと答えなければなりません。

イ しかし、いつも梅の木を訪れる鶯が、自分の宿はどうなったかと尋ねたならば、どう答えたものでしょう。

ウ しかし、わが宿の梅の木はどこに行ったのかと鶯に問われるので、梅の木と一緒に献上いたしましょう。

エ しかし、梅の木には鶯が宿ると言われていますが、鶯はいませんとどうして天皇にお答えできましょうか。

② Aの和歌には、家あるじの天皇に対するある思いが込められている。最も適当なものを、次のア～エから一つ選び、その符号を書きなさい。

ア 家の梅の木を掘り取って持っていかれることへの遠回しな非難。

イ 清涼殿の象徴の梅の木が枯れて困っていることへの親身な心遣い。

ウ 天皇からの勅命で家の梅の木を献上することへの誇らしい思い。

エ 大切な梅の木を持ち去られるのを止められなかった激しい怒り。

(四) ——線部分(4)の意味として最も適当なものを、次のア～エから一つ選び、その符号を書きなさい。

ア 天皇はお疑いになられて

イ 家あるじはお気をつかわれて

ウ 天皇は不思議にお思いになられて

エ 家あるじは不快にお思いになられて

(五) ——線部分(5)について、天皇はなぜきまり悪く思ったのか。現代語で六十字以内で書きなさい。

〔三〕　次の文章は、「大鏡」の一部である。この文章を読んで、(一)～(五)の問いに答えなさい。

マコトニオモシロク、感慨深イコトデアリマシタノハ
いとをかしう(1)あはれにはべりしことは、この天暦(てんりやく)の御時(おほんとき)
ドコソコノオ方ガマダ蔵人デイラッシャッタトキニ、（天皇ノ仰セヲ）承リニナッテ
に、清涼殿(せいりやうでん)の御前(ごぜん)の梅の木の枯れたりしかば、(2)求めさせたま
（ソノナニガシヌシガ私ニ向カッテ）若イ者ドモハドンナ木ガヨイ梅ノ木ナノカ見分ケガツクマイ。オマエガ探シテ来イ
ひしに、なにがしぬしの蔵人(くらうど)にていますがりし時、うけたまは
りて、「若き者どもはえ見しらじ。きむぢ求めよ」とのたまひ
京ジュウヲ歩キ回リマシタガ
しかば、一京(ひときやう)まかり歩き(あり)しかども、はべらざりしに、西京(にしのきやう)
ドコソコニアル家ニ　枝振リガ美シイ木ガ
のそこそこなる家に、色濃く咲き(さ)たる木の、様体(やうだい)うつくしき
ゴザイマシタノデ　（ソノ木ヲ）掘リ取ッタトコロ　ソノ家ノ主人ガ　何カワケガアルノダロウト
がはべりしを、掘り取りしかば、家あるじの、「木にこれ結ひ(ゆ)
つけて持てまゐれ」と言はせたまひしかば、あるやうこそは
思ッテ　（天皇ハ）
とて、持てまゐりてさぶらひしを、「なにぞ」とて御覧じければ、
ソノ手紙ハ女性ノ筆跡デ書イテアッタ
女の手にて書きてはべりける。
勅命デスカラ恐レ多イコトデゴザイマス、（ツツシンデコノ梅ノ木ヲ献上(けんじやう)イタシマス）
A　勅(ちよく)なればいともかしこし(3)うぐひすの宿はと問はばいか
が答へむ
とありけるに、(4)あやしく思(おぼ)し召して、「何者の家ぞ」とたづ
ねさせたまひければ、貫之(つらゆき)のぬしの御女(みむすめ)の住む所なりけり。
マコトニ残念ナコトヲシテシマッタコトダ　キマリ悪ガッテオイデデシタ
「遺恨(あこん)のわざをもしたりけるかな」とて、(5)あまえおはしましける。

(注)
天暦の御時＝村上天皇の時代（九四六年～九六七年）。
清涼殿＝天皇の住まい。
蔵人＝役職名。天皇に仕える役人。
勅（勅命）＝天皇が下される命令。
貫之のぬし＝紀貫之。この時代に活躍した有名な歌人で、古今(こきん)和歌集の選者でもある。

(一)　――線部分(1)の「あはれ」を現代かなづかいに直し、すべてひらがなで書きなさい。

(二)　――線部分(2)について、誰が何を「求めさせ」たのか。「求めさせ」とはどういうことかを明らかにしたうえで、現代語で三十字以内で書きなさい。

意味を持たない数字の情報もあります。

当然のことですが、読む相手によっては、数字にどんな意味があるのかという情報を補足してあげた方がいいこともあります。例えば、数字が一つ違うのであっても、その意味するところは様々です。野球のペナントレースの一位と二位の違い、通知簿の三と四の違い、地震の規模を示すマグニチュードの八と九の違い、お酒の五升と六升の違いなどというのは、それぞれ、一つ違いの数字ですが、その違いの意味は様々です。数字としての性質がそれぞれで、数値の出し方や計算の仕方、単位の考え方が違います。

（森山　卓郎「日本語の〈書き〉方」による）

(注) ペナントレース＝プロ野球の公式戦。

(一) ――線部分(1)の「要素」と、構成（組み立て、成り立ち）が同じ熟語を、次のア～エから一つ選び、その符号を書きなさい。

ア　敬老　イ　根本　ウ　比較　エ　強風

(二) ――線部分(2)の「の」と同じ意味で使われている「の」がある文を、次のア～エから一つ選び、その符号を書きなさい。

ア　寒くなってきたので上着を着る。
イ　雨の降る日はバスに乗って登校する。
ウ　弟は来年の春に小学校に入学する。
エ　熱があるのに出かけるなんて無茶だ。

(三) 文章中の【　】内の一文は、次の例のように文節ごとに区切るといくつの文節から成り立っているか。その数を漢数字で書きなさい。

例　あの／山を／越えれば／海が／見える。→五文節

(四) ――線部分(3)の「取捨選択（する）」とほぼ同じ意味を表す言葉として最も適当なものを、次のア～エから一つ選び、その符号を書きなさい。

ア　一石を投じる　イ　軍配をあげる
ウ　満を持す　エ　ふるいにかける

(五) この文章の内容を説明したものとして最も適当なものを、次のア～エから一つ選び、その符号を書きなさい。

ア　情報を報告する際、数字の性質を考慮するよりも事実を伝えることに注力する必要がある。
イ　新聞などの文章では、事実の詳しい報告のためにどんな些細な数字でも伝えるべきである。
ウ　情報と一緒に報告される数字にはそれぞれ意味があり、情報の精粗は数字の意味で決まる。
エ　情報を伝える場合、内容に合わせて意味のある数字も報告することで情報の具体性が増す。

〔一〕　次の㈠、㈡の問いに答えなさい。

㈠　次の1～5について、――線をつけた漢字の部分の読みがなを書きなさい。

1　私は遅刻が多いので怠慢だと注意された。
2　通学路には勾配がきつい坂道がある。
3　悲しい出来事に胸が塞がる思いをする。
4　かつてのにぎわいもなく町は寂れていた。
5　彼女の緩急をつけた話にひきこまれた。

㈡　次の1～5について、――線をつけたカタカナの部分に当てはまる漢字を書きなさい。

1　シャツを縫うためにカタガミから布に写す。
2　この地図はシュクシャクが二万分の一です。
3　明日は友人をマネいて手作りの料理をふるまう。
4　体育祭の練習のために校庭にセイレツする。
5　失敗は一人で負うのではなくレンタイ責任です。

〔二〕　次の文章を読んで、㈠～㈤の問いに答えなさい。

情報を伝える場合、伝えるべき要素(1)として、意外に数字が有用です。例えば、「○○さんは背が高い」のような文は、それだけで意味(2)のある情報だと言えますが、例えばぴったりのコートを買おうとする場合の情報とするには十分ではありません。どれだけ「背が高い」のか、その具体的な情報、すなわち身長という数字が必要です。もちろん、肩幅などほかの数字のデータも必要です。

新聞記事などで何かの事件を報告する場合でも、意外に数字が出ているものです。例えば、

○○城の石垣の石が崩れて下にいた人がけがをした。

という事件があったとして、詳しく報道するためにどんな数字が必要かを考えてみましょう。

まず、いつのことか、というのも一つの数字の情報です。けが人の数も数字です。どんな人がけがをしたかということを名前入りで報道する場合には年齢も書かれます。けがの程度も「全治何日」というように数字で表せます。頭部を何針縫うけが、などという書き方も数字なので具体的にわかります。それから、石垣の高さが何メートルかということや、どのような大きさの石が何個落ちたのか、という情報もあった方がいいでしょう。【これらも数字として表現される情報です。】このように、数字があることで、石垣崩落という出来事の規模と、一人の軽傷なのか多数の人々の重傷なのかといった被害の様子が具体的にわかるのです。

もっとも、どのような報告かということで、数字の必要性は違ってきます。情報の精粗（どれだけ精密か、また粗いか）に応じて数字を含めて必要な情報を取捨選択(3)するといいでしょう。もちろん、重要な

〔１〕次の(1)～(8)の問いに答えなさい。

(1)　$-9-6-(-8)$　を計算しなさい。

(2)　$5a+6b-2(a+7b)$　を計算しなさい。

(3)　$a^5b^2\div a^3b$　を計算しなさい。

(4)　$4\sqrt{2}\times\sqrt{6}-2\sqrt{3}$　を計算しなさい。

(5)　２次方程式　$x^2+x-90=0$　を解きなさい。

(6) 関数$y = 5x^2$について，xの値が1から3まで増加するときの変化の割合を答えなさい。

(7) 右の図のような，半径が20cmのおうぎ形ＯＡＢがある。$\overset{\frown}{AB} = 8\pi$ cmのとき，$\angle x$の大きさを答えなさい。ただし，πは円周率とする。

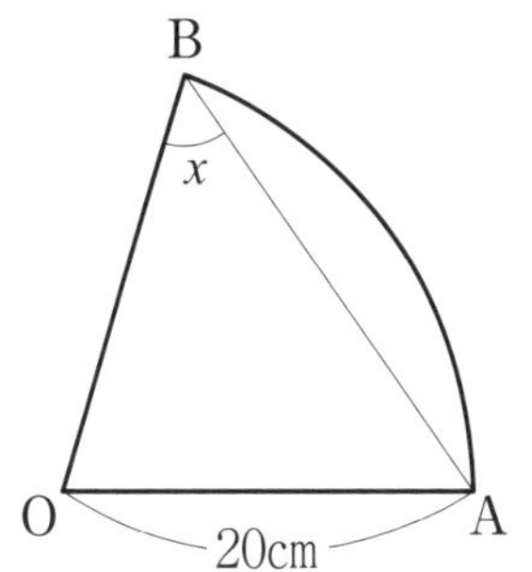

第7回模試

(8) 右の図は，ある中学校の生徒22人の50m走の記録をヒストグラムに表したものである。このとき，次の文中の ① に当てはまる数と， ② に当てはまる階級の組み合わせとして正しいものを，下のア～カから1つ選び，その符号を書きなさい。ただし，階級は6.5秒以上7.0秒未満のように，0.5秒ごとの区間に区切っている。

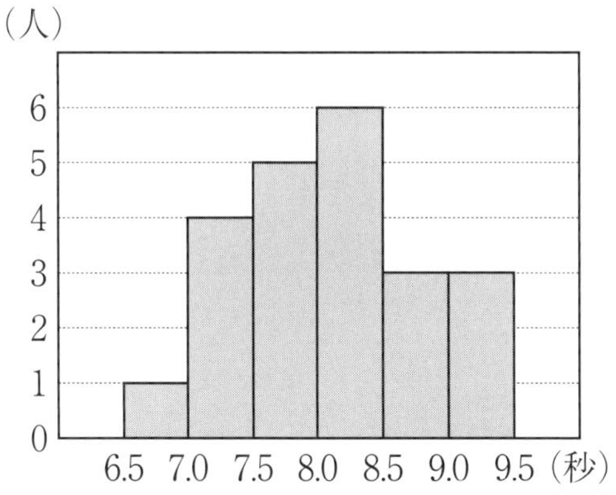

> 7.5秒以上8.0秒未満の階級の累積相対度数を，小数第2位まで求めると， ① である。
> また，50m走の記録の第3四分位数がふくまれる階級は ② の階級である。

ア ① 0.23，② 7.5秒以上8.0秒未満

イ ① 0.23，② 8.0秒以上8.5秒未満

ウ ① 0.23，② 8.5秒以上9.0秒未満

エ ① 0.45，② 7.5秒以上8.0秒未満

オ ① 0.45，② 8.0秒以上8.5秒未満

カ ① 0.45，② 8.5秒以上9.0秒未満

〔2〕次の(1)〜(3)の問いに答えなさい。

(1) 定価x円の商品Aと，定価y円の商品Bがある。商品A，Bを1個ずつ定価で買うと，合計金額は2700円になる。ある日，商品Aが定価の2割引き，商品Bが定価の3割引きで売られていたため，商品A，Bを1個ずつ買ったときの合計金額が，定価で買ったときの合計金額より630円安くなった。このとき，x，yの値を求めなさい。ただし，消費税は考えないものとする。

第7回模試

(2) 下の図のような，平行四辺形ABCDがある。点E，Fはそれぞれ辺AB，ADの延長上の点であり，点G，Hはそれぞれ線分EFと辺BC，CDとの交点である。このとき，△AEF∽△CHGであることを証明しなさい。

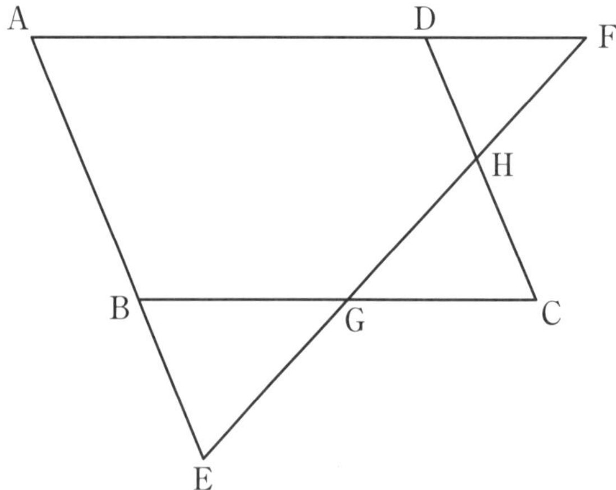

(3) 下の図のような，四角形ABCDがある。辺ADが辺BCに重なるように折ったときの折り目の線と，辺AB，CDとの交点をそれぞれE，Fとする。点E，Fを，定規とコンパスを用いて作図しなさい。ただし，作図は解答用紙に行い，作図に使った線は消さないで残しておくこと。

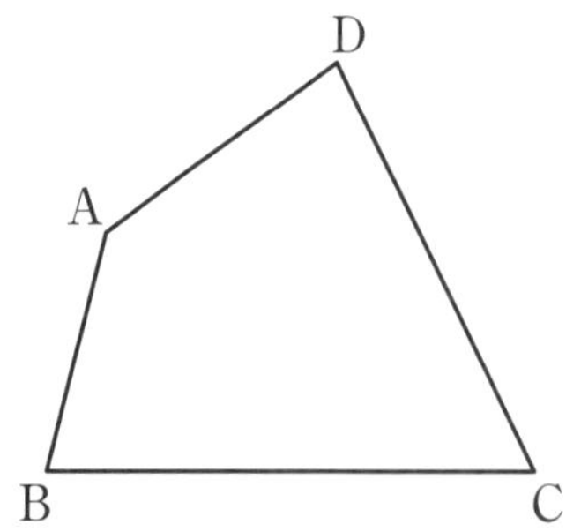

〔3〕下の図のように，AB＝10cm，AD＝6cmの長方形ABCDがある。点Pは頂点Aを出発し，毎秒1cmの速さで辺AB上を通り，頂点Bに向かって移動する。また，点Qは，点Pと同時に頂点Aを出発し，毎秒1cmの速さで辺AD，DC上を通って，頂点Cに向かって移動する。このとき，点P，Qは途中で止まることなく移動し，点Pが頂点Bに着いたところで止まるものとする。

点P，Qがそれぞれ頂点Aを出発してから，x秒後の3点A，P，Qを結んでできる△APQの面積を$y$cm²とするとき，次の(1)〜(4)の問いに答えなさい。ただし，点P，Qが頂点Aにあるときは，$y=0$とする。

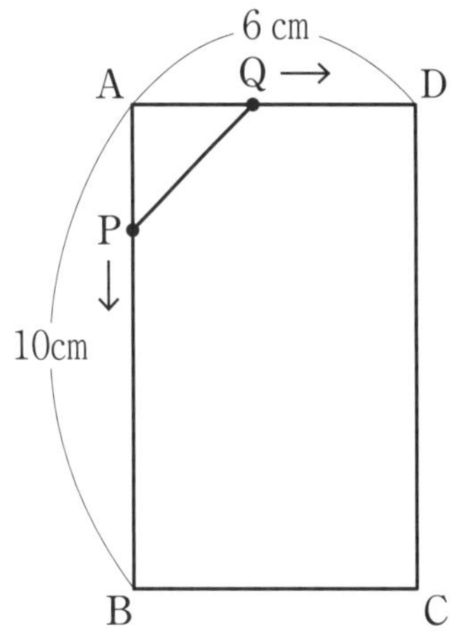

(1) $x=4$のとき，yの値を答えなさい。

(2) 次の①，②について，yをxの式で表しなさい。

① $0 \leqq x \leqq 6$ のとき

② $6 \leqq x \leqq 10$ のとき

(3) $0 \leqq x \leqq 10$のとき，xとyの関係を表すグラフをかきなさい。

(4) 点P，Qがそれぞれ頂点Aを出発してから，t秒後の△APQの面積と$(t+3)$秒後の△APQの面積の比が1：3となるとき，tの値を求めなさい。ただし，tの変域は$3 < t < 6$とする。

第7回模試

〔4〕下の図1のように，Aさんは，7の倍数が書かれたカードを，7から小さい順にm枚持っていて，Bさんは，自然数を2乗した数が書かれたカードを，1から小さい順にn枚持っている。それぞれが持っているカードをよくきって，1枚ずつ取り出す。このとき，あとの(1)，(2)の問いに答えなさい。ただし，m，nは2以上の整数とする。

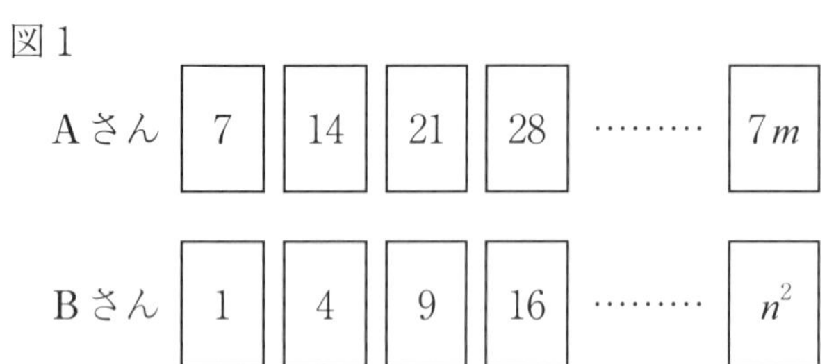

(1) それぞれが持っているカードのうち，最も大きい数が書かれているカードを取り出したところ，取り出したカードに書かれている数の和は280になった。次の文は，このとき考えられるm，nの値の組について述べたものである。文中の［①］～［③］に当てはまる数を，それぞれ答えなさい。

> Aさんが持っているカードのうち，最も大きい数が書かれているカードは［$7m$］，Bさんが持っているカードのうち，最も大きい数が書かれているカードは［n^2］だから，$7m+n^2=280$が成り立つ。この式を変形すると，$n^2=7(40-m)$…㋐となる。
>
> $40-m$は整数だから，㋐の右辺は7の倍数である。
>
> 右辺が7の倍数だから，左辺も7の倍数である。
>
> このことと，nは2以上の整数であることから，考えられる最も小さいnの値は7である。$n=7$を㋐の式に代入すると，$7^2=7(40-m)$となり，これをmについて解くと，$m=$［①］となる。
>
> また，考えられる次に小さいnの値は［②］である。$n=$［②］を㋐の式に代入して，mについて解くと，$m=$［③］となる。
>
> nの値が［②］より大きい7の倍数になると，それに対応するmの値は負の数になるから，条件に合わない。
>
> したがって，考えられるm，nの値の組は，$(m, n)=($［①］，$7)$，$($［③］，［②］$)$の2組である。

(2) 下の図2は，$m=5$，$n=8$の場合を表している。それぞれが持っているカードをよくきって，1枚ずつ取り出すとき，Aさんが取り出したカードに書かれている数をa，Bさんが取り出したカードに書かれている数をbとする。このとき，下の①，②の問いに答えなさい。

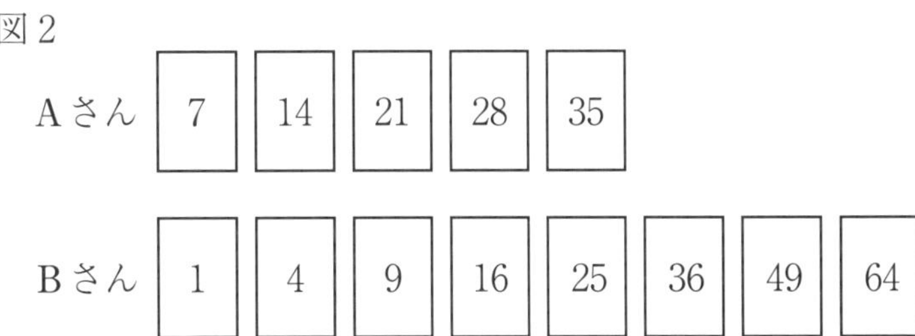

① $a<b$となる確率を求めなさい。

② 図2の状態から，mの値を1ずつ大きくしていくと，$a<b$となる確率はしだいに小さくなる。このことをもとに考えると，$n=8$のとき，mの値に関係なく，$a<b$となる確率がちょうど$\dfrac{1}{2}$になることはないと言える。このことを，具体的な数値を示しながら証明しなさい。

第7回模試

〔**5**〕下の図のような，∠ＢＡＣ＝∠ＢＡＤ＝∠ＣＡＤ＝90°，ＡＢ＝６cm，ＡＣ＝ＡＤ＝８cm，ＢＣ＝10cm の三角すいＡＢＣＤがある。辺ＡＢ上に，ＡＥ：ＥＢ＝３：１となる点Ｅをとる。点Ｅを通り，面ＢＣＤに平行な平面と，辺ＡＣ，ＡＤとの交点をそれぞれＦ，Ｇとする。このとき，次の(1)～(3)の問いに答えなさい。

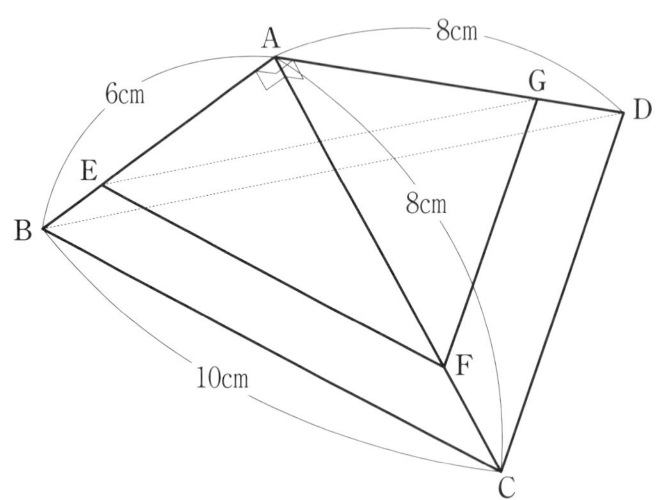

(1)　線分ＥＦの長さを答えなさい。

(2)　三角すいＡＢＣＤの体積を求めなさい。

(3)　△ＢＣＤの面積は$8\sqrt{34}$cm²である。このとき，点Ｅと平面ＢＣＤとの距離を求めなさい。

第7回模試

第７回新潟県統一模試　　英　　語　（試験時間50分）

〔１〕 放送を聞いて，次の(1)～(3)の問いに答えなさい。

(1) これから英文を読み，それについての質問をします。それぞれの質問に対する答えとして最も適当なものを，次のア～エから一つずつ選び，その符号を書きなさい。

1 ア 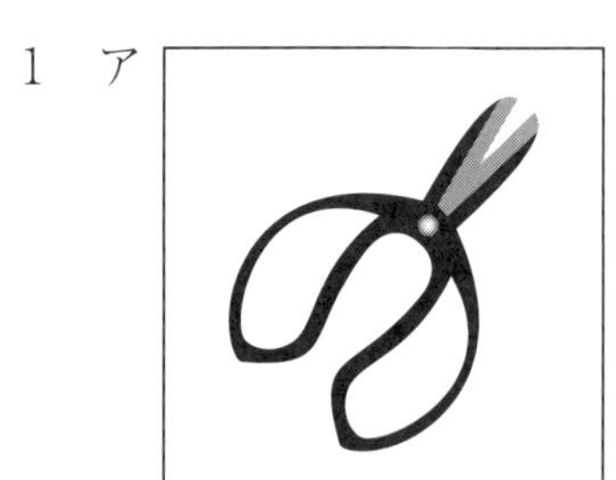 イ  ウ 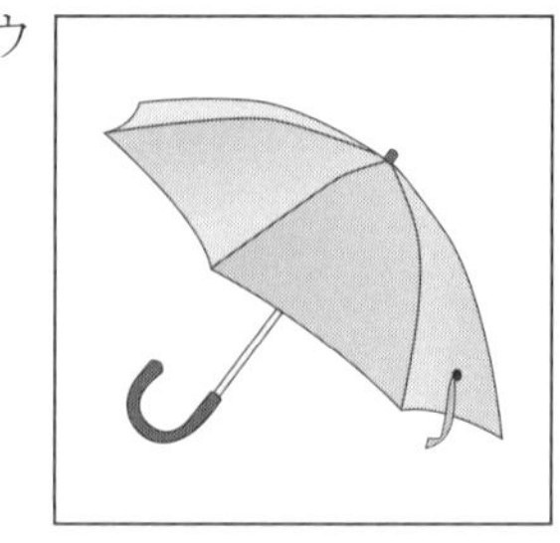 エ 

2 ア At 6:00.　イ At 6:15.　ウ At 6:30.　エ At 6:50.

3 ア At the station.　イ At the park.　ウ At Jane's house.　エ At the coffee shop.

4 ア She will play basketball.　イ She will listen to music.
ウ She will go shopping.　エ She will do her homework.

(2) これから英語で対話を行い，それについての質問をします。それぞれの質問に対する答えとして最も適当なものを，次のア～エから一つずつ選び，その符号を書きなさい。

1 ア Yes, he will.　イ No, he won't.　ウ Yes, he does.　エ No, he doesn't.

2 ア It was sunny and warm.　イ It was cloudy and cold.
ウ It was cloudy and warm.　エ It was rainy and cold.

3 ア She'll go to the library.
イ She'll visit a Japanese restaurant.
ウ She'll use the Internet in the computer room.
エ She'll cook Japanese food at her house.

4 ア A動物病院

午後	月	火	水	木	金	土	日
2時～7時	○	○	○	○	○	／	／

イ B動物病院

午後	月	火	水	木	金	土	日
3時～7時	○	○	○	○	○	／	／

ウ C動物病院

午後	月	火	水	木	金	土	日
2時～7時	○	○	○	○	○	○	○

エ D動物病院

午後	月	火	水	木	金	土	日
3時～7時	○	○	○	○	○	○	○

(3) これから，オーストラリア人留学生のニック(Nick)が，英語の授業でクリスマス(Christmas)についてスピーチをします。その内容について，四つの質問をします。それぞれの質問に対する答えとなるように，次の１～４の［　　］の中に当てはまる英語を１語ずつ書きなさい。

1 Because it is very ［　　］.

2 In ［　　］.

3 They usually use blue, ［　　］, and green.

4 Christmas cake in his country has more fruits in it and is ［　　］ than Japanese one.

〔２〕 次の英文を読んで，あとの(1)～(7)の問いに答えなさい。

Masami is a high school student. Ben is a student from America, and he stays with Masami's family. They go for a drive in Masami's father's car. On the way, they visit a place.

Masami :Let's have a rest here.

Ben :OK. What's this place?

Masami :This is a roadside station. It's a station for cars. We can use the restrooms and take a rest.

Ben :Look! We can buy a lot of vegetables and fruits here. They are very fresh and not so expensive.

Masami :Yes. Farmers bring them from their fields near here. They can decide the prices of their products.

Ben :(A) By the way, what's printed on the boxes of tomatoes?

Masami :It's the name of a farmer, Mr. Sato. It also tells us that he grew his tomatoes without using agricultural chemicals.

Ben :I see. I feel safe if I know the farmer's name and the way of growing vegetables.

Masami :I think $_{B}$<u>so</u>, too.

Ben :Well, do farmers sell anything else?

Masami :Yes, they also sell their handmade products. For example, my grandmother sells her jam in all seasons. She makes it $_{C}$[she, from, grows, blueberries] in her fields. It's popular and it sells well.

Ben :That's nice.

Masami :The farmers can decide the prices by themselves and sell their products, so $_{D}$<u>roadside stations are good for local farmers</u>.

Ben :I agree. We can buy original products (E) only in this roadside station.

Masami :Also, many original events are planned at roadside stations to attract many people. We can enjoy them.

Ben :Really? What kind of events do they have?

Masami :For example, this roadside station has a knife sharpening event every month. Some companies in this town $_{F}$[good knives, have, since, made] the Edo period. There is a museum about their products next to this building.

Ben :Oh, we can learn about the history, too.

Masami :In addition, people can get a lot of useful information for their travels. Roadside stations spread information about their towns. Many people from other cities visit them, and $_{G}$<u>they</u> are always crowded on weekends. [H]

Ben :That's true. Roadside stations attract many visitors. I think those visitors make the local community more active. I want to visit many different roadside stations, too.

Masami :How about visiting another roadside station next week?

Ben :That sounds wonderful.

(注) go for a drive ドライブに出かける on the way 途中で roadside station 道の駅
field 畑 price 値段 grew growの過去形 agricultural chemicals 農薬
handmade 手作りの jam ジャム blueberry ブルーベリー by themselves 自分(たち)で
agree 賛成する plan 計画する knife sharpening 刃物研ぎ knives knifeの複数形
period 時代 in addition その上 community (地域)社会 active 活発な

第7回模試

(1) 文中のA，Eの( )の中に入る最も適当なものを，次のア～エからそれぞれ一つずつ選び，その符号を書きなさい。

A ア Me, too. イ How nice! ウ That's too bad. エ What's up?

E ア sell イ selling ウ sold エ sells

(2) 下線部分Bについて，その内容を，具体的に日本語で書きなさい。なお，文末を「～こと。」の形にしなさい。

(3) 文中のC，Fの［ ］の中の語(句)を，それぞれ正しい順序に並べ替えて書きなさい。

(4) 下線部分Dについて，その理由を，具体的に日本語で書きなさい。なお，文末を「～から。」の形にしなさい。

(5) 文中の下線部分Gが指すものを，次のア～エから一つ選び，その符号を書きなさい。

ア a lot of useful information イ travels

ウ many people from other cities エ roadside stations

(6) 文中のHの［ ］の中に入る最も適当なものを，次のア～エから一つ選び，その符号を書きなさい。

ア Local people become more cheerful.

イ Visitors have a chance to sell local products.

ウ Local people don't like being in crowded places.

エ Local people want to sell their products in other cities.

(7) 本文の内容に合っているものを，次のア～エから一つ選び，その符号を書きなさい。

ア Mr. Sato used agricultural chemicals when he grew his tomatoes in his field.

イ Local farmers can sell their handmade products, such as jam, in all seasons at roadside stations.

ウ There is a knife sharpening event at the museum next to the roadside station.

エ Ben doesn't want to visit another roadside station next week.

〔3〕 次の(1)～(3)の日本語を英語に直しなさい。なお，数字も英語のつづりで書きなさい。

(1) 私の姉は3年前に教師になりました。

(2) あなたはどこでこの本を買えばよいか知っていますか。

(3) 向こうで踊っている生徒たちは私のクラスメートです。

〔4〕 次の英文は，高校1年生のキョウコ(Kyoko)が，英語の授業で食品ロス(food loss)について発表したときの原稿です。これを読んで，あとの(1)～(6)の問いに答えなさい。

Hello, everyone. Today, I'll talk about the problem of food loss. I think many of you have heard of it, but through my presentation, I hope you will learn more about this problem.

Food loss means wasting food we can still eat. Many people know throwing away food is *mottainai*, but I guess many people don't think that food loss is a big problem because there is a lot of food around us. At first, I wasn't interested in this problem, either. However, in social studies class last week, we learned that there are more than 8 million hungry people in the world, but at the same time over 1.3 billion tons of food is thrown away every year. [A] After the class, I wanted to know about food loss in Japan. So, I tried to get more information on the Internet. Then, I found a good website. It shows that in Japan in one year, about 6 million tons of food that can still be eaten is thrown away, and ${}_{B}$<u>about half of it</u> comes from homes. It was very surprising to me. Also, I learned that throwing away food means wasting the water and energy used to make the food. There is one more thing. If we burn a lot of food waste, it makes CO_2. So, ${}_{C}$<u>wasting food is bad for the environment, too</u>.

Why do people waste so much food? For example, in a supermarket, people may buy too much food, but they sometimes forget to eat it. Then it becomes food waste. In a restaurant or at home, people sometimes order or cook too much food, so they don't eat all of it and then they waste it. Also, some people want to buy fruits or vegetables which look good. So, some fruits and vegetables are thrown away because their color or shape is bad for selling.

So, what can we do to stop food loss? First, we can stop [D] food. Before going shopping, we should check the amount of food at home. Second, we can stop ordering or cooking too much food. Then, we can eat everything and don't waste food. Third, we can give food to food banks. Do you know food banks? Food banks collect food which was not eaten. Then they give it to people who don't have enough food. So, if we have much food we don't need, by sending it to food banks, we can save people without wasting food.

I believe we all can do something to solve many problems and help many people. I think it is important to start with small things we can do in our daily lives. One of the small things I can do is to join a volunteer activity. So, I decided to help at a food bank to stop food loss. How about you? ${}_{E}$<u>What can you do for your community or for people</u>? Let's do something small to make our lives better.

Thank you for listening.

(注) waste　無駄にする　　throw away　捨てる　　social studies　社会科　　billion　10億
ton　トン(重さの単位)　　surprising　意外な　　burn　燃やす　　food waste　食品廃棄物
CO_2　二酸化炭素　　supermarket　スーパーマーケット　　may ～　～かもしれない
order　注文する　　amount　量　　food bank　フードバンク　　community　(地域)社会

(1) 文中のAの［　　　］の中に入る最も適当な文を，次のア～エから一つ選び，その符号を書きなさい。

ア　I didn't think it was so big.

イ　I was not still interested in the problem.

ウ　I didn't think it was bad to throw away food.

エ　I felt very sad to hear this.

(2) 下線部分Bについて，その具体的な量を次のように表すとき，(　　　)に適する数を書きなさい。

約(　　　　)トンのまだ食べられる食べ物

(3) 下線部分Cについて，その理由を，具体的に日本語で書きなさい。なお，文末を「～から。」の形にしなさい。

(4) 文中のDの［　　　］に当てはまる内容を，３語の英語で書きなさい。

(5) 次の①～③の問いに対する答えを，それぞれ３語以上の英文で書きなさい。

① Was Kyoko interested in food loss before she learned about it in social studies class?

② Why are some fruits and vegetables thrown away?

③ What do food banks collect?

(6) 下線部分Eの問いかけに対し，あなたができると思うことを一つあげ，その理由も含め，３行以内の英文で書きなさい。

第7回模試

第７回新潟県統一模試　　社　会　（試験時間50分）

〔１〕 次の地図１は，陸地が多く見える半球を描いた地図であり，地図１中の緯線ア～エは赤道を基準に20度間隔で表している。また，地図２は緯線と経線が直角に交わる図法で描いた地図である。これらを見て，下の(1)～(5)の問いに答えなさい。

地図１

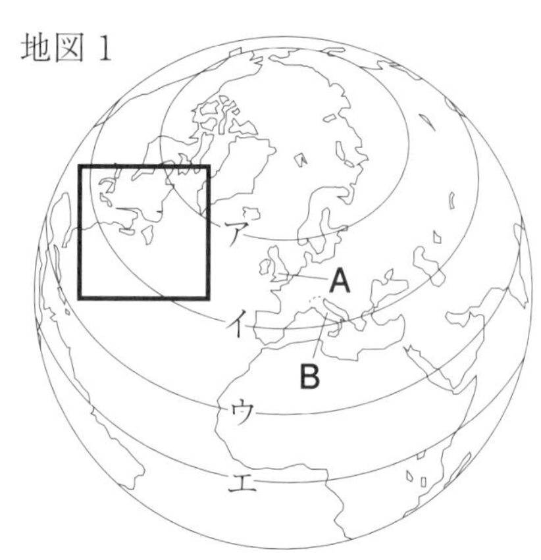

地図２

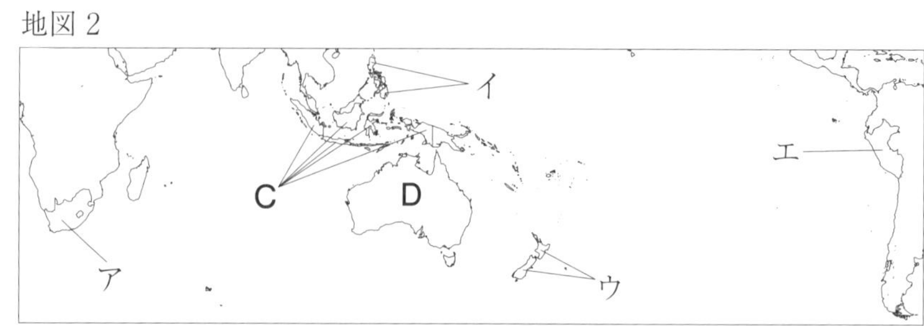

(1) 地図１中の緯線ア～エのうち，秋田県を通る緯線を一つ選び，その符号を書きなさい。

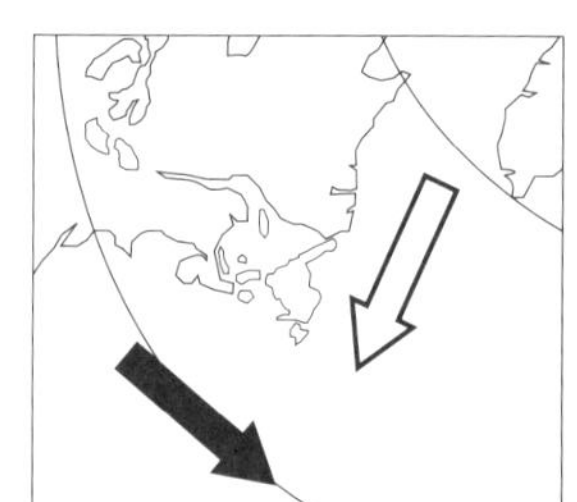

(2) 右の図は，地図１中の［　　］で示した区域を拡大して示したものである。この図について述べた次の文中の［ X ］～［ Z ］に当てはまる語句の組合せとして，最も適当なものを，下のア～エから一つ選び，その符号を書きなさい。

> 図中の（白矢印）は［ X ］，（黒矢印）は［ Y ］の向きを示している。（黒矢印）の海流は北上して高緯度地方に達し，その上空を吹く［ Z ］とともに，ヨーロッパの気候に影響を及ぼしている。

ア〔X　暖流，Y　寒流，Z　偏西風〕　　イ〔X　暖流，Y　寒流，Z　季節風〕
ウ〔X　寒流，Y　暖流，Z　偏西風〕　　エ〔X　寒流，Y　暖流，Z　季節風〕

(3) 地球儀を使って，日本の正反対の地点がどこにあるかを調べると，ブラジル付近であることがわかった。同じように，地球儀を使って，地図１中の国Aの正反対の地点がどこにあるかを調べたとき，その地点の最も近くにある国を，地図２中のア～エから一つ選び，その符号を書きなさい。

(4) 地図１中の国Bでは，地中海式農業がさかんである。右の資料は，地中海式農業によって栽培される果樹を示したものである。この果樹の名称を書きなさい。

果実は，未熟な状態では塩漬にして食用とし，熟した果実からは油をとって，食用油として使用するほか，化粧用の香油や石けんの原料，薬などにも使う。

(5) 次の表は，地図１中の国A，Bと地図２中の国C，Dについて，それぞれの国の首都の１月と７月の平均気温，国内総生産に占める農林水産業・鉱工業・サービス業の割合(2020年)，輸出額・輸入額の合計が最大の貿易相手国(2020年)を示したもので，表中のア～エは，これらの四つの国のいずれかである。このうち，国Aと国Cに当てはまるものを，表中のア～エから一つずつ選び，その符号を書きなさい。

	首都の月平均気温(℃)		国内総生産に占める割合(%)			輸出額・輸入額の合計が最大の貿易相手国
	1月	7月	農林水産業	鉱工業	サービス業	
ア	7.7	25.2	2.0	17.6	45.0	ドイツ
イ	27.0	28.1	13.7	27.6	19.9	中国
ウ	5.7	19.0	0.6	11.8	52.7	アメリカ
エ	21.4	6.1	2.3	18.5	49.1	中国

(「理科年表」令和３年版，令和５年版，「世界国勢図会」2022/23年版による)

第７回模試

〔2〕 右の地図を見て，次の(1)～(5)の問いに答えなさい。

(1) 地図中の ➡ は海流の向きを示している。この海流の名称を書きなさい。

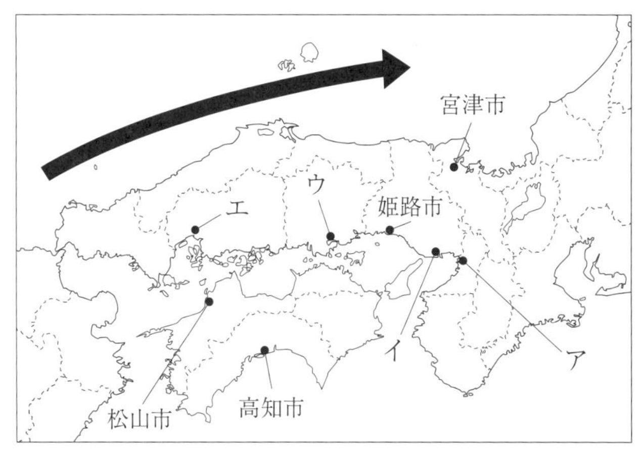

(2) 次の文は，府県庁所在地となっているある都市について述べたものである。この都市を，地図中のア～エから一つ選び，その符号を書きなさい。

> 国際貿易港があるこの都市は，山地が海岸まで迫っていて平地が少なく，山を削(けず)って住宅地をつくり，その土砂を海の埋め立てに利用してきた。1995年に発生した大震災によって大きな被害を受けたが，その後，復興を果たした。

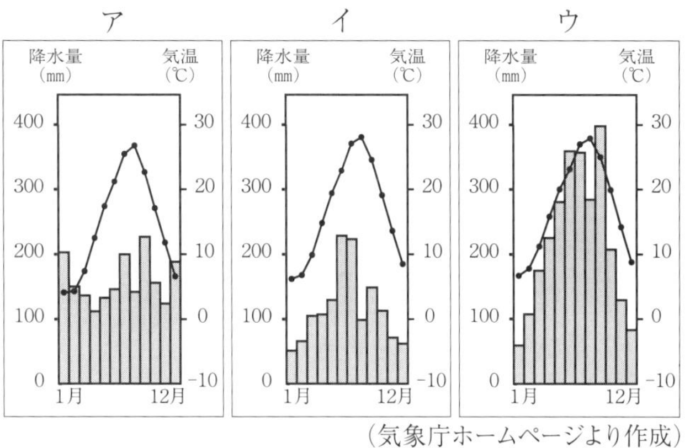

（気象庁ホームページより作成）

(3) 右のア～ウのグラフは，地図中の宮津市，高知市，松山市のいずれかの月降水量と月平均気温を表したものである。それぞれの都市に当てはまるものを，ア～ウから一つずつ選び，その符号を書きなさい。なお，棒グラフは月降水量を，折れ線グラフは月平均気温を表している。

(4) 右の表は，四国と中国・京阪神方面間の交通機関別の利用者数と，三つの本州四国連絡橋における自動車の通行台数を示したものである。表から読みとれる，1998年度以降における交通機関の利用の変化について，表中の交通機関（交通手段）五つの名称をすべて用いて書きなさい。

	鉄道（万人）	高速バス（万人）	航空機（万人）	船舶（万人）	自動車（万台）
1998年度	947	176	203	708	833
2006年度	800	445	120	412	980
2016年度	789	452	92	187	1,454

（注）自動車は，普通車と軽自動車等の合計（中型車，大型車，特大車を除く）。
（四国運輸局「四国地方における運輸の動き30年」より作成）

(5) 右の地形図は，地図中の姫路市の一部を表す地理院地図である。この地形図を見て，次の①，②の問いに答えなさい。

① 地形図中に ○ で示したア～エのうち，次の建物がすべてみられる地域を一つ選び，その符号を書きなさい。

高等学校　　郵便局　　博物館

② 地形図中の「姫路城跡」から見た地点 X の方角を８方位で示したとき，最も適当なものを，次のア～エから一つ選び，その符号を書きなさい。

ア 南
イ 南西
ウ 北
エ 北西

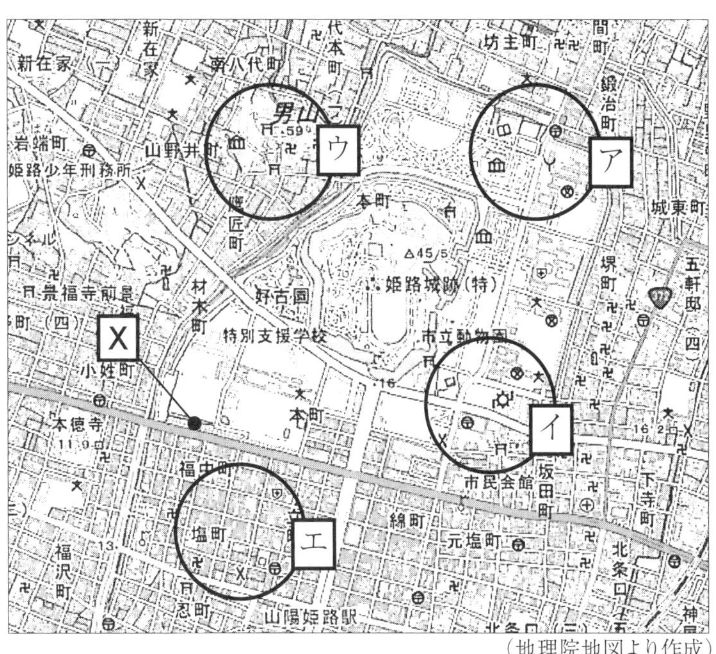

（地理院地図より作成）

〔3〕 社会科の授業で，A～Dの四つの班に分かれて，古代～近世の我が国で活躍した人物について調べ，発表を行うことにした。次のカードは，班ごとに作成したものである。これらのカードを見て，下の(1)～(4)の問いに答えなさい。

A班　空海	B班　後醍醐天皇	C班　千利休	D班　松平定信

9世紀初め，唐に留学し，［X］を拠点として，［Y］とよばれる教えを広めた。	14世紀に自ら政治（建武の新政）を始めたが，失敗に終わり，のちに吉野（奈良県）に逃れた。	16世紀後半に織田信長や豊臣秀吉に仕えて茶の湯を広め，質素なわび茶を大成させた。	18世紀後半に幕府の老中となり，政治改革を行ったが，その政策は人々の反感を買った。

(1) A班のカードについて，次の①，②の問いに答えなさい。

① カード中の［X］，［Y］に当てはまる語句の組合せとして，最も適当なものを，次のア～エから一つ選び，その符号を書きなさい。

ア〔X　高野山金剛峯寺，Y　真言宗〕　　イ〔X　高野山金剛峯寺，Y　天台宗〕

ウ〔X　比叡山延暦寺，　Y　真言宗〕　　エ〔X　比叡山延暦寺，　Y　天台宗〕

② 空海が唐に留学していたころの日本のようすについて述べた文として，最も適当なものを，次のア～エから一つ選び，その符号を書きなさい。

ア　白河天皇が，天皇の位を子にゆずって上皇となり，院政を始めた。

イ　蘇我氏が権力を強めて，大和政権(ヤマト王権)の政治を独占していた。

ウ　朝廷は，蝦夷の抵抗を抑えるため，東北地方に坂上田村麻呂らを派遣した。

エ　天武天皇が，唐にならった律令や都，歴史書などをつくるよう命じた。

(2) B班のカードの後醍醐天皇が吉野に逃れた理由として，最も適当なものを，次のア～エから一つ選び，その符号を書きなさい。

ア　足利義満が京都の室町に将軍の御所を建てたから。

イ　足利尊氏が挙兵して新しい天皇を立てたから。

ウ　応仁の乱によって京都が戦場になったから。

エ　鎌倉幕府打倒のための戦いに敗れたから。

(3) C班のカードの千利休の出身地について述べた次の文中の［P］に当てはまる都市名を書きなさい。

> 右の図は，千利休の出身地である［P］の町を示している。中世から近世初期まで，この町では，有力な商人によって自治が行われた。

鉄砲鍛冶
中世の海岸線（推定）
大阪湾
千利休の家
熊野街道
近世の堀跡
中世の都市範囲（推定）
0　500m

（「中世の風景を読む」より作成）

(4) D班のカードの松平定信が行った改革を何というか，書きなさい。また，その政策が反感を買った主な理由を，右に示した当時の狂歌にこめられた風刺に関連づけ，「出版物」という語句を用いて書きなさい。

> 白河の清きに魚の住みかねて　元のにごりの田沼こひしき
>
> 大意：清らかに澄んだ川は魚にとっては住みにくく，にごった田や沼が恋しくなるほどだ。
>
> (注)「白河」には白河藩主であった松平定信，「田沼」には賄賂の横行などの政治の乱れをまねいた田沼意次がかけられている。

〔4〕 右の略年表を見て，次の(1)～(6)の問いに答えなさい。

年代		我が国のできごと
1858	A	日米修好通商条約が結ばれる。
1867	B	徳川慶喜が政権を朝廷に返す。
1891		a <u>衆議院議員の田中正造が帝国議会で銅山の鉱毒被害を訴える</u>。
1912		b <u>第一次護憲運動が起こる</u>。
1925	C	普通選挙法が成立する。
1933		日本が国際連盟を脱退する。
2004		［ c ］がイラクに派遣される。

(1) 年表中のAの時期のようすについてまとめた次の文中の［ X ］，［ Y ］に当てはまる藩の名前の組合せとして，最も適当なものを，下のア～エから一つ選び，その符号を書きなさい。

> 外国船を砲撃して四国連合艦隊による報復攻撃を受けた［ X ］は，攘夷をあきらめた。さらに，イギリスとの戦いを経験した［ Y ］と同盟を結び，欧米に匹敵する国家の建設をめざすようになった。

ア〔X 土佐藩，Y 薩摩藩〕　イ〔X 土佐藩，Y 水戸藩〕
ウ〔X 長州藩，Y 薩摩藩〕　エ〔X 長州藩，Y 水戸藩〕

(2) 次のX～Zは，年表中のBの時期のできごとである。年代の古い順に並べたものとして，正しいものを，下のア～カから一つ選び，その符号を書きなさい。

X 日朝修好条規が結ばれた。
Y ノルマントン号事件が起こった。
Z 岩倉使節団が欧米諸国に派遣された。

ア X→Y→Z　イ X→Z→Y　ウ Y→X→Z
エ Y→Z→X　オ Z→X→Y　カ Z→Y→X

(3) 下線部分aについて，田中正造が鉱毒の被害を訴えた銅山の位置を，右の地図中のア～エから一つ選び，その符号を書きなさい。

(4) 次の表は，下線部分bの【できごと】の【背景・原因】，【結果・影響】をまとめたものである。表中の［ X ］，［ Y ］に当てはまる文として，最も適当なものを，下のア～オからそれぞれ一つずつ選び，その符号を書きなさい。

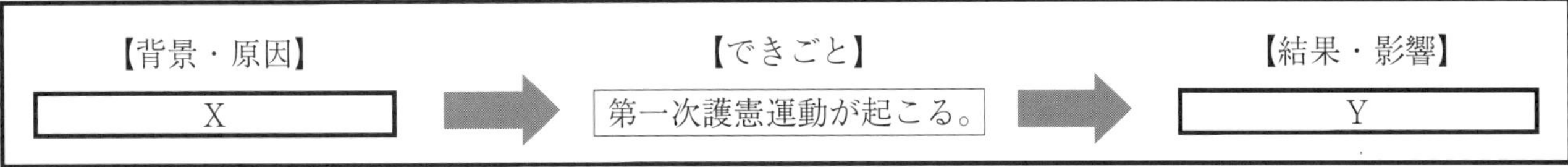

ア 浜口雄幸首相が狙撃されて退陣に追い込まれた。　イ 政党内閣の時代が終わりを告げた。
ウ 近衛文麿内閣の下で大政翼賛会が結成された。　エ 藩閥の桂太郎が3度目の首相になった。
オ 民本主義が唱えられるなど，デモクラシーの風潮が高まった。

(5) 次の文は，年表中のCの時期の国際状況について述べたものであり，右の**資料**は，各国の関税率の変化を示したものである。ブロック経済が，第二次世界大戦の原因となる国家間の対立を生みだしたといわれる理由を，「国際協調」，「経済回復」の二つの語句を用いて書きなさい。

> 世界恐慌に対して，イギリスは，本国と植民地や，関係の深い国や地域との貿易をさかんにしようと，外国の商品に高い関税をかけてしめだす政策を行った。この政策はブロック経済といわれた。

資料 各国の関税率の変化(%)

	1926年	1931年
イギリス	4	10*
フランス	12	38
ドイツ	12	40
アメリカ	29	53
日本	16	24

* イギリスのみ1932年のデータ。
(「近代国際経済要覧」ほかより作成)

(6) ［ c ］には，PKO(国連平和維持活動)のために参加した組織が当てはまる。1954年，それまでの保安隊が強化されて成立したこの組織の名称を，漢字3字で書きなさい。

第7回模試

〔5〕 中学校3年生のあるクラスの社会科の授業では，次のA～Dのテーマについて学習を行うことにした。これらのテーマについて，あとの(1)～(4)の問いに答えなさい。

テーマ
A　国会のしくみと国会議員の選挙について　　B　内閣の仕事と議院内閣制について
C　裁判所と裁判のしくみについて　　D　三権の抑制と均衡について

(1)　Aのテーマについて，次の①～③の問いに答えなさい。

①　国会について定めた次の日本国憲法の条文中の［X］に当てはまる語句を書きなさい。

第41条　国会は，［X］の最高機関であつ(っ)て，国の唯一の立法機関である。

②　内閣総理大臣の指名は，国会の仕事の一つである。これについてまとめた次の文中のa，b｛　｝のア，イから正しいものをそれぞれ一つずつ選び，その符号を書きなさい。

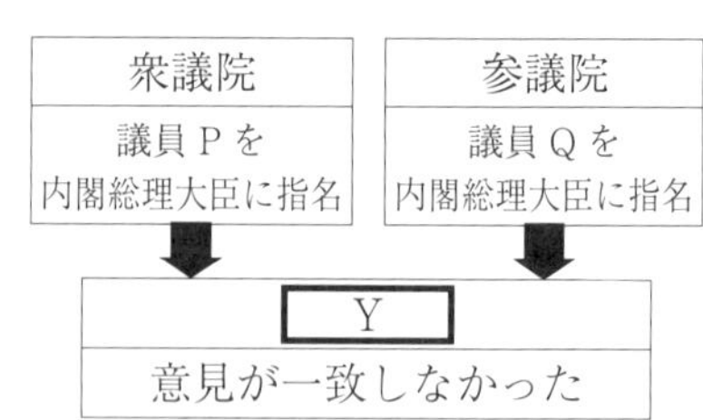

右の図は，内閣総理大臣の指名の議決に関するものである。図中の［Y］には，衆議院と参議院の議決が異なったときに開かれるa｛ア　公聴会　　イ　両院協議会｝が当てはまり，この図の場合はb｛ア　議員P　　イ　議員Q｝が内閣総理大臣に指名される。

表　2005年以降の衆議院議員と参議院議員の選挙の実施年月

衆議院	参議院
2005年9月	2007年7月
2009年8月	2010年7月
2012年12月	2013年7月
2014年12月	2016年7月
2017年10月	2019年7月
2021年10月	2022年7月

③　右の**表**は，2005年以降の衆議院議員と参議院議員の選挙の実施年月を示したものである。表を見ると，衆議院議員の選挙が不定期に行われているのに対し，参議院議員の選挙は3年ごとに定期的に行われている。その理由を，「解散」，「半数」の二つの語句を用いて，「参議院は，衆議院と異なり，」の書き出しに続けて書きなさい。

(2)　Bのテーマについて，次の①，②の問いに答えなさい。

①　政党政治と内閣について述べた次の文中の［R］，［S］に当てはまる語句の組合せとして，最も適当なものを，下のア～エから一つ選び，その符号を書きなさい。

政党政治が行われている日本では，多くの場合，国会議員の選挙で最も多くの議席を得た政党の党首が首相となり，内閣を組織する。内閣を組織して政権を担当する政党を［R］という。一つの政党だけで議席が過半数に達しないときは，複数の政党が内閣を組織する場合がある。これを［S］という。

ア〔R　野党，S　多党制〕　　イ〔R　野党，S　連立政権〕
ウ〔R　与党，S　多党制〕　　エ〔R　与党，S　連立政権〕

②　議院内閣制のしくみを示した右の図中の［I］～［III］に当てはまることがらを，次のア～ウから一つずつ選び，その符号を書きなさい。

ア　信任・不信任の決議　　イ　連帯責任　　ウ　任命・罷免(ひめん)

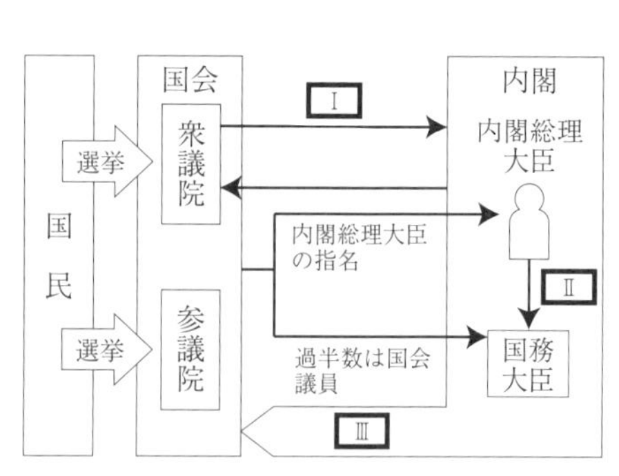

(3)　Cのテーマについて，次の①～③の問いに答えなさい。

①　我が国には最高裁判所と4種類の下級裁判所がある。下級裁判所の一つである地方裁判所について述べた文として，最も適当なものを，次のア～エから一つ選び，その符号を書きなさい。

ア　家庭内の争いの第一審を行い，少年事件もあつかい，審理は原則として非公開である。

イ　請求額140万円以下の民事裁判と，罰金以下の刑罰に当たる罪などの刑事裁判の第一審の裁判を行う。

ウ　全国の主要8都市に置かれ，控訴された事件などをあつかい，主に第二審の裁判を行う。

エ　各都道府県に置かれ，一部の事件を除く第一審と，控訴された民事裁判の第二審の裁判を行う。

②　右の図は，刑事裁判のしくみを示したものである。図中の［a］～［d］には，検察官，警察官，被告人，弁護人のいずれかが当てはまり，［b］が被疑者を［c］として起訴することによって刑事裁判が始まる。図中の［b］，［c］に当てはまる語句の組合せとして，最も適当なものを，次のア～エから一つ選び，その符号を書きなさい。

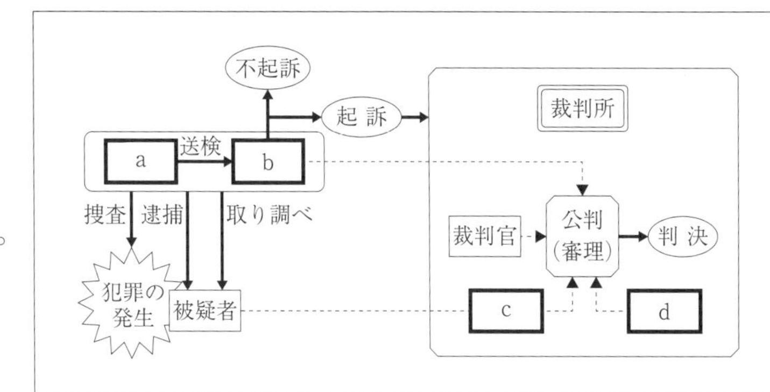

ア〔b　検察官，c　被告人〕　　イ〔b　検察官，c　弁護人〕

ウ〔b　警察官，c　被告人〕　　エ〔b　警察官，c　弁護人〕

③　我が国における裁判員裁判では，原則として6人の裁判員と3人の裁判官が議論して結論を出す。しかし，全員一致の意見が得られない場合，右の資料に示したきまりにもとづいて有罪・無罪が決められる。次のア～エのうち，訴えられた人が無罪となるものをすべて選び，その符号を書きなさい。

> …議論を尽くしても，全員一致の結論が得られない場合は，評決は，多数決により行われます。ただし，有罪であると判断するためには，裁判官，裁判員のそれぞれ1名以上を含む過半数の賛成が必要です(これによって有罪とならない場合は，すべて無罪になります。)。
>
> (法務省ホームページより作成)

ア　裁判員2人と，裁判官2人が有罪と判断した。

イ　裁判員4人と，裁判官1人が有罪と判断した。

ウ　裁判員全員が有罪と判断し，裁判官全員が無罪と判断した。

エ　裁判員全員が無罪と判断し，裁判官全員が有罪と判断した。

(4)　Dのテーマについて，三権の抑制と均衡のしくみを示した右の図を見て，次の①～③の問いに答えなさい。

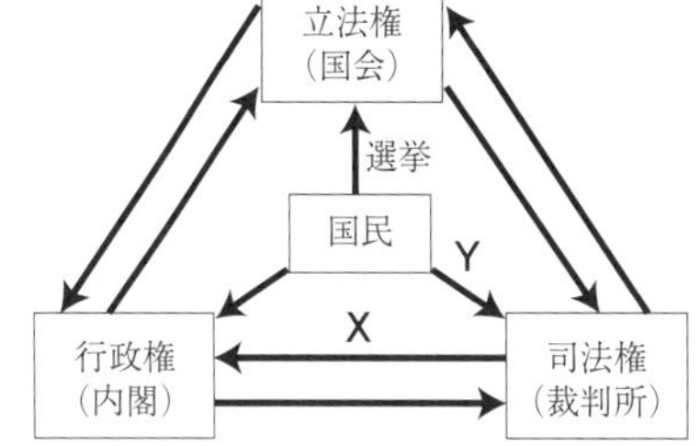

①　18世紀に，「法の精神」を著して三権分立を主張した，フランスの思想家の名前を書きなさい。

②　図中のXに当てはまることがらを，次のア～エから一つ選び，その符号を書きなさい。

ア　法律の違憲審査　　イ　内閣総理大臣の任命

ウ　命令や規則，処分の違憲・違法審査　　エ　弾劾裁判所の設置

③　国民には参政権の一つとして，図中のYで示した国民審査の権利が保障されている。右の資料は，その投票用紙の見本の一部を示したものである。国民は何を審査するのか。資料をふまえ，「最高裁判所」という語句を用いて書きなさい。

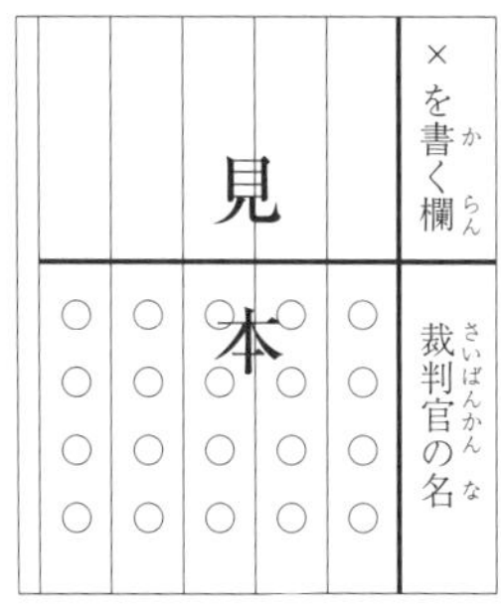

〔6〕 あるクラスの社会科の授業では，我が国における地方自治のしくみと現状について調べることにした。次の**資料Ⅰ**～**資料Ⅳ**は，Nさんが集めたものである。このことについて，下の(1)～(3)の問いに答えなさい。

資料Ⅰ 首相と首長の選出のしくみ

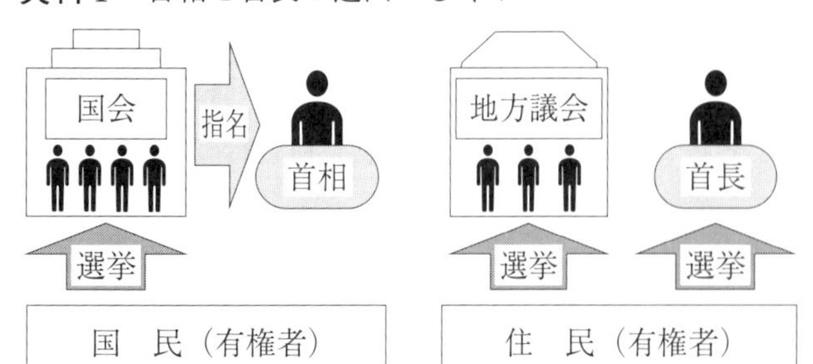

資料Ⅱ 選挙権と被選挙権の年齢

		選挙権	被選挙権
国	衆議院議員	18歳以上	A
	参議院議員	18歳以上	B
地方公共団体	都道府県の知事	18歳以上	B
	市(区)町村長	18歳以上	A
	都道府県・市(区)町村議会の議員	18歳以上	A

資料Ⅲ 有権者40万人以下の地方公共団体における住民の直接請求権

	必要な有権者署名	請求先
条例の制定・改廃	50分の1以上	首長
監査請求	50分の1以上	監査委員
議会の解散請求	X	選挙管理委員会
議員・首長の解職請求	3分の1以上	選挙管理委員会
副知事・副市(区)町村長，各委員の解職請求	3分の1以上	Y

資料Ⅳ 4都県の歳入総額に占める地方税と地方交付税交付金の割合(2020年度)

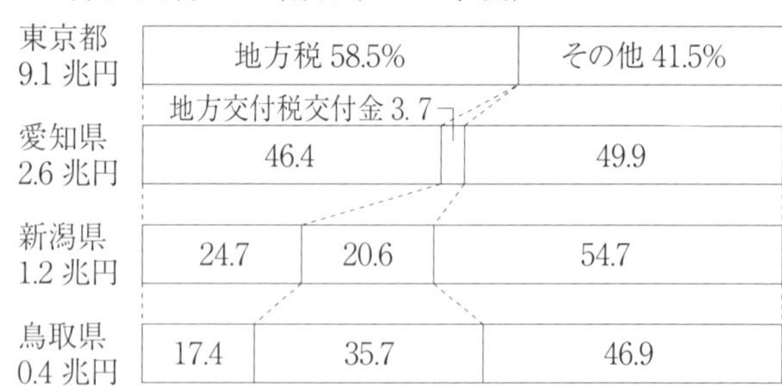

(「データでみる県勢」2023年版による)

(1) **資料Ⅰ**に示したように，国会議員，地方議会議員と首長は選挙によって選ばれる。**資料Ⅱ**は，それらの選挙権と被選挙権の年齢をまとめたものである。**資料Ⅱ**中の A ， B に当てはまる年齢の組合せとして，最も適当なものを，次のア～エから一つ選び，その符号を書きなさい。

ア〔A　20歳以上，B　25歳以上〕　イ〔A　25歳以上，B　20歳以上〕

ウ〔A　25歳以上，B　30歳以上〕　エ〔A　30歳以上，B　25歳以上〕

(2) 地方公共団体の政治では，条例の制定・改廃や監査，議会の解散，議員・首長などの解職などについて，一定数の署名を集めて所定の機関に提出する直接請求権が住民(有権者)に認められている。これらをまとめた**資料Ⅲ**中の X ， Y に当てはまる語句の組合せとして，最も適当なものを，次のア～エから一つ選び，その符号を書きなさい。

ア〔X　50分の1以上，Y　選挙管理委員会〕　イ〔X　50分の1以上，Y　首長〕

ウ〔X　3分の1以上，Y　選挙管理委員会〕　エ〔X　3分の1以上，Y　首長〕

(3) **資料Ⅳ**は，東京都，愛知県，新潟県，鳥取県のそれぞれの，2020年度の歳入総額に占める地方税と地方交付税交付金の割合を示したものである。これについて述べた次の文中の 　　　 に当てはまる内容を，「格差」という語句を用いて書きなさい。

> **資料Ⅳ**からわかるように，都県によって歳入総額には大きな差がみられる。地方税などの自主財源が不足する地方公共団体には， 　　　 ことを目的に，国から地方交付税交付金が配分される。歳入の少ない県は，総額に占める地方交付税交付金の割合が大きくなっている。

〔1〕水溶液の性質について調べるために，次の実験を行った。この実験に関して，下の(1)～(4)の問いに答えなさい。

実験　a 質量パーセント濃度が10％の塩化ナトリウム水溶液，砂糖水，エタノール，塩酸，塩化銅水溶液を用意し，それぞれを順に異なるビーカーA～Eに入れた。ビーカーAを用いて右の図のような装置を組み立てて，ビーカーAの水溶液にステンレス電極を入れたところ，光電池用モーターが回転した。次に，水溶液からステンレス電極をとり出し，水溶液どうしが混ざることを防ぐためにこのステンレス電極に b ある操作をしたあと，別のビーカーにかえて同様の実験を繰り返した。

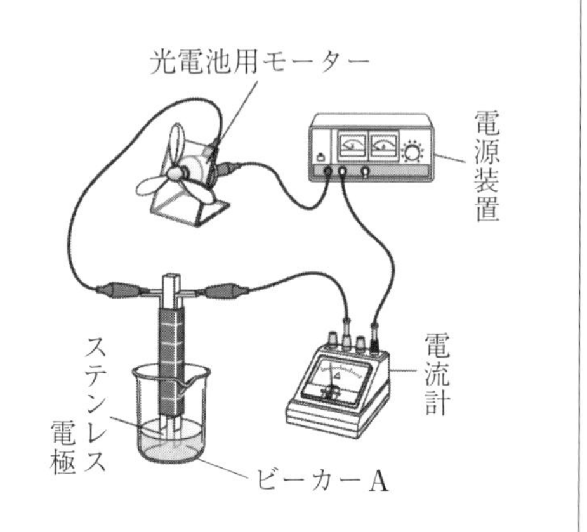

(1) 下線部分aについて，水100gに塩化ナトリウムを加えて質量パーセント濃度が10％の塩化ナトリウム水溶液をつくるとき，加える塩化ナトリウムの質量は何gか。小数第1位を四捨五入して整数で求めなさい。

(2) 下線部分bについて，水溶液どうしが混ざることを防ぐためにステンレス電極に行った操作は何か。「ステンレス電極」という語句を用いて書きなさい。

(3) 実験から，塩化ナトリウム水溶液は電流を流すことがわかる。塩化ナトリウムのように，水に溶けたときに電流が流れる物質を何というか。その用語を書きなさい。

(4) 別のビーカーにかえて同様の実験を行ったとき，光電池用モーターが回転したビーカーの組合せとして，最も適当なものを，次のア～オから一つ選び，その符号（ふごう）を書きなさい。

ア　B，C　　イ　B，E　　ウ　B，D，E　　エ　C，D　　オ　D，E

〔2〕水中の微小な生物や生物のつくりを調べるために，次の観察1，2を行った。この観察に関して，あとの(1)～(4)の問いに答えなさい。

観察1　図1のように，池で採取した水をスライドガラス上に1滴（てき）とり，ピンセットでカバーガラスの端をつまみ，片方からゆっくりかぶせてプレパラートをつくった。このプレパラートを，図2のような顕微鏡を用いて観察した。

観察2　校庭に生えていたタンポポから1つの花をとり，ルーペを用いて観察を行い，観察したタンポポの花をスケッチした。図3は，その結果をまとめたものである。

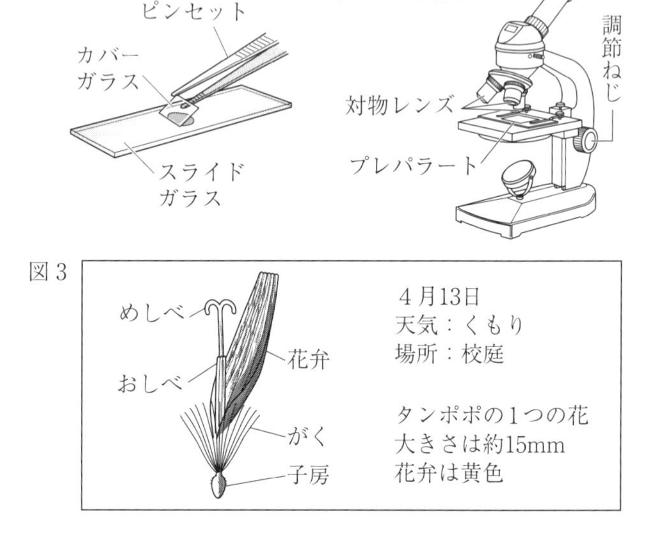

(1) 下線部分について，このように操作を行うのはなぜか。書きなさい。

(2) 図2のような顕微鏡で観察するときに行う操作の順に，次のア～エを並べかえ，その符号を書きなさい。

ア　横から見ながら調節ねじを少しずつ回し，対物レンズとプレパラートをできるだけ近づける。

イ　接眼レンズをのぞきながら，対物レンズとプレパラートを離していき，ピントを合わせる。

ウ　接眼レンズをのぞきながら，視野全体が明るくなるように反射鏡を調節する。

エ　ステージにプレパラートをのせ，クリップで固定する。

(3) 観察1のとき，観察するものが図4のように見えた。このとき，観察するものを視野の中央に移動させるにはプレパラートをどの向きに動かせばよいか。最も適当なものを，図5のア～クから一つ選び，その符号を書きなさい。

図4

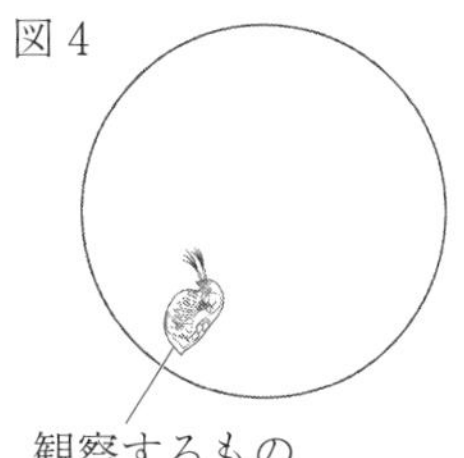

図5

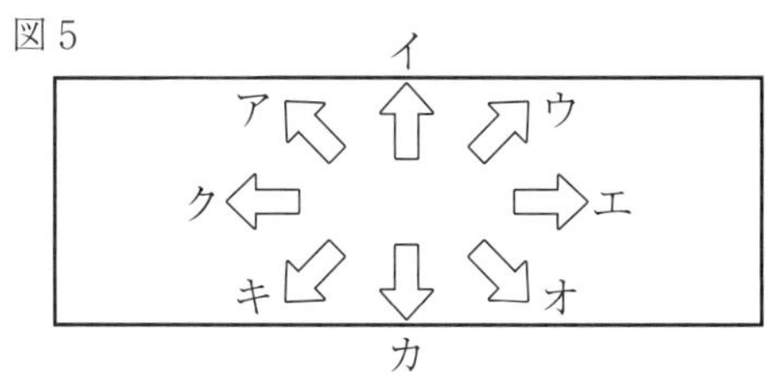

(4) 図3について，観察したものの記録のしかたとして適切でないところがある。**適切でないところ**を述べた文として，最も適当なものを，次のア～エから一つ選び，その符号を書きなさい。

ア　その日の天気や観察した場所など，観察するものとは関係のない情報を書いている。

イ　観察するものの各部分の名称（めいしょう）を書いている。

ウ　大きさや花弁の色など気づいたことを言葉で書いている。

エ　観察するものが立体的に見えるように，影をつけたり，線を二重にしている。

〔3〕火山灰にふくまれる物質について調べるために，次の観察を行った。この観察に関して，下の(1)～(3)の問いに答えなさい。

観察　図1のように，少量の火山灰を採取し，蒸発皿に移した。この火山灰に$_a$ある操作をしてから，双眼実体顕微鏡（そうがんじったいけんびきょう）を用いて観察を行ったところ，図2のように，$_b$色や形，大きさなどのちがう粒（つぶ）が見られた。

図1　図2

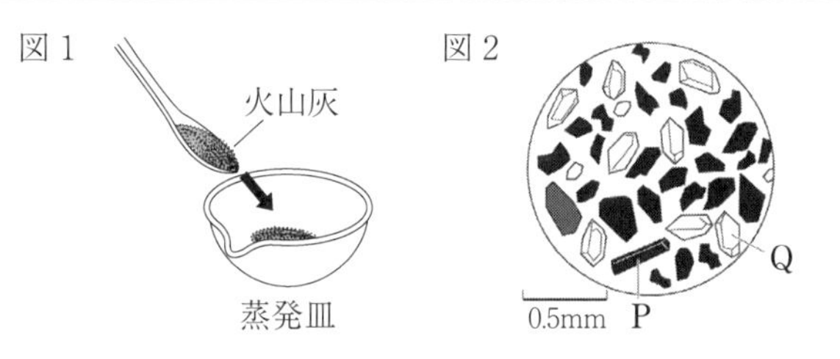

(1) 下線部分aについて，火山灰の粒を観察しやすくするために行う操作として，最も適当なものを，次のア～エから一つ選び，その符号を書きなさい。

ア　水を加えて，指で軽く押し洗い，にごった水を捨てる操作を繰り返す。

イ　水を加えてから蒸発皿を加熱し，水を沸騰（ふっとう）させる。

ウ　棒ですりつぶして，粒を小さくする。

エ　水酸化ナトリウム水溶液を加える。

(2) 下線部分bについて，次の①，②の問いに答えなさい。

① 火山灰を観察したときに見られる，マグマが固まってできた結晶を何というか。その用語を書きなさい。

② 次の文は，観察の結果について述べたものである。文中の［　X　］，［　Y　］に当てはまる語句の組合せとして，最も適当なものを，下のア～エから一つ選び，その符号を書きなさい。

> 図2のPは黒緑色（緑黒色）で柱状をしているため［　X　］であり，Qは白色で不規則な形をしているため［　Y　］であると考えられる。

ア〔X　カクセン石，Y　セキエイ〕　イ〔X　カクセン石，Y　チョウ石〕

ウ〔X　カンラン石，Y　セキエイ〕　エ〔X　カンラン石，Y　チョウ石〕

(3) 観察した火山灰は全体が黒っぽい色をしていた。この火山灰をつくるマグマについて述べた文として，最も適当なものを，次のア～エから一つ選び，その符号を書きなさい。

ア　マグマに含まれる炭素の割合が大きい。

イ　マグマに含まれる炭素の割合が小さい。

ウ　マグマのねばりけが大きい。

エ　マグマのねばりけが小さい。

〔4〕凸レンズのはたらきとしくみについて調べるために，次の実験を行った。この実験に関して，下の(1)～(3)の問いに答えなさい。

実験　長さが30cmの外箱を用意し，外箱の正面に丸い穴を開けて焦点距離が8cmの凸レンズを固定した。また，凸レンズを固定した面の反対側の面は開いているものとする。次に，外箱に差しこめるように，外箱よりも幅が少し小さい内箱を用意し，内箱の正面に半透明なスクリーンを貼った。その後，側面に目盛りを貼り，スクリーン側を0cmとした。また，スクリーンを貼った面の反対側の面は開いているものとする。図1は外箱と内箱のようすを表したものである。

図1

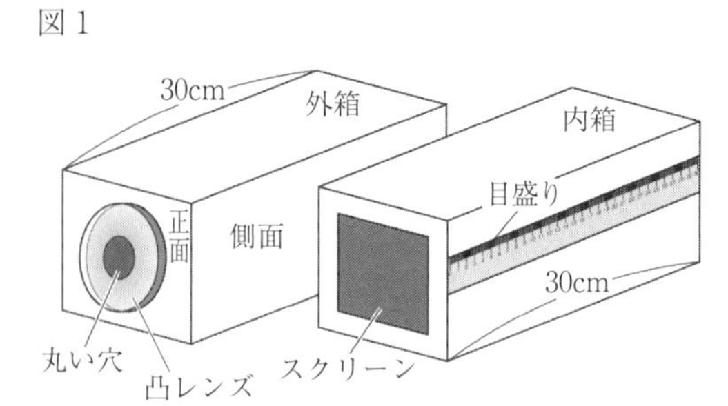

外箱に，内箱をスクリーン側から差しこみ，内箱の開いている方からスクリーンをのぞいたところ，外箱の凸レンズから入った光によってスクリーンにうつる像を観察することができた。次に，図2のように，外箱を固定して，物体を凸レンズの方へ近づけていき，その度にスクリーンにはっきりとした像がうつるように，内箱を差しこむ長さを調整した。このときの物体と凸レンズの距離，内箱を差しこむ長さを調べた。

図2

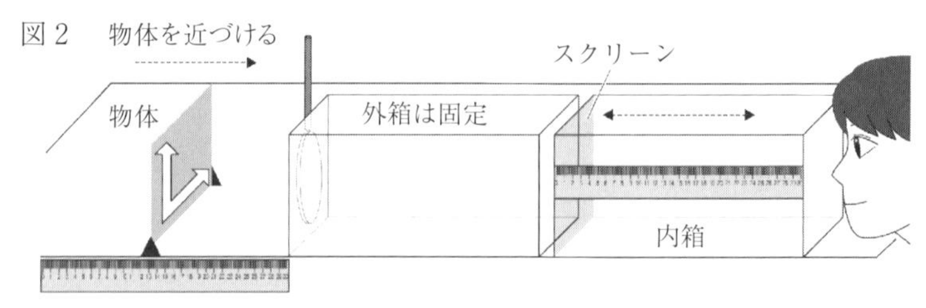

(1)　次の文は，実験の結果について述べたものである。文中の［X］，［Y］に当てはまる語句の組合せとして，最も適当なものを，下のア～エから一つ選び，その符号を書きなさい。

物体と凸レンズの距離を25cmにし，スクリーンにはっきりした像がうつるように内箱の位置を調整した。次に，物体を凸レンズに近づけていき，その度にはっきりとした像がうつるように内箱の位置を調整すると，スクリーンにはっきりした像がうつっている間は，内箱の目盛りの値はしだいに［X］なり，像の大きさは［Y］なっていった。

ア〔X　大きく，Y　大きく〕　イ〔X　大きく，Y　小さく〕
ウ〔X　小さく，Y　大きく〕　エ〔X　小さく，Y　小さく〕

(2)　この実験で，スクリーンにうつる像の大きさが物体と同じ大きさになったとき，物体と凸レンズの距離，内箱の差しこんだ目盛りの値はそれぞれ何cmか。求めなさい。

(3)　物体を凸レンズに近づけていくと，物体と凸レンズの距離がある長さになったときからスクリーンに像がうつらなくなった。このとき，内箱をとって凸レンズごしに物体を見ると，像が観察できた。この像について述べた文として，最も適当なものを，次のア～カから一つ選び，その符号を書きなさい。

ア　像の大きさは物体よりも大きく，上下左右の向きは同じ向きになっている。
イ　像の大きさは物体よりも大きく，上下左右の向きは逆向きになっている。
ウ　像の大きさは物体よりも小さく，上下左右の向きは同じ向きになっている。
エ　像の大きさは物体よりも小さく，上下左右の向きは逆向きになっている。
オ　像の大きさは物体と同じで，上下左右の向きは同じ向きになっている。
カ　像の大きさは物体と同じで，上下左右の向きは逆向きになっている。

〔5〕ばねの性質について調べるために，次の実験を行った。この実験に関して，下の(1)〜(5)の問いに答えなさい。ただし，ばねはいずれものびきっておらず，ばねにつるしたおもりや物体は床につかなかったものとする。また，実験で用いるばねや糸の質量は無視できるものとする。

実験　右の図のようにスタンドにものさしを固定し，ばねAをつるしてばね全体の長さを測定した。次に，ばねAに質量20gのおもりをつるし，ばね全体の長さを測定した。ばねAにつるすおもりの質量を40g，60g，80g，100gと変えて，それぞれをつるしたときのばね全体の長さを測定した。

ばねAと異なるばねBを用意して，同様の実験を行った。

下の表は，実験の結果をまとめたものである。

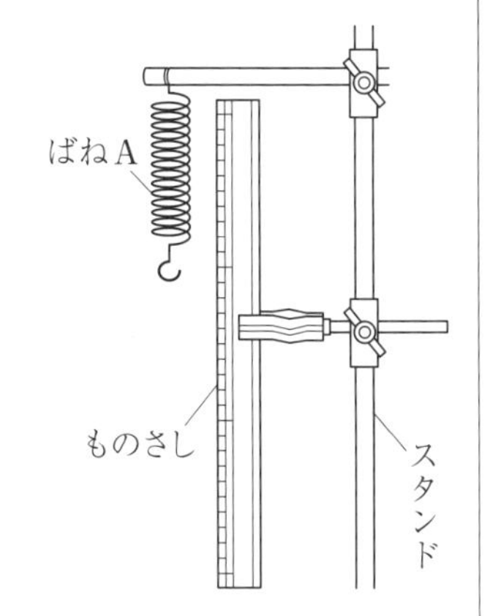

おもりの質量〔g〕	20	40	60	80	100
ばねAの全体の長さ〔cm〕	12.0	14.0	16.0	18.0	20.0
ばねBの全体の長さ〔cm〕	10.0	14.0	18.0	22.0	26.0

(1)　ばねにつるしたおもりが落ちないとき，おもりにはたらく重力とばねがもとに戻ろうとしておもりを引く力はつり合っている。ばねがもとに戻ろうとしておもりを引く力を何というか。その用語を書きなさい。

(2)　実験について，表をもとにして，ばねAにつるしたおもりの質量とばねAののびの関係を表すグラフをかきなさい。

(3)　実験の結果から，ばねののびはばねに加えた力の大きさに比例することがわかる。このような関係を何の法則というか。その用語を書きなさい。

(4)　実験の結果について述べた文として，最も適当なものを，次のア〜エから一つ選び，その符号を書きなさい。

ア　ばねAとばねBのそれぞれに40gのおもりをつるしたとき，ばねAとばねBののびは等しくなっている。

イ　ばねAとばねBのいずれもつるすおもりの質量を2倍にすると，ばねののびは2倍になっている。

ウ　ばねAとばねBのそれぞれに同じ質量のおもりをつるすと，ばね全体の長さの差は常に一定の値となる。

エ　ばねBはばねAと比べてのびにくい。

(5)　ばねBをスタンドにつるし，質量のわからない物体XをばねBにつるしたところ，ばねB全体の長さは24.0cmになった。この物体X 3個をばねAにつるしたとき，ばねAののびは何cmか。求めなさい。

〔6〕酸化銅の変化について調べるために，次の実験を行った。この実験に関して，あとの(1)〜(4)の問いに答えなさい。

実験　酸化銅4.00gと炭素粉末0.10gの混合物を試験管Aに入れ，図1のように加熱したところ，気体が発生し，試験管Bの中の石灰水が白くにごった。気体の発生が終わったあと，ガラス管を試験管Bからとり出し，ゴム管をピンチコックで止め，ガスバーナーの火を消した。試験管Aがじゅうぶんに冷めてから，試験管Aの中にある固体の質量をはかった。また，この固体は銅であることがわかった。

炭素粉末の質量を0.20g，0.30g，0.40g，0.50g，0.60gと変えて同様の実験を繰り返した。図2はその結果をグラフに表したものである。

図1

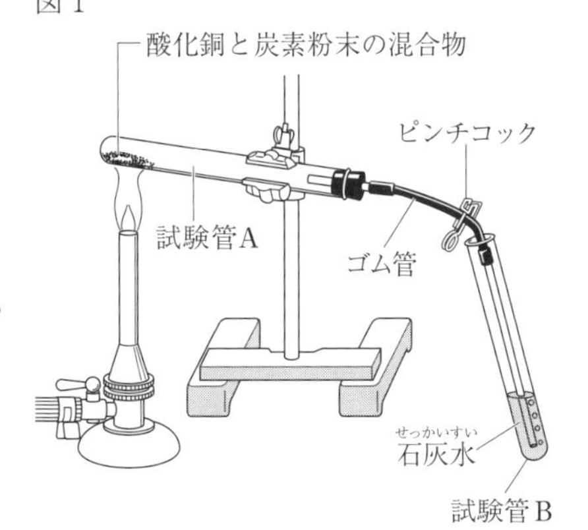

図2

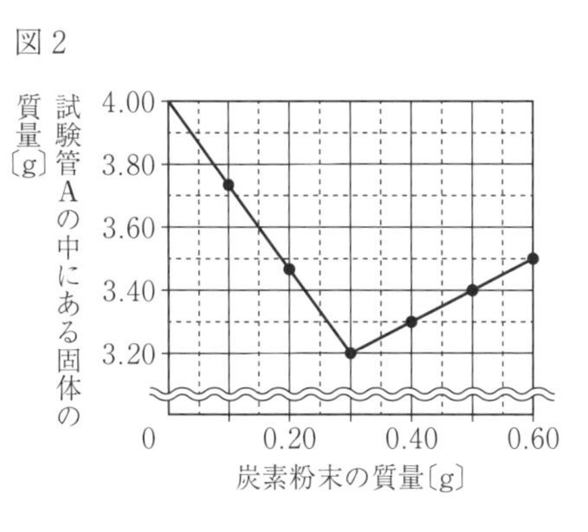

第7回模試

(1) 下線部分について，ゴム管をピンチコックで止めたのはなぜか。「銅」という語句を用いて書きなさい。

(2) 実験で，酸化銅と炭素粉末の混合物を加熱して銅ができたときの化学変化を，化学反応式で表しなさい。

(3) 次の文は，実験の結果について述べたものである。文中の X ，Y に当てはまる語句をそれぞれ書きなさい。

> 実験では，酸化銅は X されて銅になり，同時に炭素は Y され二酸化炭素になった。

(4) 酸化銅6.00 gと炭素粉末0.15 gの混合物を用意し，実験と同様の操作を行った。このとき，反応せずに残る酸化銅の質量は何gか。また，このとき発生した二酸化炭素の質量は何gか。それぞれ求めなさい。

〔7〕博物館で見学した内容について，次の資料にまとめた。この資料に関して，下の(1)～(4)の問いに答えなさい。

資料　図1は，博物館で展示されていたさまざまな脊椎動物の前あしにあたる骨のつくりを表したもので，模型には糸がとりつけられていた。さまざまな脊椎動物の前あしにあたる骨のつくりを比べると，形は異なっていても基本的なつくりはよく似ていることがわかる。このことから，a現在のはたらきや形は異なっていても，もともとは同じ器官であったと考えられる。

図2は，bある脊椎動物の復元図で，この生物は中生代の地層から化石として発見された。

これらは，生物が長い時間をかけて世代を重ねる間に，その形質を変化させてきた証拠であると考えられている。また，生物が長い時間をかけて世代を重ねる間に，その形質が変化することを X という。

図1
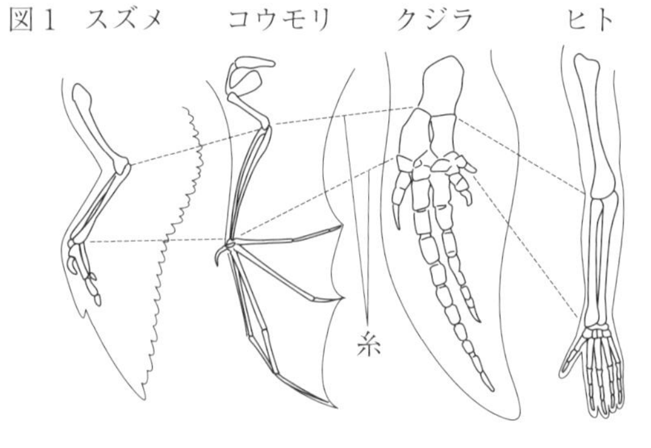

図2

(1) 下線部分aについて，現在のはたらきや形が異なっていても，もともとは同じ器官であったと考えられる器官を何というか。その用語を書きなさい。

(2) X に当てはまる語句を書きなさい。

(3) 下線部分bについて，次の①，②の問いに答えなさい。

① この生物を何というか。その名称を書きなさい。

② 次の文は，この生物について述べたものである。文中の Y ，Z に当てはまる語句の組合せとして，最も適当なものを，下のア～エから一つ選び，その符号を書きなさい。

> この生物には羽毛があるなど Y 類の特徴と，口に歯がある，尾が長いなどの Z 類の特徴が見られる。

ア〔Y は虫，Z 鳥〕　イ〔Y 鳥，Z は虫〕
ウ〔Y は虫，Z 両生〕　エ〔Y 鳥，Z 両生〕

(4) 脊椎動物が地球上に誕生した順に左から並べたものとして，最も適当なものを，次のア～エから一つ選び，その符号を書きなさい。

ア　魚類→両生類→は虫類→鳥類
イ　魚類→両生類→鳥類→は虫類
ウ　両生類→魚類→鳥類→は虫類
エ　両生類→魚類→は虫類→鳥類

〔8〕物体にはたらく圧力について調べるために，次の実験を行った。この実験に関して，下の(1)〜(3)の問いに答えなさい。ただし，100 g の物体にはたらく重力の大きさを1Nとする。

実験　図1のように，質量400 g の直方体の物体を用意し，面積の異なる3つの面を面A〜Cとした。次に直方体の面A〜Cのそれぞれを上にして，図2のように，スポンジの上に置き，スポンジのへこみのようすを調べた。ただし，図2はスポンジのへこみのようすを示していない。

図1

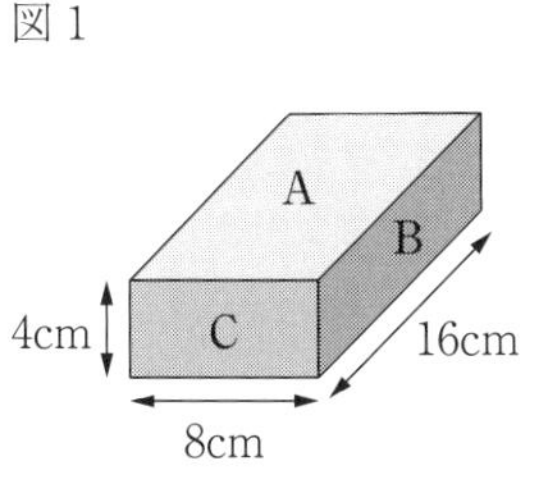

図2

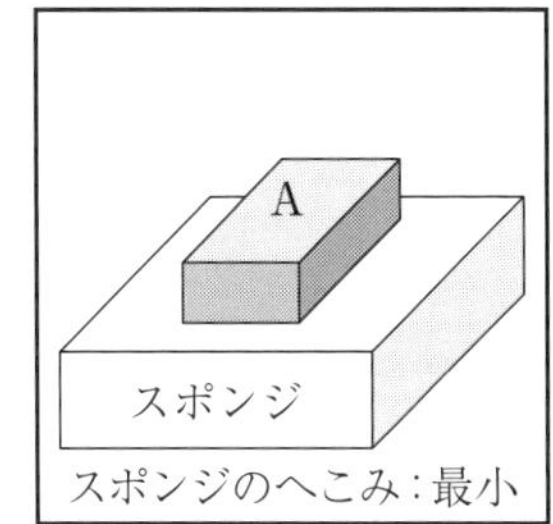

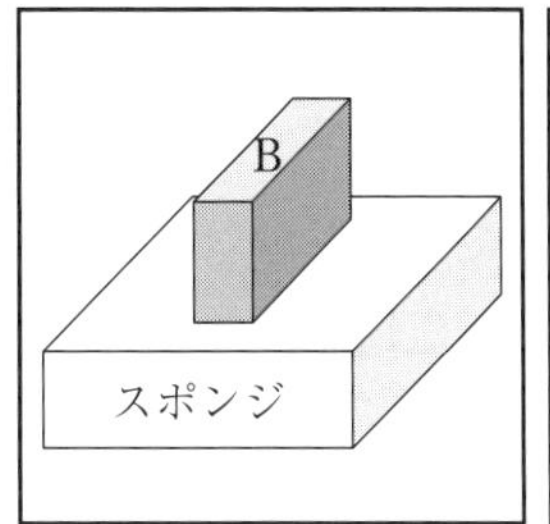

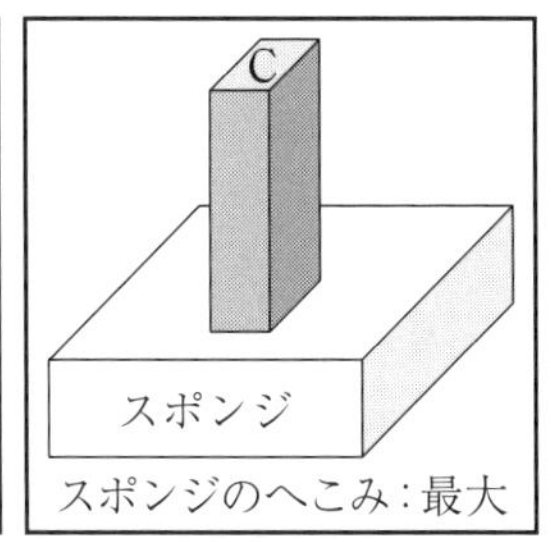

(1)　実験で，面Aを上にしてスポンジの上に置いたとき，スポンジにはたらく圧力は何Paか。求めなさい。

(2)　図1の直方体の物体を2つ用意し，重ね方を変えながら，スポンジの上に置いた。スポンジにはたらく圧力が図2の面Cを上にしてスポンジの上に置いたときと等しくなるものとして適当なものを，次のア〜エからすべて選び，その符号を書きなさい。

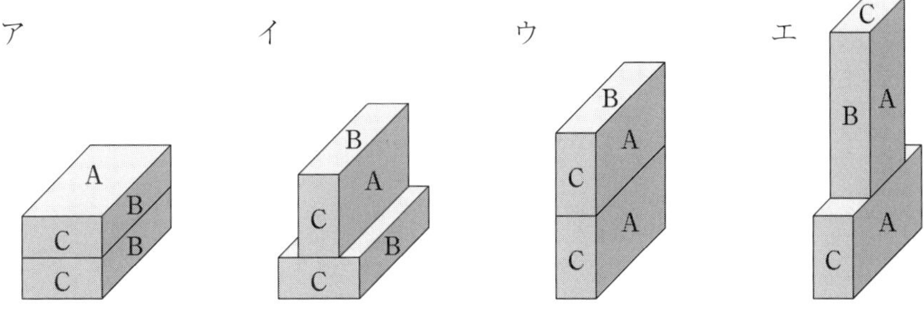

(3)　大気が面を押す作用を大気圧(気圧)という。大気圧について，次の①，②の問いに答えなさい。

①　大気圧について述べた文として，最も適当なものを，次のア〜エから一つ選び，その符号を書きなさい。

ア　大気圧は下向きにのみはたらき，地上に比べて上空ほど大気圧は大きくなる。

イ　大気圧は下向きにのみはたらき，地上に比べて上空ほど大気圧は小さくなる。

ウ　大気圧はあらゆる向きにはたらき，地上に比べて上空ほど大気圧は大きくなる。

エ　大気圧はあらゆる向きにはたらき，地上に比べて上空ほど大気圧は小さくなる。

②　大気圧を利用したものには，図3のような，吸盤(きゅうばん)がある。吸盤が，一度手で押してから離すと壁(かべ)にはりつくのはなぜか。「壁」，「大気圧」という語句を用いて書きなさい。

図3

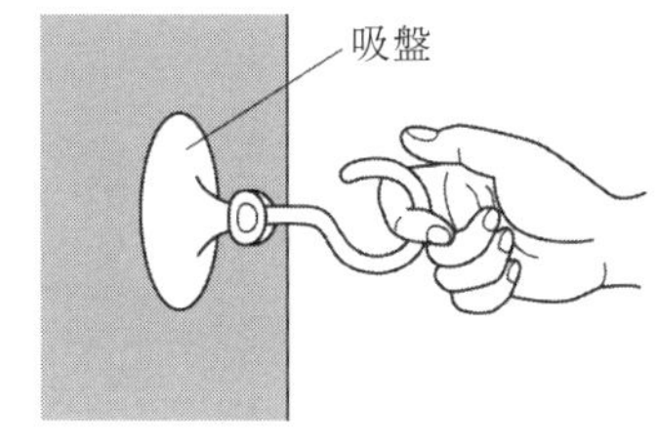

第7回模試

第7回新潟県統一模試 <中3志望校判定テスト> 国語

氏名

得点

〔一〕

(一)
1 怠慢
2 勾配
3 塞 がる
4 寂 れて
5 緩急

(二)
1 カタガミ
2 シュクシャク
3 マネ いて
4 セイレツ
5 レンタイ

〔二〕

(一)
(二)
(三) 文節
(四)
(五)

〔三〕

(一)
(二) 30
(三) ① ②
(四)
(五) 60

〔四〕

(一)
(二)
(三) 60
(四)
(五) ① 2 ② 6
(六) 100

第7回模試

第7回新潟県統一模試 <中3志望校判定テスト> 数学

氏名		得点

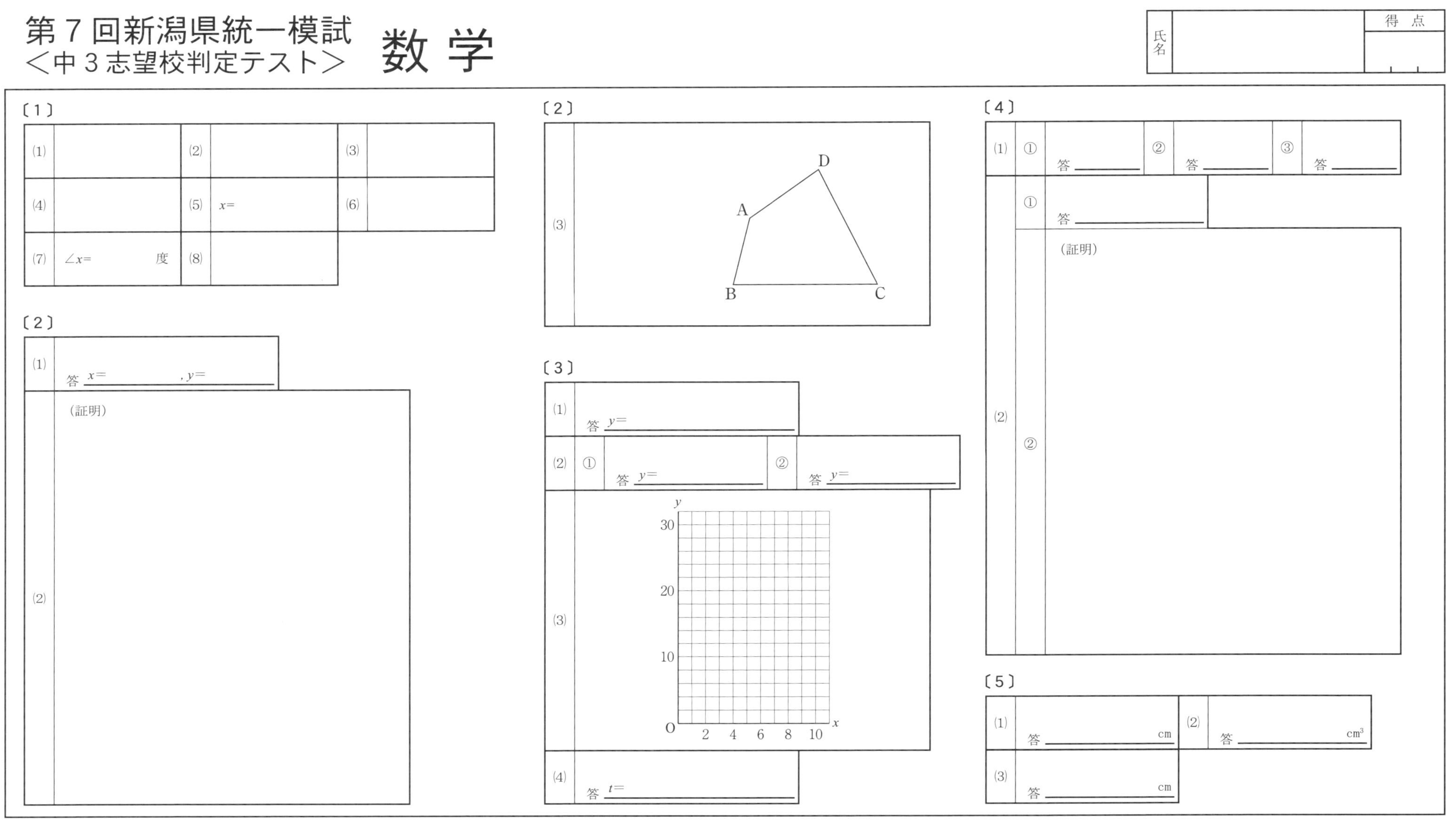

第7回模試

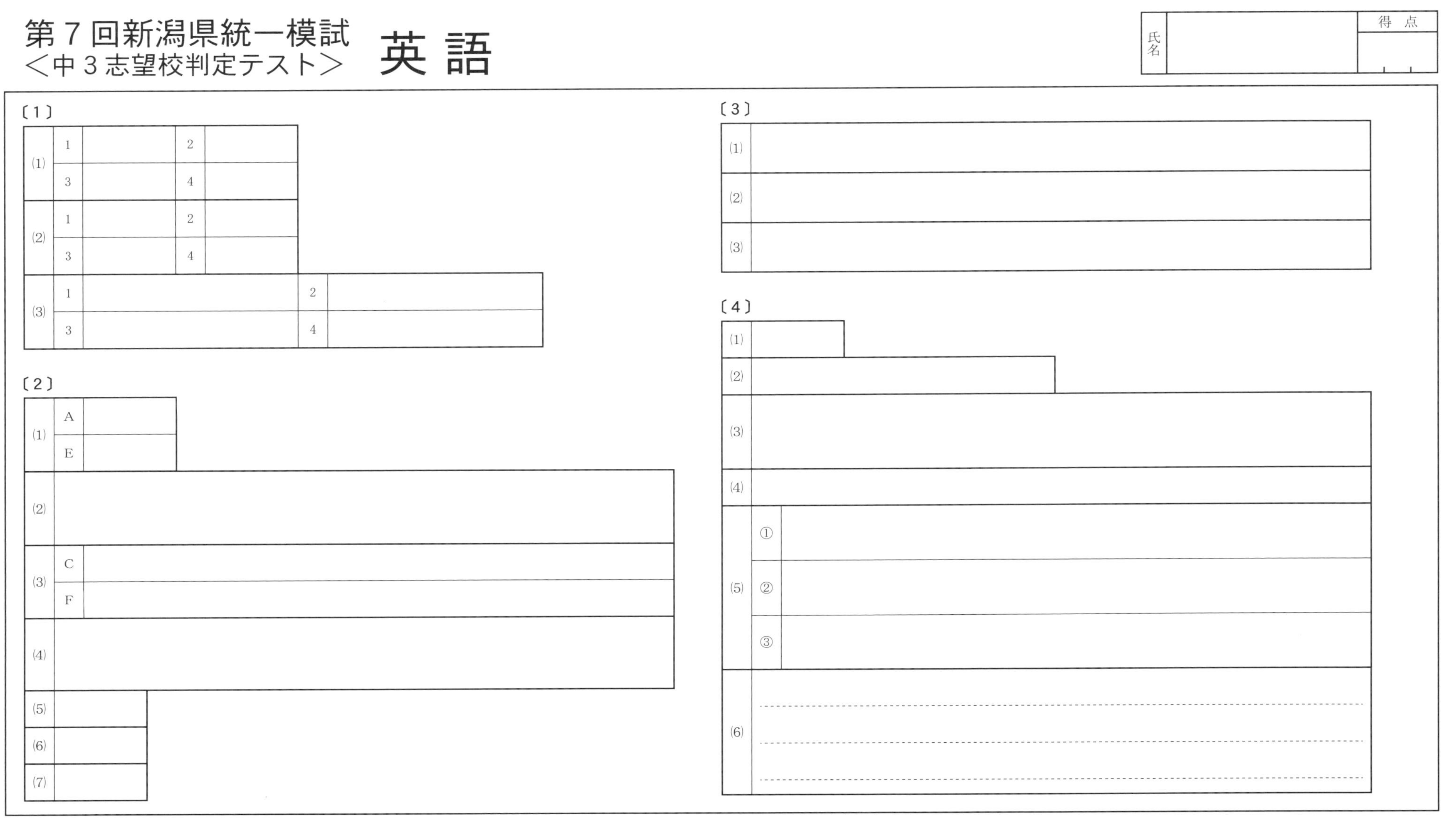

第７回新潟県統一模試　＜中３志望校判定テスト＞　英語

氏名		得点

〔1〕

(1)	1		2	
	3		4	
(2)	1		2	
	3		4	
(3)	1		2	
	3		4	

〔2〕

(1)	A	
	E	
(2)		
(3)	C	
	F	
(4)		
(5)		
(6)		
(7)		

〔3〕

(1)	
(2)	
(3)	

〔4〕

(1)		
(2)		
(3)		
(4)		
(5)	①	
	②	
	③	
(6)		

第７回新潟県統一模試 ＜中３志望校判定テスト＞ 社会

氏名		得点

〔１〕

(1)		
(2)		
(3)		
(4)		
(5)	A	
	C	

〔２〕

(1)		
(2)		
(3)	宮津市	
	高知市	
	松山市	
(4)		
(5)	①	
	②	

〔３〕

(1)	①	
	②	
(2)		
(3)		
(4)	改革	
	理由	

〔４〕

(1)		
(2)		
(3)		
(4)	X	
	Y	
(5)		
(6)		

〔５〕

(1)	①						
	②	a		b			
	③	参議院は，衆議院と異なり，					
(2)	①						
	②	Ⅰ		Ⅱ		Ⅲ	
(3)	①						
	②						
	③						
(4)	①						
	②						
	③						

〔６〕

(1)	
(2)	
(3)	

第７回新潟県統一模試
＜中３志望校判定テスト＞ 理 科

氏名		得点

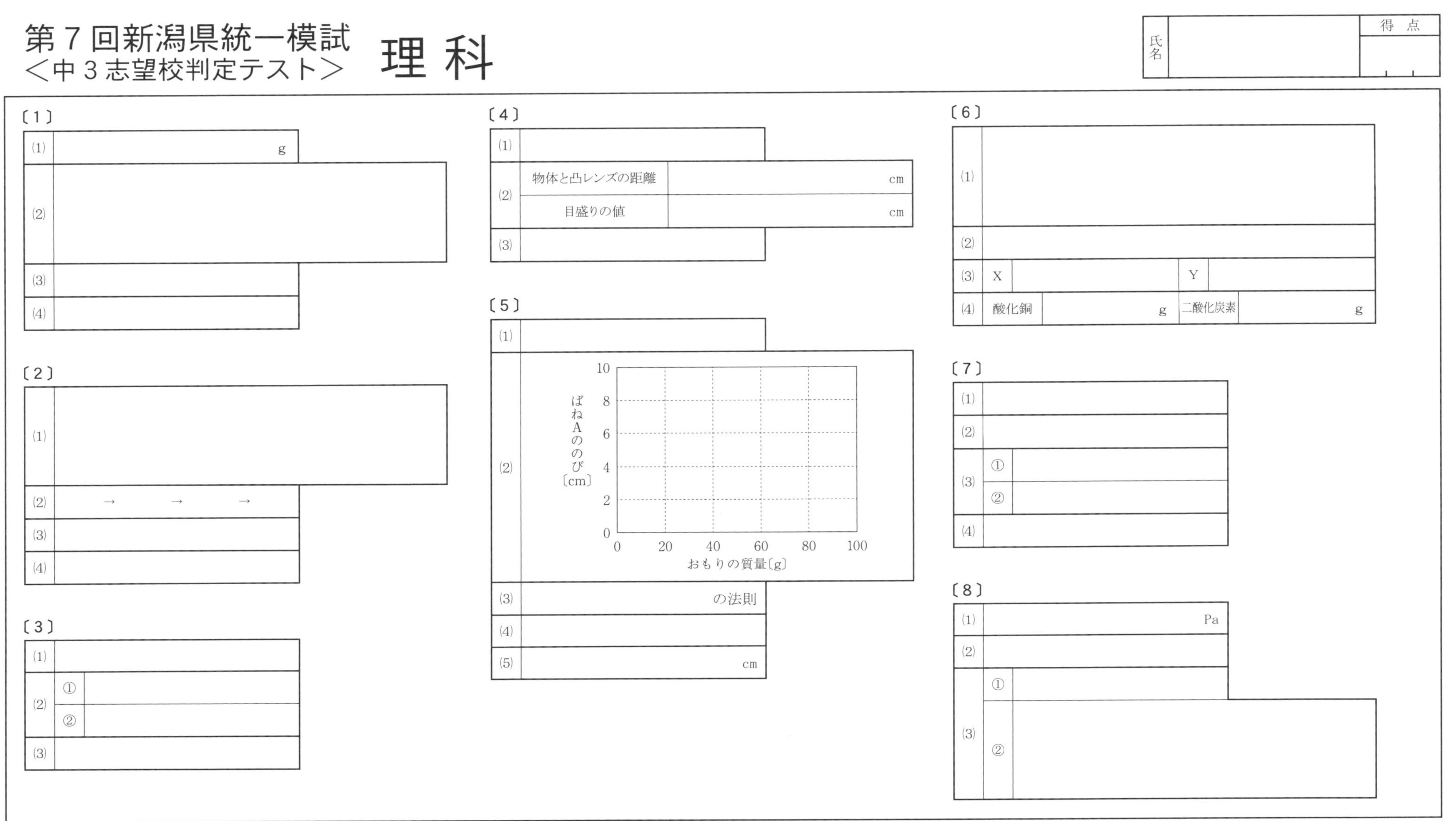

〔１〕

(1)	g
(2)	
(3)	
(4)	

〔２〕

(1)	
(2)	→ → →
(3)	
(4)	

〔３〕

(1)		
(2)	①	
	②	
(3)		

〔４〕

(1)		
(2)	物体と凸レンズの距離	cm
	目盛りの値	cm
(3)		

〔５〕

(1)	
(2)	（グラフ）
(3)	の法則
(4)	
(5)	cm

〔６〕

(1)				
(2)				
(3)	X		Y	
(4)	酸化銅	g	二酸化炭素	g

〔７〕

(1)		
(2)		
(3)	①	
	②	
(4)		

〔８〕

(1)		Pa
(2)		
(3)	①	
	②	

このように、人間は比べたがります。比べることに意味がないことだったとしても、人間は比べたがります。それは人間の脳のクセのようなものです。これは、致し方のないことなのでしょう。

比べないと理解できない。これが、人間という生物が持つ脳の限界なのです。

しかし、脳が常に正しいわけではありません。

忘れてはいけない大切なことは、本当は自然界には序列や優劣はないということなのです。

「ふつうの雑草」って、どんな雑草ですか？

踏まれても生えている雑草と踏まれない雑草はどちらがふつうなのでしょうか。道ばたでは、たくさんの雑草が踏まれています。踏まれている雑草は、ふつうじゃないのでしょうか。

先に述べたように生物の世界は、「違うこと」に価値を見出しています。いわば生物は、懸命に「違い」を出そうとしているとさえ言えます。

だからこそ、同じ顔の人が絶対に存在しないような多様な世界を作り出しているのです。一つ一つが、すべて違う存在なのだから、「ふつうなもの」も「平均的なもの」もありえません。そして、逆に言えば「ふつうでないもの」も存在しないのです。

（稲垣　栄洋「はずれ者が進化をつくる」による　一部改）

(注)　正規分布＝確率分布の一つ。平均を中心に、左右対称の釣鐘（つりがね）型を描く。

(一)　━━線部分(1)について、この問いに対する答えといえる部分を、文章中から三十五字以上四十字以内の一文で抜き出し、はじめと終わりの五字をそれぞれ書きなさい。

(二)　文章中の［A］に最もよく当てはまる言葉を、次のア～エから一つ選び、その符号を書きなさい。

ア　しかし　　イ　たとえば　　ウ　ところで　　エ　すると

(三)　━━線部分(2)について、ジャガイモの場合、何を尺度にしていると筆者は考えているか。文章中から二字で抜き出して書きなさい。

(四)　文章中の［B］に当てはまる内容として最も適当なものを、次のア～エから一つ選び、その符号を書きなさい。

ア　もし、平均値が優れているのであれば

イ　いわゆる、ばらつきが見受けられると

ウ　つまり、突出した個性は進化をやめて

エ　むしろ、生存の幅を広げるかのように

(五)　━━線部分(3)について、個体が持つばらつきの意味とはどのようなことか。文章中の【　】内の「雑草の高さ」の例をもとにして、八十字以内で書きなさい。

(六)　次のⅡの文章は、Ⅰの文章と同じ著書の一部である。人間は自然界を理解するためにどのようなことをしているのか。また、自然界にはどのような特性があるか。ⅠとⅡの文章を踏まえ、百二十字以内で書きなさい。

Ⅱ

真っ赤で丸いトマトと白くて長いダイコンを比べることに、意味はありません。

しかし、「いろいろなものがたくさんある」ということを、人間の脳はそれでは理解できません。自然界は人間の脳が理解するには、複雑で多様すぎるのです。

そこで、人間の脳は数値化し、序列をつけて並べることによって複雑で多様な世界を理解しようとします。そして、点数をつけたり、順位をつけたり、優劣をつけたりするのです。序列をつけ、優劣をつけて比べることで、人間の脳は安心することができます。

第8回模試

〔四〕 次のⅠ、Ⅱの文章を読んで、㈠～㈥の問いに答えなさい。

Ⅰ

たとえば、ここに二種類のジャガイモがあります。

Aという品種のジャガイモの五つのイモの重さを計ってみると、二〇グラム、八〇グラム、一一〇グラム、六〇グラム、二八〇グラムでした。

Bという品種のジャガイモの五つのイモの重さは、五〇グラム、一四〇グラム、四〇グラム、一二〇グラム、一五〇グラムでした。

(1)さて、A品種とB品種では、どちらのほうが大きいと言えるでしょうか。

バラバラないくつもの数字をそのままに比べて理解することは、人間には簡単ではありません。

個性ある生物の集団は不均一でバラバラです。しかし、それでは人間が簡単に理解することができません。そこで、集団を比較するために、人間が理解するために作りだしたのが、平均値なのです。

最初の例では、A品種は平均が一一〇グラムとなり、B品種は平均値が一〇〇グラムとなりますから、A品種のほうが大きいということになります。

[A]、本当にそうですか。A品種にもB品種より小さなイモがあります。B品種にもA品種より大きなイモもあります。

平均値は、人間が管理するのに都合が良いように、(2)一つの尺度だけを取り出して計測し、足して、割っただけの数値に過ぎません。

本当は、ジャガイモの重さはバラバラです。

一つ一つをていねいに見れば、A品種には二八〇グラムという大きいイモもあれば、二〇グラムという小さなイモもありました。B品種には一五〇グラムから、四〇グラムのイモがありました。

本当はA品種とB品種とを比較すること自体、まったく意味がないことなのです。

自然界は、ばらつくとはいっても、平均的なものが一番、数が多い多数派になるような気がします。

自然界では、生物の特性の分布は「正規分布」と呼ばれる分布をするものが多いことが知られています。確かに正規分布をみると、真ん中の平均値に近いものが多く、平均から離れるに従ってその頻度は少なくなります。

しかし、タンポポはすべて黄色い色をしているように、[B]、どの個体も平均値に近づきます。

すべての個体が平均値でなく、ばらついているということは、(3)そのばらつきに意味があるということなのです。

また、実際には、平均的なものが一番、数が多いとは限りません。

【たとえば、雑草の高さでは、他の植物と競い合って高く伸びるものもあれば、他の植物と競争せずに、草丈を低くするという戦略もあります。他の植物と競い合って負けてしまうくらいの、中途半端な草丈が一番、不利なのです。この場合、分布をグラフで表すと二山型になります。】

平均がもっとも多いとは限らないのです。

平均に近い存在は、よく「ふつう」と呼ばれます。

それでは「ふつう」って何なのでしょうか？

「ふつうの人」という言い方をしますが、それはどんな人なのでしょうか。「ふつうじゃない」という言い方もしますが、それはどういう意味なのでしょう。

自然界に平均はありません。

「ふつうの木」って高さが何センチなのでしょうか。

㈡　Aの和歌について、次の①・②の問いに答えなさい。

①　「嵐」には、地名の「嵐山」と風の「荒々しさ」という二つの意味が込められている。この表現技法の名前を次のア～エから一つ選び、その符号を書きなさい。

ア　枕詞（まくらことば）　イ　擬人法　ウ　掛詞（かけことば）　エ　直喩法

②　「もみぢの錦」とはどういうことか。その説明として最も適当なものを、次のア～エから一つ選び、その符号を書きなさい。

ア　紅葉の名所に出掛けるのに似つかわしい豪華な模様の衣を着ていること。

イ　貴族のたしなみとして紅葉見物にちなんだもみじ柄の衣を着ていること。

ウ　強い風で散ったもみじの葉を衣にかぶせて模様のように見せていること。

エ　色とりどりの紅葉の美しさを織物の豪華な模様に見立てていること。

㈢　――線部分(2)について、「あそばしたり」とは「なさった（『～した』の尊敬語）」という意味であるが、具体的には、誰がどこで何をしたのか。また、どのようにそれをしたのか、その様子も踏まえて、現代語で二十字以内で書きなさい。

㈣　――線部分(3)について、「口惜しかりける」と思ったのはなぜか。その理由を、当時の和歌や漢詩文の位置づけを踏まえて、現代語で七十字以内で書きなさい。

㈤　次の［　　］内の文は、――線部分(4)について説明したものである。［a］、［b］に当てはまる言葉を、それぞれの指示にしたがって書きなさい。

> 公任が得意に思ったのは、どの船に乗るか自由に選ばせてくれたということは、自分がどの道にも［a］（四字以上六字以内）と、道長から［b］（五字以上七字以内）ということになるから。

〔三〕 次の文章は「大鏡」の一部である。この文章を読んで、(一)～(五)の問いに答えなさい。

ひととせ（アル年）、入道殿の大堰河（おほゐがは）に逍遥（せうえう）せさせたまひしに、作文（さくもん）の船・管弦（くわんげん）の船・和歌の船と分かたせたまひて（オ分ケニナッテ）、その道に（ソレゾレノ道ニ）たへたる人々を（スグレテイル方々ヲ）乗せさせたまひしに（オ乗セニナッテ技ヲ競ワセナサッテイマシタトコロ）、この大納言（だいなごん）殿の(1)まゐりたまへるを、入道殿、「かの大納言、いづれの船にか乗らるべき（オ乗リニナルツモリカ）」とのたまはすれば、「和歌の船に乗りはべらむ（乗リマショウ）」とのたまひて、（大納言殿ハ）

よみたまへるぞかし（〈和歌ノ船デ〉オ詠ミニナッタコトデス）、

A　小倉山（をぐらやま）嵐の風の寒ければもみぢの錦（にしき）きぬ人ぞなき
（小倉山ヤ嵐山カラ荒々シク吹キオロス風ガ寒イノデ、モミジガ人々ノ衣ニ散リカカッテ錦ノ衣ヲ着ナイ人ハイナイ）

申しうけたまへるかひありて(2)あそばしたりな（自ラ願イ出テ和歌ノ船ニオ乗リニナッタダケノコトハアッテ）。御みづからものたまふなるは、「作文のにぞ乗るべかりける（作文ノ船ニ乗レバヨカッタヨ）。さてかばかりの（コノ和歌グライノ）詩をつくりたらましかば（漢詩文ヲ作ッテイタラ）、名のあがらむこともまさりなまし（サラニイッソウノコトダッタダロウ）。(3)口惜（くちを）しかりける（残念ナコトヲシタ）わざかな。さても（ソレニシテモ）、殿の（入道殿ガ）、『いづれにかと思ふ（ドノ船ニ乗ロウト思ウカ）』とのたまはせしになむ、(4)我ながら心おごりせられし（我ナガラ得意ニナラズニハイラレナカッタ）」とのたまふなる。一事のすぐるだにあるに（一ツノ事ニスグレテイルトイウコトデサエメッタニナイコトデスノニ）、かくいづれの道も（コノヨウニドノ道ニモ）ぬけ出でたまひけむは（抜群デイラッシャッタトイウノハ）、いにしへもはべらぬことなり（昔ニモゴザイマセヌコトデス）。

（注）入道殿＝藤原道長。当時の朝廷の最高権力者だった。
大堰河＝大堰川。京都市西部を流れる川。当時の貴族が秋に訪れた紅葉の名所。
逍遥＝ここでは船の上で趣向を凝らした催しを開いて遊ぶこと。船遊び。
作文の船＝漢詩文を作る人々の船。当時の貴族の男性には漢詩文が第一の文学として重んじられた。
管弦の船＝管楽器や弦楽器などを用いて雅楽を演奏する人々の船。
大納言＝藤原公任（ふじわらのきんとう）。すぐれた歌人であり学者でもあった。大納言は役職名。
小倉山＝大堰川の北側にある紅葉の美しい名所。
嵐山＝大堰川の南側にある山。小倉山と同じく紅葉の名所。
錦＝色彩や模様が美しい織物。またその織物で作った着物。

(一)　――線部分(1)の「まゐりたまへる」を現代かなづかいに直し、すべてひらがなで書きなさい。

(三) 次の文中の「ずいぶん」と同じ品詞のものを、あとのア〜エの━━線部分から一つ選び、その符号を書きなさい。

時間も忘れて読みふけるなんて、この本をずいぶん気に入ったようだね。

ア 彼女はたぶん私との約束なんか忘れてしまったのだろう。
イ この薬は効き目があり、しかもおいしくて飲みやすい。
ウ 私の意見に反対する者など、ほんのわずかしかいない。
エ 旅行先は北海道にするか、もしくは沖縄にするか。

(四) 次の文中の「飛ん」を終止形（言い切りの形）に直して書きなさい。

鳶（とび）は頭上を一、二度旋回したあと、山の方へ飛んでいった。

(五) 次の文中の「で」と同じ意味で使われている「で」がある文を、あとのア〜エの━━線部分から一つ選び、その符号を書きなさい。

岡田さんは、今日は風邪で欠席するそうです。

ア 隣町へは、電車に乗るよりもバスで行く方が便利だ。
イ 自習室はとても静かで誰ひとり私語をしていない。
ウ ケーキの上には砂糖でできたバラの花を飾ろう。
エ 父は昨日から出張で東京に滞在しています。

第8回模試

〔一〕 次の㈠、㈡の問いに答えなさい。

㈠ 次の1～5について、――線をつけた漢字の部分の読みがなを書きなさい。

1 おしゃべりな母の前では私は専ら聞き役だった。
2 彼の不遜な態度は、皆を不快にさせた。
3 兄は学問を究めるために留学を望んだ。
4 彼女の英語の上達は著しいものがあった。
5 私はこづかいを稼ぐためにアルバイトをしたい。

㈡ 次の1～5について、――線をつけたカタカナの部分に当てはまる漢字を書きなさい。

1 彼の主張が正しいことをリッショウする。
2 弟は皿を割ったことをハクジョウしなかった。
3 この冬はソウテイガイの大雪が降った。
4 祖父は以前、大きな犬をカっていた。
5 いつか世界遺産をメグる旅に出たい。

〔二〕 次の㈠～㈤の問いに答えなさい。

㈠ 次の文中の連文節と同じ文の成分のものを、あとのア～エの――線部分から一つ選び、その符号を書きなさい。

春が　訪れると　庭の　草木が　芽吹く。

ア 北から　冷たい　風が　吹く。
イ 夏も　冬も　それぞれ　美しい　季節だ。
ウ 祖父は　熱い　お茶を　好んだ。
エ 傘が　置いて　あったので　借りて　さした。

㈡ 次の文中の熟語の読みの組み合わせ（音読み・訓読み）と同じ組み合わせの熟語を、あとのア～エから一つ選び、その符号を書きなさい。

寒さで手の指先が冷たくて痛い。（訓読み＋訓読み）

ア 手配　イ 役割　ウ 背中　エ 月光

第8回模試

〔**1**〕次の(1)～(8)の問いに答えなさい。

(1)　$5-8\times2$　を計算しなさい。

(2)　$4(-a+2b)-(a-b)$　を計算しなさい。

(3)　$\dfrac{30}{\sqrt{6}}+\sqrt{24}$　を計算しなさい。

(4)　２次方程式　$9x^2-25=0$　を解きなさい。

(5)　関数$y=-\dfrac{1}{9}x^2$について，xの変域が$-6\leqq x\leqq3$のとき，yの変域を答えなさい。

(6) 右の図のように，∠ＡＢＣ＝90°の直角三角形ＡＢＣと∠ＡＤＣ＝90°の直角三角形ＡＣＤがある。ＡＢ＝５cm，ＢＣ＝４cm，ＡＤ＝３cmであるとき，辺ＣＤの長さを答えなさい。

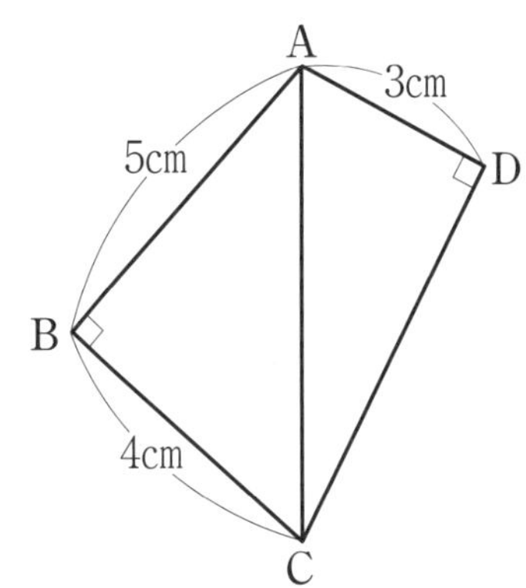

(7) 右の図のように，円Ｏの円周上に４つの点Ａ，Ｂ，Ｃ，Ｄがある。∠ＣＯＤ＝64°，$\overset{\frown}{\mathrm{BC}}$の長さと$\overset{\frown}{\mathrm{CD}}$の長さの比が３：２であるとき，∠$x$の大きさを答えなさい。ただし，$\overset{\frown}{\mathrm{BC}}$，$\overset{\frown}{\mathrm{CD}}$は，いずれも小さい方の弧とする。

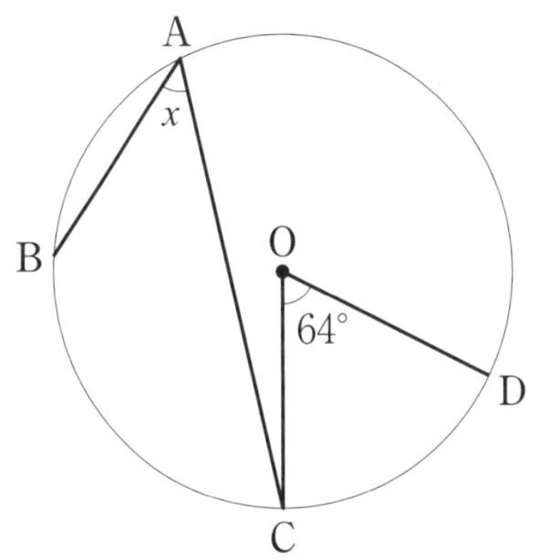

(8) Ａ中学校の生徒80人とＢ中学校の生徒200人を対象に，学習用タブレット端末の１日あたりの平均利用時間についてアンケートを行った。右の表は，その結果をまとめたものである。この表から読み取れることとして**正しくないもの**を，次のア～エから１つ選び，その符号を書きなさい。ただし，表の数値は正確な値であり，四捨五入されていないものとする。

階級（分）	Ａ中学校	Ｂ中学校
	相対度数	
以上　未満 0 ～ 20	0.10	0.04
20 ～ 40	0.20	0.10
40 ～ 60	0.25	0.33
60 ～ 80	0.30	0.31
80 ～ 100	0.10	0.17
100 ～ 120	0.05	0.05
計	1.00	1.00

ア　最頻値は，Ａ中学校の方が大きい。
イ　中央値は，Ｂ中学校の方が大きい。
ウ　60分以上80分未満の階級の累積相対度数は，Ａ中学校の方が大きい。
エ　100分以上120分未満の生徒の人数は，Ａ中学校とＢ中学校で同じである。

〔2〕次の(1)〜(3)の問いに答えなさい。

(1) 右の図のようなA〜Iのマスとコマがあり，はじめ，コマはAのマスに置かれている。1から6までの目のついた1つのさいころを2回投げ，出た目の数だけコマを1マスずつ動かす。ただし，2回目は，1回目で止まったマスから動かすものとする。また，コマはAのマスからIのマスの方向に動かし，Iのマスに到達したら折り返してIのマスからAのマスの方向に動かす。

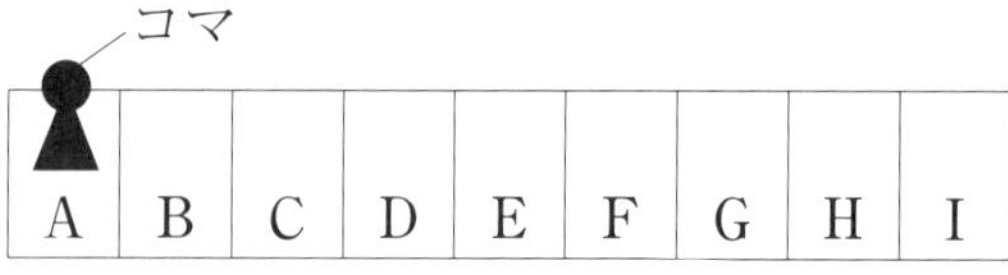

例えば，1回目に6の目，2回目に5の目が出たとき，1回目で，(A)→B→C→D→E→F→Gと動かし，2回目で，(G)→H→I→H→G→Fと動かすから，コマはFのマスに止まる。

このとき，コマがGのマスに止まる確率を求めなさい。

第8回模試

(2) 右の図のように，円Oの円周上に4つの点A，B，C，Dがあり，線分BDは円Oの直径である。線分ACの延長上に点Eを，線分BCの延長上に点Fを，∠CEF＝90°となるようにとる。このとき，△ABD∽△EFCであることを証明しなさい。

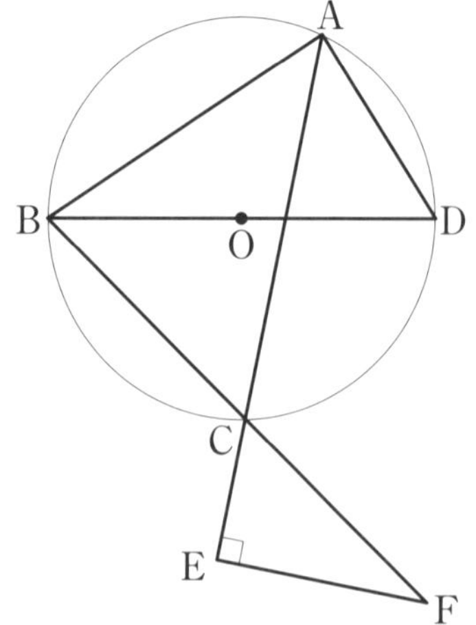

(3) 下の図のように，AB＝AC，∠ABC＝35°の二等辺三角形がある。辺BC上にあり，∠BAP＝20°となる点Pを，定規とコンパスを用いて作図しなさい。ただし，作図は解答用紙に行い，作図に使った線は消さないで残しておくこと。

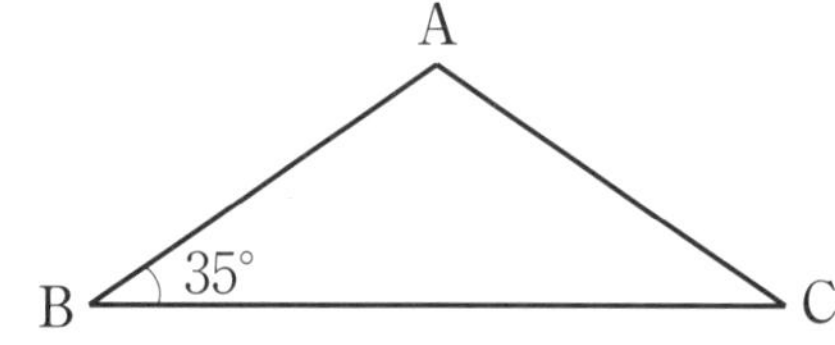

〔3〕Aさんは，家の電球型蛍光灯が切れたので，新しく照明器具を購入するため，2種類の照明器具について調べた。

右の表は，同じ明るさの電球型蛍光灯とＬＥＤ電球について，1個の値段，1年の電気代，1個の寿命をまとめたものである。ただし，照明器具は，毎年ある一定の時間使用するものとし，1年の電気代や1個の寿命はそれにもとづいて計算した値である。

	電球型蛍光灯	ＬＥＤ電球
1個の値段	900円	4000円
1年の電気代	1000円	750円
1個の寿命	2年	10年

Aさんは，照明器具の代金と電気代を合計した総費用を比べるため，それぞれの照明器具をx年使用したときの総費用をy円として，xとyの関係をグラフに表して考えることにした。下の図は，電球型蛍光灯を10年使用するときの，xとyの関係をグラフに表したものである。なお，下のグラフで，•はその点をふくむこと，◦はその点をふくまないことを表している。次の(1)〜(4)の問いに答えなさい。

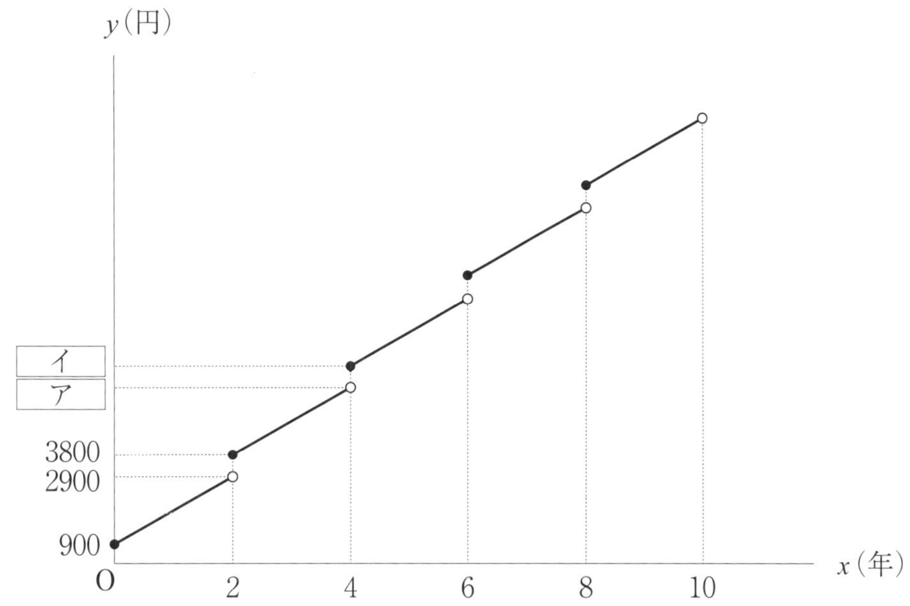

(1) 上の図の中の［ア］，［イ］に当てはまる数を，それぞれ答えなさい。

(2) ＬＥＤ電球を4年使用したときの総費用を答えなさい。

(3) 次の①，②の問いに答えなさい。

① 電球型蛍光灯について，$4 \leqq x < 6$のとき，yをxの式で表しなさい。

② ＬＥＤ電球について，$0 \leqq x < 10$のとき，yをxの式で表しなさい。

(4) 電球型蛍光灯とＬＥＤ電球の総費用が等しくなるのは，それぞれの照明器具を何年使用したときか，求めなさい。

〔4〕同じ長さの棒をたくさん用意した。これらの棒を使って，下の図のように，1辺に棒を1本ずつ正方形の形に並べて，1番目の図形とし，2番目以降は，1つ前の図形の左の辺と下の辺に棒を1本ずつ追加して，それらを1辺とする大きな正方形の形をつくっていく。

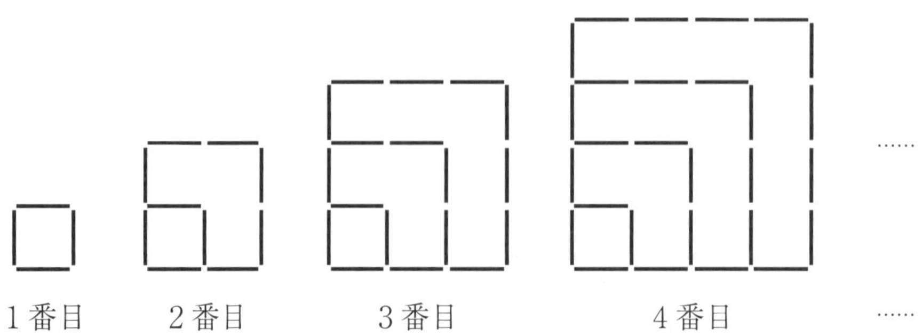

それぞれの図形に使われている棒の本数は，次のように求めることができる。

1番目の図形　4本 2番目の図形　4＋6＝10(本) 3番目の図形　4＋6＋8＝18(本) 4番目の図形　4＋6＋8＋10＝28(本) ……

このとき，次の(1)〜(3)の問いに答えなさい。

(1)　7番目の図形に使われている棒の本数を答えなさい。

第8回模試

(2) 次の式は，Aさんが，n番目の図形に使われている棒の本数を，nを用いて表すためにつくった式である。

> **Aさんがつくった式**
>
> n番目の図形　$4+6+8+\cdots\cdots+($ ア $)$（本）

しかし，この式をこれ以上簡単な式で表すことができなかったため，先生に相談したところ，考え方のヒントとして，次のような$1+2+3+\cdots\cdots+k$の求め方を教えてくれた。

> **$1+2+3+\cdots\cdots+k$の求め方**
>
> kを自然数とし，$S=1+2+3+\cdots\cdots+k$とする。
>
> 次のように，Sと，Sの項の順番を逆にした式をたす。
>
> $$\begin{array}{rcccccccccc} & 1 & + & 2 & + & 3 & +\cdots\cdots+ & (k-2) & + & (k-1) & + & k \\ +) & k & + & (k-1) & + & (k-2) & +\cdots\cdots+ & 3 & + & 2 & + & 1 \\ \hline & (k+1) & + & (k+1) & + & (k+1) & +\cdots\cdots+ & (k+1) & + & (k+1) & + & (k+1) \end{array}$$
>
> $S+S=(k+1)\times k$となるから，$S=\dfrac{k^2+k}{2}$と表される。

このとき，次の①，②の問いに答えなさい。

① 上のAさんがつくった式で，ア に当てはまるnを用いた式を答えなさい。

② 先生が教えてくれた$1+2+3+\cdots\cdots+k$の求め方を使って，n番目の図形に使われている棒の本数を，nを用いた最も簡単な式で表しなさい。求める過程も書くこと。

(3) この棒を500本用意して，a番目の図形と$(a+1)$番目の図形をつくろうとしたところ，棒が8本足りなかった。このとき，aの値を求めなさい。

第8回模試

〔5〕下の図は，四角すいA－BCFHの展開図であり，展開図を組み立てると，点E，Gは点Aと重なり，点Dは点Bと重なる。四角形BCFHは1辺の長さが6cmの正方形，△ABHはAB＝8cm，AH＝10cm，∠ABH＝90°の直角三角形，△CDEは∠CDE＝90°の直角三角形，△CEFは∠FCE＝90°の直角三角形，△FGHは∠GHF＝90°の直角三角形である。また，辺FG，GHの中点を，それぞれM，Nとする。このとき，次の(1)～(3)の問いに答えなさい。

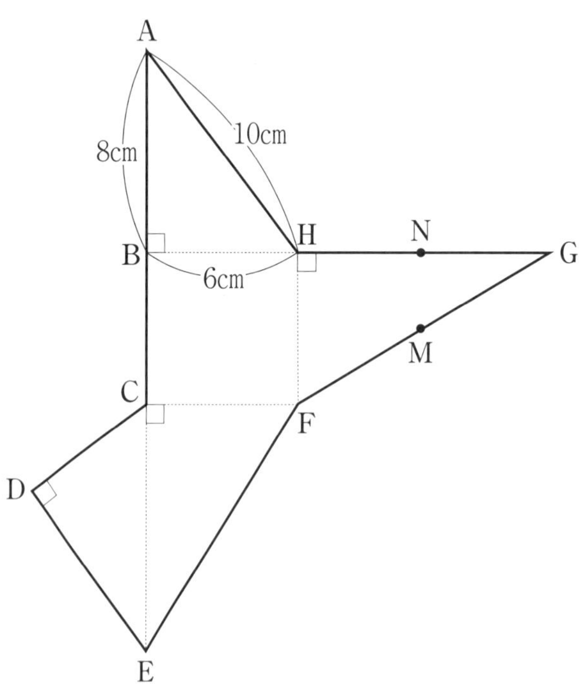

(1)　四角すいA－BCFHの体積を答えなさい。

(2)　四角すいA－BCFHを，2点M，Nを通り，底面BCFHに平行な平面で切ったときの切り口の図形の周の長さを求めなさい。

(3)　四角すいA－BCFHを，2点M，Nを通り，底面BCFHに垂直な平面で2つに切り分けたとき，点Hをふくむ方の立体の体積を求めなさい。

第8回模試

第８回新潟県統一模試　　英　　語　（試験時間50分）

第8回模試

〔１〕 放送を聞いて，次の(1)〜(3)の問いに答えなさい。

(1) これから英文を読み，それについての質問をします。それぞれの質問に対する答えとして最も適当なものを，次のア〜エから一つずつ選び，その符号を書きなさい。

1 ア

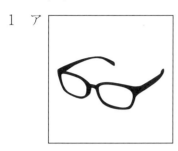

イ 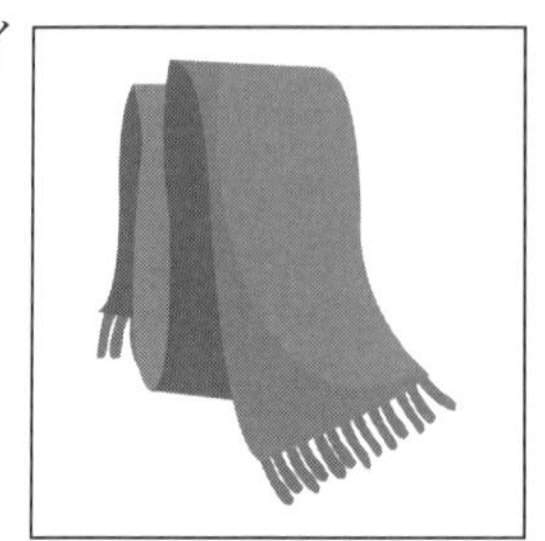

ウ 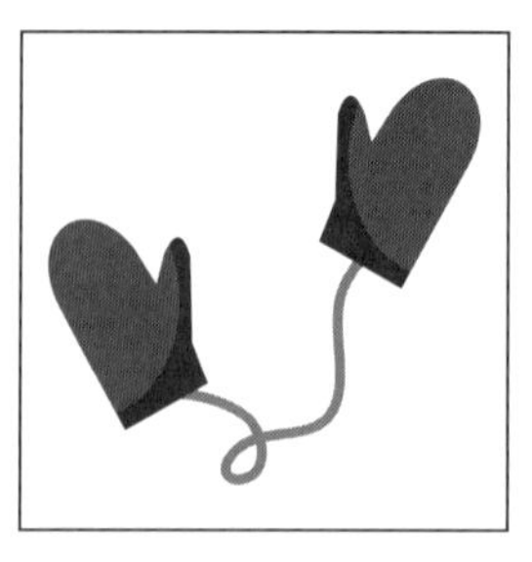

エ 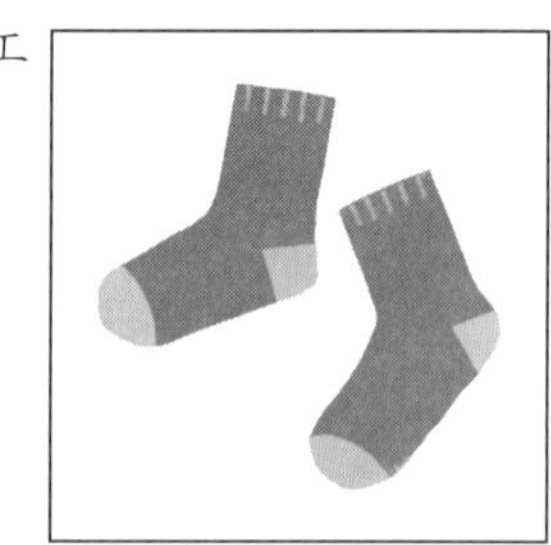

2 ア One cup.　イ Two cups.　ウ Three cups.　エ Four cups.

3 ア He hurt his leg.　イ The bus was late.
　ウ He missed the bus.　エ He didn't have any classes today.

4 ア To cook.　イ To wash the clothes.
　ウ To clean the rooms.　エ To give water to flowers.

(2) これから英語で対話を行い，それについての質問をします。それぞれの質問に対する答えとして最も適当なものを，次のア〜エから一つずつ選び，その符号を書きなさい。

1 ア Yes, it will.　イ No, it won't.　ウ Yes, it is.　エ No, it isn't.

2 ア He climbed the mountain with Kate.　イ He went skiing with his family.
　ウ He watched a movie at the theater.　エ He played tennis in the park.

3 ア The pictures of her friends in the U.K.　イ The pictures of her family in the U.K.
　ウ The pictures of the food in the U.K.　エ The pictures of the old buildings in the U.K.

4

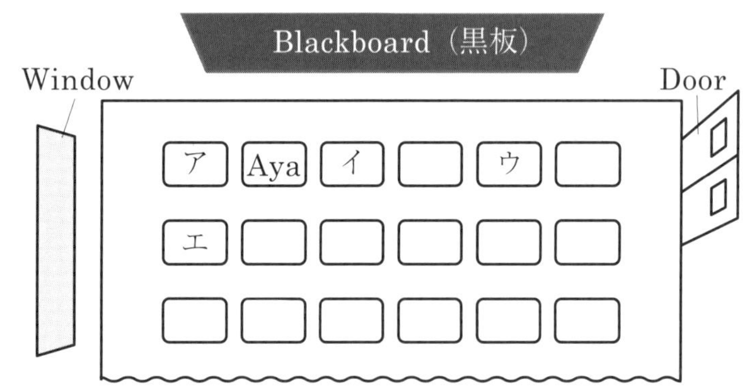

(3) これから，中学生のサチコ(Sachiko)が，英語の授業でスピーチをします。その内容について，四つの質問をします。それぞれの質問に対する答えとなるように，次の１〜４の［　　］の中に当てはまる英語を１語ずつ書きなさい。なお，数字も英語のつづりで書きなさい。

1 For ［　　］ years.

2 It was held in Sachiko's ［　　］.

3 They talked about many things like sports and ［　　］.

4 It is to go to ［　　］ countries to teach judo in the future.

〔2〕 次の英文を読んで，あとの(1)～(7)の問いに答えなさい。

Akito is a high school student. Jeff is a student from Singapore, and he is Akito's classmate. They are talking at school now.

Akito : Hi, Jeff. Today's English class was interesting. It was my first time to use the web meeting system. It was really fun.

Jeff : Yes. I enjoyed talking with the students in Australia on the Internet.

Akito : If we use the web meeting system, we can talk and see each other's faces. This information technology is useful when we want to have good communication.

Jeff : That's true. I sometimes use this system to talk with my family in Singapore.

Akito : Wow, you have already used it in your daily life, too.

Jeff : Yes. It's really useful, but my family sometimes sends me handwritten postcards with pictures of Singapore. The postcards always A[heart, make, warm, my] and remind me of my country. So both the new technology and B<u>the traditional things</u> are important to me.

Akito : I understand your feelings. Your story reminds me of my uncle's job. He is a farmer and has grown cabbages on his large field for a long time. One of the important jobs he has is checking all his fields by himself to find areas which have some problems, but it takes so much time to C<u>do that</u>. So he is trying using new technologies now. He is using drones and AI. His drones are used for taking pictures of his fields and the data is (D) to AI. Then it finds areas with problems by using the data.

Jeff : That's wonderful. He only checks the areas with problems, so his work is getting easier, right?

Akito : Yes. He says so. But he says that E<u>AI isn't good enough</u> because it can't show the reasons of the problems.

Jeff : What do you mean?

Akito : Even if it shows that some areas have a common problem (F) having smaller cabbages, the reasons for the problem may be different in each area. Some areas need more fertilizers, and other areas need more water.

Jeff : Really? Then, how does he find the reasons?

Akito : Well, he goes to the areas with problems and finds the reasons with the knowledge from his past experience. [G]

Jeff : Oh, that sounds interesting!

Akito : Yes, I think that he's using both new technologies and his knowledge effectively.

Jeff : I think so, too. Both of them are useful for his job, so we don't need to think about which to choose.

Akito : That's right. It's H[decide, important, to, us, for] when to use new technologies and traditional things and how to use them.

(注) Singapore シンガポール(国名)　web meeting system ウェブ会議システム
communication コミュニケーション　handwritten 手書きの　postcard はがき
field 畑　by himself 一人で　drone ドローン(無人航空機の一種)　AI 人工知能
even if ～ たとえ～だとしても　fertilizer 肥料　knowledge 知識　past 過去の
effectively 効果的に

(1) 文中のA, Hの[　　　]の中の語を，それぞれ正しい順序に並べ替えて書きなさい。

(2) 下線部分Bの内容に含まれるものを，次のア～エから一つ選び，その符号を書きなさい。

ア drone　イ AI　ウ postcard　エ web meeting system

(3) 下線部分Cについて，その内容を，具体的に日本語で書きなさい。なお，文末を「～こと。」の形にしなさい。

(4) 文中のD, Fの(　　)の中に入る最も適当なものを，次のア～エからそれぞれ一つずつ選び，その符号を書きなさい。

D ア send　イ sent　ウ sending　エ to send

F ア out of　イ such as　ウ according to　エ full of

(5) 下線部分Eについて，アキト (Akito) のおじがそのように言っている理由を，具体的に日本語で書きなさい。なお，文末を「～から。」の形にしなさい。

(6) 文中のGの[　　　]の中に入る最も適当なものを，次のア～エから一つ選び，その符号を書きなさい。

ア He has nothing to learn from his past experience.

イ New technologies are more useful than the knowledge from past experiences.

ウ He knows the reasons, but he can't solve the problems.

エ He remembers the similar conditions of the field in the past.

(7) 本文の内容に合っているものを，次のア～エから一つ選び，その符号を書きなさい。

ア Jeff has used the web meeting system to talk with Akito before.

イ Akito says that his uncle's drones give fertilizers and water to the field.

ウ Akito's uncle's work is getting easier because he checks only the areas with problems.

エ Akito's uncle can't use the data from his drones to grow cabbages.

〔3〕 次の(1)～(3)の日本語を英語に直しなさい。なお，数字も英語のつづりで書きなさい。

(1) 私のかばんはあなたのかばんほど重くはありません。

(2) これは5年前に建てられた家です。

(3) もし私が鳥だったなら，空を飛ぶことができるのに。

〔4〕 次の英文は，ユカリ（Yukari）が中学生のときに経験したことをもとに書かれたものです。これを読んで，あとの(1)～(6)の問いに答えなさい。

"What's happening?" Yukari said when she read a newspaper article before going to school. It said, "A lot of wild animals are caught to protect people and the fields around this city."

At school, Yukari showed the newspaper article to her teacher and classmates. "Why do many wild animals come to this city?" The students talked about that. Then their teacher said to the class, "I'll tell you one of the reasons. Some wild animals get their food from broadleaf trees, but people have cut down these trees, and now A<u>the animals don't have anything to eat in mountains</u>. So they come to the city to look for food." The students were sad after hearing that.

After school, Yukari and her classmates began to study about this problem to save the wild animals. They found many wild animals were caught all over Japan. But they couldn't find out how to save the animals. Then Yukari said, "We are so young that we can't save the wild animals." But their teacher said, "Don't give up. If you really want to make a change, you should think deeply about the problem." All the students agreed. They decided to continue thinking together about how to save the wild animals.

One day, Yukari and her classmates wanted to talk about the wild animals, so they visited a farmer. The farmer's name was Mr. Nakamura. He said, "The wild animals come to our fields and eat the vegetables. I think we farmers may be making this situation. The vegetables we leave in the fields [B]. They come to eat the vegetables to live. I know that. But we have to catch them to protect our vegetables." Yukari couldn't decide what to do.

That night, Yukari talked about this with her mother. Her mother said, "I know you really want to save the wild animals. I want to save them, too. At the same time, I hope you can understand the farmers' feelings. They need to protect their vegetables for their everyday lives." C<u>Yukari decided what to do.</u>

A few days later, Yukari and her classmates visited many farmers. They started D<u>a project</u> to tackle the problem together. A lot of farmers began to join it quickly. The students and the farmers worked to protect the fields. They also worked to leave some vegetables in the fields for the wild animals. One day, the TV news reported about their project. The interviewer asked, "What did you learn from this project?" Yukari answered, "Well, I learned that even young people like us can change a situation if we try. Of course, I couldn't start this project alone without the help of others. So we need to work together to find a good solution to the problem." Later, their project spread all over the city.

10 years later, Yukari was 25 years old. She became a teacher at a high school. She sometimes told her students about the experience. One day, one of her students came to her with a newspaper. He said, "E I want to do volunteer work to help poor children in the world. But I can't do anything because I'm too young." Yukari said to him, "If you really want to help the children, you should think deeply about the problem."

(注) wild 野生の　field 畑　broadleaf tree 広葉樹　cut down 切り倒す
give up あきらめる　agree 賛同する　at the same time 同時に　tackle 立ち向かう
report 報道する　interviewer インタビュアー　spread 広がる(過去形も同形)

第8回模試

(1) 下線部分Aについて，その理由を，具体的に日本語で書きなさい。なお，文末を「〜から。」の形にしなさい。

(2) 文中のBの［　　　］の中に入る最も適当な語句を，次のア〜エから一つ選び，その符号を書きなさい。

ア aren't good for eating

イ are good foods for the animals

ウ are bad for the animals' health

エ can't be eaten by the animals

(3) 次の英文は，下線部分Cについてのユカリの考えをまとめたものです。X，Yの〔　　　〕の中に入るものの組み合せとして，最も適当なものを，下のア〜エから一つ選び，その符号を書きなさい。

Yukari thought she should〔 X 〕and〔 Y 〕.

	X	Y
ア	catch the wild animals	help the farmers
イ	catch the wild animals	show the newspaper article to the farmers
ウ	save the wild animals	help the farmers
エ	save the wild animals	show the newspaper article to the farmers

(4) 下線部分Dについて，ユカリたちと農家の人々が野生動物のためにしたことを表している1文を，本文から探して抜き出しなさい。

(5) 次の①〜③の問いに対する答えを，それぞれ3語以上の英文で書きなさい。

① Were Yukari and her classmates sad after their teacher talked about the newspaper article?

② Why did Yukari and her classmates visit Mr. Nakamura?

③ Where was Yukari working when she was 25 years old?

(6) 下線部分Eについて，世界の貧しい子どもたちを助けるために，あなたができると思うボランティア活動を一つあげ，3行以内の英文で書きなさい。

〔1〕 Ｎさんは，世界の州や国の特色などを調べるために，右下の地図Ａ～Ｄを作成した。これらを見て，次の(1)～(6)の問いに答えなさい。なお，地図Ａ～Ｄの図法や縮尺は同じではない。

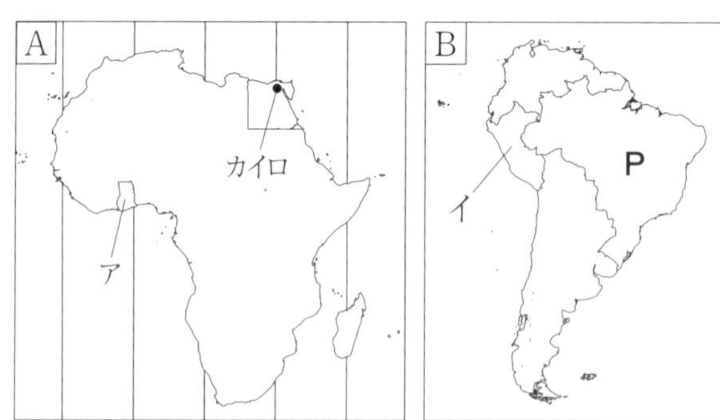

(1) 地図Ａ～Ｄ中の国ア～エのうち，次の文で述べている国を一つ選び，その符号を書きなさい。

この国の北部では，夏になると，真夜中になっても太陽が完全に沈まず，薄明るい状態が続いたり，太陽が沈んでも完全に暗くならなかったりする現象がみられる。

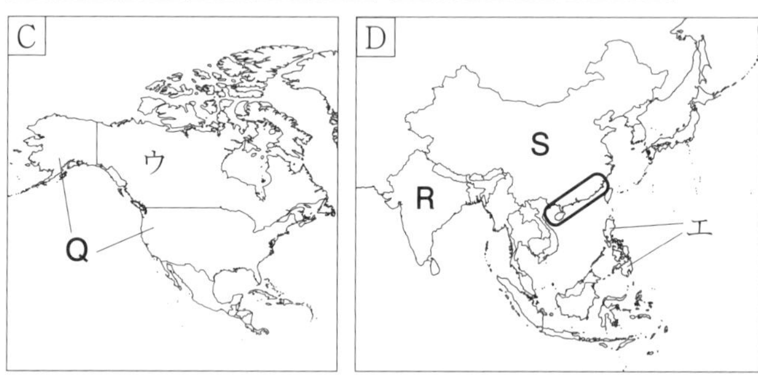

(2) 地図Ａには，本初子午線(経度０度の経線)を含む経線が15度間隔で引かれている。新潟市が１月１日午前０時のとき，地図Ａ中のカイロは，何月何日何時となるか。午前または午後を明らかにして書きなさい。

(3) 地図Ｂ中の国**P**について，次の文中の［ X ］に当てはまる語句を，カタカナ３字で書きなさい。また，［ Y ］に当てはまる作物を，下のア～エから一つ選び，その符号を書きなさい。

植物からできる物質のもつエネルギーを利用したアルコール(エタノール)燃料を，［ X ］エタノール(［ X ］燃料)という。国**P**では，［ Y ］を利用した［ X ］エタノール(［ X ］燃料)の生産がさかんになっている。

ア　さとうきび　　イ　じゃがいも　　ウ　コーヒー豆　　エ　カカオ豆

(4) 地図Ｃ中の国**Q**について，右のグラフは，ニューヨーク圏とロサンゼルス圏の人口構成(2016年)を示したものである。グラフ中の**Z**には，メキシコや，中央アメリカ，西インド諸島の国々など，スペイン語圏の国々からの移民が当てはまる。この移民は何とよばれるか。カタカナで書きなさい。

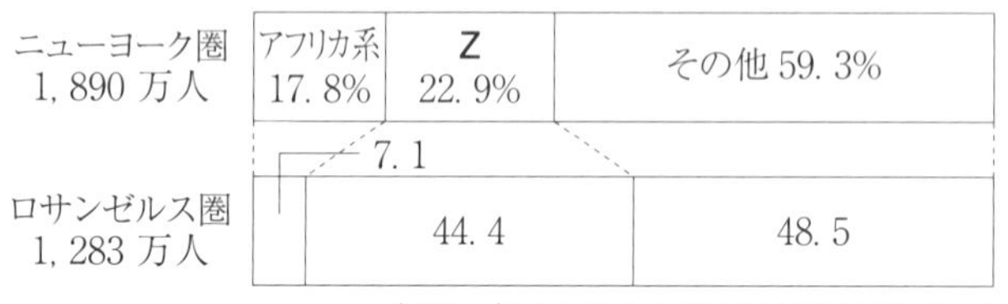

(2017 年 アメリカ合衆国国勢調査による)

(5) 地図Ｄ中の国**S**について，▭で示した地域には，外国企業を招いて工業化を進めるため，税金などについて特別な制度が設けられた五つの地区がある。これらの地区を何というか，書きなさい。

(6) 地図Ｂ～Ｄ中の国**P**～**S**について，右の**資料Ⅰ**は，2019年における各国の穀物の自給率を示したものである。また，**資料Ⅱ**は，2019年における各国の穀物の輸出量と輸入量を示したものである。**資料Ⅰ**と**資料Ⅱ**から読みとれる，国**S**と比べた他の３か国に共通する特色を書きなさい。ただし，国別の具体的な数値にはふれないこと。

資料Ⅰ　穀物の自給率

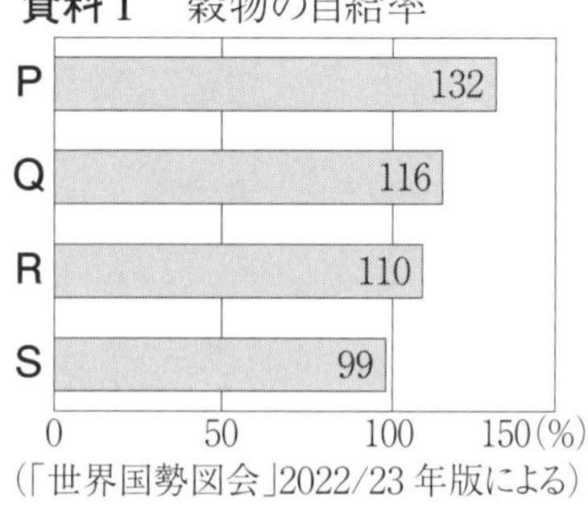

(「世界国勢図会」2022/23 年版による)

資料Ⅱ　穀物の輸出量・輸入量

国	輸出量(千ｔ)	輸入量(千ｔ)
P	45,124	11,681
Q	78,983	11,444
R	16,208	739
S	6,778	19,570

(「世界国勢図会」2022/23年版による)

〔**2**〕 右の地図を見て，次の(1)～(5)の問いに答えなさい。

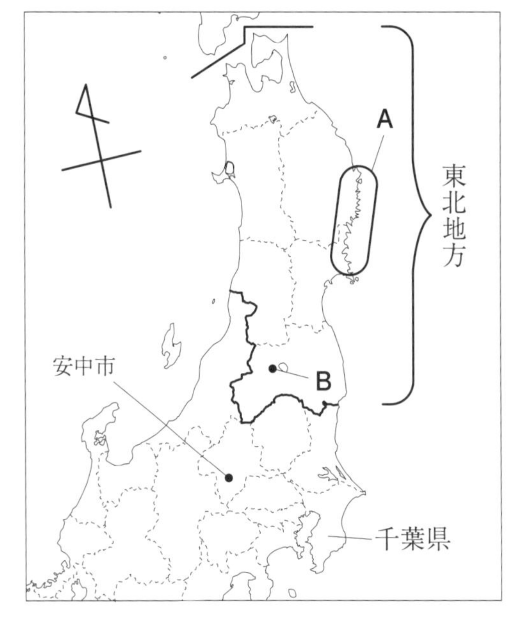

(1) 地図中の海岸**A**について述べた次の文中の［ a ］，［ b ］に当てはまる語句の組合せとして，最も適当なものを，下のア～エから一つ選び，その符号を書きなさい。

> 海岸**A**は［ a ］となっており，波が小さくおだやかな湾内では［ b ］の養殖がさかんである。

ア 〔a 砂浜海岸，　b はまち〕
イ 〔a 砂浜海岸，　b わかめ〕
ウ 〔a リアス海岸，　b はまち〕
エ 〔a リアス海岸，　b わかめ〕

(2) 右の写真は，地図中の都市**B**でつくられている伝統的工芸品を示したものである。この伝統的工芸品の名称を，次のア～エから一つ選び，その符号を書きなさい。

ア 会津塗　　　イ 樺細工（かば）
ウ 津軽塗　　　エ 南部鉄器

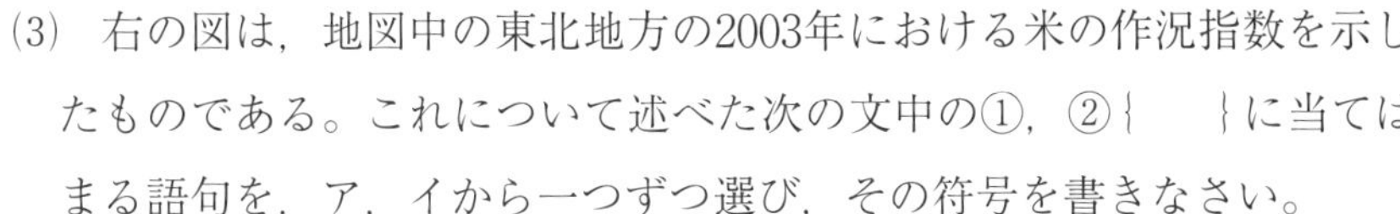

(3) 右の図は，地図中の東北地方の2003年における米の作況指数を示したものである。これについて述べた次の文中の①，②｛　｝に当てはまる語句を，ア，イから一つずつ選び，その符号を書きなさい。

> この年，東北地方は冷夏に見まわれ，特に①｛ア 日本海側　イ 太平洋側｝では，米の収穫量が大きく減少した。これは，夏に②｛ア 北東　イ 北西｝から吹く冷たい風の影響である。

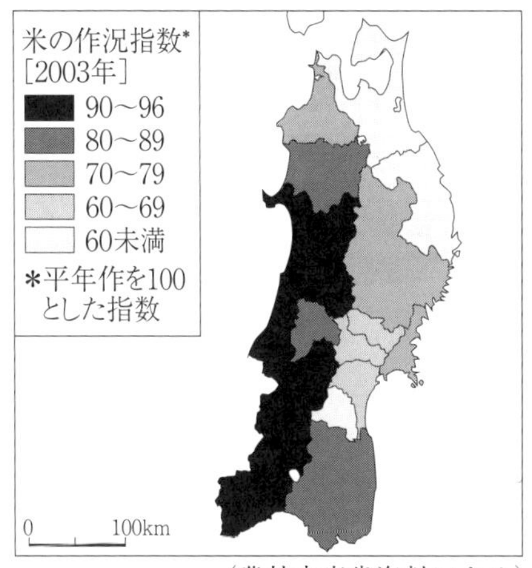

（農林水産省資料による）

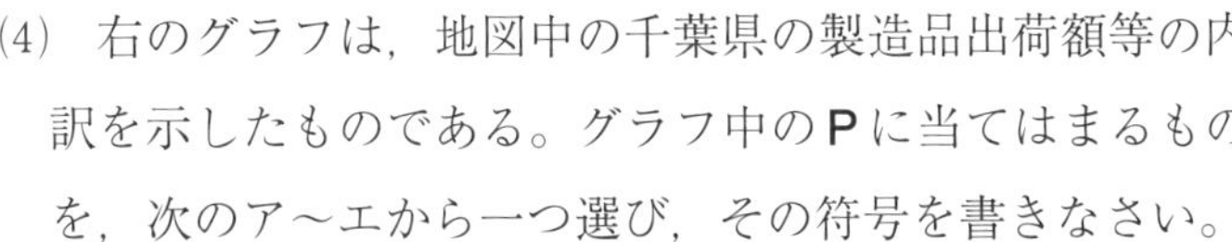

(4) 右のグラフは，地図中の千葉県の製造品出荷額等の内訳を示したものである。グラフ中の**P**に当てはまるものを，次のア～エから一つ選び，その符号を書きなさい。

ア 電子部品　　　イ 石油・石炭製品
ウ 輸送用機械　　エ 印刷

金属製品 5.6%

	P	化学	食料品	鉄鋼		その他
2019年 12.6兆円	22.6%	17.5%	12.9%	12.9%		28.5%

（「データでみる県勢」2023年版による）

(5) 右の地形図は，地図中の安中市（あんなか）の一部を表す2万5千分の1の地形図である。この地形図を見て，次の①，②の問いに答えなさい。

① 地形図中の地点［X］の市役所と地点［Y］の文化センターの間の地形図上の直線距離は3.5cmである。実際の直線距離は何mか。整数で書きなさい。ただし，一の位までの正確な数値を書くこと。

② 地形図中の碓氷川（うすい）は，地点［Z］ではどの方角に向かって流れているか。8方位で書きなさい。

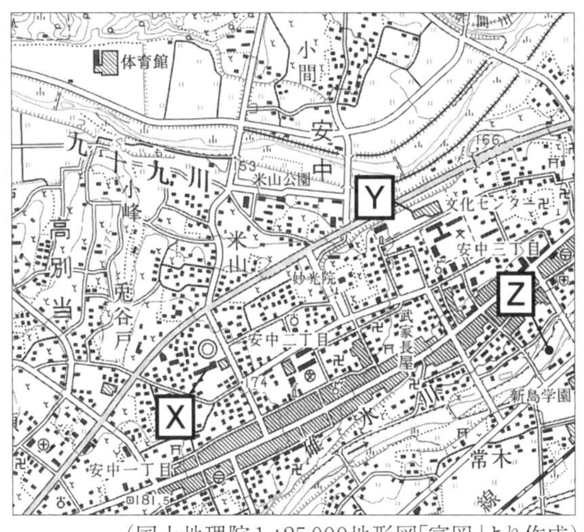

（国土地理院1：25,000地形図「富岡」より作成）

〔3〕 右の略年表を見て，次の(1)～(7)の問いに答えなさい。

年代	我が国のできごと
478	a 倭王武が中国(南朝)に使いを送る。
607 ┐	小野妹子が隋に派遣される。
A	
894 ┘	遣唐使が停止される。
1173	b このころ日宋貿易が拡大される。
1404 ┐	勘合を用いた日明貿易が始まる。
B	
1543 ┘	c ポルトガル人が日本に鉄砲を伝える。
1604	d 徳川家康が朱印船制度を創始した。
1825	[e]が出される。

(1) 下線部分aについて，右の資料は，ある遺跡から出土した鉄剣の一部分を示したもので，倭王武と同一人物であると考えられている獲加多支鹵(ワカタケル)大王の名が刻まれている。この鉄剣が出土した遺跡を，次のア～エから一つ選び，その符号を書きなさい。

ア 吉野ヶ里遺跡(佐賀県)　イ 稲荷山古墳(埼玉県)
ウ 三内丸山遺跡(青森県)　エ 大仙古墳(大阪府)

(2) 次のX～Zは，年表中のAの時期のできごとである。年代の古い順に並べたものとして，正しいものを，下のア～カから一つ選び，その符号を書きなさい。

X 坂上田村麻呂が東北地方の蝦夷を平定した。
Y 中大兄皇子や中臣鎌足が蘇我氏を倒した。
Z 唐の律令にならった大宝律令が制定された。

ア X→Y→Z　イ X→Z→Y　ウ Y→X→Z
エ Y→Z→X　オ Z→X→Y　カ Z→Y→X

(3) 下線部分bのころ，武士でありながら朝廷の高い官職につくなどして，政治の実権をにぎっていた人物はだれか，書きなさい。

(4) 年表中のBの時期に成立した琉球王国は，貿易によって栄えた。右の図は，琉球王国の貿易相手や輸出・輸入品を示したものである。これについてまとめた次の文中の[X]～[Z]に当てはまる語句の組合せとして，最も適当なものを，下のア～エから一つ選び，その符号を書きなさい。

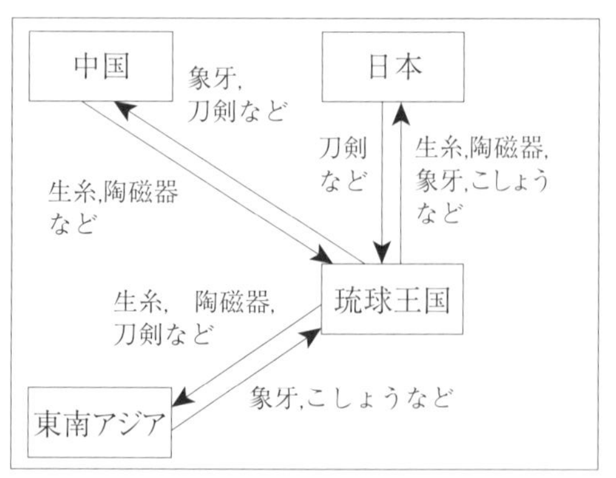

> 琉球王国は，日本から輸入した[X]などを中国や東南アジアに転売し，[Y]から返礼として得た生糸などや，[Z]から輸入した象牙(ぞうげ)，こしょうなどを日本に転売して大きな利益を得た。

ア〔X 陶磁器，Y 中国，Z 東南アジア〕　イ〔X 陶磁器，Y 東南アジア，Z 中国〕
ウ〔X 刀剣， Y 中国，Z 東南アジア〕　エ〔X 刀剣， Y 東南アジア，Z 中国〕

(5) 下線部分cについて，右の地図中の ⟶ は，15世紀末にポルトガル人によって開かれた航路を示している。この航路を開いた人物を，次のア～エから一つ選び，その符号を書きなさい。

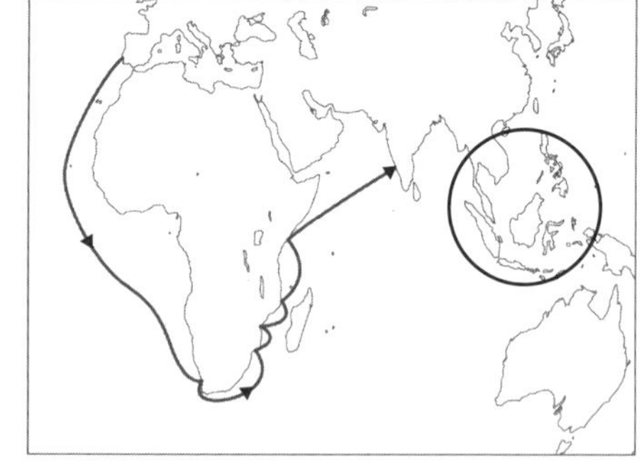

ア マゼラン　イ マルコ=ポーロ
ウ バスコ=ダ=ガマ　エ コロンブス

(6) 下線部分dによって，右の地図中の◯の地域には多くの日本町や日本人在住地が形成されたが，1635年に幕府がある法令を定めてから，それらの町はしだいにさびれていった。その理由を，法令の内容にふれ，「日本人」，「禁止」の二つの語句を用いて書きなさい。

(7) 年表中の[e]に当てはまる，「鎖国」を守るために幕府が出した法令の名称を書きなさい。

第8回模試

〔4〕 次の表は，日本が19世紀から20世紀にかけて結んだ主な条約についてまとめたものである。これを見て，下の(1)～(6)の問いに答えなさい。

日米修好通商条約	・ 1858年，アメリカとの間に結んだ条約。日本は5港を開いて貿易を始めた。 ・ 日本はアメリカに領事裁判権を認め， a 自主権ももたなかった。
下関条約	・ 1895年，清との間に結んだ b 日清戦争の講和条約。清は朝鮮の独立を認め，遼東半島・台湾・澎湖諸島を日本にゆずりわたし，賠償金を支払うことになった。
ベルサイユ条約	・ 1919年，第一次世界大戦の戦勝国である連合国が c ドイツの処分を決めた講和条約。ドイツは領土を縮小され，植民地を失い，巨額の賠償金を課された。
日ソ中立条約	・ 1941年，ソ連との間に結んだ条約。日本は北方の安全を確保しようとした。 ・ 1945年8月， d ソ連はこの条約を破って日本に宣戦布告した。
e サンフランシスコ平和条約	・ 1951年，日本が48か国との間に結んだ講和条約。
日中平和友好条約	・ 1978年， f 中国との間に結んだ条約。日本と中国が互いに友好関係，経済・文化における関係を深めることが定められた。

(1) a に当てはまる語句を，漢字2字で書きなさい。

(2) 下線部分bについて，日清戦争での清の敗北を見たヨーロッパ列強は，中国での勢力範囲を拡大した。右の地図は，20世紀初めのヨーロッパ列強の中国進出のようすを示したものである。また，**資料**は，日本と国**B**，国**C**との関係を示したものである。国**A**～**C**に当てはまるものを，次のア～ウから一つずつ選び，その符号を書きなさい。

資料 ヨーロッパ列強の中国での勢力範囲

1 日本は君主権の強い国Bの憲法を参考にして，大日本帝国憲法を制定した。 2 日本は1902年に国Cと同盟を結んだ。

ア イギリス　　イ ロシア　　ウ ドイツ

(3) 下線部分cについて，中国は，日本がドイツから引き継いだ権益の返還を要求していたが，パリ講和会議ではこの要求は拒絶された。そのため，北京での学生集会をきっかけに反日運動が起こり，帝国主義に反対する全国的な運動へと発展した。この運動を何というか，書きなさい。

(4) 下線部分dは，イギリス，アメリカ，ソ連の三国の首脳会談での密約を受けて実行された。この首脳会談が行われた都市を，次のア～エから一つ選び，その符号を書きなさい。

ア ヤルタ　　イ ポーツマス　　ウ ポツダム　　エ ワシントン

(5) 次の表は，下線部分eの締結という【できごと】の【背景・原因】，【結果・影響】をまとめたものである。表中の X に当てはまる文として，最も適当なものを，下のア～エから一つ選び，その符号を書きなさい。また， Y に当てはまる文を，「回復」という語句を用いて書きなさい。

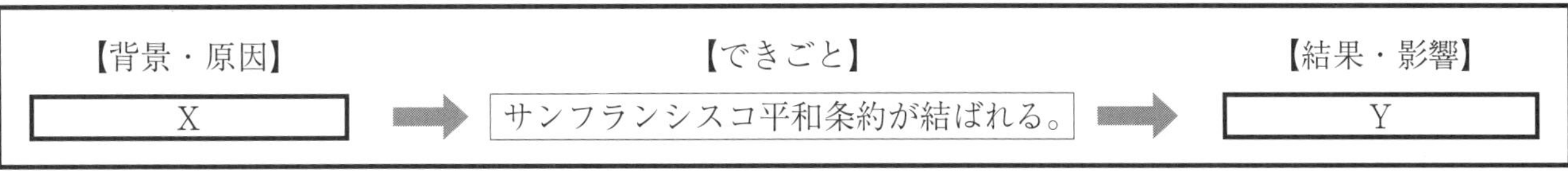

ア 日本は，欧米諸国と結んだ不平等条約の改正をめざしていた。

イ 国際連盟は，日本に対して占領地からの撤兵を求める勧告を採択した。

ウ 中国では，共産党と国民党が協力体制をつくって日本に対抗しようとした。

エ アメリカは，日本を資本主義陣営の一員にしようとした。

(6) 下線部分fとの国交が正常化した年には，アメリカの統治の下に残されていた地域(県)が日本に復帰した。その県名を書きなさい。

第8回模試

〔5〕 中学校３年生のあるクラスの社会科の授業では，次のA～Dのテーマについて学習を行うことにした。これらのテーマについて，あとの(1)～(4)の問いに答えなさい。

テーマ
A 民主政治や裁判のしくみについて　　B 地方の政治と地方公共団体の財政について
C 消費生活と流通について　　D 企業の種類と株式会社のしくみについて

(1) Aのテーマについて，次の①～③の問いに答えなさい。

① 我が国の国会は衆議院と参議院の二院制(両院制)を採用しているが，衆議院と参議院には違いがみられる。衆議院と参議院を比べた右の表中の［A］～［C］に当てはまる語句の組合せとして，最も適当なものを，次のア～エから一つ選び，その符号を書きなさい。

	衆議院	参議院
議員定数	［A］	［B］
任　期	［C］	６年(３年ごとに半数を改選)
選挙権	18歳以上	18歳以上
被選挙権	25歳以上	30歳以上

ア 〔A 248人，　B 465人，　C 3年〕
イ 〔A 248人，　B 465人，　C 4年〕
ウ 〔A 465人，　B 248人，　C 3年〕
エ 〔A 465人，　B 248人，　C 4年〕

② 議院内閣制のもとでの内閣と国会の関係について述べた次の文中の［X］に当てはまる内容を，「総選挙」，「意思」の二つの語句を用いて書きなさい。

内閣は，衆議院で不信任の決議案が可決されると，総辞職するか，10日以内に［X］

③ 右の図は，裁判が行われる法廷のようすを示したものである。この法廷がある裁判所と，この裁判の種類について述べた文として，最も適当なものを，次のア～エから一つ選び，その符号を書きなさい。

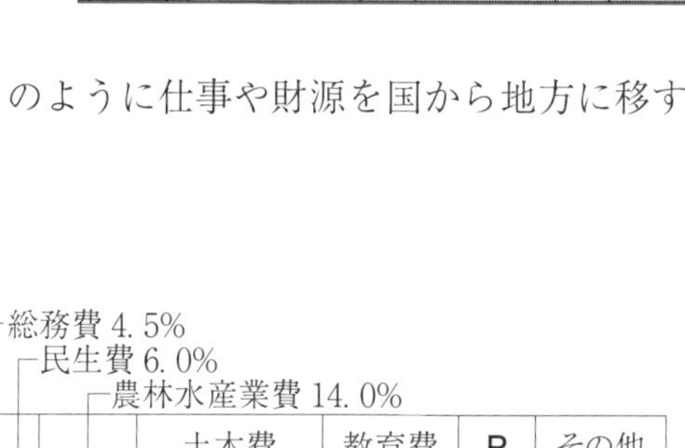

ア 地方裁判所の法廷で行われる，民事裁判の第一審である。
イ 地方裁判所の法廷で行われる，刑事裁判の第一審である。
ウ 高等裁判所の法廷で行われる，民事裁判の第二審である。
エ 高等裁判所の法廷で行われる，刑事裁判の第二審である。

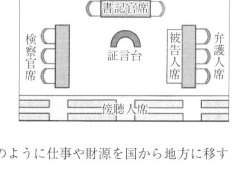

(2) Bのテーマについて，次の①，②の問いに答えなさい。

① 近年，国の仕事や財源の一部が地方公共団体に移されている。このように仕事や財源を国から地方に移すことを何というか。漢字４字で書きなさい。

② 右のグラフは，2000年度と2020年度における，新潟県の歳出総額とその主な内訳を示したものである。グラフ中のPについて述べた次の文中の［X］に当てはまる語句を書きなさい。

Pは，地方公共団体の借金の利子や元金の支払いに当たる［X］費であり，2020年度の歳出総額に占める割合は，2000年度と比べて高くなっている。

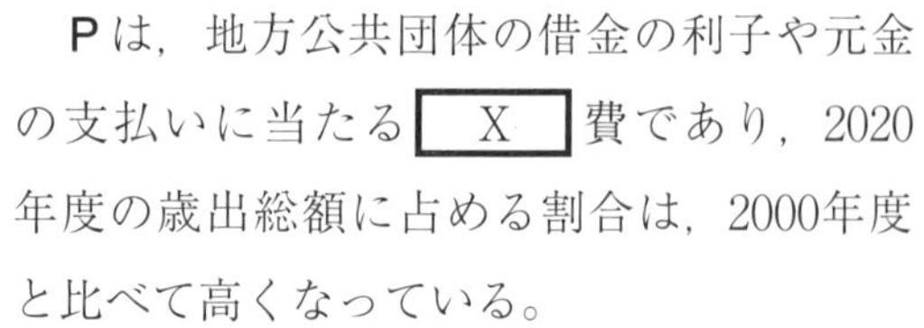

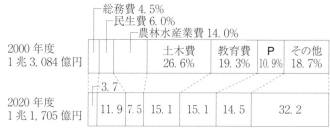

(注)2020 年度では商工費(15.5%)なども大きな割合を占めているが，便宜上「その他」に含めている。
(「データでみる県勢」2003 年版，2023 年版による)

(3)　Cのテーマについて，次の①～③の問いに答えなさい。

①　家計における消費支出に含まれるものを，次のア～エから一つ選び，その符号を書きなさい。

ア　生命保険料の支払い　　イ　銀行への預金　　ウ　家賃の支払い　　エ　税金の支払い

②　次の資料は，消費者の権利を守ることを目的として，1994年に公布された，ＰＬ法ともよばれる法律の条文の一部を示したものである。資料中の［X］に共通して当てはまる語句を，漢字２字で書きなさい。

> 第１条〔目的〕　この法律は，［X］物の欠陥により人の生命，身体又は財産に係る被害が生じた場合における［X］業者等の損害賠償の責任について定めることにより，被害者の保護を図り，もって国民生活の安定向上と国民経済の健全な発展に寄与することを目的とする。

③　右の図は，商品が生産者から消費者に届くまでの，２種類の流れを示したものである。この図について述べた次の文中の［Y］に当てはまる内容を，「流通」，「労力」，「費用」の三つの語句を用いて書きなさい。

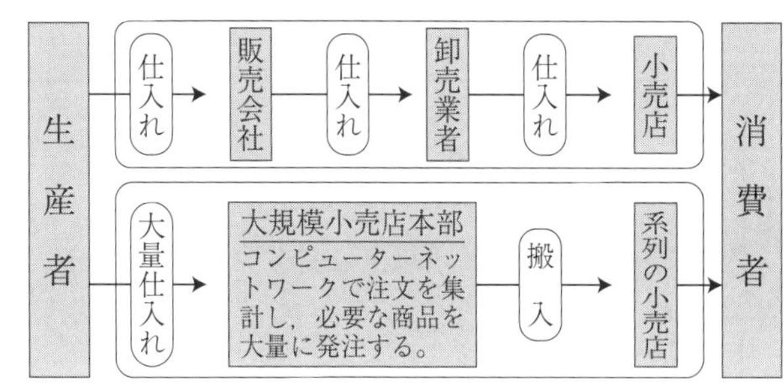

> 近年，右の図に示したように，大規模小売店が商品を生産者から直接的かつ大量に仕入れることにより，［Y］動きがみられる。

(4)　Dのテーマについて，次の①，②の問いに答えなさい。

①　主な企業の種類を示した右の表中の［X］～［Z］に当てはまる語句の組合せとして，最も適当なものを，次のア～エから一つ選び，その符号を書きなさい。

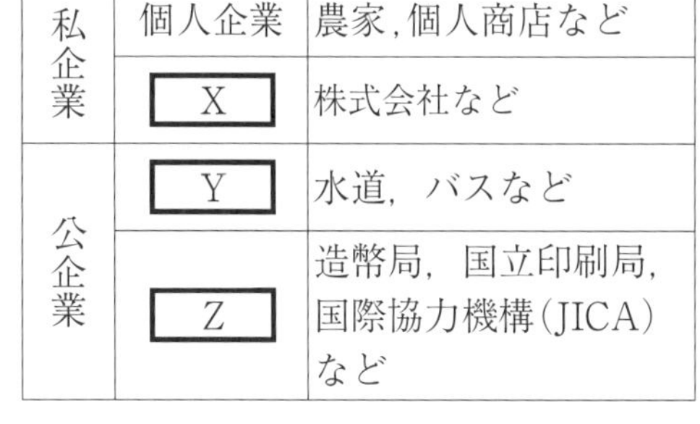

私企業	個人企業	農家，個人商店など
私企業	X	株式会社など
公企業	Y	水道，バスなど
公企業	Z	造幣局，国立印刷局，国際協力機構（JICA）など

ア〔X　独立行政法人，Y　地方公営企業，Z　法人企業　〕
イ〔X　独立行政法人，Y　法人企業，　Z　地方公営企業〕
ウ〔X　法人企業，　Y　地方公営企業，Z　独立行政法人〕
エ〔X　法人企業，　Y　独立行政法人，Z　地方公営企業〕

②　右の図は，株式会社のしくみを示したものである。図中の［ⓐ］では，株主や取締役が出席し，経営の基本方針や役員の選任などが行われる。［ⓐ］に当てはまる機関の名称を書きなさい。また，ⓑとⓒのそれぞれが表すものを，次のア～エから一つずつ選び，その符号を書きなさい。

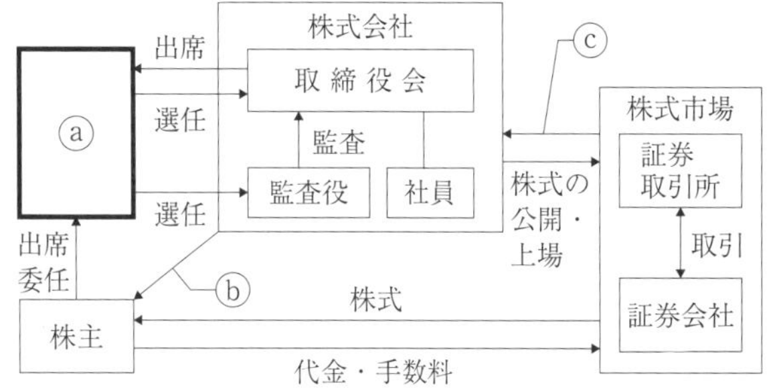

ア　賃金　　　　　　イ　資金
ウ　配当（配当金）　エ　利子（利息）

〔6〕 あるクラスの社会科の授業では，「日本の選挙制度」について調べることになり，Nさんは次の**資料Ⅰ**～**資料Ⅳ**を集めた。このことについて，下の(1)～(3)の問いに答えなさい。

資料Ⅰ 国政選挙の投票率の推移

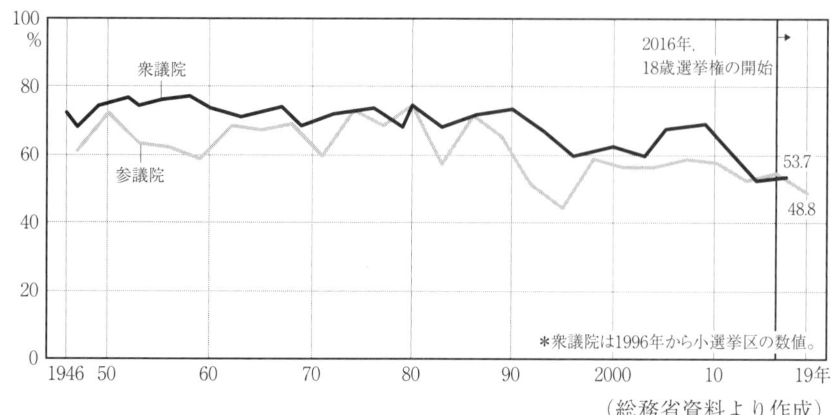

（総務省資料より作成）

資料Ⅱ 比例代表選挙における，ある選挙区の投票結果

政党名	得票数(票)
A党	84万
B党	60万
C党	42万
D党	24万

【選挙権年齢が18歳以上に引き下げられた2016年以前の状況】

資料Ⅲ 日本の人口ピラミッド(2014年)

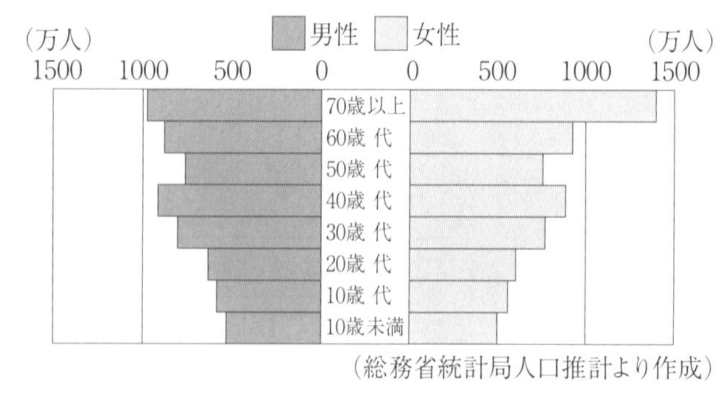

（総務省統計局人口推計より作成）

資料Ⅳ 第47回衆議院議員総選挙(2014年)における年代別投票率

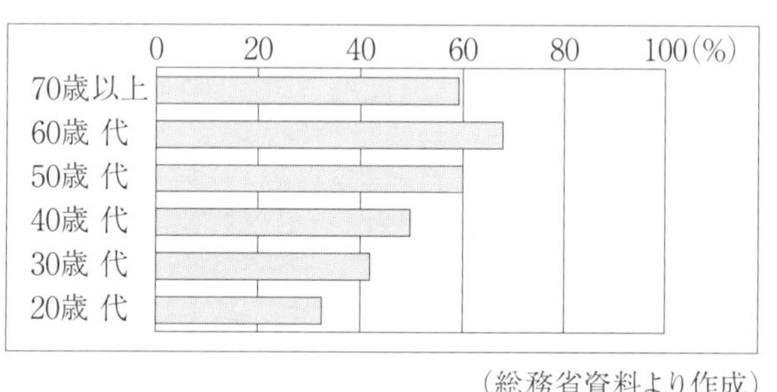

（総務省資料より作成）

(1) **資料Ⅰ**について，次の【A群】のア～ウのうち，衆議院議員総選挙の投票率が最も高く推移した時期を一つ選び，その符号を書きなさい。また，その時期の日本のようすとして，最も適当なものを，【B群】のカ～クから一つ選び，その符号を書きなさい。

【A群】 ア 1950年代　　イ 1970年代　　ウ 1990年代

【B群】 カ 石油危機をきっかけに高度経済成長が止まったが，早期に不況を乗りきった。

キ バブル経済が崩壊して，長期にわたる不況におちいった。

ク 朝鮮戦争による好景気(特需景気)をきっかけに経済が復興をとげた。

(2) **資料Ⅱ**の選挙区の定数は6議席である。ドント式で議席を配分した場合の，B党の議席数を書きなさい。

(3) Nさんは，**資料Ⅲ**と**資料Ⅳ**から考えられることを次の文にまとめた。文中の［ X ］に当てはまる内容を，「人口」，「投票率」の二つの語句を用いて書きなさい。

> **資料Ⅲ**と**資料Ⅳ**を見ると，20歳代は，選挙権をもつ他の年代に比べて，［ X ］ので，実際に投票した人数が少ないと考えられる。
>
> 選挙権年齢の引き下げにより，より多くの若い世代が投票を行うことで，若い世代の意見が政治に反映されるようになることが期待されている。

第８回新潟県統一模試　　理　　科　（試験時間50分）

〔１〕浮力について調べるために，次の実験を行った。この実験に関して，下の(1)～(4)の問いに答えなさい。ただし，質量100ｇの物体にはたらく重力の大きさを１Ｎとし，糸の質量と体積は考えないものとする。

実験　ビーカーに底面から８cmの高さになるまで水を加え，全体の質量をはかると400ｇであった。図１のように，水を加えたビーカーに，質量50ｇのおもりの底面が水面と接するところからゆっくりと水の中に沈めていった。図２は，このときの水面からおもりの底面までの距離とばねののびの関係を表したものである。

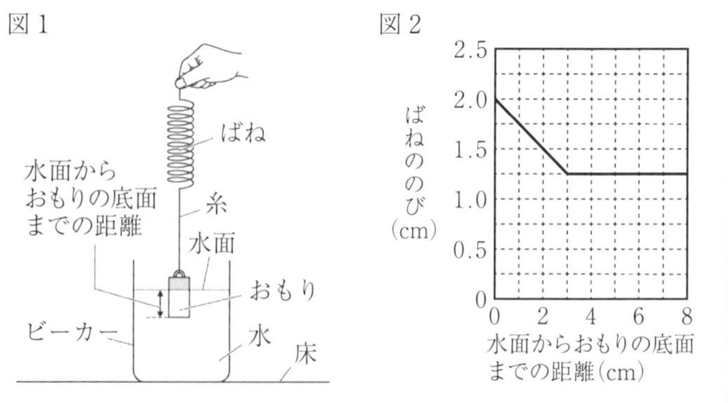

(1)　おもり全体が水の中にあるとき，おもりにはたらく水圧の向きと大きさを表したものとして，最も適当なものを，次のア～エから一つ選び，その符号を書きなさい。ただし，矢印の向きは水圧のはたらく向きを，矢印の長さは水圧の大きさを表しているものとし，糸は省略してある。

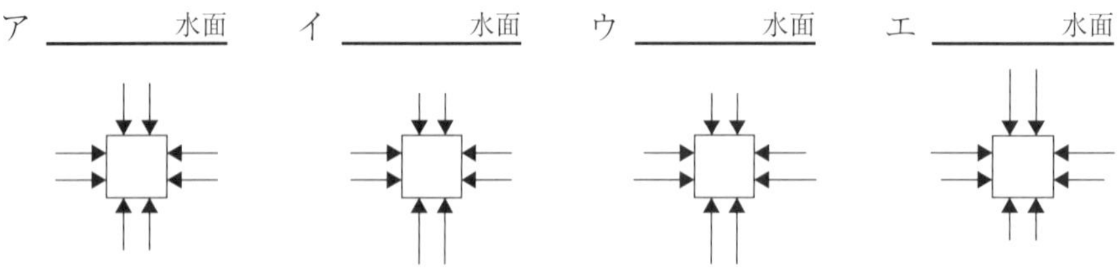

(2)　浮力について述べた文として，最も適当なものを，次のア～エから一つ選び，その符号を書きなさい。

ア　物体の全体が水中にあるとき，物体の質量が大きいほど浮力は大きい。

イ　物体の全体が水中にあるとき，物体の密度が大きいほど浮力は大きい。

ウ　物体の全体が水中にあるとき，物体の体積が小さいほど浮力は大きい。

エ　物体の全体が水中にあるとき，水面からの深さによって浮力の大きさは変化しない。

(3)　水面からおもりの底面までの距離が２cmのとき，おもりにはたらく浮力の大きさは何Ｎか。求めなさい。

(4)　水面からおもりの底面までの距離が６cmのとき，装置全体を台ばかりにのせた。このとき，台ばかりが示す値は何Ｎか。小数第２位を四捨五入して，小数第１位まで求めなさい。

〔２〕金属のイオンへのなりやすさについて調べるために，次の実験を行った。この実験に関して，あとの(1)～(4)の問いに答えなさい。

実験　マイクロプレートを用意し，図のように，横の列に硫酸亜鉛水溶液，硫酸銅水溶液，硫酸マグネシウム水溶液をそれぞれ入れ，縦の列には亜鉛板，銅板，マグネシウム板の３種類の金属板をそれぞれ入れた。ただし，用いた水溶液の濃度はいずれも等しく，用いた金属板の質量はいずれも等しいものとする。しばらくしてから，それぞれの金属板のようすを観察した。表は，その結果をまとめたものである。

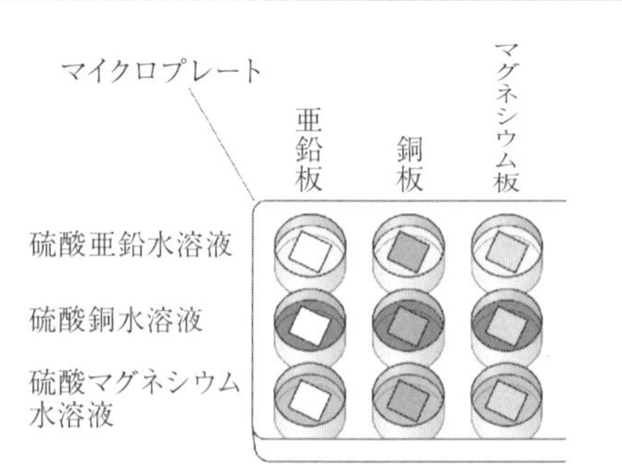

	亜鉛板	銅板	マグネシウム板
硫酸亜鉛水溶液	変化なし	X	Y
硫酸銅水溶液	赤い物質が付着した	変化なし	赤い物質が付着した
硫酸マグネシウム水溶液	変化なし	変化なし	変化なし

(1) 硫酸銅水溶液に亜鉛板やマグネシウム板を入れたとき，いずれも赤い物質が付着し，硫酸銅水溶液の色はうすくなった。このとき，硫酸銅水溶液の色がうすくなったのはなぜか。簡潔に書きなさい。

(2) 硫酸銅水溶液に亜鉛板を入れたときに亜鉛に起こった化学変化をイオンの化学式を用いて表しなさい。ただし，電子はe^{-}で表すものとする。

(3) 実験結果から，それぞれの金属板をイオンになりやすい順に左から並べるとマグネシウム板→亜鉛板→銅板であることがわかった。このとき，表の［X］，［Y］に当てはまるものの組合せとして，最も適当なものを，次のア～エから一つ選び，その符号を書きなさい。

ア 〔X 変化なし， Y 変化なし〕
イ 〔X 黒い物質が付着した， Y 変化なし〕
ウ 〔X 変化なし， Y 黒い物質が付着した〕
エ 〔X 黒い物質が付着した， Y 黒い物質が付着した〕

(4) 金属Zでできた金属板を用意して，実験と同様の操作を行ったところ，硫酸マグネシウム水溶液に入れた金属板でのみ変化が見られなかった。このことから金属Zのイオンへのなりやすさについてどのようなことがいえるか。「亜鉛」，「銅」，「マグネシウム」の語を用いて書きなさい。ただし，金属Zは亜鉛，銅，マグネシウムではないものとする。

第8回模試

〔3〕ソラマメの根の細胞分裂(ぶんれつ)について調べるために，次の観察を行った。この観察に関して，あとの(1)～(5)の問いに答えなさい。

観察　図1のように，発芽しているソラマメの根に等間隔(とうかんかく)に印をつけ，しめらせた脱脂綿の上に置き，2日後の根のようすを調べた。また，2日後の根の先端付近の部分を切り取り，<u>あたためたうすい塩酸の中に入れてしばらく置いた</u>後，スライドガラスにとった。スライドガラス上の根を柄つき針でほぐし，染色液を垂らしてから，カバーガラスをかけ，ろ紙でプレパラートをはさんで指で押しつぶした。このプレパラートを顕微鏡を用いて観察し，根の細胞のようすを調べた。

図1
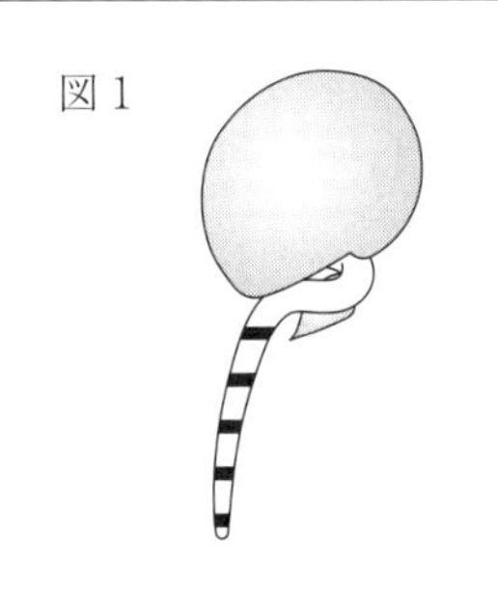

(1) 観察を始めて2日後のソラマメの根のようすとして，最も適当なものを，次のア～エから一つ選び，その符号を書きなさい。

ア
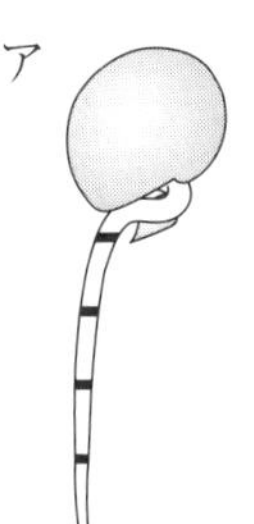
イ
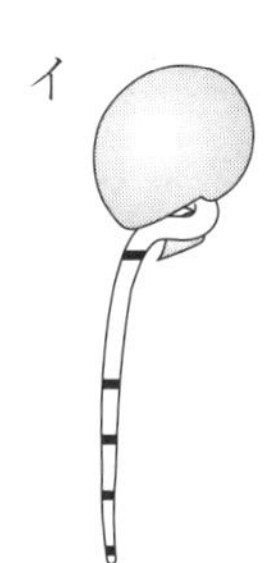
ウ
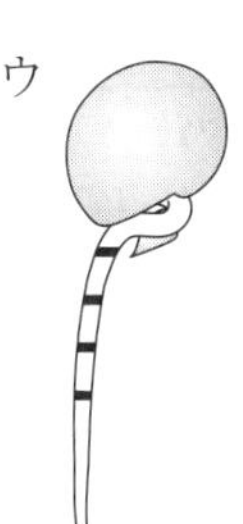
エ
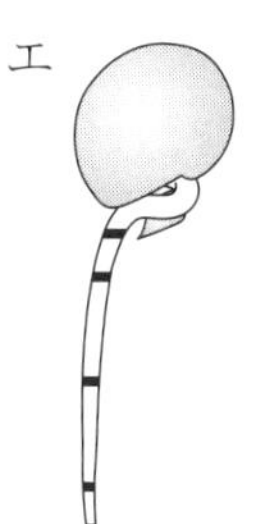

(2) 下線部分のように，切り取った根の先端部分をあたためたうすい塩酸の中に入れた理由として，最も適当なものを，次のア～エから一つ選び，その符号を書きなさい。

ア 細胞どうしをはなれやすくするため。
イ 細胞がこわれるのを防ぐため。
ウ 細胞分裂をより活発にさせるため。
エ 細胞が染色液によって染まりやすくするため。

(3) 実験で用いた染色液として，最も適当なものを，次のア～エから一つ選び，その符号を書きなさい。

ア フェノールフタレイン液　イ ＢＴＢ溶液　ウ ヨウ素液　エ 酢酸カーミン液

(4)　図2のあ～おは，顕微鏡で観察したソラマメの根において，細胞分裂の過程の異なる時期の細胞を模式的に表したものである。これらを体細胞分裂が起こる順に左から並べたものとして，最も適当なものを，次のア～エから一つ選び，その符号を書きなさい。

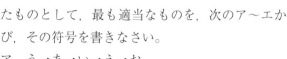

図2

ア　う→あ→い→え→お

イ　う→あ→い→お→え

ウ　う→い→あ→え→お

エ　う→い→あ→お→え

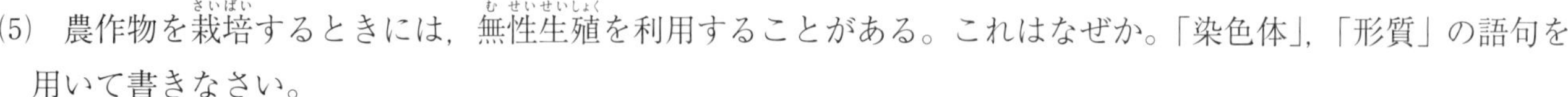

(5)　農作物を栽培(さいばい)するときには，無性生殖(むせいせいしょく)を利用することがある。これはなぜか。「染色体」，「形質」の語句を用いて書きなさい。

〔4〕雲のでき方について調べるために，次の実験を行った。この実験に関して，下の(1)～(4)の問いに答えなさい。

実験　図のような装置を組み立て，フラスコの内側をぬるま湯でぬらし，線香(せんこう)のけむりを少し入れた。次に，ピストンを素早く引くとフラスコ内が白くくもった。このとき，フラスコ内の空気の温度を測定すると，ピストンを引く前よりも，ピストンを引いた後の方が温度が低くなっていた。

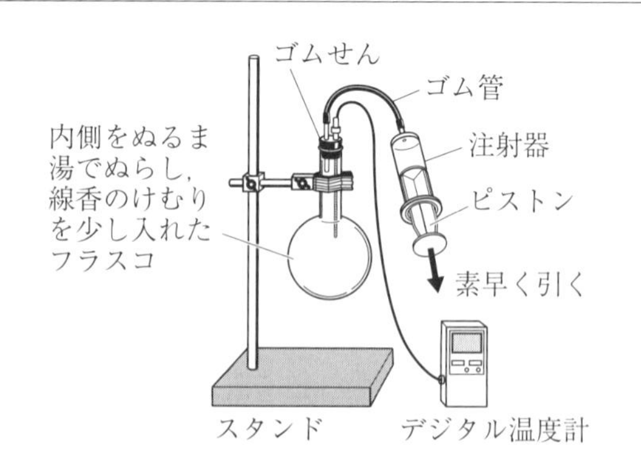

(1)　雲について述べた文として，最も適当なものを，次のア～エから一つ選び，その符号を書きなさい。

ア　雲は固体の水のみからできている。

イ　雲は液体と固体の水からできている。

ウ　雲は液体と気体の水からできている。

エ　雲は気体の水のみからできている。

(2)　フラスコ内が白くくもったときの温度を何というか。その用語を書きなさい。

(3)　次の文は，雲のでき方について述べたものである。文中の［X］，［Y］に当てはまる語句の組合せとして，最も適当なものを，下のア～エから一つ選び，その符号を書きなさい。

> 地表付近の空気が上昇すると，上空の方が地表付近と比べて気圧が［X］ため，空気が［Y］して気温が下がり，雲ができる。

ア〔X　高い，Y　膨張〕　　イ〔X　高い，Y　収縮〕

ウ〔X　低い，Y　膨張〕　　エ〔X　低い，Y　収縮〕

(4)　雲ができやすい場面として最も適当なものを，次のア～エから一つ選び，その符号を書きなさい。

ア　海水面の温度が低いとき。

イ　地表面の温度が低いとき。

ウ　山頂から山のふもとに向かって風がふくとき。

エ　冷たい空気のかたまりがあたたかい空気のかたまりにもぐりこむように進むとき。

〔5〕次の実験に関して，下の(1)〜(4)の問いに答えなさい。ただし，ばねばかりは水平に置いたときに0Nを示すように調整してあるものとする。

実験　ばねばかりX〜Zと金属の輪を糸でつないで，水平な台上に置いた方眼紙上にばねばかりZをくぎで固定した。図1のように，金属の輪の中心の位置が方眼紙上に記した点Oに合うようにばねばかりX，Yを引き，金属の輪を静止させ，ばねばかりX，Yが示す値(あたい)を読みとった。また，このとき糸は水平でたるまずに張られていた。次に，図2のようにばねばかりX，Yを引き，金属の輪を静止させ，ばねばかりX，Yが示す値を読みとった。

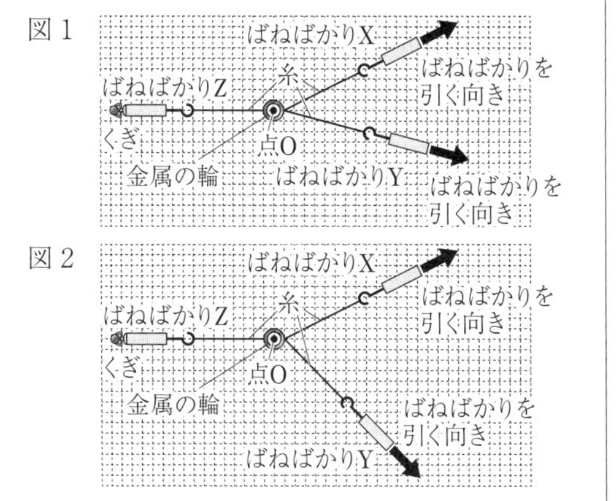

(1)　1つの物体にはたらく2力を，同じはたらきをする1つの力におきかえることを力の何というか。その用語を書きなさい。

(2)　図3は，図1のとき，金属の輪にはたらく力を矢印で表したものである。図3の2つの力の合力を表す力の矢印をかきなさい。

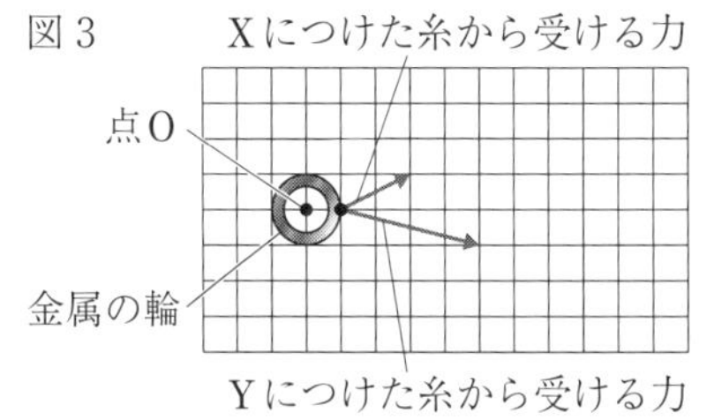

(3)　次の文は，図2のときのばねばかりの示す値について述べたものである。文中の［A］，［B］に当てはまる語句の組合せとして，最も適当なものを，下のア〜カから一つ選び，その符号を書きなさい。

> 図2のとき，ばねばかりZが示す値は図1のときと同じであった。また，ばねばかりXが示す値は［A］，ばねばかりYが示す値は［B］。

ア〔A　図1のときと等しく，　B　図1のときより大きくなった〕
イ〔A　図1のときと等しく，　B　図1のときより小さくなった〕
ウ〔A　図1のときより大きく，　B　図1のときより大きくなった〕
エ〔A　図1のときより大きく，　B　図1のときより小さくなった〕
オ〔A　図1のときより小さく，　B　図1のときより大きくなった〕
カ〔A　図1のときより小さく，　B　図1のときより小さくなった〕

(4)　図2から，金属の輪の中心の位置が点Oに合うように，ばねばかりXとばねばかりYを引く向きを，2力の間の角度が大きくなるように変えていった。このとき，ばねばかりXとばねばかりYが示す値はそれぞれどうなるか。書きなさい。

〔6〕水溶液にふくまれるイオンについて調べるために，次の実験を行った。この実験に関して，あとの(1)〜(4)の問いに答えなさい。

実験　硫酸ナトリウム水溶液をしみこませたろ紙をガラス板の上に置き，その上に赤色と青色のリトマス紙を置いた。リトマス紙の上に水酸化ナトリウム水溶液をしみこませた糸を置いて，図のように，金属製のクリップでガラス板の両端をはさみ，一方のクリップを電源装置の陽極，もう一方のクリップを電源装置の陰極(いんきょく)にそれぞれつないだ。ここに電圧を加え，リトマス紙の変化を調べた。

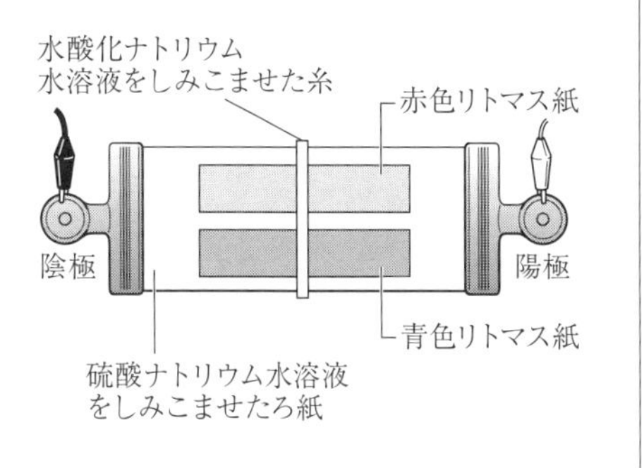

(1) 硫酸ナトリウム水溶液のかわりに用いて，同じ結果を得ることができると考えられる水溶液として，最も適当なものを，次のア～エから一つ選び，その符号を書きなさい。

ア　硫酸　　イ　エタノール　　ウ　アンモニア水　　エ　塩化ナトリウム水溶液

(2) 水酸化ナトリウムを水にとかしたときの電離のようすを表す化学反応式を，イオンの化学式を用いて書きなさい。

(3) 実験の結果について述べた文として，最も適当なものを，次のア～エから一つ選び，その符号を書きなさい。

ア　赤色リトマス紙と糸がふれた部分で色が変わり，電圧を加えると色が変わった部分が陽極側に広がった。
イ　赤色リトマス紙と糸がふれた部分で色が変わり，電圧を加えると色が変わった部分が陰極側に広がった。
ウ　青色リトマス紙と糸がふれた部分で色が変わり，電圧を加えると色が変わった部分が陽極側に広がった。
エ　青色リトマス紙と糸がふれた部分で色が変わり，電圧を加えると色が変わった部分が陰極側に広がった。

(4) 実験で，リトマス紙の色を変えるイオンは何か。その名称（めいしょう）を書きなさい。

〔7〕自然界の生物どうしのつながりについて，次の資料にまとめた。この資料に関して，下の(1)～(4)の問いに答えなさい。

資料　自然界では，食べる・食べられるの関係が見られる。図1は，ある地域に生息する生物間において，それぞれの生物の数量の関係を表したものであり，Ⅰ～Ⅲは食べる・食べられるの関係にある植物，草食動物，肉食動物のいずれかを示している。

図1

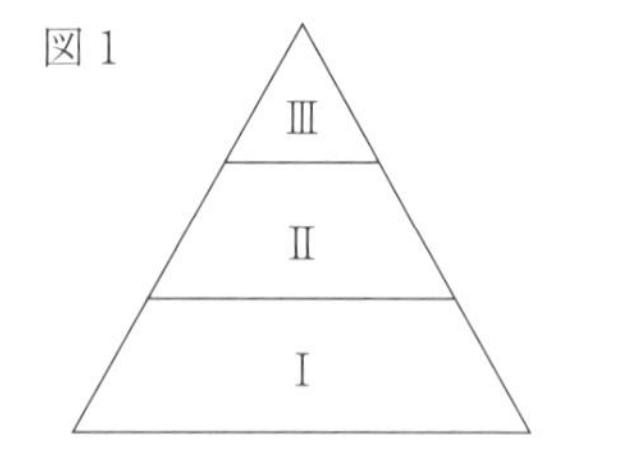

(1) ある地域に生息するすべての生物と，それらをとり巻く環境をひとつのまとまりでとらえたものを何というか。その用語を書きなさい。

(2) 自然界では，食べる・食べられるの関係は，複数の生物間で見られ，複雑にからみあっている。このような複数の生物間におけるつながりを何というか。その用語を書きなさい。

(3) 図1のⅠ～Ⅲの生物の分類として，最も適当なものを，次のア～エから一つ選び，その符号を書きなさい。

ア〔Ⅰ　生産者，　Ⅱ　分解者，　Ⅲ　消費者〕
イ〔Ⅰ　生産者，　Ⅱ　消費者，　Ⅲ　分解者〕
ウ〔Ⅰ　生産者，　Ⅱ　生産者，　Ⅲ　消費者〕
エ〔Ⅰ　生産者，　Ⅱ　消費者，　Ⅲ　消費者〕

(4) 図2は，Ⅰ～Ⅲの数量の変化を模式的に表したもので，Bのように何らかの原因でⅡの生物が減少しても，やがてつり合いが保たれたもとの状態にもどることを示している。このとき，Cにあてはまるものとして，最も適当なものを，次のア～エから一つ選び，その符号を書きなさい。

図2

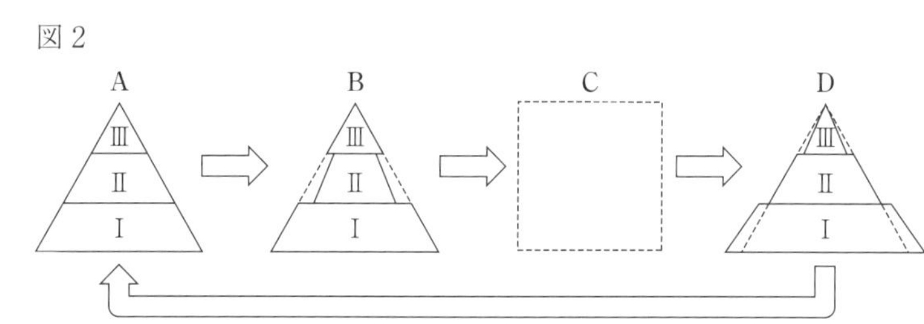

ア

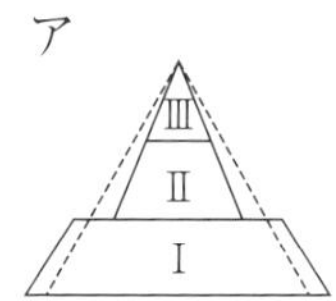

イ

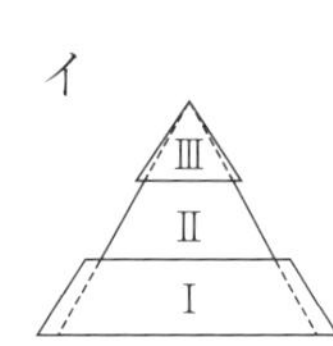

ウ

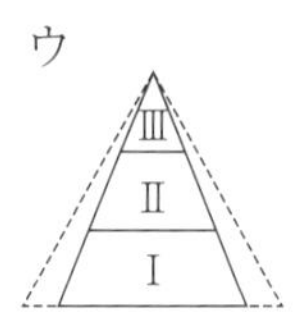

エ

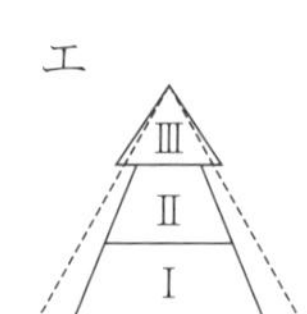

第8回模試

〔8〕月と金星について調べるために，次の観察を行った。この観察に関して，下の(1)～(4)の問いに答えなさい。

観察　新潟県内のある地点で天体観測を行った。

図1は，午前4時ごろ，東の空に見えた金星と月のようすを模式的に表したものである。また，このとき，金星を天体望遠鏡で観察したところ，図2のように見えた。ただし，図2は肉眼で見た向きで表しているものとする。

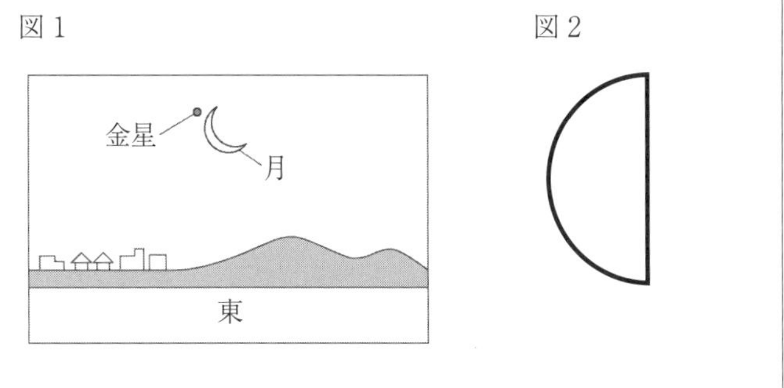

(1)　月のように，惑星のまわりを公転する天体を何というか。その用語を書きなさい。

(2)　金星のような地球型惑星の特徴（とくちょう）について述べた文として，最も適当なものを，次のア～エから一つ選び，その符号を書きなさい。

ア　主に岩石からできていて，密度は大きい。
イ　主に岩石からできていて，密度は小さい。
ウ　主に気体からできていて，密度は大きい。
エ　主に気体からできていて，密度は小さい。

(3)　図3は，金星と地球，太陽の位置関係を模式的に表したものである。図1の観察を行ったときの金星の位置として，最も適当なものを，図のア～オから一つ選び，その符号を書きなさい。

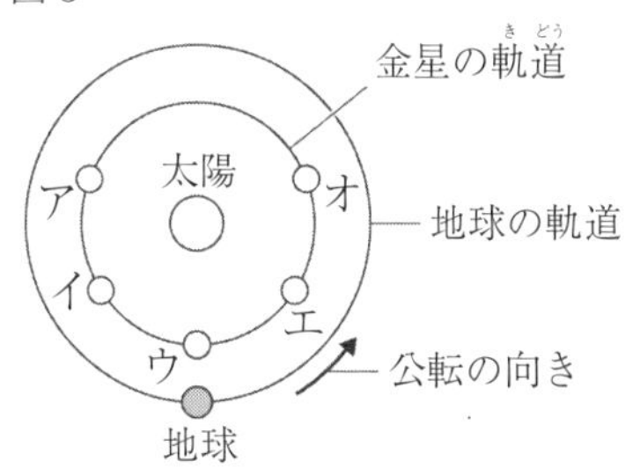

(4)　金星の公転周期は225日，地球の公転周期は365日である。次の①，②の問いに答えなさい。

①　図1の観察から1か月後に，同じ地点で金星を天体望遠鏡で観察した。このときのようすについて述べた文として，最も適当なものを，次のア～エから一つ選び，その符号を書きなさい。

ア　図1のときよりも欠けて，大きく見える。
イ　図1のときよりも欠けて，小さく見える。
ウ　図1のときよりも満ちて，大きく見える。
エ　図1のときよりも満ちて，小さく見える。

②　図1の観察を行ったときと太陽，地球，金星の位置関係が同じになるのは，観察を行ってからおよそ何日後か。小数第1位を四捨五入して，整数で求めなさい。

第8回模試

第８回新潟県統一模試 <中３志望校判定テスト> 国 語

氏名

得点

〔一〕

(一)
1 専 ら
2 不遜
3 究 める
4 著 しい
5 稼 ぐ

(二)
1 リッショウ
2 ハクジョウ
3 ソウテイガイ
4 カ って
5 メグ る

〔二〕

(一) (二) (三) (四) (五)

〔三〕

(一)
(二) ① ②
(三) 20
(四) 70
(五) a 6 b 7

〔四〕

(一) はじめ 5 終わり 5
(二)
(三) 2
(四)
(五) 80
(六) 120

第８回新潟県統一模試 <中３志望校判定テスト> 数 学

氏名		得点

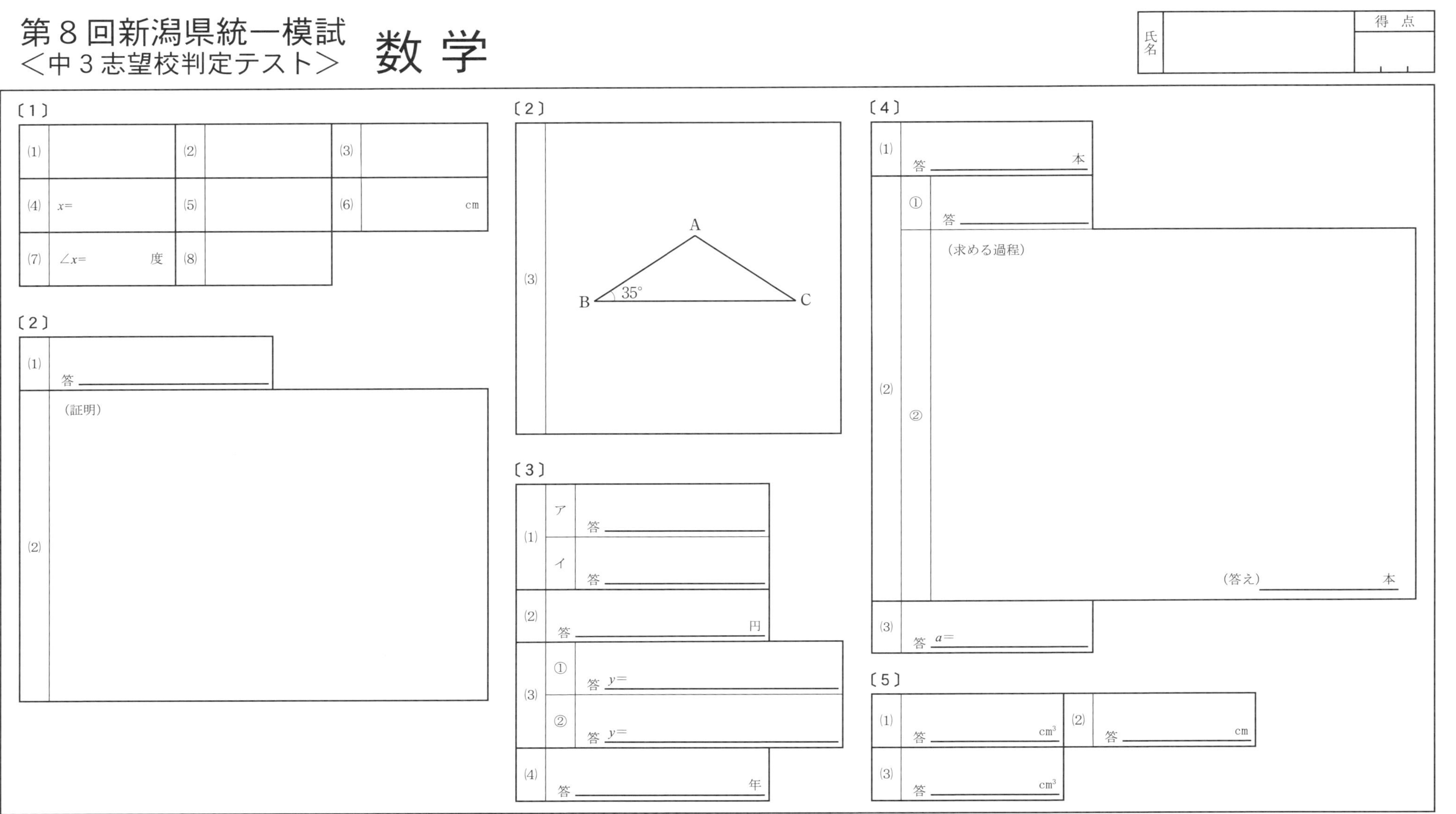

〔1〕

(1)		(2)		(3)	
(4)	$x=$	(5)		(6)	cm
(7)	$\angle x=$ 度	(8)			

〔2〕

(1)	答
(2)	（証明）

〔2〕

(3)	

〔3〕

(1)	ア	答
	イ	答
(2)		答 円
(3)	①	答 $y=$
	②	答 $y=$
(4)		答 年

〔4〕

(1)		答 本
(2)	①	答
	②	（求める過程） （答え） 本
(3)		答 $a=$

〔5〕

(1)	答 cm^3	(2)	答 cm
(3)	答 cm^3		

第８回新潟県統一模試
＜中３志望校判定テスト＞　英語

氏名		得点

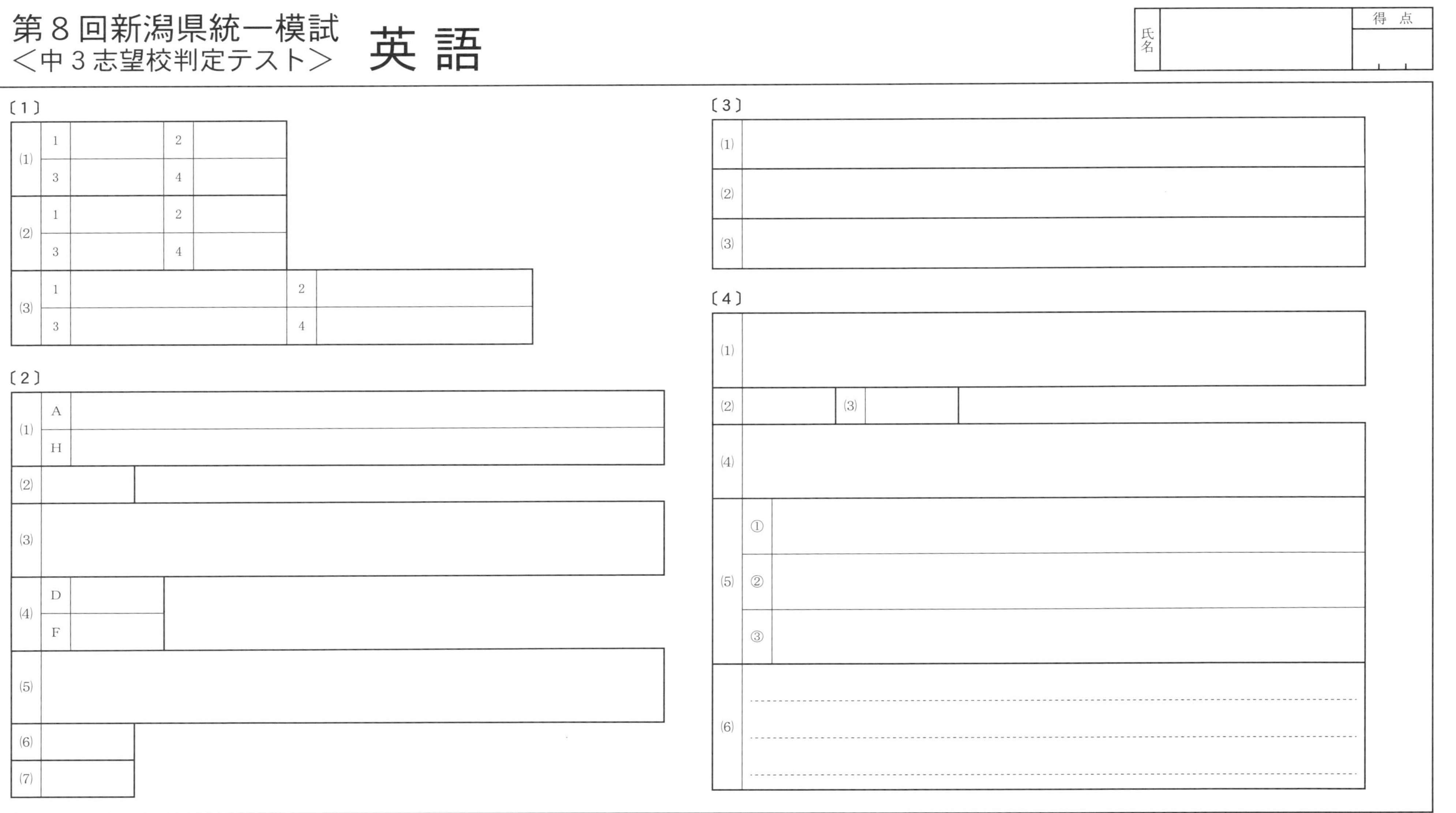

〔1〕

(1)	1		2	
	3		4	
(2)	1		2	
	3		4	
(3)	1		2	
	3		4	

〔2〕

(1)	A	
	H	
(2)		
(3)		
(4)	D	
	F	
(5)		
(6)		
(7)		

〔3〕

(1)	
(2)	
(3)	

〔4〕

(1)			
(2)		(3)	
(4)			
(5)	①		
	②		
	③		
(6)			

第８回新潟県統一模試 ＜中３志望校判定テスト＞ 社 会

氏名		得点

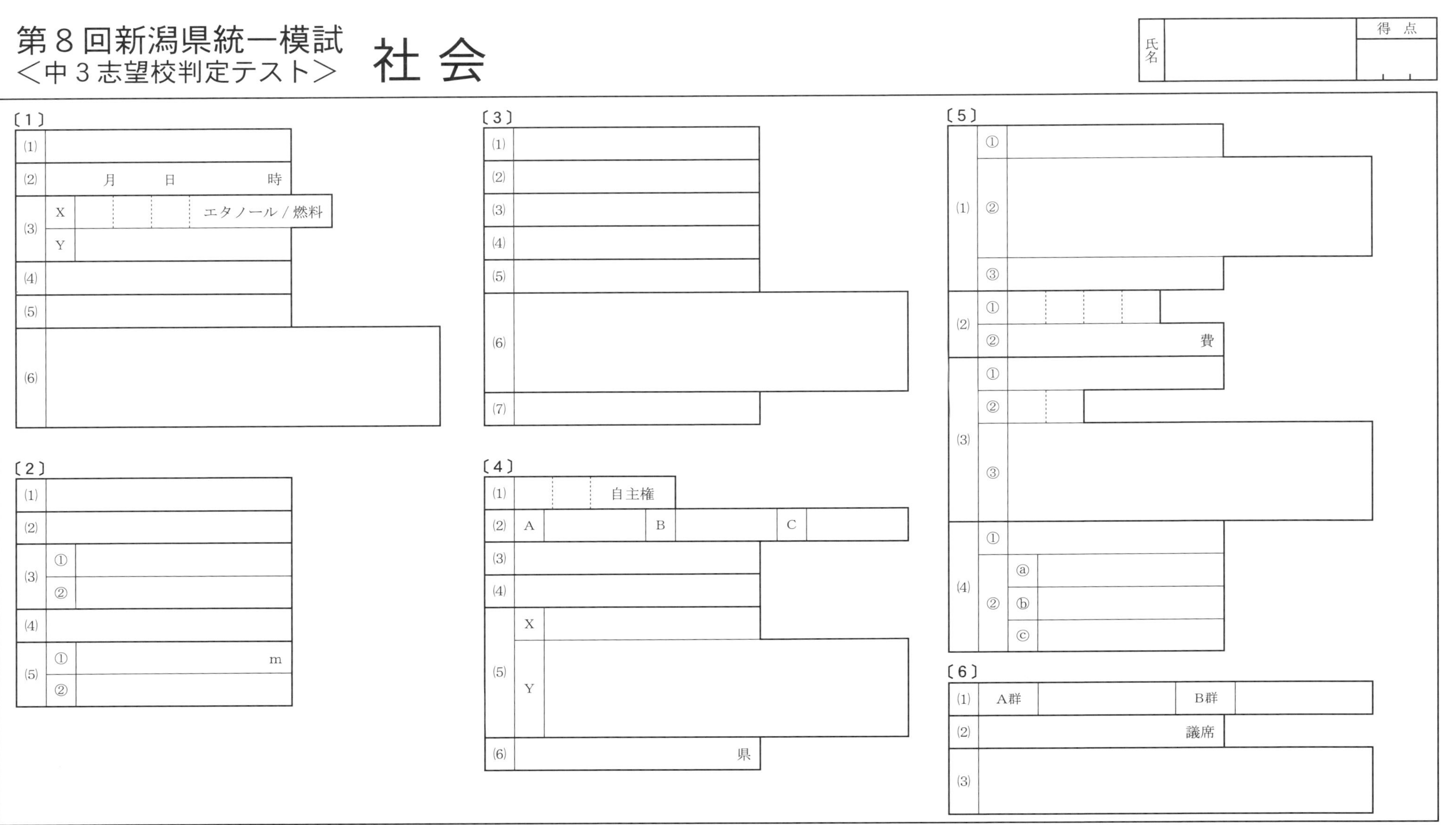

〔1〕

(1)		
(2)		月　日　時
(3)	X	エタノール／燃料
	Y	
(4)		
(5)		
(6)		

〔2〕

(1)		
(2)		
(3)	①	
	②	
(4)		
(5)	①	m
	②	

〔3〕

(1)	
(2)	
(3)	
(4)	
(5)	
(6)	
(7)	

〔4〕

(1)	自主権					
(2)	A		B		C	
(3)						
(4)						
(5)	X					
	Y					
(6)	県					

〔5〕

(1)	①		
	②		
	③		
(2)	①		
	②	費	
(3)	①		
	②		
	③		
(4)	①		
	②	ⓐ	
		ⓑ	
		ⓒ	

〔6〕

(1)	A群		B群	
(2)	議席			
(3)				

第８回新潟県統一模試
＜中３志望校判定テスト＞　理 科

氏名		得 点

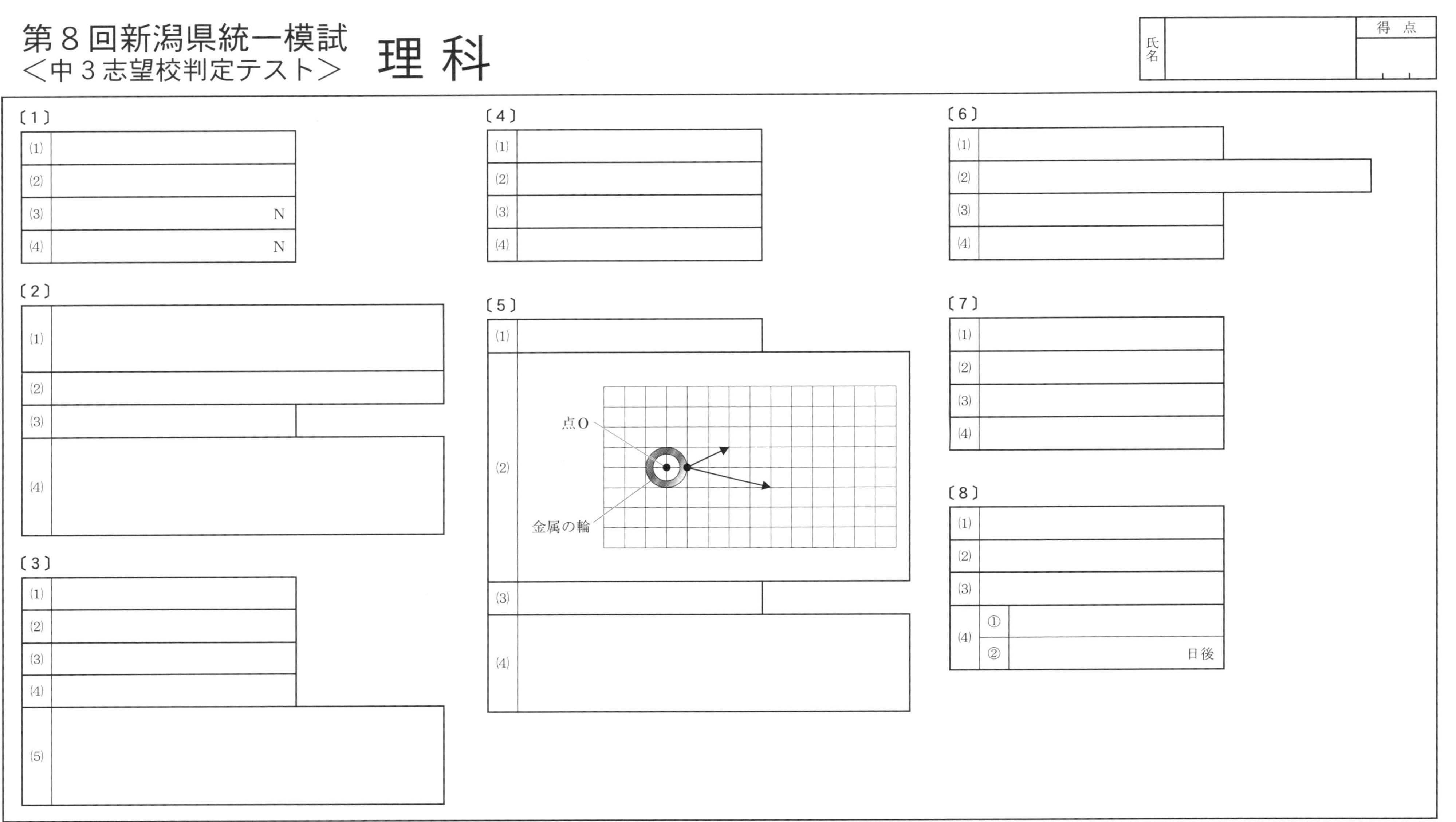

新潟県公立高校入試

（令和４年度～令和６年度）

英語リスニング音声は
以下WEBサイトから

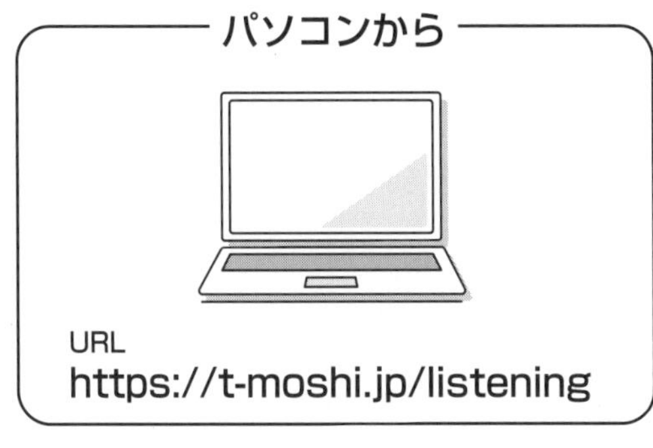

(六) 次のⅡの文章は、Ⅰの文章と同じ著書の一部である。〰〰線部分について、筆者がこのように考えるのはなぜか。ⅠとⅡの文章を踏まえ、百二十字以内で書きなさい。

Ⅱ

見慣れた風景への出会いがどうして起きるかといえば、そのような風景に遭遇している自己の変化とともに風景が立ち現れるからである。健康なときには気にもとめなかった庭の花の様子が新鮮な生命力を宿していることに気づくときや、病気から回復して眺めた山の姿の落ち着きに対する感動など、風景の出現は、そのような出現を促した自己の変化とともにある。

だが、もう一つ人が風景と出会うときがある。それは、人間が「風景―とともに―あること」を自覚したときである。人生が風景とともにあるということを知るとき、人の生きているということが風景のうちにあるということを知るときである。そのとき人間は風景に出会う。風景について考えるということは、そのような体験の契機に出会うということである。風景についての考察を深めるということは、「風景―とともに―あること」としての人間の自己理解を深めることを意味している。風景について深く思索することは、自己の存在を深く思索することと同じである。

令和4年度入試

その七

◇M1 (221—10)

であり、風景である。(3)風景は、人間の外的環境と身体との出会いによって出現するのである。身体と環境のどちらが欠けても風景は出現しない。

わたしたちは風景と出会う。とすると、わたしたちは、特別な機会に風景と出会っているように思うかもしれない。確かに、わたしたちは毎日沖縄の紺碧の海に出会っているわけではないし、窓外に雲上の富士山に出会っているわけでもない。［a］、わたしたちは、生まれたときから風景と出会っているのではないか。毎日、目覚めたときから風景のなかにあるのではないか。眠りにつくまで風景を見ているのではないか。その生を終えるまで風景とともにあるのではないか。その通りである。わたしたちの人生は、風景とともに始まり、風景とともにあり、風景とともに終わる。人間にとって存在するとは、「風景とともにある」ということである。

（桑子　敏雄「生命と風景の哲学」による）

(注)　相貌＝物事のようす。

(一)　――線部分(1)とは何か。具体的に述べている一文を、Iの文章中から三十字以内で抜き出し、そのはじめと終わりの五字をそれぞれ書きなさい。

(二)　文章中の［A］に最もよく当てはまる言葉を、次のア～エから一つ選び、その符号を書きなさい。

ア　具体的　　イ　概念的　　ウ　経験的　　エ　効率的

(三)　――線部分(2)について、筆者がこのように考えるのはなぜか。その説明として最も適当なものを、次のア～エから一つ選び、その符号を書きなさい。

ア　風景は、人間の主体的な行動によって必然的に姿を現すものであり、自ら出会いを求めに行く積極性が必要だから。

イ　風景は、自らの意志で行為を選択してその姿を現すものであり、人間がその出現を待ち続けるしかないから。

ウ　風景は、時間や場所によって異なる姿で立ち現れるものであり、人間が行為として選択できるものではないから。

エ　風景は、人間が特定の行為を選択することによって出現するものではなく、あらかじめ与えられているものだから。

(四)　――線部分(3)とはどういうことか。六十字以内で書きなさい。

(五)　文章中の［a］に最もよく当てはまる言葉を、次のア～エから一つ選び、その符号を書きなさい。

ア　たとえば　　イ　つまり　　ウ　だから　　エ　しかし

〔四〕　次のⅠ、Ⅱの文章を読んで、㈠～㈥の問いに答えなさい。

Ⅰ　人は人生のなかで⑴風景と出会う。「出会う」、「遭遇する」というのは、一つの出来事である。「出会う」という出来事は、人間という存在を理解するのに不可欠な要素である。すなわち、人間が存在するときに、そして、自己が存在するということを了解するときに、その了解の契機となっているということである。ここで「了解する」というのは、たんに［　A　］に理解するということではない。あるいは、なにか現象から推論によって結論として獲得するということでもない。わたしたちが自己の存在を了解するとは、まず、自己の存在を感じること、実感することである。「自分という存在がこの世界に存在している、生きている」と感じ、また、そのことを意識することである。自己の存在を了解するということが、自己の存在の本質的契機である。風景との出会いは、そのような契機を提供する。

　人間の存在は「与えられていること(所与)」と「選ぶこと(選択)」と、その間に広がる「出会うこと(遭遇)」の領域によって構成されている。

　わたしたち人間は、人間としての身体をもって世界を知覚している。身体は、三次元の空間的存在であり、身体そのものは、さらにより大きな空間のうちにある。したがって、身体とは、二重の意味で空間的存在である。空間が身体に対して、また、身体に属する感覚器官に対して感覚的に立ち現れるとき、そこに風景が出現する。風景とは、身体という空間的存在に立ち現れる空間の相貌である。相貌の出現をわたしは「出会い」すなわち、遭遇の一つと考えるのである。

　たしかに、わたしたちは、ある風景を見るために行為を選択することができる。紺碧(こんぺき)の海を眺めるために沖縄に行くことができる。「風景を見に行く行為を選択する」という意味で、わたしたちは行為を選択することができる。だから、風景を見ることは、選択の領域にあるようにみえるかもしれない。

　人間は風景を見に行くことを選択することができる。ここで選択されるのは、見に行くという行為である。では、沖縄に行き、海岸の風景を見ることができたとき、見えた風景は選択されたのであろうか。わたしは、沖縄の海岸に海を見るために旅行を選択した。そして、海岸に立つことを選択した。そのとき、海は見えたのである。海は、わたしの視覚にその空間の相貌を示した。その時、その場所で、海はわたしにその姿を見せた。「海はその姿を見せた」というのは、行為の表現ではない。海は行為を選択することができないからである。それにもかかわらず、海がその姿を見せたから、わたしには海が見えたのである。海を見ようと目を開けることは行為であるが、目を開けたわたしの視覚に広がった海は、わたしにその姿を見せた。わたしが海を別の時間に、また別の場所で見たとすれば、わたしには違った風景が立ち現れたであろう。このことを、⑵わたしは、「人間は風景を選択するのではなく、風景と出会う」と表現するのである。

　風景との出会いに感動があるというとき、「感動」とは、心が風景に感じて動かされることである。「感性」の「感」もまた、「動かされる」ということである。動かされるのは心であるが、動かすものは心の外にある。外界からの刺激によって心が動かされる。その刺激によって成立するのが空間の相貌の立ち現れ

ハルカ　俊頼が書いた判の詞について調べたら、俊頼は、中国の故事を踏まえて、竜を和歌に詠んだことがわかりました。珍しさを尊重する俊頼と伝統を重んじる基俊の態度の違いがはっきり現れていて面白いですね。

アキオ　基俊は博識の人だったそうですが、この故事のことは忘れていたのでしょうか。

先生　実は、この文章の続きの部分で俊恵は、基俊について、(5)「思ひ量りもなく人の事を難ずる癖（くせ）」があったので、失敗も多かったと語っています。

ハルカ　これは現代にも通じることですね。

（注）　思ひ量り＝深く考えをめぐらすこと。

(一)　〰〰線部分の「思ふ」の読みを、すべてひらがなで書きなさい。ただし、現代かなづかいでない部分は、現代かなづかいに改めること。

(二)　――線部分(1)の「口惜しや」の意味として最も適当なものを、次のア～エから一つ選び、その符号を書きなさい。

ア　あなたの姿を見ることができてうれしいなあ。

イ　あなたが姿を見せてくれないとは残念だなあ。

ウ　あなたの姿を見ることができたら安心だなあ。

エ　あなたが姿を見せてくれないのは心配だなあ。

(三)　――線部分(2)の「雲井に住む事やはある」には、基俊のどのような気持ちが表れているか。最も適当なものを、次のア～エから一つ選び、その符号を書きなさい。

ア　鶴が雲の中に住むはずがないと非難する気持ち。

イ　鶴は雲の高さまで飛べるのかと感心する気持ち。

ウ　鶴は雲の中に住むに違いないと納得する気持ち。

エ　鶴が雲を越えるという表現に難色を示す気持ち。

(四)　――線部分(3)の「其の座には詞も加へず」とはどういうことか。二十字以内で書きなさい。

(五)　――線部分(4)の「かれがために現はれて見えたりし事の侍る」とはどういうことか。最も適当なものを、次のア～エから一つ選び、その符号を書きなさい。

ア　竜が会いたいと強く願う人がいて、その人が竜に会いに来てくれたという話が、中国の故事にあったということ。

イ　竜に会いたいと強く願う人がいたが、竜は姿を現してくれなかったという話が、中国の故事にあったということ。

ウ　竜が会いたいと強く願う人がいたが、その人は竜を恐れて逃げ出したという話が、中国の故事にあったということ。

エ　竜に会いたいと強く願う人がいて、竜がその人のために姿を見せたという話が、中国の故事にあったということ。

(六)　――線部分(5)の「思ひ量りもなく」とは、具体的にどういうことか。四十字以内で書きなさい。

◇M1(221—7)

〔三〕　次のAの文章は、鴨長明の「無名抄」の一部で、源俊頼と藤原基俊の歌合での出来事について、長明の和歌の師である俊恵が語ったことを記したものである。また、Bの文章は、Aの文章について調べた二人の生徒と先生の会話である。この二つの文章を読んで、(一)～(六)の問いに答えなさい。

A

法性寺殿にて歌合ありけるに、俊頼・基俊、二人判者にて、名を隠して当座に判しけるに、俊頼の歌に、

(1)口惜しや雲井隠れに棲むたつも思ふ人には
見えけるものを

是を基俊、鶴と心得て、「田鶴は沢にこそ棲め、(2)雲井に住む事やはある」と難じて、負になしてける。されど俊頼、(3)其の座には詞も加へず。其の時殿下、「今夜の判の詞、おのおの書きて参らせよ」と仰せられける時、俊頼朝臣、「これ鶴にはあらず、竜なり。彼のなにがしとかやが、竜を見むと思へる心ざしの深かりけるによりて、(4)かれがために現はれて見えたりし事の侍るを、よめるなり」と書きたりけり。

(注)
源俊頼＝平安時代の歌人。
藤原基俊＝平安時代の歌人。
歌合＝左右に分けた歌人の詠んだ和歌を左右一首ずつ出して組み合わせ、判者が批評し、その優劣を競う遊戯。
法性寺殿＝内大臣藤原忠通の邸宅。
判者＝歌合などで作品の優劣を判定する人。
殿下＝敬称。ここでは藤原忠通を指す。
朝臣＝敬称。

B

先生　忠通の邸宅で行われた歌合は、判者が二人いるという珍しい形式で、その判者は、俊頼と基俊でした。

ナツコ　俊頼の和歌は、会いたい人に会えない気持ちを詠んだ和歌ですね。ところで、どうして基俊は、「たつ」を鶴だと思い込んだのでしょうか。

アキオ　私も気になったので調べてみたら、平安時代は、仮名を書くときには濁点をつけないから、「たつ」は「たつ(竜)」とも「たづ(鶴)」とも読めることがわかりました。

ナツコ　確かに、鶴を詠んだ和歌は多いですが、竜を詠んだ和歌はあまり見ません。

(三) 次の文中の「ない」と同じ品詞であるものを、あとのア～エの――線部分から一つ選び、その符号を書きなさい。

森の中はとても静かで物音ひとつ聞こえない。

ア 次の目的地はそれほど遠くない。
イ 姉からの手紙がまだ届かない。
ウ この素材は摩擦が少ない。
エ 私はその本を読んだことがない。

(四) 次の俳句に詠まれている季節と同じ季節の情景を詠んだ俳句を、あとのア～エから一つ選び、その符号を書きなさい。

若葉して家ありしとも見えぬかな　正岡(まさおか)子規(しき)

ア 山茶花(さざんか)の散りしく月夜つづきけり　山口(やまぐち)青邨(せいそん)
イ 鳥渡る空の広さとなりにけり　石塚(いしづか)友二(ともじ)
ウ 山国(やまぐに)の星をうつして水ぬるむ　吉野(よしの)義子(よしこ)
エ 噴水のしぶけり四方(よも)に風の街　石田(いしだ)波郷(はきょう)

その二

(五) 次の【説明】にしたがって手紙を書く場合に、[A]に最もよく当てはまる言葉を、あとのア～エから一つ選び、その符号を書きなさい。

【説明】 手紙の書き出しは、その季節を表す文から始め、次に相手の安否を気づかう言葉を述べます。主文の後にも結びのあいさつを述べ、頭語に対応した結語で締めくくり、日付と署名、宛名を添えます。

拝啓
春風の心地よい季節になりました。[A]
さて、このたびは私の入学祝いにすてきな腕時計をお贈りくださいましてありがとうございました。文字盤が見やすくてとても気に入りました。叔母様からいただいた腕時計とともに、これからの時間を大切に過ごして参ります。
なかなか遊びにうかがえませんが、またお会いできる日を楽しみにしています。まだ肌寒く感じる日もありますので、風邪などひかないよう、お気を付けください。
敬具
令和四年四月十日
山田　正太
新潟　栄子　様

ア 学校生活は毎日とても楽しいです。
イ もうすぐ暑い夏がやって参ります。
ウ お元気でお過ごしのことと存じます。
エ お礼をお伝えしたくて筆をとりました。

国語

その一

〔一〕　次の㈠、㈡の問いに答えなさい。

㈠　次の１～５について、――線をつけた漢字の部分の読みがなを書きなさい。

１　美しい絵に心を奪われる。
２　空に白い雲が漂う。
３　登場人物の心理を描写する。
４　抑揚をつけて話す。
５　商品を棚に陳列する。

㈡　次の１～５について、――線をつけたカタカナの部分に当てはまる漢字を書きなさい。

１　氷をコマかく砕く。
２　実験をココロみる。
３　友人の意見にキョウメイする。
４　生徒総会にギアンを提出する。
５　仕上げのダンカイに入る。

〔二〕　次の㈠～㈤の問いに答えなさい。

㈠　次の文と、文節の数が同じ文を、あとのア～エから一つ選び、その符号を書きなさい。

休日に図書館で本を借りる。

ア　虫の音に秋の気配を感じる。
イ　こまやかな配慮に感謝する。
ウ　あの山の向こうに海がある。
エ　風が入るように窓を開ける。

㈡　次の文中の「眺望」と同じ意味で「望」が使われている熟語を、あとのア～エの――線部分から一つ選び、その符号を書きなさい。

山頂には素晴らしい眺望が広がる。

ア　今後の展望について語る。
イ　待望の夏休みが訪れる。
ウ　大会への出場を希望する。
エ　同僚からの信望を得る。

◇M1(221―4)

令和4年度新潟県公立高校入試問題　（試験時間50分）

数　　学

〔1〕 次の(1)〜(8)の問いに答えなさい。

(1) $2-11+5$ を計算しなさい。

(2) $3(a-3b)-4(-a+2b)$ を計算しなさい。

(3) $8a^2b^3 \div (-2ab)^2$ を計算しなさい。

(4) $\sqrt{6} \times 2\sqrt{3} - 5\sqrt{2}$ を計算しなさい。

(5) 2次方程式 $x^2-5x-6=0$ を解きなさい。

(6) 2点$(-1,\ 1)$，$(2,\ 7)$を通る直線の式を答えなさい。

令和4年度入試

◇M2(221—15)

⑺　右の図のように，円Oの円周上に4つの点A，B，C，Dがあり，線分BDは円Oの直径である。∠ABD＝33°，∠COD＝46°であるとき，∠xの大きさを答えなさい。

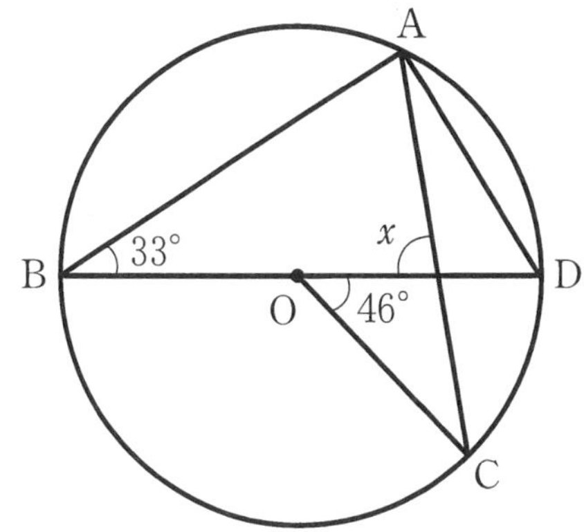

⑻　下の図は，ある中学校の2年A組，B組，C組それぞれ生徒35人の，ハンドボール投げの記録を箱ひげ図に表したものである。このとき，ハンドボール投げの記録について，図から読み取れることとして正しいものを，次のア～オからすべて選び，その符号を書きなさい。

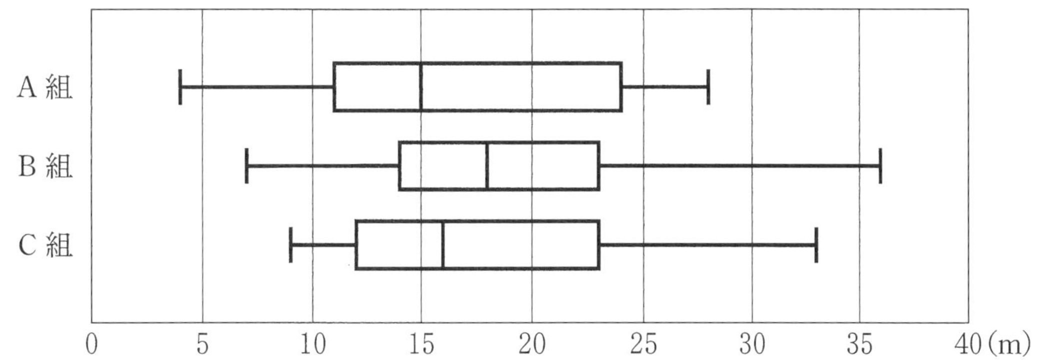

ア　A組，B組，C組のいずれの組にも，30mを上回った生徒がいる。

イ　A組とB組を比べると，四分位範囲はB組の方が大きい。

ウ　B組とC組を比べると，範囲はB組の方が大きい。

エ　A組は，10m以上15m以下の生徒の人数より，15m以上20m以下の生徒の人数の方が多い。

オ　C組には，25m以下だった生徒が27人以上いる。

令和4年度入試

〔2〕 次の(1)~(3)の問いに答えなさい。

(1) $\sqrt{56n}$ が自然数となるような，最も小さい自然数 n を求めなさい。

(2) 箱の中に，数字を書いた6枚のカード [1]，[2]，[3]，[3]，[4]，[4] が入っている。これらをよくかき混ぜてから，2枚のカードを同時に取り出すとき，少なくとも1枚のカードに奇数が書かれている確率を求めなさい。

(3) 下の図のように，線分ABと点Pがある。線分AB上にあり，PQ + QB = ABとなる点Qを，定規とコンパスを用いて作図しなさい。ただし，作図は解答用紙に行い，作図に使った線は消さないで残しておくこと。

P

A ―――――――――――― B

◇M2(221―17)

〔3〕 モーター付きの2台の模型のボートがあり，それぞれボートA，ボートBとする。この2台のボートを流れのない水面に並べて浮かべ，同時にスタートさせ，ゴールまで200 mを走らせた。ただし，2台のボートは，それぞれ一直線上を走ったものとする。

ボートがスタートしてからx秒間に進んだ距離をy mとする。右の図1は，ボートAについてxとyの関係をグラフに表したものであり，$0 \leqq x \leqq 14$では放物線，$14 \leqq x \leqq a$では直線である。また，図2は，ボートBについてxとyの関係をグラフに表したものであり，$0 \leqq x \leqq 20$では放物線，$20 \leqq x \leqq b$では直線である。このとき，次の(1)～(4)の問いに答えなさい。

図1

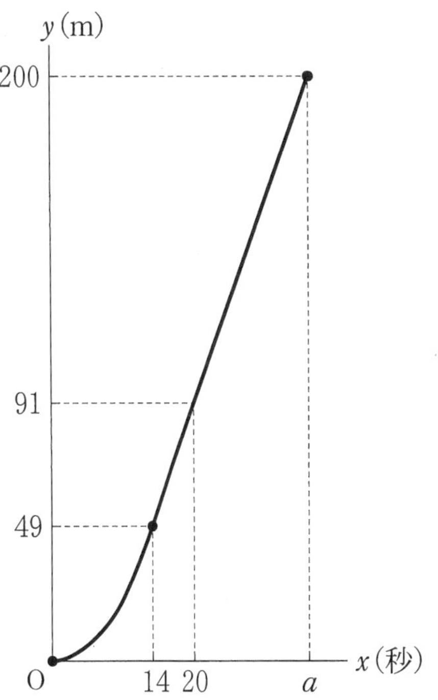

図2

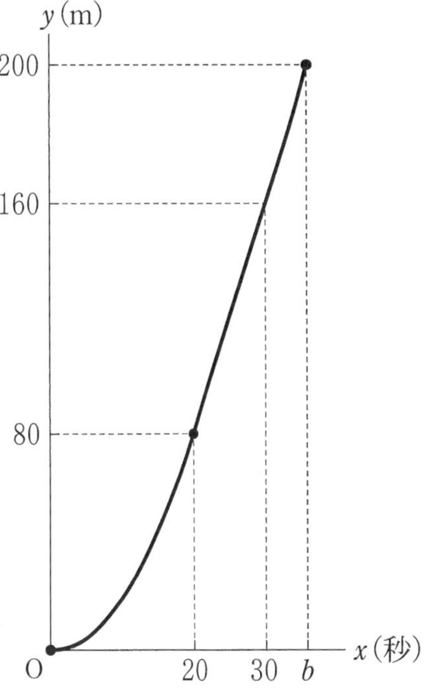

(1) ボートAについて，$0 \leqq x \leqq 14$のとき，yをxの式で表しなさい。

(2) ボートAについて，スタートして14秒後からゴールするまでの速さは毎秒何mか，答えなさい。

(3) 図1のグラフ中のaの値を求めなさい。

(4) 次の文は，2台のボートを走らせた結果について述べたものである。このとき，文中の［ア］～［ウ］に当てはまる記号または値を，それぞれ答えなさい。ただし，記号は，AまたはBのいずれかとする。

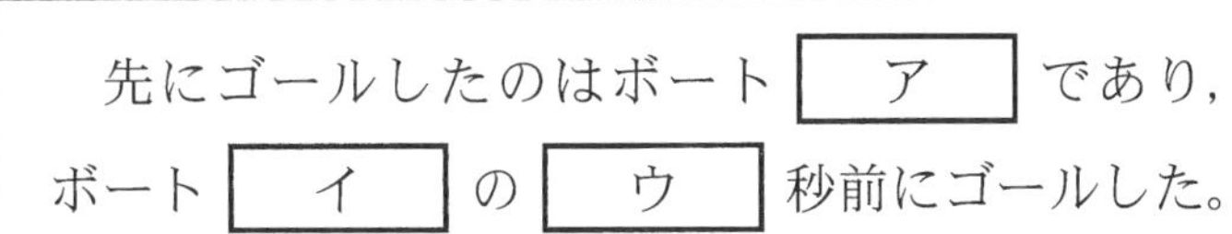

先にゴールしたのはボート［ア］であり，ボート［イ］の［ウ］秒前にゴールした。

◇M2(221—18)

令和4年度入試

〔4〕 次の文は，ある中学校の数学の授業での課題と，その授業での先生と生徒の会話の一部である。この文を読んで，あとの(1)～(5)の問いに答えなさい。

課題

右の図1のような，縦9 cm，横16 cmの長方形の厚紙1枚を，いくつかの図形に切り分け，それらの図形をつなぎ合わせて，図1の長方形と同じ面積の正方形を1つ作る。

図1

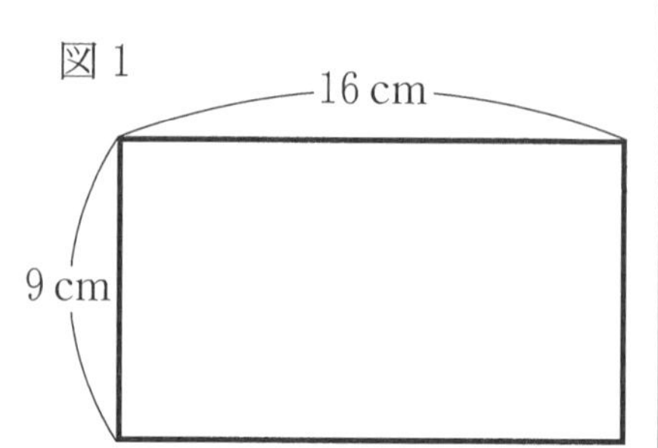

先生： これから，縦9 cm，横16 cmの長方形の厚紙を配ります。

ミキ： 図1の長方形の面積は［ア］cm^2だから，これと同じ面積の正方形の1辺の長さは［イ］cmです。

リク： 私は，図1の長方形を，右の図2のように<u>5つの長方形に切り分け</u>(I)，それらの長方形をつなぎ合わせて，図3のように正方形を作りました。

図2

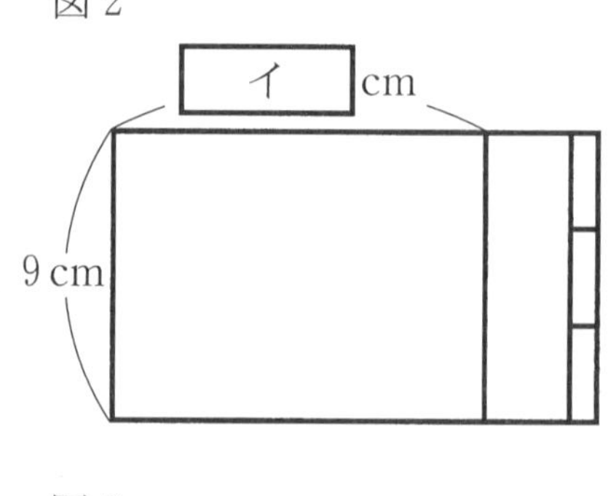

ミキ： なるほど。

ユイ： ほかに切り分ける方法はないのでしょうか。

図3

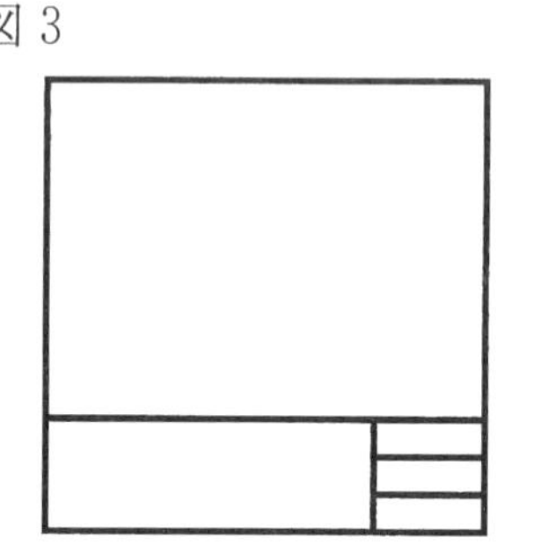

先生： それでは，切り分ける図形の個数を最も少なくすることを考えてみましょう。まず，右の図4のように，∠RPQが直角で斜辺QRの長さを16 cmとし，頂点Pから斜辺QRに引いた垂線と斜辺QRとの交点をHとするとき，線分QHの長さが9 cmである△PQRを考えます。このとき，辺PQの長さを求めてみましょう。

図4

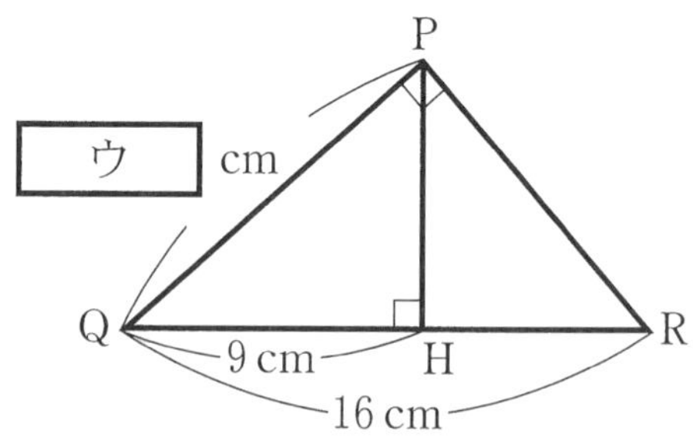

コウ： <u>△PQRと△HQPが相似</u>(II)なので，辺PQの長さは［ウ］cmです。

先生： そのとおりです。さて，図1の長方形と図4の△PQRを見て，何か気づくことはありますか。

リク：　長方形の横の長さと，△PQR の斜辺 QR の長さは，どちらも 16 cm です。

ミキ：　私も同じことに気づきました。そこで，図 1 の長方形と合同な長方形の頂点を，図 5 のように，左上から反時計回りに A，B，C，D としました。そして，図 6 のように，長方形の辺 BC と△PQR の斜辺 QR を重ねた図をかきました。

先生：　ミキさんがかいた図 6 を利用して，長方形 AQRD を，3 つの図形に切り分けることを考えてみましょう。

ユイ：　右の図 7 のように，線分 AD と線分 RP の延長との交点を E とすると，線分 PQ の長さと線分 ER の長さは等しくなります。(Ⅲ)

コウ：　それなら，長方形 AQRD を線分 PQ と線分 ER で 3 つの図形に切り分け，それらの図形をつなぎ合わせると，図 1 の長方形と同じ面積の正方形を 1 つ作ることができます。

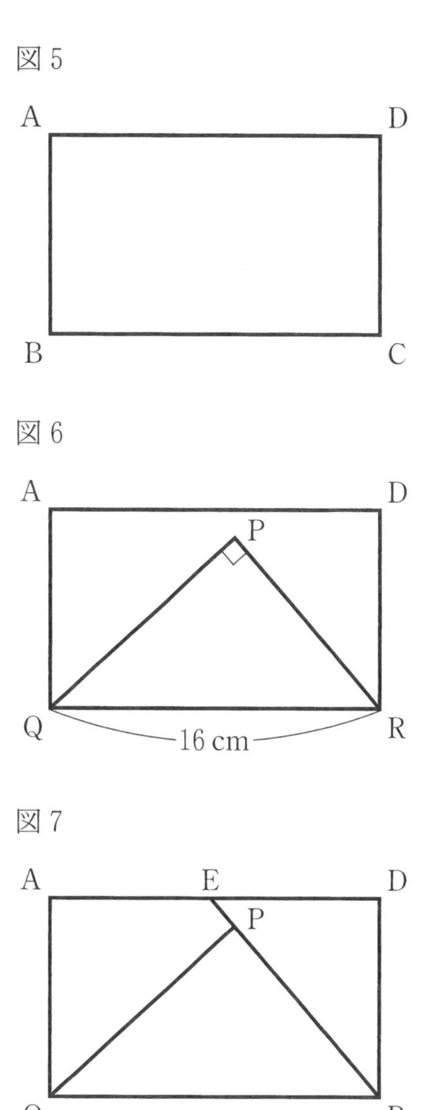

(1)　［ア］，［イ］に当てはまる数を，それぞれ答えなさい。

(2)　下線部分Ⅰについて，切り分けた 5 つの長方形のうち，最も面積の小さい長方形は 3 つある。このうちの 1 つの長方形の面積を答えなさい。

(3)　下線部分Ⅱについて，△PQR ∽ △HQP であることを証明しなさい。

(4)　［ウ］に当てはまる数を答えなさい。

(5)　下線部分Ⅲについて，PQ = ER であることを証明しなさい。

令和4年度入試

◇M2(221—20)

〔5〕 下の図のような，正四角すいと直方体を合わせてできた立体がある。正四角すい OABCD は，1辺の長さが 4 cm の正方形を底面とし，OA ＝ OB ＝ OC ＝ OD ＝ 3 cm であり，直方体 ABCD − EFGH の辺 AE の長さは 2 cm である。また，直線 OE，OG と平面 ABCD との交点を，それぞれ P，Q とする。このとき，次の(1)~(3)の問いに答えなさい。

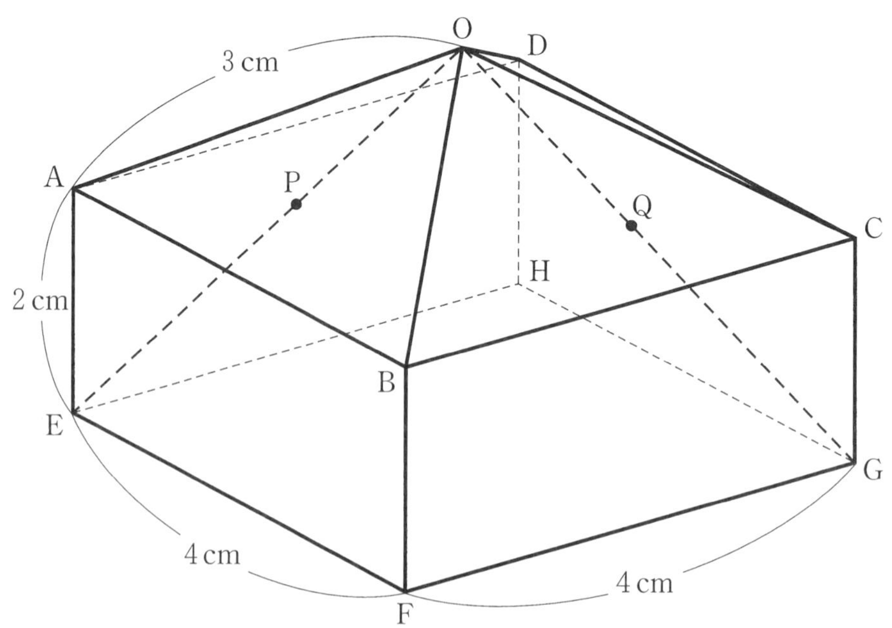

(1) 正四角すい OABCD の高さを答えなさい。

(2) 線分 PQ の長さを求めなさい。

(3) △PFQ の面積を求めなさい。

令和4年度入試

◇M2(221—21)

令和４年度新潟県公立高校入試問題　（試験時間50分）

英　　語

〔1〕 放送を聞いて，次の(1)～(3)の問いに答えなさい。

(1) これから英文を読み，それについての質問をします。それぞれの質問に対する答えとして最も適当なものを，次のア～エから一つずつ選び，その符号を書きなさい。

1 ア A mirror.　イ A pencil.
　ウ A shirt.　エ A table.

2 ア Two people.　イ Three people.
　ウ Six people.　エ Nine people.

3 ア Hiroko and her father.　イ Hiroko and her brother.
　ウ Hiroko's father and mother.　エ Hiroko's father and brother.

4 ア By bike.　イ By car.
　ウ By bus.　エ By train.

(2) これから英語で対話を行い，それについての質問をします。それぞれの質問に対する答えとして最も適当なものを，次のア～エから一つずつ選び，その符号を書きなさい。

1 ア Yes, they do.　イ No, they don't.
　ウ Yes, they did.　エ No, they didn't.

2 ア On Saturday morning.　イ On Saturday afternoon.
　ウ On Sunday morning.　エ On Sunday afternoon.

3 ア At 9:00.　イ At 9:10.
　ウ At 9:40.　エ At 10:00.

4

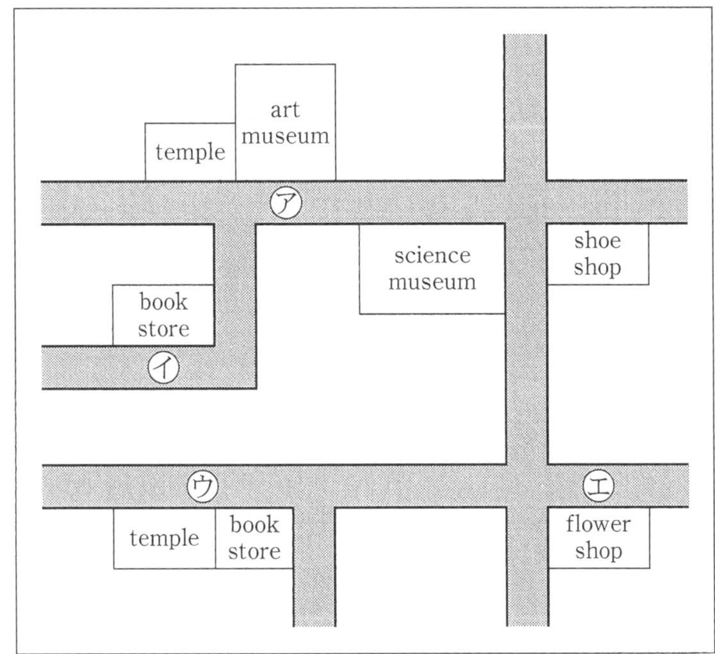

(3) これから，英語部の先生が生徒に，留学生のメアリー(Mary)の歓迎会の連絡をします。その連絡について，二つの質問をします。それぞれの質問に対する答えを，３語以上の英文で書きなさい。

◇M3(221—26)

令和4年度入試

〔2〕 次の英文は，地球規模の社会問題を扱った高校生向けの講演会(lecture)の【案内】の一部と，それについて，あなたとオリバー(Oliver)が話をしている【会話】です。【案内】と【会話】を読んで，下の(1)，(2)の問いに答えなさい。ただし，【会話】の＊＊＊の部分には，あなたの名前が書かれているものとします。

【案内】

Lecture A: Safe Water for Everyone	Lecture B: Studying at School
About 2, 200, 000, 000 people cannot drink clean and safe water, and many of them become sick. Safe water is necessary for their healthy lives.	About 1, 600, 000, 000 children do not go to school. Many of them hope to learn how to read, write, or calculate, and improve their lives.
Lecture C: Don't Waste Food	**Lecture D: Forests Will Be Lost**
About 2, 000, 000, 000 people cannot eat enough food, but more than 30% of the world's food is wasted. How can we stop wasting food?	By 2030, 60% of the Amazon rainforest may be lost. Then, many animals and plants living there will lose their home.

(注) clean きれいな　healthy 健康的な　calculate 計算する　by～ ～までには
the Amazon rainforest アマゾンの熱帯雨林

【会話】

＊＊＊: Wow, all the lectures look interesting. Which one will you listen to?
Oliver: I will listen to [　　　]. My mother works at a restaurant and she often says a lot of food is wasted. I want to learn how to stop that. How about you? Which lecture are you interested in the most?
＊＊＊: (**a**)
Oliver: Why do you want to listen to it?
＊＊＊: (**b**)

(1) 【会話】の[　　　]の中に入る最も適当なものを，次のア～エから一つ選び，その符号を書きなさい。

ア Lecture A　イ Lecture B　ウ Lecture C　エ Lecture D

(2) 【会話】の **a**，**b** の(　　)の中に，それぞれ直前のオリバーの質問に対するあなたの答えを，**a** は3語以上の英文で，**b** は3行以内の英文で書きなさい。

◇M3(221—27)

〔3〕 次の英文を読んで，あとの(1)～(6)の問いに答えなさい。

Ruri is a junior high school student. Jane is from Canada, and she is studying science at university in Japan. Jane is staying at Ruri's house. They are talking at a park.

Jane: Look, a swallow is flying.

Ruri: Oh, that swallow is flying low. Well, if my grandmother were here, she would say, "Go home before it rains." She really loves superstitions.

Jane: Ruri, your grandmother may be right. It will rain when a swallow flies low.

Ruri: What?

Jane: I read it in a science book. Swallows eat insects. Before it starts raining, insects cannot fly high because of humidity. To eat those (**A**) insects, swallows also fly low.

Ruri: Wow, [interesting, story, an, what] (B) ! That's not a superstition.

Jane: Your grandmother may know other useful stories.

Ruri: Yes, I will ask her.

Jane: I know another interesting story. Ruri, what will you do if your little brother hits his foot on a table leg and starts crying?

Ruri: Well, I think I will say, "Are you OK?" and touch his foot with my hand.

Jane: You are a good sister. But do you think it reduces pain?

Ruri: No. It is a superstition, right?

Jane: Ruri, some scientists say it's not a superstition. By touching an aching body part, you can reduce pain. I heard this story from my teacher.

Ruri: Really? That's amazing!

Jane: <u>Those stories</u> (C) are two examples of things humans have learned from experience. They have (**D**) those things to their children. Some people may think they are superstitions, but some of them are true. By doing scientific research, we can know many things.

Ruri: Great! Science is very interesting.

Jane: Yes. Well, if you like science, I want you to remember one thing. Science isn't perfect.

Ruri: [**E**] You have just said we can know many things by doing scientific research.

Jane: Yes. Science is useful and can tell us a lot of things. However, it is very difficult to know what is really true.

Ruri: Can you give me an example?

Jane: For example, in the past, many scientists believed all dinosaurs died out. But now, some scientists say some dinosaurs survived. Like this example, scientists sometimes have different theories about something.

令和4年度入試

Ruri: I see. Science is useful, but it is difficult to know true things.

Jane: Yes. It's difficult even for scientists to know true things. "Why does it happen?" "Is it really true?" Scientists always have such questions and do research. For a long time, those people (F) have been developing science.

Ruri: How can I become such a person?

Jane: You should always think a lot and try to find questions from your daily life. When you have a question, think how to study about it and do research. Also, it is important to read a lot of science books. You are still a junior high school student, but there are many things you can do.

Ruri: OK, I will try. And I will study science in the future like you!

Jane: I'm (G) [to, that, hear, happy] . I'm sure you can enjoy learning science more.

(注) swallow ツバメ　low 低く　superstition 迷信　insect 昆虫　high 高く
humidity 湿気　hit～on… ～を…にぶつける　foot 足　table leg テーブルの脚
reduce～ ～を減らす　pain 痛み　aching 痛む　scientific 科学的な
perfect 完璧な　die out 死に絶える　theory 学説　develop～ ～を発達させる

(1) 文中の**A**，**D**の(　　)の中に入る最も適当な語を，次のア～エからそれぞれ一つずつ選び，その符号を書きなさい。

A　ア fly　イ flies　ウ flew　エ flying

D　ア heard　イ lost　ウ taught　エ understood

(2) 文中の**B**，**G**の［　　］の中の語を，それぞれ正しい順序に並べ替えて書きなさい。

(3) 下線部分**C**について，その具体的な内容を，本文から二つ探して，それぞれ英文1文で抜き出しなさい。

(4) 文中の**E**の［　　］の中に入る最も適当なものを，次のア～エから一つ選び，その符号を書きなさい。

ア Why do you remember it?　イ What do you mean?

ウ I'll never forget it.　エ I'm sure you are right.

(5) 下線部分**F**について，その内容を，具体的に日本語で書きなさい。

(6) 本文の内容に合っているものを，次のア～オから一つ選び，その符号を書きなさい。

ア Ruri doesn't think people should believe superstitions because they are not useful.

イ Jane knows a lot of interesting stories about science because she has learned them from her grandmother.

ウ Jane thinks scientists can always know what is really true and don't have different theories.

エ Ruri wants to study science though Jane has told her that it is difficult even for scientists to know true things.

オ Jane thinks junior high school students are so young that they cannot do research.

〔4〕 次の英文を読んで，あとの(1)～(6)の問いに答えなさい。

Mike is from America and he studied about Japanese culture at university in Japan. Now he is an ALT at Hikari High School. He puts his "Question Box" on the table in front of the teachers' room. Students can put letters into it when they have questions. They ask him about America, how to learn English, and so on. Mike likes his "Question Box" because it is a good way to communicate with students.

One day in October, he got two long letters. One letter was from Kana, a girl in the English club. The other letter was from Leo, a student from France.

【The letter from Kana】

> Hello, Mike. I'm Kana. Do you know Leo, a student from France? He has been in our class for two months. He is kind and everyone likes him. But now, I am worrying about him a little.
>
> He doesn't speak Japanese well and sometimes cannot understand our Japanese. But <u>that</u> (A) is not the problem. We can communicate with him in English. He is a great English speaker and we learn a lot from him. Last month, he looked very happy when he talked with us. But these days, he doesn't look so happy when we talk to him. Why does he look like that?
>
> Well, sometimes we cannot understand Leo's English because he talks very fast and uses difficult words. Also it is difficult for us to express everything in English. Is it making him disappointed? If we improve our English, will he be happy?
>
> When I ask him, "Are you OK?", he always says he is OK. But if he has any trouble, I want to help him. Mike, can you guess what <u>his problem</u> (B) is? Please give me some advice and help us become good friends.

【The letter from Leo】

> Hello, Mike. I'm Leo. I came to Japan in August. I'm writing this letter because you may be the only person who can understand my feelings.
>
> I cannot speak Japanese well, so my classmates talk to me in English. They may think that all foreign people speak great English. My English may be better than theirs, but I'm not a great English speaker. I love talking with my classmates but sometimes I feel as if my classmates talk to me only because they want to practice English.
>
> I came to Japan to learn Japanese. I study Japanese every day, and have learned some words. If my classmates speak slowly, I can understand their Japanese a little. But they try to say everything in English.
>
> I know English is our common language. We can communicate with each other in English though it is not the language we usually speak. In the future, my classmates and I can share ideas with people in the world by using English. That's wonderful, but now, I want to communicate with my classmates in Japanese. I cannot improve my Japanese if I don't use it at school.
>
> Mike, should I tell my classmates my feelings? I know they are trying to be kind to me, and I don't want to hurt their feelings. What would you do if you were me?

令和4年度入試

◇M3(221—30)

Mike remembered his university days. He really understood their feelings. He thought, "Some friends talked to me in English to help me. They were good friends and thanks to them, I enjoyed life in Japan. But I wanted to [C] and improve my Japanese. Leo, I had the same wish."

However, Mike didn't worry too much. He said to himself, "Sometimes it is difficult to communicate with other people, but both Kana and Leo [D]. They will be good friends." Mike started to write letters to them.

(注) ～and so on　～など　communicate　意思を伝え合う　disappointed　がっかりする
feel as if～　まるで～であるかのように感じる　only because～　ただ～だから
slowly　ゆっくりと　common　共通の　thanks to～　～のおかげで　wish　願い
say to himself　彼自身の心の中で考える

(1) 下線部分**A**について，その内容を，具体的に日本語で書きなさい。

(2) 次の英文は，下線部分**B**についてのカナ(Kana)の考えをまとめたものです。**X**，**Y**の〔　　〕の中に入るものの組合せとして，最も適当なものを，下のア～エから一つ選び，その符号を書きなさい。

Leo〔 **X** 〕because〔 **Y** 〕.

	X	Y
ア	isn't happy when he talks with us	our English is not as good as Leo's
イ	isn't happy when he talks with us	we talk to him in English
ウ	cannot improve his Japanese	our English is not as good as Leo's
エ	cannot improve his Japanese	we talk to him in English

(3) 文中の**C**の[　　]に当てはまる内容を，5語以上の英語で書きなさい。

(4) 文中の**D**の[　　]の中に入る最も適当なものを，次のア～エから一つ選び，その符号を書きなさい。

ア practice English very hard　　イ enjoy talking in Japanese
ウ tell their true feelings with each other　　エ think about each other

(5) 次の①～③の問いに対する答えを，それぞれ3語以上の英文で書きなさい。

① Can students ask Mike questions by putting letters into his "Question Box"?
② Why is Kana worrying about Leo these days?
③ According to Leo, what can Leo and his classmates do in the future by using English?

(6) あなたが，カナとレオ(Leo)の2人から，マイク(Mike)先生への手紙と同じ内容の手紙をもらったとしたら，どのような返事を書きますか。返事を書く相手として，カナかレオのどちらかを選び，解答用紙の〔　　〕の中に，KanaかLeoを書き，それに続けて，[　　]の中に，4行以内の英文で返事を書きなさい。ただし，＊＊＊の部分には，あなたの名前が書かれているものとします。

◇M3(221―31)

社　　会

〔１〕 次の地図を見て，下の(1)～(5)の問いに答えなさい。なお，地図中の緯線は赤道を基準として，また，経線は本初子午線を基準として，いずれも30度間隔で表している。

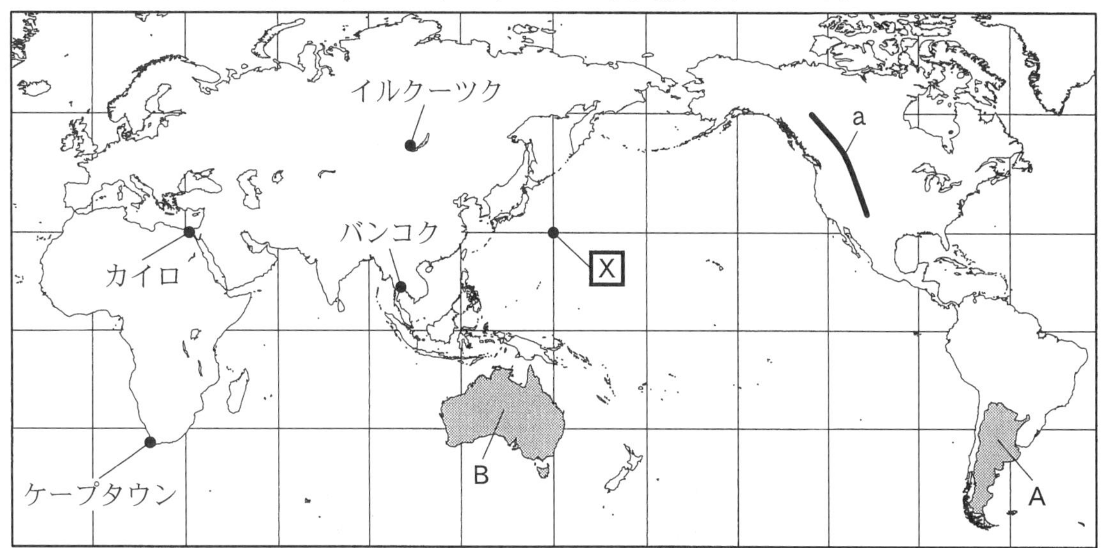

(1) 地図中のａは，山脈を示したものである。この山脈の名称として，正しいものを，次のア～エから一つ選び，その符号を書きなさい。

ア　ロッキー山脈　　イ　アンデス山脈　　ウ　ヒマラヤ山脈　　エ　ウラル山脈

(2) 地図中に示した地点Xの位置の，緯度と経度を書きなさい。ただし，地点Xは，地図中に示した緯線と経線が交わった場所である。

(3) 次のア～エのグラフは，地図中に示したケープタウン，カイロ，バンコク，イルクーツクのいずれかの月降水量と月平均気温を表したものである。このうち，バンコクに当てはまるものを，ア～エから一つ選び，その符号を書きなさい。なお，棒グラフは月降水量を，折れ線グラフは月平均気温を表している。

ア

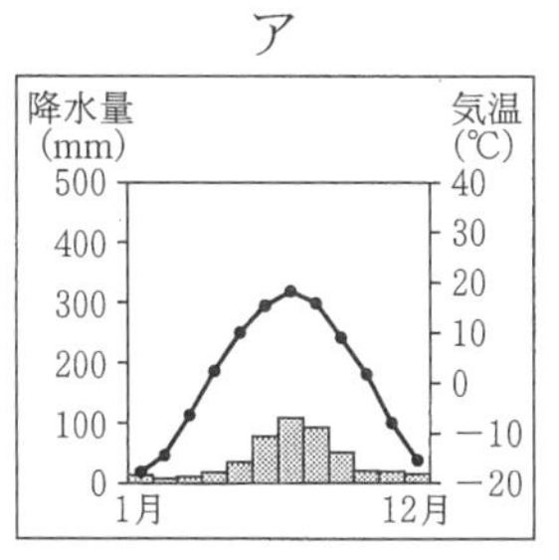

イ

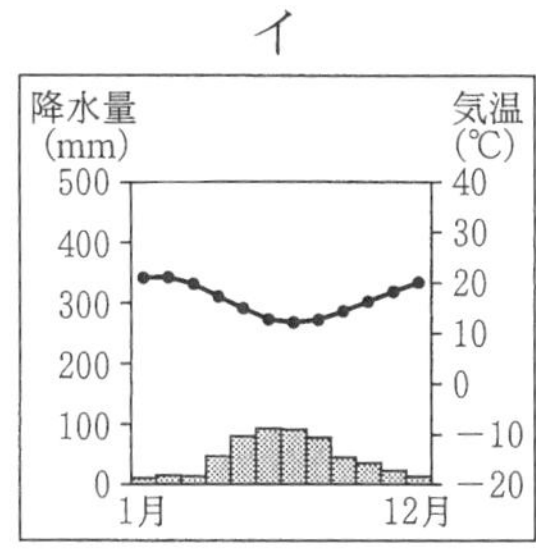

ウ

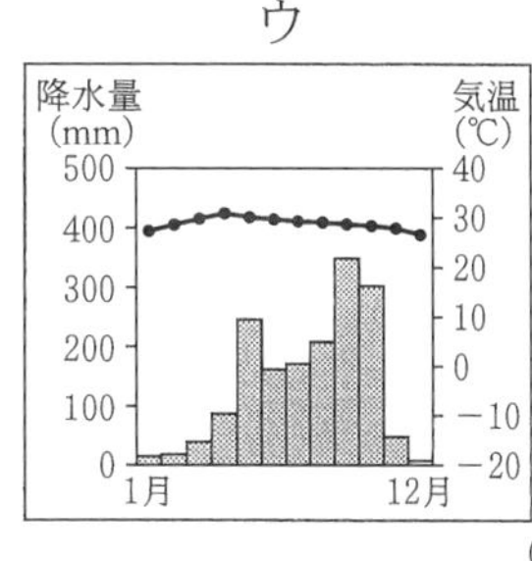

エ

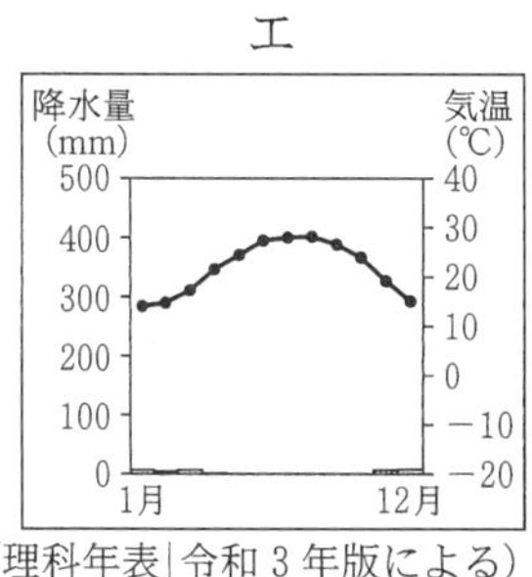

（「理科年表」令和３年版による）

(4) 地図中に示した国Ａについて述べた文として，最も適当なものを，次のア～エから一つ選び，その符号を書きなさい。

ア　燃料となる石炭などの資源にめぐまれ，世界で最初に産業革命が始まった。

イ　ギニア湾を臨む南部は年間を通じて高温湿潤で，カカオの生産が盛んに行われている。

ウ　シリコンバレーとよばれる地域に，情報技術産業などの企業が集まっている。

エ　パンパとよばれる草原で，小麦の栽培や牛の放牧が大規模に行われている。

(5) 右の表は，地図中に示した国Ｂの，1969年と2019年における輸出相手国のうち，輸出額の多い順に上位６か国を示しており，1969年に比べて2019年では，アジア州の国が１か国から４か国に増加している。その理由を，「工業化」，「鉱産資源」の語句を用いて書きなさい。

	国Ｂの輸出相手国	
	1969年	2019年
第１位	日　本	中　国
第２位	アメリカ	日　本
第３位	イギリス	韓　国
第４位	ニュージーランド	イギリス
第５位	フランス	アメリカ
第６位	イタリア	インド

（「国際連合貿易統計年鑑(1969)」，国際連合ホームページより作成）

〔2〕 右の地図を見て，次の(1)~(4)の問いに答えなさい。

(1) 地図中の ⬭ で囲まれた地域には，岬と湾がくり返す入り組んだ海岸が見られる。このような地形を何というか。その用語を書きなさい。

(2) 地図中の地点Pは，空港の位置を示している。この空港の貨物輸送について述べた次の文中の X ， Y に当てはまる語句の組合せとして，最も適当なものを，下のア～エから一つ選び，その符号を書きなさい。

地点Pの空港は，現在，我が国の港や空港の中で，輸出入総額が最大の X である。この空港は，主に Y を輸送するために利用されている。

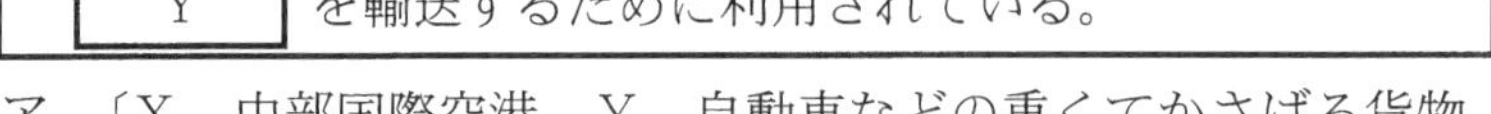

ア〔X 中部国際空港，Y 自動車などの重くてかさばる貨物　〕
イ〔X 中部国際空港，Y 電子部品などの軽くて価値の高い貨物〕
ウ〔X 成田国際空港，Y 自動車などの重くてかさばる貨物　〕
エ〔X 成田国際空港，Y 電子部品などの軽くて価値の高い貨物〕

(3) 次の表は，秋田県，群馬県，静岡県，福島県，山梨県の，それぞれの県の人口密度，米の産出額，野菜の産出額，果実の産出額，製造品出荷額等を示したものである。この表を見て，下の①，②の問いに答えなさい。

	人口密度(人/km²)	米の産出額(億円)	野菜の産出額(億円)	果実の産出額(億円)	製造品出荷額等(億円)
a	468.5	194	643	298	176,639
b	83.0	1,036	308	72	13,496
c	181.6	63	112	629	26,121
d	305.3	166	983	83	92,011
福島県	133.9	798	488	255	52,812

(「データでみる県勢」2021年版による)

① 表中のaに当てはまる県名を書きなさい。

② 地図中の ▨ で示した部分は，表中の福島県の人口密度について，右の区分にしたがって作図したものである。同じように，表中の県cの人口密度について，右の区分にしたがって，解答用紙の地図中に作図しなさい。

区分：人口密度(人/km²)
350人以上
250人以上350人未満
150人以上250人未満
150人未満

(4) 次の地形図は，地図中の輪島市の市街地を表す2万5千分の1の地形図である。なお，地形図中のAで示した地図記号 🏛 は，「美術館」を示している。この地形図を見て，次の①，②の問いに答えなさい。

① この地形図について述べた文として，最も適当なものを，次のア～エから一つ選び，その符号を書きなさい。

ア A「美術館」がある地点の標高は，80mである。

イ A「美術館」からB「図書館」までの直線の長さを測ったところ，約5cmであったので，実際の直線距離は約5kmである。

ウ 「河井町」付近は，広葉樹林が広がっている。

エ 「高等学校」は，「市役所」から見て，東の方位にある。

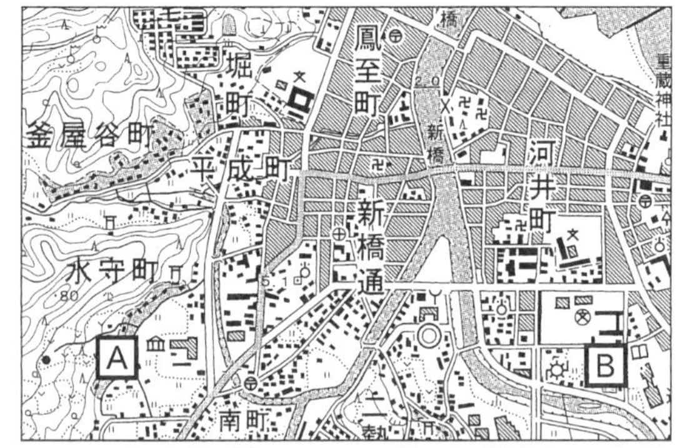

(国土地理院1：25,000地形図「輪島」より作成)

② A「美術館」には，輪島市でつくられている伝統的工芸品が展示されている。輪島市でつくられている伝統的工芸品として，最も適当なものを，次のア～エから一つ選び，その符号を書きなさい。

ア 鉄器　　イ 将棋の駒(こま)　　ウ 漆器　　エ たんす

〔3〕 社会科の授業で，A～Dの四つの班に分かれて，時代ごとの社会のようすや文化について調べ，発表を行うことにした。次の資料は，班ごとに作成した発表資料の一部である。これらの資料を見て，下の⑴～⑷の問いに答えなさい。

A班の資料	B班の資料	C班の資料	D班の資料
[a] 時代 代表的な文化財  唐招提寺(とうしょうだいじ)の鑑真(がんじん)像	平安時代 代表的な文化財  b 平等院鳳凰(ほうおう)堂	c 鎌倉時代 代表的な文化財  d 東大寺南大門の金剛力士像	e 江戸時代 代表的な文化財 f 日光東照宮

⑴ A班の資料について， [a] に当てはまる時代の名称を書きなさい。

⑵ B班の資料中の下線部分bについて，この文化財と最も関係の深いできごとを，次のア～エから一つ選び，その符号を書きなさい。

ア 宋(そう)にわたった栄西が，座禅によってさとりを開こうとする禅宗を我が国に伝えた。

イ 念仏をとなえ，極楽浄土に生まれ変わることを願う浄土信仰(浄土の教え)が広まった。

ウ 唐にわたった空海が，真言宗を我が国に伝え，山奥の寺での修行を重視した。

エ 朝廷が，仏教の力によって国を守ろうとして，国ごとに国分寺と国分尼寺を建てた。

⑶ C班の資料について，次の①，②の問いに答えなさい。

① 下線部分cについて，この時代に，北条泰時(ほうじょうやすとき)は御成敗式目(ごせいばいしきもく)を制定した。この法令を制定した目的を，「慣習」，「公正」の二つの語句を用いて書きなさい。

② 下線部分dについて，この文化財をつくった人物の名前として，最も適当なものを，次のア～エから一つ選び，その符号を書きなさい。

ア 運慶　　イ 雪舟(せっしゅう)　　ウ 一遍(いっぺん)　　エ 道元

⑷ D班の資料について，次の①～③の問いに答えなさい。

① 下線部分eについて，この時代の農業について述べた次の文中の [X] ， [Y] に当てはまる語句の組合せとして，最も適当なものを，下のア～エから一つ選び，その符号を書きなさい。

> 江戸時代になると，幕府や藩が新田開発を進めたため，耕地面積が [X] した。また，進んだ農業技術が各地に伝わり，右の絵で示している [Y] などの農具が使われるようになった。

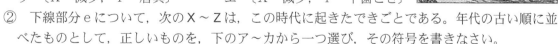

ア 〔X 増加，Y 唐箕(とうみ)〕　　イ 〔X 増加，Y 千歯(せんば)こき〕

ウ 〔X 減少，Y 唐箕〕　　エ 〔X 減少，Y 千歯こき〕

② 下線部分eについて，次のX～Zは，この時代に起きたできごとである。年代の古い順に並べたものとして，正しいものを，下のア～カから一つ選び，その符号を書きなさい。

X 桜田門外の変が起こった。

Y 日米和親条約が結ばれた。

Z 幕府が異国船(外国船)打払令を出した。

ア X→Y→Z　　イ X→Z→Y　　ウ Y→X→Z

エ Y→Z→X　　オ Z→X→Y　　カ Z→Y→X

③ 下線部分fについて，この文化財を建てた徳川家光(いえみつ)は，大名に対して，領地と江戸に一年おきに住むことを命じた。この制度を何というか。その用語を書きなさい。

〔4〕 中学校3年生のNさんは，我が国の近現代の歴史の授業で関心をもった次のA～Dのテーマについて，調べ学習を行った。これらのテーマについて，下の(1)～(4)の問いに答えなさい。

テーマA：近代と現代では，我が国の政治のしくみにどのような違いがあるのだろうか。	テーマB：我が国の近代産業はどのように発展したのだろうか。
テーマC：大正時代から昭和時代初期にかけての我が国の政治や社会の特徴は何だろうか。	テーマD：我が国は，国際社会の動向から，どのような影響を受けてきたのだろうか。

(1) テーマAについて，次の文は，Nさんが近代と現代の我が国の地方政治のしくみの違いを調べてまとめたものである。文中の［X］に当てはまる用語を書きなさい。また，［Y］に当てはまる数字を書きなさい。

> 明治時代，新政府は中央集権国家をつくることをめざし，1871年に［X］を実施した。これにより，新政府から派遣された府知事や県令(県知事)が政治を行うことになった。現代では，都道府県知事は住民による直接選挙で選ばれ，満［Y］歳以上の者が被選挙権を有することが定められている。

(2) テーマBについて調べると，明治時代に，政府が近代産業の育成をめざして，殖産興業政策を進めたことがわかった。この政策の内容を，「欧米」，「官営」の二つの語句を用いて書きなさい。

(3) テーマCについて，次の①，②の問いに答えなさい。

① 大正時代の我が国の政治について調べると，民主主義が強くとなえられていたことがわかった。次のア～ウは，大正時代に我が国で起きたできごとについて述べたものである。大正時代に起きたできごとを，年代の古いものから順に並べ，その符号を書きなさい。

ア 加藤高明（たかあき）内閣のもとで，選挙制度が改正された。
イ 護憲運動が起こり，桂（かつら）太郎内閣が総辞職した。
ウ 米騒動をしずめるために，政府が軍隊を出動させた。

② 大正時代から昭和時代初期にかけての我が国の社会のようすについて調べると，メディアが発達し，文化が大衆の間に広まったことがわかった。大正時代から昭和時代初期にかけてのメディアの発達について述べた文として，最も適当なものを，次のア～エから一つ選び，その符号を書きなさい。

ア テレビ放送が始まり，映像による情報伝達が可能になった。
イ パソコンやインターネットが普及し，社会の情報化が進んだ。
ウ ラジオ放送が始まり，国内外のできごとが音声で伝えられるようになった。
エ 新聞や雑誌の発行が始まり，欧米の思想などが紹介されるようになった。

(4) テーマDについて，右の表は，Nさんが，1973年に我が国で始まった石油危機について調べ，その【できごと】の【背景・原因】及び【結果・影響】をまとめたものである。表中の［X］～［Z］に当てはまる語句の組合せとして，最も適当なものを，次のア～カから一つ選び，その符号を書きなさい。

ア 〔X 中東，　Y 上昇，Z 中国　〕
イ 〔X 中東，　Y 上昇，Z アメリカ〕
ウ 〔X 中東，　Y 下落，Z 中国　〕
エ 〔X 朝鮮半島，Y 上昇，Z アメリカ〕
オ 〔X 朝鮮半島，Y 下落，Z 中国　〕
カ 〔X 朝鮮半島，Y 下落，Z アメリカ〕

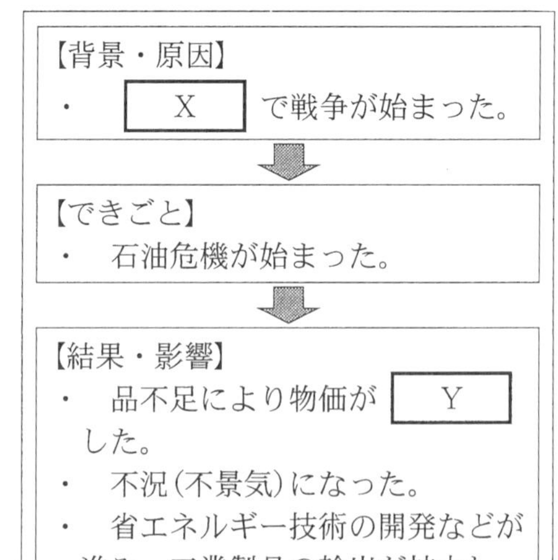

【背景・原因】
・ ［X］で戦争が始まった。
【できごと】
・ 石油危機が始まった。
【結果・影響】
・ 品不足により物価が［Y］した。
・ 不況(不景気)になった。
・ 省エネルギー技術の開発などが進み，工業製品の輸出が拡大し，1980年代には，［Z］などとの間で貿易摩擦が激化した。

〔5〕 中学校3年生のあるクラスの社会科の授業では，次のA～Dのテーマについて学習を行うことにした。これらのテーマについて，あとの(1)～(4)の問いに答えなさい。

テーマ
A　人権の尊重と日本国憲法について　　B　民主政治と政治参加について
C　財政の役割と課題について　　D　国際社会のしくみについて

(1) Aのテーマについて，次の①，②の問いに答えなさい。

① 次の資料は，1989年に国際連合で採択され，我が国では1994年に批准された条約の一部である。この条約を何というか。その名称を書きなさい。

締約国は，自己の意見を形成する能力のある児童がその児童に影響を及ぼすすべての事項について自由に自己の意見を表明する権利を確保する。

② 日本国憲法は，国民の自由と権利を保障する一方，国民が自由と権利を濫(らん)用することを禁止し，公共の福祉のために利用する責任があることを定めている。次の表は，日本国憲法で保障された基本的人権と，その基本的人権が公共の福祉により制限される例を示したものである。表中の X に当てはまる語句として，最も適当なものを，下のア～エから一つ選び，その符号を書きなさい。

基本的人権	公共の福祉により制限される例
X	他人の名誉を傷つける行為の禁止
職業選択の自由	医師免許を持たない者の医療行為の禁止
財産権	不備な建築の禁止

ア　生存権　　イ　請求権　　ウ　身体の自由　　エ　表現の自由

(2) Bのテーマについて，次の①～③の問いに答えなさい。

① 国民が選挙で選んだ代表者が集まり，複雑な物事について話し合いなどによって決定するしくみを何というか。最も適当なものを，次のア～エから一つ選び，その符号を書きなさい。

ア　議会制民主主義　　イ　立憲主義　　ウ　多党制　　エ　三審制

② 衆議院議員選挙は，小選挙区制と比例代表制を組み合わせて行われる。このうち，比例代表制では，得票数に応じてドント式で各政党に議席が配分される。比例代表制の選挙が行われ，定数が6人の選挙区で，結果が右の表のようになった場合，a～dのそれぞれの政党に配分される議席数を書きなさい。

政党名	得票数(万票)
a	78
b	72
c	30
d	18

③ 次の表は，国会における，ある予算案の審議の結果を示したものである。このような審議の結果となった場合，日本国憲法では，予算の議決についてどのように規定しているか。「国会の議決」という語句を用いて書きなさい。

日　付	予算案の審議の結果
2月27日	・ 衆議院予算委員会で予算案を可決した。 ・ 衆議院本会議で予算案を可決した。
3月27日	・ 参議院予算委員会で予算案を否決した。 ・ 参議院本会議で予算案を否決した。 ・ 両院協議会が開かれたが，意見が一致しなかった。

令和4年度入試

◇M4(221—40)

(3)　Cのテーマについて，次の資料は，財政の主な役割についてまとめたものである。この資料を見て，下の①～③の問いに答えなさい。

> 財政の主な役割は三つある。
> ・　民間企業だけでは十分に供給できない，社会資本や公共サービスを供給することなどにより，資源の配分を調整する。
> ・ a 直接税について累進課税の方法をとったり，社会保障政策の充実をはかったりすることなどにより，所得の格差を調整する。
> ・　[X]のときは，公共事業などへの b 歳出を減らしたり，増税したりすることで，企業や家計の経済活動を[Y]ことをめざすなど，景気の安定化をはかる。

①　下線部分aについて，我が国の主な税のうち，直接税であるものを，次のア～オから一つ選び，その符号を書きなさい。

ア　揮発油税　　イ　消費税　　ウ　関税　　エ　相続税　　オ　入湯税

②　文中の[X]，[Y]に当てはまる語句の組合せとして，最も適当なものを，次のア～エから一つ選び，その符号を書きなさい。

ア〔X　好況(好景気)，Y　活発にする〕　　イ〔X　好況(好景気)，Y　おさえる〕
ウ〔X　不況(不景気)，Y　活発にする〕　　エ〔X　不況(不景気)，Y　おさえる〕

③　下線部分bについて，次のグラフは，我が国の平成22(2010)年度及び令和2(2020)年度の，一般会計歳出の内訳の割合を示したものである。グラフ中のア～エは，公共事業関係費，国債費，社会保障関係費，防衛関係費のいずれかである。このうち，社会保障関係費はどれか。ア～エから一つ選び，その符号を書きなさい。

(単位　%)

	ア	イ	地方交付税交付金	ウ	文教及び科学振興費	エ	その他
平成22年度	29.5	22.4	18.5	6.3	6.1	5.2	12.0
令和2年度	34.9	22.7	15.2	6.7	5.4	5.2	9.9

(「日本国勢図会」2010/11年版，2020/21年版より作成)

(4)　Dのテーマについて，次の①，②の問いに答えなさい。

①　世界の平和と安全を維持する役割を果たしている国際連合は，紛争が起こった地域において，停戦や選挙を監視するなどの活動を行っている。この活動を何というか。その用語を書きなさい。

②　現在の国際社会では，特定の地域でいくつかの国々がまとまりをつくり，経済などの分野で協力関係を強めようとする動きが進んでいる。このうち，右の地図中の[網かけ]で示した国のみによって構成されているまとまりとして，正しいものを，次のア～エから一つ選び，その符号を書きなさい。

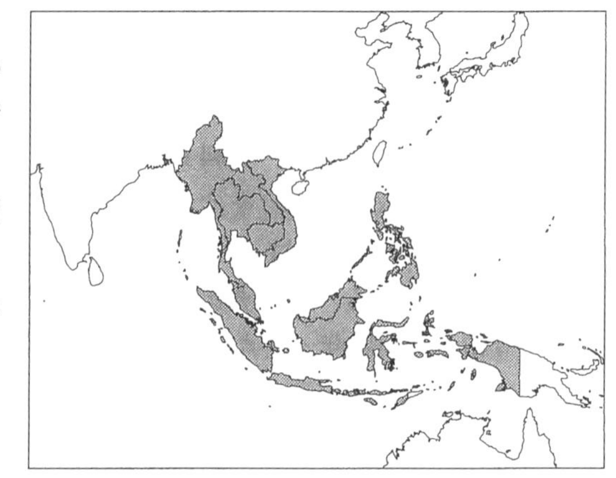

ア　APEC　　イ　AU
ウ　ASEAN　　エ　NAFTA

〔6〕 あるクラスの社会科の授業では，「大人になるとできること」について，テーマを決めて調べることにした。次の**資料Ⅰ**～**資料Ⅳ**は，「契約を結ぶこと」をテーマに選んだSさんたちの班が集めたものの一部である。このことについて，下の⑴，⑵の問いに答えなさい。

資料Ⅰ 契約が成立するしくみ

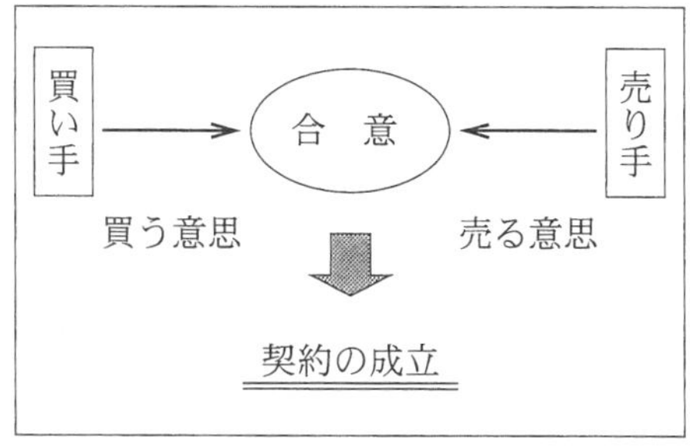

資料Ⅱ 「18，19歳」，「20～24歳」の年度別消費生活相談件数(平均値)

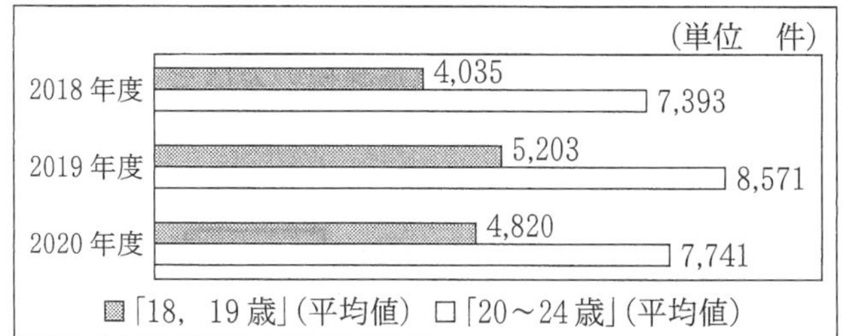

(国民生活センターホームページより作成)

資料Ⅲ 未成年者の契約について

民法では，未成年者が親の同意を得ずに契約した場合には，原則として，契約を取り消すことができると規定されています。この規定は，未成年者を保護するためのものであり，未成年者の消費者被害を抑止する役割を果たしています。

(総務省ホームページより作成)

資料Ⅳ 「18，19歳」，「20～24歳」の悪質な手口による被害の消費生活相談件数(2020年度の平均値)

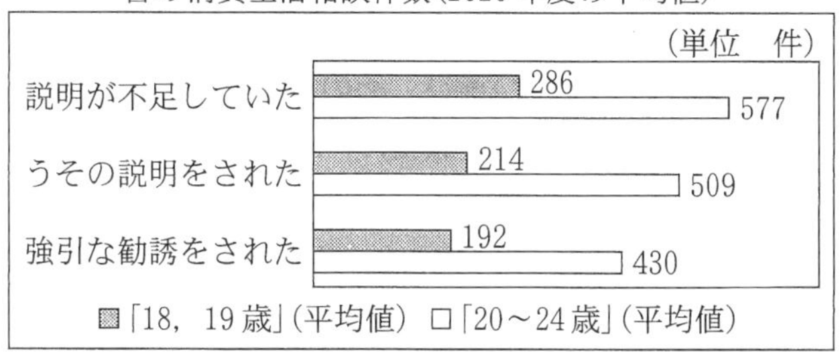

(国民生活センターホームページより作成)

(注)**資料Ⅱ**と**資料Ⅳ**の「18, 19歳」(平均値)は，18歳，19歳の相談件数の合計を2で割った値。「20～24歳」(平均値)は，20歳から24歳までの相談件数の合計を5で割った値。

⑴ **資料Ⅰ**について，Sさんたちは，契約が成立するしくみについて説明するために，右のカードを作成した。カード中のア～オは，売買に関する様々な場面について述べた文である。このうち，売買契約が成立した場面として正しいものを，ア～オから二つ選び，その符号を書きなさい。

【売買契約が成立した場面はどれか】
ア スーパーマーケットで商品を店の買い物かごに入れた。
イ 自動販売機で飲み物を購入した。
ウ レストランでメニューを見た。
エ 花屋で店員に商品の説明を頼んだ。
オ 書店に電話をかけて本を注文した。

⑵ Sさんたちは，**資料Ⅱ**～**資料Ⅳ**から読みとったことをもとに，契約に関する課題について考察し，次の発表原稿を作成した。文中の［ X ］に当てはまる語句として正しいものを，下のア～エから一つ選び，その符号を書きなさい。また，［ Y ］に当てはまる内容を，「保護」という語句を用いて，40字以内で書きなさい。

私たちは，成年になると自分の意思で自由に契約を結ぶことができるようになります。社会では毎日たくさんの契約が結ばれていますが，一方で，契約をめぐって様々な消費者被害が起こっています。**資料Ⅱ**から，未成年の「18，19歳」と成年の「20～24歳」の年度別消費生活相談件数(平均値)を比較すると，2018年度から2020年度までのすべての年度で，「20～24歳」の相談件数は，「18，19歳」の相談件数の［ X ］であることがわかります。**資料Ⅲ**と**資料Ⅳ**から，この要因の一つとして，成年になると，［ Y ］ことが考えられます。令和4(2022)年4月からは，18歳，19歳の人も成年となります。私たちは，自立した消費者になることができるように，契約の重要性を認識することが大切だと思います。

ア 0.5倍未満　イ 0.5倍以上1.0倍未満　ウ 1.0倍以上1.5倍未満　エ 1.5倍以上

◇M4(221—42)

 （試験時間50分）

理　科

〔１〕 次の⑴～⑹の問いに答えなさい。

⑴ ある地層の石灰岩の層に，サンゴの化石が含まれていた。この石灰岩の層は，どのような環境のもとで堆積したと考えられるか。最も適当なものを，次のア～エから一つ選び，その符号を書きなさい。

ア　深くてつめたい海　　　イ　深くてあたたかい海
ウ　浅くてつめたい海　　　エ　浅くてあたたかい海

⑵ シダ植物とコケ植物について述べた文として，最も適当なものを，次のア～エから一つ選び，その符号を書きなさい。

ア　シダ植物は，種子をつくる。
イ　シダ植物には，維管束がある。
ウ　コケ植物は，光合成をしない。
エ　コケ植物には，根・茎・葉の区別がある。

⑶ 放射線について述べた文として，最も適当なものを，次のア～エから一つ選び，その符号を書きなさい。

ア　放射能とは，放射性物質が，放射線を出す能力である。
イ　γ（ガンマ）線は，アルミニウムなどのうすい金属板を通りぬけることができない。
ウ　放射線は，人間が人工的につくるもので，自然界には存在しない。
エ　放射線の人体に対する影響を表す単位は，ジュール（記号J）である。

⑷ 水，硫黄（いおう），酸化銅，炭酸水素ナトリウムのうち，２種類の原子でできている物質の組合せとして，最も適当なものを，次のア～エから一つ選び，その符号を書きなさい。

ア　〔水，硫黄〕　　　イ　〔硫黄，炭酸水素ナトリウム〕
ウ　〔酸化銅，炭酸水素ナトリウム〕　　　エ　〔水，酸化銅〕

⑸ 右の図の粉末Ａ～Ｃは，砂糖，食塩，デンプンのいずれかである。これらの粉末を区別するために，それぞれ0.5ｇを，20℃の水10 cm^3に入れてかきまぜたときの変化や，燃焼さじにとってガスバーナーで加熱したときの変化を観察する実験を行った。次の表は，この実験の結果をまとめたものである。粉末Ａ～Ｃの名称の組合せとして，最も適当なものを，下のア～カから一つ選び，その符号を書きなさい。

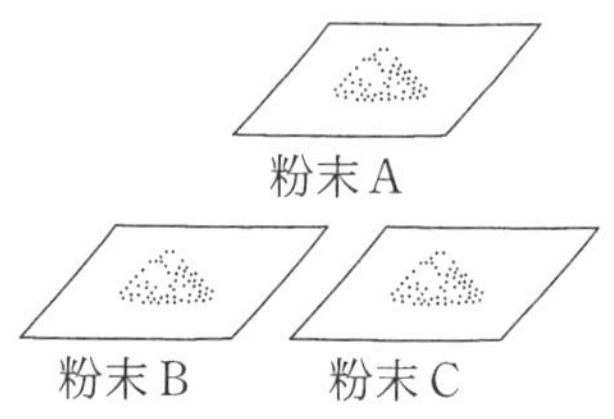

	粉末Ａ	粉末Ｂ	粉末Ｃ
水に入れてかきまぜたときの変化	溶けた	溶けた	溶けずに残った
ガスバーナーで加熱したときの変化	変化が見られなかった	黒くこげた	黒くこげた

ア　〔Ａ　砂糖，Ｂ　食塩，Ｃ　デンプン〕　　イ　〔Ａ　砂糖，Ｂ　デンプン，Ｃ　食塩〕
ウ　〔Ａ　食塩，Ｂ　砂糖，Ｃ　デンプン〕　　エ　〔Ａ　食塩，Ｂ　デンプン，Ｃ　砂糖〕
オ　〔Ａ　デンプン，Ｂ　砂糖，Ｃ　食塩〕　　カ　〔Ａ　デンプン，Ｂ　食塩，Ｃ　砂糖〕

(6) 右の図のように，スライドガラスに塩化ナトリウム水溶液をしみこませたろ紙をのせ，その上に，中央に鉛筆で線を引いた赤色のリトマス紙を置いた。このリトマス紙の中央の線上に，ある水溶液を1滴落とすと，中央部に青色のしみができた。次に，ろ紙の両端をクリップでとめ，このクリップに電源装置をつなぎ，電圧を加えて電流を流した。リトマス紙の中央の線上に落とした水溶液と，電流を流したあとのリトマス紙のようすの組合せとして，最も適当なものを，次のア～エから一つ選び，その符号を書きなさい。

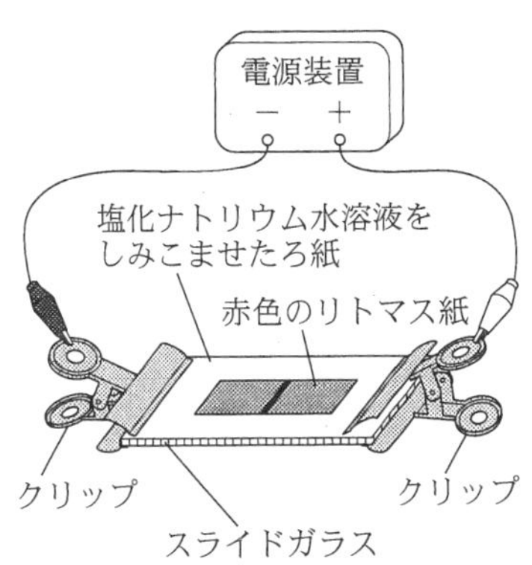

	リトマス紙の中央の線上に落とした水溶液	電流を流したあとのリトマス紙のようす
ア	塩酸	中央部の青色のしみが陽極側に広がった
イ	塩酸	中央部の青色のしみが陰極側に広がった
ウ	水酸化ナトリウム水溶液	中央部の青色のしみが陽極側に広がった
エ	水酸化ナトリウム水溶液	中央部の青色のしみが陰極側に広がった

〔2〕 遺伝の規則性について調べるために，エンドウの種子を用いて，次の実験1～3を行った。この実験に関して，下の(1)～(4)の問いに答えなさい。

実験1　丸形のエンドウの種子を育て，自家受粉させたところ，丸形としわ形の両方の種子(子)ができた。

実験2　実験1で得られたエンドウの種子(子)の中から，丸形の種子（下線部Ⅰ）としわ形の種子（下線部Ⅱ）を1つずつ選んでそれぞれ育て，かけ合わせたところ，できた種子(孫)はすべて丸形になった。

実験3　実験1で得られたエンドウの種子(子)のうち，実験2で選んだものとは異なる，丸形の種子としわ形の種子を1つずつ選んでそれぞれ育て，かけ合わせたところ，丸形としわ形の両方の種子(孫)ができ，その数の比は1：1であった。

(1) 次の文は，受粉について述べたものである。文中の［X］，［Y］に最もよく当てはまる用語をそれぞれ書きなさい。

めしべの先端にある［X］に，［Y］がつくことを受粉という。

(2) 実験1について，エンドウの種子の形の丸形としわ形のように，どちらか一方の形質しか現れない2つの形質どうしを何というか。その用語を書きなさい。

(3) 実験2について，次の①，②の問いに答えなさい。

① 種子の形を丸形にする遺伝子をA，しわ形にする遺伝子をaで表すとき，下線部Ⅰの丸形の種子の遺伝子の組合せと，下線部Ⅱのしわ形の種子の遺伝子の組合せとして，最も適当なものを，次のア～ウからそれぞれ一つずつ選び，その符号を書きなさい。

ア　AA　　イ　Aa　　ウ　aa

② 実験2で得られた種子(孫)をすべて育て，それぞれ自家受粉させてできる種子における，丸形の種子の数としわ形の種子の数の比はどのようになるか。最も適当なものを，次のア～オから一つ選び，その符号を書きなさい。

ア　1：1　　イ　1：2　　ウ　1：3　　エ　2：1　　オ　3：1

(4) 実験3について，得られた種子(孫)をすべて育て，それぞれ自家受粉させてできる種子における，丸形の種子の数としわ形の種子の数の比はどのようになるか。最も簡単な整数の比で表しなさい。ただし，1つのエンドウの個体にできる種子の総数は，すべて同じであるものとする。

〔3〕 理科の授業で，花子さんの班は，浮力についての実験を行い，レポートを作成することになった。次の[Ⅰ]は，花子さんの班が作成中のレポートの一部である。また，[Ⅱ]は実験中の花子さんと班のメンバーによる会話の一部である。[Ⅰ]，[Ⅱ]に関して，あとの(1)～(4)の問いに答えなさい。

[Ⅰ] 作成中のレポートの一部

〔目的〕 物体にはたらく浮力の大きさと，物体の水中に沈んでいる部分の体積の関係を調べる。

〔準備〕 密閉できる円筒形の容器，おもり，糸，ばねばかり，水を入れたビーカー

〔方法〕 ① 密閉できる円筒形の容器におもりを入れ，その容器を，糸でばねばかりにつるし，重さを測定した。

② 右の図のように，①で重さを測定した，おもりを入れた容器を，ゆっくりとビーカーに触れないようにして水中に沈めていき，容器の下半分を水中に沈めたときの，ばねばかりが示す値を読んだ。

③ ②と同じ手順で，容器の全体を水中に沈めたときの，ばねばかりが示す値を読んだ。

ばねばかり
密閉できる円筒形の容器
糸
おもり
ビーカー
水

〔結果〕 ①，②，③の値を，実験の結果として次の表にまとめた。

①の値	②の値	③の値
0.95 N	0.73 N	

[Ⅱ] 実験中の会話の一部

花子さん

浮力の大きさは，容器の水中に沈んでいる部分の体積に関係がありそうですね。

太郎さん

浮力の大きさは [X] になると考えられます。
容器の下半分を沈めたときの②の値から考えて，容器の全体を沈めたときの③の値は [Y] Nになると予想できます。

良子さん

では，容器の全体を沈めてみます。
③の値は，予想通り [Y] Nになりました。

花子さん

浮力について調べてみたら，浮力は沈めた物体の重さには関係しないということが書かれていました。

太郎さん

今回の実験では，そのことは確かめることができませんね。

良子さん

[Z]，同様の実験をすれば，そのことを確かめることができます。では，やってみましょう。

(1) [X] に最もよく当てはまるものを，次のア～カから一つ選び，その符号を書きなさい。

ア ①の値　　イ ②の値　　ウ ①の値の半分
エ ②の値の半分　　オ ①の値と②の値の和　　カ ①の値と②の値の差

(2) Y に当てはまる値を求めなさい。

(3) Z に最も良く当てはまるものを，次のア～エから一つ選び，その符号を書きなさい。

ア　容器を変えずに，容器の中のおもりの数を増やして

イ　容器を大きくして，容器の中のおもりの数を変えないで

ウ　容器を小さくして，容器の中のおもりの数を増やして

エ　おもりを入れた容器を，さらに深く沈めるようにして

(4) この実験で用いた密閉できる円筒形の容器の下面の面積は，8.0 cm^2 である。容器の下半分を水中に沈めたとき，容器の下面にはたらく水圧の大きさは何 Pa か。求めなさい。

〔4〕 空気中の水蒸気の変化について，次の(1)～(3)の問いに答えなさい。

(1) 次の文は，空気中の水蒸気が水滴に変わるしくみについて述べたものである。文中の X ， Y に当てはまる語句の組合せとして，最も適当なものを，下のア～エから一つ選び，その符号を書きなさい。

> 地表面からの高度が上がるほど，それより上にある空気の重さが X ため，気圧が低くなる。このため，地表付近の空気は上昇すると Y ，気温が下がる。気温が下がると，空気が含むことのできる水蒸気量が小さくなり，空気中の水蒸気は凝結して，水滴になる。

ア〔X　小さくなる，　Y　圧縮され〕　イ〔X　小さくなる，　Y　膨張し〕

ウ〔X　大きくなる，　Y　圧縮され〕　エ〔X　大きくなる，　Y　膨張し〕

(2) 1 m^3 の空気が含むことのできる水蒸気の最大質量を何というか。その用語を書きなさい。

(3) 地表から 50 m の高さにある気温 20 ℃の空気が上昇し，地表からの高さが 950 m の地点で雲ができはじめた。右の図は，気温と水蒸気量の関係を表したものであり，曲線は，1 m^3 の空気が含むことのできる水蒸気の最大質量を示している。この図をもとにして，次の①，②の問いに答えなさい。ただし，上昇する空気の温度は，100 m につき 1.0 ℃下がるものとし，空気 1 m^3 中に含まれる水蒸気量は，上昇しても変わらないものとする。

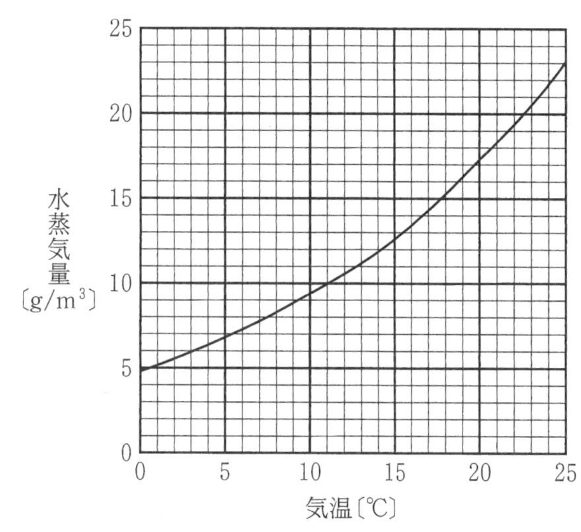

① この空気の露点は何℃か。求めなさい。

② この空気が地表から 50 m の高さにあったときの湿度はおよそ何%か。最も適当なものを，次のア～オから一つ選び，その符号を書きなさい。

ア　58 %　　イ　62 %　　ウ　66 %　　エ　70 %　　オ　74 %

〔5〕 セキツイ動物について，次の(1)，(2)の問いに答えなさい。

(1) セキツイ動物の5つのグループについて，それぞれの化石が発見される地層の年代をもとに考えたとき，地球上に出現した年代が古いものから順に並べたものとして，最も適当なものを，次のア～エから一つ選び，その符号を書きなさい。

ア 魚類 → ハチュウ類 → 両生類 → 鳥類 → ホニュウ類
イ 魚類 → ハチュウ類 → 両生類 → ホニュウ類 → 鳥類
ウ 魚類 → 両生類 → ハチュウ類 → 鳥類 → ホニュウ類
エ 魚類 → 両生類 → ハチュウ類 → ホニュウ類 → 鳥類

(2) 図1は，ヒト，イヌ，コウモリの前あしの骨格を，図2は，シマウマとライオンの目の向きを，それぞれ模式的に表したものである。このことに関して，次の①，②の問いに答えなさい。

図1

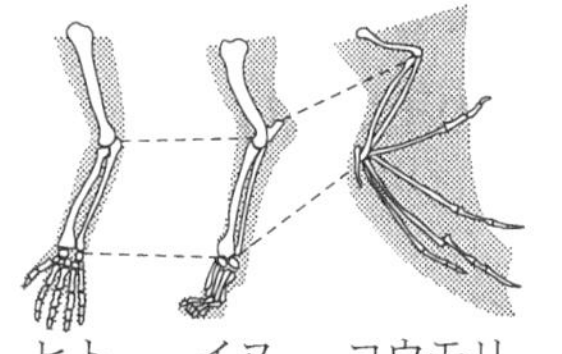

図2

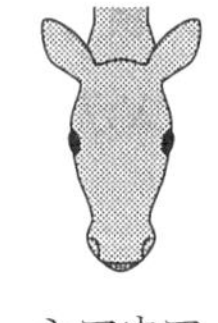

① 次の文は，ヒト，イヌ，コウモリの前あしの骨格を比較して考えられることについて述べたものである。文中の［X］，［Y］に最もよく当てはまる用語をそれぞれ書きなさい。

> ヒト，イヌ，コウモリの前あしの骨格を比較してみると，形が異なっていても，基本的なつくりが共通していることがわかる。形やはたらきが異なっていても，もとは同じ器官であったと考えられる器官のことを［X］といい，生物のからだが長い年月をかけて世代を重ねる間に変化してきたことの証拠であると考えられている。この変化を［Y］という。

② シマウマとライオンでは，目の向きに違いがある。ライオンの視野の広さと，物体を立体的に見ることのできる範囲は，シマウマと比較して，どのような違いがあるか。「目の向き」という語句を用いて書きなさい。

〔6〕 健太さんは，理科の授業で月の満ち欠けに興味をもったので，月を観察することにした。ある年の9月21日午後7時頃に，新潟県のある場所で観察したところ，満月が見えた。右の図は，地球の北極側から見たときの地球，月，太陽の位置関係を模式的に表したものである。このことに関して，あとの(1)～(5)の問いに答えなさい。

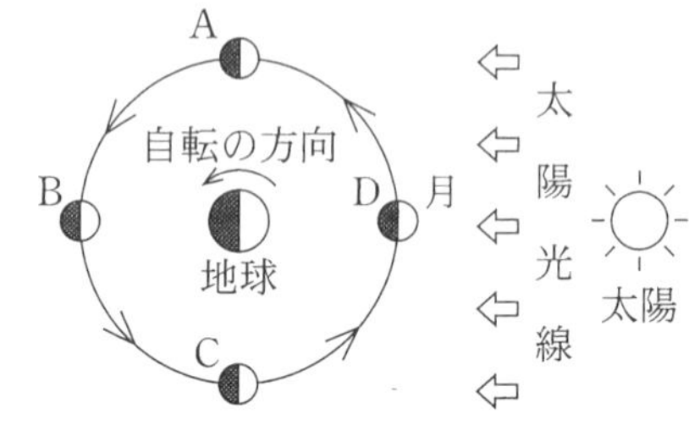

(1) 満月のときの月の位置として，最も適当なものを，図中のA～Dから一つ選び，その符号を書きなさい。

(2) 9月21日午後7時頃に，健太さんから見えた月の方向として，最も適当なものを，次のア～エから一つ選び，その符号を書きなさい。

ア 東の空　　イ 西の空　　ウ 南の空　　エ 北の空

(3) 8日後の9月29日に，同じ場所で月を観察したとき，見える月の形の名称として，最も適当なものを，次のア～エから一つ選び，その符号を書きなさい。

ア 満月　　イ 下弦の月　　ウ 三日月　　エ 上弦の月

(4) 次の文は，月の見え方と，その理由を説明したものである。文中の［X］，［Y］に当てはまる語句の組合せとして，最も適当なものを，下のア～エから一つ選び，その符号を書きなさい。

> 月を毎日同じ時刻に観察すると，日がたつにつれ，月は地球から見える形を変えながら，見える方向を［X］へ移していく。これは，［Y］しているためである。

ア〔X 東から西，Y 地球が自転〕　　イ〔X 東から西，Y 月が公転〕
ウ〔X 西から東，Y 地球が自転〕　　エ〔X 西から東，Y 月が公転〕

令和4年度入試

(5) 令和３年５月26日に，月食により，日本の各地で月が欠けたように見えた。月食とは，月が地球の影に入る現象である。月が地球の影に入るのは，地球，月，太陽の位置がどのようなときか。書きなさい。

〔7〕 電流とそのはたらきを調べるために，電熱線 a，電気抵抗 30 Ω の電熱線 b，電気抵抗 10 Ω の電熱線 c を用いて，次の実験１～３を行った。この実験に関して，下の(1)～(4)に答えなさい。

実験１　図１の端子 P と端子 Q に，図２の電熱線 a をつないで回路をつくり，スイッチを入れて，電圧計が 3.0 V を示すように電源装置を調節したところ，電流計の針が図３のようになった。

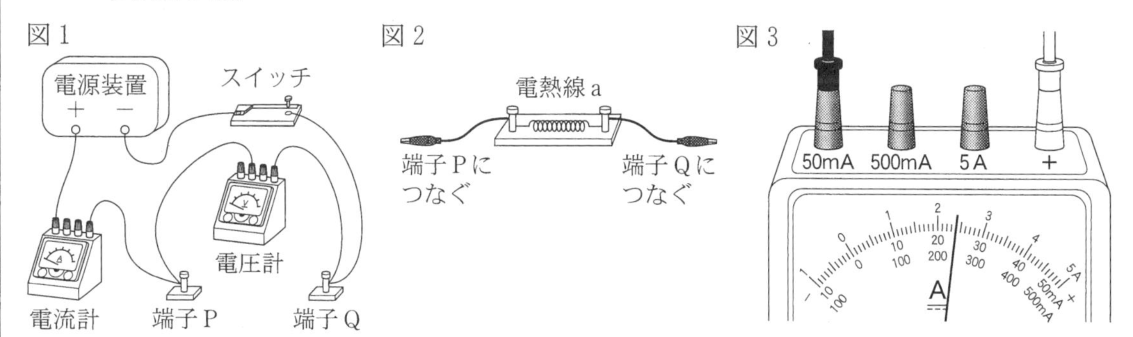

実験２　図４のように電熱線 b を２つつないだものを，図１の端子 P と端子 Q につないで回路をつくり，スイッチを入れて，電圧計が 3.0 V を示すように電源装置を調節した。

実験３　図５のように電熱線 c を２つつないだものを，図１の端子 P と端子 Q につないで回路をつくり，スイッチを入れて，電圧計が 3.0 V を示すように電源装置を調節した。

(1) 実験１について，次の①，②の問いに答えなさい。

① 電熱線 a を流れる電流は何 mA か。書きなさい。

② 電熱線 a の電気抵抗は何 Ω か。求めなさい。

(2) 実験２について，電流計は何 mA を示すか。求めなさい。

(3) 実験３について，２つの電熱線 c が消費する電力の合計は何 W か。求めなさい。

(4) 次のア～エの，電熱線 b，電熱線 c，電熱線 b と電熱線 c をつないだもののいずれかを，図１の端子 P と端子 Q につないで回路をつくり，スイッチを入れて，電圧計が 3.0 V を示すように電源装置を調節し，電流計の示す値を測定した。このとき，ア～エを，電流計の示す値が大きいものから順に並べ，その符号を書きなさい。

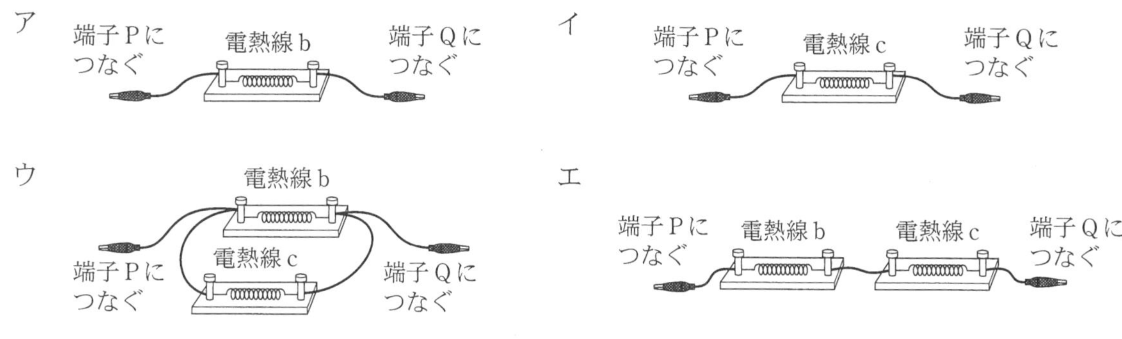

〔8〕 エタノールの沸点と，水とエタノールの混合物を加熱して取り出した液体を調べるために，次の実験1，2を行った。この実験に関して，下の(1)，(2)の問いに答えなさい。

実験1　図1のように，試験管に沸騰石を3個入れてから，エタノールを試験管の5分の1ほどまで入れ，アルミニウムはくでふたをした。

この試験管を，別に沸騰させておいた水の入ったビーカーの中に入れて加熱し，試験管内のエタノールの温度を，温度計で30秒(0.5分)ごとに測定した。

次の表は，加熱した時間と試験管内のエタノールの温度の関係を表したものである。

加熱した時間〔分〕	0	0.5	1.0	1.5	2.0	2.5	3.0	3.5	4.0	4.5
温度〔℃〕	25	40	62	75	77	78	78	78	78	78

図1

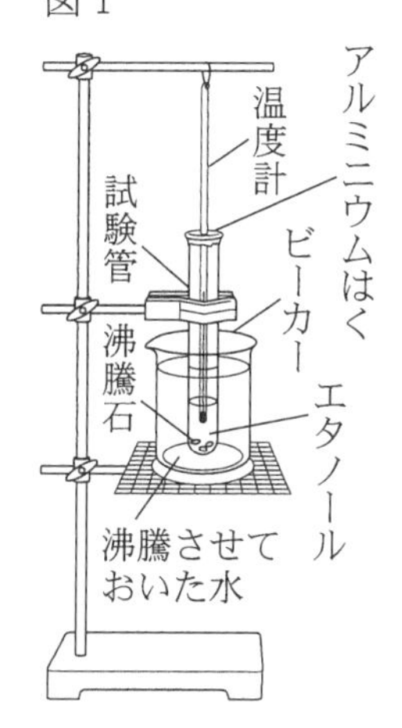

実験2　水 17.0 cm^3 とエタノール 3.0 cm^3 をはかりとって，質量を測定したところ，それぞれ 17.00 g，2.37 g であった。

次に，水 17.0 cm^3 とエタノール 3.0 cm^3 の混合物をつくり，図2のように，この混合物と3個の沸騰石を丸底フラスコに入れ，弱い火で加熱して少しずつ気体に変化させた。丸底フラスコ内の気体の温度を測定しながら，気体が冷やされてガラス管から出てきた液体を，試験管Aに体積が約3 cm^3 になるまで集めた。

図2

温度計　丸底フラスコ　水とエタノールの混合物　ガラス管　試験管A　沸騰石　水

その後，試験管Aを試験管Bと交換し，試験管Bに体積が約3 cm^3 になるまで液体を集めた。さらに，試験管Bを試験管Cと交換し，試験管Cに体積が約3 cm^3 になるまで液体を集めた。

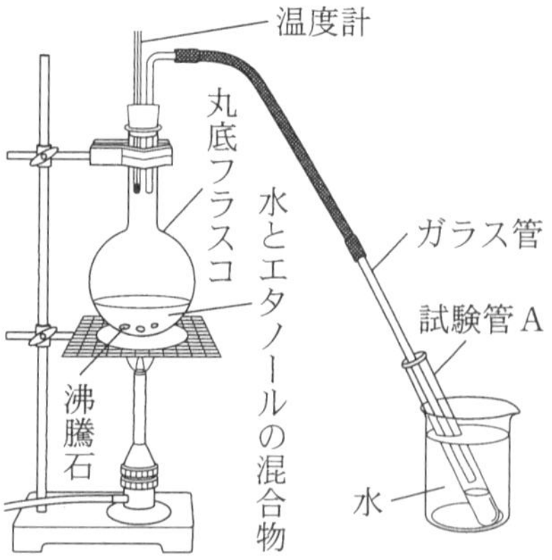

右の表は，試験管A～Cのそれぞれに液体が集まりはじめたときの，丸底フラスコ内の気体の温度をまとめたものである。

試験管A	試験管B	試験管C
72 ℃	86 ℃	92 ℃

(1) 実験1について，次の①，②の問いに答えなさい。

① 表をもとにして，加熱した時間と温度の関係を表すグラフをかきなさい。

② エタノールの沸点は何℃か。書きなさい。また，そのように判断した理由を書きなさい。

(2) 実験2について，次の①～③の問いに答えなさい。

① エタノールの密度は何 g/cm^3 か。求めなさい。

② この実験のように，液体を沸騰させて得られた気体を冷やし，再び液体を得る操作を何というか。その用語を書きなさい。

③ 試験管A～Cに集めた液体を，同じ体積ずつはかりとり，質量を比較した。このときの試験管Aからはかりとった液体について述べた文として，最も適当なものを，次のア～エから一つ選び，その符号を書きなさい。

ア　水が多く含まれているため，質量が最も小さい。

イ　水が多く含まれているため，質量が最も大きい。

ウ　エタノールが多く含まれているため，質量が最も小さい。

エ　エタノールが多く含まれているため，質量が最も大きい。

国語解答用紙

（注1） 解答は、縦書きで記入すること。
（注2） ※の欄には、何も記入しないこと。

受検番号

※

〔一〕

(一)	1	奪	われる
	2	漂	う
	3	描写	
	4	抑揚	
	5	陳列	
(二)	1	コマ	かく
	2	ココロ	みる
	3	キョウメイ	
	4	ギアン	
	5	ダンカイ	

※

〔二〕

(一)	
(二)	
(三)	
(四)	
(五)	

※

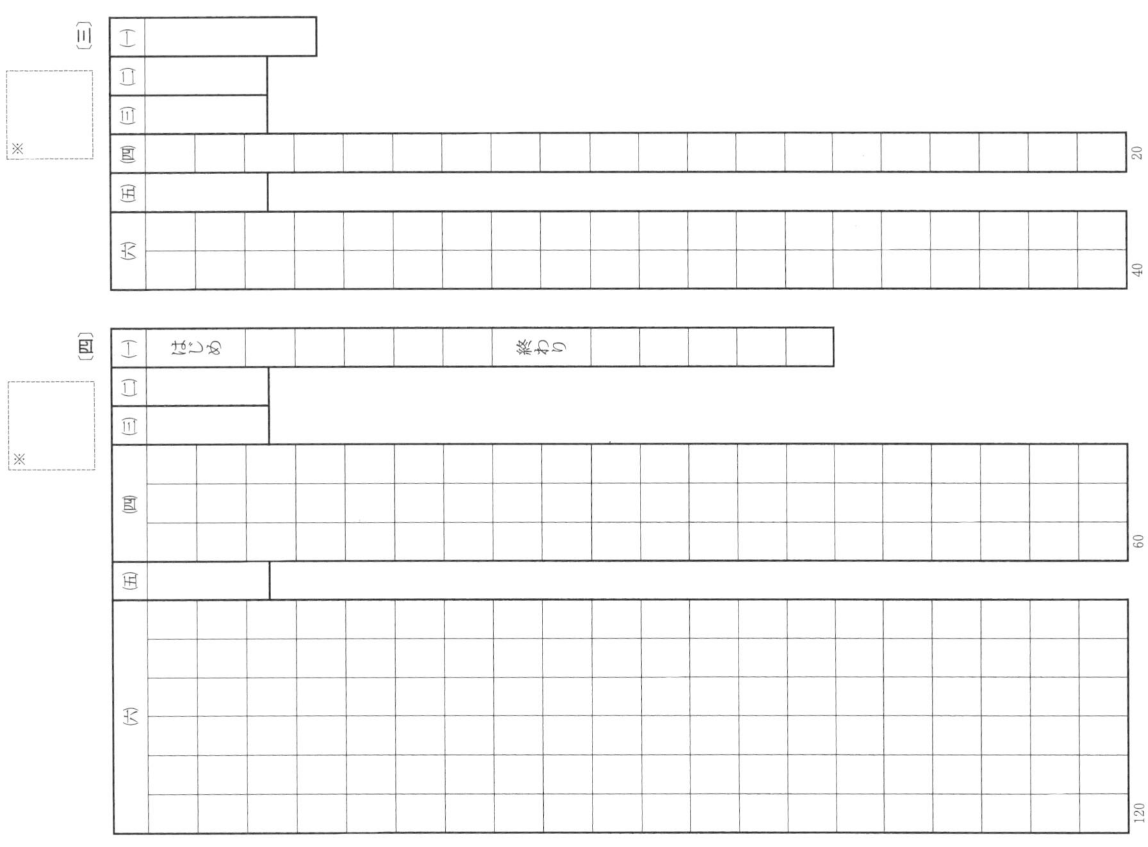

令和4年度入試

数学解答用紙

（注１）解答は，横書きで記入すること。
（注２）※の欄には，何も記入しないこと。

受検番号

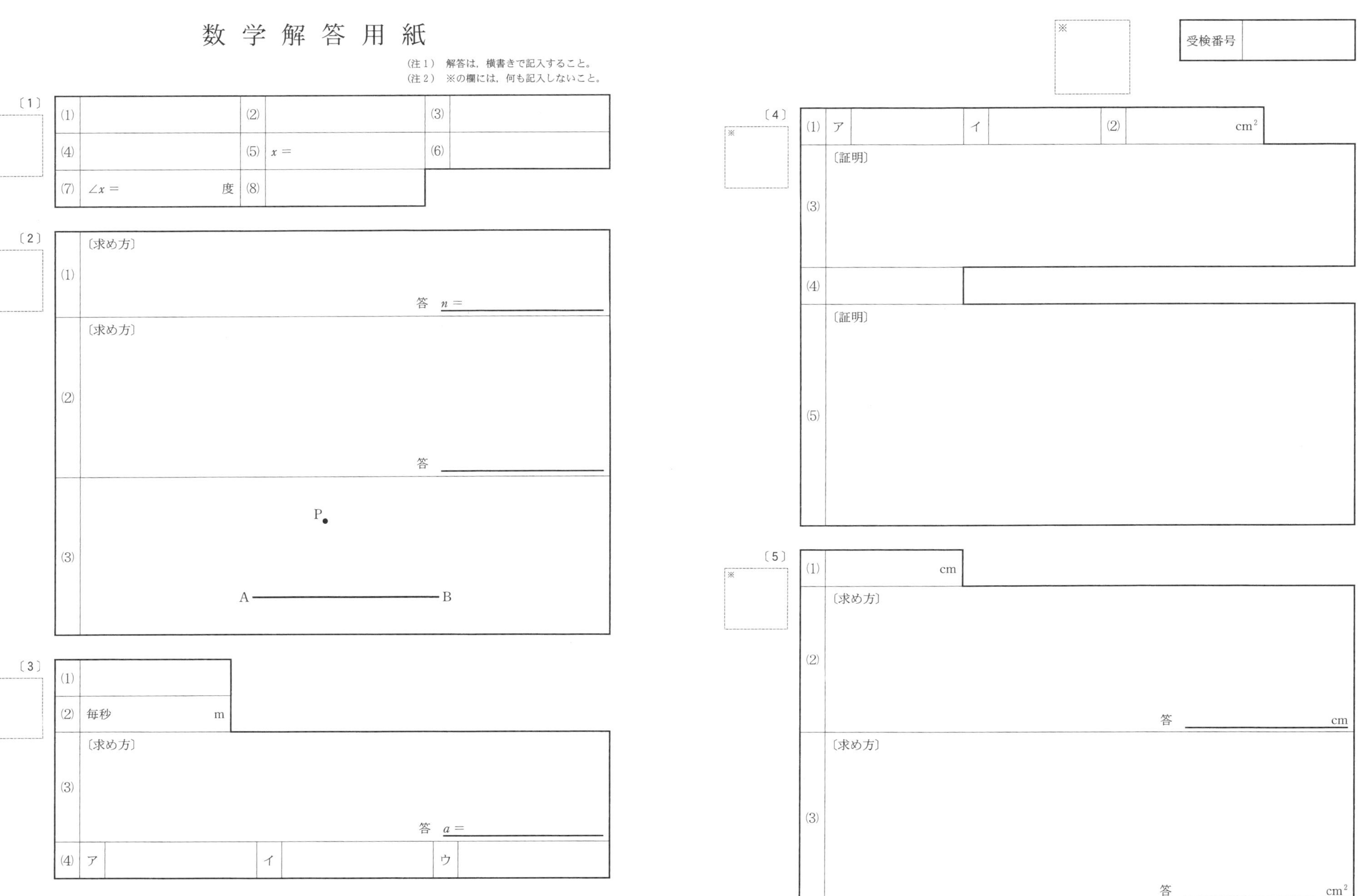

〔1〕 ※

⑴		⑵		⑶	
⑷		⑸	$x=$	⑹	
⑺	$\angle x=$ 度	⑻			

〔2〕 ※

⑴ 〔求め方〕

答 $n=$

⑵ 〔求め方〕

答

⑶

〔3〕 ※

⑴					
⑵	毎秒 m				
⑶	〔求め方〕 答 $a=$				
⑷	ア		イ		ウ

〔4〕 ※

⑴	ア		イ		⑵	cm^2
⑶	〔証明〕					
⑷						
⑸	〔証明〕					

〔5〕 ※

⑴ cm

⑵ 〔求め方〕

答 cm

⑶ 〔求め方〕

答 cm^2

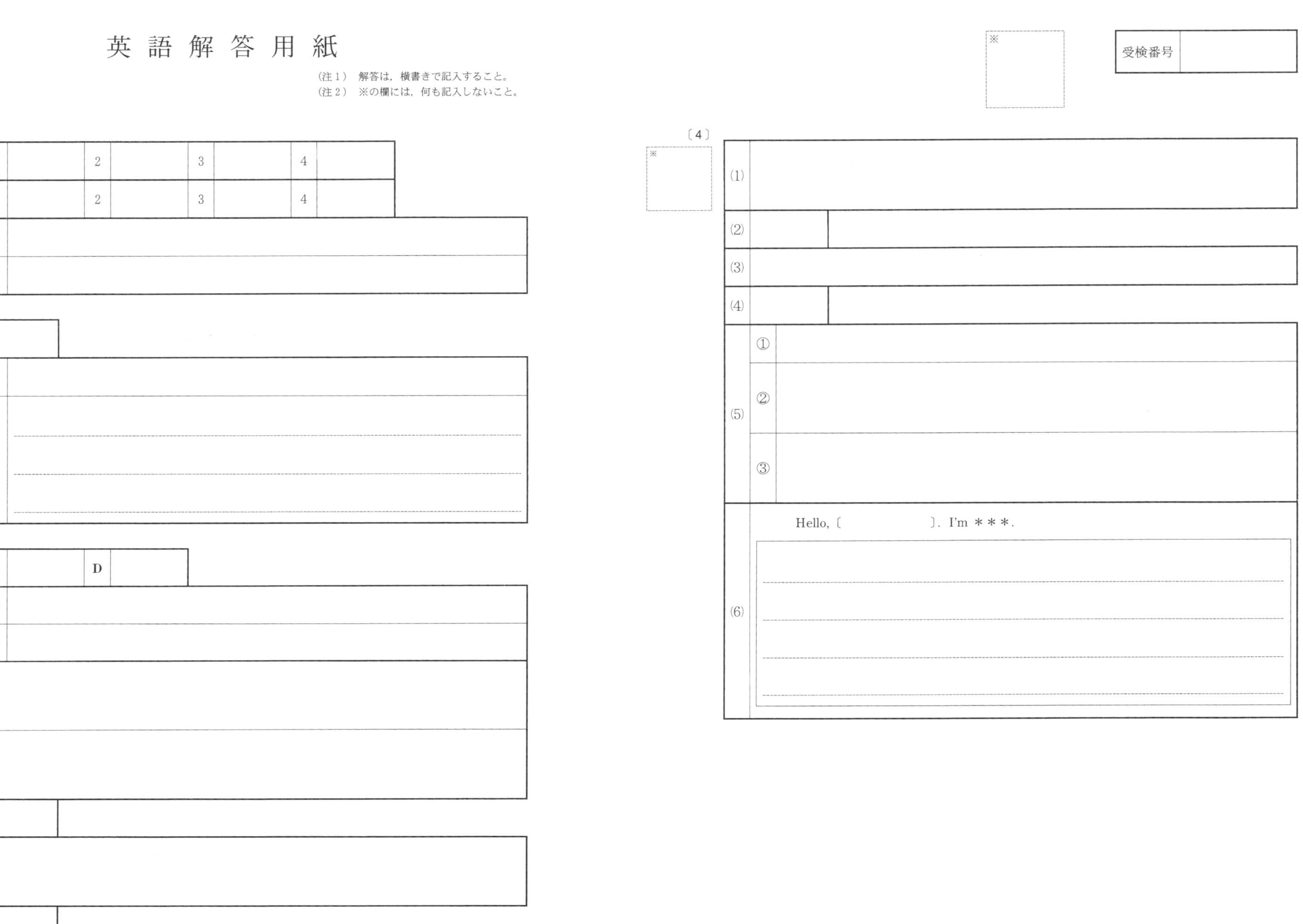

英語解答用紙

(注１) 解答は，横書きで記入すること。
(注２) ※の欄には，何も記入しないこと。

受検番号	

※

〔1〕 ※

(1)	1		2		3		4
(2)	1		2		3		4
(3)	1						
	2						

〔2〕 ※

(1)		
(2)	a	
	b	

〔3〕 ※

(1)	A		D	
(2)	B			
	G			
(3)				
(4)				
(5)				
(6)				

〔4〕 ※

(1)		
(2)		
(3)		
(4)		
(5)	①	
	②	
	③	
(6)	Hello, 〔 〕. I'm ＊＊＊.	

社会解答用紙

(注1)　解答は，横書きで記入すること。
(注2)　※の欄には，何も記入しないこと。

受検番号

※

〔1〕 ※

(1)	
(2)	(　　)緯(　　)度　(　　)経(　　)度
(3)	
(4)	
(5)	

〔2〕 ※

(1)		
(2)		
(3)	①	
(3)	②	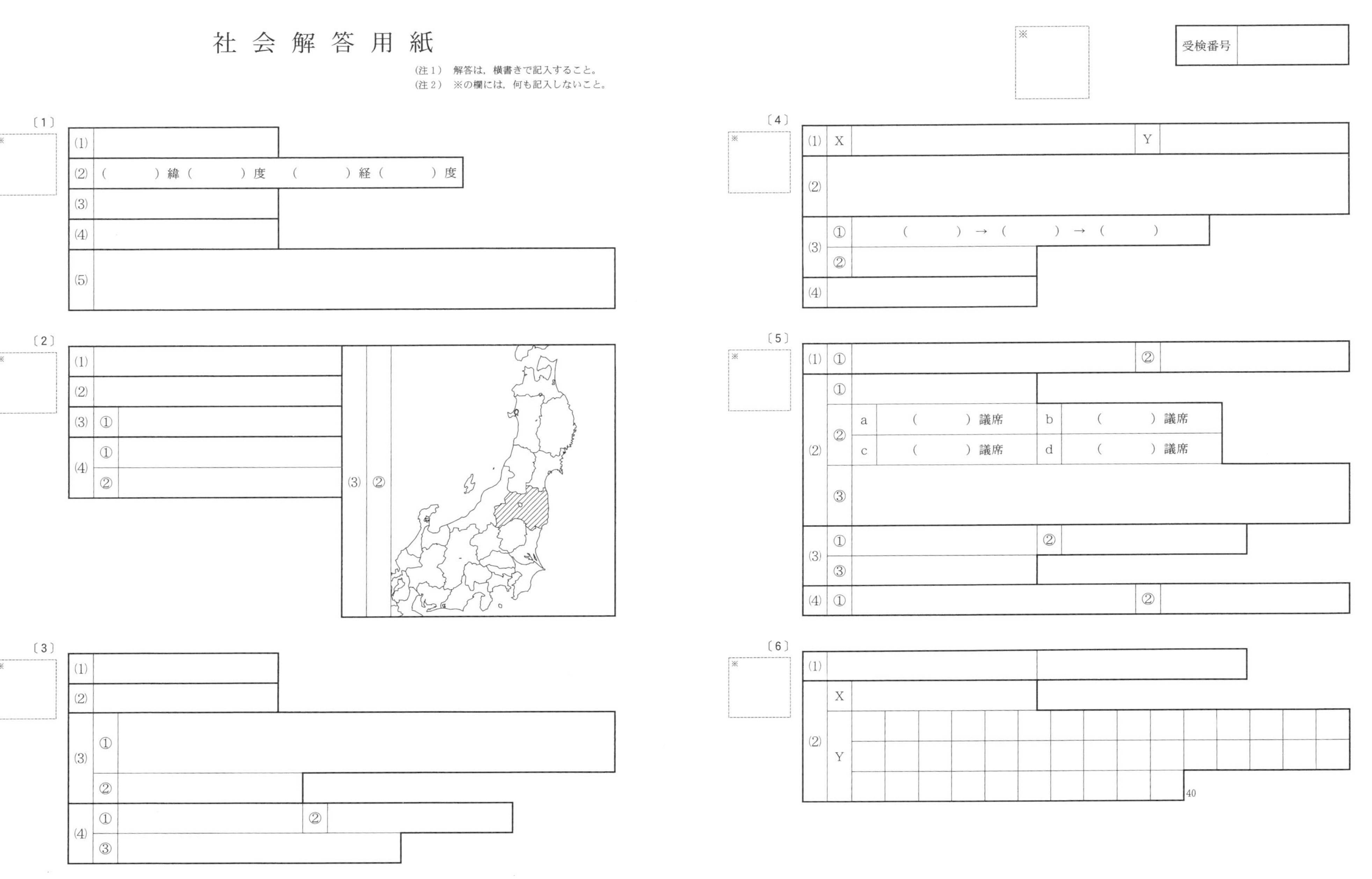
(4)	①	
(4)	②	

〔3〕 ※

(1)				
(2)				
(3)	①			
(3)	②			
(4)	①		②	
(4)	③			

〔4〕 ※

(1)	X		Y	
(2)				
(3)	①	(　　)→(　　)→(　　)		
(3)	②			
(4)				

〔5〕 ※

(1)	①				②	
(2)	①					
(2)	②	a	(　　)議席	b	(　　)議席	
(2)	②	c	(　　)議席	d	(　　)議席	
(2)	③					
(3)	①				②	
(3)	③					
(4)	①				②	

〔6〕 ※

(1)		
(2)	X	
(2)	Y	40

理科解答用紙

(注1) 解答は，横書きで記入すること。
(注2) ※の欄には，何も記入しないこと。

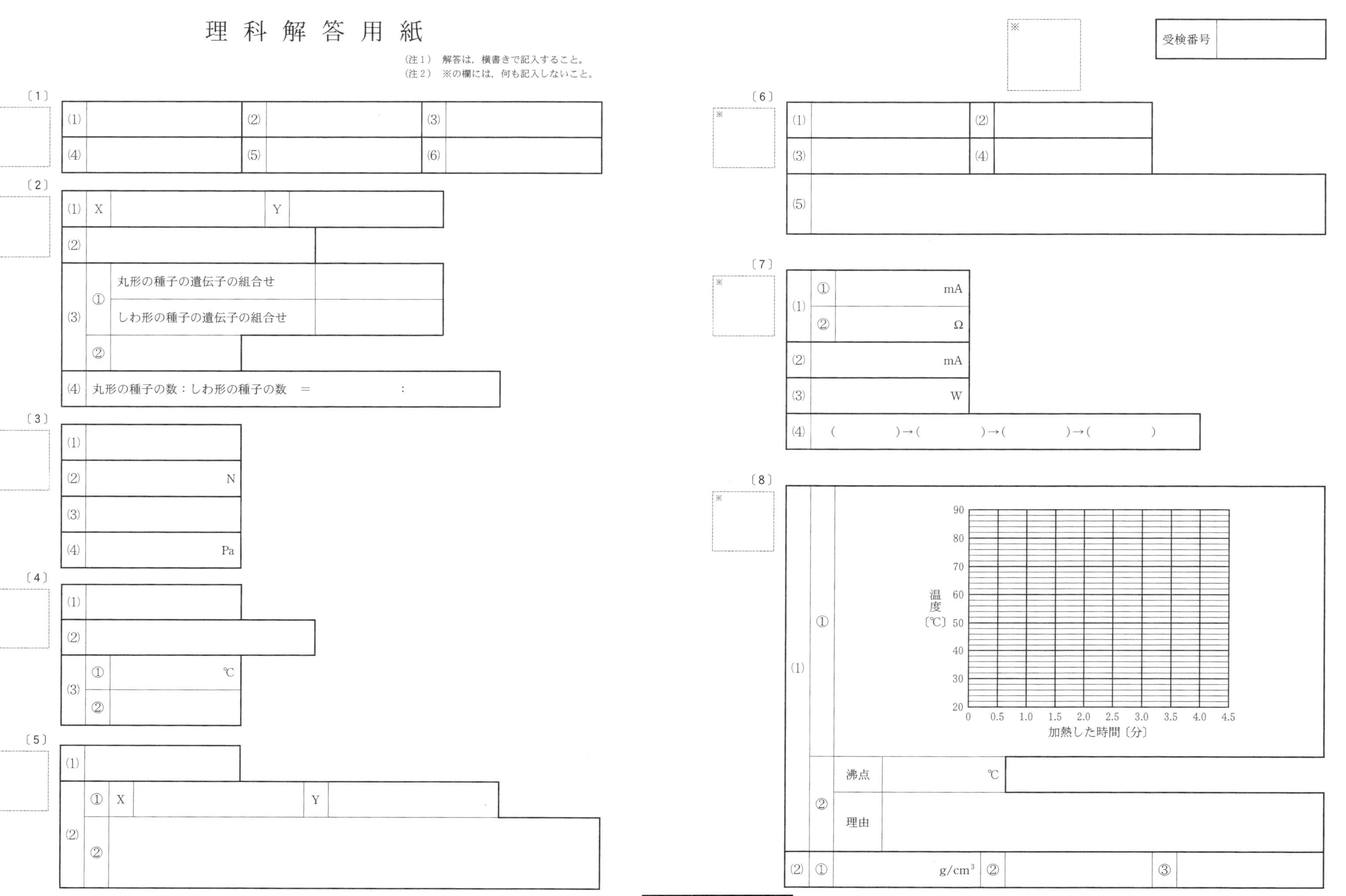

※

受検番号	

〔1〕 ※

(1)		(2)		(3)	
(4)		(5)		(6)	

〔2〕 ※

(1)	X		Y	
(2)				
(3)	①	丸形の種子の遺伝子の組合せ		
		しわ形の種子の遺伝子の組合せ		
	②			
(4)	丸形の種子の数：しわ形の種子の数　＝　　：			

〔3〕 ※

(1)	
(2)	N
(3)	
(4)	Pa

〔4〕 ※

(1)		
(2)		
(3)	①	℃
	②	

〔5〕 ※

(1)				
(2)	①	X		Y
	②			

〔6〕 ※

(1)		(2)	
(3)		(4)	
(5)			

〔7〕 ※

(1)	①	mA
	②	Ω
(2)		mA
(3)		W
(4)	(　　)→(　　)→(　　)→(　　)	

〔8〕 ※

(1)	①		
	②	沸点	℃
		理由	
(2)	① g/cm³	②	③

(六)　次のⅡの文章は、Ⅰの文章と同じ著書の一部である。〰〰線部分とはどういうことか。ⅠとⅡの文章を踏まえ、百二十字以内で書きなさい。

Ⅱ

混乱が大きくなればなるほど、社会では次の常識を巡る「まなざしの戦い」が始まる。そこには、さまざまな力が巧みに私たちのまなざしをデザインしようと仕掛けており、どの見方もそれらしく見えるようにプレゼンテーションされる。そんな観点からインターネットを注意深く眺めると、多様な見方が並べられていることに気づくだろう。

その中には科学的でないものも溢(あふ)れているし、客観性を装いながら根拠のなさそうなものもたくさん見られる。しかし私たちがこれまで当たり前としてきた社会の仕組みや科学的な常識を覆すような情報や証拠も共有され始めているのだ。それらの全てが妥当性を欠いた説明であるとは必ずしも言い切れないように思える。一方で、あまりにもたくさんの情報に溢れ、そのどれもが正反対を主張する中、今や何が事実で何が正解なのかの判断は簡単には下せなくなっている。そんなときこそ、改めてもう一度、「常識とは何か」について確認する必要があるだろう。

その七

令和5年度入試

◇M1(388—10)

違っているとする方が、私たちには容易い。自分の見方を正当化してくれる情報や理屈、権威を追い求めるようになると、それがまた自分の見方をますます強めていく。そして次第に自分と反対の見解や立場を突きつける相手を敵視したり、見下したりする態度を示すようになる。

　小さい頃から教育されてきた知識、長年にわたって社会で信じられてきた概念、多くの人が口にする情報。それらは繰り返し唱えられるものほど私たちの中に強く刻まれ、それはいつしか自分自身の信念や考え、感覚として自分の無意識に深く入り込んでいく。自らが固く信じて疑わない見方、つまり私たちのまなざしが固定化した状態は「固定観念」あるいは「偏見」と言い換えられる。それが社会にまで広がったものを、私たちは「常識」と呼ぶ。だが、アインシュタインも常識とは18歳までに身につけた偏見のコレクションと指摘したと言われるように、常識とはまなざしが固定化したものにほかならない。

（ハナムラ　チカヒロ「まなざしの革命」による）

（注）　アイデンティティ＝自己が他と区別されて、ほかならぬ自分であると感じられるときの、その感覚や意識をいう語。
　　　アインシュタイン＝ドイツ生まれの理論物理学者。

㈠　文章中の［A］に最もよく当てはまる言葉を、次のア～エから一つ選び、その符号を書きなさい。

ア　なぜなら　　イ　もし　　ウ　ところで　　エ　むしろ

㈡　文章中の［a］に最もよく当てはまる言葉を、次のア～エから一つ選び、その符号を書きなさい。

ア　受動的　　イ　画一的　　ウ　表面的　　エ　積極的

㈢　――線部分⑴について、筆者がこのように述べるのはなぜか。その理由を、三十五字以内で書きなさい。

㈣　――線部分⑵とはどういうことか。六十字以内で書きなさい。

㈤　――線部分⑶について、筆者がこのように述べるのはなぜか。その理由として最も適当なものを、次のア～エから一つ選び、その符号を書きなさい。

ア　相手の認識を改めるよりも、自分の見方が間違っていると素直に認める方が、私たちには容易いから。

イ　自分の認識を改めるよりも、自分に都合のよい方向に物事の解釈を変える方が、私たちには容易いから。

ウ　相手の認識を改めるよりも、相手の意見に合わせて自由に発想を変えていく方が、私たちには容易いから。

エ　自分の認識を改めるよりも、自分の都合に合わせて相手の考えを変えていく方が、私たちには容易いから。

〔四〕 次のⅠ、Ⅱの文章を読んで、(一)～(六)の問いに答えなさい。

Ⅰ　私たちの多くは自分のまなざしが固定化しているとは思っていない。自分は人と比べて柔軟な視点を持っており、頑固なまなざしを持っているのは相手だと思っている。自分は他者の意見を受け入れ、その違いにも寛容で、自由に発想を変えられると信じている。だから普段、私たちは自分の見方を変えたいと思っていない。［A］柔軟でない相手や融通の利かない物事を変えたいと思っている。

私たちが見方を変えるのは、自分にとって都合の悪いことが起こったときだ。社会や他者や物事との関係の中で自分にとって不都合な状況が生じたときに、私たちはそれを何とか切り抜けるために見方を変えようとする。アイデアに行き詰まったとき、人間関係がうまくいかないとき、日々の生活で困ったことが生じたとき。そしてその物事がどうにも変えられないとき、経験や知識の範囲で私たちは見方を変えようとする。だがその場合に私たちが変えるのは自分自身への認識ではなく、［a］な物事の解釈であることが多い。

物事の解釈を変えることも見方を変えることではあるのだが、それは自分の欲求に合わせて都合よく見方を変える場合が多い。そこでの見方を方向づける欲求そのものは自分の深い部分で固定化しており、それには気づかない。私たちは物事の解釈を変更することで、日常の問題であれば何とか乗り切れるかもしれない。だが、深刻な事態が起こったときには、それだけではうまくいかなくなる。生死にまつわるようなこと、自分のアイデンティティの危機、混乱した状況や先行きの全く見えない社会不安。(1)そんな場合に私たちは根本的な見方を変える必要性に迫られる。

そもそも、見方を変えるのはそう簡単なことではない。これまで長い時間をかけて培ってきた自分の根幹に関わることほど、見方を急に変えるのは難しい。それにはとてもエネルギーと努力が必要になるのだ。特に社会に大きな変化が訪れるときや、答えのない深刻な問いが自分に突きつけられ、根本から見方を変えねばならない状況になるほど、私たちはこれまで以上にますます自分のまなざしを固定しがちだ。自分の見方が間違っていると改めるよりも、自分の見方は間違っていないことを確認する方向に物事の解釈を変更する方が私たちには容易(たやす)い。

しかし、何とかしてようやく自分の認識を変えることができたとしても、また次から次へと深刻な事態が続くような状況に陥るとどうだろうか。今度は、私たちは自ら進んで(2)まなざしを固定化することを選ぶのである。答えが定まらない不安定な状態は、私たちに大きな苦痛を強いる。その不安の激流に流されてしまわないように、何か答えを決めてそこから動きたくない気持ちが強まるのだ。だから状況が厳しくなるほど、自分の都合の悪いものは視界から追いやって、自分が見たい部分や一度信じたことにだけ目を向けがちになる。そんな状態を繰り返しているうちに、私たちのまなざしはもう変えられないほど固定化してしまう。

(3)こうして一度信じ込んでしまうと、その物事の別の側面を見せられても、私たちにはそれが事実には見えない。いくら妥当性がある理屈が並べられても、自分の信念に合わないものを間

アキラ　なるほど。この場面で、この笛の名前を持ち出した宮の御前は、とても機転が利く人ですね。
フユミ　作者も、この笛の名前を知っていたから、宮の御前が言った「いなかへじ」という言葉に、二つの意味が掛けられていることをすぐに理解できたのですね。

(一)　〰線部分の「なほ」を現代かなづかいに直し、すべてひらがなで書きなさい。

(二)　━━線部分(1)の「隆円に給へ」の意味として最も適当なものを、次のア～エから一つ選び、その符号を書きなさい。
ア　隆円にお申しつけください。
イ　隆円にお与えください。
ウ　隆円にお聞かせください。
エ　隆円にお返しください。

(三)　━━線部分(2)の「ことごとをのたまふ」は、誰の動作か。最も適当なものを、次のア～エから一つ選び、その符号を書きなさい。
ア　淑景舎の女御　　イ　僧都の君
ウ　宮の御前　　エ　作者

(四)　━━線部分(3)の「あまたたび聞えたまふ」には、誰の、どのような気持ちが表れているか。最も適当なものを、次のア～エから一つ選び、その符号を書きなさい。
ア　宮の御前の、淑景舎の女御からの返事を待ちわびる気持ち。
イ　僧都の君の、宮の御前からの返事をありがたく思う気持ち。
ウ　宮の御前の、僧都の君からの返事を潔くあきらめる気持ち。
エ　僧都の君の、淑景舎の女御からの返事を強く求める気持ち。

(五)　━━線部分(4)の「いみじうをかしきことぞ限りなき」について、作者は、どのようなことに対して素晴らしいと感じているのか。六十字以内で書きなさい。

(六)　━━線部分(5)の「この御笛の名、僧都の君もえ知りたまはざりけれ」とはどういうことか。最も適当なものを、次のア～エから一つ選び、その符号を書きなさい。
ア　故殿がくださった笛の名前を、僧都の君だけが知っていたということ。
イ　故殿がくださった笛の名前を、僧都の君は知らされていなかったということ。
ウ　上が所有している笛の名前を、僧都の君は知らなかったということ。
エ　上が所有している笛の名前を、僧都の君が誰にも知らせなかったということ。

〔三〕 次のAの文章は、清少納言の『枕草子』の一部で、作者が目にした、「淑景舎（しげいしゃ）の女御（にょうご）」とその兄の「僧都（そうず）の君（きみ）」、二人の姉である「宮（みや）の御前（おまえ）」による、笛をめぐるやりとりについて記したものである。また、Bの文章は、Aの文章について調べた四人の生徒と先生の会話である。この二つの文章を読んで、(一)～(六)の問いに答えなさい。

A

淑景舎などわたりたまひて（コチラニオイデニナッテ）、御物語（オ話ヲナサル）のついでに、「まろ（私）がもと（ノ）にいとをかしげなる笙（さう）の笛こそあれ。故殿（ことの）の得させたまへりし（クダサッタモノデス）」とのたまふ（オッシャルト）を、僧都の君「それは⑴隆円（りゅうえん）に給（たま）へ。おの（私）がもと（ノ）にめでたき琴（きん）はべり（ゴザイマス）。それにかへさせたまへ」と申したまふ（ナサルノヲ）を、聞きも入れたまはで（ナサラナイデ）、⑵ことごと（他ノコト）をのたまふに、⑶いらへ（オ返事ヲ）させたてまつらむ（イタダコウ）とあまたたび（何度モ）聞（きこ）えたまふ（申シ上ゲナサルガ）に、なほ物ものたまはねば、宮の御前の、「いなかへじとおぼしたる（思ッテイラッシャルノニ）ものを」とのたまはせたる御けしき（ゴ様子）の、⑷いみじうをかしきことぞ限りなき。⑸この御笛の名、僧都の君もえ知りたまはざりければ、ただうらめしうおぼいためる（思ッテイラッシャッタヨウダ）。これは職（しき）の御曹司（みざうし）におはしまいし（イラッシャッタ）ほどの事なめり（デアルヨウダ）。上（うへ）の御前（オ手元）にいなかへじといふ御笛の候（さぶら）ふ（笛ガゴザイマシテ、ソノ名前デアル）名なり。

（注）
淑景舎＝淑景舎の女御。女御は天皇に仕える女官の名称。
故殿＝藤原道隆。淑景舎の女御、僧都の君、宮の御前の父。
隆円＝僧都の君。僧都は僧官の名称。
宮の御前＝中宮定子。中宮は皇后（こうごう）の別称。
職の御曹司＝中宮関係の事務をとる役所内の建物。
上＝天皇。ここでは宮の御前の夫である一条天皇を指す。

B

先生　宮中にある楽器には、「無名（むみょう）」という名前の琵琶（びわ）や「塩釜（しおがま）」という名前の和琴（わごん）など、楽器としては珍しい名前がつけられているものが多く、一条天皇は、「いなかへじ」という名前の笙の笛を所有していました。

ハルコ　「いなかへじ」という笛について調べたら、この名前は、「いいえ、替えるつもりはない」という意味の「いな替へじ」という言葉が由来になっていることがわかりました。

ナツキ　それは面白いですね。どんなものとも交換したくないほど、素晴らしい笛だったということでしょう。

(三) 次の文中の「ついに」と同じ品詞であるものを、あとのア～エの――線部分から一つ選び、その符号を書きなさい。

> 長い年月を経て、ついに作品が完成した。

ア 月の輪郭がはっきり見える。
イ 街灯の光が道を明るく照らす。
ウ 机の上をきれいに片付ける。
エ 大きな池で魚がゆったり泳ぐ。

(四) 次の文中の「話し」と活用形が同じ動詞を、あとのア～エの――線部分から一つ選び、その符号を書きなさい。

> 友人と夏休みの思い出について話した。

ア 地図を見れば、駅までの経路がわかる。
イ 春が来ると、雪が溶けて草木が芽吹く。
ウ 今度の週末は、図書館に行こうと思う。
エ 窓を開けて、部屋の空気を入れ換える。

(五) 次の会話文の二つの［A］に共通して当てはまる言葉として、最も適当なものを、あとのア～エから一つ選び、その符号を書きなさい。

> ノゾミ　国語の授業で「［A］」という言葉の意味を調べるために辞書を引いてみたら、「最も興味深いところ」という意味があることがわかりました。
>
> ツバサ　私は、「［A］」という言葉は知っていましたが、「物事の終わりの段階」という意味だと思って使っていました。この言葉の本来の意味を知って、とても驚きました。
>
> ノゾミ　この言葉の他にも、本来の意味とは異なる使い方をしている言葉があるかもしれません。今度、一緒に調べてみましょう。

ア 幕開け
イ 転機
ウ 佳境
エ 大詰め

国語

〔一〕　次の㈠、㈡の問いに答えなさい。

㈠　次の１～５について、――線をつけた漢字の部分の読みがなを書きなさい。

1　わずかな時間を惜しんで練習する。
2　若葉の緑が目に鮮やかだ。
3　目標の数値に到達する。
4　新製品の開発に貢献する。
5　喫緊の課題に対応する。

㈡　次の１～５について、――線をつけたカタカナの部分に当てはまる漢字を書きなさい。

1　大きく息をスう。
2　風のイキオいが次第に弱まる。
3　電力のセツゲンに努める。
4　セイミツな機械を製造する。
5　複数の文化のルイジ点に着目する。

〔二〕　次の㈠～㈤の問いに答えなさい。

㈠　次の文中の「控える」と同じ意味で使われている「控える」がある文を、あとのア～エから一つ選び、その符号を書きなさい。

説明の要点をノートに控える。

ア　大切な打ち合わせを明日に控える。
イ　宿泊する施設の電話番号を控える。
ウ　出演の時間まで、ステージの裏で控える。
エ　気温が高いので、屋外での運動を控える。

㈡　次の文中の「乗車」と構成が同じ熟語を、あとのア～エから一つ選び、その符号を書きなさい。

停留所でバスに乗車する。

ア　往復
イ　過程
ウ　作文
エ　選択

　（試験時間50分）

数　　学

〔１〕　次の(1)～(8)の問いに答えなさい。

(1)　$7-(-3)-3$　を計算しなさい。

(2)　$2(3a-2b)-4(2a-3b)$　を計算しなさい。

(3)　$(-6ab)^2 \div 4ab^2$　を計算しなさい。

(4)　連立方程式 $\begin{cases} x+3y=21 \\ 2x-y=7 \end{cases}$　を解きなさい。

(5)　$\sqrt{45}-\sqrt{5}+\dfrac{10}{\sqrt{5}}$　を計算しなさい。

◇M2(388―15)

(6) 130人の生徒が1人a円ずつ出して，1つb円の花束を5つと，1本150円のボールペンを5本買って代金を払うと，おつりがあった。このとき，数量の関係を不等式で表しなさい。

(7) 右の図のように，円Oの周上に円周を9等分する9つの点A，B，C，D，E，F，G，H，Iがある。線分ADと線分BFの交点をJとするとき，$\angle x$の大きさを答えなさい。

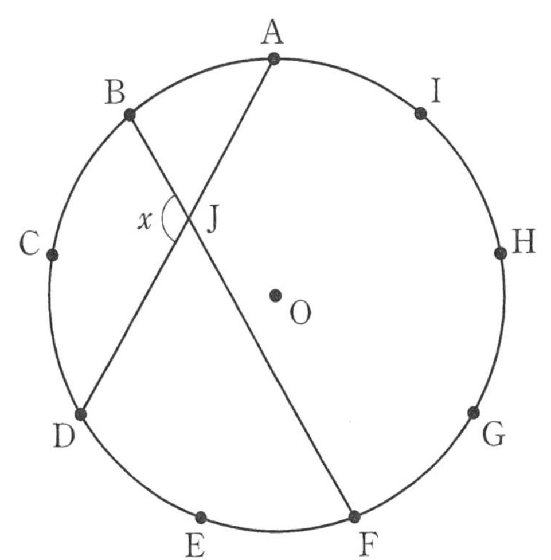

(8) 右の図は，ある家庭で購入した卵40個の重さを1個ずつはかり，ヒストグラムに表したものである。このヒストグラムに対応する箱ひげ図として正しいものを，次のア～エから1つ選び，その符号を書きなさい。ただし，階級は52g以上54g未満のように，2gごとの区間に区切っている。

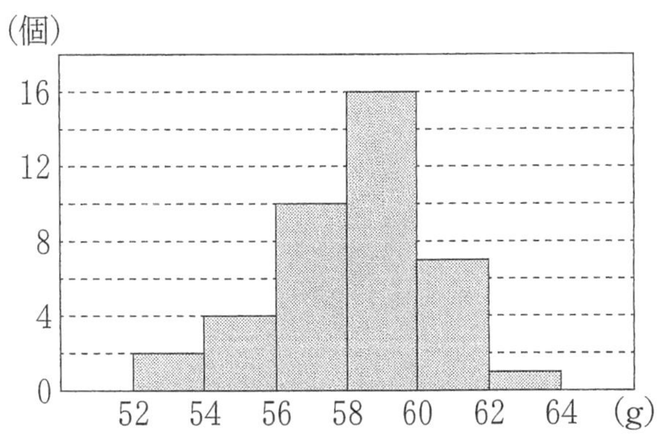

ア

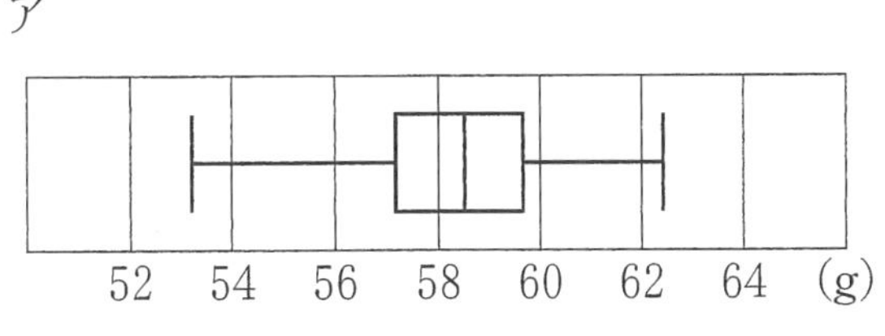

イ

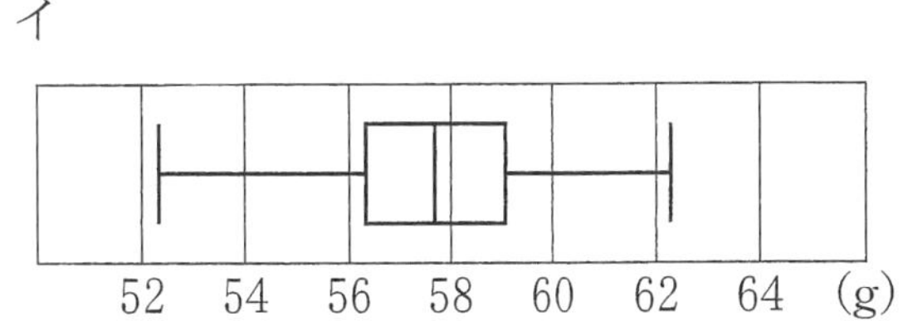

ウ

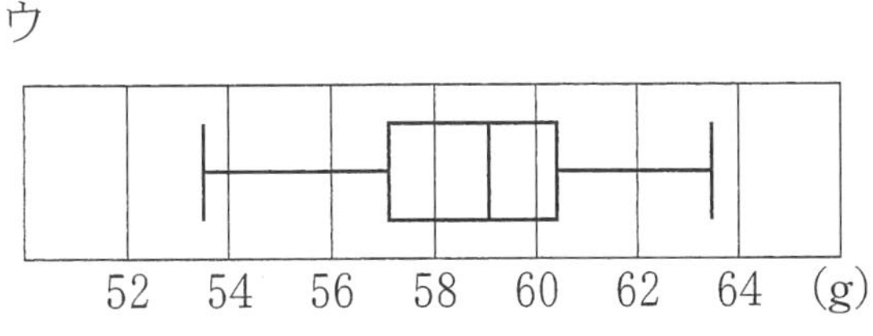

エ

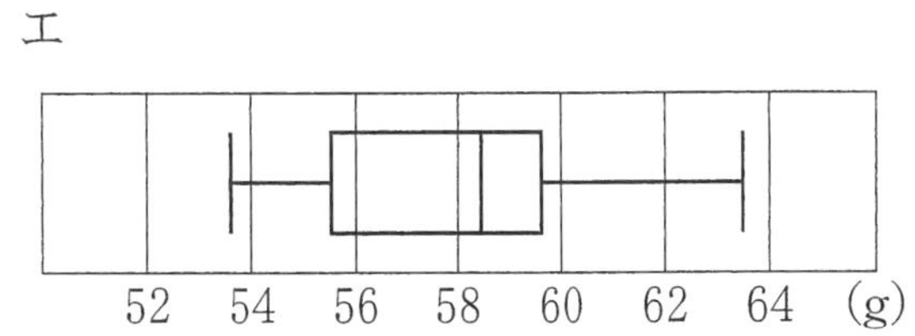

〔２〕 次の(1)〜(3)の問いに答えなさい。

(1) １から６までの目のついた１つのさいころを２回投げるとき，１回目に出る目の数を a，２回目に出る目の数を b とする。このとき，$\dfrac{24}{a+b}$ が整数になる確率を求めなさい。

(2) 下の図のように，AD // BC の台形 ABCD があり，∠BCD ＝ ∠BDC である。対角線 BD 上に，∠DBA ＝ ∠BCE となる点 E をとるとき，AB ＝ EC であることを証明しなさい。

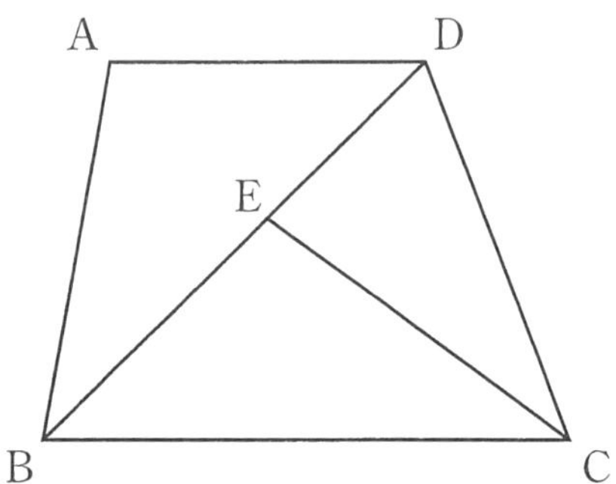

令和5年度入試

(3) 下の図のように，平行な２直線 ℓ，m と点 A がある。点 A を通り，２直線 ℓ，m の両方に接する円の中心を，定規とコンパスを用いて，作図によってすべて求め，それらの点に ● をつけなさい。ただし，作図は解答用紙に行い，作図に使った線は消さないで残しておくこと。

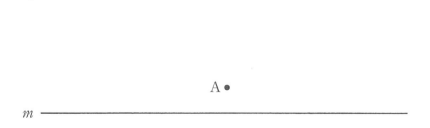

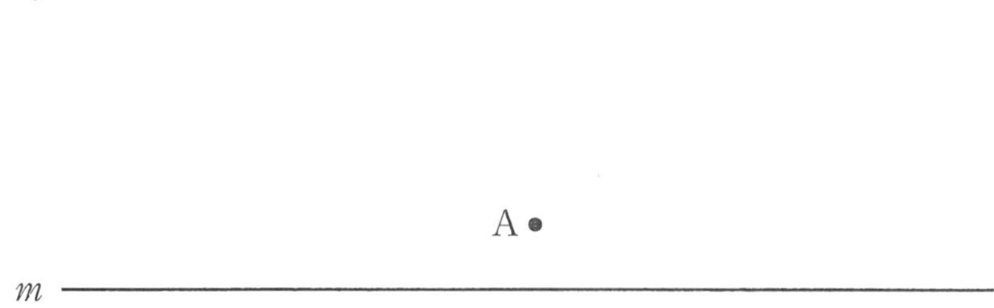

◇M2(388—17)

〔3〕 下の図1のように，OA ＝ 12 cm，OC ＝ 6 cm の長方形 OABC があり，2つの頂点 O，A は直線 ℓ 上にある。点 P は，頂点 O を出発し，毎秒 2 cm の速さで，図2，3のように直線 ℓ 上を頂点 A まで移動する。また，線分 OP の延長上に，OP ＝ PQ となる点 Q をとり，直線 ℓ について長方形 OABC と同じ側に，正方形 PQRS をつくる。

点 P が頂点 O を出発してから，x 秒後の長方形 OABC と正方形 PQRS の重なっている部分の面積を y cm^2 とするとき，次の(1)〜(4)の問いに答えなさい。ただし，点 P が頂点 O，A にあるときは，$y = 0$ とする。

図1

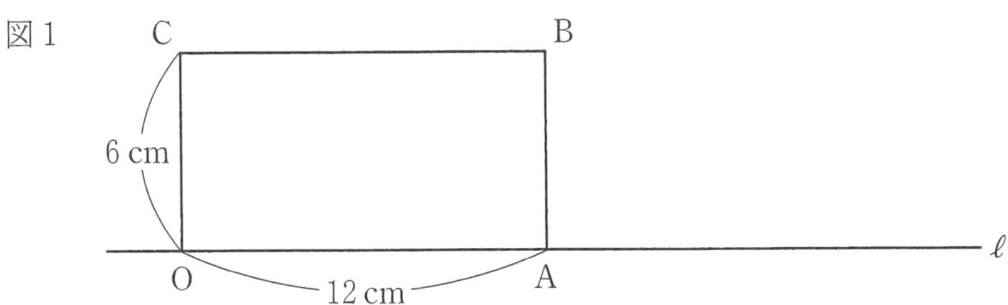

図2

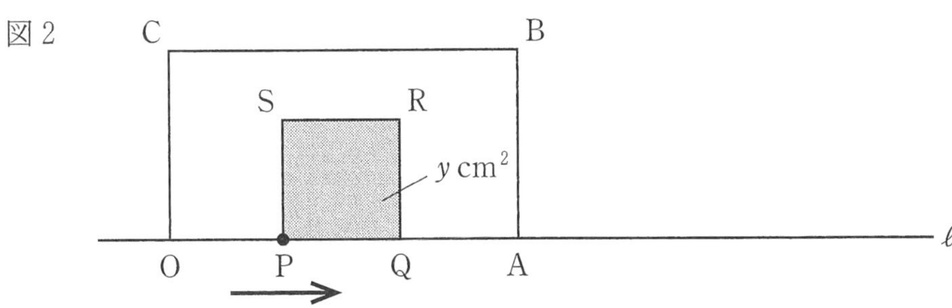

図3

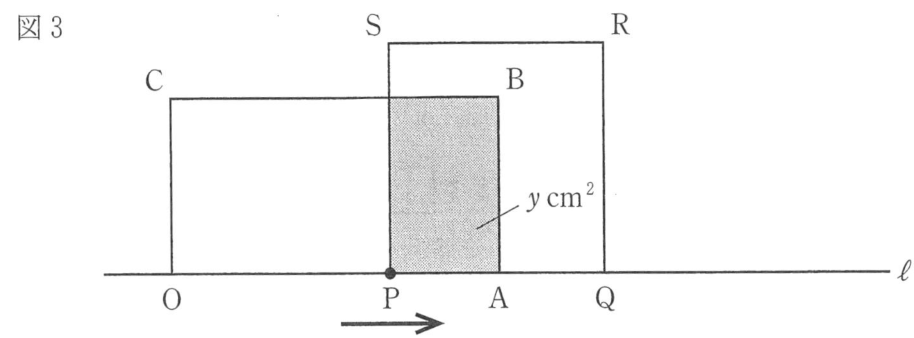

(1) $x = 2$ のとき，y の値を答えなさい。

(2) 次の①，②について，y を x の式で表しなさい。

① $0 \leqq x \leqq 3$ のとき

② $3 \leqq x \leqq 6$ のとき

(3) $0 \leqq x \leqq 6$ のとき，x と y の関係を表すグラフをかきなさい。

(4) $y = 20$ となる x の値をすべて求めなさい。

◇M2(388—18)

令和5年度入試

〔4〕 箱の中に，数字を書いた10枚のカード[0]，[1]，[2]，[3]，[4]，[5]，[6]，[7]，[8]，[9]が入っている。これらのカードを使い，次の手順Ⅰ～Ⅲに従って，下のような記録用紙に数を記入していく。このとき，あとの(1)，(2)の問いに答えなさい。

手順

Ⅰ 箱の中から1枚のカードを取り出して，そのカードに書かれている数字を，記録用紙の1番目の欄に記入し，カードを箱の中に戻す。

Ⅱ 箱の中からもう一度1枚のカードを取り出して，そのカードに書かれている数字を，記録用紙の2番目の欄に記入し，カードを箱の中に戻す。

Ⅲ 次に，記録用紙の$(n-2)$番目の欄の数と$(n-1)$番目の欄の数の和を求め，その一の位の数をn番目の欄に記入する。ただし，nは3以上18以下の自然数とする。

記録用紙

1番目	2番目	3番目	4番目	5番目	6番目	…	16番目	17番目	18番目

(1) 次の文は，手順Ⅰ～Ⅲに従って，記録用紙に数を記入するときの例について述べたものである。このとき，文中の[ア]～[ウ]に当てはまる数を，それぞれ答えなさい。

例えば，手順Ⅰで[2]のカード，手順Ⅱで[3]のカードを取り出したときには，下のように，記録用紙の1番目の欄には2，2番目の欄には3を記入する。このとき，16番目の欄に記入する数は[ア]，17番目の欄に記入する数は[イ]，18番目の欄に記入する数は[ウ]となる。

1番目	2番目	3番目	4番目	5番目	6番目	…	16番目	17番目	18番目
2	3	5	8	3	1	…	[ア]	[イ]	[ウ]

令和5年度入試

◇M2(388—19)

(2) 手順Ⅰ，Ⅱで取り出したカードに書かれている数字と，手順Ⅲで記録用紙に記入する数に，どのような関係があるかを調べるために，次の表1，2を作った。

表1は，手順Ⅰで[0]～[9]のいずれか1枚のカードを取り出し，手順Ⅱで[5]のカードを取り出したときのそれぞれの場合について，1番目の欄の数を小さい順に並べ替えてまとめたものである。また，表2は，手順Ⅰで[0]～[9]のいずれか1枚のカードを取り出し，手順Ⅱで[6]のカードを取り出したときのそれぞれの場合について，1番目の欄の数を小さい順に並べ替えてまとめたものである。このとき，下の①，②の問いに答えなさい。

表1

1番目	2番目	…	16番目	17番目	18番目
0	5	…	0	5	5
1	5	…	7	5	2
2	5	…	4	5	9
3	5	…	1	5	6
4	5	…	8	5	3
5	5	…	5	5	0
6	5	…	2	5	7
7	5	…	9	5	4
8	5	…	6	5	1
9	5	…	3	5	8

表2

1番目	2番目	…	16番目	17番目	18番目
0	6	…	0	2	2
1	6	…	7	2	9
2	6	…	4	2	6
3	6	…	1	2	3
4	6	…	8	2	0
5	6	…	5	2	7
6	6	…	2	2	4
7	6	…	9	2	1
8	6	…	6	2	8
9	6	…	3	2	5

① 手順Ⅱで[5]，[6]以外のカードを取り出しても，17番目の欄の数は，1番目の欄の数に関係なく，2番目の欄の数によって決まる。このことを証明しなさい。

② 手順Ⅰで[x]のカード，手順Ⅱで[4]のカードを取り出したとき，18番目の欄の数が1になった。このとき，xの値を求めなさい。

令和5年度入試

◇M2(388—20)

〔5〕 下の図のような立体ABC－DEFがあり，四角形ABEDは，BA＝5 cm，BE＝10 cmの長方形であり，△ABCと△DEFは正三角形である。また，辺BEと辺CFは平行であり，CF＝5 cmである。点Cから辺BEに引いた垂線と辺BEとの交点をPとするとき，次の(1)～(3)の問いに答えなさい。

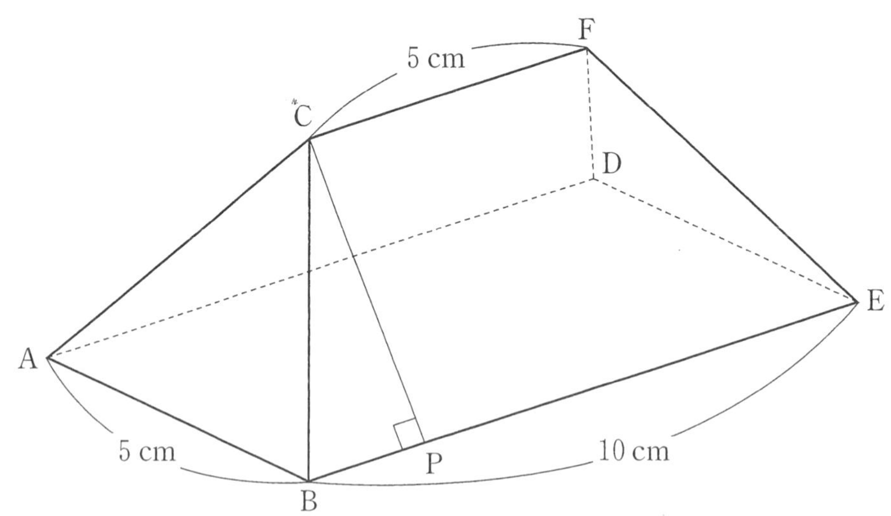

(1) 線分CPの長さを答えなさい。

(2) 5点C，A，B，E，Dを結んでできる四角すいの体積を求めなさい。

(3) 4点A，B，C，Fを結んでできる三角すいの体積を求めなさい。

令和5年度入試

◇M2(388—21)

令和５年度新潟県公立高校入試　（試験時間50分）

英　　語

〔１〕 放送を聞いて，次の(1)～(3)の問いに答えなさい。

(1) これから英文を読み，それについての質問をします。それぞれの質問に対する答えとして最も適当なものを，次のア～エから一つずつ選び，その符号を書きなさい。

1 ア  イ  ウ  エ 

2 ア 35 minutes.　イ 40 minutes.
　ウ 45 minutes.　エ 50 minutes.

3 ア On Monday.　イ On Wednesday.
　ウ On Saturday.　エ On Sunday.

4 ア She wants to study about foreign countries.
　イ She wants to be an English teacher in Japan.
　ウ She wants to live and work in the U.S.
　エ She wants to write interesting books.

(2) これから英語で対話を行い，それについての質問をします。それぞれの質問に対する答えとして最も適当なものを，次のア～エから一つずつ選び，その符号を書きなさい。

1 ア Yes, he will.　イ No, he won't.
　ウ Yes, he did.　エ No, he didn't.

2 ア Kate's sister.　イ Kate's friend.
　ウ Takumi's sister.　エ Takumi's friend.

3 ア He will walk.　イ He will go by taxi.
　ウ He will go by bus.　エ He will go by bike.

4 ア Because she knew about the musicians well.
　イ Because the musicians' sound was beautiful.
　ウ Because she likes musicians who practiced a lot.
　エ Because the musicians looked like her.

(3) これから，あなたのクラスの英語の授業で，アメリカのバーナード中学校(Barnard Junior High School)に留学していたマキ(Maki)が，英語のスピーチをします。そのスピーチについて，二つの質問をします。それぞれの質問に対する答えを，３語以上の英文で書きなさい。

令和5年度入試

◇M3(388—26)

〔2〕 あなたは桜高校(Sakura High School)の生徒です。来月，ブラウン高校(Brown High School)の生徒が桜高校を訪問します。あなたとブラウン高校のピーター(Peter)は，そのときに行う交流活動について，事前の希望アンケートの結果をまとめたグラフを見ながら，オンライン上で打合せをしています。次の【グラフ】と，あなたとピーターの【会話】を読んで，下の(1)~(3)の問いに答えなさい。ただし，【会話】の＊＊＊の部分には，あなたの名前が書かれているものとします。

【グラフ】

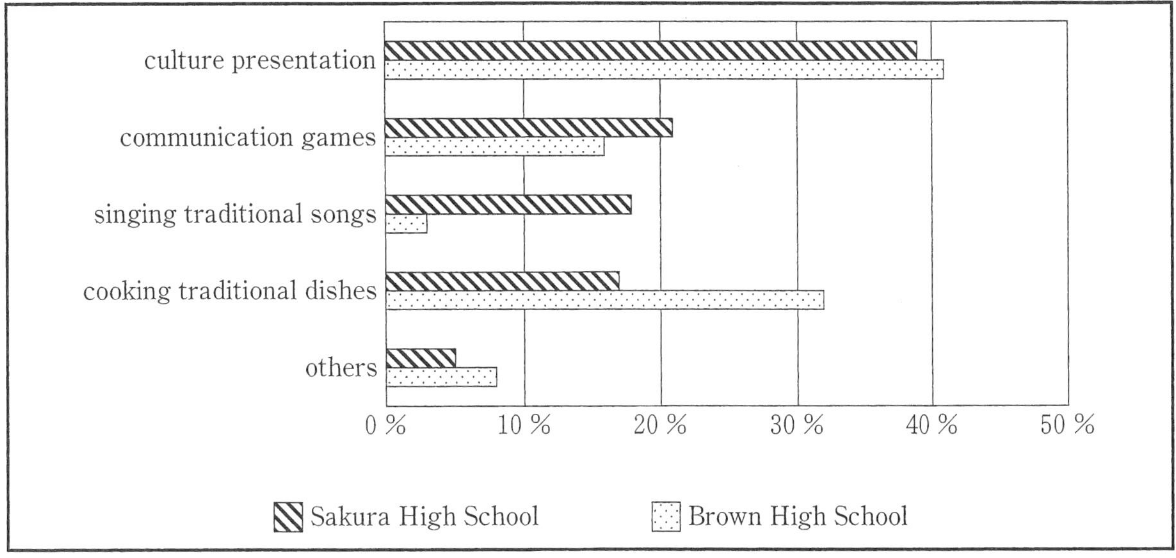

(注) communication　コミュニケーション

【会話】

Peter:	The result was different between our schools.
＊＊＊:	Yes. I was surprised that only a few students from your school are interested in [　　　]. Anyway, in both schools, (**a**), so let's do it.
Peter:	I agree. I think we can do one more activity. <u>What should we do?</u>
＊＊＊:	(**b**)
Peter:	That may be a good idea.

(1) 【会話】の[　　　]の中に入る最も適当なものを，次のア~エから一つ選び，その符号を書きなさい。

ア　culture presentation　　イ　communication games

ウ　singing traditional songs　　エ　cooking traditional dishes

(2) 【会話】の流れが自然になるように，**a**の(　　)に当てはまる内容を，1行以内の英語で書きなさい。

(3) 【会話】の下線部分の質問に対するあなたの答えを，【会話】の**b**の(　　)の中に，3行以内の英文で書きなさい。なお，【グラフ】を踏まえて，具体的な理由も含めて書くこと。

◇M3(388—27)

令和5年度入試

〔3〕 次の英文を読んで，あとの(1)～(6)の問いに答えなさい。

Luis is a junior high school student from Mexico. He is staying with a family in Niigata. Now he is talking with Keita, the father of the family, in the home vegetable garden.

Keita: Luis, let's plant tomatoes in the garden together. Do you like tomatoes?

Luis: Yes. In Mexico, we use tomatoes for many dishes. I'll cook some dishes for you tomorrow.

Keita: Great! First, let's plant tomatoes and then, plant some marigolds near them.

Luis: Marigolds? They are very popular in Mexico. We use the flowers in a traditional festival in November.

Keita: What kind of festival is it?

Luis: We decorate graves with a lot of marigolds. We believe that our ancestors come back (**A**) the strong smell of marigolds.

Keita: It's like Japanese *obon*. We also believe our ancestors come back and we offer some flowers to them. We have the event in summer.

Luis: Wow, I thought your culture and our culture were different, but we have the same kind of traditional event. <u>How interesting!</u>**B** By the way, why do you plant marigolds near tomatoes?

Keita: Good question! The marigolds [me, make, help]**C** a safe vegetable garden.

Luis: Really? Why do marigolds do such a thing?

Keita: Again, the reason is their strong smell. Insects which eat tomato leaves don't like the smell, so [**D**].

Luis: Great! We don't have to use agricultural chemicals.

Keita: Right. I want to choose safe ways for the environment when I plant vegetables. (**E**) marigolds is one good way.

Luis: I see. <u>Can you tell me another example?</u>**F**

Keita: Yes, of course. For example, can you see the flowers over there? They are called *renge-sou* in Japanese. They will be natural fertilizers.

Luis: Amazing! I want to learn more about such ways. What should I do?

Keita: Well, [you, I, if, were]**G** , I would ask people who know about them very well.

Luis: That's a good idea. Can you introduce such people to me?

Keita: OK, some of my friends are farmers, so I'll ask them.

Luis: Thank you! At school, I'll start a research project with my classmates next month. It may be interesting to do research about eco-friendly ways to plant vegetables.

Keita: That will be an interesting research topic. I think my friends will help you a lot. Some of them also have machines which use less energy. You may also be interested in them.

Luis: Sounds interesting! Thank you.

Keita: You're welcome. Do your best in your research project.

Luis: I will. Can I find new eco-friendly ways?

Keita: It's not so easy, but I believe you can do it in the future if you work hard.

Luis: I hope so. My teacher told us that some human activities damage the environment. I think it is important for us to make the situation better.

Keita: That's right. Humans have been developing the civilization by using nature, but if we keep using things in nature, we will destroy the environment.

Luis: Yes. We should look for ways to live with nature.

(注) plant～ ～を植える　marigold マリーゴールド(花の名前)　decorate～ ～を飾りつける
grave 墓　ancestor 先祖　smell におい　*obon* お盆　offer～ ～を供える
insect 昆虫　agricultural chemical 農薬　*renge-sou* れんげ草(花の名前)
natural fertilizer 天然肥料　eco-friendly 環境にやさしい　civilization 文明
destroy～ ～を破壊する

(1) 文中のA，Eの(　　　)の中に入る最も適当なものを，次のア～エからそれぞれ一つずつ選び，その符号を書きなさい。

A　ア according to　イ because of　ウ instead of　エ such as

E　ア Use　イ Uses　ウ Used　エ Using

(2) 下線部分Bについて，ルイス(Luis)がそのように感じた理由を，具体的に日本語で書きなさい。

(3) 文中のC，Gの[　　　]の中の語を，それぞれ正しい順序に並べ替えて書きなさい。

(4) 文中のDの[　　　]の中に入る最も適当なものを，次のア～エから一つ選び，その符号を書きなさい。

ア they like to stay on the flowers　イ they fly near the flowers

ウ they don't come to eat tomato leaves　エ they aren't damaged by tomato leaves

(5) 下線部分Fについて，ルイスが教えてほしいと言っているのは，何についての例か。具体的に日本語で書きなさい。

(6) 本文の内容に合っているものを，次のア～オから二つ選び，その符号を書きなさい。

ア Tomatoes are very popular in Mexico and they are put on graves during the festival in November.

イ Both people in Mexico and people in Japan believe that their ancestors come back in summer.

ウ Keita believes it is good to use safe ways for the environment when he plants vegetables.

エ Luis wants to meet some of Keita's friends to learn how to make delicious vegetables.

オ Luis learned from his teacher that humans damage the environment through some activities.

令和5年度入試

〔4〕 次の英文を読んで，あとの(1)～(6)の問いに答えなさい。

Hikari is a high school student. She likes English and she enjoys communicating with her American friend, Fred. One day, she sent an e-mail to him.

【E-mail from Hikari to Fred】

Hello, Fred. How are you? I'm enjoying my high school life, but I have <u>a big question</u> (A) now, and I want your opinion.

Today, my friend, Yuri, and I talked about our future. Now I'm interested in art history and I want to study about it after I finish high school. When I said so to Yuri, she asked me, "Will you be a teacher or a researcher in the future?" I said, "I have no idea about my future job now. I just want to study about art history because I'm interested in it." Yuri was really surprised to hear my answer. She decided her goal first before she decided what she would study.

Fred, you want to be a doctor and you are studying hard to achieve your goal, right? Should I decide my future job before I decide what to study?

【E-mail from Fred to Hikari】

Thank you for your e-mail, Hikari. I'm doing well.

Your question is difficult. Now I'm studying to achieve my goal, but I will keep studying after I become a doctor. And I also enjoy studying subjects which are not related to my dream. For example, in the U.S., many schools have drama classes. Most students will not be actors, but drama class is very popular. I like it. I think we can improve some skills through drama classes. For example, we sometimes make our own stories. My drama teacher says we can be good at creating something new through this activity. Also, now I can talk more clearly than before.

My brother studies math at university, but he is taking a music class, too. He says he can learn good teamwork in the class. You should study your favorite subjects. You can improve some skills by doing so.

Hikari thought Fred's opinion was interesting. She also likes music though she won't be a musician. "If [B] through learning, I'll be happy," she thought.

One week later, Fred introduced a website article to Hikari. It was an article for students written by a university professor.

【The website article】

You may think like this. "Why do I have to study this subject? I don't like it. It isn't related to my goal." I can understand your feelings, but is it really a good idea to study only your favorite things?

Let me tell you about <u>one good example, Florence Nightingale</u> (C). She is one of the

◇M3(388—30)

most famous nurses in the world. She tried to make clean hospitals. She needed to show that it was important to make clean environments to save people's lives. She had the knowledge of math and statistics. By using that knowledge, she created her original graphs and showed that dirty environments would threaten people's lives.

Do you understand what this story means? You don't know what will be useful in the future. For example, in the future, you may find problems you want to solve. Then, some knowledge may help you. Or you can create something new by using that knowledge. You may not use it in the future, but it will be so fun to learn something new. Enjoy learning a lot of things. By doing so, you can broaden your world.

My father was a science teacher. He is 75 years old, but now, he is studying classic literature at university. He says he is so happy to learn something new.

" **D** ," Hikari thought. "I'll write an e-mail to Fred tonight."(E)

(注) achieve～　～を達成する　be related to～　～と関連する　skill　技能　clearly　はっきりと
take～class　～の授業を受ける　teamwork　チームワーク　article　記事
professor　教授　knowledge　知識　statistics　統計学　graph　グラフ
threaten～　～をおびやかす　broaden～　～を広げる　classic literature　古典文学

(1) 下線部分**A**について，その内容を，具体的に日本語で書きなさい。

(2) 文中の**B**の［　　］に当てはまる内容を，４語以上の英語で書きなさい。

(3) 下線部分**C**について，フローレンス・ナイチンゲール(Florence Nightingale)の例で，記事の筆者が最も伝えたいことを表している１文を，本文から探して抜き出しなさい。

(4) 文中の**D**の［　　］の中に入る最も適当なものを，次のア～エから一つ選び，その符号を書きなさい。

ア　People have different reasons for learning

イ　We should study for our dreams

ウ　There is only one reason for learning

エ　It is important to learn useful things

(5) 次の①～③の問いに対する答えを，それぞれ３語以上の英文で書きなさい。

①　Has Hikari already decided her future job?

②　How did Yuri decide what she would study?

③　In the drama class at Fred's school, what do students do to be good at creating something new?

(6) 下線部分**E**について，ヒカリ(Hikari)になったつもりで，フレッド(Fred)に対するメールを，解答用紙の "Hello, Fred. Thank you for your e-mail and the interesting article." に続けて，［　　］の中に，４行以内の英文で書きなさい。

社　　会

〔1〕 次の地図1，2を見て，下の(1)～(5)の問いに答えなさい。なお，地図1は，東京からの距離と方位を正しく示しており，地図中の緯線は赤道を基準として，また，経線は本初子午線を基準として，いずれも30度間隔で表している。

地図1

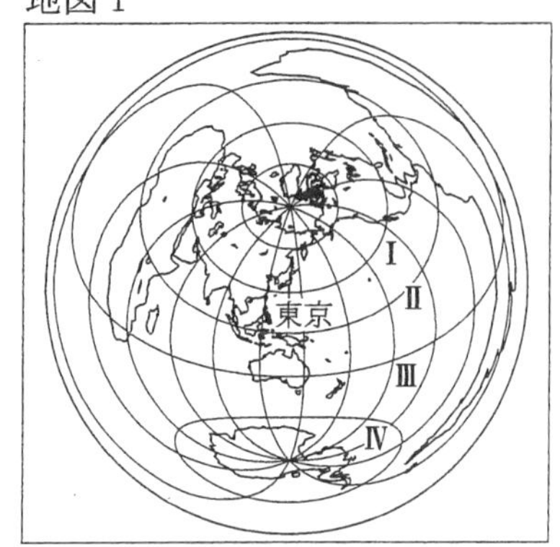

地図2

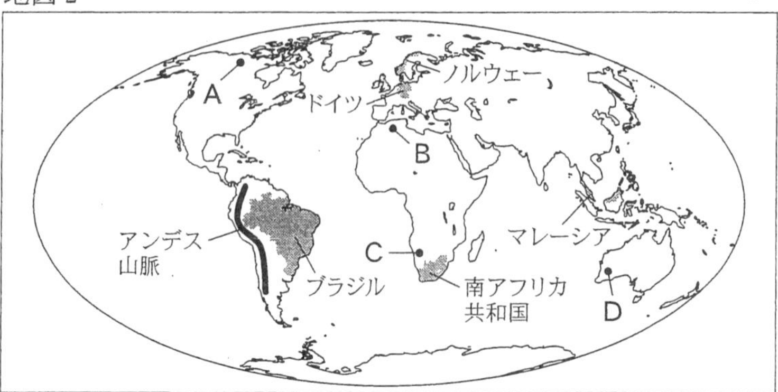

(1) 地図1中のⅠ～Ⅳで示した緯線のうち，赤道を示すものはどれか。Ⅰ～Ⅳから一つ選び，その符号を書きなさい。

(2) 地図2中の地点A～Dのうち，東京から見た方位がほぼ西の地点として，最も適当なものを一つ選び，その符号を書きなさい。

(3) 地図2で示したアンデス山脈の高地に暮らす人々の衣服について，その写真と説明として，最も適当なものを，次のア～エから一つ選び，その符号を書きなさい。

ア

5mほどの長い1枚の布を，体に巻きつけて着用する衣服

イ

中央に開けた穴から，頭を出して着用する毛織物の衣服

ウ

厳しい寒さから身を守る，動物の毛皮でつくられた衣服

エ

強い日ざしや砂あらしから身を守る，長袖で裾が長い衣服

(4) 地図2で示したノルウェーについて述べた次の文中の［ X ］，［ Y ］に当てはまる語句の組合せとして，最も適当なものを，下のア～エから一つ選び，その符号を書きなさい。

> この国の西岸には，［ X ］によって削られた奥深い湾が連続する海岸線がみられる。また，緯度の高い地域では，［ Y ］には白夜となる時期がある。

ア〔X 川，　Y 夏〕　　イ〔X 川，　Y 冬〕
ウ〔X 氷河，Y 夏〕　　エ〔X 氷河，Y 冬〕

(5) 次の表は，地図2で示したブラジル，ドイツ，南アフリカ共和国，マレーシアについて，それぞれの国の人口密度，一人当たり国民総所得，主要輸出品の輸出額の割合を示したものであり，表中のa～dは，これらの四つの国のいずれかである。このうち，a，cに当てはまる国名を，それぞれ書きなさい。

	人口密度（人/km²）	一人当たり国民総所得（ドル）	主要輸出品の輸出額の割合（%）		
			第1位	第2位	第3位
a	233	47,186	機械類(28.7)	自動車(14.8)	医薬品（7.3)
b	102	10,209	機械類(43.4)	石油製品(6.1)	パーム油（4.2)
c	49	4,999	白金族(12.6)	自動車(9.8)	金(非貨幣用)(7.9)
d	25	6,667	大豆(13.7)	鉄鉱石(12.3)	原油（9.4)

（「世界国勢図会」2022/23年版による）

〔2〕 右の地図を見て，次の(1)～(4)の問いに答えなさい。

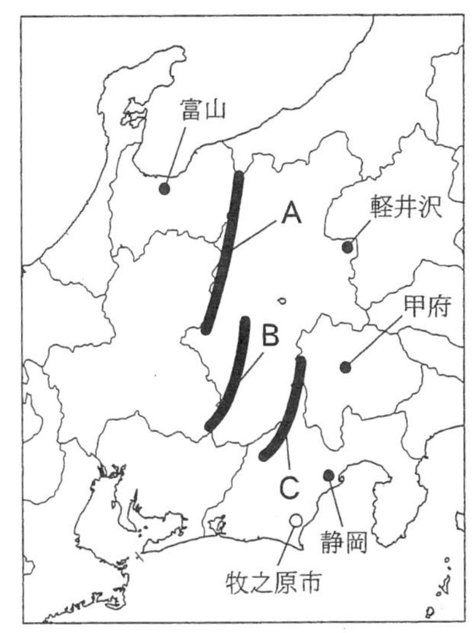

(1) 地図中のA～Cは，それぞれ，山脈を示したものである。A～Cに当てはまる山脈の名称の組合せとして，正しいものを，次のア～カから一つ選び，その符号を書きなさい。

ア 〔A 赤石山脈，B 木曽(きそ)山脈，C 飛騨(ひだ)山脈〕
イ 〔A 赤石山脈，B 飛騨山脈，C 木曽山脈〕
ウ 〔A 木曽山脈，B 飛騨山脈，C 赤石山脈〕
エ 〔A 木曽山脈，B 赤石山脈，C 飛騨山脈〕
オ 〔A 飛騨山脈，B 木曽山脈，C 赤石山脈〕
カ 〔A 飛騨山脈，B 赤石山脈，C 木曽山脈〕

(2) 次の表は，石川県，長野県，岐阜県，愛知県の，それぞれの県の昼夜間人口比率，米の産出額，野菜の産出額，果実の産出額，製造品出荷額等を示したものであり，表中のa～dは，これらの四つの県のいずれかである。このうち，a，dに当てはまる県名の組合せとして，最も適当なものを，下のア～エから一つ選び，その符号を書きなさい。ただし，昼夜間人口比率とは，昼間人口を夜間人口で割り，100をかけたものである。

	昼夜間人口比率（%）	米の産出額（億円）	野菜の産出額（億円）	果実の産出額（億円）	製造品出荷額等（億円）
a	96.1	229	323	55	59,896
b	99.8	473	818	743	62,194
c	101.4	298	1,010	190	481,864
d	100.2	299	97	34	30,478

（「データでみる県勢」2022年版による）

ア 〔a 長野県，d 石川県〕 イ 〔a 長野県，d 愛知県〕
ウ 〔a 岐阜県，d 石川県〕 エ 〔a 岐阜県，d 愛知県〕

(3) 右の地形図は，地図中の牧之原市の郊外を表す2万5千分の1の地形図である。この地形図を見て，次の①，②の問いに答えなさい。

（国土地理院 1：25,000 地形図「相良(さがら)」より作成）

① 地形図中の地図記号 ∴ は，茶畑を示している。地形図から，茶畑は，主にどのようなところに分布していると読みとることができるか。最も適当なものを，次のア～エから一つ選び，その符号を書きなさい。

ア 山地　イ 台地　ウ 低地　エ 海岸

② 地形図中の地点 X と地点 Y の標高差は約何mか。最も適当なものを，次のア～エから一つ選び，その符号を書きなさい。

ア 約20m　イ 約40m　ウ 約60m　エ 約80m

(4) 次のア～エのグラフは，気象観測地点である富山，軽井沢，甲府，静岡のいずれかの月降水量と月平均気温を表したものである。このうち，富山に当てはまるものを，ア～エから一つ選び，その符号を書きなさい。また，そのように判断した理由を，「日本海」，「季節風」の二つの語句を用いて書きなさい。なお，棒グラフは月降水量を，折れ線グラフは月平均気温を表している。

ア
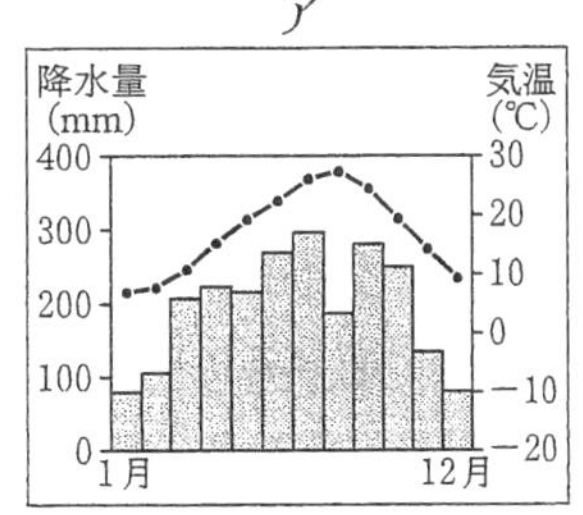

イ
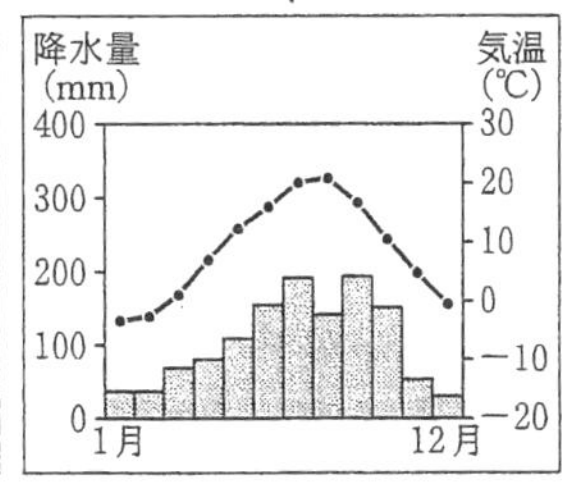

ウ
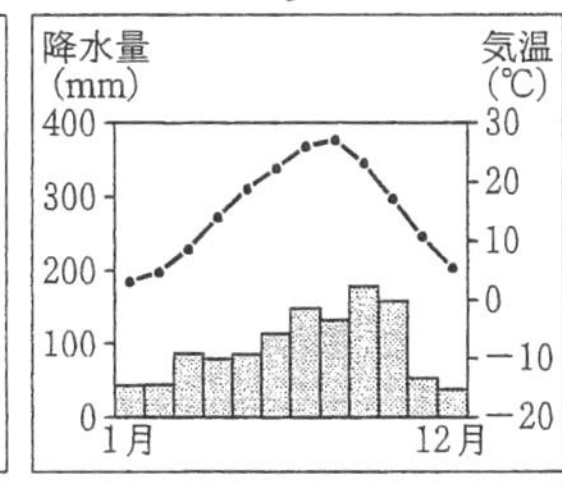

エ
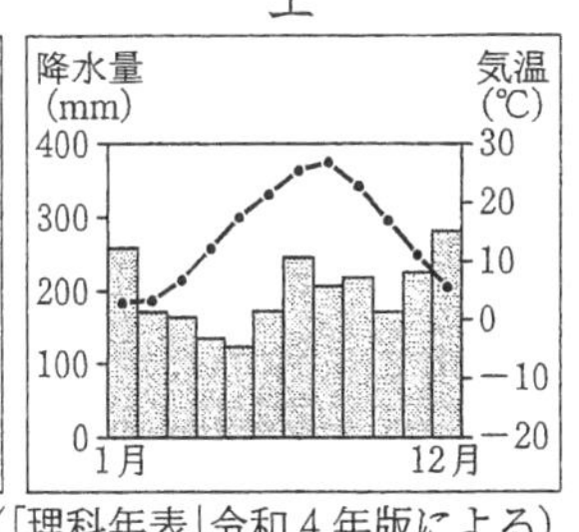

（「理科年表」令和4年版による）

令和5年度入試

〔3〕 社会科の授業で，A～Dの四つの班に分かれて，時代ごとの社会のようすについて調べ，発表を行うことにした。次の資料は，班ごとに作成した発表資料の一部である。これらの資料を見て，下の(1)～(4)の問いに答えなさい。

A班の資料

古墳時代に我が国に製法が伝えられた須恵器（すえき）

B班の資料

（裏）（表）

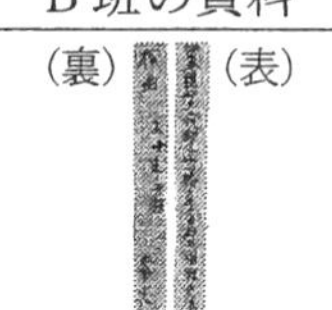

奈良時代（下線a）の都の跡地から出土した木簡（もっかん）

C班の資料

室町時代の農民たちが借金の帳消しを記録した碑文

D班の資料

江戸時代（下線b）後半の工場制手工業のようすを描いた絵

(1) A班の資料について，須恵器の製法は，中国や朝鮮半島から我が国に移り住んだ人々によって伝えられた。こうした人々を何というか。その用語を書きなさい。

(2) B班の資料について，次の①，②の問いに答えなさい。

① 次の文は，この木簡に記されている文字を書き出したものであり，この木簡は，地方の特産品が税として納められた際に，荷札として使われたものであることがわかった。文中の［X］に当てはまる語句として，最も適当なものを，下のア～エから一つ選び，その符号を書きなさい。

（表） 伊豆（いず）国賀茂（かも）郡三島（みしま）郷戸主占部久須理（うらべのくすり）戸占部広庭（ひろにわ）［X］麁堅魚拾壹斤（あらがつおじゅういちきん）
（裏） 拾両（じゅうりょう）　員十連三節　天平（てんぴょう）十八年十月

（注） 麁堅魚：カツオの加工品

ア 租　　イ 調　　ウ 庸　　エ 年貢

② 下線部aについて，この時代につくられた，天皇や貴族，民衆の和歌をおさめた，現存する我が国最古の歌集を何というか。その名称を書きなさい。

(3) 次の文は，C班の資料の背景について述べたものである。文中の［X］～［Z］に当てはまる語句の組合せとして，最も適当なものを，下のア～カから一つ選び，その符号を書きなさい。

農村では，農民たちが［X］と呼ばれる自治的な組織をつくった。15世紀になると，近畿地方を中心として，団結した農民たちが土倉や［Y］などをおそい，借金の帳消しを求める［Z］を起こすようになった。

ア〔X 惣（そう），Y 酒屋，Z 土一揆（いっき）〕　イ〔X 惣，Y 酒屋，Z 打ちこわし〕
ウ〔X 惣，Y 馬借，Z 土一揆〕　エ〔X 五人組，Y 酒屋，Z 打ちこわし〕
オ〔X 五人組，Y 馬借，Z 土一揆〕　カ〔X 五人組，Y 馬借，Z 打ちこわし〕

(4) D班の資料について，次の①，②の問いに答えなさい。

① D班の資料にみられる工場制手工業とは，どのように製品を生産するしくみか。「工場」という語句を用いて書きなさい。

② 下線部bについて，この時代に，水野忠邦（ただくに）が行った政治改革について述べた文として，最も適当なものを，次のア～エから一つ選び，その符号を書きなさい。

ア 裁判の基準となる法律を定めるとともに，庶民の意見を聞くために目安箱を設置した。
イ 朱子学を重視するなど学問を奨励するとともに，極端な動物愛護の政策を進めた。
ウ 海防を強化するため，江戸や大阪の周辺を幕府の直接の支配地にしようとした。
エ 天明のききんにより荒廃した農村の復興を図り，ききんや凶作に備えて米を蓄えさせた。

〔4〕 右の略年表を見て，次の(1)～(6)の問いに答えなさい。

年代		我が国のできごと
1858	A	日米修好通商条約が結ばれる。
1868		戊辰戦争が始まる。
1872		[a] が発布される。
1877		b 西南戦争が起こる。
1889	B	大日本帝国憲法が発布される。
1927		c 金融恐慌が起こる。
1956	C	国際連合に加盟する。
1979		国際人権規約を批准する。

(1) 次のX～Zは，年表中のAの時期のできごとである。年代の古い順に並べたものとして，正しいものを，下のア～カから一つ選び，その符号を書きなさい。

X 大政奉還が行われる。
Y 四国連合艦隊が下関を砲撃する。
Z 薩長同盟が成立する。

ア X→Y→Z　　イ X→Z→Y
ウ Y→X→Z　　エ Y→Z→X
オ Z→X→Y　　カ Z→Y→X

(2) 右の写真は， [a] の発布をうけて設立された学校の校舎である。 [a] に当てはまる法令の名称を書きなさい。

(3) 次の表は，下線部分bの【できごと】の【背景・原因】，【結果・影響】をまとめたものである。表中の [X] ， [Y] に当てはまる文として，最も適当なものを，下のア～オからそれぞれ一つずつ選び，その符号を書きなさい。

【背景・原因】		【できごと】		【結果・影響】
X	→	西南戦争が起こる。	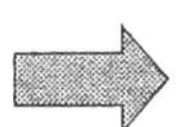	Y

ア 自由民権運動が全国に広まった。
イ 政府の改革により士族の特権がうばわれた。
ウ 版籍奉還や地租改正などの政策が行われた。
エ 日比谷焼き打ち事件などの暴動が起こった。
オ 尊王攘夷運動が盛んになった。

(4) 次の文は，年表中のBの時期に，我が国で高まった社会運動や民主主義思想について述べたものである。文中の [X] ， [Y] に当てはまる人物の名前の組合せとして，最も適当なものを，下のア～エから一つ選び，その符号を書きなさい。

> 女性の社会的差別からの解放を目指す [X] らは，女性のための雑誌を発刊するなど，女性の地位を高めようとする運動を進めた。また，政治学者の [Y] は，政治の目的を一般民衆の幸福や利益に置き，大日本帝国憲法の枠内で，政治に民衆の考えを反映することを主張した。

ア〔X 平塚らいてう，Y 吉野作造〕　イ〔X 平塚らいてう，Y 美濃部達吉〕
ウ〔X 津田梅子，　Y 吉野作造〕　エ〔X 津田梅子，　Y 美濃部達吉〕

(5) 下線部分cについて，**資料Ⅰ**は，預金を引き出すために，銀行に殺到する人々のようすを示したものであり，**資料Ⅱ**は，裏が印刷されていない紙幣を示したものである。政府が，**資料Ⅱ**で示している紙幣を印刷した理由を，**資料Ⅰ**と関連づけて書きなさい。

資料Ⅰ

資料Ⅱ

(6) 年表中のCの時期のできごととして，正しいものはどれか。次のア～エから一つ選び，その符号を書きなさい。

ア ベルリンの壁が崩壊する。　イ アジア・アフリカ会議が開催される。
ウ 朝鮮戦争が始まる。　エ 日本と中国の国交が正常化する。

〔5〕 中学校3年生のあるクラスの社会科の授業では，次のA～Dのテーマについて学習を行うことにした。これらのテーマについて，あとの(1)～(4)の問いに答えなさい。

テーマ	
A　日本国憲法について	B　国会，内閣，裁判所について
C　経済と企業の活動について	D　国際連合について

(1) Aのテーマについて，次の①，②の問いに答えなさい。

① 日本国憲法で国民に保障される自由権のうち，「経済活動の自由」に当てはまるものとして，最も適当なものを，次のア～エから一つ選び，その符号を書きなさい。

ア　自分の興味のあることを学ぶことができる。

イ　自分の支持する候補者に投票することができる。

ウ　自分の信じたい宗教を信仰することができる。

エ　自分の住みたい場所に住むことができる。

② 次の日本国憲法の条文について，文中の［X］，［Y］に当てはまる語句の組合せとして，最も適当なものを，下のア～エから一つ選び，その符号を書きなさい。

> この憲法の改正は，各議院の総議員の［X］の賛成で，国会が，これを発議し，国民に提案してその承認を経なければならない。この承認には，特別の国民投票又は国会の定める選挙の際行はれる投票において，その［Y］の賛成を必要とする。

ア〔X　三分の二以上，Y　三分の二以上〕　イ〔X　三分の二以上，Y　過半数〕

ウ〔X　四分の三以上，Y　三分の二以上〕　エ〔X　四分の三以上，Y　過半数〕

(2) Bのテーマについて，次の①～③の問いに答えなさい。

① 右の図は，国会，内閣，裁判所が互いに抑制し合い，均衡を保っていることを表したものである。図中の矢印aは裁判所が内閣に対して持つ権限，矢印bは国会が裁判所に対して持つ権限を，それぞれ示している。a，bに当てはまるものの組合せとして，最も適当なものを，次のア～エから一つ選び，その符号を書きなさい。

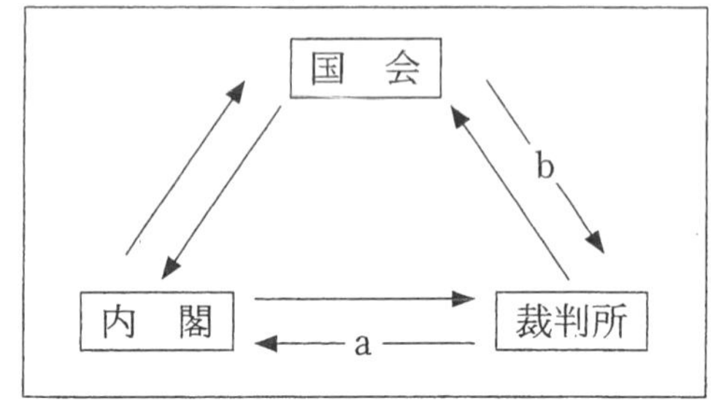

ア〔a　違憲審査，　　　b　弾劾(だんがい)裁判所の設置　　　〕

イ〔a　違憲審査，　　　b　下級裁判所裁判官の任命〕

ウ〔a　内閣不信任の決議，b　弾劾裁判所の設置　　　〕

エ〔a　内閣不信任の決議，b　下級裁判所裁判官の任命〕

② 国会は，法律案や予算の審議などの役割を十分に果たすために，証人を呼んで証言させる証人喚問を行ったり，政府に記録の提出を求めたりする権限を持っている。この権限を何というか。その用語を書きなさい。

③ 裁判所で行われる刑事裁判について述べた文として，最も適当なものを，次のア～エから一つ選び，その符号を書きなさい。

ア　訴えた人が原告，訴えられた人が被告となって，裁判が行われる。

イ　当事者どうしの話し合いにより，争いが解決する場合がある。

ウ　被告人が弁護人を依頼できないときは，国が弁護人を用意する。

エ　個人と個人の間に起こる，法的な紛争の解決を図る裁判である。

令和5年度入試

(3) Cのテーマについて，次の①～③の問いに答えなさい。

① 我が国には，株式会社の形態をとって事業を進める企業が多くある。株式会社における，株主の権利について，「議決」，「配当」の二つの語句を用いて，50字以内で書きなさい。

② 右のグラフは，我が国の経済における中小企業と大企業の割合を示したものであり，グラフ中のX～Zは，企業数，従業員数，売上高のいずれかである。X～Zに当てはまるものの組合せとして，最も適当なものを，次のア～カから一つ選び，その符号を書きなさい。なお，売上高は非一次産業のものである。

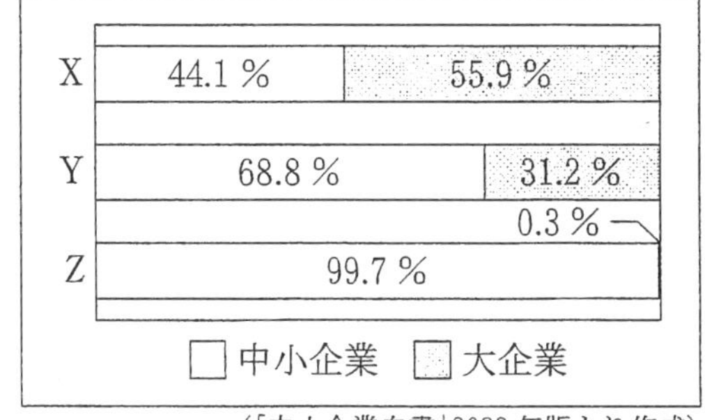

（「中小企業白書」2022年版より作成）

ア〔X　企業数，　Y　従業員数，Z　売上高　〕
イ〔X　企業数，　Y　売上高，　Z　従業員数〕
ウ〔X　従業員数，Y　企業数，　Z　売上高　〕
エ〔X　従業員数，Y　売上高，　Z　企業数　〕
オ〔X　売上高，　Y　企業数，　Z　従業員数〕
カ〔X　売上高，　Y　従業員数，Z　企業数　〕

③ 次の資料は，公正かつ自由な競争を促進し，消費者の利益を確保するために，昭和22(1947)年に制定された法律の第1条である。この法律の運用に当たる機関を何というか。その名称を書きなさい。

> 第1条　この法律は，私的独占，不当な取引制限及び不公正な取引方法を禁止し，事業支配力の過度の集中を防止して，……(略)……一般消費者の利益を確保するとともに，国民経済の民主的で健全な発達を促進することを目的とする。

(4) Dのテーマについて，次の①～③の問いに答えなさい。

① 右の表は，国際連合の安全保障理事会における，国際平和の維持に関する，ある重要な議題についての投票結果を示したものであり，この議題は決定されなかった。この議題が決定されなかったのはなぜか。その理由を書きなさい。

	国の数	内　訳	
		常任理事国	非常任理事国
賛成	13か国	4か国	9か国
反対	1か国	1か国	な　し
棄権	1か国	な　し	1か国

② 右のグラフは，国際連合の通常予算の分担率について，アメリカ，中国，ドイツ，日本の推移を示したものであり，グラフ中のア～エは，これらの四つの国のいずれかである。このうち，日本に当てはまるものを，ア～エから一つ選び，その符号を書きなさい。なお，国際連合の通常予算は，加盟国全体で合意された分担率に応じて，各加盟国が支払う分担金によってまかなわれている。

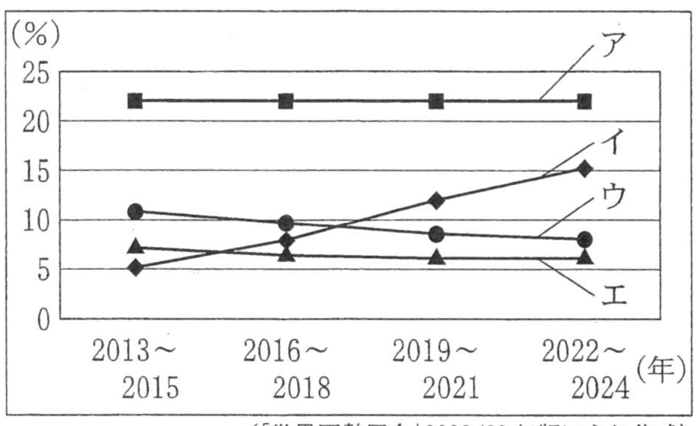

（「世界国勢図会」2022/23年版により作成）

③ 主に発展途上国で，医療や感染症対策などの活動に取り組んでいる国際連合の専門機関の略称として，最も適当なものを，次のア～エから一つ選び，その符号を書きなさい。

ア　APEC　　イ　PKO　　ウ　UNESCO　　エ　WHO

〔6〕 あるクラスの社会科の授業では，「地球温暖化対策」について，テーマを決めて調べることにした。次の**資料Ⅰ**～**資料Ⅴ**は，「温室効果ガスの削減」をテーマに選んだＮさんが集めたものの一部である。このことについて，下の(1)，(2)の問いに答えなさい。

資料Ⅰ 世界の年平均気温の推移

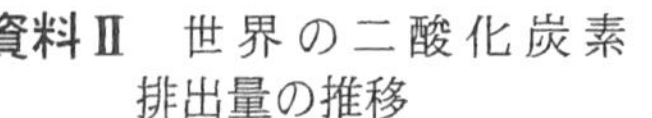

資料Ⅱ 世界の二酸化炭素排出量の推移

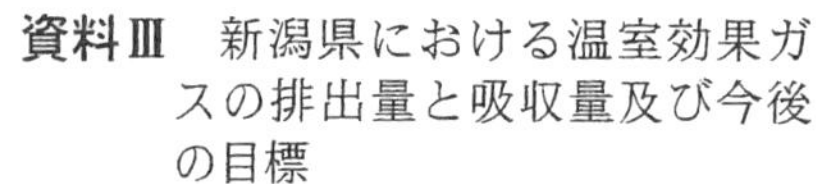

資料Ⅲ 新潟県における温室効果ガスの排出量と吸収量及び今後の目標

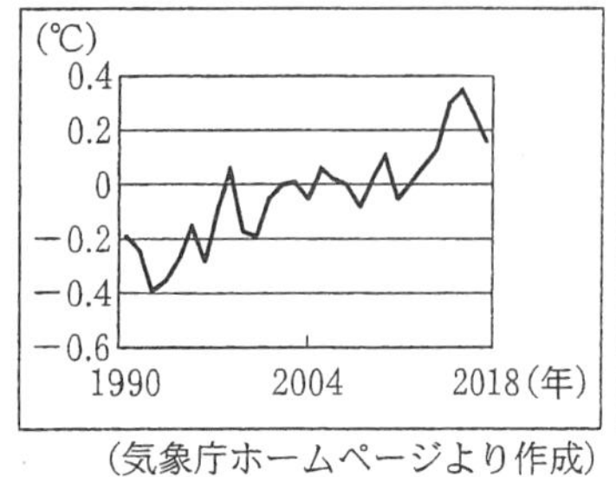

(気象庁ホームページより作成)

(国際エネルギー機関ホームページより作成)

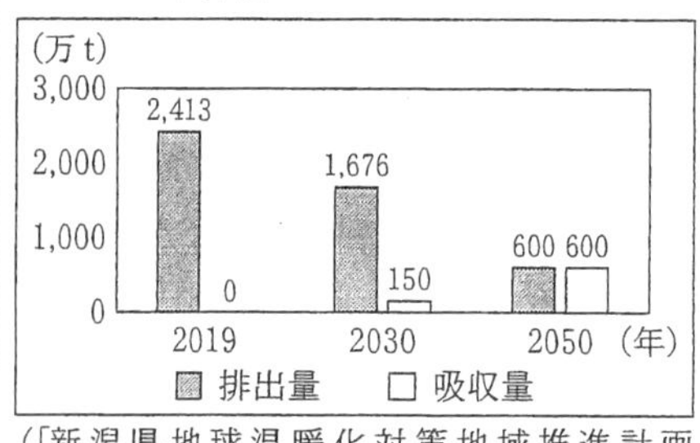

(「新潟県地球温暖化対策地域推進計画 2017—2030」より作成)

資料Ⅳ 脱炭素化の取組にあたり企業が最も重視する要素

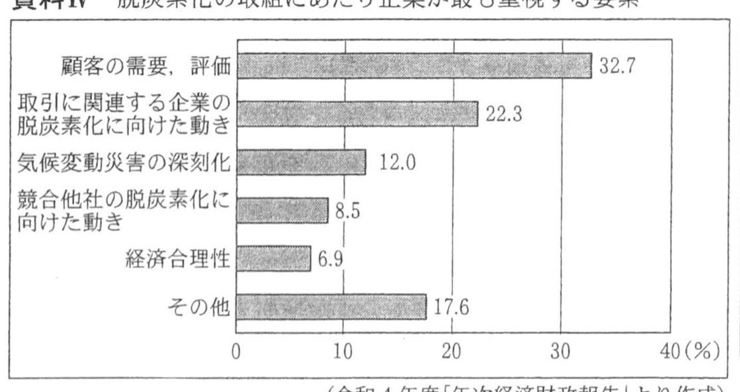

(令和４年度「年次経済財政報告」より作成)

資料Ⅴ 「COOL CHOICE」について

「COOL　CHOICE」は，CO_2などの温室効果ガスの排出量削減のために，脱炭素社会づくりに貢献する「製品への買換え」，「サービスの利用」，「ライフスタイルの選択」など，日々の生活の中で，あらゆる「賢い選択」をしていこうという取組です。

(環境省ホームページより作成)

(注)**資料Ⅰ**は，各年の平均気温と基準値(1991年から2020年の平均気温)の差の変化。
資料Ⅱは，エネルギー関連の二酸化炭素排出量の推移。
資料Ⅲは，温室効果ガスの排出量と吸収源対策による吸収量を，二酸化炭素に換算して数値化した値。

(1) **資料Ⅰ**と**資料Ⅱ**について，Ｎさんは，世界の地球温暖化対策を説明するために，次のＡ～Ｃのカードを作成した。Ａ～Ｃのカードを，年代の古いものから順に並べ，その符号を書きなさい。

カードＡ	カードＢ	カードＣ
京都議定書 先進国に温室効果ガスの排出量の削減を義務付け	地球サミット 気候変動枠組条約・生物多様性条約の調印	パリ協定 世界の平均気温上昇を産業革命以前に比べ２℃未満に抑制

(2) Ｎさんは，**資料Ⅲ**～**資料Ⅴ**から読みとったことをもとに，温室効果ガスの削減について考察し，次の発表原稿を作成した。この原稿について，下の①，②の問いに答えなさい。

> 我が国の政府は，2020年10月に，2050年までに脱炭素社会の実現を目指すことを宣言しました。**資料Ⅲ**によると，新潟県も，2050年までに<u>温室効果ガスの排出量を実質ゼロにすること</u>を目指しています。温室効果ガスの削減は，とても大きな課題であり，国や地方公共団体の取組だけでは解決できません。生産活動の中心である企業や，私たち消費者の役割も重要です。**資料Ⅳ**と**資料Ⅴ**から，［　X　］ことが企業の脱炭素化の推進につながると考えました。一人一人の行動は着実に結果へとつながっていきます。私も，自分にできることを考えながら，現在のライフスタイルを見直していきたいと思います。

① 文中の下線部分とはどのようなことか。**資料Ⅲ**から読みとることができることをもとに書きなさい。

② 文中の［　X　］に当てはまる内容を，「企業」，「消費者」の二つの語句を用いて，55字以内で書きなさい。

理　　科

〔1〕 次の(1)～(6)の問いに答えなさい。

(1) ヒトの呼吸のしくみと血液のはたらきについて述べた文として，最も適当なものを，次のア～エから一つ選び，その符号を書きなさい。

ア 血液中の二酸化炭素は，肺胞から毛細血管に排出される。
イ 肺では，動脈血が静脈血に変わる。
ウ 酸素は，血液によって全身の細胞に運ばれる。
エ 空気を吸うときは，ろっ骨が上がり，横隔膜も上がる。

(2) 右の表は，太陽系の惑星Ａ～Ｄについて，それぞれの惑星の半径と密度をまとめたものである。木星型惑星の組合せとして，最も適当なものを，次のア～カから一つ選び，その符号を書きなさい。なお，半径は，地球を１とした場合の値である。

惑星	A	B	C	D
半径(地球＝１)	0.38	11.21	9.45	0.53
密度〔g/cm^3〕	5.43	1.33	0.69	3.93

ア 〔A，B〕　イ 〔A，C，D〕　ウ 〔A，D〕
エ 〔B，C〕　オ 〔B，C，D〕　カ 〔C，D〕

(3) 右の図は，火力発電のしくみを模式的に表したものである。火力発電では，化石燃料の燃焼により，高温・高圧の水蒸気をつくり，タービンを回して発電が行われており，この過程でエネルギーが変換されている。火力発電において，エネルギーが変換される順に，次のア～エを並べ替え，その符号を書きなさい。

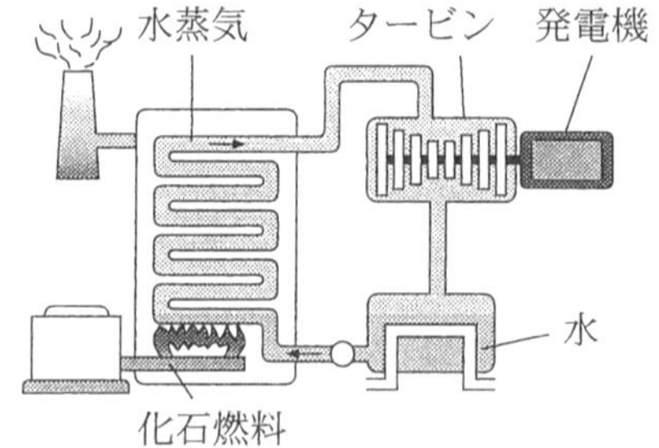

ア 運動エネルギー　イ 化学エネルギー　ウ 電気エネルギー　エ 熱エネルギー

(4) 60℃の水300gが入っているビーカーに，硝酸カリウム200gを入れ，よくかき混ぜたところ，全部溶けた。この水溶液の温度をゆっくりと下げていくと，結晶が出てきた。水溶液の温度を20℃まで下げたとき，出てくる結晶の質量は何gか。求めなさい。ただし，20℃の水100gに溶ける硝酸カリウムの質量は32gとする。

(5) 右の図は，火山岩をルーペで観察して，スケッチしたものである。火山岩は，図のように，比較的大きな鉱物と，ａのような小さな粒の部分からできていた。このとき，火山岩のでき方について述べた次の文中の［X］，［Y］に当てはまる語句の組合せとして，最も適当なものを，下のア～エから一つ選び，その符号を書きなさい。

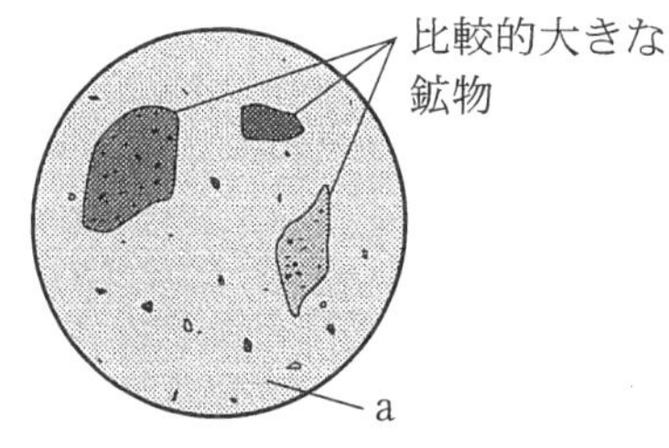

> 火山岩は，マグマが地表や地表付近で［X］冷えてできるので，ほとんどの鉱物は大きな結晶にならず，図中のａのような［Y］という組織ができる。

ア 〔X 急に，　Y 石基〕　イ 〔X 急に，　Y 斑晶〕
ウ 〔X ゆっくりと，Y 石基〕　エ 〔X ゆっくりと，Y 斑晶〕

(6) 右の図は，新潟市におけるある年の6月10日の気象観測の結果をまとめたものである。図中のa～cの折れ線は，気温，湿度，気圧のいずれかの気象要素を表している。a～cに当てはまる気象要素の組合せとして，最も適当なものを，次のア～カから一つ選び，その符号を書きなさい。

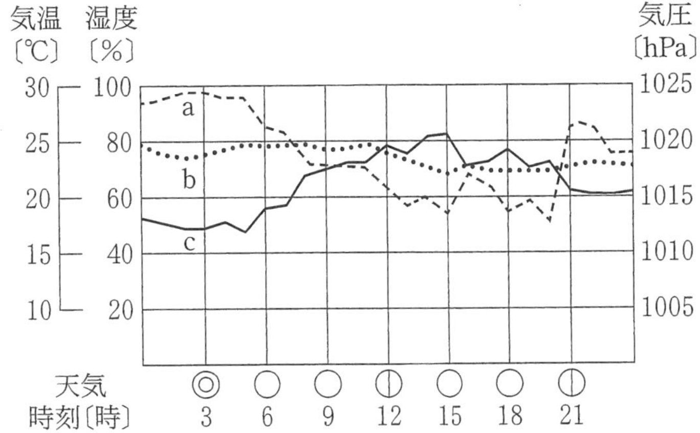

ア 〔a　気温，b　湿度，c　気圧〕　　イ 〔a　気温，b　気圧，c　湿度〕
ウ 〔a　湿度，b　気温，c　気圧〕　　エ 〔a　湿度，b　気圧，c　気温〕
オ 〔a　気圧，b　気温，c　湿度〕　　カ 〔a　気圧，b　湿度，c　気温〕

〔2〕 植物の根の成長を調べるために，タマネギの根を用いて，次の実験1，2を行った。この実験に関して，下の(1)，(2)の問いに答えなさい。

実験1　次の Ⅰ ，Ⅱ の手順で，タマネギの根の観察を行った。

Ⅰ　図1のように，タマネギを発根させた。発根させた根のうちの1本に，図2のように，先端から等間隔で5つの印をつけた。

Ⅱ　Ⅰ で根に印をつけたタマネギを，ビーカーに入れた水につけて，3日間成長させた。その後，印の間隔がどのように変化したかを観察した。

実験2　タマネギの根の先端部分を切り取ってプレパラートをつくり，図3の顕微鏡で観察した。

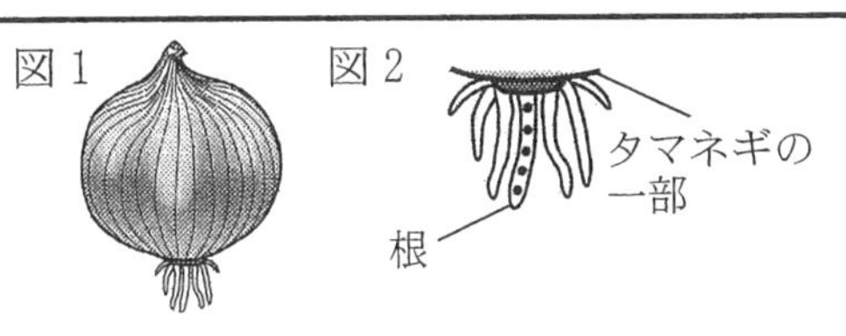

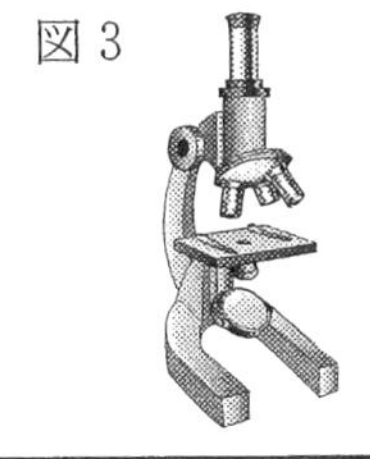

(1) 実験1について，3日後の根の印の間隔は，どのようになっているか。最も適当なものを，次のア～エから一つ選び，その符号を書きなさい。

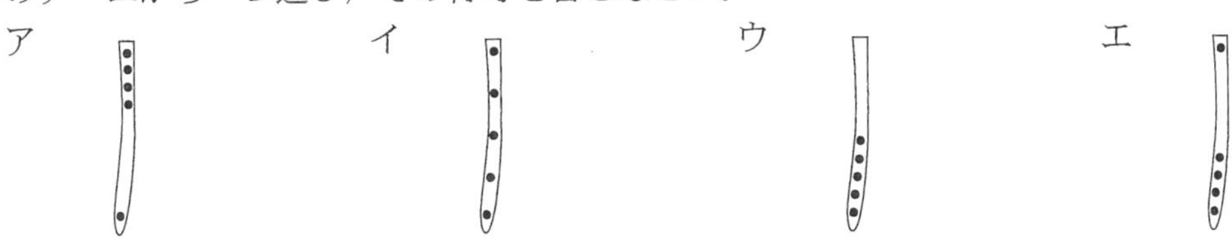

(2) 実験2について，図4は，できたプレパラートを顕微鏡で観察して，スケッチしたものである。図中のA～Dは，細胞分裂の過程におけるいろいろな段階の細胞である。このことに関して，次の①～③の問いに答えなさい。

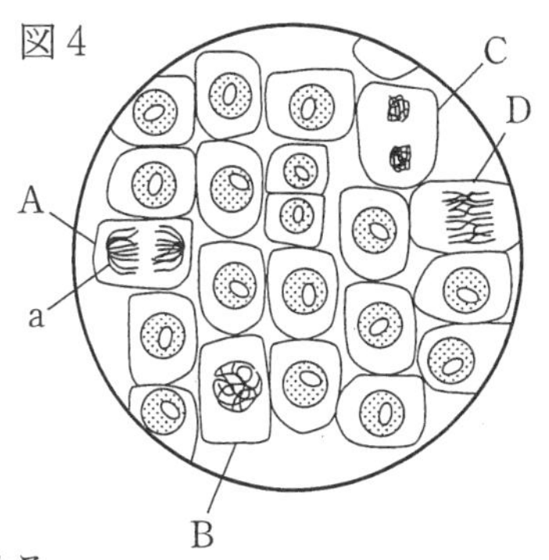

① 顕微鏡の使い方について述べた文として，最も適当なものを，次のア～エから一つ選び，その符号を書きなさい。

ア　はじめに最も高倍率の対物レンズを用いて，観察をする。
イ　反射鏡を調節するときは，接眼レンズをのぞきながら行う。
ウ　レンズの倍率を高くすると，視野が広くなる。
エ　プレパラートと対物レンズを近づけながら，ピントを合わせる。

② 図4のaの部分について，ひものようなつくりを何というか。その用語を書きなさい。

③ A～Dの細胞を，分裂の進む順に並べ，その符号を書きなさい。

〔3〕 化学変化にともなう熱の出入りについて調べるために，次の実験を行った。この実験に関して，下の(1)～(3)の問いに答えなさい。

実験　右の図のように，ビーカーに鉄粉5gと活性炭2gを入れて混ぜた後，質量パーセント濃度が5％の食塩水を2cm^3加え，ガラス棒でかき混ぜながら，温度計で温度を測定すると，温度の上昇が確認できた。

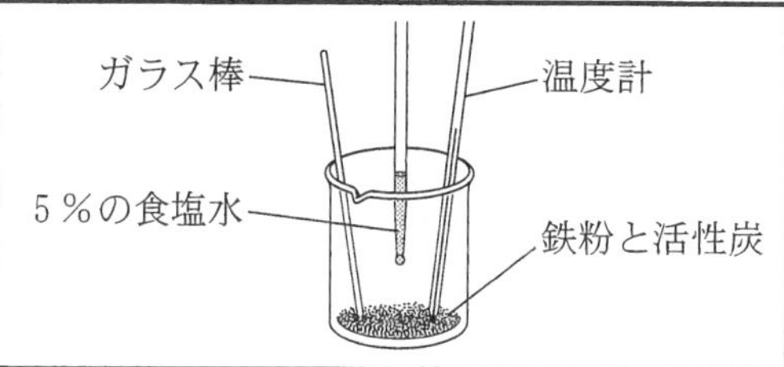

(1) 食塩水について，次の①，②の問いに答えなさい。

① 次の X の中に物質の化学式を，Y，Z の中にイオンの化学式を書き入れて，水溶液中の塩化ナトリウムの電離を表す式を完成させなさい。

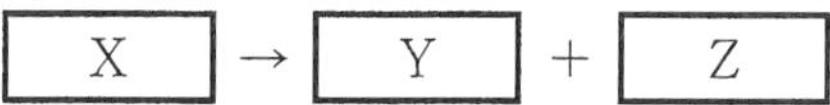

② 質量パーセント濃度が5％の食塩水を40gつくるとき，必要な食塩と水の質量はそれぞれ何gか。求めなさい。

(2) 化学変化が起こるときには，熱の出入りがともなう。このことについて，次の①，②の問いに答えなさい。

① 化学変化のうち，熱を周囲に放出し，温度が上がる反応を何というか。その用語を書きなさい。

② 化学変化には，熱を周囲から吸収し，温度が下がる反応もある。温度が下がる反応が起こる物質や水溶液の組合せとして，最も適当なものを，次のア～エから一つ選び，その符号を書きなさい。

ア　マグネシウムと酸素　　　イ　硫酸と水酸化バリウム水溶液
ウ　水酸化ナトリウム水溶液と塩酸　　　エ　炭酸水素ナトリウムとクエン酸水溶液

(3) 寒いときにあたたまるために使うカイロは，この実験と同じ化学変化を利用している。カイロを持つ手があたたまるのは，カイロから手に熱が伝わるためである。このような熱の伝わり方を何というか。その用語を書きなさい。

〔4〕 健一さんは，太陽の動きを調べるため，透明半球を用いて，太陽の観察を行うことにした。夏のある日に新潟県のある地点で，右の図のように，厚紙に透明半球を置いたときにできる円の中心をOとし，方位を定めて，透明半球を固定した。午前9時から午後3時まで1時間おきに，太陽の位置を透明半球上に油性ペンで印をつけて記録した。また，太陽が南中した時刻に，太陽の位置を透明半球上に印をつけて記録し，この点をPとした。記録した太陽の位置をなめらかに結んで，透明半球のふちまで延長して曲線XYをつくった。このことに関して，あとの(1)～(6)の問いに答えなさい。なお，図中のA～Dは，それぞれOから見た東西南北のいずれかの方向にある円周上の点である。

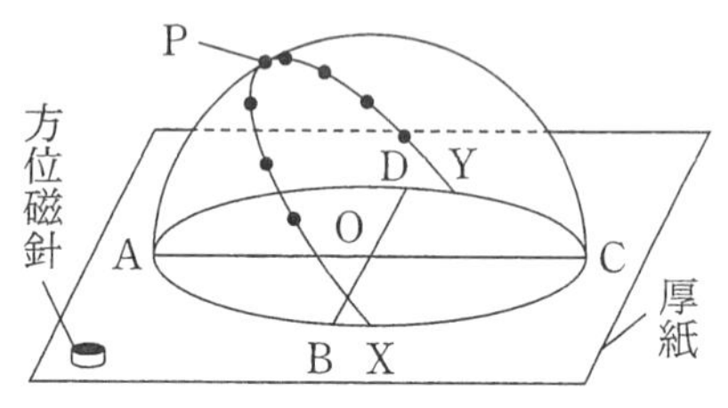

(1) Oから見て，東の方向にある点として，最も適当なものを，図中のA～Dから一つ選び，その符号を書きなさい。

(2) 太陽などの天体は，時間の経過とともにその位置を変えているように見える。このような，地球の自転による天体の見かけの動きを何というか。その用語を書きなさい。

(3) 太陽の位置を透明半球上に油性ペンで印をつけて記録するとき，どのように印をつければよいか。「油性ペンの先端の影」という語句を用いて書きなさい。

(4) 太陽の南中高度を表す角として，最も適当なものを，次のア～カから一つ選び，その符号を書きなさい。

ア　∠ACP　　イ　∠AOP　　ウ　∠BOP
エ　∠BPD　　オ　∠COP　　カ　∠DOP

令和5年度入試

(5) 透明半球上につくった曲線XYについて，午前9時の点から午後3時の点までの長さと，午前9時の点からPまでの長さをはかると，それぞれ12 cm，5.5 cmであった。観察を行った日の太陽が南中した時刻として，最も適当なものを，次のア～エから一つ選び，その符号を書きなさい。

ア　午前11時45分　　イ　午前11時51分　　ウ　午前11時57分　　エ　午後0時3分

(6) 健一さんが観察を行った地点と，緯度は同じで，経度が異なる日本のある地点で，同じ日に太陽の観察を行った場合，太陽が南中する時刻と太陽の南中高度は，健一さんが観察を行った地点と比べてどのようになるか。最も適当なものを，次のア～エから一つ選び，その符号を書きなさい。

ア　太陽が南中する時刻も太陽の南中高度も，ともに異なる。

イ　太陽が南中する時刻は異なるが，太陽の南中高度は同じになる。

ウ　太陽が南中する時刻は同じになるが，太陽の南中高度は異なる。

エ　太陽が南中する時刻も太陽の南中高度も，ともに同じになる。

〔5〕 光の進み方について調べるために，次の実験1，2を行った。この実験に関して，下の(1)～(4)の問いに答えなさい。

実験1　図1のように，半円形のガラスの中心を光が通るように，光源装置で光を当てて，光の道すじを観察した。

実験2　図2のように，和実さんは，床に垂直な壁にかけた鏡を用いて，自分の像を観察した。なお，和実さんの全身の長さは154 cm，目の位置は床から142 cm，鏡の縦方向の長さは52 cm，鏡の下端の位置は床から90 cm，和実さんと鏡との距離は100 cmとする。

図1

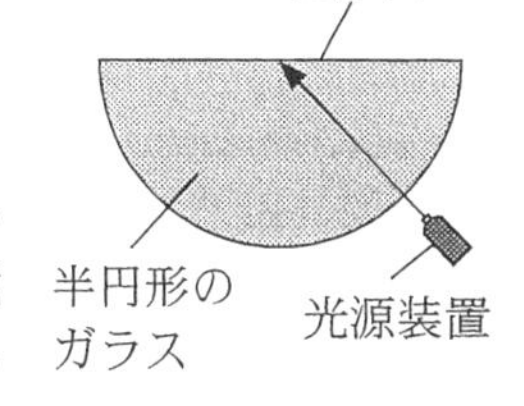

図2

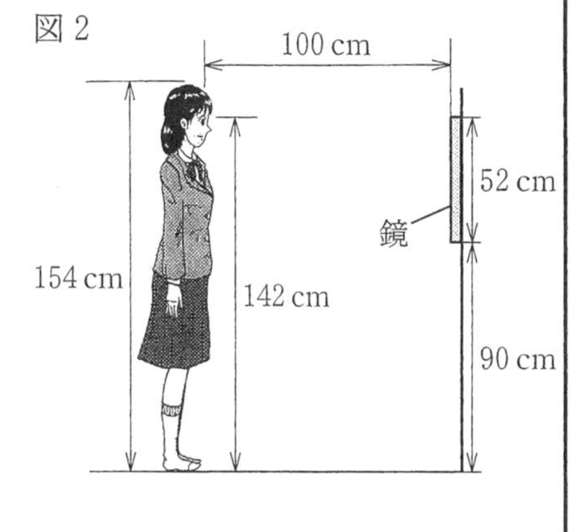

(1) 実験1について，光の進み方を表したものとして，最も適当なものを，図3のア～エから一つ選び，その符号を書きなさい。

図3

イ　ウ　エ　ア
空気とガラスの境界面
半円形のガラス
光源装置

(2) 実験1について，光がガラスから空気へ進むときの入射角を大きくしていくと，全反射が起きた。このような光の性質を利用しているものとして，最も適当なものを，次のア～エから一つ選び，その符号を書きなさい。

ア　エックス線写真　　イ　けい光灯

ウ　光ファイバー　　エ　虫眼鏡

(3) 実験2について，和実さんから見える自分の像として，最も適当なものを，次のア～エから一つ選び，その符号を書きなさい。

ア

イ

ウ

エ

(4) 次の文は，実験2において，和実さんが全身の像を観察するために必要な鏡の長さと，その鏡を設置する位置について述べたものである。文中の［X］，［Y］に当てはまる値を，それぞれ求めなさい。ただし，和実さんと鏡との距離は変えないものとする。

和実さんが全身の像を観察するためには，縦方向の長さが少なくとも［X］cmの鏡を用意し，その鏡の下端が床から［Y］cmの位置になるように設置すればよい。

〔6〕 電池のしくみを調べるために，次の実験1，2を行った。この実験に関して，下の(1)~(3)の問いに答えなさい。

実験1　図1のように，硫酸銅水溶液と銅板が入った袋状のセロハンを，硫酸亜鉛水溶液と亜鉛板が入ったビーカーの中に入れた。銅板と亜鉛板を，それぞれ導線でモーターとつないだところ，プロペラが回転した。

実験2　図2のように，硫酸マグネシウム水溶液とマグネシウム板が入った袋状のセロハンを，硫酸銅水溶液と銅板が入ったビーカーの中に入れた。マグネシウム板と銅板を，それぞれ導線でモーターとつないだところ，プロペラが実験1とは逆に回転した。

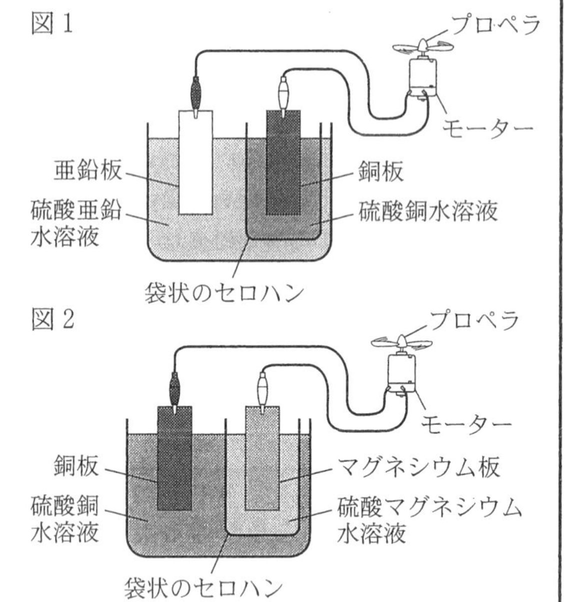

(1) 実験1について，次の①，②の問いに答えなさい。

① 銅，亜鉛の化学式を，それぞれ書きなさい。

② 水溶液に入っている銅板と亜鉛板のそれぞれに起こる変化について述べた文として，最も適当なものを，次のア～エから一つ選び，その符号を書きなさい。

ア　銅板も亜鉛板も，ともに溶け出す。
イ　銅板は溶け出し，亜鉛板は表面に物質が付着する。
ウ　銅板は表面に物質が付着し，亜鉛板は溶け出す。
エ　銅板も亜鉛板も，ともに表面に物質が付着する。

(2) 次の文は，実験2において，プロペラが実験1とは逆に回転した理由を説明したものである。文中の［X］～［Z］に当てはまる語句の組合せとして，最も適当なものを，下のア～カから一つ選び，その符号を書きなさい。

> 実験1では［X］が－極になり，モーターに電流が流れたが，［Y］の方が陽イオンになりやすく，実験2では［Z］が－極になり，モーターに電流が流れたから。

ア〔X　亜鉛板，Y　銅に比べてマグネシウム，Z　銅板〕
イ〔X　亜鉛板，Y　銅に比べてマグネシウム，Z　マグネシウム板〕
ウ〔X　亜鉛板，Y　マグネシウムに比べて銅，Z　銅板〕
エ〔X　亜鉛板，Y　マグネシウムに比べて銅，Z　マグネシウム板〕
オ〔X　銅板，Y　銅に比べてマグネシウム，Z　マグネシウム板〕
カ〔X　銅板，Y　マグネシウムに比べて銅，Z　マグネシウム板〕

(3) 実験1，2で用いた袋状のセロハンのはたらきについて述べた文として，最も適当なものを，次のア～エから一つ選び，その符号を書きなさい。

ア　2種類の水溶液を分けて，水溶液中のイオンが通過できないようにする。
イ　2種類の水溶液を分けて，水溶液中の陽イオンだけが通過できないようにする。
ウ　2種類の水溶液を分けるが，水溶液中のイオンは通過できるようにする。
エ　2種類の水溶液を分けるが，水溶液中の陽イオンだけは通過できるようにする。

〔7〕 理科の授業で，理子さんの班は，光合成が行われるときの条件を調べるために，アサガオの葉を用いて，次の I の手順で実験を行った。 II はこの実験の結果であり， III は実験後の理子さんと班のメンバーによる会話の一部である。 I ～ III に関して，下の(1)～(3)の問いに答えなさい。

I 実験の手順

① アサガオからふ入りの葉を一枚選び，図1のように，葉の一部をアルミニウムはくでおおって，暗いところに一晩置いた。

② 翌日，①の葉に光を十分に当てた後，アルミニウムはくをとって，熱湯につけてやわらかくした。やわらかくした葉を，熱湯であたためたエタノール(下線a)の中に入れて脱色した。

③ エタノールから取り出した葉を水洗いしてから，ヨウ素溶液にひたして，葉の色の変化を観察した。なお，図2のように，葉の，アルミニウムはくでおおわなかった緑色の部分をA，アルミニウムはくでおおわなかったふの部分をB，アルミニウムはくでおおっていた緑色の部分をC，アルミニウムはくでおおっていたふの部分をDとした。

図1

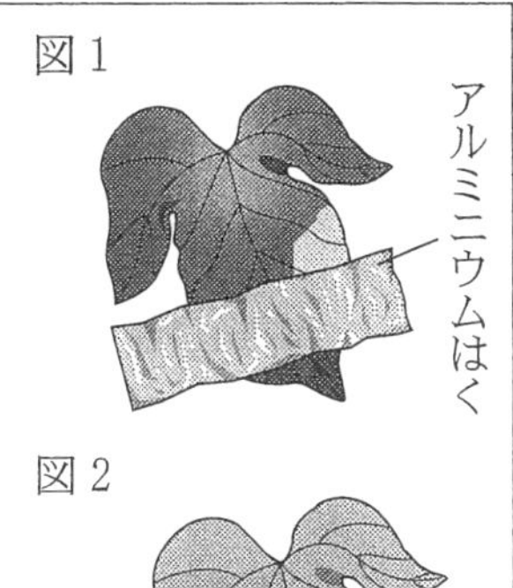

図2

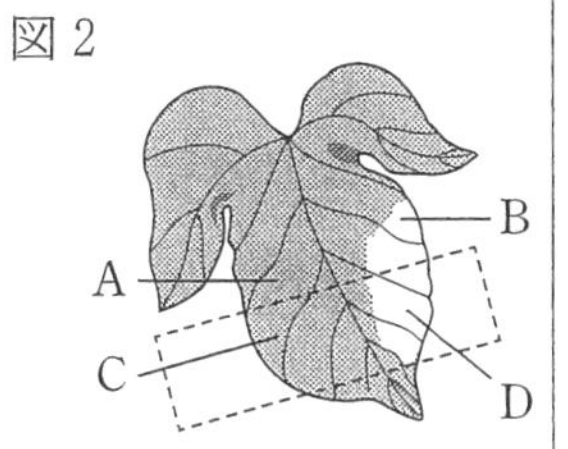

II 実験の結果

・ Aの部分は，青紫色に変化した。
・ B，C，Dの部分は，変化が見られなかった。

III 実験後の会話の一部

理子さん：Aの部分とBの部分の結果を比べると， X がわかりますね。

高子さん：そうですね。他にも，Aの部分とCの部分の結果を比べると， Y がわかりますね。Aの部分とDの部分とではどうでしょうか。

太郎さん：Aの部分とDの部分の結果を比べても，どの条件が結果に影響したのかわかりません。これは対照実験(下線b)とは言えません。

高子さん：次は，光合成が葉の細胞の中のどこで行われているかを調べてみましょう。

(1) 下線部分aについて，エタノールをあたためる際，熱湯を用いるのはなぜか。その理由を書きなさい。

(2) X ， Y に最もよく当てはまるものを，次のア～カからそれぞれ一つずつ選び，その符号を書きなさい。

ア 光合成は，葉の緑色の部分で行われていること
イ 光合成は，葉のふの部分で行われていること
ウ 光合成は，葉緑体と呼ばれる部分で行われていること
エ 光合成には，二酸化炭素が必要であること
オ 光合成には，暗いところに一晩置くことが必要であること
カ 光合成には，葉に光を当てる必要があること

(3) 下線部分bについて，対照実験とはどのような実験か。「条件」という語句を用いて書きなさい。

〔8〕 電熱線から発生する熱による水の温度の上昇について調べるために，電気抵抗が2Ωの電熱線を用いて，次の実験1～3を行った。この実験に関して，下の(1)～(5)の問いに答えなさい。ただし，電熱線から発生する熱は，すべて水の温度の上昇に使われたものとする。

実験1 右の図のように，電源装置，スイッチ，電流計，電圧計，電熱線を用いて回路をつくり，水140 cm^3(140 g)を入れた断熱容器に，電熱線，温度計，ガラス棒を入れた。

断熱容器内の水の温度が，室温と同じ16.0℃になるまで放置した後，スイッチを入れて，電圧計が2.0Vを示すように電源装置を調節して電流を流した。ガラス棒で，静かに水をかきまぜながら，断熱容器内の水の温度を，スイッチを入れてから1分ごとに4分間測定した。

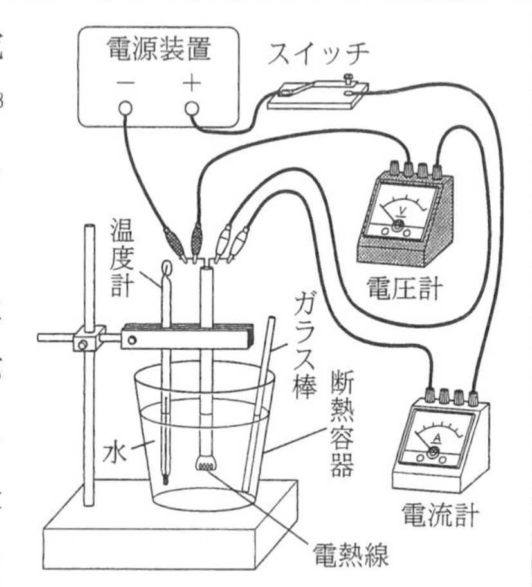

実験2 実験1と同じ手順で，電圧計が4.0Vを示すように電源装置を調節して，断熱容器内の水の温度を測定した。

実験3 実験1と同じ手順で，電圧計が6.0Vを示すように電源装置を調節して，断熱容器内の水の温度を測定した。

下の表は，実験1～3の結果をまとめたものである。

電圧〔V〕	2.0V					4.0V					6.0V				
電流を流した時間〔分〕	0	1	2	3	4	0	1	2	3	4	0	1	2	3	4
水の温度〔℃〕	16.0	16.2	16.4	16.6	16.8	16.0	16.8	17.6	18.4	19.2	16.0	17.8	19.6	21.4	23.2
水の上昇温度〔℃〕	0.0	0.2	0.4	0.6	0.8	0.0	0.8	1.6	2.4	3.2	0.0	1.8	3.6	5.4	7.2

(1) 実験1について，電流計は何Aを示すか。求めなさい。

(2) 実験2について，電熱線が消費する電力は何Wか。求めなさい。

(3) 次の文は，実験1，2において，電熱線で発生する熱量について述べたものである。文中の［X］に当てはまる語句として，最も適当なものを，下のア～エから一つ選び，その符号を書きなさい。

> 実験2で電流を1分間流したときに電熱線で発生する熱量は，実験1で電流を［X］流したときに電熱線で発生する熱量と同じになる。

ア 1分間　　イ 2分間　　ウ 3分間　　エ 4分間

(4) 実験3について，表をもとにして，電流を流した時間と水の上昇温度の関係を表すグラフをかきなさい。

(5) 実験1～3について，電流を流した時間と水の上昇温度には，どのような関係があるか。「電力」という語句を用いて書きなさい。

令和5年度入試

国語解答用紙

（注1）解答は、縦書きで記入すること。
（注2）※の欄には、何も記入しないこと。

受検番号

※

〔一〕 ※

(一)	1	惜	しむ
	2	鮮	やか
	3	到達	
	4	貢献	
	5	喫緊	
(二)	1	ス	う
	2	イキオ	い
	3	セツゲン	
	4	セイミツ	
	5	ルイジ	

〔二〕 ※

(一)
(二)
(三)
(四)
(五)

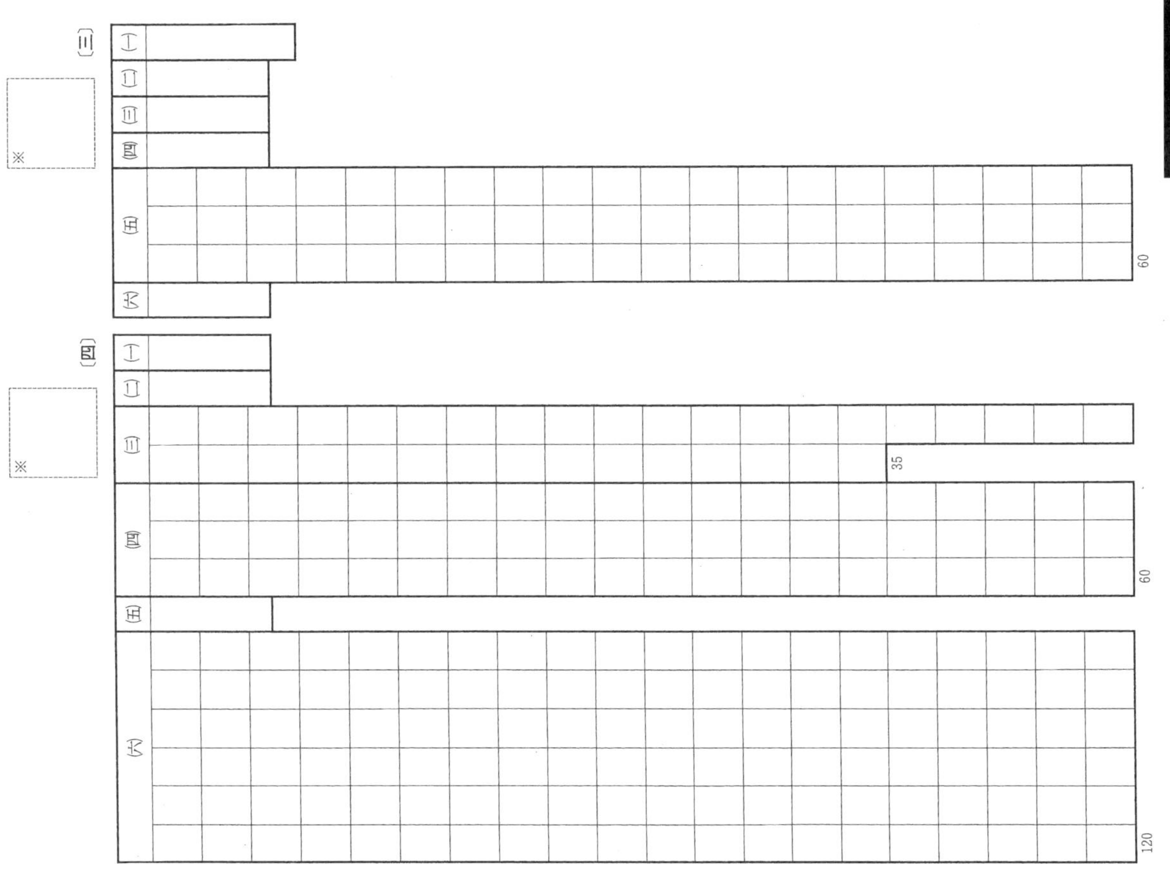

〔三〕 ※

(一)
(二)
(三)
(四)
(五) 60
(六)

〔四〕 ※

(一)
(二)
(三) 35
(四) 60
(五)
(六) 120

令和5年度入試

数学解答用紙

（注１） 解答は，横書きで記入すること。
（注２） ※の欄には，何も記入しないこと。

〔１〕 ※

(1)		(2)		(3)	
(4)	$x=$ ， $y=$	(5)		(6)	
(7)	$\angle x=$ 度	(8)			

〔２〕 ※

(1) 〔求め方〕

答 ＿＿＿＿

(2) 〔証明〕

(3)

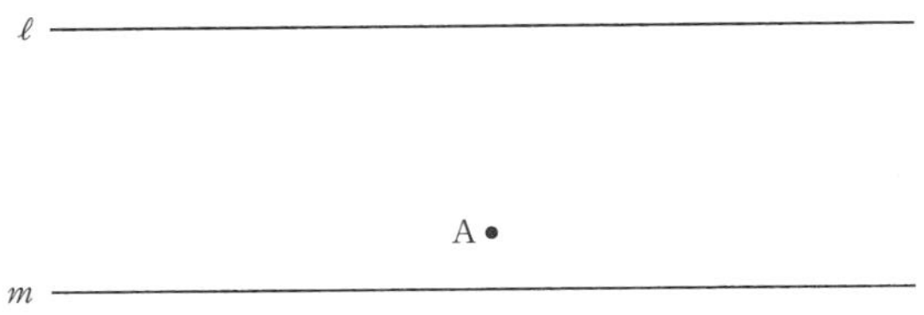

ℓ ＿＿＿＿＿＿

A●

m ＿＿＿＿＿＿

受検番号

※

〔３〕 ※

(1) $y=$

(2) ① ②

(3)

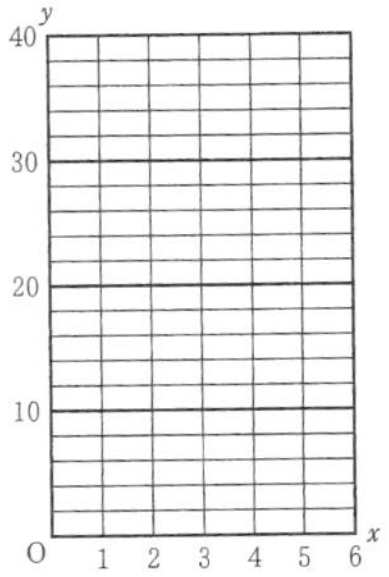

(4) 〔求め方〕

答 $x=$ ＿＿＿＿

〔４〕 ※

(1) ア イ ウ

(2) ① 〔証明〕

② 〔求め方〕

答 $x=$ ＿＿＿＿

〔５〕 ※

(1) cm

(2) 〔求め方〕

答 ＿＿＿＿ cm^3

(3) 〔求め方〕

答 ＿＿＿＿ cm^3

令和５年度入試

英語解答用紙

（注１） 解答は，横書きで記入すること。
（注２） ※の欄には，何も記入しないこと。

受検番号	

※

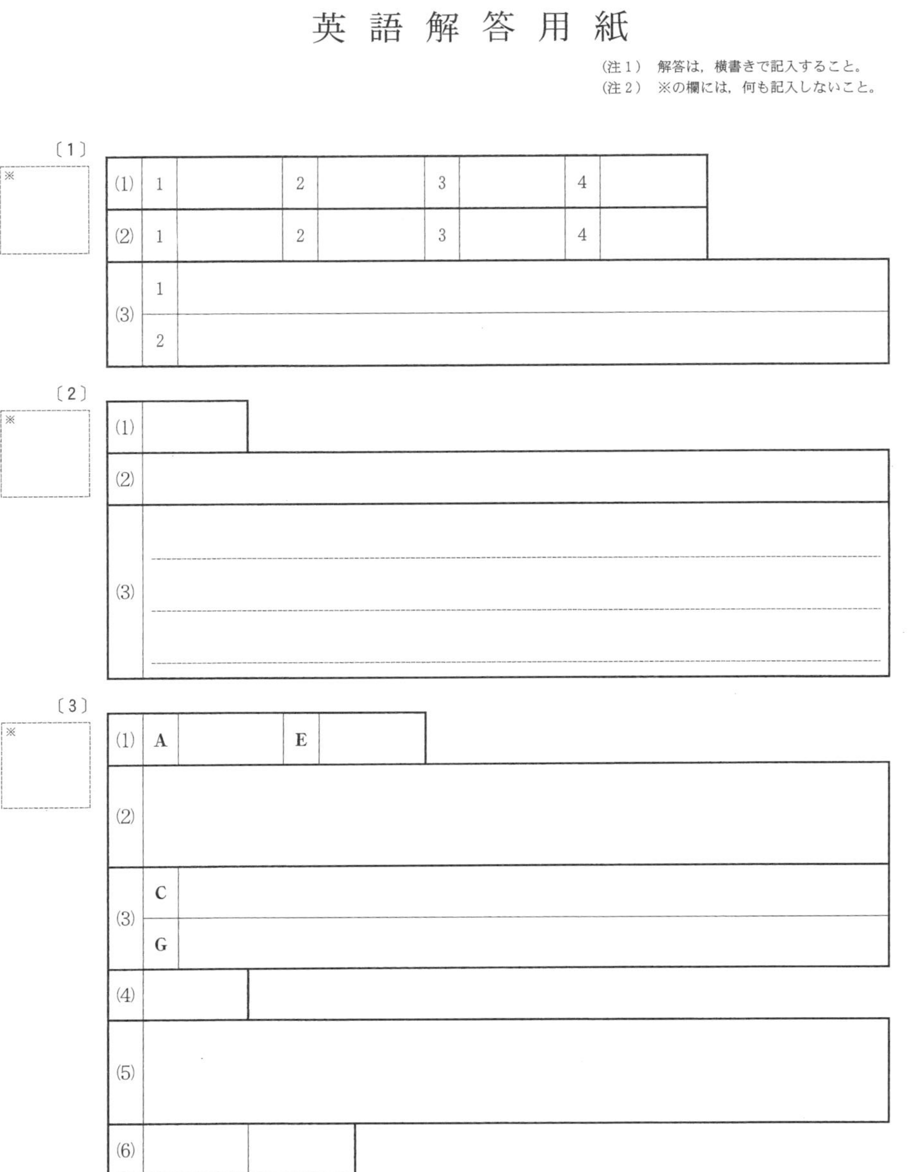

〔１〕 ※

(1)	1		2		3		4	
(2)	1		2		3		4	
(3)	1							
	2							

〔２〕 ※

(1)	
(2)	
(3)	

〔３〕 ※

(1)	A		E	
(2)				
(3)	C			
	G			
(4)				
(5)				
(6)				

〔４〕 ※

(1)		
(2)		
(3)		
(4)		
(5)	①	
	②	
	③	
(6)	Hello, Fred. Thank you for your e-mail and the interesting article. Your friend, Hikari	

社会解答用紙

(注1) 解答は，横書きで記入すること。
(注2) ※の欄には，何も記入しないこと。

受検番号	

※

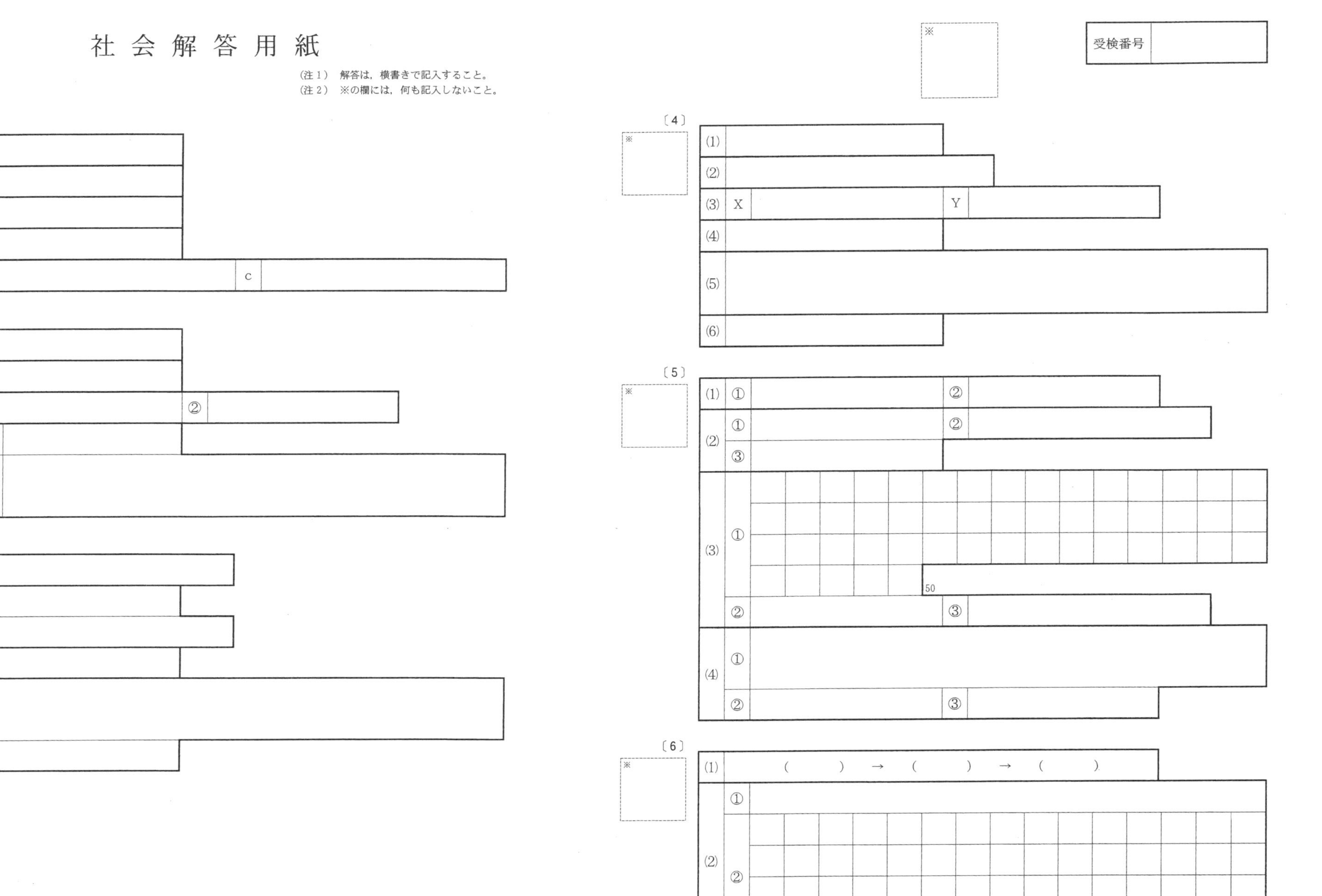

〔1〕 ※

(1)			
(2)			
(3)			
(4)			
(5)	a	c	

〔2〕 ※

(1)				
(2)				
(3)	①		②	
(4)	符号			
	理由			

〔3〕 ※

(1)		
(2)	①	
	②	
(3)		
(4)	①	
	②	

〔4〕 ※

(1)				
(2)				
(3)	X		Y	
(4)				
(5)				
(6)				

〔5〕 ※

(1)	①		②	
(2)	①		②	
	③			
(3)	①	50		
	②		③	
(4)	①			
	②		③	

〔6〕 ※

(1)	(　　) → (　　) → (　　)	
(2)	①	
	②	55

理科解答用紙

（注１）解答は，横書きで記入すること。
（注２）※の欄には，何も記入しないこと。

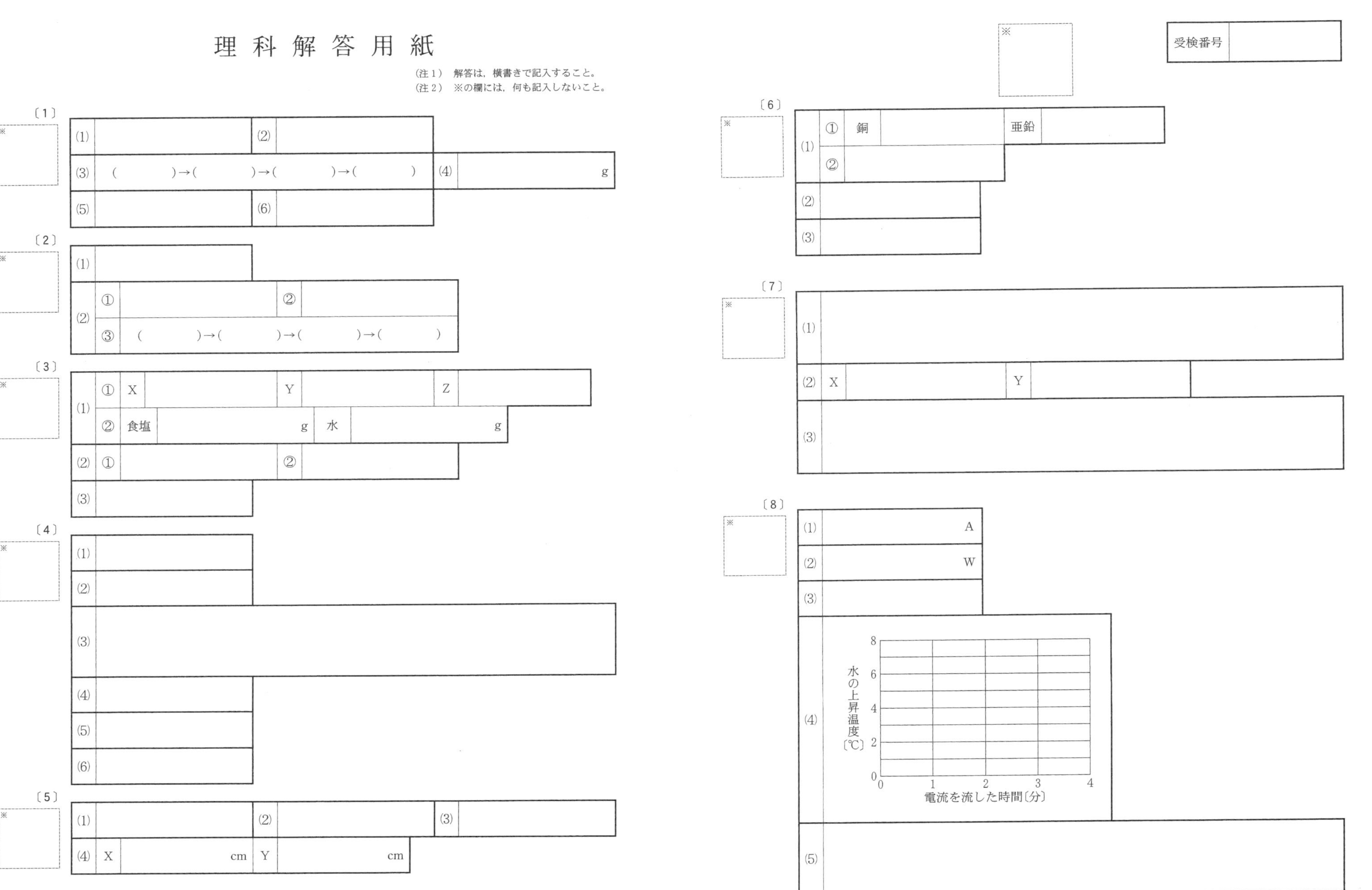

令和５年度入試

㈥　次のⅡの文章は、Ⅰの文章と同じ著書の一部である。筆者は、ヒトが幸福になるためには、どのようなことをヒトが知り、どのような知識が広がって行く必要があると考えているか。ⅠとⅡの文章を踏まえ、百二十字以内で書きなさい。

Ⅱ

　技術発展の方向性を決める要因とは何か。それは、快適さや便利さ、効率性を追求する心であり、経済的な利益を最大化しようとする欲求である。こうした志向はおそらく、社会発展を支えるという意味で、今後もある程度必要なものだろう。

　しかし、こうした志向だけではおそらく今後のヒトの社会がやって行けないことに、人々はうすうす気づいている。便利さと豊かさは、似ているようでずれる部分が大きい。便利さと幸福も、近いようでいて、実はほとんど関係がない。幸福なき便利さを求める意味はない。金銭的な利益が幸福と直結しないことを示す事例は少なくない。そうしたことをヒトが知り、ナチュラル・ヒストリーについての知識が広がって行けば、技術発展の方向性に影響を与えずにはおかないだろう。

　ナチュラル・ヒストリーを知るべきである。ほかの生き物について知り、ヒトとの共通点と相違点を知るべきである。ヒトが他を思いやる心を身につけたという事実を振り返り、自らもそれを実践すべきである。そうしたことが、個体としてのヒトと、種としてのヒトを同時に豊かにし、安定させることになると、筆者は考えている。

令和6年度入試

その七

◇M1(519—10)

ざまな条件の環境に進出し、種が分化し、新種が生まれる一方で別の種が滅びて今に至ること。また、例えば初期の生物が光合成を行って大気中に酸素を増やし、それによって太陽光線を受ける地上の環境を大きく変えてしまうなど、地球環境との「共進化」によって、今日の自然と生命の多様性が生まれてきたということである。

その中で、それぞれの生き物は個別の特殊性を持ち、それが全体としては多様性となる一方で、互いに構造や機能の共通性——生物としての普遍性——を持っている。ナチュラル・ヒストリーとは、生き物が歩んできた、このような歴史のことである。

地球上に生物種がどれだけあるかは諸説あるが、ここでは1千万種としておこう。それらの生物の形づくりや歩いてきた道(ナチュラル・ヒストリー)を知ることは、その一部でありながらかなり例外的な種であるヒトが、将来はどこへ向かっていくのかを考えていくときに、基本的な視点になると考えるのである。

(浅島　誠『生物の「安定」と「不安定」　生命のダイナミクスを探る』による)

(注)　幾何級数的＝増加が急激なさま。

(一)　文章中の A に最もよく当てはまる言葉を、次のア～エから一つ選び、その符号を書きなさい。

ア　しかし　　イ　ただし
ウ　例えば　　エ　したがって

(二)　文章中の a に最もよく当てはまる言葉を、次のア～エから一つ選び、その符号を書きなさい。

ア　実質的　　イ　自発的　　ウ　共同的　　エ　対照的

(三)　——線部分(1)とはどういうことか。四十五字以内で書きなさい。

(四)　——線部分(2)について、その状態を具体的に述べている一文を、Ⅰの文章中から四十五字以上五十字以内で抜き出し、そのはじめと終わりの五字をそれぞれ書きなさい。

(五)　——線部分(3)について、筆者がこのように述べるのはなぜか。その理由として最も適当なものを、次のア～エから一つ選び、その符号を書きなさい。

ア　ヒトは、食物連鎖のピラミッドの安定性を損なったとしても、自然を改変することにより存続が可能となるから。

イ　ヒトが自分の住む地域の野生動物を食べなくなった現在、食物連鎖のピラミッドに位置づけることはできないから。

ウ　ヒトは、自らを食物連鎖の頂点に位置づけ、意のままに自然を改変した結果、生命システム全体を破綻させたから。

エ　ヒトが自然を改変し続け、食物連鎖のピラミッドが崩れると、ヒトの健全な存続が不安視されるようになるから。

〔四〕　次のⅠ、Ⅱの文章を読んで、㈠〜㈥の問いに答えなさい。

Ⅰ　生き物どうしのつながりと言えば連想されやすいのが食物連鎖かもしれない。食物連鎖はしばしばピラミッドの形で描かれる。底辺から順に細菌、植物、草食動物、そして肉食動物が複数段階ある。これは、［A］、草食性の昆虫がいたとして、それを食べるカエルがいて、さらにそれを食べるヘビ、そしてヘビを食べるタカなどがいるからである。また別の地域では別のピラミッドが描かれうる。草食動物としてシマウマ、その上位の捕食者としてライオンが位置づけられる地域もあるだろう。

現代のヒトをここに位置づけるとしたら、タカやライオンの層、あるいはそれより上の層に入るかもしれない。おそらく、かつてヒトがまだサルと区別されにくかった時代、周囲にはヒトを襲って食べる肉食獣がたくさんいたであろうから、そのときヒトは上から2番目ぐらいの層に入っていたことだろう。現代のヒトは自分が住んでいる地域の野生動物を食べないため、そもそもこのピラミッドに入れるのが適切かどうか分からないが、入れるとすれば［a］に食物連鎖の頂点である。それは、究極的には「自分たちを食べる動物がいるか否か」の判断に基づくだろう。

本来、食物連鎖がピラミッドで描かれる理由は、それが個体の数あるいは生物量を表せるからである。頂点の少数の生き物を養うために、底辺へ向かうにしたがって幾何級数的(きかきゅうすうてき)に、必要な個体数が増えていく。上部の相対的に少ない生物量と、下部の相対的に多い生物量とは均衡の関係にあると言える。ところが今は、頂点に位置する人類の数がどんどん増え続ける一方で、それより下に位置する無数の生物については、生息地域の確実な減少から、数と多様性が減っているであろうこと、また将来的にもそれが進むであろうことが指摘されている。これは、本来は分厚かったピラミッドの下部をやせ細らせることであり、(1)生物量の均衡を失うことである。

(2)ピラミッドは三角形であるから安定している。この下部がやせ細り、頂点だけ大きくなれば安定性は損なわれる。それがさらに進行すれば、もはや三角形をなさず、いずれ倒れてしまう——つまり、ヒトという種の健全な存続が危ぶまれるようになるか、最悪の場合には生命システム全体が破綻(はたん)してしまうであろう。生物量の均衡喪失は、種の不安定化要因の1つになる。地球は過去に5度の大規模な絶滅を経験している。ヒトが自然を改変した結果としての、現在進行形の種や個体の減少について、これが〝6度目の大絶滅〟であるとする見方もあるが、それは他人事ではない。(3)ヒトが〝滅びゆく運命〟の中にいないとは誰も言えないのである。

このような未来像は、暗い。次世代のためにも、皆がそれぞれの分野で「別のあり方」を考え、明るい方向に向かうための材料を出しておかなければならない。筆者にとってそのヒントは「ナチュラル・ヒストリー」にある。さらに、それを活かすことのできる、ヒトの英知も忘れてはならない。

ナチュラル・ヒストリーは日本では「自然史」あるいは「生命誌」と訳されるが、噛(か)みくだいて言うなら「生き物の中にある、生命が歩んできた道の記録」となるだろう。

具体的には、地球の歴史があり、そこに生命が誕生し、さま

(一) 〰〰線部分の「伝へ」の読みを、すべてひらがなで書きなさい。ただし、現代かなづかいでない部分は、現代かなづかいに改めること。

(二) ━━線部分(1)の「心得ず」の意味として最も適当なものを、次のア～エから一つ選び、その符号を書きなさい。

ア　分かりにくいと
イ　しかたがないと
ウ　不思議なことだと
エ　納得がいかないと

(三) 〈Ⅰ〉の和歌には、誰の、どのような気持ちが表れているか。最も適当なものを、次のア～エから一つ選び、その符号を書きなさい。

ア　義忠の、宇治殿から弁明の余地なく叱責されたことを今も不満に思う気持ち。
イ　義忠の、民部卿の怒りを買ったために謹慎を命じられたことを悔しく思う気持ち。
ウ　宇治殿の、義忠の訴えを退けなかったことを今になって情けなく思う気持ち。
エ　宇治殿の、民部卿が資業の漢詩を高く評価したことをいら立たしく思う気持ち。

(四) ━━線部分(2)の「私」とは、誰の「私情」か。最も適当なものを、次のア～エから一つ選び、その符号を書きなさい。

ア　資業
イ　民部卿
ウ　義忠
エ　宇治殿

(五) ━━線部分(3)の「誇り」とは、どのようなことに対する「非難」か。最も適当なものを、次のア～エから一つ選び、その符号を書きなさい。

ア　資業が文章博士にふさわしくないこと。
イ　資業が達人たちに漢詩を作らせたこと。
ウ　資業が作成した漢詩に難点が多いこと。
エ　資業が民部卿に金品を渡していたこと。

(六) ━━線部分(4)の「義忠を誇ける」について、人々が義忠を非難したのはなぜか。六十字以内で書きなさい。

〔三〕 次のAの文章は、『今昔物語集』の「藤原資業作詩義忠難語第二十九」の前半の内容を現代語でまとめたものであり、Bの文章は、Aに続く部分の古文である。この二つの文章を読んで、(一)～(六)の問いに答えなさい。

A 昔、藤原資業という文章博士が、達人たちに屏風に書く漢詩を作らせた。学才豊かで、漢詩に精通していた民部卿大納言が、天皇の命令を受けてこれらの漢詩を選定したところ、資業のものが数多く採用された。このことを藤原義忠という文章博士がねたみ、「資業の作った漢詩は難点が多いにもかかわらず、数多く採用されています。思うに、民部卿は資業から金品を受け取って採用したのです。」と宇治殿に訴えた。

(注) 文章博士＝漢詩文・歴史などを教えた教官。
民部卿大納言＝藤原斉信。平安時代の歌人。
宇治殿＝藤原頼通。当時の高官。

B

民部卿此の事を伝へ聞て、攀縁(激怒シテ)を発して、此の詩共を、皆麗句(立派ナ辞句)微妙にして、撰ぶ所に私(私情ハ交エテイナイコト)無き由を申れければ、宇治殿、頗る(非常ニ)義忠が言(言ッタコト)を(1)心得ず思食(オ思イニナッテ)て、義忠を召て、「何の故有て、此る僻言(アノヨウナデタラメ)を申て事を壊(事態ヲ混乱)らむ(サセヨウ)と為るぞ」と、勘発(叱責)し仰られける。義忠恐れを成し(恐縮)て蟄り居にけり(家ニコモッテシマッタ)。明る年の三月になむ免れける。而るに(トコロガ)義忠或る女房に付(託シテ)、和歌をぞ奉ける(差シ上ゲタ)、

〈I〉 あをやぎのいろのいとにてむすびてし(資業ノ色糸ノ詩句ヲ非難シタタメオトガメヲ受ケタ)
うらみをとかで(晴ラサナイママ)春のくれぬる

と。其後、指(コレトイッタ)る仰せ無て止にけり。

此を思ふに、義忠も謗(非難スル)べき所有てこそ謗(非難シタノデアロウ)けめ。只民部卿の当時止事無き(人望ノアル)人なるに、(2)「私有る思へ(私情ヲ交エルトイウ評判ヲ)取(取ラナイヨウニ)ざれ」とて、有ける事にや(オトガメガアッタノデアロウカ)。亦資業も人の(3)謗り有る計(漢詩)は世も作ざりけむかし(ヨモヤ作ラナカッタデアロウ)。此れも只才を挑(競ウコト)むより出来る事(事件)なり。但義忠が民部卿を放(無責任ナ発言)言するが由無き(ヨクナイ)なり、とぞ人云て、(4)義忠を謗ける、となむ語り伝へたると(トイウコトダ)や。

(注) 女房＝貴族などの家に仕えた女性。

(三) 次の文中の「まるで」が修飾する文節を、あとのア～エから一つ選び、その符号を書きなさい。

まるで夢を見ているような気分だ。

ア 夢を
イ 見ている
ウ ような
エ 気分だ

(四) 次の文中の「花鳥風月」と構成が同じ四字熟語を、あとのア～エから一つ選び、その符号を書きなさい。

公園を散歩しながら花鳥風月に親しむ。

ア 共存共栄
イ 起承転結
ウ 大器晩成
エ 有名無実

(五) 次の会話文の［A］～［C］に当てはまる語の組合せとして最も適当なものを、あとのア～カから一つ選び、その符号を書きなさい。

先生　皆さんには、それぞれ目標があると思います。その目標を、数字を含んだ慣用句やことわざを用いて発表してみましょう。
カズキ　私は、一にも［A］にも勉強に励みます。
ユタカ　私は、人から、一から［B］まで手取り足取り教えてもらうのではなく、自分なりに考えて行動します。
サクラ　私は、「［C］聞は一見に如かず」ということわざのとおり、様々なことを自分の目でしっかりと確認していきたいと思います。

ア A 二　B 十　C 一
イ A 二　B 十　C 百
ウ A 二　B 百　C 百
エ A 十　B 十　C 一
オ A 十　B 百　C 一
カ A 十　B 百　C 百

◇M1(519—5)

国語

その一

〔一〕　次の㈠、㈡の問いに答えなさい。

㈠　次の１～５について、――線をつけた漢字の部分の読みがなを書きなさい。

1　お年寄りを敬う。
2　彼は天文学に詳しい。
3　幼い頃を回顧する。
4　濃霧に注意して前に進む。
5　辛抱強く課題に取り組む。

㈡　次の１～５について、――線をつけたカタカナの部分に当てはまる漢字を書きなさい。

1　農業がサカんな地域である。
2　研究者に学位をサズける。
3　何のヨチョウもなく雨が降った。
4　経営のセンリャクを練る。
5　練習会のヨクシュウに発表会がある。

〔二〕　次の㈠～㈤の問いに答えなさい。

㈠　次の文中の「立てる」と同じ意味で使われている「立てる」がある文を、あとのア～エから一つ選び、その符号を書きなさい。

春休みの計画を立てる。

ア　来年度の目標を立てる。
イ　やかんが湯気を立てる。
ウ　実業家として身を立てる。
エ　隣の会話に聞き耳を立てる。

㈡　次の文と、単語の数が同じ文を、あとのア～エから一つ選び、その符号を書きなさい。

あなたと再び会えてうれしい。

ア　穏やかに日々を過ごした。
イ　駅のホームで電車を待つ。
ウ　素早く準備に取りかかる。
エ　借りた本をいったん返す。

◇M1(519—4)

　（試験時間50分）

数　　学

〔１〕 次の(1)~(8)の問いに答えなさい。

(1)　$3 - 12 + 7$　を計算しなさい。

(2)　$3(2a - b) - 5(-a + 2b)$　を計算しなさい。

(3)　$18xy^2 \div (-3y)^2$　を計算しなさい。

(4)　３つの数 $\frac{3}{10}$，$\frac{\sqrt{2}}{5}$，$\frac{1}{\sqrt{10}}$ の大小を，不等号を使って表しなさい。

(5)　２次方程式　$(x + 5)^2 = 13$　を解きなさい。

◇M2(519―15)

(6) 電子レンジで食品が温まるまでの時間は，電子レンジの出力に反比例する。ある食品の適切な加熱時間が 500 W の出力で 3 分のとき，600 W の出力での適切な加熱時間は何分何秒か，答えなさい。

(7) 右の図のように，線分 AB を直径とする半円があり，AB = 10 cm である。$\overset{\frown}{AB}$ 上に，$\overset{\frown}{BC} = 2\pi$ cm となる点 C をとるとき，$\angle x$ の大きさを答えなさい。ただし，π は円周率である。

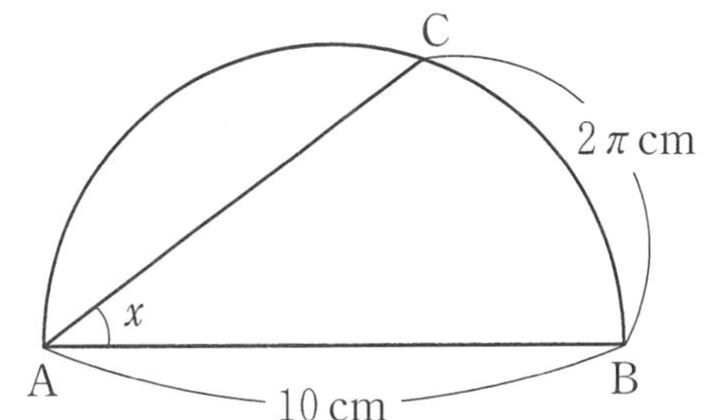

(8) 箱の中に同じ大きさの白玉がたくさん入っている。標本調査を行い，この箱の中にある白玉の個数を推定することにした。この箱の中に，白玉と同じ大きさの赤玉 300 個を入れ，よくかき混ぜた後，箱の中から 100 個の玉を取り出したところ，その中に赤玉が 10 個あった。この箱の中には，およそ何個の白玉が入っていると推定されるか，答えなさい。

令和6年度入試

◇M2(519—16)

〔2〕 次の(1)~(3)の問いに答えなさい。

(1) 7人の生徒A，B，C，D，E，F，Gの中から，2人の代表をくじで選ぶとき，生徒Aが代表に選ばれる確率を求めなさい。

(2) 関数$y=ax^2$について，xの値が1から4まで増加するときの変化の割合が$2a^2$である。このとき，aの値を求めなさい。ただし，$a \neq 0$とする。

(3) 下の図のような，四角形ABCDがある。この四角形と面積が等しい三角形を，定規とコンパスを用いて，1つ作図しなさい。ただし，作図は解答用紙に行い，作図に使った線は消さないで残しておくこと。

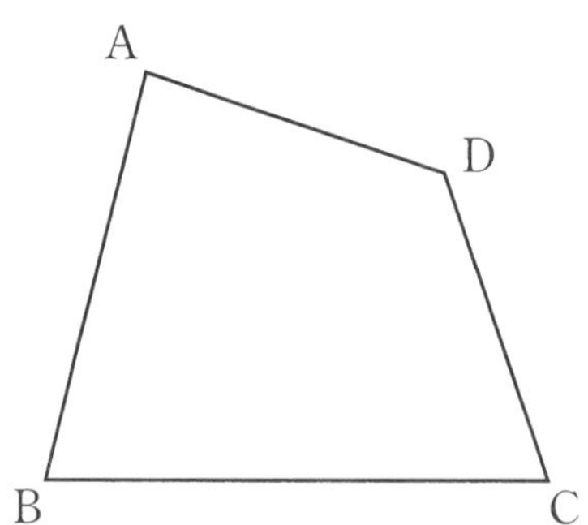

令和6年度入試

◇M2(519—17)

〔3〕 下の図1，2のように，1辺の長さが6 cmの正三角形ABCと，1辺の長さが5 cmの正三角形DEFがある。このとき，次の(1)，(2)の問いに答えなさい。

図1

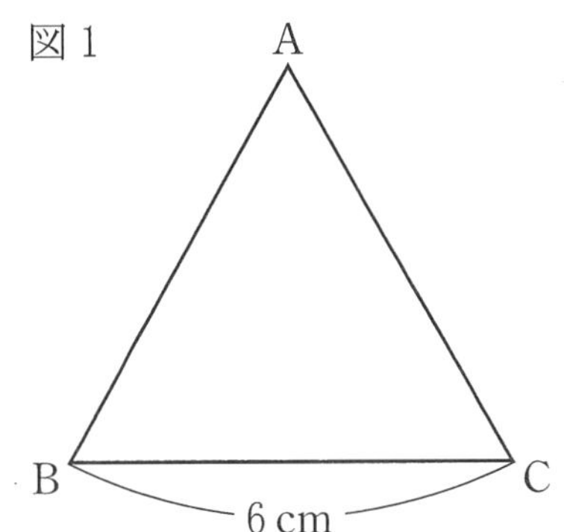

図2

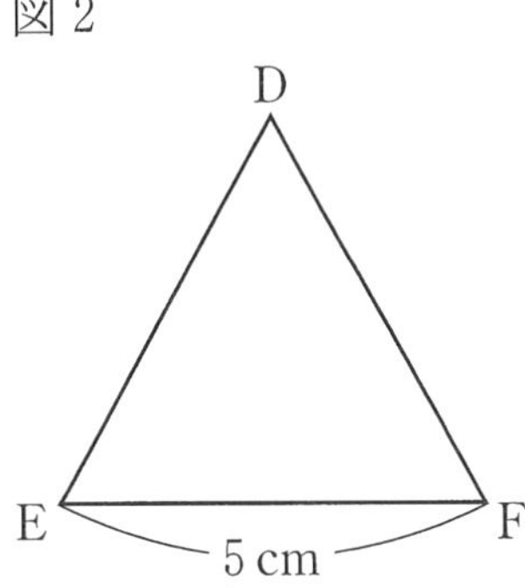

(1) 正三角形ABCと正三角形DEFの面積の比を答えなさい。

(2) 右の図3のように，正三角形DEFを，頂点D，E，Fがすべて正三角形ABCの周の外側にくるように，正三角形ABCに重ねる。辺DF，DEと辺ABとの交点をそれぞれG，Hとし，辺ED，EFと辺BCとの交点をそれぞれI，Jとする。また，辺FE，FDと辺CAとの交点をそれぞれK，Lとする。このとき，次の①，②の問いに答えなさい。

図3

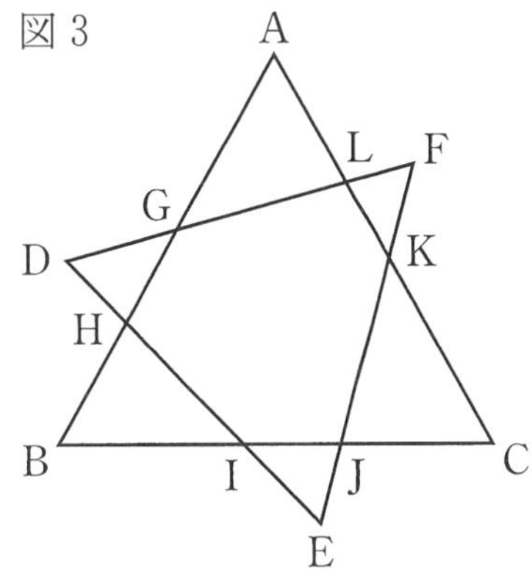

① △AGL ∽ △DGH であることを証明しなさい。

② 辺BCと辺DFが平行であるとき，六角形GHIJKLの周の長さを求めなさい。

◇M2(519—18)

〔4〕 右の図1のような，左右2枚の引き戸がついた棚がある。この棚の内側の面のうち，　　　の面を「奥の面」と呼ぶことにする。2枚の引き戸は，形と大きさが同じであり，それぞれが下の図2のように，透明なガラス板と枠でできている。2枚の引き戸をすべて閉めて，正面から見ると，図3のように，枠が重なり，ガラス板を通して「奥の面」が見える。また，このとき，2枚の引き戸はそれぞれ，全体が縦100 cm，横80 cmの長方形に，ガラス板が縦80 cm，横60 cmの長方形に，枠の幅が10 cmに見える。

図1

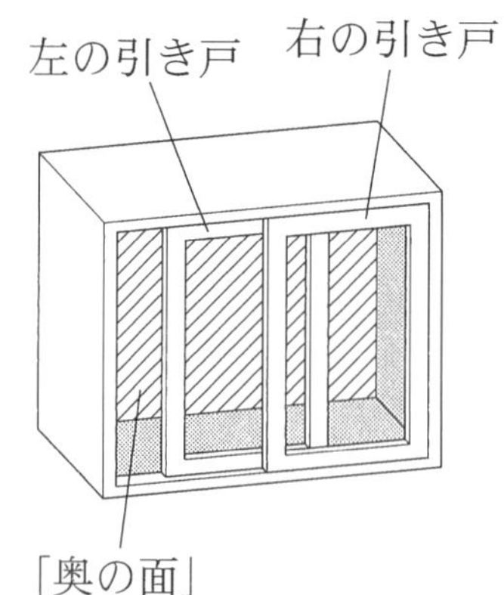

図3の状態から，左の引き戸だけを右向きに動かす。図4～6は，左の引き戸を右向きに動かしたときのようすを順に表したものであり，2枚の引き戸を正面から見たときに見える「奥の面」を，A～Dのように分類する。

左の引き戸を，図3の位置から右向きに動かした長さをx cmとするとき，あとの(1)～(5)の問いに答えなさい。ただし，$0 \leqq x \leqq 70$とする。

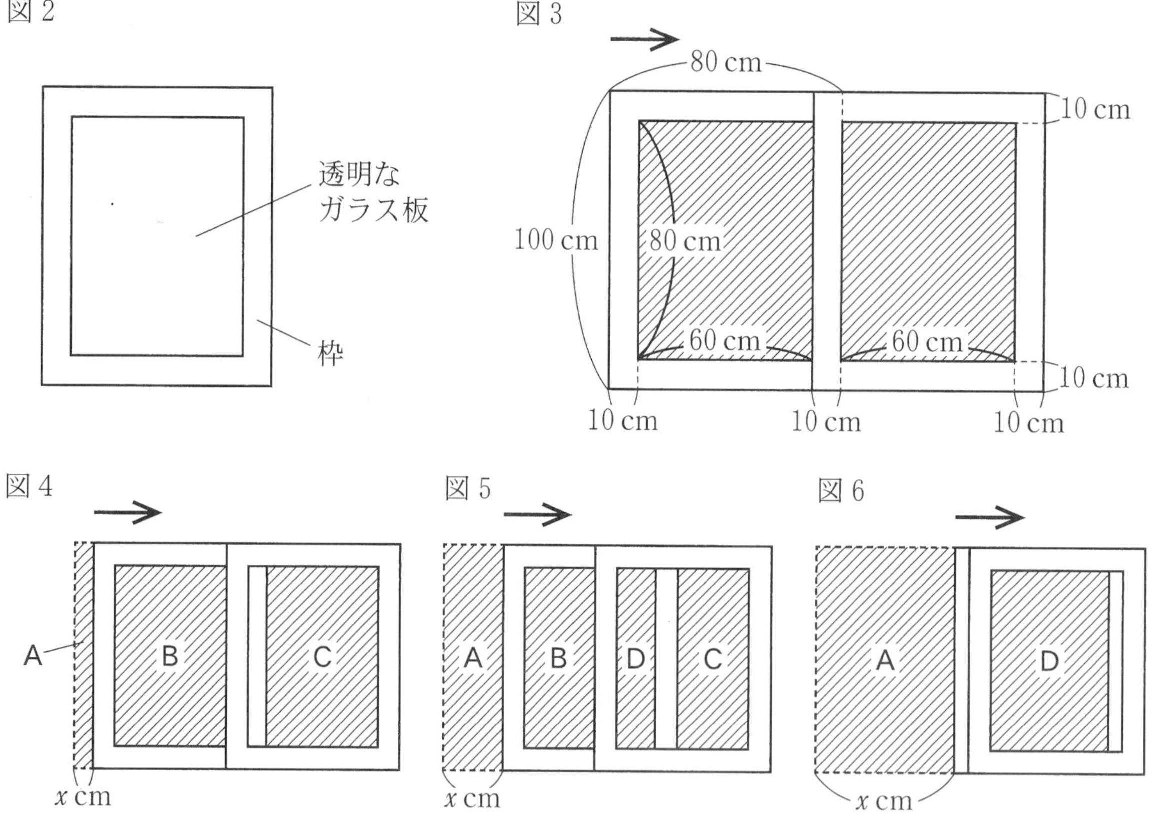

A：左右いずれの引き戸のガラス板も通さずに見える「奥の面」
B：左の引き戸のガラス板だけを通して見える「奥の面」
C：右の引き戸のガラス板だけを通して見える「奥の面」
D：左右2枚の引き戸のガラス板が重なった部分を通して見える「奥の面」

(1) $x = 15$ のとき，Ａの面積を答えなさい。

(2) 次の文は，左の引き戸を，図３の位置から右向きに動かした長さと，２枚の引き戸を正面から見たときに見える「奥の面」の面積の関係について述べたものの一部である。このとき，文中の ア に当てはまるものを，Ａ～Ｄからすべて選び，その符号を書きなさい。

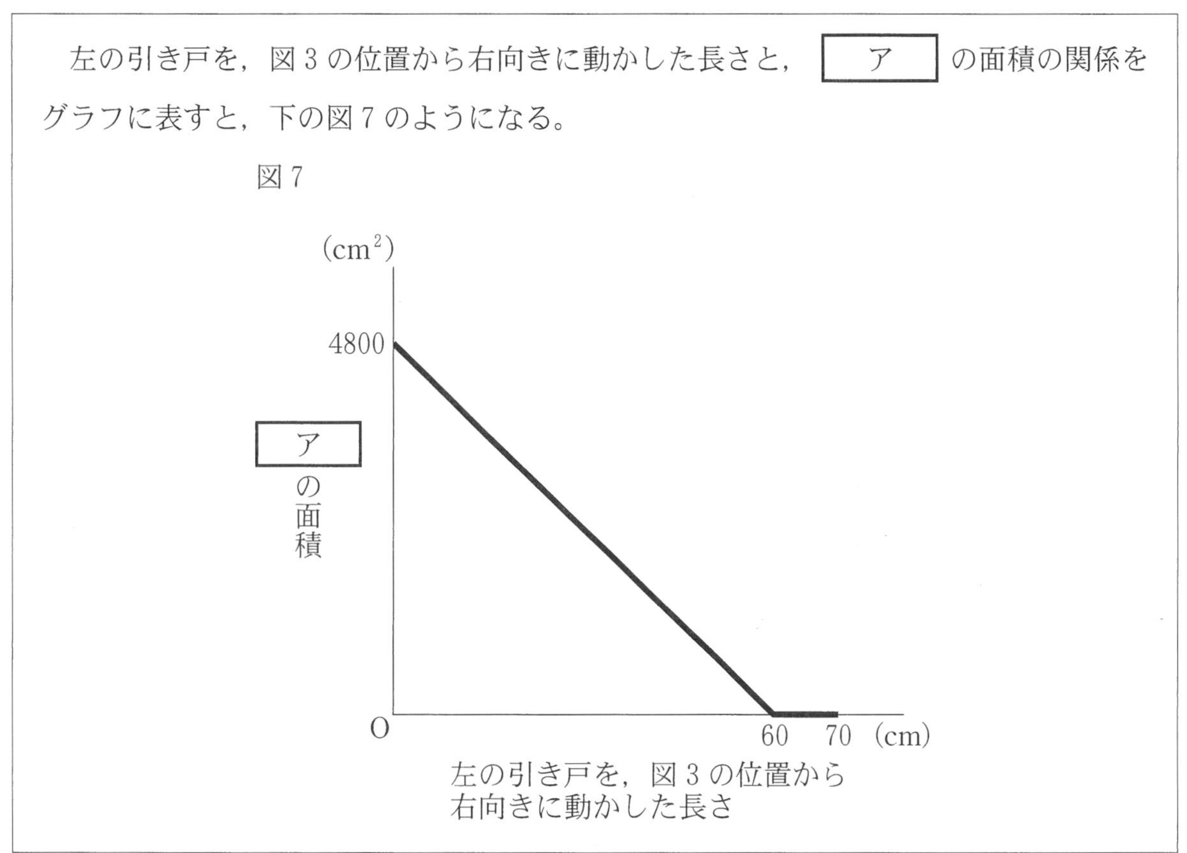

(3) $10 \leqq x \leqq 70$ のとき，Ｄの面積を x を用いて表しなさい。

(4) ３つの部分Ｂ，Ｃ，Ｄの面積の和を y cm² とするとき，x と y の関係を表すグラフをかきなさい。

(5) Ａの面積と，３つの部分Ｂ，Ｃ，Ｄの面積の和が等しいとき，x の値を求めなさい。

〔5〕 下の図のように，AB = 3 cm，AD = 5 cm，BF = 4 cm の直方体 ABCD − EFGH がある。辺 BC 上を点 B から点 C まで移動する点を P とし，点 P を通り線分 AH に平行な直線と辺 CG との交点を Q とする。このとき，次の(1)～(3)の問いに答えなさい。

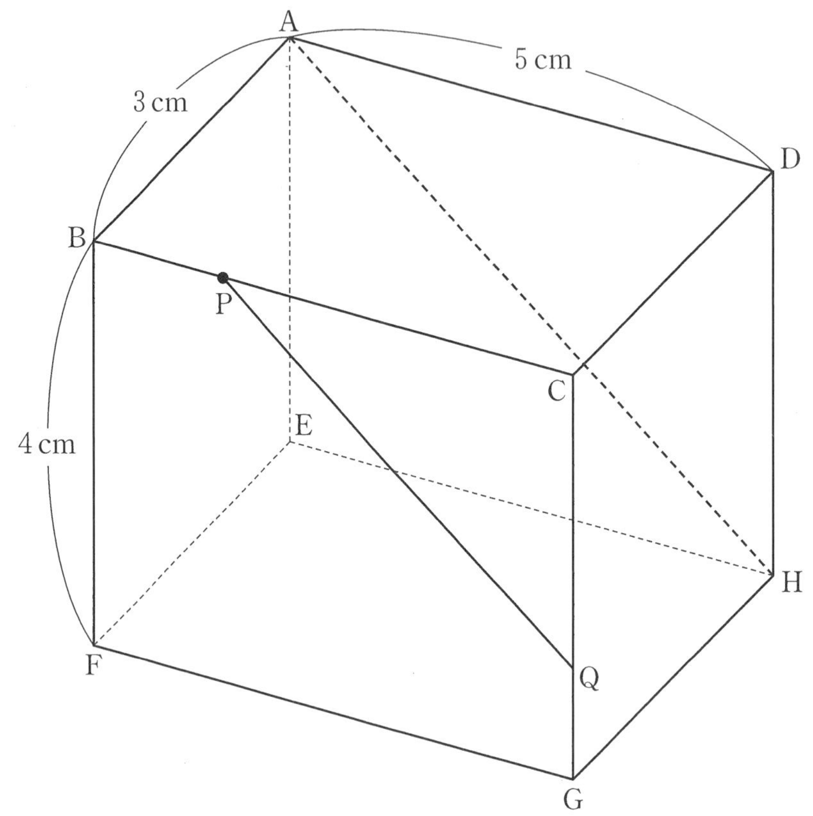

(1) 線分 BE の長さを答えなさい。

(2) 四角形 BCHE の面積を答えなさい。

(3) AP + PH の長さが最も短くなるとき，次の①，②の問いに答えなさい。

① 線分 BP の長さを求めなさい。

② 6 点 P，Q，C，A，H，D を結んでできる立体の体積を求めなさい。

　（試験時間50分）

英　　語

〔1〕 放送を聞いて，次の(1)～(3)の問いに答えなさい。

(1) これから英文を読み，それについての質問をします。それぞれの質問に対する答えとして最も適当なものを，次のア～エから一つずつ選び，その符号を書きなさい。

1 ア　　イ　　ウ　　エ

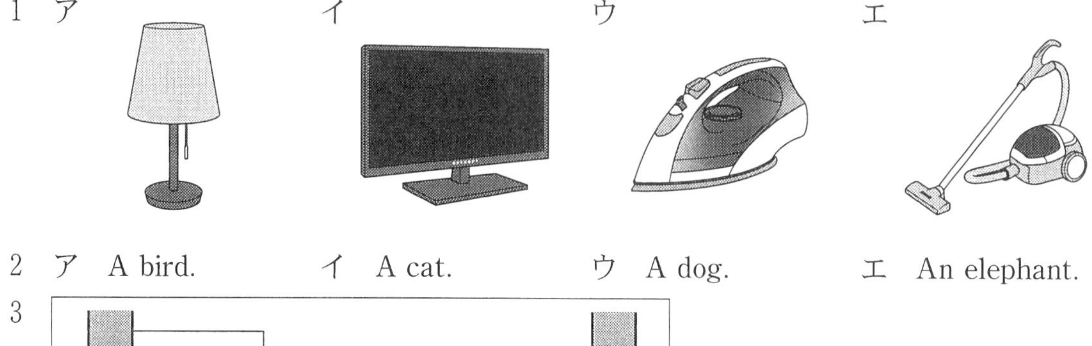

2 ア A bird.　イ A cat.　ウ A dog.　エ An elephant.

3

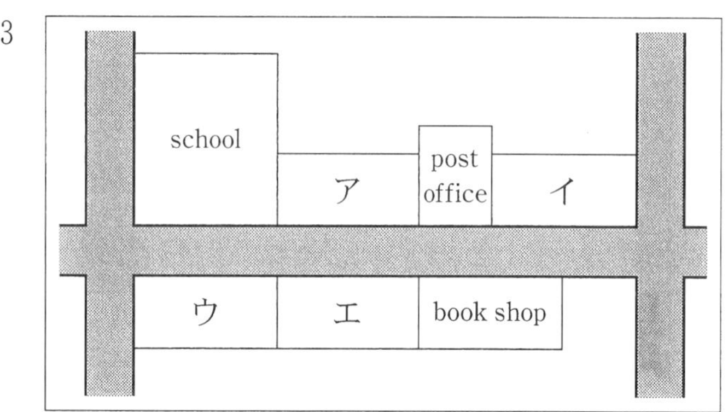

4 ア She is going to study in the library.
イ She is going to go to the sea.
ウ She is going to swim.
エ She is going to play volleyball.

(2) これから英語で対話を行い，それについての質問をします。それぞれの質問に対する答えとして最も適当なものを，次のア～エから一つずつ選び，その符号を書きなさい。

1 ア Yes, he does.　イ No, he doesn't.
ウ Yes, he did.　エ No, he didn't.

2 ア By car.　イ By bike.
ウ By bus.　エ By train.

3 ア On Thursday.　イ On Friday.
ウ On Saturday.　エ On Sunday.

4 ア Because she went to Canada to see Ben.
イ Because she bought nice hats for the students there.
ウ Because she joined a special winter English class with Ben.
エ Because she communicated with the students there.

(3) これから，あなたの学校の離任式で，アメリカに帰国することになったALTのスミス先生(Mr. Smith)が，英語のスピーチをします。そのスピーチについて，二つの質問をします。それぞれの質問に対する答えを，３語以上の英文で書きなさい。

◇M3(519—26)

〔2〕 あなたのクラスでは，修学旅行先の京都で，日本を訪れた外国人旅行者にインタビューを行いました。あなたと留学生のアリス(Alice)は，そのインタビューの結果をまとめたグラフを見ながら，話をしています。次の【グラフ】と，あなたとアリスの【会話】を読んで，下の(1)～(3)の問いに答えなさい。ただし，【会話】の＊＊＊の部分には，あなたの名前が書かれているものとします。

【グラフ】

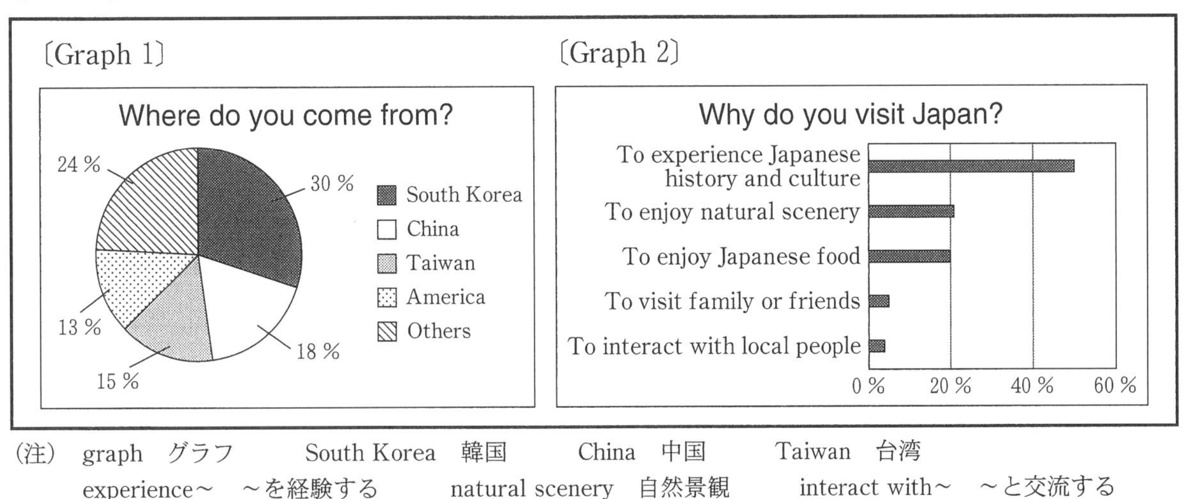

(注) graph グラフ South Korea 韓国 China 中国 Taiwan 台湾
experience～ ～を経験する natural scenery 自然景観 interact with～ ～と交流する

【会話】

Alice: According to Graph 1, we can say that [　　　] visit Japan the most.
＊＊＊: Yes. Look at Graph 2. We can see that (**a**) to experience Japanese history and culture.
Alice: That's right. I want to experience some Japanese culture, too. <u>Can you tell me something to try?</u>
＊＊＊: Yes. (**b**)
Alice: Thank you. I'll try it.

(1) 【会話】の[　　　]の中に入る最も適当なものを，次のア～エから一つ選び，その符号を書きなさい。

ア people from America　　イ people from China
ウ people from South Korea　　エ people from Taiwan

(2) 【会話】の流れが自然になるように，**a** の(　　)に当てはまる内容を，1行以内の英語で書きなさい。

(3) 【会話】の下線部分について，あなたならアリスにどのようなことを教えてあげますか。あなたが教えたいことを一つあげ，【会話】の **b** の(　　)の中に，3行以内の英文で書きなさい。

令和6年度入試

◇M3(519—27)

〔3〕 次の英文を読んで，あとの(1)～(6)の問いに答えなさい。

Kaori is a high school student. Emma is a junior high school student from America and she has been staying at Kaori's house. They are talking at Kaori's house.

Kaori: Emma, what are you doing?

Emma: I'm looking for my bag. Do you A [it, where, is, know] ?

Kaori: I saw it under that desk last night.

Emma: Under the desk? Oh, I've found it. Thank you. I have my homework in it.

Kaori: What kind of homework do you have?

Emma: I have to read a handout that my teacher B [give] us in the social studies class yesterday and write my opinion about it.

Kaori: What is it about?

Emma: It is about UD font, a kind of Universal Design. It is a little different from traditional fonts. According to this handout, in a city in Japan, this font is used in all of the elementary schools and junior high schools.

Kaori: Sounds interesting! Tell me more.

Emma: According to a survey in this city, UD fonts were useful not only for students who couldn't read other fonts well, but also for many other students. Because of this, the city decided to use handouts or digital learning materials with this font for all the children there. The city hopes that all students will understand the contents of sentences which they read better. And it also hopes that they will enjoy learning more.

Kaori: C <u>How nice! The city has great wishes.</u>

Emma: I think so, too. For us, being interested in learning is very important. By the way, do you know another example of universal designs in Japan?

Kaori: Yes, I do. I have D [want, I , something] to show you. Wait a minute. I'll bring it.

Emma: What?

Kaori: Here is a carton of milk. Can you see a notch on the other side of the opening? This is very useful for people who can't see things well. It is used to help them find which is a carton of milk. It also helps them find the opening.

Emma: Great! I have never noticed this design before. We don't sometimes realize there are many good designs like these around us before [E] .

◇M3 (519—28)

Kaori: You are right. How about you? Have you ever needed any help in Japan?

Emma: Yes. It is about signs in towns. There are many signs around us, but I can't understand them well because many of them are [write]F in Japanese. Two weeks ago, I took a bus alone for the first time in Japan when I went to the next town to meet one of my friends. Then I thought, "Which bus should I take? Which way should I go?" I worried a lot.

Kaori: I don't think there are enough signs for foreign people in Japan. I know your feelings.

Emma: Thank you. A lot of people from foreign countries visit Japan. So more signs in many languages or pictures will be a great help to them.

Kaori: You are right. I hope our town and country will be better for everyone. There are many people who need help around us. I want to create new universal designs someday.

Emma: You can be a person who can support <u>those people</u>G.

Kaori: Thanks. The important thing is to help someone in our daily life. Why don't we try to do something soon?

(注) handout プリント　UD universal designの略　font 字体
universal design すべての人々のためのデザイン　survey 調査
not only～, but also… ～だけでなく，…もまた　digital learning material デジタル教材
content 内容　sentence 文　carton パック　notch 半月型の切り込み
opening 開け口　notice～ ～に気づく　for the first time 初めて

(1) 文中のA，Dの[　　]の中の語を，それぞれ正しい順序に並べ替えて書きなさい。

(2) 文中のB，Fの[　　]の中の語を，それぞれ最も適当な形に直して書きなさい。

(3) 下線部分Cについて，カオリ(Kaori)が感心したこの市の願いは，どのようなことか。具体的に日本語で書きなさい。

(4) 文中のEの[　　]の中に入る最も適当なものを，次のア～エから一つ選び，その符号を書きなさい。

ア someone solves no problems　イ we use UD fonts

ウ someone makes better designs　エ we have some troubles

(5) 下線部分Gについて，その内容を，具体的に日本語で書きなさい。

(6) 本文の内容に合っているものを，次のア～オから二つ選び，その符号を書きなさい。

ア UD fonts are used only for people who come from foreign countries.

イ Kaori has already known about UD fonts used for students.

ウ Emma thinks the design of the carton of milk shown by Kaori is good.

エ Kaori understands the feelings Emma had when Emma took a bus two weeks ago.

オ Emma has to write her opinion about signs in many languages or pictures.

〔4〕 次の英文を読んで，あとの(1)〜(6)の問いに答えなさい。

Rikuto and Mei are Japanese high school students. Kevin is from Australia and he studies at their school. They are giving reports to their classmates in English in Mr. Yamada's English class.

Mr. Yamada

Today, you are going to talk about your research. The development of technology has made our life easier. Now, let's start talking about the things you have learned.

Rikuto

Can you imagine life without refrigerators? In the 1950s, most people in Japan did not have refrigerators. Now, because of them, we can buy many kinds of food such as fish and meat, and keep them in our house. We can also keep dishes we have cooked in the refrigerators.

However, sometimes we can't eat some of the food in the refrigerators and waste them. We also have another problem. In supermarkets and convenience stores, some of the food which people have not bought is wasted. I think these problems (A) should be solved soon because there are over 800,000,000 people who can't get enough food all around the world. In Japan, we wasted about 5,220,000 tons of food in 2020. It means that everyone in Japan put about one bowl of food into a garbage box every day.

Mei

I'm going to talk about the development of railroads. [a] Before the *Shinkansen* was introduced, it took six and a half hours when we traveled from Tokyo to Osaka on the fastest train. [b] Now, it takes only two and a half hours. [c] The *Shinkansen* has made trips easier and faster than before. [d] Have you ever heard *Linear Chuo Shinkansen*? If it is introduced, it will take about one hour from Tokyo to Osaka. It's amazing. But how much energy do we need for it?

Kevin

The development of the Internet can help us communicate with people anywhere. I am in Japan now, but I can communicate with my family living in Australia every day through the Internet. It is great fun. However, I have started to feel that talking face-to-face is more important. When I lived with my family in Australia, I often played video games in my room and didn't have much time to talk with them. Sometimes I sent them e-mails even when I was in the house. When I go back to Australia, I would like to (**B**) with my family face-to-face.

令和6年度入試

◇M3(519—30)

Mr. Yamada

Thank you very much for talking about <u>the development of technology</u>(C). You did a good job. You found both good points and some problems of the development of technology. I hope you will think critically about many things in the future. This is one of the most important things when you solve problems in the world.

Also, information technology has been getting more important in our world. You used your tablet devices when you made your reports, didn't you? The use of those things has become more popular than before. In such a situation, generative AI has become popular, right? <u>AI will be used more in our daily life</u>(D). Let's talk about it next time.

(注) development 発達　technology 科学技術　refrigerator 冷蔵庫
in the 1950s 1950年代には　waste～ ～を無駄にする　ton トン(重さの単位)
one bowl of～ 茶わん一杯の～　railroad 鉄道　introduce～ ～を導入する
on～ ～に乗って　*Linear Chuo Shinkansen* リニア中央新幹線　face-to-face 面と向かって
critically 批判力をもって　tablet device タブレット端末　generative AI 生成AI

(1) 下線部分**A**について，その内容を，具体的に日本語で書きなさい。

(2) 次の英文は，文中の**a**～**d**の［　　］のどこに入れるのが最も適当か。当てはまる符号を書きなさい。

Then, in 1964, the *Shinkansen* was introduced and it took about four hours.

(3) 文中の**B**の(　　)に当てはまる内容を，4語以上の英語で書きなさい。

(4) 下線部分**C**について，生徒が発表した内容に合っているものを，次のア～オから二つ選び，その符号を書きなさい。

ア technology about keeping food for a long time
イ technology about telling the weather for tomorrow
ウ technology about making the environment cleaner
エ technology about saving a lot of energy we use
オ technology about carrying people to another places

(5) 次の①～③の問いに対する答えを，それぞれ3語以上の英文で書きなさい。

① Are there more than 800, 000, 000 people who can't get enough food all around the world?
② Who communicates with Kevin through the Internet every day?
③ What does Mr. Yamada want the students to do in the future?

(6) 下線部分**D**について，あなたが人工知能(AI)を利用するとしたら，どのように利用しますか。その理由も含め，4行以内の英文で書きなさい。

令和6年度入試

◇M3(519—31)

社　　会

〔1〕 次の地図１～３を見て，下の⑴～⑸の問いに答えなさい。ただし，地図１～３の縮尺はそれぞれ異なっている。

地図１

アフリカ大陸

Ⅰ　Ⅱ　Ⅲ　Ⅳ

地図２

地図３

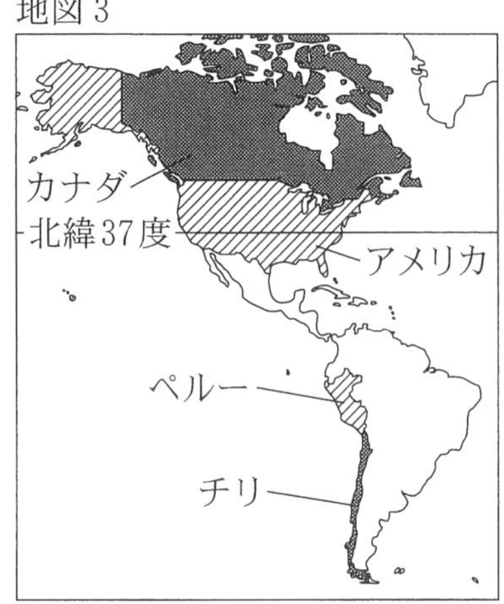

⑴ 地図１中のⅠ～Ⅳで示した経線のうち，本初子午線を示すものはどれか。Ⅰ～Ⅳから一つ選び，その符号を書きなさい。

⑵ 地図１で示したアフリカ大陸の多くの国々の経済は，特定の農産物や鉱産資源を輸出することで成り立っている。このような経済を何というか。その用語を書きなさい。

⑶ 次の表は，地図２，３で示したインド，スリランカ，カナダ，チリについて，それぞれの国の人口密度，穀物生産量，主な輸出品目と金額を示したものであり，表中のａ～ｄは，これらの四つの国のいずれかである。このうち，ａ，ｄに当てはまる国名の組合せとして，最も適当なものを，下のア～エから一つ選び，その符号を書きなさい。

	人口密度 (人/km^2)	穀物生産量 (千ｔ)	主な輸出品目と金額（億ドル）					
			第１位		第２位		第３位	
ａ	333	5,623	衣類	58	茶	14	ゴム製品	7
ｂ	26	3,036	銅鉱	298	銅	238	野菜・果実	76
ｃ	431	356,345	石油製品	548	機械類	446	ダイヤモンド	247
ｄ	4	46,739	原油	819	機械類	460	自動車	437

（「世界国勢図会」2023/24年版より作成）

ア〔ａ　スリランカ，ｄ　インド〕　　イ〔ａ　スリランカ，ｄ　カナダ〕
ウ〔ａ　チリ，ｄ　インド〕　　エ〔ａ　チリ，ｄ　カナダ〕

⑷ 地図３の緯線は北緯37度を示しており，次の文は，この地図で示したアメリカにおける，北緯37度より南の地域について述べたものである。文中の［Ｘ］，［Ｙ］に当てはまる語句の組合せとして，最も適当なものを，下のア～エから一つ選び，その符号を書きなさい。

> この地域は，温暖な気候から［Ｘ］とよばれており，工業地域として，航空宇宙産業や［Ｙ］などが発展している。

ア〔Ｘ　サンベルト，Ｙ　ICT産業〕　　イ〔Ｘ　サンベルト，Ｙ　鉄鋼業〕
ウ〔Ｘ　サヘル，Ｙ　ICT産業〕　　エ〔Ｘ　サヘル，Ｙ　鉄鋼業〕

⑸ 右の写真は，地図３で示したペルーにある，インカ帝国の遺跡を示したものである。このように，南アメリカ大陸では，かつて，先住民による独自の文明が栄えていたが，現在は，主に，スペイン語やポルトガル語が使われ，キリスト教が信仰されている。その理由を，「16世紀」，「先住民」の二つの語句を用いて書きなさい。

◇M4(519—36)

〔2〕 右の地図を見て，次の(1)～(5)の問いに答えなさい。

(1) 地図中の矢印は，主に6月から8月にかけて，東北地方の太平洋側に吹く，冷たく湿った北東風を示している。この風は，何とよばれているか。その名称を書きなさい。

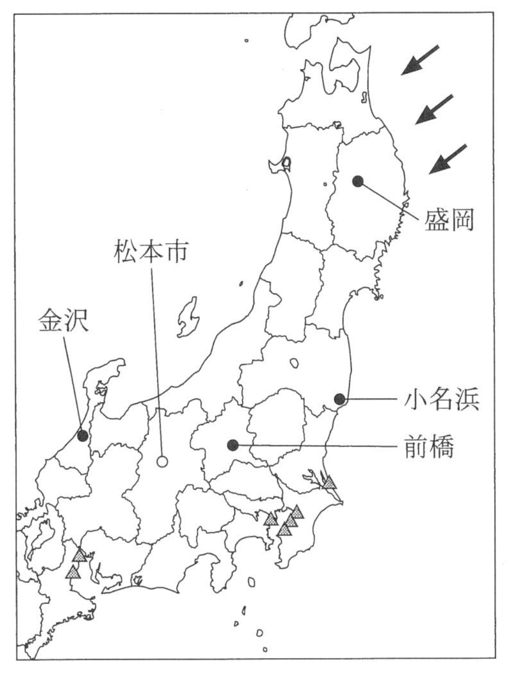

(2) 次の表は，気象観測地点である盛岡，小名浜，前橋，金沢について，それぞれの1月と8月の月平均気温と月降水量を示したものであり，表中のア～エは，これらの四つの地点のいずれかである。このうち，小名浜に当てはまるものを，ア～エから一つ選び，その符号を書きなさい。

	月平均気温(℃)		月降水量(mm)	
	1月	8月	1月	8月
ア	4.1	24.5	57.3	122.6
イ	4.0	27.3	256.0	179.3
ウ	3.7	26.8	29.7	195.6
エ	－1.6	23.5	49.4	185.4

(「理科年表」令和5年版による)

(3) 地図中の▲は，主な石油化学コンビナートの位置を示したものである。これらの石油化学コンビナートは，どのような場所に形成されているか。その理由も含めて，「輸入」という語句を用いて書きなさい。

(4) 次の表は，秋田県，神奈川県，千葉県，宮城県の，それぞれの県の人口密度の推移，野菜の産出額，林業産出額，製造品出荷額等を示したものであり，表中のA～Dは，これらの四つの県のいずれかである。表中のBに当てはまる県を，解答用紙の地図中に ▨ で示しなさい。

	人口密度の推移(人/km²)		野菜の産出額(億円)	林業産出額(千万円)	製造品出荷額等(億円)
	1970年	2021年			
A	2,294.7	3,822.8	345	48	178,722
B	662.9	1,216.8	1,383	243	125,846
C	249.6	314.5	275	849	45,590
D	106.9	81.2	301	1,415	12,998

(「データでみる県勢」2023年版による)

(5) 右の地形図は，地図中の松本市の市街地を表す2万5千分の1の地形図である。この地形図を見て，次の①，②の問いに答えなさい。

① 「松本城」から見た「消防署」のある方位として，最も適当なものを，次のア～エから一つ選び，その符号を書きなさい。

ア 東　イ 西　ウ 南　エ 北

② 地形図中の ▨ で示した正方形の一辺の長さを測ったところ，約0.5cmであった。このとき，実際の面積は約何m²となるか。最も適当なものを，次のア～エから一つ選び，その符号を書きなさい。

ア 約3,125m²　イ 約6,250m²　ウ 約12,500m²　エ 約15,625m²

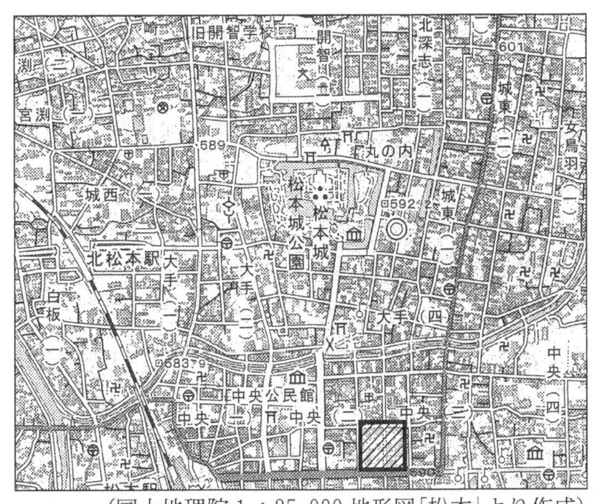

(国土地理院1：25,000地形図「松本」より作成)

〔3〕 次のA～Dは，それぞれ，奈良時代から江戸時代の間の，ある時代につくられた短歌である。これらの短歌について，下の(1)～(6)の問いに答えなさい。

A　人も愛し　人も恨めし　あぢきなく　世を思ふゆゑに　もの思ふ身は　（後鳥羽上皇）
B　この世をば　わが世とぞ思ふ　望月の　欠けたることも　なしと思へば　（藤原道長）
C　天皇の　御代栄えむと　東なる　陸奥山に　金花咲く　（大伴家持）
D　白河の　清きに魚の　すみかねて　もとの濁りの　田沼恋しき　（作者不明）

(1) Aの短歌をつくった後鳥羽上皇は，幕府を倒そうと兵を挙げたが敗れ，隠岐に流された。このできごとと最も関係の深い人物を，次のア～エから一つ選び，その符号を書きなさい。
ア　足利義政　　イ　足利義満　　ウ　北条時宗　　エ　北条政子

(2) Bの短歌をつくった藤原道長について，右の資料は，平安時代の皇室と藤原氏の関係を表した系図の一部である。この資料から読みとれることをもとに，藤原道長が政治の実権をにぎることができた理由を，「きさき」という語句を用いて書きなさい。

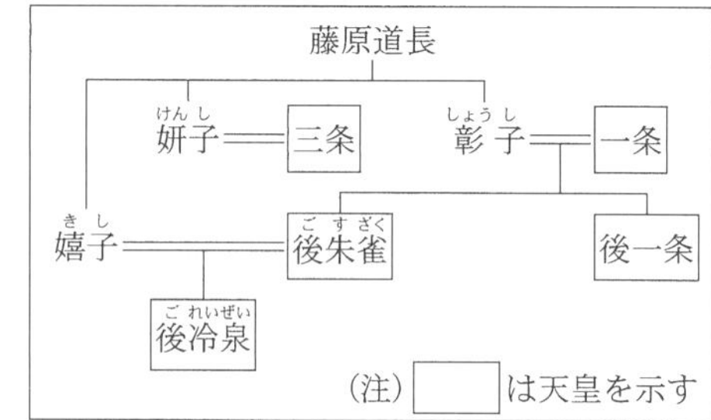

(3) Cの短歌がつくられた時代の天皇は，政治の中心であったが，政治や社会への天皇の関わり方は，時代によって異なる。次のア～エは，それぞれ，ある時代における，政治や社会への天皇の関わり方について述べたものである。ア～エを，年代の古いものから順に並べ，その符号を書きなさい。
ア　壬申の乱に勝って即位した天皇が，天皇の権威を高め，豪族たちをおさえて改革を進めた。
イ　天皇の役割は幕府の法律で定められ，第一の仕事は学問であることが強調された。
ウ　京都の北朝と吉野の南朝が並び立ち，それぞれの朝廷が全国の武士に呼びかけて戦った。
エ　天皇の位をゆずった上皇が，摂政や関白の力をおさえて政治を行うようになった。

(4) Dの短歌について，田沼意次の後に老中となり，この短歌で「白河」と詠まれている人物は誰か。この人物の名前を書きなさい。

(5) 次のア～オは，それぞれ，奈良時代から江戸時代の間の，ある時代の代表的な文化財である。このうち，A～Dの短歌がつくられた時代の，どの時代のものでもない文化財を，ア～オから一つ選び，その符号を書きなさい。

ア

イ

ウ

エ
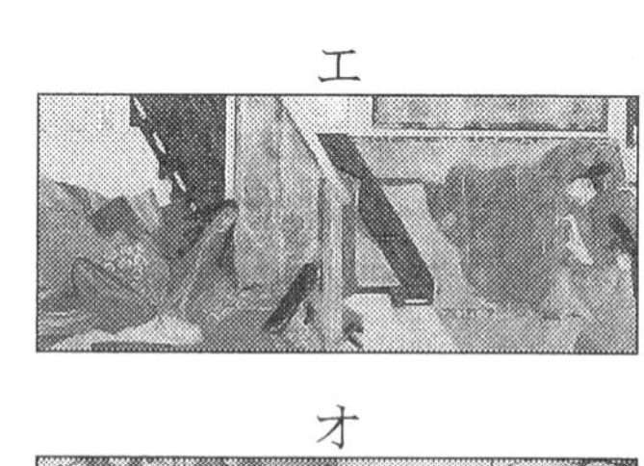
オ
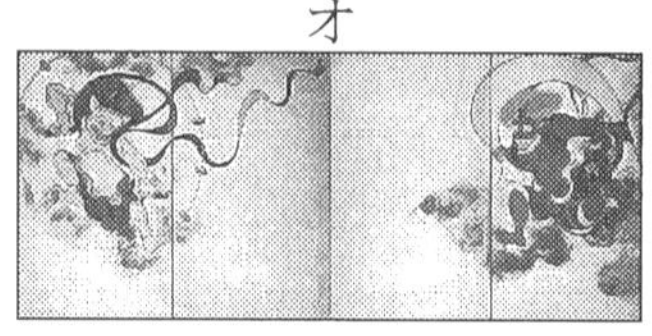

(6) A～Dの短歌がつくられた，それぞれの時代の社会のようすについて述べた文として，正しいものを，次のア～エから一つ選び，その符号を書きなさい。
ア　Aの短歌がつくられた時代には，武士と百姓を区別する兵農分離が進められた。
イ　Bの短歌がつくられた時代には，墾田永年私財法により，土地の開墾が進んだ。
ウ　Cの短歌がつくられた時代には，浄土真宗や日蓮宗などの新しい仏教が生まれた。
エ　Dの短歌がつくられた時代には，歌舞伎や落語など，庶民の娯楽が発展した。

〔4〕 右の略年表を見て，次の(1)～(6)の問いに答えなさい。

年代	できごと
1840	a アヘン戦争が始まる。
1894	b 日英通商航海条約が結ばれる。
1905	c ポーツマス条約が結ばれる。
1911 ┐A	辛亥(しんがい)革命が始まる。
1914 ┘	第一次世界大戦が始まる。
1919	d ベルサイユ条約が結ばれる。
1951 ┐B	サンフランシスコ平和条約が結ばれる。
1978 ┘	日中平和友好条約が結ばれる。

(1) 下線部分aについて，この戦争で，清(しん)がイギリスに敗れたことを知った江戸幕府が行った政策として，最も適当なものを，次のア～エから一つ選び，その符号を書きなさい。

ア 間宮林蔵らに命じて蝦夷(えぞ)地や樺太(からふと)の調査を行った。

イ 異国船打払令を出し，外国船を撃退することにした。

ウ 徴兵令を出し，全国統一の軍隊をつくろうとした。

エ 来航する外国船に燃料や食料を与えて帰すことにした。

(2) 下線部分bについて，この条約が結ばれた結果，日本は，治外法権(領事裁判権)の撤廃に成功した。このときの内閣の外相は誰か。次のア～エから一つ選び，その符号を書きなさい。

ア 伊藤博文　　イ 陸奥宗光(むつむねみつ)　　ウ 寺内正毅(まさたけ)　　エ 岩倉具視(ともみ)

(3) 下線部分cについて，このあと，この条約の内容に反対する国民の暴動が起こった。**資料Ⅰ**は，このころの「増税に泣く国民」のようすを描いた絵であり，**資料Ⅱ**は，日清戦争と日露戦争の，それぞれの戦費と日本が得た賠償金を示したグラフである。この二つの資料から読みとれることをもとに，国民の暴動が起こった理由を書きなさい。

資料Ⅰ

資料Ⅱ

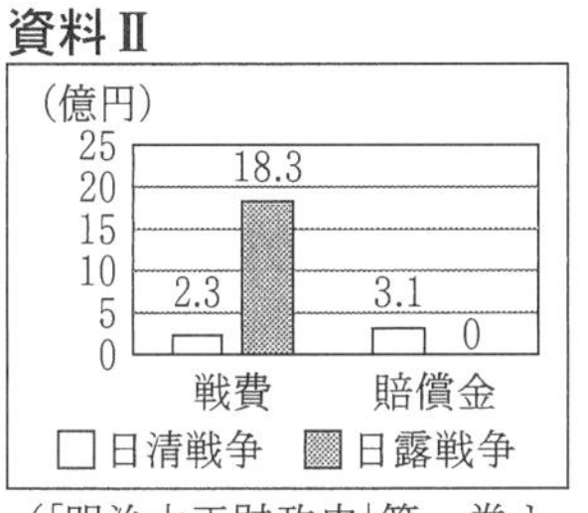

(「明治大正財政史」第一巻より作成)

(4) 次の図は，年表中のAの時期のイギリス，イタリア，オーストリア，ドイツ，日本，フランス，ロシアの関係について表したものである。図中の X ～ Z に当てはまる国名の組合せとして，正しいものを，下のア～カから一つ選び，その符号を書きなさい。

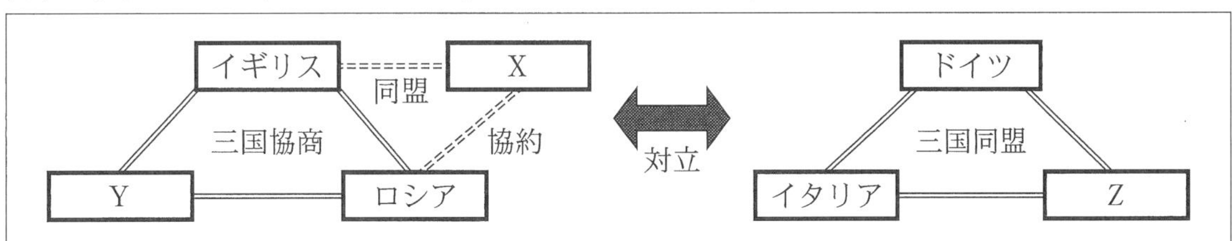

ア〔X オーストリア，Y 日本，Z フランス〕

イ〔X オーストリア，Y フランス，Z 日本〕

ウ〔X 日本，Y オーストリア，Z フランス〕

エ〔X 日本，Y フランス，Z オーストリア〕

オ〔X フランス，Y オーストリア，Z 日本〕

カ〔X フランス，Y 日本，Z オーストリア〕

(5) 下線部分dについて，この条約が結ばれた年に，朝鮮の人々が日本からの独立を求めて起こした運動を何というか。その用語を書きなさい。

(6) 年表中のBの時期のできごととして，正しいものはどれか。次のア～エから一つ選び，その符号を書きなさい。

ア 北大西洋条約機構が成立する。　　イ 冷戦の終結が宣言される。

ウ 沖縄が日本に復帰する。　　エ 湾岸戦争が起こる。

〔5〕 中学校3年生のあるクラスの社会科の授業では，次のA～Dの課題について学習を行うことにした。これらの課題について，あとの(1)～(4)の問いに答えなさい。

A	私たちの人権は，どのように保障されているのだろうか。	B	民主的な社会は，どのようにして成り立っているのだろうか。
C	我が国の経済は，どのようなしくみで動いているのだろうか。	D	国際社会は，どのような問題を抱えているのだろうか。

(1) Aの課題について，次の①，②の問いに答えなさい。

① 次の文は，法，政府，国民の関係について述べたものである。文中の［X］，［Y］に当てはまる語句の組合せとして，最も適当なものを，下のア～エから一つ選び，その符号を書きなさい。

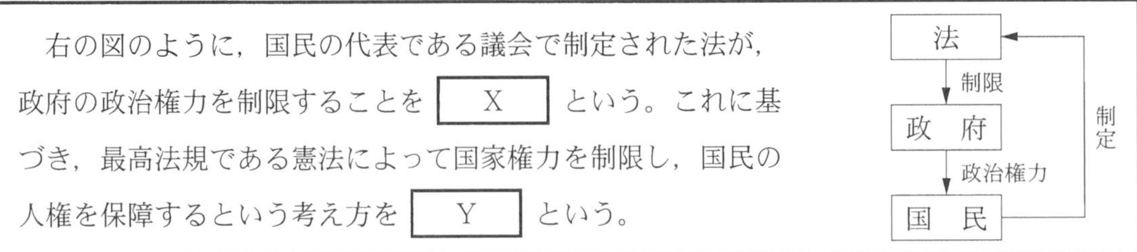
右の図のように，国民の代表である議会で制定された法が，政府の政治権力を制限することを［X］という。これに基づき，最高法規である憲法によって国家権力を制限し，国民の人権を保障するという考え方を［Y］という。

ア〔X 人の支配，Y 民主主義〕　イ〔X 人の支配，Y 立憲主義〕
ウ〔X 法の支配，Y 民主主義〕　エ〔X 法の支配，Y 立憲主義〕

② 次の資料は，1966年に国際連合で採択され，我が国では1979年に批准された規約の一部である。この規約を何というか。その名称を書きなさい。

この規約の各締約国は，その領域内にあり，かつ，その管轄の下にあるすべての個人に対し，人種，皮膚の色，性，言語，宗教，政治的意見その他の意見，国民的若(も)しくは社会的出身，財産，出生又は他の地位等によるいかなる差別もなしにこの規約において認められる権利を尊重し及び確保することを約束する。

(2) Bの課題について，次の①～③の問いに答えなさい。

① 現在の衆議院の選挙制度は，小選挙区制と比例代表制を組み合わせたものである。右の図は，ある選挙区における，小選挙区制による選挙の結果を表したものである。この図から読みとれることをもとに，小選挙区制のしくみと問題点を書きなさい。

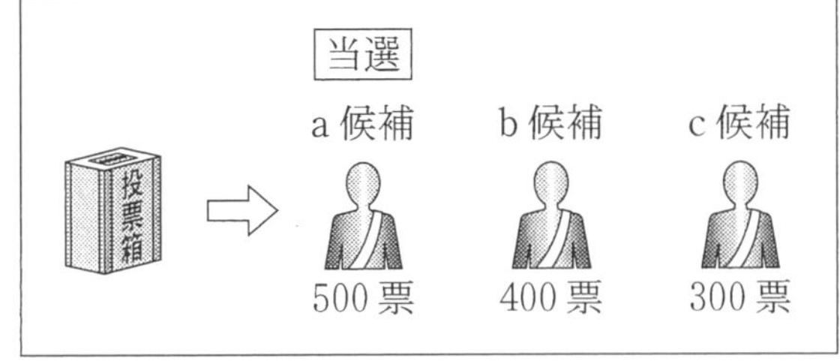

② 裁判が公正で中立に行われるために，裁判所や裁判官が，国会や内閣から圧力や干渉を受けないことを何というか。その用語を書きなさい。

③ 右の図は，国会における法律案の審議の流れを表したものである。図中の［X］～［Z］に当てはまる語句の組合せとして，最も適当なものを，次のア～カから一つ選び，その符号を書きなさい。

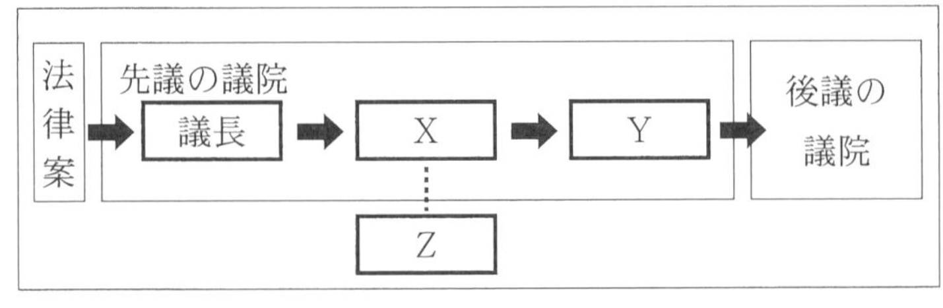

ア〔X 公聴会，Y 本会議，Z 委員会〕　イ〔X 公聴会，Y 委員会，Z 本会議〕
ウ〔X 本会議，Y 公聴会，Z 委員会〕　エ〔X 本会議，Y 委員会，Z 公聴会〕
オ〔X 委員会，Y 公聴会，Z 本会議〕　カ〔X 委員会，Y 本会議，Z 公聴会〕

(3) Cの課題について，次の①～③の問いに答えなさい。

① 右のグラフは，我が国の一般会計における税収と歳出，国債依存度の推移を示したものである。このグラフから読みとれることとして，最も適当なものを，次のア～エから一つ選び，その符号を書きなさい。なお，国債依存度とは，歳入に占める国債の割合である。

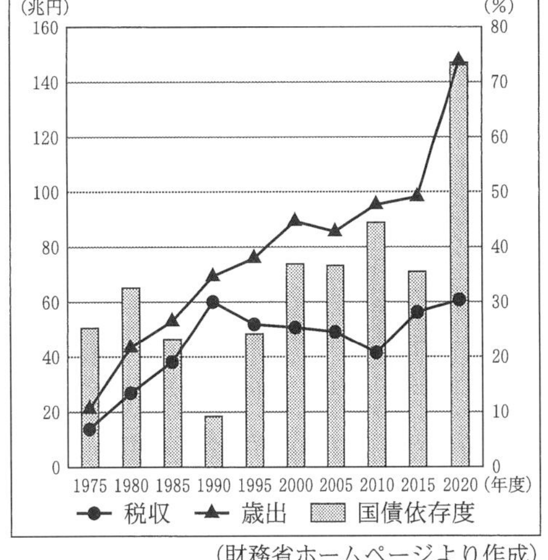

(財務省ホームページより作成)

ア 1975年度から2020年度にかけて，税収が歳出を上回る状況が続いている。

イ 国債依存度は，1990年度以降，一貫して高まっている。

ウ 2020年度の歳出は，1995年度の歳出の約2倍となった。

エ 税収が増えると，国債依存度は低下する。

② 次の文は，経済活動における政府の役割について述べたものである。文中の X に当てはまる語句を書きなさい。

道路や公園，水道などの社会資本の整備や，警察や消防，教育などの X の提供は，民間企業だけで担うことが困難なため，税金をもとに政府が行っている。

③ 働くことについて述べた文として，最も適当なものを，次のア～エから一つ選び，その符号を書きなさい。

ア 日本国憲法は，勤労を義務ではなく，権利として定めている。

イ 日本国憲法は，ストライキなどを行う団体行動権を認めている。

ウ 労働基準法により，労働時間は週35時間，1日7時間以内と定められている。

エ 労働基準法により，使用者は，労働者に毎週2日の休日を与えなければならない。

(4) Dの課題について，次の①，②の問いに答えなさい。

① 国家間の争いを国際法に基づいて解決するしくみとして設けられ，オランダのハーグに本部を置く，国際連合の主要機関の名称として，最も適当なものを，次のア～オから一つ選び，その符号を書きなさい。

ア 総会　　イ 安全保障理事会　　ウ 経済社会理事会

エ 信託統治理事会　　オ 国際司法裁判所

② 世界の地域間の経済格差について述べた文として，正しいものを，次のア～オからすべて選び，その符号を書きなさい。

ア ヨーロッパ連合(EU)では，加盟国の間の経済格差の拡大に伴う，他国支援への不満などを背景として，2016年にフランスが国民投票で離脱を決定した。

イ 2000年代，新興工業経済地域(NIES)とよばれる，ブラジル，ロシア，インド，中国，南アフリカ共和国の5か国が，急速に経済成長を果たした。

ウ 発展途上国の人々が生産した農産物や製品を，その労働に見合う公正な価格で貿易するフェアトレード運動など，発展途上国の人々の経済的な自立を目指す取組が広がっている。

エ 現在では，先進国の中でも，成長産業や資源を持っている国々と，そうでない国々との経済格差が広がっており，南南問題といわれている。

オ 国際連合は，2030年までに達成すべき17の目標からなる「持続可能な開発目標(SDGs)」を2015年に採択し，先進国だけでなく，発展途上国も取組を進めている。

〔6〕 Sさんのクラスの社会科の授業では，日本の農業について調べ，発表することにした。次の**資料Ⅰ**～**資料Ⅵ**は，Sさんが集めたものの一部である。また，下はSさんの発表原稿の一部である。このことについて，あとの(1)～(3)の問いに答えなさい。

資料Ⅰ　耕地面積の推移

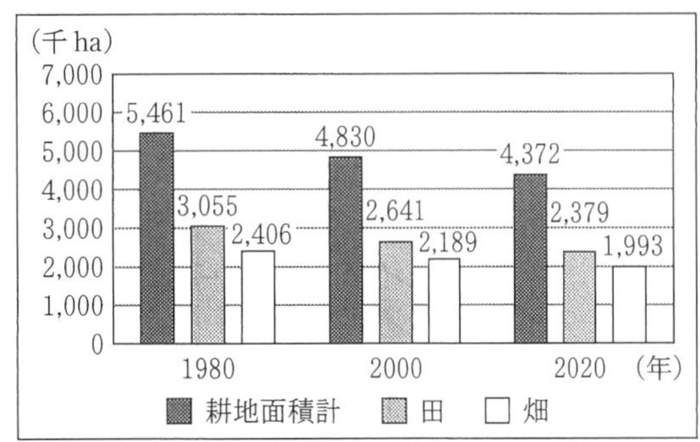

（「日本国勢図会」2023/24 年版より作成）

資料Ⅱ　国民1人当たりの米の消費量の推移

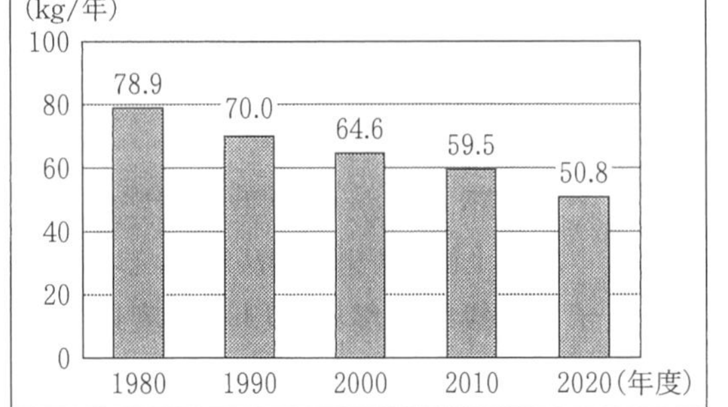

資料Ⅲ　海外における日本食や日本産米の評価

海外に目を向けると，世界的に日本食がブームであり，アジア諸国の所得水準の向上，新興国を中心とした富裕層の増加などにより，日本食は一層広がっています。

日本産米は，安全であること，高品質であること，おいしいことなどから，海外で高い評価を得ています。

資料Ⅳ　米の自給率の推移

（農林水産省ホームページより作成）

資料Ⅴ　1世帯当たりの米，パン，めん類の支出金額の推移

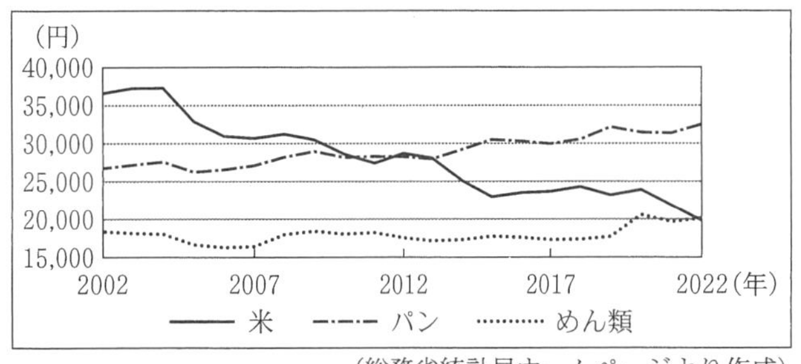

（総務省統計局ホームページより作成）

資料Ⅵ　米粉について

米粉とは，お米を細かく砕いて粉状にしたものです。お米はこれまでは「ごはん」としての食べ方が主流でしたが，特徴的なもっちりとした食感が人気となって，パンやケーキ，めん類などに加工されています。

（日本米粉協会ホームページより作成）

Sさんの発表原稿の一部

私が住んでいる地域では，耕作放棄地が見られます。**資料Ⅰ**によると，日本の 2020 年における田の耕地面積は，1980 年に比べて［ X ］しています。その原因を調べてみると，農業従事者の高齢化や後継者不足に加えて，**資料Ⅱ**にあるように，国民1人当たりの米の消費量が減少していることがわかりました。一方で，**資料Ⅲ**によると，海外で日本産米が高く評価されていることから，米の消費拡大のための一つの方法として，海外への米の［ Y ］ことが必要だと考えました。また，米を，米粉として利用する取組が広がっていることを知りました。**資料Ⅳ**～**資料Ⅵ**から，米粉は，［ Z ］ことがわかりました。このことから，米粉の利用は，さらに拡大することが期待できると思います。このようにして，国内外において米の消費量を増加させることができると考えました。

(1)　発表原稿の［ X ］に当てはまる語句として，最も適当なものを，次のア～エから一つ選び，その符号を書きなさい。

ア　約 10 % 減少　　イ　約 20 % 減少　　ウ　約 30 % 減少　　エ　約 40 % 減少

(2)　発表原稿の［ Y ］に当てはまる内容を，10 字以内で書きなさい。

(3)　発表原稿の［ Z ］に当てはまる内容を，「自給率」，「支出金額」の二つの語句を用いて，45 字以内で書きなさい。

理　　科

〔1〕 次の(1)～(6)の問いに答えなさい。

(1) 生物を観察するときのスケッチのしかたについて述べた文として，最も適当なものを，次のア～エから一つ選び，その符号を書きなさい。

ア　ルーペを使って観察したときは，ルーペの視野を示す円をかく。

イ　線を重ねがきして，濃淡をつける。

ウ　よくけずった鉛筆を使い，細い線や小さい点ではっきりとかく。

エ　観察の対象だけでなく，背景もかく。

(2) 図１のように，うすいゴム膜を張った透明なパイプに，プラスチックの管を差し込んだ器具がある。図２は，この器具を水の中に入れて，パイプをいろいろな向きに回転させたときの，ゴム膜のへこみ方を模式的に表したものである。このとき，水中にある器具が，水から受ける力について述べた文として，最も適当なものを，次のア～エから一つ選び，その符号を書きなさい。

図１

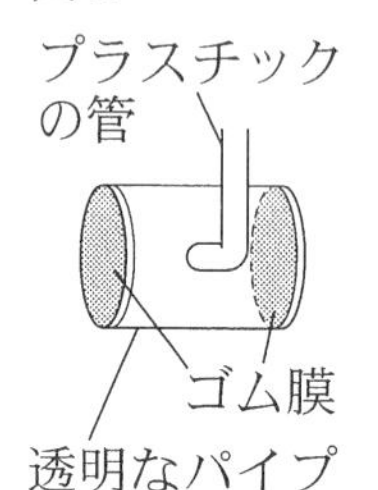

図２

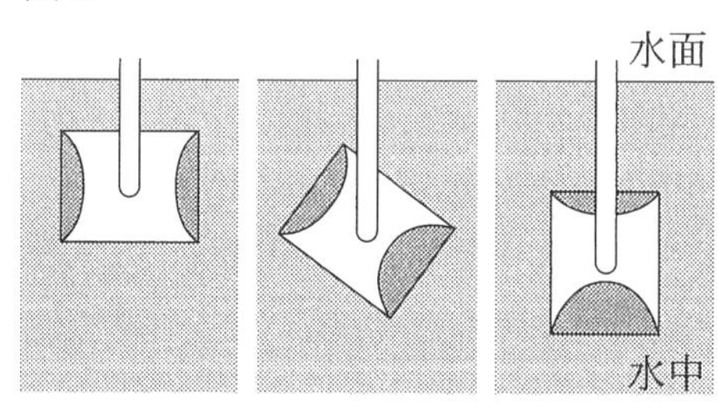

ア　水中にある器具のあらゆる面に対して水圧がはたらき，水中にある器具には，全体として上向きの力がはたらく。

イ　水中にある器具のあらゆる面に対して水圧がはたらき，それらの力はつり合っている。

ウ　水中にある器具のゴム膜のみに対して水圧がはたらき，水中にある器具には，全体として上向きの力がはたらく。

エ　水中にある器具のゴム膜のみに対して水圧がはたらき，それらの力はつり合っている。

(3) 右の図の顕微鏡を用いて，オオカナダモの葉の細胞を観察した。この観察について述べた次の文中の［ X ］，［ Y ］に当てはまる語句の組合せとして，最も適当なものを，下のア～エから一つ選び，その符号を書きなさい。

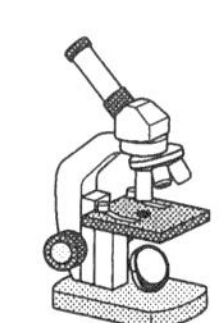

> 細胞の中にある［ X ］を観察しやすくするために，［ Y ］を２，３滴たらして，プレパラートをつくった。このプレパラートを観察したところ，どの細胞にも，よく染まる丸い粒が一つずつあり，［ X ］があることを確認できた。

ア〔X　葉緑体，Y　ベネジクト液〕　イ〔X　葉緑体，Y　酢酸オルセイン液〕

ウ〔X　核，　Y　ベネジクト液〕　エ〔X　核，　Y　酢酸オルセイン液〕

(4) 理科の授業で，状態変化や化学変化を観察するため，次のア～エの実験を行った。このうち，状態変化を観察した実験について述べた文として，最も適当なものを，ア～エから一つ選び，その符号を書きなさい。

ア　硫酸に水酸化バリウム水溶液を加えると，沈殿ができた。

イ　炭酸水素ナトリウムを加熱すると，気体と液体が発生した。

ウ　食塩を加熱すると，液体になった。

エ　うすい塩酸にマグネシウムを加えると，マグネシウムが溶けて，気体が発生した。

◇M5(519—47)

⑸ 生物の生殖において，親の細胞が生殖細胞をつくるとき，親がもつ1対の遺伝子は，減数分裂により，別々の生殖細胞に入る。遺伝の規則性における，この法則を何というか。その用語を書きなさい。

⑹ 室温20℃，湿度20％の部屋で，水を水蒸気に変えて放出する加湿器を運転したところ，室温は20℃のままで，湿度が50％になった。このとき，加湿器からこの部屋の空気中に放出された水蒸気量は，およそ何gか。最も適当なものを，次のア～エから一つ選び，その符号を書きなさい。ただし，20℃の空気の飽和水蒸気量を17.3 g/m^3，この部屋の空気の体積を50 m^3とする。

ア 173g　　イ 260g　　ウ 433g　　エ 865g

〔2〕 地層について，次の⑴，⑵の問いに答えなさい。

⑴ 地層に見られる堆積岩の構成について述べた文として，最も適当なものを，次のア～エから一つ選び，その符号を書きなさい。

ア れき岩は，海中をただよっている小さな生物の殻が堆積してできた岩石である。

イ 凝灰岩は，土砂が堆積してできた岩石である。

ウ 石灰岩は，海中の貝殻やサンゴなどが堆積してできた岩石である。

エ チャートは，火山灰が堆積してできた岩石である。

⑵ 右の図は，ある場所で見られる地層のようすを示した模式図である。この図をもとにして，次の①～③の問いに答えなさい。

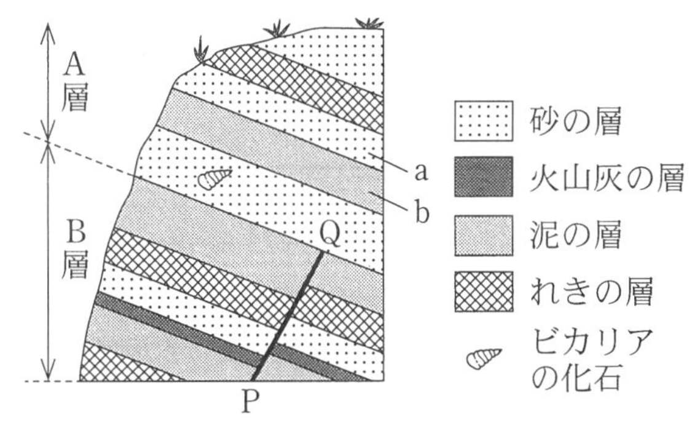

① 次の文は，砂の層に含まれるビカリアの化石について述べたものである。次の文中の X に当てはまる語句として，最も適当なものを，下のア～エから一つ選び，その符号を書きなさい。

> ビカリアのように， X していた生物の化石は，その地層が堆積した年代を推定するのに役立つ。このような化石を示準化石という。

ア ある期間にだけ，せまい範囲に分布

イ ある期間にだけ，広い範囲に分布

ウ 長い期間にわたって，せまい範囲に分布

エ 長い期間にわたって，広い範囲に分布

② 図中のaの砂の層が堆積したときの河口からの距離は，bの泥の層が堆積したときの河口からの距離よりも短かったと考えられる。その理由を書きなさい。

③ 次のア～エのできごとを古いものから順に並べ，その符号を書きなさい。

ア A層の堆積　　イ B層の堆積　　ウ 傾きの形成　　エ P—Qの断層の形成

令和6年度入試

〔3〕「動物の分類」の学習のまとめとして，10種類の動物，イカ，イモリ，カエル，カメ，キツネ，コウモリ，サケ，ツル，マイマイ，ミミズを，次の Ⅰ ～ Ⅳ の手順で，a～gのグループに分類した。このことに関して，下の(1)～(3)の問いに答えなさい。

> Ⅰ　10種類の動物の中から，背骨をもたない動物を選び，そのうち，外とう膜がある動物をa，外とう膜がない動物をbとした。
>
> Ⅱ　Ⅰ の手順で選ばなかった動物の中から，一生を通して肺で呼吸する動物を選び，それらを，次の①，②の手順で分類した。
>
> ①　胎生の動物をcとした。
>
> ②　①で選ばなかった動物の中から，［　X　］動物をd，［　Y　］動物をeとした。
>
> Ⅲ　Ⅱ までの手順で選ばなかった動物のうち，幼生と成体とで呼吸のしかたが異なる動物をfとした。
>
> Ⅳ　最後に残った動物をgとした。

(1)　Ⅱ の結果，ツルはd，カメはeに分類された。このとき，［　X　］，［　Y　］に最もよく当てはまるものを，次のア～オからそれぞれ一つずつ選び，その符号を書きなさい。

ア　からだの表面が羽毛でおおわれている　　イ　からだの表面がうろこでおおわれている

ウ　からだとあしに節がない　　エ　外骨格をもつ

オ　卵生の

(2)　イカ，イモリ，カエル，キツネ，サケ，ミミズについて，b，fに分類される動物を，それぞれすべて選び，書きなさい。

(3)　コウモリ，マイマイは，それぞれa～gのどれに分類されるか。正しいものを，a～gから選び，その符号を書きなさい。

〔4〕水の電気分解について調べるために，水に水酸化ナトリウムを加えてつくった，うすい水酸化ナトリウム水溶液を用いて，次の実験1，2を行った。この実験に関して，あとの(1)～(3)の問いに答えなさい。

> 実験1　次の Ⅰ ～ Ⅲ の手順で，実験を行った。
>
> Ⅰ　図1のような，2本の電極がついた装置を用いて，管a，bの上端まで，うすい水酸化ナトリウム水溶液を満たした後，水の電気分解を一定時間行ったところ，管aの中には気体が5 cm^3，管bの中には気体が10 cm^3集まった。
>
> Ⅱ　陽極と陰極とを反対にして，管aの中の気体が16 cm^3になるまで電気分解を続けた。
>
> Ⅲ　図1の電源装置をはずし，図2のように，管aに集まった気体に点火装置で点火したところ，ポンと音をたてて燃え，<u>気体が残った</u>。
>
> 実験2　次の Ⅰ，Ⅱ の手順で，実験を行った。
>
> Ⅰ　図3のような，4本の電極A，B，C，Dがついた装置を用いて，装置の内部の上端まで，うすい水酸化ナトリウム水溶液を満たした後，水の電気分解を一定時間行ったところ，気体が集まった。
>
> Ⅱ　図3の電源装置をはずし，図4のように，電極A，Bに電子オルゴールをつなげると，<u>電子オルゴールがしばらく鳴った</u>。

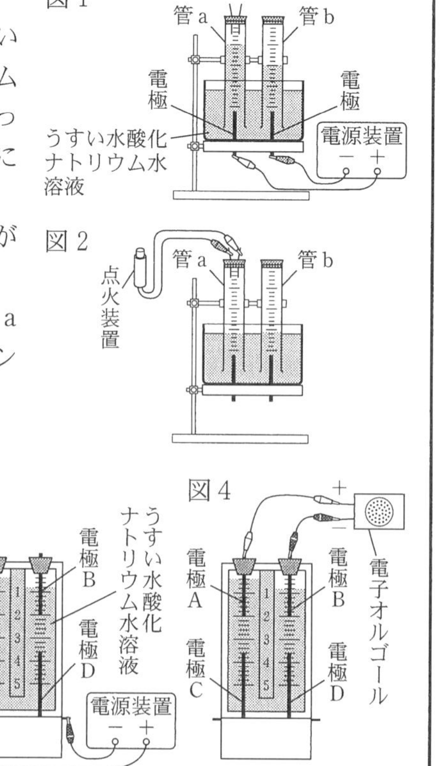

令和6年度入試

(1) 水の電気分解を行うとき，水に水酸化ナトリウムを加えるのはなぜか。その理由を書きなさい。

(2) 実験1 Ⅲ の下線部分について，管aに残った気体の体積は何cm^3か。求めなさい。また，残った気体は何か。その気体の名称を書きなさい。

(3) 実験2 Ⅱ の下線部分について，次の①，②の問いに答えなさい。

① 電子オルゴールが鳴ったことについて述べた，次の文中の X ～ Z に最もよく当てはまる用語を，それぞれ書きなさい。

> 電子オルゴールが鳴ったのは，電流が流れたためであり，この装置は，水の電気分解とは逆の化学変化によって， X エネルギーを Y エネルギーに変える電池となっている。このように，水の電気分解とは逆の化学変化によって電流を取り出す装置を Z という。

② 水の電気分解とは逆の化学変化を表す化学反応式を書きなさい。

〔5〕 ばねを引く力の大きさとばねののびとの関係を調べるために，フックのついたおもりを用いて，次の実験1～3を行った。この実験に関して，下の(1)～(4)の問いに答えなさい。ただし，質量100gの物体にはたらく重力を1Nとし，フックの質量は無視できるものとする。

> 実験1 図1のように，スタンドにばねをつるした装置をつくり，そのばねの下の端におもりをつけ，ばねののびを測定した。図2は，質量の異なるおもりにつけかえながら，ばねを引く力の大きさとばねののびとの関係を調べた結果を，グラフに表したものである。
>
> 実験2 実験1と同じ装置で，ばねの下の端に質量12gのおもりをつけ，ばねののびを測定した。
>
> 実験3 図3のように，質量50gのおもりを電子てんびんに置き，実験1で用いたばねを取り付けて上向きに引き，ばねののびが3.3cmになったところで静止させ，電子てんびんが示す値を読んだ。

図1

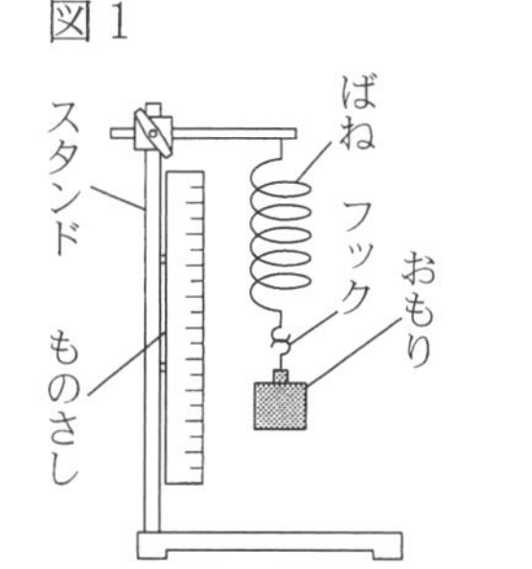

図2

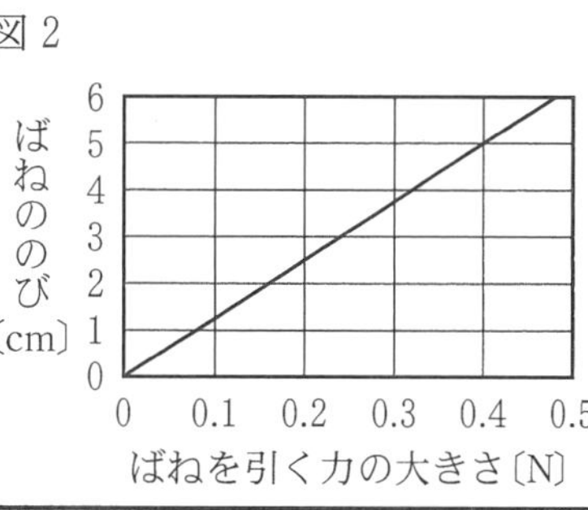

図3

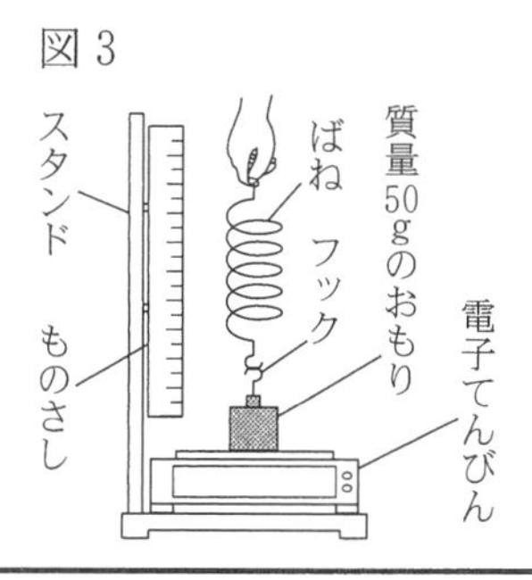

(1) 実験1について，図4は，ばねの下の端におもりをつけていないときと，おもりをつけたときのようすを表したものである。図2に示したばねののびの値は，図4のア～オのうちのどの長さを測定したものか。最も適当なものを一つ選び，その符号を書きなさい。

図4

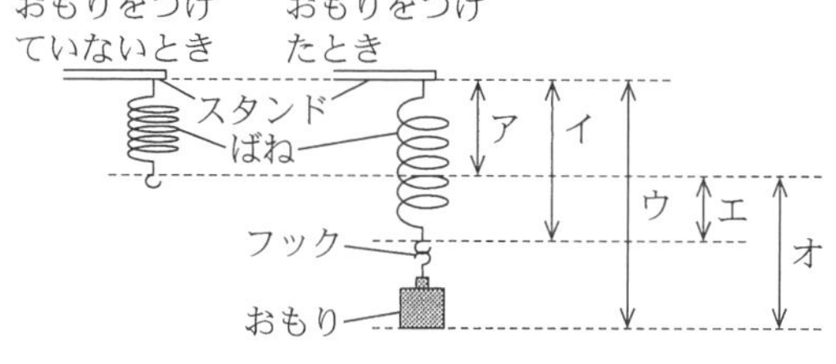

(2) 実験1について，次の文は，ばねを引く力の大きさとばねののびとの関係について述べたものである。文中の X に最もよく当てはまる語句を書きなさい。

> ばねののびは，ばねを引く力の大きさに X する。この関係は，フックの法則とよばれている。

(3) 実験2について，ばねののびは何cmか。求めなさい。

(4) 実験3について，電子てんびんが示す値は何gか。最も適当なものを，次のア～エから一つ選び，その符号を書きなさい。

ア 23.6g　　イ 26.4g　　ウ 47.4g　　エ 49.7g

〔6〕 理科の授業で，春香さんと陽太さんの班は，酸化銅と炭素を混ぜ合わせたものを加熱したときの化学変化について調べるために，次の Ⅰ の実験を行った。Ⅱ は実験後の会話の一部である。Ⅰ，Ⅱ に関して，あとの(1)～(4)の問いに答えなさい。ただし，ガスバーナーの火を消して，加熱をやめてからは，化学変化は起きないものとする。

Ⅰ 実験

次の①～④の手順で実験を行った。

① 右の図のように，酸化銅の粉末 6.00 g と炭素の粉末 0.15 g をよく混ぜ合わせたものを，乾いた試験管 A に入れて，ガスバーナーで加熱したところ，気体が発生した。このとき，発生した気体を，試験管 B に入れた石灰水に通したところ，石灰水が白く濁った。

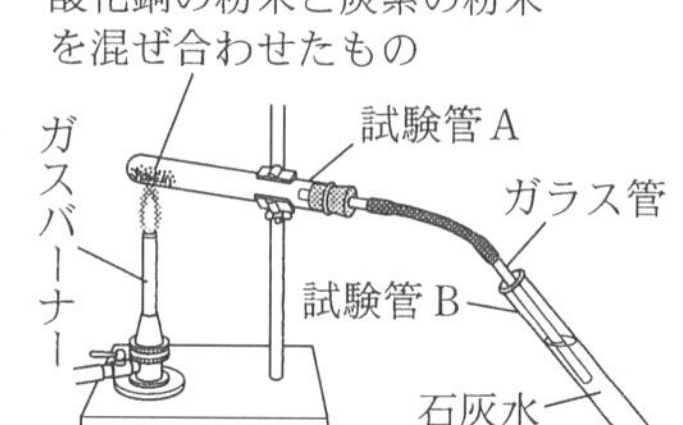

② 十分に加熱して，気体が発生しなくなってから，ガラス管を石灰水から取り出し，ガスバーナーの火を消して，加熱をやめた。

③ 試験管 A が十分に冷えてから，試験管 A に残った固体を取り出し，質量を測定した。また，その固体の色を観察した。

④ ①～③と同じ手順で，試験管 A に入れる炭素の粉末の質量を 0.30 g，0.45 g，0.60 g，0.75 g，0.90 g に変えて，それぞれ実験を行った。

次の表は，①～④の実験の結果をまとめたものである。

炭素の粉末の質量〔g〕	0.15	0.30	0.45	0.60	0.75	0.90
加熱後の試験管 A に残った固体の質量〔g〕	5.60	5.20	4.80	4.95	5.10	5.25
加熱後の試験管 A に残った固体の色	赤色と黒色		赤色	赤色と黒色		

Ⅱ 実験後の会話の一部

春香： 試験管 B に入れた石灰水が白く濁ったので，化学変化で発生した気体は [X] ですね。実験の結果を用いて計算すると，この気体の質量を求めることができます。

先生： そうですね。それでは，a炭素の粉末の質量と化学変化で発生した気体の質量の関係をグラフに表してみましょう。

陽太： グラフに表すと，変化のようすがわかりやすくなりますね。加熱後の試験管 A の中に残った赤色の物質は，教科書で調べたところ，銅であることがわかりました。ところで，炭素の粉末の質量を 0.45 g にして実験を行ったとき以外は，加熱後の試験管 A の中に黒色の物質も残っていましたが，これは何でしょうか。

春香： グラフから考えると，炭素の粉末の質量を 0.15 g，0.30 g にして実験を行ったときの，加熱後の試験管 A に残った黒色の物質は [Y] で，炭素の粉末の質量を 0.60 g，0.75 g，0.90 g にして実験を行ったときの，加熱後の試験管 A に残った黒色の物質は [Z] ではないでしょうか。

先生： そのとおりです。この化学変化では，酸化銅と炭素はいつも一定の質量の割合で結びつき，どちらかの質量に過不足があるときは，多い方の物質が結びつかないで残ります。このことを，b混ぜ合わせる酸化銅の粉末の質量と炭素の粉末の質量を変えて，同じ手順で実験を行うことで，確かめてみましょう。

◇M5(519—51)

令和6年度入試

(1) [X] に当てはまる物質の名称を書きなさい。

(2) 下線部分 a について，実験の結果をもとにして，炭素の粉末の質量と化学変化で発生した気体の質量の関係を表すグラフをかきなさい。

(3) [Y]，[Z] に当てはまる物質の名称を，それぞれ書きなさい。

(4) 下線部分 b について，試験管 A に入れる酸化銅の粉末の質量を 10.00 g，炭素の粉末の質量を 0.60 g にして実験を行ったところ，加熱後の試験管 A には，赤色の物質と黒色の物質が残った。このとき，加熱後の試験管 A に残った黒色の物質は何か。その物質の名称を書きなさい。また，その黒色の物質の質量は何 g か。求めなさい。

〔7〕 電流とそのはたらきを調べるために，抵抗器 a，電気抵抗 5 Ω の抵抗器 b を用いて回路をつくり，次の実験 1，2 を行った。この実験に関して，下の(1)～(3)の問いに答えなさい。

実験 1　図 1 のように，電源装置，抵抗器 a，抵抗器 b，スイッチ 1，スイッチ 2，電流計，電圧計，端子を用いて回路をつくり，スイッチ 1 のみを入れて，抵抗器 a の両端に加わる電圧と回路を流れる電流を測定した。図 2 は，その結果をグラフに表したものである。

実験 2　図 3 のように，電源装置，抵抗器 a，抵抗器 b，スイッチ 1，スイッチ 2，電流計，電圧計，端子を用いて回路をつくり，スイッチ 1 のみを入れて，電流を流し，電流計が示す値を読んだ。次に，スイッチ 1 を入れたままスイッチ 2 を入れたところ，電流計が 400 mA を示した。

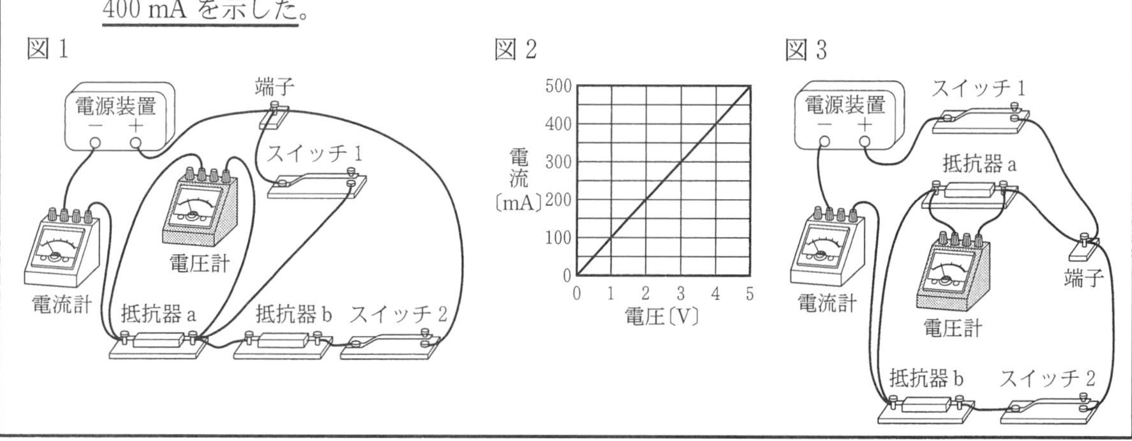

(1) 実験 1 について，抵抗器 a の電気抵抗は何 Ω か。求めなさい。

(2) 実験 2 について，次の①，②の問いに答えなさい。

① 下線部分について，このとき，電圧計は何 V を示すか。小数第 2 位を四捨五入して求めなさい。

② 次の文は，スイッチ 1 のみを入れた状態と，スイッチ 1，2 を入れた状態の，電気抵抗の大きさと電流計の示す値の変化について述べたものである。文中の [X]，[Y] に当てはまる語句の組合せとして，最も適当なものを，下のア～エから一つ選び，その符号を書きなさい。

> スイッチ 1，2 を入れたときの回路全体の電気抵抗は，スイッチ 1 のみを入れたときの抵抗器 a の電気抵抗よりも [X] なる。また，スイッチ 1，2 を入れたときの電流計の示す値は，スイッチ 1 のみを入れたときの電流計の示す値よりも [Y] なる。

ア〔X　小さく，Y　小さく〕　　イ〔X　小さく，Y　大きく〕

ウ〔X　大きく，Y　小さく〕　　エ〔X　大きく，Y　大きく〕

(3) 図 1 の回路において，スイッチ 2 のみを入れて，電圧計が 1.5 V を示すように電源装置を調節した。次に，図 3 の回路において，スイッチ 1，2 を入れて，電圧計が 1.5 V を示すように電源装置を調節した。このとき，図 3 の抵抗器 b が消費する電力は，図 1 の抵抗器 b が消費する電力の何倍か。求めなさい。

〔8〕 ある年の7月20日午後9時頃に，日本のある場所で，北の空と南の空を観察したところ，北の空には，図1のようにカシオペヤ座が，南の空には，図2のようにさそり座が，それぞれ見えた。また，図3は，太陽，地球および，さそり座の位置関係を模式的に表したものである。このことに関して，次の(1)～(4)の問いに答えなさい。

図1

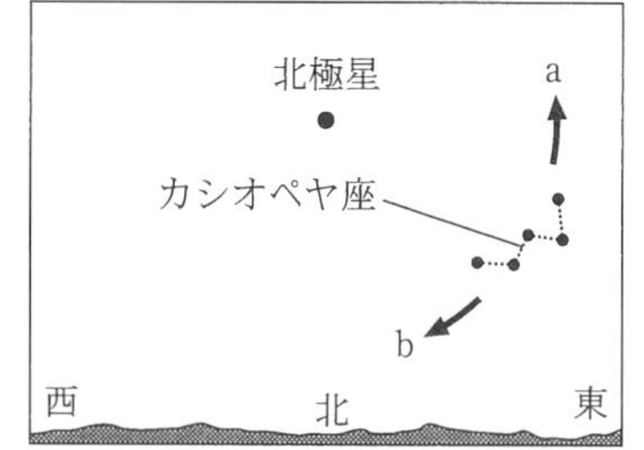

図2

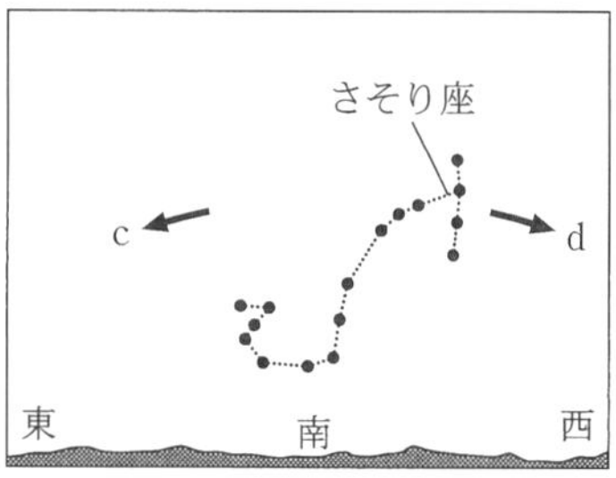

図3

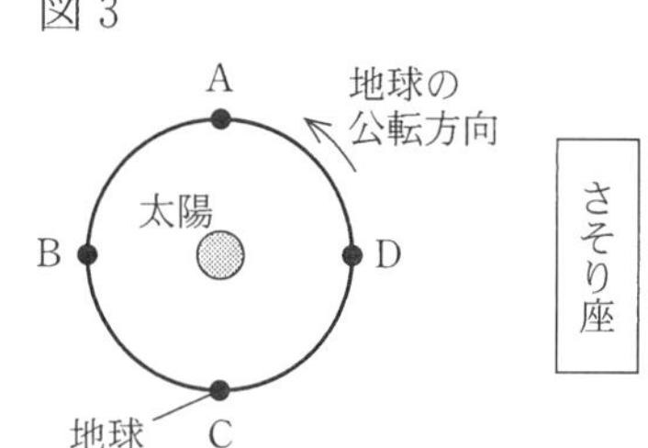

(1) 図1，2について，この日の午後9時から30分程度，同じ場所で観察を続けると，カシオペヤ座とさそり座は，時間の経過とともに，それぞれその位置を変えた。このことに関して，次の①，②の問いに答えなさい。

① カシオペヤ座は，図1に示した矢印a，bのどちらの方向に位置を変えたか。また，さそり座は，図2に示した矢印c，dのどちらの方向に位置を変えたか。それぞれの星座が位置を変えた方向の組合せとして，最も適当なものを，次のア～エから一つ選び，その符号を書きなさい。

	カシオペヤ座	さそり座
ア	a	c
イ	a	d
ウ	b	c
エ	b	d

② 次の文は，カシオペヤ座とさそり座が，時間の経過とともに，それぞれその位置を変える理由を説明したものである。次の文中の［X］，［Y］に当てはまる語句の組合せとして，最も適当なものを，下のア～エから一つ選び，その符号を書きなさい。

地球が［X］へ［Y］しているため。

ア〔X 東から西，Y 公転〕　イ〔X 東から西，Y 自転〕
ウ〔X 西から東，Y 公転〕　エ〔X 西から東，Y 自転〕

(2) この年の8月4日に，同じ場所で，南の空を観察するとき，さそり座が図2と同じ位置に見られるおよその時刻として，最も適当なものを，次のア～オから一つ選び，その符号を書きなさい。

ア 午後8時頃　イ 午後8時30分頃　ウ 午後9時頃
エ 午後9時30分頃　オ 午後10時頃

(3) 図3について，日没後まもない時刻に，南の方向にさそり座が観察できるのは，地球がどの位置にあるときか。最も適当なものを，図中のA～Dから一つ選び，その符号を書きなさい。

(4) 12月には，さそり座を観察することはできない。その理由を，「太陽」，「さそり座」という用語を用いて書きなさい。

受検番号

※

国語解答用紙

（注1）解答は、縦書きで記入すること。
（注2）※の欄には、何も記入しないこと。

〔一〕

※

（一）	1	敬	う
	2	詳	しい
	3	回顧	
	4	濃霧	
	5	辛抱	
（二）	1	サカ	ん
	2	サズ	ける
	3	ヨチョウ	
	4	センリャク	
	5	ヨクシュウ	

〔二〕

※

（一）	
（二）	
（三）	
（四）	
（五）	

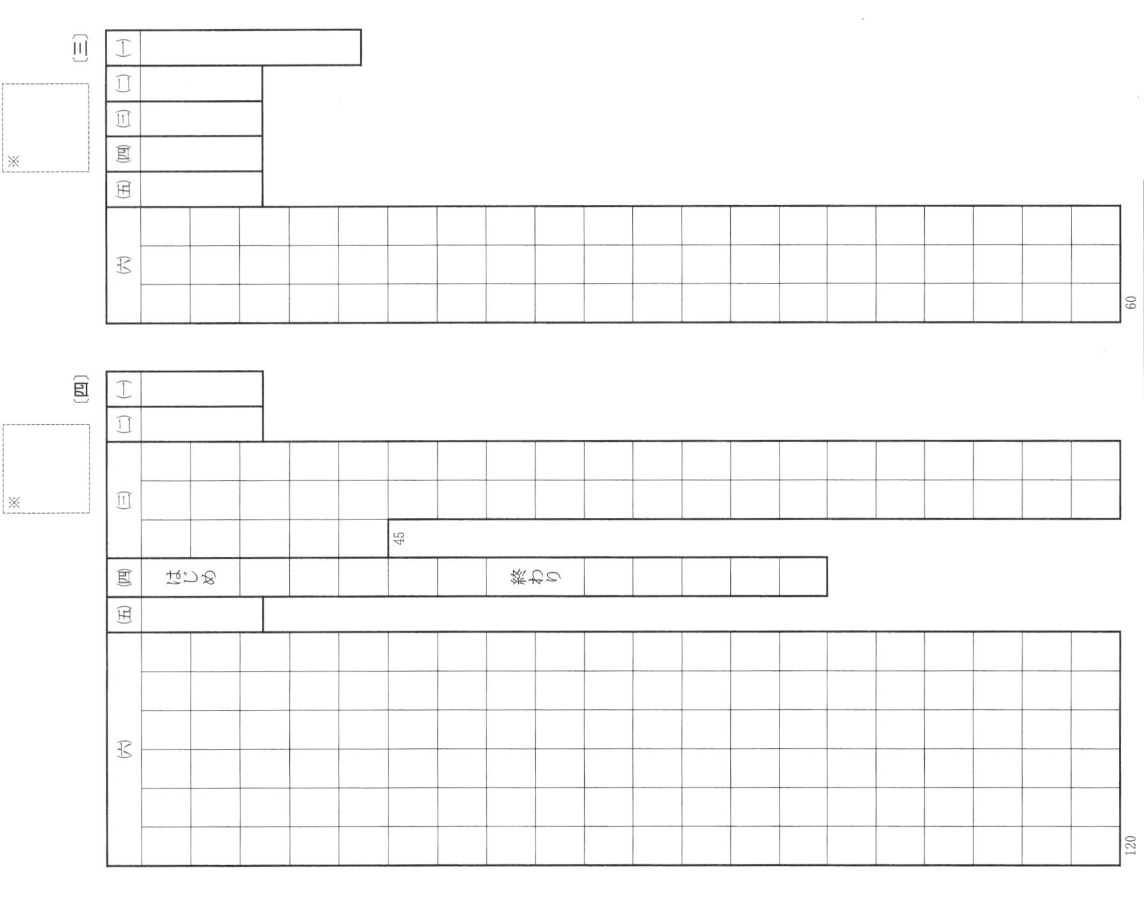

〔三〕

※

（一）
（二）
（三）
（四）
（五）
（六） 60

〔四〕

※

（一）
（二）
（三） 45
（四） はじめ 終わり
（五）
（六） 120

数学解答用紙

（注１） 解答は，横書きで記入すること。
（注２） ※の欄には，何も記入しないこと。

受検番号

〔1〕 ※

(1)		(2)		(3)	
(4)		(5)	x =	(6)	分　秒
(7)	$\angle x$ = 　度	(8)	およそ　個		

〔2〕 ※

(1) 〔求め方〕

答

(2) 〔求め方〕

答 a =

(3)

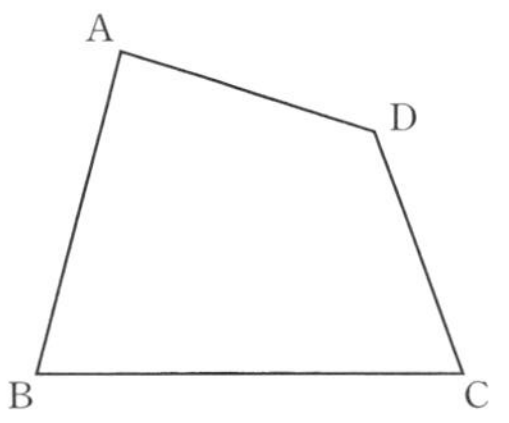

〔3〕 ※

(1) ：

(2)

① 〔証明〕

② 〔求め方〕

答　cm

〔4〕 ※

(1)	cm²	(2)	
(3)	cm²		

(4)

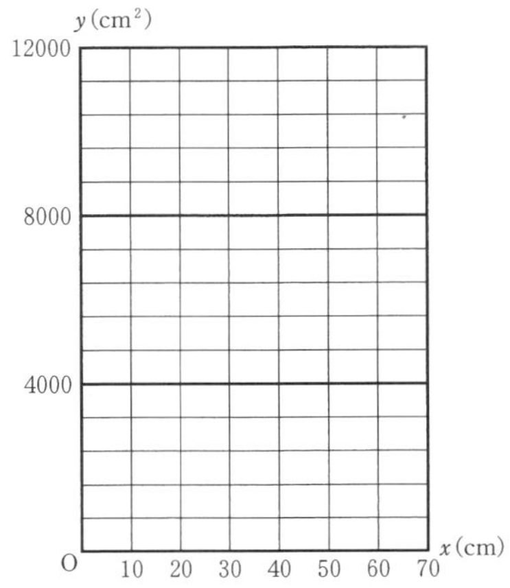

(5) 〔求め方〕

答 x =

〔5〕 ※

(1)	cm	(2)	cm²

(3)

① 〔求め方〕

答　cm

② 〔求め方〕

答　cm³

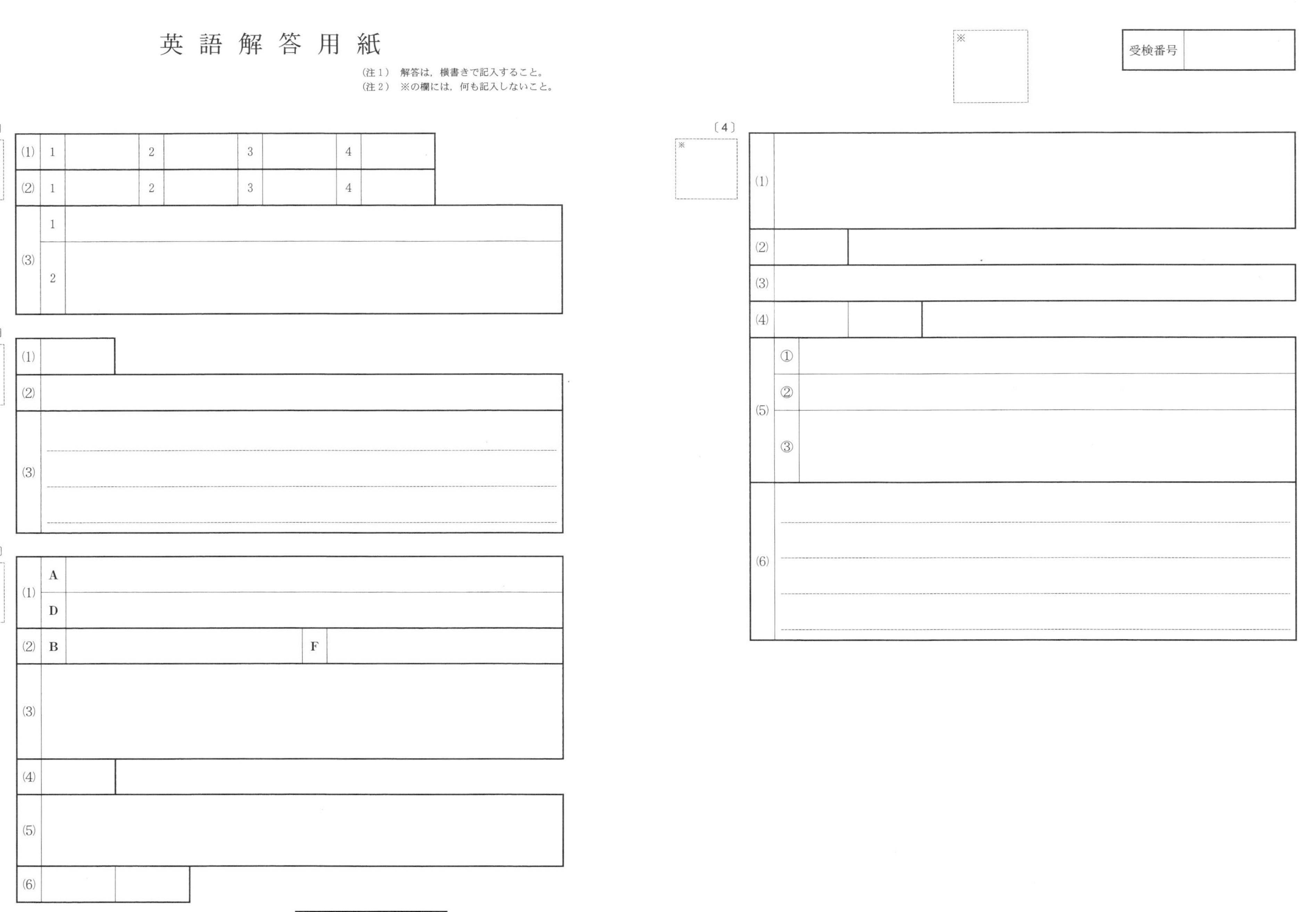

英語解答用紙

受検番号

※

（注1）　解答は，横書きで記入すること。
（注2）　※の欄には，何も記入しないこと。

〔1〕 ※

(1)	1		2		3		4	
(2)	1		2		3		4	
(3)	1							
	2							

〔2〕 ※

(1)	
(2)	
(3)	

〔3〕 ※

(1)	A			
	D			
(2)	B		F	
(3)				
(4)				
(5)				
(6)				

〔4〕 ※

(1)		
(2)		
(3)		
(4)		
(5)	①	
	②	
	③	
(6)		

令和6年度入試

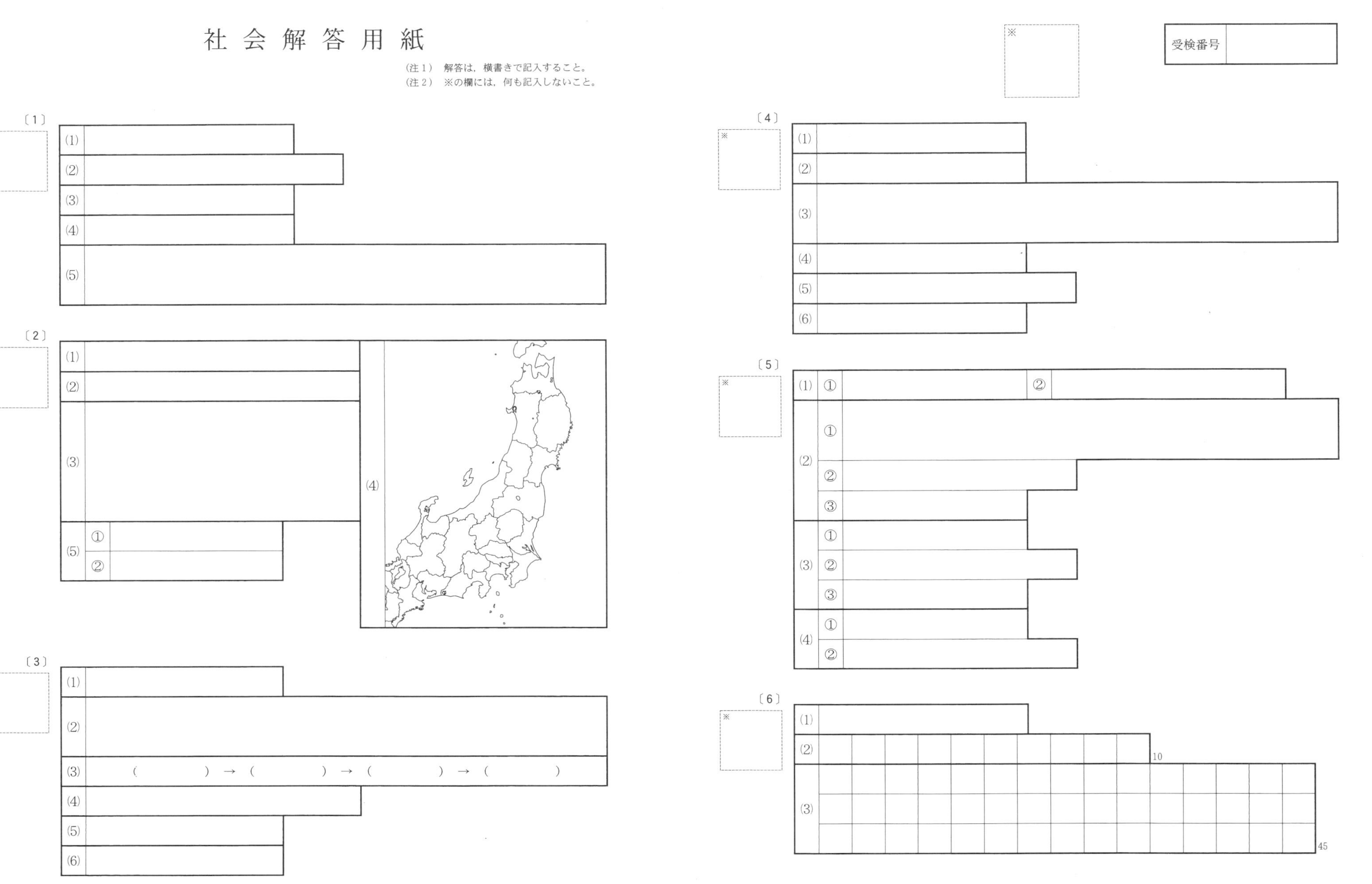
社会解答用紙
（注１）解答は，横書きで記入すること。
（注２）※の欄には，何も記入しないこと。
※
受検番号
〔1〕 ※
(1)
(2)
(3)
(4)
(5)
〔2〕 ※
(1)
(2)
(3)
(4)
(5) ① ②
〔3〕 ※
(1)
(2)
(3) (　　) → (　　) → (　　) → (　　)
(4)
(5)
(6)
〔4〕 ※
(1)
(2)
(3)
(4)
(5)
(6)
〔5〕 ※
(1) ① ②
(2) ① ② ③
(3) ① ② ③
(4) ① ②
〔6〕 ※
(1)
(2)
10
(3)
45
令和6年度入試

理科解答用紙

(注1) 解答は，横書きで記入すること。
(注2) ※の欄には，何も記入しないこと。

受検番号	

※

〔1〕 ※

(1)		(2)		(3)	
(4)		(5)		(6)	

〔2〕 ※

(1)		
(2)	①	
	②	
	③	(　　)→(　　)→(　　)→(　　)

〔3〕 ※

(1)	X		Y	
(2)	b			
	f			
(3)	コウモリ		マイマイ	

〔4〕 ※

(1)						
(2)	気体の体積	cm^3	気体の名称			
(3)	① X		Y		Z	
	②					

〔5〕 ※

(1)	
(2)	
(3)	cm
(4)	

〔6〕 ※

(1)			
(2)	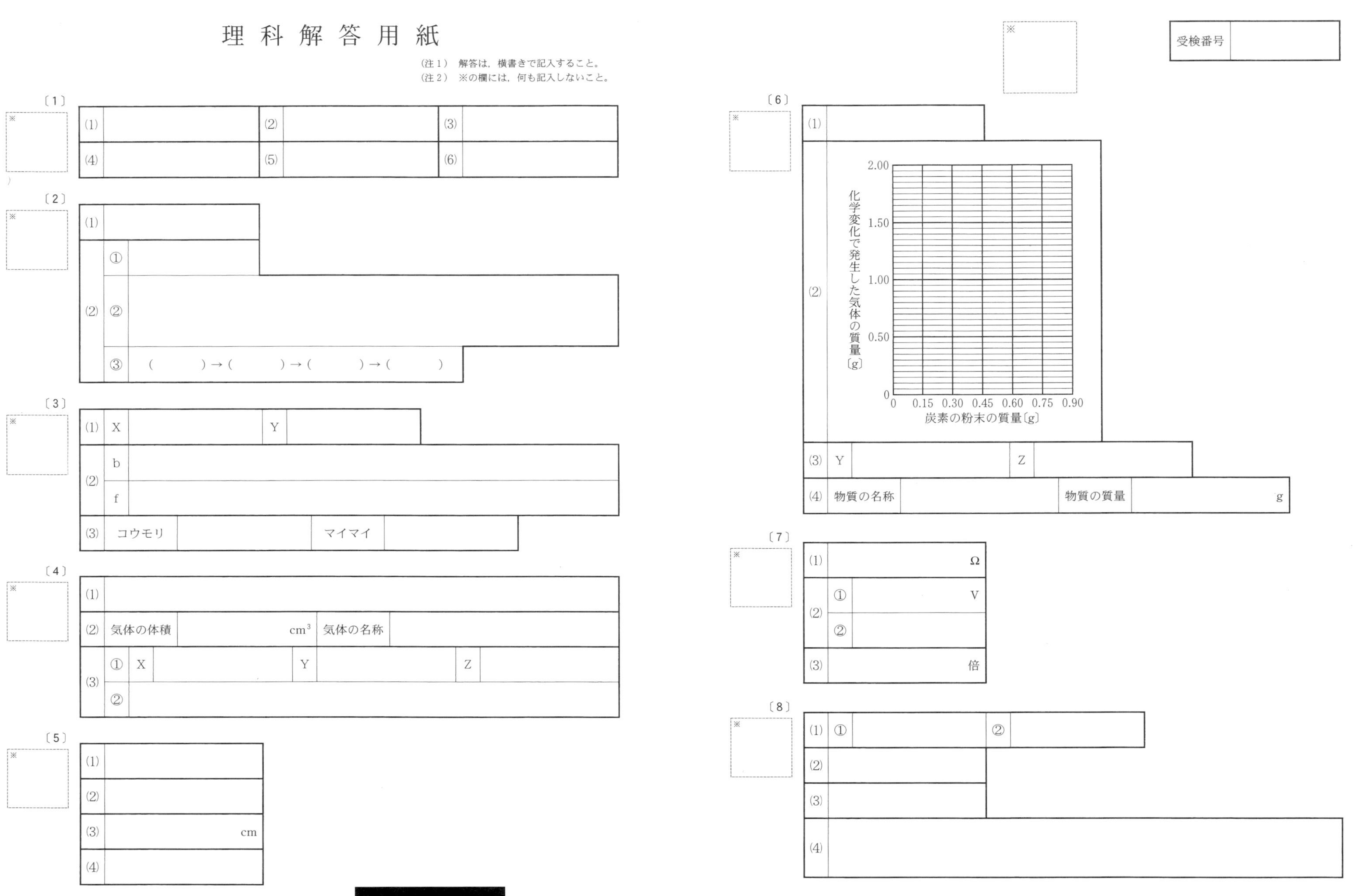		
(3)	Y	Z	
(4)	物質の名称	物質の質量	g

〔7〕 ※

(1)		Ω
(2)	①	V
	②	
(3)		倍

〔8〕 ※

(1)	①	②	
(2)			
(3)			
(4)			

※問題集に誤植などの不備があった場合は，当会ホームページにその内容を掲載いたします。以下のアドレスから問題集紹介ページにアクセスしていただき，その内容をご確認ください。

https://t-moshi.jp

令和７年度受験用　新潟県公立高校入試　過去問題集（５教科テスト編）

2024年７月１日　第一版発行

監　修　新潟県統一模試会
発行所　新潟県統一模試会
新潟市中央区弁天 3-2-20 弁天 501 ビル 2F
〒950-0901
TEL 0120-25-2262
発売所　株式会社 星雲社（共同出版社・流通責任出版社）
東京都文京区水道 1-3-30
〒112-0005
TEL 03-3868-3275
印刷所　株式会社 ニイガタ

ISBN978-4-434-33992-9 C6037

新潟県公立高校入試対策

令和7年度受験用

新潟県公立高校入試

過去問題集

5教科
解答・解説編

■ 新潟県統一模試の解答解説

■ 新潟県公立高校入試の解答解説

■ 学力推移を確認する成績記録シート

新潟県統一模試会 監修

「新潟県公立高校入試　入試出題形式別問題集」のご案内

入試出題形式別問題集のポイント

●入試出題形式別問題集は，これまで新潟県統一模試で出題された問題をもとに，新潟県公立高校入試に照準をあわせて構成されています。

●この問題集の特長は，分野・種類別に問題構成がされていることにあります。不得意分野の克服や得意分野の伸長のために，同種類の問題を集中的に練習できる内容になっています。

●新潟県公立高校入試の出題形式別に《解法の要点》と詳しい解説を掲載しています。

★新潟県統一模試や新潟県公立高校入試過去問題集と並用してお使いいただくと効果的です。
★自分のスタイルにあわせてお使いいただけます。

Point 1　適切な時期に特訓　新潟県公立高校入試問題に対応するためには，適切な時期に学習して，実戦的学力の向上をはかることが大切です。

Point 2　弱点を得意に　苦手な分野を集中特訓することによって苦手意識の解消，弱点の克服を効率よく行うことができます。

Point 3　得意を更に伸ばす　1つの出題形式で様々な問題を掲載しているので得意な形式の更なる得点力UPをはかることができます。

各定価：本体1,700円+税

新潟県公立高校入試対策
新潟県統一模試会 監修
新潟県公立高校入試
入試出題形式別問題集
国語
自分を知ることが合格への第一歩！
新潟県公立高校入試にそった問題を種類別に構成
問題種類ごとに《解法の要点》を掲載
問題を詳しく解説

目　　次

【問題集の使い方】

●はじめに

この問題集は，新潟県公立高校入試において，志望校合格を目指す皆さんが，効果的な学習を進められるように，次の方針で編集されています。

① 学習到達度・志望校合格の判定のために	２０２３年度実施の新潟県統一模試５回分を掲載
② 志望校合格の判定資料として	得点を記録し高校合格可能性判定をＷＥＢで診断
③ 理解を深めるために	問題の解答方法を詳しく解説
④ 受験準備の総まとめをするために	新潟県公立高校入試問題過去３年間分を掲載

●本書の効果的な使い方

新潟県公立高校入試　傾向と対策

新潟県公立高校入試の傾向と対策がわかりやすくまとめられています。
入試傾向を理解し，入試対策としての学習計画をつくる際に役立ててください。

新潟県統一模試（志望校判定テスト）

・２０２３年度に，新潟県統一模試会が行った５回分の模擬試験が掲載されています。試験時間は新潟県公立高校入試に沿って，全教科５０分で実施しています。
・この問題集の具体的な活用例をいくつかご紹介します。

≪その１　不得意分野を克服する≫

・まず，問題を確認して，「自分の力で解けそうか，そうでないか」の区別をします。
・解けそうな問題は，自分の力で解いた後，答え合わせだけで終わらせずに，“解き方や考え方”が正しいかどうかまで確認します。
・解くのが難しい問題は，“解き方や考え方”が納得できるまで，問題解説を熟読してください。不得意分野は，理解が定着するまで時間がかかるため，何度も復習することが大切です。

≪その２　得意分野の得点力をＵＰする≫

・得意分野の得点力を上げたい場合は，実施回にこだわらず，該当する問題に積極的にチャレンジして，問題対応力を身につけます。自己採点後，問題解説で理解をさらに深めてください。

≪その３　模試への受験準備≫

・この問題集に掲載されている問題を模試の１か月程度前から解いて，傾向や難易度に慣れていきましょう。

昨年度の新潟県統一模試の実施時期・実施テーマ

〔　実施時期　〕	〔　テーマ　〕
第４回(２０２３年　８月)	１，２年生内容の弱点発見，夏休み学習の指針作り
第５回(２０２３年１０月)	夏休み後の学力定着度の確認
第６回(２０２３年１１月)	総合問題での実践練習
第７回(２０２３年１２月)	３年間の学習内容の総チェック，入試予想問題での学力判定
第８回(２０２４年　１月)	３年間の学習内容の総チェック，入試予想問題での学力判定

新潟県公立高校入試

新潟県公立高校入試（令和４年度～令和６年度）の過去３年間分の問題です。
・１２月前後から，受験準備の総まとめとして使用してください。
・試験時間は「全教科５０分」です。なお，入試は「国→数→英→社→理」の順番で実施されています。
・テスト終了後は，「解答・解説編」を見て問題解法を十分に理解してください。

英語リスニング放送問題　音声

・英語リスニング放送問題の音声は，すべてオンライン上で配信しております。
以下のアドレスまたはQRコードから一覧にアクセスし，解答に必要な音声をお聴きください。

英語リスニング音声は
以下WEBサイトから

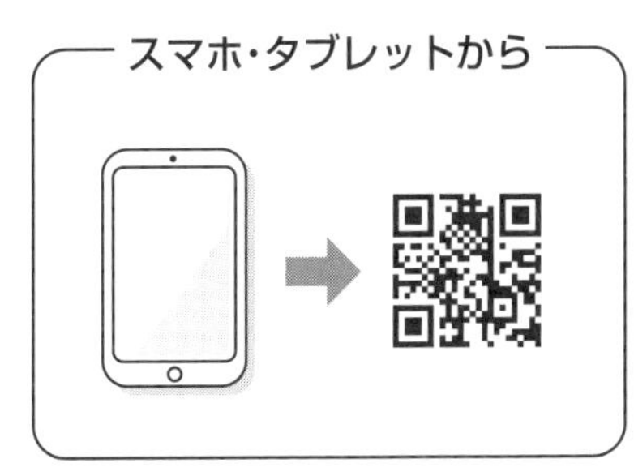

・試験開始直後に，音声を再生して放送問題から開始してください。
放送問題の終了後，他の問題を解答してください。
英語の試験時間は，放送問題を含めて５０分です。

解答・解説（新潟県統一模試，新潟県公立高校入試）

各問題の解説がわかりやすくまとめられています。
採点後は誤答部分を中心に，弱点補強のために解説を徹底的に活用することが重要です。

すべての模試に
解説動画つき
模試会チャンネル–YouTubeから

２０２３年度新潟県統一模試

解答・解説

（第４回模試～第８回模試）

すべての模試に
解説動画つき
模試会チャンネル–YouTubeから

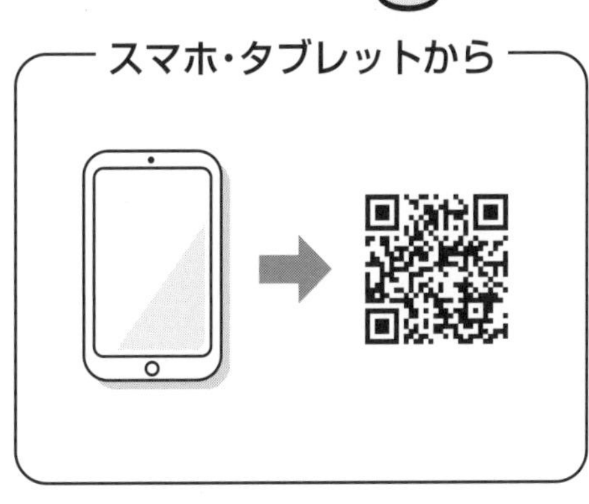

第４回新潟県統一模試

国　語

解答

〔一〕 ㈠ 1　ほこ(らしげ)　2　すす(めた)　3　はくちゅう　4　ていさつ　5　ぼうしょ
㈡ 1　矛盾　2　倹約　3　治(る)　4　凝(らす)　5　就(いた)
配点　㈠㈡2点×10　小計20点

〔二〕 ㈠　ア
㈡　おそらく(おおかた)
㈢　複合名詞：食べ物　組み合わせ方：動詞(食べ)＋名詞(物)
㈣①ア　②(正答例)　お越し(おいで)
配点　㈠3点　㈡3点　㈢複合名詞：2点　組み合わせ方：3点　㈣2点×2　小計15点

〔三〕 ㈠(正答例)　来ずに
㈡　わずらわし
㈢　a (正答例)　期待どおりにいかず　b (正答例)　思いどおりにいく
c (正答例)　めんどうな事　d (正答例)　簡単な事
㈣　かくの如し
㈤①ウ
②(正答例)　予期していた事がうまくいかないこともあれば思うとおりになることもあるので，物事を予定するのは難しいから。
配点　㈠3点　㈡2点　㈢3点×4　㈣3点　㈤①3点　②7点　小計30点

〔四〕 ㈠　エ
㈡　ア
㈢(正答例)　身の回りのモノが，多様なメッセージを大量に発信していること。
㈣(はじめ)　モノよりも　(終わり)　すくする。
㈤　a　モノ　b　スマホ
㈥(正答例)　モノを捨てる代わりに，モノから発信される大量の情報をデジタル化して小さく扱いやすくすることで，モノに占有された暮らしから離脱できるが，情報をすべてデジタル化することで，その情報を得るためのタブレットやスマホが手放せなくなってしまうから。
配点　㈠4点　㈡2点　㈢7点　㈣4点　㈤3点×2　㈥12点　小計35点

解説

〔一〕 ㈠㈡　略。

☆一言アドバイス☆
漢字の書きは，とめ・はね・はらいまで，はっきりと丁寧に書くこと。うろ覚えではきちんとした解答をつくれないので，練習は手を抜かずに，丁寧に書くことを心がけよう。

〔二〕 ㈠　文節ごとに分ける問題。文節とは，文を意味や発音のうえから不自然にならない範囲(はんい)で，できるだけ細かく区切った一つの単位をいう。例：あの／丘を／越えれば／海が／見える。(五文節)　ア：そんな／ことは／誰でも／知って／いる。(五文節)　イ：夏休みには／一緒に／海に／行こう。(四文節)　ウ：彼の／態度は／とても／立派だった。(四文節)　エ：洗濯物は／私が／たたんで／おいたよ。(四文節)

㈡　適語補充(ほじゅう)(副詞)問題。「だろう」という推量の意味を表す言葉につながる副詞(陳述(ちんじゅつ)の副詞)を考える。「たぶん」なども適当だが，四字の指示にしたがって考えると「おそらく」「おおかた」などが当てはまる。

☆一言アドバイス☆
呼応の副詞(陳述の副詞)は，下で受ける文節に対して特別な言い方を要求する。
例：おそらく～だろう・けっして～ない・もし～なら・たとえ～ても　等

㈢　名詞の識別問題。二つ以上の単語が組み合わさってできた名詞を複合名詞という。「食べ物」は，動詞の「食べ」と名詞の「物」が組み合わさっている。例にならった書き方で答えること。

㈣　手紙文の問題。
①　手紙文は時候のあいさつから始めることが多い。ア「立秋」は二十四節気(季節の区分を表す)の一つで，

現在の暦(太陽暦)では八月八日前後を指している。手紙文の日付から判断すること。

② 敬語の問題。この場合，叔母に対しての尊敬語を用いることがふさわしい。「来る」の尊敬語は「お越しになる」「おいでになる」であるが，「～ください」につながる形で三字の指示にしたがって答えること。

〔三〕 (一) ―― 線部分(1)とその直後の内容は「待つ人」と「頼めぬ人」を対照的に並べて言い表している。直後で「頼めぬ人は来り(期待していない人はやって来て)」と書かれていることから，それと対になる内容を考えると，待っている人は「来ずに」になる。現代語で三字で答える指示に注意。

(二) づ → ず・は → わ に直す。すべてひらがなの指示に注意。

(三) 文章中の【 】の内容は，「頼みたる方の事」と「思ひよらぬ道」と，「わづらはしかりつる事」と「やすかるべき事」の対比がそれぞれ一文ずつ書かれている。(一)と同様，対照的な内容を並べて言い表していることから，aとb，cとdの内容を照らし合わせながら考えること。a「違ひて」は「(期待と) 違っている≒期待どおりにいかない」，b「かなひぬ」は「(思い)がかなう≒思いどおりにいく」と考えられる。※「かなはず」(打ち消し)と意味を間違えないこと。c「わづらはしかりつる事」は「わずらわしい事≒めんどうな事」，d「やすかるべき事」は「易い事≒簡単な事」と考えられる。

(四) ―― 線部分(3)の「しかなり」を含む一文に注目。「一生の間も」と述べられていることから，「一生の間」と同様の表現をされている部分を探すと，直前に「一年の中もかくの如し」が見つかる。

(五)① ―― 線部分(4)の「不定」は，文字どおり「定まっていない」という意味であり，「心得ぬる」は，現代語でも使われる「心得る≒理解する・認める」であることから判断して，ウを選択できる。

② 指示された内容の理由を説明する問題。

ポイント1 ①で選択した内容から，「不定（定まっていない・確かでない)」とはどういうことを言い表しているのか，書かれている部分を探す。→「物は定めがたし」＝物(物事)は定めることが難しい

ポイント2 ポイント1の内容の直接の理由となる部分を探す。→「かねてのあらまし，皆違ひゆくかと思ふに，おのづから違はぬ事もあれば」

ポイント1・2の内容をまとめて，現代語で解答をつくること。文末の「～から。」を忘れずに。

☆一言アドバイス☆

記述問題は，問題で要求されている内容が，文章のどの部分に書かれているか確実に探せるかどうかが得点のポイント。文章にチェックを入れてから解答を書き始めると，時間短縮もねらえる。もちろん，文のねじれや誤字脱字，解答の文末表現にも注意しよう。

〔**四**〕 (一) 略。

(二) 空欄Bを含む段落の内容の裏付けとして次の段落に注目すると，「メッセージ」についての具体例が書かれているが，最後の一文で「ふだんこうしたメッセージの受信を～何気なく大量にやっています。」と説明されている。したがって，それとほぼ同様の内容を表しているアを選択できる。

(三) 指示された内容を説明する問題。

ポイント1 「(モノが) 存在感を見せつける」とはどういうことか考える。→存在感を見せつける≒存在を強烈に意識させられる

ポイント2 どんな場合にモノの存在を強烈に意識させられるか，書かれている部分を探す。→「置かれたモノはメッセージを発している」「コートは…さまざまな記憶を発信している～イメージがまとわりついているし，目にするたびに価格を思いだす…」「ものいわぬモノもメッセージを発していて」「衣服が発するうんざりするほどのメッセージがあふれている」→モノの物量としての存在感ではなく，モノが発するメッセージに存在感を意識させられている

ポイント2の内容をまとめて，解答をつくること。その際，重複する内容はひとつにまとめること。

(四) ―― 線部分(2)の「天秤にかけて」「前者を捨てる」という表現から，二つのものを比較して一つを選んでいる状況がうかがえる。こういった内容が書かれている一文を探すと，Ⅰの文章の最後から二つ目の段落で「モノよりも情報を優先し～」が見つかる。文末の句点も一字として，解答を抜き出すこと。

(五) Ⅰの文章で「モノが発信するメッセージ情報が，人の処理能力からはみだしてしまった」と書かれ，Ⅱの文章でも「私たちが暮らしの中で受けとる情報量（≒モノが発信するメッセージの量）はその限界値をとっ

くに超えています。」と書かれていることから，生活が「モノ（モノが発信するメッセージ）」であふれていることがうかがえる。したがって，ａは「モノ」が当てはまる。Ⅱの文章中では，「モノを消す」ために「デジタル化」「スマホで撮影」すると説明されていることから，情報をすべてデジタル化していつでもスマホから取り出せるようにするという状況がうかがえる。したがって，ｂは「スマホ」が当てはまる。

㈥　指示された内容の理由を説明する問題。

ポイント1　「モノを捨てる」とは，この文章の場合どういうことか説明している部分を探す。

Ⅰの文章から→「電子書籍化してデジタルデータを保存～本の山から解放されます。」「（絵はがきや贈られた絵など）これらも鬱陶しいと感じれば，スキャンしてデジタル情報化できます。」「こうしてモノはデジタル情報化されてスマホやタブレットの中に収められ～」→モノの代わりにモノの情報をデジタル化する

Ⅱの文章から→「情報をデジタル化すれば～目の前からモノを消すことができる。」

ポイント2　ポイント1の補足として，モノの情報をデジタル化するとどうなるか書かれている部分を探す。

Ⅰの文章から→「小さく扱いやすくする。」

Ⅱの文章から→「いつでも取り出せます。」「好きなときに楽しめる。」「モノに占有された暮らしからの離脱者～」

ポイント3　筆者が「ネットとデジタル情報依存をますます促進する」と考えるのはなぜか。その理由を考える。

Ⅰの文章から→「私たちは～情報量を，日々，スマホやタブレットの画面を通してハンドリングしています。」→デジタル化された情報をスマホやタブレットで所有している→スマホやタブレットが，情報を得るために欠かせなくなる

Ⅱの文章から→「スマホを信奉する情報主義者でもあるのです。」→スマホからの情報を信用しきっている→スマホに依存し，手放せない状態

ポイント1～3の内容をまとめて，解答をつくること。その際，重複する内容はまとめること。文末の「～から。」を忘れずに。

☆一言アドバイス☆

記述問題の字数は，制限字数の8割以上を書くことが要求される。ただし，字数オーバーすると，減点になったり，採点の対象外になったりするので注意すること。書き出しは1マス空けずに書き，句読点やかぎかっこなどは，1マス使って書くことを忘れないようにしよう。

第４回新潟県統一模試

数　学

解答

〔１〕 (1)　-17　(2)　$-5a+b$　(3)　$8\sqrt{3}$　(4)　$6-2\sqrt{5}$　(5)($x=$)4　(6)　4000　(7)　イ，エ

(8)($\angle x=$)97(度)　(9)①　$\frac{1}{3}$　②　$\frac{3}{5}$

配点　3点×10　小計30点

※(7)は順不同，両方正解で3点

〔２〕 (1)　$4<\sqrt{17}<\frac{6}{\sqrt{2}}$　(2)($x=$)560，($y=$)420　(3)　260(秒)　(4)　右の図

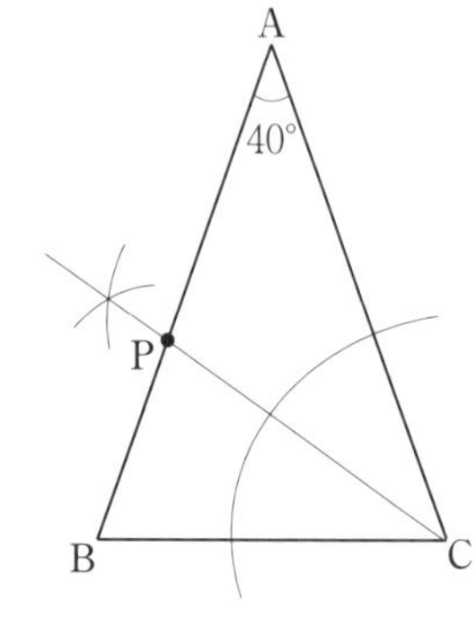

配点　5点×4　小計20点

〔３〕 (証明)(正答例)

△ＡＢＦと△ＣＤＧにおいて，

四角形ＡＢＣＤは平行四辺形だから，

ＡＢ＝ＣＤ　……①

ＢＥ＝ＤＥ　……②

ＡＢ//ＤＣより，平行線の錯角は等しいから，

∠ＡＢＦ＝∠ＣＤＧ　……③

仮定より，　ＥＦ＝ＥＧ　……④

ここで，　ＢＦ＝ＢＥ－ＥＦ　……⑤

ＤＧ＝ＤＥ－ＥＧ　……⑥

②，④，⑤，⑥より，ＢＦ＝ＤＧ　……⑦

①，③，⑦より，2組の辺とその間の角がそれぞれ等しいから，

△ＡＢＦ≡△ＣＤＧ

配点　6点

〔４〕 (1)　4　(2)($y=$)$-\frac{3}{2}x+7$　(3)　$-\frac{15}{2}$

配点　(1)3点　(2)4点　(3)5点　小計12点

〔５〕 (1)　18　(2)　$9x$　(3)　33　(4)　$6x+9$　(5)　①　(6)　右の図

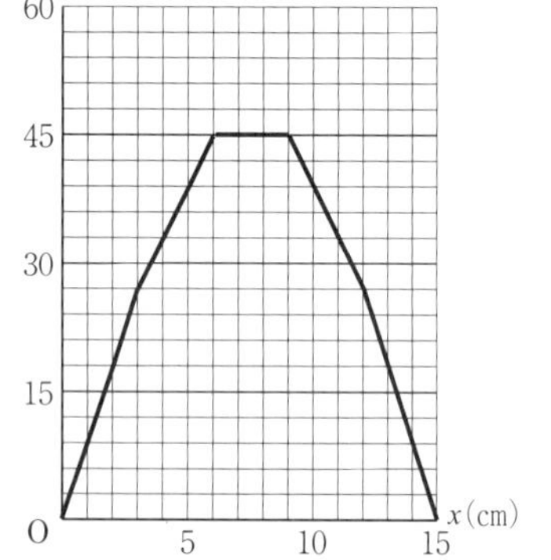

配点　(1)2点　(2)3点　(3)2点　(4)3点　(5)3点　(6)4点　小計17点

〔６〕 (1)①　ウ　②　432π (cm³)　(2)　288π (cm²)

配点　5点×3　小計15点

解説

〔１〕 (1)　$-8+18\div(-2)=-8+(-9)=-17$

(2)　$2(a-2b)-(7a-5b)=2a-4b-7a+5b=2a-7a-4b+5b=-5a+b$

(3)　$6\sqrt{3}+\sqrt{12}=6\sqrt{3}+\sqrt{2^2\times3}=6\sqrt{3}+2\sqrt{3}=8\sqrt{3}$

(4)　$(\sqrt{5}-1)^2=(\sqrt{5})^2-2\times1\times\sqrt{5}+1^2=5-2\sqrt{5}+1=6-2\sqrt{5}$

(5)　$(6x+1):(3x-2)=5:2$，$2(6x+1)=5(3x-2)$，$12x+2=15x-10$，$-3x=-12$，$x=4$

(6)　$2a^2-16a-18$を因数分解すると，$2a^2-16a-18=2(a^2-8a-9)=2(a+1)(a-9)$　この式に$a=49$を代入すると，$2\times(49+1)\times(49-9)=2\times50\times40=4000$

(7)　イ，エ　nが整数だから，$2n$はいつでも偶数になり，$2n+1$，$2n+3$はいつでも奇数になる。

ア　例えば，$n=1$のとき，$n+3=1+3=4$になり，奇数にならないこともある。

ウ　nが整数だから，$2n$はいつでも偶数になり，$2n+2$はいつでも偶数になる。

オ　例えば，$n=2$のとき，$3n=3\times2=6$になり，奇数にならないこともある。

(8)　平行線の同位角は等しいことと，三角形の外角の性質より，$\angle x=129°-32°=97°$

(9)　1個の赤玉を赤，1個の青玉を青，4個の白玉を①，②，③，④と区別して考える。

①　1個の玉の取り出し方は全部で6通りあり，このうち，取り出した玉が赤玉または青玉である場合は2通りある。よって，求める確率は，$\frac{2}{6}=\frac{1}{3}$

②　2個の玉の取り出し方は，{赤，青}，{赤，①}，{赤，②}，{赤，③}，{赤，④}，{青，①}，{青，②}，

{青，③}，{青，④}，{①，②}，{①，③}，{①，④}，{②，③}，{②，④}，{③，④}の全部で15通りあり，このうち，取り出した2個の玉のうち少なくとも1個は赤玉または青玉である場合は下線をひいた9通りある。よって，求める確率は，$\frac{9}{15}=\frac{3}{5}$

☆一言アドバイス☆

(9)②は，取り出した2個の玉が2個とも白玉である確率を求めてから，

(少なくとも1個は赤玉または青玉である確率)＝1－(2個とも白玉である確率)＝$1-\frac{6}{15}=\frac{3}{5}$　と求めてもよい。

〔2〕(1)　$\frac{6}{\sqrt{2}}=\frac{\sqrt{36}}{\sqrt{2}}=\sqrt{\frac{36}{2}}=\sqrt{18}$，$4=\sqrt{4^2}=\sqrt{16}$　16＜17＜18より，$\sqrt{16}<\sqrt{17}<\sqrt{18}$だから，$4<\sqrt{17}<\frac{6}{\sqrt{2}}$

(2)〔求め方〕　道のりの関係から，$x+y=980$…①　かかった時間は，学校から神社までが，$x\div70=\frac{x}{70}$(分)，神社から自宅までが，$y\div140=\frac{y}{140}$(分)だから，かかった時間の関係から，$\frac{x}{70}+\frac{y}{140}=11$，$2x+y=1540$…②　②－①より，$2x-x=1540-980$，$x=560$　$x=560$を①に代入すると，$560+y=980$，$y=420$　この解は問題に合っている。

(3)〔求め方〕　ヒストグラムでは，度数の最も大きい階級の階級値を最頻値とする。度数の最も大きい階級は，度数が16人の240秒以上280秒未満の階級だから，最頻値は，$\frac{240+280}{2}=260$(秒)

(4)　△ＡＢＣはＡＢ＝ＡＣの二等辺三角形だから，∠ＡＣＢ＝∠ＡＢＣ＝(180°－40°)÷2＝70°　35°＝70°÷2だから，∠ＡＣＢの二等分線を作図し，辺ＡＢとの交点をＰとすると，∠ＢＣＰ＝∠ＡＣＰ＝35°となる。

☆一言アドバイス☆

平方根の大小

正の数a，bについて，$a<b$ならば，$\sqrt{a}<\sqrt{b}$

〔3〕四角形ＡＢＣＤは平行四辺形だから，<u>ＢＥ</u>＝<u>ＤＥ</u>　仮定より，ＥＦ＝ＥＧ　また，ＢＦ＝<u>ＢＥ</u>－ＥＦ，ＤＧ＝<u>ＤＥ</u>－ＥＧ　これらのことから，ＢＦ＝ＤＧが言える。

☆一言アドバイス☆

平行四辺形の定義

2組の向かいあう辺がそれぞれ平行な四角形を平行四辺形という。

平行四辺形の性質

① 2組の向かいあう辺はそれぞれ等しい。

② 2組の向かいあう角はそれぞれ等しい。

③ 対角線はそれぞれの中点で交わる。

〔4〕(1)　点Ａは曲線ℓ上の点だから，$y=\frac{8}{x}$に$x=2$を代入すると，$y=\frac{8}{2}=4$

(2)〔求め方〕　A(2, 4)，B(8, －5)だから，直線ＡＢの傾きは，$\frac{-5-4}{8-2}=-\frac{3}{2}$　よって，直線ＡＢの式を$y=-\frac{3}{2}x+b$として，$x=2$，$y=4$を代入すると，$4=-\frac{3}{2}\times2+b$，$b=7$　したがって，$y=-\frac{3}{2}x+7$

(3)〔求め方〕　2点Ｃ，Ｐは直線ＡＢについて同じ側にあるから，ＡＢ//ＣＰのとき，△ＡＣＢ＝△ＡＰＢとなる。よって，直線ＣＰの傾きは直線ＡＢの傾きと等しく$-\frac{3}{2}$だから，直線ＣＰの式を$y=-\frac{3}{2}x+c$とする。また，直線ＣＰは点Ｃ(－5, 0)を通るから，$y=-\frac{3}{2}x+c$に$x=-5$，$y=0$を代入すると，$0=-\frac{3}{2}\times(-5)+c$，$c=-\frac{15}{2}$　したがって，直線ＣＰの式は$y=-\frac{3}{2}x-\frac{15}{2}$となる。ここで，点Ｐは直線ＣＰと$y$軸との交点だから，

そのy座標は，直線ＣＰの切片より，$-\frac{15}{2}$

☆一言アドバイス☆

平行線と面積

辺ＡＢが共通な△ＰＡＢと△ＱＡＢがあり，2点Ｐ，Ｑが直線ＡＢについて同じ側にあるとき，

・ＰＱ//ＡＢならば，△ＰＡＢ＝△ＱＡＢ

・△ＰＡＢ＝△ＱＡＢならば，ＰＱ//ＡＢ

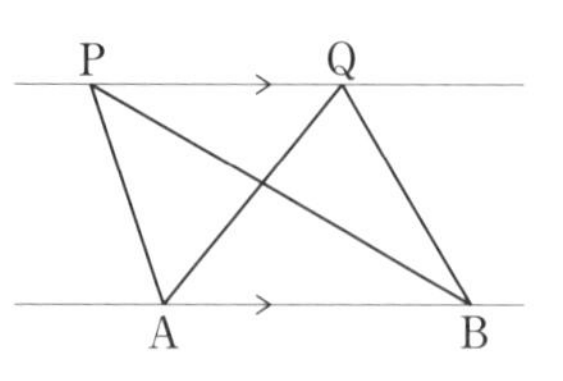

〔**5**〕 (1) $x=2$のとき，重なった部分は，縦9cm，横2cmの長方形になる。よって，$y=9\times2=18$

(2) $0\leqq x\leqq3$のとき，重なった部分は，縦9cm，横$x$cmの長方形になる。よって，$y=9\times x=9x$

(3) $x=4$のとき，重なった部分は，縦9cm，横4cmの長方形から，縦3cm，横$4-3=1$(cm)の長方形を取り除いた図形になる。よって，$y=9\times4-3\times1=33$

(4) $3\leqq x\leqq6$のとき，重なった部分は，縦9cm，横$x$cmの長方形から，縦3cm，横$(x-3)$cmの長方形を取り除いた図形になる。よって，$y=9\times x-3\times(x-3)=9x-3x+9=6x+9$

(5) 図形**P**の切り抜いた部分である1辺3cmの正方形が，図形**Q**の内部に完全に入っている間は，2つの図形の重なった部分の面積は変わらない。完全に入っている状態が始まるのが$x=6$のときで，終わるのが$x=9$のときだから，当てはまる変域は，$6\leqq x\leqq9$である。

(6) $9\leqq x\leqq12$のとき，重なった部分は，右の図①のようになる。

$z=x-6$より，縦9cm，横$9-z=9-(x-6)=15-x$(cm)の長方形から，

縦3cm，横$6-z=6-(x-6)=12-x$(cm)の長方形を取り除いた図形だから，

$y=9\times(15-x)-3\times(12-x)=135-9x-36+3x=-6x+99$

$12\leqq x\leqq15$のとき，重なった部分は，右の図②のようになる。

$z=x-6$より，縦9cm，横$9-z=9-(x-6)=15-x$(cm)の長方形だから，

$y=9\times(15-x)=-9x+135$

(2)，(4)，(5)と以上のことから，グラフは，原点と5つの点(3，27)，(6，45)，(9，45)，(12，27)，(15，0)を順に結ぶ折れ線となる。

図①

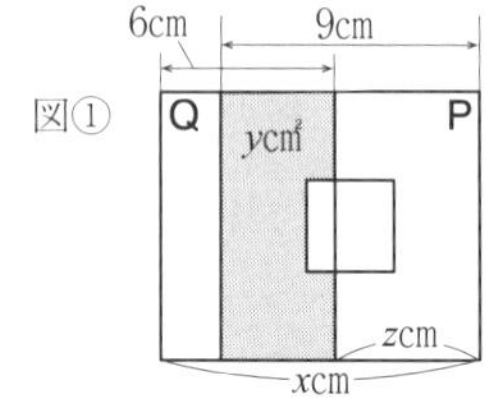

図②

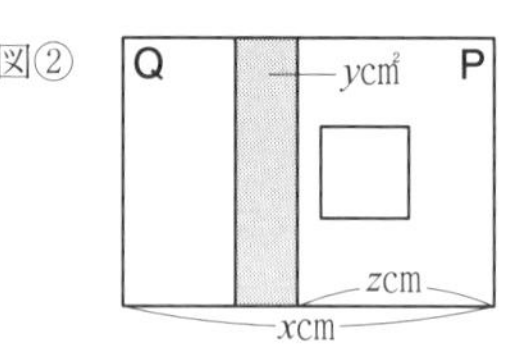

☆一言アドバイス☆

まずは，実際に$x=1$，2，3，…のときのようすを簡単にかいてみて，2つの図形が重なった部分の形がどう変化するかを確かめてみよう。

〔**6**〕 (1) 底面の半径12cm，高さ9cmの円すいができる。

① この円すいを，直線ℓに垂直な平面で切ると，その切り口は円すいの底面に平行で，円になる。

②〔求め方〕 $\frac{1}{3}\times\pi\times12^2\times9=432\pi\ (\text{cm}^3)$

(2)〔求め方〕 右の図のように，円柱から円すいをくり抜いた立体ができる。

円柱の底面の半径は，$12\times\frac{2}{1+2}=8$(cm)で，高さは9cmである。また，

円すいの底面の半径は8cmで，母線の長さは，$15\times\frac{2}{1+2}=10$(cm)である。

よって，(立体の表面積)＝(円柱の底面積)＋(円柱の側面積)＋(円すいの側面積)＝$\pi\times8^2+9\times(2\pi\times8)+\pi\times10^2\times\frac{2\pi\times8}{2\pi\times10}=64\pi+144\pi+80\pi$

$=288\pi\ (\text{cm}^2)$

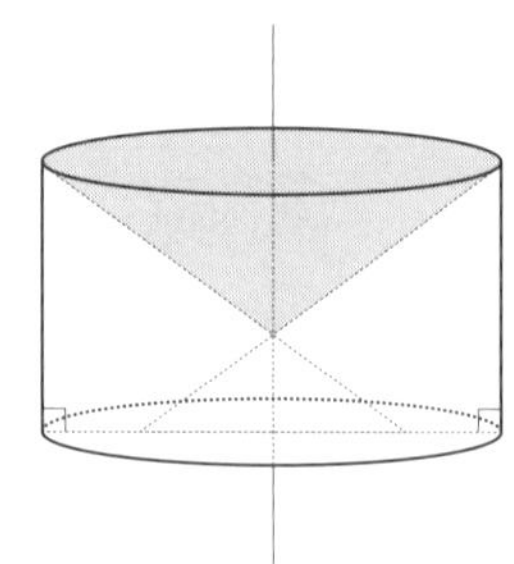

☆一言アドバイス☆

立体の表面全体の面積を，その立体の表面積という。複雑な形をした立体の表面積を求めるときは，すべての面の面積を1つずつ求めて，それらを足す方法が有効である。

第４回新潟県統一模試

英　語

解答

〔1〕 (1)1　エ　2　イ　3　ア　4　ウ　　(2)1　イ　2　エ　3　ウ　4　イ

(3)1　six　2　restaurant　3　book　4　weekend

配点　(1)2点×4　(2)(3)3点×8　　小計32点

〔2〕 (1)　エ　　(2)B　イ　F　ウ

(3)（もし）発展途上国の人々が技術を学べば，自分たちの力で生活を成り立たせてその技術を子どもたちに教えることができるから。

(4)D　the most famous Japanese　H　skills are needed by

(5)　ア　　(6)　after　　(7)　ウ

配点　(1)3点　(2)2点×2　(3)4点　(4)3点×2　(5)3点　(6)3点　(7)3点　　小計26点

〔3〕 (1)　Whose dog is that?

(2)　His friends called him Yasu.

(3)　She has lived in Italy for seven years.

配点　4点×3　　小計12点

〔4〕 (1)　おもちゃの持ち主に彼らの問題について聞いて，オカダさんを手伝うこと。

(2)　ウ　　(3)　ア

(4)　アサコはオカダさんのそばに立っていただけで，女の子を助けることができなかったこと。

(5)　listen(s) to owners

(6)①　No, she did not〔didn't〕.

②　She felt happy.

③　She wants to remember (that) she should not give up too easily.

(7)　イ

配点　(1)4点　(2)3点　(3)3点　(4)4点　(5)4点　(6)3点×3　(7)3点　　小計30点

解説

〔1〕 (1)1 「これは何ですか」という質問。体を洗うときに行く部屋で，お湯を使えるので，エ「浴室」が適切となる。

2 「エミリーはどこでメアリーに会うでしょうか」という質問。エミリーは駅でメアリーと会い，祭りを見るためにそこから歩いて公園に行くつもりである。

3 「いつジェーンはおじさんを訪ねましたか」という質問。ジェーンは5日前におじの家を訪れ，翌日に山に登り，昨日帰宅した。

4 「今日，ユカはどのくらいの間ギターをひきましたか」という質問。ユカはいつもは毎日１時間ギターをひくが，今日は午前中に２時間，午後に１時間の合計3時間ギターをひいた。

(2)1 「ケンジは今日は病気ですか」という質問。ケンジは昨日病気で学校に行かなかったが，今日は元気である。

2 「フレッドは次に何をするでしょうか」という質問。フレッドは自分の町について調べなければならず，祖父にたずねるように母に言われるが，祖父は今図書館にいる。I'll study about it on the Internet in my room.を聞き取る。

3 「なぜトムは今日とても忙しいのですか」という質問。トムはアンのテニスの誘いを断り，理由として今晩母親が不在なので家族に夕食を作らなければならないと言っている。

4 「彼らはどのバスに乗るでしょうか」という質問。ベンとマリコが見る映画は11時に始まる。今，10時10分で，次のバスは10時15分に来る。マリコは10時25分のバスに乗ることを提案するが，ベンは映画館に行くのに40分かかるのでダメだと答える。イの10時15分のバスに乗ることになる。

(3)1 「どのくらいの間，エマは日本にいますか」という質問。放送文で，I came to Japan with my family six months ago.　I've been here since then.と言っている。６か月前に日本に来て，それからずっと日本にいるので，6か月間日本にいることになる。

2 「エマは家族といっしょに外出するとき，どこによく行きますか」という質問。放送文で，So, when I go out with my family, we often go to a Japanese restaurant.と言っている。

3 「エマは母親に何を買うことに決めましたか」という質問。放送文で，My father said that a book

about Japanese cooking would be a nice present for her. I also thought so and decided to buy it(＝a book about Japanese cooking).と言っている。

4 「エマと彼女の兄〔弟〕はいつ買い物に行くでしょうか」という質問。放送文で，I will go to a bookstore with my brother to get it this weekend.と言っている。

☆一言アドバイス☆

(1)4のように，簡単な計算が必要な問題が出題されることがある。How many ～?, What time ～?, How long ～?などで問われることが多い。

〔2〕 (1) リョウタはハリス先生に「どうやって人々を助けるつもりですか」とたずねられている。A の次に続く部分を参照。「(だから) 先生から助言をいただきたいのです」と言っているので，リョウタは人助けの方法がよくわかっていないと考えられる。エの「どうしたらいいかわからない」が適切となる。〈what＋to＋動詞の原形〉で「何を～したらよいか」という意味を表す。

(2)B andの前にある現在完了形のhave collectedより，(B)もhaveに続く部分と考え，過去分詞を選ぶ。sendは不規則動詞で，過去分詞はsent。

F 〈make＋目的語＋形容詞〉の形で「～を…（の状態）にする」という意味を表す。目的語がagriculture，形容詞がgoodの比較級のbetterとなっている。〈主語＋動詞＋目的語＋補語〉の文型。

(3) 「そう願いますが，彼らに技術を教えることについて考えることのほうがよいのです」 下線部分Cの理由は，次のリョウタのWhy?に対するハリス先生の応答に示されている。

(4)D 並べ替える語の中にfamous, most, theがあることから，形容詞の最上級を使う文を考える。famousは前にmostをつけて最上級を作る形容詞。theはmostの前に置く。

H 並べ替える語の中に，needed, are, byがあることに着目する。be動詞areと過去分詞neededがあるので，受け身形〈be動詞＋過去分詞〉を作る。受け身形are neededのあとに行為者を示すby ～「～によって」を続ける。

(5) at first「最初は，はじめのうちは」

(6) afterを入れると自然な流れになる。

(7) ア：「ハリス先生はほかの国でボランティア活動を一度もしたことがありません」 ハリス先生はブータンで子どもたちに美術を教えるボランティア活動をした。イ：「ハリス先生は，リョウタは人々の問題と彼らに必要なものを知るだけでよいと思っています」 そのほかに，技術を教えることについて考えるほうがよいと思っている。ウ：「リョウタはハリス先生がリョウタに西岡京治氏について話す前には彼のことを知りませんでした」 リョウタの7番目の発言より，西岡京治氏について知らなかったことがわかるので，本文内容に一致。エ：「西岡京治氏はブータンから日本へ米と野菜を持ち込みました」 そのようなことは述べられていない。オ：「西岡京治氏が道具と水路を作ったけれど，ブータンの人々はそれらを維持管理することができませんでした」 低コストで容易に維持管理することができた。

〈全訳〉

リョウタは中学生です。ハリス先生はリョウタの学校のALTです。リョウタは放課後，ハリス先生に話しかけます。

リョウタ（以下R）：ハリス先生，先生は日本に来る前にボランティアとしてほかの国で子どもたちに教えていたのですよね？

ハリス先生（以下先）：はい。私はブータンの学校で子どもたちに美術を教えていました。私にとって本当によい体験でした。君は海外で教えることに興味があるのですか？

R：ぼくは発展途上国の人々を助けることに興味があります。

先：すばらしい！ どうやって人々を助けるつもりですか？

R：どうしたらいいかわからないので，先生から助言をいただきたいのです。

先：わかりました。大切なことは人々の問題と彼らにとって必要なものを知ることだと思いますよ。

R：彼らにとって必要なもの…。ぼくは未使用品を集めてそれらを発展途上国に送ってきましたが，そこの人々は本当にそれらのものを必要としているのでしょうか？

先：そう願いますが，彼らに技術を教えることについて考えることのほうがよいのです。

R：なぜでしょうか？

先：発展途上国の人々が技術を学べば，自分たちの力で生活を成り立たせてその技術を子どもたちに教えることができるのです。

R：それなら，彼らはよりよい生活ができますね！

先：その通り。ああ，今ちょうど，よい例を思い出しましたよ。ブータンに滞在していたとき，私はよく西岡京治氏について聞きました。

R：西岡京治氏？ 彼はだれですか？

先：彼はブータンで最も有名な日本人です。彼は1964年にはじめてブータンを訪れて，そこの人々に農業を教え始めました。最初は，そこでの農業は違っていたので，彼らは彼を信じませんでした。しかし彼は農業をよりよくするために一生懸命に頑張って，彼らは彼の言うことを聞き始めました。彼はそこで28年間教え続けました。

R：それはとても長い期間ですね！ 彼は28年後に日本に帰ったのですか？

先：いいえ…。彼は1992年にブータンで亡くなりましたが，ブータンの人々は以前よりも多くの米と野菜を得ることができています。西岡氏がそこの農業を変えたからですね。

R：そこの人々は西岡氏が亡くなったあとに農業を続けられましたか？

先：ええ。彼は道具と水路を作りました。そこの人々はそれらを低コストで容易に維持管理することができました。

R：ああ，それは大切な点ですね。

先：そう思います。一生懸命に勉強して多くのことを学んでください。多くの技術が発展途上国の人々によって必要とされています。君は何かを教えることができます。

R：ありがとうございます，ハリス先生。ぼくは今，何をしたらいいかわかり始めています。

先：どういたしまして，リョウタ。

☆一言アドバイス☆

会話表現や連語は記号選択問題で出題されることがあるので，重要なものを中心にまとめて覚えておこう。

〔3〕(1)〈whose＋名詞〉「だれの～」を文頭に置いて疑問文を続ける。

(2)「～を…と呼ぶ」は〈call＋目的語（人）＋名前，呼び方など〉の形を使って表す。〈主語＋動詞＋目的語＋補語〉の文型。目的語に代名詞がくる場合は目的格にする。過去の文なのでcallは過去形にする。

(3)「ずっと～している」と，過去のある時点で始まった状態が今も継続中であることを表す場合は，現在完了形〈have〔has〕＋動詞の過去分詞〉を使う。主語のsheに合わせてhasを使う。「７年間」はfor seven years。

☆一言アドバイス☆

基本的に，現在完了形の継続用法は状態の継続を，現在完了進行形は動作の継続を表す。

〔4〕(1)「彼は私に<u>仕事</u>をくれました」 a jobの内容は，次の文のIt wasのあとに続く部分に示されている。to askとto helpは名詞的用法の不定詞。

(2)「私は『<u>それは修理できない</u>』と思いました」 アサコがそのように思った理由は直前の文に示されている。

(3) 女の子のオルゴールが祖父からもらったものであることから考える。important「大切な」が適切。

(4) soの前の部分「私は<u>そのこと</u>について申し訳なく感じた」のthatは，直前の文の内容を指している。could not ～「～できなかった」

(5) does soは，直前の文中のlisten to ownersを受けている。

(6)① 「アサコはオカダおもちゃ病院で２年間ボランティア活動をしましたか」 本文５行目を参照。期間はfor a month「１か月間」である。

② 「アサコは最初の処置のあとにどのように感じましたか」 本文12～13行目を参照。

③ 「アサコは何をしたいと思っていますか」 本文最終文を参照。

(7) ア：「アサコのおもちゃが壊れたので，彼女はそれをオカダおもちゃ病院に持っていき，オカダさんといっしょにそれを修理しました」 アサコのおもちゃについては述べられていない。イ：「アサコははじめておもちゃを修理したとき，オカダさんの手伝いを受けました」 本文10～11行目の内容に一致する。ウ：「オカダさんが女の子のおもちゃを修理している間，アサコは女の子を励ましました」 女の子を励ましたのはオカダさんである。エ：「アサコはオルゴールのための部品をいくつか作りましたが，女の子は再びそれを聞くことはできませんでした」 部品を作ったのはオカダさんで，女の子は再びオルゴールの音色を聞くことができた。オ：「壊れたものを修理することにはたった１つの意味しかありません」 持ち主が再びおもちゃを使えることのほかに，持ち主とおもちゃが共有した時間について考えることも意味する。

〈全訳〉

あなたのおもちゃが壊れていたら，あなたは何をしますか。それを捨てて新しいものを買いますか。代わりに，あなたはそれをおもちゃ病院に持っていくことができます。おもちゃドクターはおもちゃ病院で壊れたおもちゃを修理します。ドクターがおもちゃを修理すれば，あなたは再びそれらで遊ぶことができます。

私は２年前におもちゃ病院についての新聞記事を読みました。それらについてもっと知るために，私は去年の夏に１か月間ボランティアとしてオカダおもちゃ病院で働きました。オカダさんはそこのおもちゃドクターです。彼は私に仕事をくれました。それはおもちゃの持ち主に彼らの問題について聞いて，オカダさんを手伝うことでした。仕事の間，彼はよく私に「ときにはおもちゃを修理することは難しい。でもおもちゃドクターは簡単にあきらめない」と言いました。

オカダさんは私に壊れたおもちゃのための新しい部品の作り方を教えてくれました。数日後，男の子がおもちゃを持って病院に来て，私はそれに最初の処置をしました。私はそのおもちゃのための部品をいくつか作り，オカダさんの助けを借りてそれを修理し終えました。処置はうまく行きました。男の子は私に「うれしいよ。ありがとう」と言いました。これを聞いたとき，私もうれしく感じました。しかし物事がうまく行かないこともありました。

ある日，女の子が壊れたおもちゃを持って私たちを訪ねてきました。それはオルゴールでした。その状態はよくありませんでした。私は「それは修理できない」と思いました。しかし私は彼女におもちゃの状態について聞いて，オカダさんは彼女の言うことを注意深く聞きました。彼は「ああ，これは君のおじいさんからもらったものだね。それなら君にとってとても大切だね。これの処置をするね」と言いました。私は「なぜ彼はいつもおもちゃの持ち主の話を聞くのだろうか」と思いました。彼は注意深くおもちゃを見て，それをどのように修理するかを説明し，それのための新しい部品をいくつか作り始めました。オルゴールを修理している間に，彼は彼女にそれがよくなっていることを示しました。彼は彼女を励まし続け，女の子は彼を見続けました。ついに彼女は「音が鳴っているわ！ とてもうれしい！」と言いました。女の子はにっこりと笑い，オカダさんも彼女ににっこりと笑い返しました。彼らのうれしい顔はすてきでした。しかし，私はオカダさんのそばに立っていただけで，女の子を助けることができませんでした。私はそのことについて申し訳なく感じたので，女の子にことばをかけませんでした。

仕事のあと，オカダさんは私に言いました。「大丈夫かい？ そんなにがっかりしてはいけないよ，アサコ。君の最初の処置のあとの気持ちを思い出して。私たちはあまりに簡単にあきらめるべきではない。おもちゃドクターがあきらめたら，持ち主は彼らのおもちゃにさよならを言わなければならないんだよ」 彼は私を励ましました。そしてそのとき私は私の疑問に対する答えを見つけました。

オカダおもちゃ病院での体験は私に壊れたものを修理することの別の意味を教えてくれました。おもちゃドクターが何かを修理すると，持ち主はそれを再び使うことができます。これは壊れたものを修理することの１つの意味です。また，持ち主は自分の壊れたおもちゃと時間を共有してきました。何かを修理することは，その時間について考えることを意味します。そうするために，私たちは持ち主の言うことを聞くべきなのです。私は，オカダさんはいつもそうしているとわかっています。

私にとってよい経験だったと思います。私はあまりに簡単にあきらめるべきではないと覚えておきたいです。

☆一言アドバイス☆

英語の質問に英語で答える問題…疑問詞で始まる質問が多いので，答え方のパターンを覚えておこう。

〈放送文〉

(1)1 You go to this room when you wash your body. You can use hot water there.
Question : What is this?

2 Emily is a junior high school student. There will be a festival in the park. Emily will meet Mary at the station and they will walk from there to the park to see the festival.
Question : Where will Emily meet Mary?

3 Jane visited her uncle's house five days ago. The next day, she climbed the mountain with him. She took some pictures there. Yesterday, she came back home.
Question : When did Jane visit her uncle?

4 Yuka usually plays the guitar for one hour every day. Tomorrow is her friend Ken's birthday. She wants to play the guitar for him. So, today, she played it for two hours in the morning and for one hour in the afternoon.
Question : How long did Yuka play the guitar today?

(2)1A : Hi, Kenji. You didn't come to school yesterday.
B : I was sick. I went to the doctor. But I'm all right today.
A : Good. Let's go to the class.
Question : Is Kenji sick today?

2A : Mother, this history homework is difficult. I have to study about our town.
B : Ask your grandfather, Fred. He knows a lot about our town.
A : But he is reading a book in the library now. I'll study about it on the Internet in my room.
B : OK. Finish it before dinner.
Question : What will Fred do next?

3A : Tom, can you play tennis with me after school today?
B : Sorry, Ann. I'm very busy today. I have to go home soon after school.
A : Why?
B : I have to make dinner for my family because my mother will not be at home this evening.
Question : Why is Tom very busy today?

4A : Ben, we should not be late for the movie. It'll start at 11:00.
B : What time will the next bus leave, Mariko?
A : It's 10:10 now. The next bus is at 10:15. But how about taking the bus at 10:25? I want to get some water at that store.
B : No. It takes forty minutes from here to the movie theater.
A : That's right. I'll buy water there.
Question : Which bus will they take?

(3) I came to Japan with my family six months ago. I've been here since then. Now I'm looking for something for my mother's birthday. She likes Japanese food. So, when I go out with my family, we often go to a Japanese restaurant. She enjoys eating Japanese food there. My mother wants to learn how to cook Japanese food. My father said that a book about Japanese cooking would be a nice present for her. I also thought so and decided to buy it. I will go to a bookstore with my brother to get it this weekend. I hope she will like it.

Question 1 How long has Emma been in Japan?
2 Where does Emma often go when she goes out with her family?
3 What did Emma decide to buy for her mother?
4 When will Emma and her brother go shopping?

第４回新潟県統一模試

社　会

解答

〔１〕 (1)　ウ　　(2)　ウ

(3)(正答例)　(ラパスは,)標高の高いアンデス山脈の高地〔高原〕に位置しているから。〔アンデス山脈の標高4,000mを超える高地〔高原〕に位置しているから。〕

(4)　遊牧　　(5)①　A　②　エ

配点　(1)2点　(2)3点　(3)4点　(4)3点　(5)①3点　②2点　　小計17点

〔２〕 (1)①　食料自給率　②　イ　　(2)①　太平洋ベルト　②　イ　　(3)①A　ウ, B　イ, C　ア　②　ＩＣＴ

配点　(1)①3点　②3点　(2)①2点　②3点　(3)①2点　②3点　　小計16点

※(3)①は全部正解で2点。

〔３〕 (1)　ア　　(2)　やませ

(3)①　右の図

②(正答例)　周辺の県から多くの通勤・通学者が流入するため，昼間人口が夜間人口よりも多い。

(4)①　北東　②　エ

配点　(1)2点　(2)3点　(3)①3点　②4点　(4)①3点　②2点　　小計17点

〔４〕 (1)X　ウ，Y　ア，Z　イ

(2)(正答例)　成人男性には重い税，労役，兵役が課されていたから。

(3)　イ　　(4)　浄土　　(5)　エ　　(6)　書院造

配点　(1)2点　(2)4点　(3)2点　(4)3点　(5)2点　(6)3点　　小計16点

※(1)は全部正解で2点。

〔５〕 (1)　ア　　(2)　城　　(3)　出島　　(4)①　ア　②　イ　　(5)　ウ→ア→イ　　(6)　ウ

(7)(正答例)　アヘン戦争で清がイギリスに敗れた

配点　(1)2点　(2)2点　(3)2点　(4)3点　(5)2点　(6)2点　(7)4点　　小計17点

※(4)は両方正解で3点，(5)は全部正解で2点。

〔６〕 (1)　富国強兵　　(2)　天皇

(3)(正答例)　閣僚の大部分が，衆議院の第一党である立憲政友会の党員であったから。

(4)　(満)25(歳以上)　　(5)　エ　　(6)　イ　　(7)　農地改革

配点　(1)2点　(2)2点　(3)4点　(4)2点　(5)2点　(6)2点　(7)3点　　小計17点

解説

〔１〕 (1)　ガーナは，アフリカ大陸中西部のギニア湾岸に位置する国。アは南アメリカ大陸，イはユーラシア大陸，エは北アメリカ大陸に位置する国である。

(2)　X…東経135度の経線を標準時子午線とする日本は東半球，西経150度の経線を標準時子午線とするホノルルは西半球に位置しているため，標準時子午線の経度差は135＋150＝285(度)となる。経度15度ごとに1時間の時差が生じるので，日本とホノルルの時差は285÷15＝19(時間)。Y…日本が1月2日午後7時のとき，ホノルルはその19時間前の1月2日午前0時。飛行機が到着したのはその7時間後の1月2日午前7時である。

(3)　ケアンズとラパスは，どちらも低緯度に位置する。標高の低い平地に位置するケアンズは熱帯に属し，1年を通して気温が高いが，アンデス山脈の標高4,000mを超える高地に位置するラパスは高山気候に属し，1年を通して気温が低い。

(4)　写真に示されているのは，木でつくった骨組みの上に羊毛のフェルトをかぶせ，そのまわりを木綿の布でおおったテント式住居で，モンゴルではゲルとよばれる。このような住居は，移動しながら牧畜を営む遊牧民の生活に適している。

(5)①　面積は，人口÷人口密度で求めることができる。表の数値を使って計算すると，Aは約8,640(千km^2)，Bは約1,104(千km^2)，Cは約1,949(千km^2)，Dは約358(千km^2)となる。

②　一人当たりの国民総所得が最も高く，輸出額上位2品目がいずれも鉱産資源であるAはウ(オーストラリア)。一人当たりの国民総所得が高く，輸出額上位2品目がいずれも工業製品であるDはア(ドイツ)。輸出額上位2品目がいずれも農産物であるBはイ(エチオピア)。残ったCはエ(メキシコ)。

☆一言アドバイス☆
時差の計算方法を理解し，日本と主な国との日時の違いを調べてみよう。

〔2〕 (1)①② 表中のア～オのそれぞれの食料自給率(%)は，国内生産量÷国内消費仕向量×100で計算することができる。アは約29%，イは約８%，ウは約80%，エは約38%，オは約53%となる。

(2)① 関東地方南部から東海，近畿地方中央部，山陽を経て九州地方北部へと連なる帯状の地域を太平洋ベルトという。この地域には京浜，中京，阪神の三大工業地帯のほか，京葉，東海，瀬戸内，北九州の各工業地域がある。また，多くの政令指定都市と東京23区が含まれ，全国の人口・産業・経済活動の大部分が集中している。

② X…棒グラフを見ると，2008年よりも前は国内生産台数が海外生産台数を上回っていたが，2008年以降は逆転している。Y…折れ線グラフを見ると，国内生産台数に占める輸出台数の割合は，2008年までは上がり続けていたが，2008年より後は下がり続けている。

(3)① 一般に，先進国は第三次産業(商業・サービス業・金融業・情報通信業など)の人口の割合がきわめて大きい。また，発展途上国は第一次産業(農林水産業)の割合が第二次産業(製造業・鉱業・建設業など)を上回っている場合がある。

② ＩＣＴは情報通信技術(Information and Communication Technology)の略称。ＩＴ(Information Technology)とほぼ同じ意味であるが，コンピューター関連の技術をＩＴ，コンピューター技術の活用に着目する場合をＩＣＴとして区別することもある。

☆一言アドバイス☆
日本企業の海外進出の状況を調べて，進出先や進出の背景についても考えてみよう。

〔3〕 (1) 群馬県と新潟県の県境付近の越後山脈を源流とする利根川は，信濃川に次ぐ長さの川で，上流には多くのダムが建設され，首都圏の水源・電源となっている。

(2) やませは，夏に寒流の親潮(千島海流)の上を通って東北地方の太平洋側に吹きこむ冷たい北東風。やませが長期間吹くと，冷害が起こりやすくなる。

(3)① 残りの３都県とは，栃木県，埼玉県，東京都である。夜間人口100人に対する昼間人口は，昼間人口÷夜間人口×100で計算され，栃木県は99.0…(人)なので▤，埼玉県は87.6…(人)なので▒，東京都は119.2…(人)なので▦となる。

② 日本の経済・文化・情報の中心である東京都には，企業の本店・支店や大学などの教育機関が集中しているため，周辺の県から通勤・通学者が流入することによって昼間人口が夜間人口を上回る。逆に東京都周辺の県の多くは，昼間人口が夜間人口を下回る。

(4)① 地形図を見ると，左(西)に比べて右(東)は標高が低くなっている。したがって，川は，地点Ⓐでは右上(北東)の方に流れていると判断できる。

② 地形図中の円内に，高等学校を表す⊗，市役所を表す◎，図書館を表す🕮はみられないが，老人ホームを表す⌂はみられる。

☆一言アドバイス☆
三大都市圏の各都府県における昼間人口と夜間人口を調べて，各大都市圏の共通点を見つけよう。

〔4〕 (1) ７世紀の初めに聖徳太子(厩戸皇子)が定めた十七条の憲法は，和を重んじること，仏教を大切にすること，天皇の命令に従うことなど，仏教や儒教の考え方を取り入れて，役人の心構えを示した決まりである。

(2) 律令制度のもとで，人々にはさまざまな税・労役・兵役が課されており，特に17歳以上の男性に課された調や，21歳以上の男性に課された庸は都に運んで納める税で，重い負担となった。また，雑徭などの労役や，防人などを含む兵役もあり，それらの負担に耐えられない男性は，女性といつわって戸籍に登録したり(偽籍)，逃げ出したりした。

(3) 唐の僧鑑真は，日本への渡航を試みて何度も遭難し，753年に来日を果たしたときには失明していたが，戒律を伝えたり，唐招提寺を建てたりして，日本の仏教の発展に尽くした。

(4) 10世紀以降，阿弥陀仏にすがって死後に極楽浄土へ生まれ変わることを願う信仰が広まった。この浄土信仰は貴族や庶民の間に広がり，12世紀前半には，平泉(岩手県)を拠点とする奥州藤原氏も，浄土信仰を反映した中尊寺金色堂を建てた。

(5) 足利義政は室町幕府の第８代将軍であり，そのあとつぎ問題をめぐる有力な守護大名どうしの対立をきっかけに応仁の乱が始まり，11年もの間続いた。なお，アとウは足利義満，イは足利尊氏に当てはまる。

(6) 書院造は，室内に畳を敷き，床の間やちがい棚などを設け，ふすまや障子で部屋を分ける建築様式で，現代の和風建築のもとになった。

☆一言アドバイス☆
律令国家における税・労役・兵役のしくみを理解し，民衆の生活への影響を調べてみよう。

〔5〕(1) 織田信長は，キリスト教を保護する一方，仏教勢力に対しては，比叡山延暦寺を焼き討ちにするなど厳しい態度を示した。しかし，1582年に家臣の明智光秀に本能寺(京都府)で攻められて自害し，全国統一事業は光秀を倒した豊臣秀吉に受け継がれた。

(2) 武家諸法度は大名を統制するための法であり，築城や大名家どうしの結婚に制限を設けて，諸国の大名が力をつけることを抑えた。

(3) 出島は，ポルトガル商人を留め置くためにつくられたが，ポルトガル船の来航が禁止され，ヨーロッパの貿易相手国がオランダのみになると，平戸(長崎県)にあったオランダ商館がここに移された。

(4) 幕府の財政が悪化すると，江戸幕府の第５代将軍徳川綱吉は，貨幣の質を落として大量に発行し，幕府の収入を増やそうとした。しかし，その結果，物価が上昇し，人々の生活は苦しくなった。

(5) ウ(18世紀前半)→ア(18世紀後半)→イ(19世紀前半)の順となる。ウの目安箱を設置したのは，享保の改革を行った徳川吉宗である。

(6) 1837年，アメリカの商船モリソン号が日本の漂流民を送り届け，通商を要求すると，幕府の命令で砲撃が行われた。蘭学者の渡辺崋山や高野長英は幕府を批判する書物を著したため，厳しく処罰された。

(7) 1840年，清とイギリスの間にアヘン戦争が始まり，強い軍事力をもつイギリスが勝利して，清を開国させた。これを知った水野忠邦は，異国船打払令を廃止した。

☆一言アドバイス☆
18世紀後半～19世紀前半にかけての外国船の接近に対する，江戸幕府の対策をまとめておこう。

〔6〕(1) 「富国強兵」は，明治政府がかかげたスローガンであり，殖産興業(近代産業の育成)によって国力をつけ，学制・兵制(徴兵令)・税制(地租改正)の三大改革によって近代化の基礎をつくることをめざしたものである。

(2) 大日本帝国憲法は，天皇が国民に与えるという形で発布され，天皇が国の元首として統治することが定められていた。また，天皇には，帝国議会の召集や衆議院の解散，陸海軍の指揮，条約の締結や戦争の開始・終了などの強い権限が与えられていた。

(3) 1918年，米騒動により退陣した寺内正毅内閣に代わって，立憲政友会総裁の原敬が組織した内閣は，陸軍・海軍・外務の３大臣以外はすべて，衆議院第一党の立憲政友会の党員で構成されていた。

(4) 納税額によって選挙権が制限されていたが，1925年に制定された普通選挙法により，満25歳以上のすべての男子に選挙権が与えられた。

(5) 1936年２月26日，陸軍の青年将校が大臣などを殺傷し，東京の中心部を占拠した。この二・二六事件は，軍部によってしずめられ，これ以後，軍部は政治に対する発言力をますます強めていった。

(6) X(1938年)→Z(1940年)→Y(1943年)の順となる。1937年に始まった日中戦争の長期化が避けられなくなると，政府は国家総動員法を制定し，その後，すべての政党が解散して大政翼賛会に合流するなど，戦時体制が強化された。また，太平洋戦争では，文科系の大学生を軍隊に召集する学徒出陣が行われた。

(7) 農村における地主と小作人の関係を解体するため，政府は地主から強制的に小作地を買い上げ，小作人に安く売り渡した。この農地改革によって，多くの自作農が生まれた。

☆一言アドバイス☆
大正時代の政党内閣の成立以後，政党政治がどのような変遷をたどったか，確認しておこう。

第４回新潟県統一模試

理　科

解答

〔１〕 (1) 音源(発音体)　(2) ウ　(3) 340(m/s)　(4) 0.41(秒)

配点 (1)3点 (2)3点 (3)3点 (4)3点　小計12点

〔２〕 (1) イ　(2) エ　(3)(正答例) 二酸化炭素が水に溶けたから。

(4) ア　(5) ア

配点 (1)2点 (2)2点 (3)4点 (4)2点 (5)2点　小計12点

〔３〕 (1) 外とう膜(まく)　(2) ウ　(3) 外骨格

(4)(正答例) からだが頭部，胸部，腹部に分かれておらず，あしが4対あるから。

配点 (1)3点 (2)3点 (3)3点 (4)4点　小計13点

〔４〕 (1)(正答例) 火山の噴火(ふんか)があった。　(2)(正答例) あたたかく浅い海であった。　(3) ウ

(4) エ　(5) イ

配点 (1)3点 (2)4点 (3)2点 (4)2点 (5)2点　小計13点

〔５〕 (1) 静電気　(2) エ　(3) エ　(4) 放電

配点 (1)3点 (2)3点 (3)3点 (4)3点　小計12点

〔６〕 (1) ウ　(2) ア，ウ(完答)　(3) イ

(4)(正答例) 2種類以上の元素〔原子〕からできている物質。

配点 (1)2点 (2)3点 (3)3点 (4)4点　小計12点

〔７〕 (1) 横隔膜(おうかくまく)　(2) ア　(3) 肺胞　(4)(正答例) 空気と触れる表面積が大きくなるから。

配点 (1)3点 (2)2点 (3)3点 (4)4点　小計12点

〔８〕 (1) 晴れ　(2) ウ　(3) エ　(4) 16.5(℃)

(5)(正答例) 気温が上がると飽和(ほうわ)水蒸気量が大きくなるから。

配点 (1)3点 (2)2点 (3)2点 (4)3点 (5)4点　小計14点

解説

〔１〕 (1) 音を出している物体を音源または発音体という。

(2) 音は空気中や液体中，固体中を波として伝わる。

(3) 音が伝わる時間の平均は(0.57＋0.61＋0.62)÷３＝0.60秒である。よって，音の伝わる速さは204÷0.60＝340〔m/s〕

(4) 音は校舎で反射して聞こえるから，音が伝わった距離(きょり)は140mである。よって，音が伝わる時間は，140÷340＝0.411…　よって，0.41〔s〕

> ☆一言アドバイス☆
> 音の伝わる速さ〔m/s〕＝音の伝わった距離〔m〕÷音が伝わる時間〔s〕

〔２〕 (1) 気体Aをふきこんでつくったシャボン玉が上昇したことから，気体Aの密度は空気の密度よりも小さいと考えられる。

(2) 酸素，窒素(ちっそ)，二酸化炭素，水素のうち，空気より密度が小さいのは窒素と水素であるが，気体Dは実験３より窒素であることがわかる。よって気体Aは水素である。

(3) 二酸化炭素が水に溶けることで気体の体積が減り，ペットボトルがへこむ。

(4) 気体Cに火のついた線香を入れると，線香が炎(ほのお)を出して激しく燃えたため，気体Cは酸素である。酸素は二酸化マンガンにオキシドールを加えると発生する。

(5) 気体Dは窒素である。窒素は空気中に最も多く存在する気体である。

> ☆一言アドバイス☆
> 酸素→ものが燃えるのを助けるはたらきがあり，酸素自体は燃えない。二酸化マンガンにオキシドール(うすい過酸化水素水)を加えることで発生させることができる。
> 水素→水素自体が燃える。アルミニウムなどの金属と塩酸の反応により発生させることができる。
> 二酸化炭素→石灰水を白くにごらせる。石灰石と塩酸の反応により発生させることができる。
> 窒素→燃えたり，他の物質と反応しない安定した気体。水に溶けにくく，空気より少し軽い。

〔3〕(1) 二枚貝(アサリ)やイカなどの軟体動物の内臓をおおう膜を外とう膜という。

(2) ミジンコは節足動物の甲殻類，マイマイは軟体動物，ヒトデやクラゲは節足動物や軟体動物とは異なる無脊椎動物である。

(3) 節足動物のからだの外側をおおう殻を外骨格という。

(4) 昆虫類は，からだが頭部，胸部，腹部の3つに分かれ，胸部に3対のあしをもつなどの特徴がある。

☆一言アドバイス☆

節足動物→無脊椎動物のうち，からだやあしに節があり，外骨格をもつ動物のなかま。

軟体動物→無脊椎動物のうち，外とう膜をもつ動物のなかま。

〔4〕(1) 凝灰岩は火山の噴火によって噴出した火山灰が堆積してできた堆積岩である。凝灰岩が見つかった場合，過去に火山の噴火があったことがわかる。

(2) サンゴの化石は，その地層が堆積した当時の環境があたたかく浅い海であったことを示す示相化石である。

(3) 示準化石としては，短い期間に，広い範囲で栄えた生物が適している。

(4) 各地点で凝灰岩の層が見られる標高を考えると，地点Aではおよそ380－60＝320〔m〕，同様に，地点Bでおよそ320m，地点Cでおよそ330mである。このことから，東西に傾きはなく，北に低くなるように傾いていることがわかる。

(5) 地点Dでは凝灰岩の層が標高330mの地点で見られるため，地表から360－330＝30〔m〕の深さに凝灰岩の層があると考えられる。

☆一言アドバイス☆

凝灰岩の層は，火山灰が堆積してできた地層である。このことから，凝灰岩の層は，離れた場所の地層の広がりを考えるのに役立つ。

示準化石→地層が堆積した年代を推定することができる化石。

示相化石→地層が堆積した当時の環境を推定することができる化石。

〔5〕(1) 異なる種類の物質を，たがいに摩擦するときに発生する電気を静電気という。

(2) 同じ種類の電気を帯びているものどうしは反発し合う。

(3) 小球aを摩擦した布は，小球aとは異なる種類の電気を帯びている。小球aと異なる種類の電気を帯びているのは小球b，cである。

(4) 物体にたまっていた電気が流れ出す現象や，電気が空間を移動する現象を放電という。

☆一言アドバイス☆

異なる種類の物質をたがいに摩擦すると，－の電気を帯びた粒が移動する。同じ種類の電気を帯びた物体どうしは反発し合い，異なる種類の電気を帯びた物体どうしは引きつけ合う。

〔6〕(1) 原子はそれ以上分割することができず，化学変化によってなくなったり，新しくできたりしない。また，原子の種類によって大きさや質量が決まっている。

(2) 複数の純粋な物質が混ざってできている物質を混合物という。

(3) 鉄などの金属は単体で分子のまとまりがない物質である。

(4) 2種類以上の元素〔原子〕からできている物質を化合物という。

☆一言アドバイス☆

純粋な物質(純物質)→1種類の物質でできている。さらに単体と化合物に分けられる。

混合物→いくつかの物質が混じり合ってできている。

〔7〕(1) ヒトのからだに対して，ガラス管は気管，ゴム風船は肺，ゴム膜は横隔膜に対応している。

(2) ゴム膜を引くと，ペットボトルとゴム膜で囲まれた空間の容積が大きくなるため，ゴム風船の外側にかかる圧力が小さくなる。これによってゴム風船がふくらむ。

(3)(4) 気管支の先端は肺胞になっており，肺胞によって空気と触れる表面積が大きくなることで，酸素と二酸化炭素の交換が効率よく行われる。

☆一言アドバイス☆

ヒトが呼吸を行うとき，横隔膜やろっ骨の間にある筋肉の運動によって，胸の空間が広がったりせばまったりすることで，息を吸ったりはいたりしている。

〔8〕 (1) 日本では雲量は0 ～ 10までの11段階に分けられている。雲量が0～1なら「快晴」，雲量が2～8は「晴れ」，雲量が9～10は「曇り」となる。

(2) 風向は風のふいてくる方向である。

(3) 乾湿計は地上から約1.5mの高さで，風通しのよい日かげに設置する。

(4) 図3からこのときの乾球の示度は23.0℃，湿度が48％であることから，乾球と湿球の示度の差を表から読み取ると6.5℃となる。よって，湿球の示度は23.0－6.5＝16.5〔℃〕

(5) 飽和水蒸気量は温度の上昇とともに大きくなる。このとき，空気中の水蒸気量はほとんど変わらないから，湿度は温度の上昇とともに低くなる。

☆一言アドバイス☆

乾湿計は乾球温度計と湿球温度計からなる。乾球温度計では気温を測定でき，乾球温度計と湿球温度計の示度の差から湿度表を使って湿度を求めることができる。

第５回新潟県統一模試

国　語

解答

〔一〕 (一) 1　さ(し)　2　どんてん　3　よい　4　しんちょく　5　いっぴん
(二) 1　引率　2　供(えた)　3　図(る)　4　快(い)　5　屈折
配点　(一)(二)2点×10　小計20点

〔二〕 (一)　ア　(二)　エ　(三)　ア　(四)　ウ　(五)　イ
配点　(一)～(五)　3点×5　小計15点

〔三〕 (一)①　いうかいなくぞ　②　イ
(二)　小松
(三)(正答例)　亡くなった子を思い出して悲しんでいる時に，同じ船に乗っていた人たちの子どもたちが集まってはしゃいでいるのを目にしたから。
(四)　ウ
(五)　aウ　bア　cイ　dエ
配点　(一)①2点　②4点　(二)4点　(三)8点　(四)4点　(五)2点×4　小計30点

〔四〕 (一)　ウ
(二)　ア
(三)(正答例)　母親の母語によって密接なコミュニケーションをとることが大切である。
(四)　ウ
(五)(正答例)　「英語のサクラ」は豊満な枝振りを感じさせる語感だが，実際に見ている風景は風に散る花びらだから。
(六)(正答例)　母語形成は外界認識とコミュニケーションの基礎となる。語感はものの見方やことの捉え方にも影響していることから，子どもは母語で育てられることで語感と母親の意識を通して感性のモデルを作り上げていく。
配点　(一)3点　(二)3点　(三)6点　(四)4点　(五)7点　(六)12点　小計35点

解説

〔一〕 (一)(二)　略。

☆一言アドバイス☆
漢字の書きは，とめ・はね・はらいまで，はっきりと丁寧に書くこと。うろ覚えではきちんとした解答を作れないので，練習は手を抜かずに，丁寧に書くことを心がけよう。

〔二〕 (一)　語句（多義語）の意味を識別する問題。例文は「力を尽くす」「すべて出し切る」という意味。アは例文と同じ。イは「検挙する」「（犯人を）捕らえる」という意味。ウは「有名になる」という意味。エは「示す」という意味。

(二)　熟語の構成の型を識別する問題。例文「期限」は上の漢字が下の漢字を修飾している。(期間の限界)ア「受信」は上の漢字の動作の意味を下の漢字が補足している。(信号を受けとる)イ「非常」は上の漢字が下の漢字の意味を打ち消している。(常に非(あら)ず≒常にあることではない)ウ「決心」はアと同じ。(心を決める)エ「原油」は例文と同じ。(原≒もとになる＋油)

(三)　品詞の識別問題。例文「はるばる」は「やってきた」を修飾する副詞。ア「なぜ」は「～のだろう」という疑問の意味を表す言葉につながる副詞。(陳述(ちんじゅつ)の副詞)イ「たいした」は「事件」を修飾する連体詞。ウ「きれいな」は終止形が「きれいだ」となる形容動詞。エ「あらゆる」は「可能性」を修飾する連体詞。

(四)　動詞の活用形を識別する問題。例文「泳ぎ」は五段活用動詞「泳ぐ」の連用形。ア「起きれ」は上一段活用動詞「起きる」の仮定形。イ「捨てる」は下一段活用動詞「捨てる」の連体形。ウ「書い」は五段活用動詞「書く」の連用形。(音便化)エ「し」はサ行変格活用動詞「する」の未然形。

☆一言アドバイス☆
動詞の活用形は「未然形・連用形・終止形・連体形・仮定形・命令形」の六種類を指す。動詞の活用の種類は「五段活用・上一段活用・下一段活用・カ行変格活用・サ行変格活用」に分けられる。内容の違いに気を付けよう。

㈤　語句の意味に関する問題。「浮き足立つ」とは「不安で落ち着かなくなる」という意味であり，「浮き立つ」の持つ「楽しくて陽気になる」という意味と混同しやすい。「浮き足立つ」の正しい意味がよくわからない場合は，アヤカの最後の会話文をヒントに考えること。「浮く」のイメージで勘違いしやすい内容として空欄Bに当てはまる言葉を探していくと，エ（B「物事がはっきりと際立って見える」）は外れることがわかる。さらに，ウについて，Bを「見た目に弱々しくて頼りない」とした場合，Cに「浮き出る」という言葉は当てはまらない。残るアとイを見比べてみると，アのA「物事がはっきりと際立って見える」は「浮き足立つ」の意味には当てはまらない。したがって，イを選択できる。

第5回模試

〔三〕㈠①　ふ→う・ひ→い　に直す。すべてひらがなの指示に注意。

②　「いふかひなし」は「言ふ甲斐なし」と書き，直訳すると「言う価値もない」「言っても無駄（むだ）である」という意味であることから判断して，イを選択できる。

㈡　—— 線部分⑵の直前の内容に注目。池のほとりに生えていた松の半分はなくなっていたと読みとれることから，「今生ひたる」のは，新しく生えてきた松だと考えられる。新しい松を意味する言葉を探すと，この後の和歌に「小松のあるを（留守の間に育った小さな松があるのを）」が見つかる。したがって，「今生ひたる小松」と考えられる。

㈢　指示された内容の理由を説明する問題。

ポイント1　筆者はどんなことを悲しんでいたのか，書かれている部分を探す。→「この家にて生まれし女子の～いかがは悲しき」→女の子が一緒に帰って来られなかったのはなぜか。→亡くなってしまった（注釈参照）。

ポイント2　筆者の悲しみが，耐えられないものになったきっかけは何か，書かれている部分を探す。→「船人も，みな子たかりてののしる（同じ船に乗っていた人たちの子どもたちが寄り集まってはしゃいでいる）」

ポイント1・2の内容をまとめて，現代語で解答をつくること。文末の「～から。」を忘れずに。

㈣　筆者は何をして「なほ，飽かずやあらむ（これでは飽き足りなかった）」と思ったのか考えること。—— 線部分⑷の前に，先に一首歌を詠んでいるが，それは直前に書かれている「悲しきに堪へずして（悲しみに耐えられなくて）」が動機になっている。悲しみと歌が結びついていることから判断して，ウを選択できる。

㈤　筆者の気持ちが書かれている部分を探すこと。a→「京に入りたちてうれし」より，ウを選択。b→「家にあづけたりつる人の心も，荒れたるなりけり。」から，留守の間に家の管理を頼んだ人の管理の仕方に対する評価がうかがえる。したがって，アを選択。c→「五年六年のうちに，千歳や過ぎにけむ」より，任期中の五，六年を，まるで千年留守にしていたかのように，極端な表現をしていることから，イを選択。d→「この家にて生まれし女子の～いかがは悲しき」より，エを選択。

☆一言アドバイス☆

記述問題は，問題で要求されている内容が，文章のどの部分に書かれているか確実に探せるかどうかが得点のポイント。文章にチェックを入れてから解答を書き始めると，時間短縮もねらえる。もちろん，文のねじれや誤字脱字，解答の文末表現にも注意しよう。

〔四〕㈠　略。

㈡　空欄Bの直前の内容に注目。「これ，パパに渡して」と言われて，渡された新聞を父親のもとへ運ぶ正しい行動がとれるということから，自分は新聞を運ぶことを任されたという状況を理解したと考えられる。したがって，アを選択できる。

㈢　指示された内容を説明する問題。

ポイント1　【　】内の文章の要旨をとらえる。→生まれたばかりの長男に英語のＣＤやビデオを聞かせたり見せたりして，父母からあまり話しかけなかった結果，コミュニケーションがとれない（コミュニケーション不成立）赤ちゃんになってしまった。

ポイント2　ポイント1の内容から，筆者は，子どもに母語を身につけさせるにはどのようなことが大切と考えているか，うかがえる部分を探す。

赤ちゃんを英語（父母の母語ではないことば）で育てることについて→「母親（主たる保育者）の母語でない言語を，子どもの母語に採択する～覚悟と周囲のサポートが必要」→母親（主たる保育者）の母語で育てるべき赤ちゃんにあまり話しかけなかったことについて→「母語は，母親（主たる保育者）との密接なコミュニケーションによって形成されていくもの」→母親（主たる保育者）と密接にコミュニケーションをとるべき

ポイント2の内容をまとめて，解答をつくること。

㈣　—— 線部分(1)に書かれている「母語形成の道のりで」から，母語を身につけていく過程を意味していることがうかがえる。文章中では，赤ちゃんが母親（主たる保育者）を通して母語を身につけながら，「外界認識の基礎，コミュニケーションの基礎を作り上げる」と書かれている。「外界認識」「コミュニケーション」≒「社会性」と考えられることから，ウを選択できる。

㈤　指示された内容の理由を説明する問題。

ポイント1　聞いたことばの語感について説明している部分を探す。→聞いたことば＝Cherry blossoms→「Cherry blossomsの語感は，華やかで賑やかだ〜豊満な枝振りが，累々と重なるイメージである。」

ポイント2　目で見る情景について説明している部分を探す。→「娘は，母親の視線を追う」→母親が見ている情景→「母親の視線は，散る花びらを追っている。」

ポイント1・2の内容をまとめて解答をつくること。問題の指示にあるように「Cherry blossoms」は「英語のサクラ」と書き換えること。また文末の「〜から。」を忘れずに。

㈥　指示された内容を説明する問題。

ポイント1　母語形成の役割について説明している部分を探す。

Ⅰの文章から→「人生の最初の三年間〜母語と出会い…周囲の人々の反応とを結びつけていく。」「母語が形成されないと，外界を上手に認識できず，他者とコミュニケーションもとれない。」「母語を馬鹿にしてはいけない〜なぜなら…外界認識の基礎，コミュニケーションの基礎を作り上げることだからだ。」

Ⅱの文章から→「母語をけっして軽んじてはいけない。母語は，自らの意識とつながり，外界のすべてとつながっている。」

ポイント2　語感の働きについて説明している部分を探す。

Ⅱの文章から→「語感はまた，ものの見方や，ことの捉え方にも影響している。」→母語の語感と子育てについて説明している部分を探す。→「母親の母語でないことばで子どもを育てる〜ことばの語感と，母親の所作や情景がずれる…感性のモデル（仕組み）を作りそこねる。」→母語で子どもを育てると，母語の語感と母親の意識が一致するので，感性のモデルを作ることができる。

ポイント1・2の内容をまとめて，解答をつくること。その際，重複する内容はまとめること。

☆一言アドバイス☆

記述問題の字数は，制限字数の8割以上を書くことが要求される。ただし，字数オーバーすると，減点になったり，採点の対象外になったりするので注意すること。書き出しは1マス空けずに書き，句読点やかぎかっこなどは，1マス使って書くことを忘れないようにしよう。

第５回新潟県統一模試

数　学

解答

〔１〕 (1) 0　(2) $8a-3b$　(3) $9b$　(4) $\sqrt{7}$　(5)($x=$)$\frac{-3\pm\sqrt{57}}{4}$　(6)($y=$)4　(7)($\angle x=$)62(度)

(8) 8

配点　4点×8　小計32点

〔２〕 (1)($a=$)-5　(もう1つの解$x=$)-3　(2) $\frac{7}{18}$

(3)(証明)(正答例)

△ABDと△EFCにおいて,

仮定より,　∠ADB＝∠ECF　……①

∠BAD＝∠CAD　……②

四角形ADECは平行四辺形だから,

∠CAD＝∠FEC　……③

AD＝EC　……④

②, ③より,　∠BAD＝∠FEC　……⑤

①, ④, ⑤より, 1組の辺とその両端の角がそれぞれ等しいから,

△ABD≡△EFC

(4) 右の図

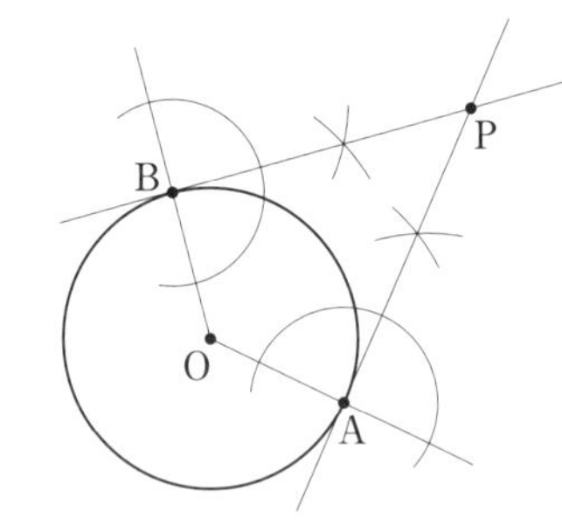

配点　(1)2点×2　(2)5点　(3)6点　(4)5点　小計20点

〔３〕 (1)(毎分)60(m)　(2)①($y=$)$150x$　②($y=$)$50x+800$

(3) 右の図　(4)($x=$)6, 14

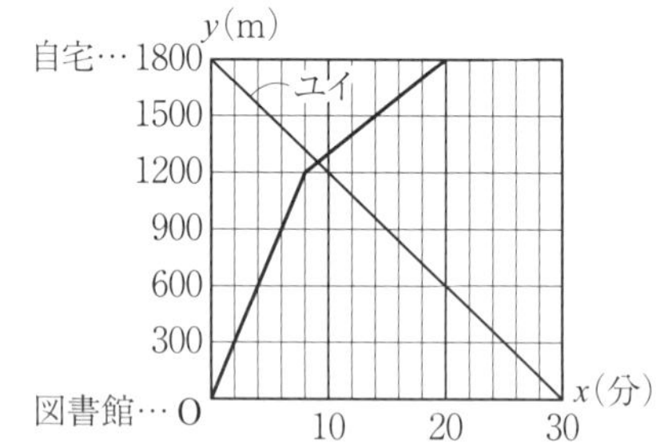

配点　(1)3点　(2)3点×2　(3)4点　(4)4点　小計17点

※(4)は順不同, 完答で4点

〔４〕 (1)① 4　② 3

(2)(証明)(正答例)

裏面がnであるカードの表面に書かれた数のうち,

最大の数は, $(n+1)^2-1=n^2+2n+1-1=n^2+2n$

最小の数は, n^2

したがって, 裏面がnであるカードの枚数は,

$(n^2+2n)-n^2+1=2n+1$(枚)と表される。

(3) 2024

配点　(1)3点×2　(2)6点　(3)4点　小計16点

〔５〕 (1) イ, エ, オ　(2) 510(cm²)　(3) $\frac{300}{13}$(cm)

配点　5点×3　小計15点

※(1)は順不同, 完答で5点

解説

〔１〕 (1) $1-8-(-7)=1-8+7=1+7-8=8-8=0$

(2) $2(9a-4b)-5(2a-b)=18a-8b-10a+5b=18a-10a-8b+5b=8a-3b$

(3) $(-3ab)^2\div a^2b=9a^2b^2\div a^2b=\frac{9a^2b^2}{a^2b}=9b$

(4) $\sqrt{63}-\frac{14}{\sqrt{7}}=\sqrt{3^2\times7}-\frac{14\times\sqrt{7}}{\sqrt{7}\times\sqrt{7}}=3\sqrt{7}-\frac{14\sqrt{7}}{7}=3\sqrt{7}-2\sqrt{7}=\sqrt{7}$

(5) 左辺を因数分解できないので, 解の公式を使って解く。

$2x^2+3x-6=0$より, $x=\frac{-3\pm\sqrt{3^2-4\times2\times(-6)}}{2\times2}=\frac{-3\pm\sqrt{9+48}}{4}=\frac{-3\pm\sqrt{57}}{4}$

(6) yはxに反比例するから, $y=\frac{a}{x}$に$x=2$, $y=-10$を代入すると, $-10=\frac{a}{2}$, $a=-20$　よって, $y=-\frac{20}{x}$に

$x=-5$を代入すると, $y=-\frac{20}{-5}=4$

(7)　右の図のように，補助線を引く。上側の三角形で，三角形の外角の性質より，$\angle a=127°-40°=87°$　また，下側の三角形で，同様に，$\angle x=87°-25°=62°$

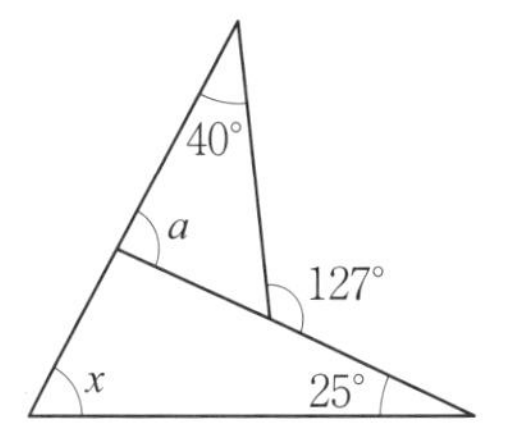

(8)　箱ひげ図から，第2四分位数と第3四分位数が120cm以上140cm未満の階級にふくまれることがわかる。データの数が30だから，データの値を小さい順に並べたとき，15番目と16番目の平均値が第2四分位数となり，23番目の値が第3四分位数となる。よって，15番目は120cmより短い場合があり，16番目は必ず120cmより長いから，少なくとも16番目から23番目までの値は，120cm以上140cm未満の階級にふくまれる。したがって，度数分布表の□に当てはまる数として考えられる最小の数は，$23-16+1=8$

☆一言アドバイス☆

・四分位数

データの値を小さい順に並べ，中央値を境に，前半部分と後半部分の2つに分けたとき，前半部分の中央値を第1四分位数，データ全体の中央値を第2四分位数，後半部分の中央値を第3四分位数といい，これらを合わせて，四分位数という。

〔**2**〕(1)〔求め方〕　$x^2+ax+3a-9=0$に$x=8$を代入すると，$8^2+8a+3a-9=0$，$11a=-55$，$a=-5$
$x^2+ax+3a-9=0$に$a=-5$を代入すると，$x^2-5x+3\times(-5)-9=0$，$x^2-5x-24=0$　左辺を因数分解して，$(x+3)(x-8)=0$　よって，もう1つの解は，$x=-3$

(2)〔求め方〕　右の表のように，目の出方は全部で36通りあり，このうち，bがaの約数になる場合は，○印をつけた14通り。よって，求める確率は，$\frac{14}{36}=\frac{7}{18}$

a＼b	1	2	3	4	5	6
1	○					
2	○	○				
3	○		○			
4	○	○		○		
5	○				○	
6	○	○	○			○

(3)　仮定より，∠ＢＡＤ＝<u>∠ＣＡＤ</u>　四角形ＡＤＥＣは平行四辺形だから，<u>∠ＣＡＤ</u>＝∠ＦＥＣ　これらのことから，∠ＢＡＤ＝∠ＦＥＣが言える。

(4)　点Ａを通る直線ＯＡの垂線と，点Ｂを通る直線ＯＢの垂線の交点をＰとする。

☆一言アドバイス☆

円の接線は，その接点を通る半径に垂直である。

〔**3**〕(1)　グラフから，ユイさんは，1800mの道のりを30分で歩いたことがわかる。よって，ユイさんが歩く速さは毎分，$1800\div30=60$(m)

(2)①　$0\leqq x\leqq8$のとき，ユイさんの兄は，図書館を出発し，自宅に向かって毎分150mの速さで進んだから，$y=150\times x=150x$

②　ユイさんの兄の自転車のタイヤがパンクした地点は，$y=150x$に$x=8$を代入して，$y=150\times8=1200$より，図書館から1200m離れた地点。そこから自宅までは，毎分50mの速さで進んだから，求める式は$y=50x+b$と表される。この式に$x=8$，$y=1200$を代入すると，$1200=50\times8+b$，$b=800$　したがって，$y=50x+800$　なお，$y=50x+800$に$x=20$を代入すると，$y=50\times20+800=1800$となる。

(3)　(2)より，原点，点(8，1200)，(20，1800)を順に結ぶ折れ線をかけばよい。

(4)〔求め方〕　ユイさんのグラフは，傾きが-60で切片が1800だから，その式は$y=-60x+1800$である。(3)で完成させた図より，ユイさんの方が兄より図書館から540m離れた地点にいるのは，$0\leqq x\leqq8$のときで，$-60x+1800=150x+540$，$-210x=-1260$，$x=6$　これは$0\leqq x\leqq8$を満たすから，適している。兄の方がユイさんより図書館から540m離れた地点にいるのは，$8\leqq x\leqq20$のときで，$50x+800=(-60x+1800)+540$，$110x=1540$，$x=14$　これは$8\leqq x\leqq20$を満たすから，適している。したがって，$x=6$，14

第5回模試

☆一言アドバイス☆

x軸を時間, y軸を道のりとするグラフにおいて, 直線の傾きは速さを表す。直線の傾きが正のときは, 基準とした地点(図書館)から遠ざかることを表し, 直線の傾きが負のときは, 基準とした地点に近づくことを表している。

第5回模試

〔4〕 (1)① 19の正の方の平方根は$\sqrt{19}$で, $4^2<19<5^2$より, $4<\sqrt{19}<5$だから, 表面が19であるカードの裏面に書かれた数は, 4

②〔求め方〕 $\sqrt{19}$の整数部分は4で小数部分がaだから, $\sqrt{19}=4+a$と表される。よって, $a=\sqrt{19}-4$ $a^2+8a=a(a+8)$に$a=\sqrt{19}-4$を代入すると, $(\sqrt{19}-4)(\sqrt{19}-4+8)=(\sqrt{19}-4)(\sqrt{19}+4)=(\sqrt{19})^2-4^2$ $=19-16=3$

(2) 裏面がnであるカードの表面に書かれた数のうち, 最小の数はn^2である。同様に, 裏面が$n+1$であるカードの表面に書かれた数のうち, 最小の数は$(n+1)^2$である。よって, 裏面がnであるカードの表面に書かれた数のうち, 最大の数は, $(n+1)^2-1=n^2+2n+1-1=n^2+2n$である。

(3)〔求め方〕 裏面がpであるカードの枚数は$(2p+1)$枚と表されるから, $2p+1=89$より, $p=44$ (2)より, 裏面がpであるカードの表面に書かれた数のうち, 最大の数は$(p+1)^2-1$と表されるから, この式に$p=44$を代入すると, $(44+1)^2-1=45^2-1=2025-1=2024$

☆一言アドバイス☆

「aからbまで」の自然数の個数は, $\underline{b-a+1}$で求められる。ただし, a, bは自然数で, $a<b$とする。

(考え方) 「1からbまで」の自然数の個数bから, 「1からaまで」の自然数の個数aをひいた差$b-a$は, 「$a+1$からbまで」の自然数の個数を表している。「aからbまで」の自然数の個数を表すためには, これに「a」の1個をたして, $\underline{b-a+1}$とすればよい。

〔5〕 (1) 直線ＢＣと平行でなく, 交わらない直線を選ぶ。

(2)〔求め方〕 底面積は, $\frac{1}{2}\times5\times12=30$(cm²) 側面積は, $15\times(5+12+13)=450$(cm²) よって, 表面積は, $30\times2+450=510$(cm²)

(3)〔求め方〕 右の図は, 三角柱の展開図の一部である。ＢＰ＋ＰＱ＋ＱＲの長さが最も短くなるのは, 展開図上で4点Ｂ, Ｐ, Ｑ, Ｒが一直線上にあり, ＢＲ⊥ＥＦとなるときである。右の図で, △ＢＥＦの面積は, $\frac{1}{2}\times$ＢＥ$\times$ＤＦ, $\frac{1}{2}\times$ＥＦ$\times$ＢＲの2通りの方法で求められる。よって,

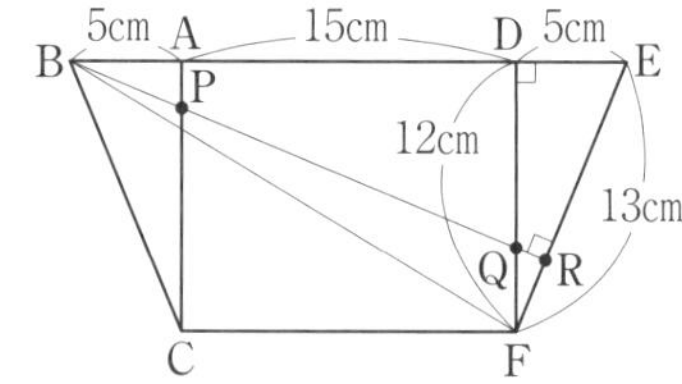

$\frac{1}{2}\times$ＢＥ$\times$ＤＦ$=\frac{1}{2}\times$ＥＦ$\times$ＢＲ, $\frac{1}{2}\times(5+15+5)\times12=\frac{1}{2}\times13\times$ＢＲ, ＢＲ$=\frac{300}{13}$ したがって, 求めるＢＰ＋ＰＱ＋ＱＲの長さは, $\frac{300}{13}$cm

☆一言アドバイス☆

(3)のように, 立体の表面上で線分の長さの和が最も短くなる場合を考える問題では, 展開図にそれらの線分を表して考える。線分の長さの和が最も短くなるとき, それらの線分は, 展開図上で折れ線ではなく, 1本の線分になる。

第５回新潟県統一模試

英　語

解答

〔１〕 (1)1　ウ　2　エ　3　ア　4　イ　　(2)1　ウ　2　エ　3　エ　4　イ

(3)1　No, it was not〔wasn't〕.　　2　They talked about their hobbies.

配点　3点×10　　小計30点

〔２〕 (1)　ア

(2)(解答例)　using SNSs is the most popular

(3)(解答例)　I often play games on the Internet.　It is a lot of fun.　I can make friends when I play games on the Internet.　But I should not play games for many hours.

配点　(1)3点　(2)3点　(3)6点　　小計12点

〔３〕 (1)　A　it is cool to study　D　so happy that I became

(2)　B　ウ　C　エ

(3)　(人々が)登場人物の気持ちを理解したいときに，三味線は助けになるから。

(4)　イ

(5)　インターネットを使えば，ジェイクは文化祭でいっしょに三味線を演奏できるということ。

(6)　ア，オ

配点　(1)3点×2　(2)2点×2　(3)4点　(4)3点　(5)4点　(6)3点×2(順不同)　　小計27点

〔４〕 (1)　エ　　(2)(解答例)　visit me with Rose

(3)　世界が世界中の人々のためによりよい場所になることを望んでいるから。

(4)　The company makes electricity from solar energy for electric cars and houses.

(5)①　No, she has not〔hasn't〕.

②　He met her〔Rose's〕 uncle.

③　It〔His dream〕 is to work to change the world's future (like Rose's uncle).

(6)(解答例)　I'm very happy to hear about Rose's uncle.　I think it will be very exciting to visit him.　I want to ask him about his spacecraft company.　I'm going to write about him for my homework.

配点　(1)4点　(2)4点　(3)3点　(4)3点　(5)3点×3　(6)8点　　小計31点

解説

〔１〕 (1)1 「これは何ですか」という質問。場所を見つけたいときに役に立つ物なので，ウの「地図」が適切となる。

2 「ミホはいつピアノのレッスンに行く予定ですか」という質問。今日は10月３日，火曜日。ミホは昨日ピアノのレッスンに行く予定だったが，明日に変更した。明日は10月４日，水曜日となる。

3 「シンジはこの前の日曜日，どこに行きましたか」という質問。シンジはイギリスに旅行する予定なので，姉〔妹〕の働いている書店に行って，イギリスについての本を買った。

4 「だれが今日の午前中に病気でしたか」という質問。ジロウはケイトとテニスをしたかったが，彼女は病気だったのでテニスができなかった。

(2)1 「アンディは図書館で宿題をする予定ですか」という質問。アンディのI'm going to go to the library to do my homework.を聞き取る。

2 「なぜサムは明日早く起きるのでしょうか」という質問。サムはふつうは９時にサッカーを練習し始めるが，明日は試合があるので，８時前に学校に着く必要がある。

3 「ノブコは昨日何時に寝ましたか」という質問。ノブコはふつうは10時30分に寝るが，昨夜は宿題がたくさんあったので，11時30分に寝た。

4 「ジョンはこのレストランで何を食べるでしょうか」という質問。ジョンは２番目の発言でI'll have a pizza.と言い，３番目の発言でI will have a cup of tea.と追加して言った。

(3)1 「新潟での滞在中，最初は日本語で話すことはマークにとって簡単でしたか」という質問。放送文で，At first, talking with you in Japanese was not easy.と言っている。日本語でクラスの生徒たちと話すことは簡単ではなかったので，Noの答えとなる。

2 「昨日，マークと日本の人々は何について話しましたか」という質問。放送文で，I help Japanese people with English. ～ Yesterday, we talked about our hobbies.と言っている。答えの文では，主語のtheyに合わせて，our→theirにすることを忘れないようにすること。

☆一言アドバイス☆
(3)英文の内容に関する英語の質問に英語で答える問題は比較的難易度が高いが，1の質問のように，Yes/Noで答えられるものは，ケアレスミスをしないように注意して，確実に点数をゲットしよう。

第5回模試

〔2〕(1) グラフ1を参照する。「あなたは1日に何時間インターネットを使いますか」という質問に対して，メープル高校の生徒たちの約35パーセントが，1日に4時間より長くインターネットを使うことが読み取れる。

(2) グラフ2を参照する。「あなたはインターネットで何をしますか」という質問に対するアンケート結果。直後でI also use Instagram.とSNSの使用について言及しているので，その点に着目して書く。二つの高校の両方で，SNSを使う人がいちばん多い。

(3) what do you do on the Internet, ＊＊＊?「あなたはインターネットで何をしますか，＊＊＊」に対する答えになる。use SNSs「SNSを使う」, play games「ゲームをする」, read the news「ニュースを読む」, study「勉強する」など，理由を含めて英文を書く。習っている文法や単語・表現を使って英文を組み立てる。

〈全訳〉

【会話】

ナンシー：私たちの学校の間にはいくつか違いがありますね。

＊＊＊：はい。グラフ1を見てください。あなたの学校の生徒たちの約35パーセントはインターネットを4時間より長く使います。アメリカの生徒がインターネットを何時間も使うのを知って，私は驚いています。

ナンシー：グラフ2を見てください。両方の学校で，（解答例）SNSを使うことはいちばん人気があります。私もインスタグラムを使います。ええと，あなたはインターネットで何をしますか，＊＊＊。

＊＊＊：（解答例）私はインターネットでよくゲームをします。それはとても楽しいです。インターネットでゲームをしているときに，私は友だちを作ることができます。でも，何時間もゲームをするべきではないですね。

ナンシー：ああ，なるほど。

☆一言アドバイス☆
〔2〕は資料を読み解く問題で，自由英作文が含まれる。資料から情報を正確に読み取れるようにしよう。

〔3〕(1)A 並べ替える語の中にto, it, study, isがあることに着目し，it is … to ～「～することは…である」の文にすることを考える。it isのあとに形容詞のcoolを置き，そのあとにto studyを続ける。

D 並べ替える語の中にthat, soがあるので，so ～ that …「とても～なので…」の文にすることを考える。thatのあとには〈主語＋動詞～〉の形を続ける。

(2)B Here is〔are〕～. は「ここに～があります」という意味を表す。

C 直前にhaveがあるので，現在完了形〈have＋過去分詞〉にする。seeは不規則動詞で，過去分詞はseen。経験用法の文で「私は以前，東京で歌舞伎を見たことがあります」という意味になる。

(3)「私たちの音楽の先生がそう言っていました」 soは直前の文の内容を受けており，三味線が歌舞伎の重要な楽器である理由は，because以下に示されている。

(4) 直前のブラウン先生の発言に着目する。三味線をひくことでやる気が出て，三味線の技能が向上したという流れが適切になる。また，直後のブラウン先生のThat's great!という発言からも導くことができる。

(5)「ジェイクへの次のメールで，その考えについて書いてみます」 the ideaの内容は，直前の文で示されている。

(6) ア:「ジェイクはケンとエミから三味線の技能を向上させる方法を学びたがっています」 ジェイクのメールのHow do you improve your *shamisen* skills? Please tell me that.に一致する。イ:「ジェイクがすぐにメールを書いてくれたので，ブラウン先生は喜んでいます」 ジェイクはケンとエミにメールを書いた。ウ:「エミは三味線をひきましたが，伝統的な日本音楽をよく理解しませんでした」 エミの2番目の発言より，彼女は，三味線をひくことでより理解できたと言っている。エ:「ジェイクは文化祭でケンとエミと三味線をひくために日本に来るでしょう」 ケンたちがインターネットでの参加を呼び掛けるつもりである。オ:「オーストラリアのジェイクの友人たちはインターネットで三味線の演奏を楽しむことができると，ケンは考えています」 ケンの最後の発言内容に一致する。

〈全訳〉

ケンとエミは丘中学校の生徒です。ブラウン先生はその学校のALTです。ジェイクはオーストラリア人の生徒です。彼は丘中学校で６か月間勉強し，先週オーストラリアに帰りました。昨日，ケンとエミはジェイクからメールをもらいました。

> こんにちは，ケンとエミ，
> ぼくはオーストラリアから君たちにメールを書いているよ。ぼくに親切にしてくれてありがとう。日本で君たちはぼくにあらゆることをしてくれたよね。ぼくは特に音楽の授業が好きだったよ。いっしょに三味線をひいたときはとても楽しかった。ぼくは学校で伝統音楽を勉強するのはかっこいいと思う。君たちはまだ三味線を練習しているよね。どうやって三味線の技能を向上させているの？ ぼくにそれを教えて。ぼくもこちらで一生懸命に練習するつもりだよ。
> ジェイクより

ケン（以下K）：ブラウン先生，ぼくたちはジェイクからメールをもらいました。彼からとても早く連絡がもらえてうれしいです。

ブラウン先生（以下先）：ジェイクから？ そのメールを私に見せてください。ああ，彼が日本での滞在を楽しんだようでうれしいです。

K：彼はぼくたちに写真も送ってくれました。ここにその写真があります。

先：ケン，その写真の中で，あなたとジェイクは三味線をひいています。

K：ええ。その写真は音楽の授業の間に撮られました。

先：三味線は日本の伝統的な楽器ですよね？

エミ（以下E）：はい。私たちは歌舞伎音楽を学んだときにそのことを勉強しました。

先：私は以前，東京で歌舞伎を見たことがあります。私は歌舞伎役者のセリフは理解できませんでしたが，彼らの演技と音楽から話を少し理解しました。私はとてもうれしかったので，歌舞伎にもっと興味を持ちました。

E：いいですね。人々が登場人物の気持ちを理解したいときに三味線は助けになるから，三味線は歌舞伎の重要な楽器なのです。私たちの音楽の先生がそう言っていました。私は三味線をひくことで，伝統的な日本音楽をより理解しました。

K：ぼくもです。ぼくは最初は伝統的な日本音楽にそんなに興味はありませんでしたが，今はそれについてもっと知りたいと思っています。三味線をもっと練習すれば，三味線の音はぼくにとってもっとおもしろくなるだろうと思います。

先：三味線をひくことが，あなたたちをやる気にさせたんですね？

E：実際に，私たちの技能はよりよくなっています。

先：それはすばらしい！ 今，私はあなたたちの三味線の演奏を聞きたいです。

E：私たちは文化祭で三味線の演奏を披露することができます。

K：エミ，考えがあります！ インターネットを使えば，ジェイクは文化祭でいっしょに三味線を演奏できます。ジェイクへの次のメールで，その考えについて書いてみます。

E：なんてすてきなの！ 三味線をいっしょに演奏することで，私たちはみな伝統的な音楽文化をもっと楽しむことができますね。

K：オーストラリアの彼の友だちともそれを共有できます。

先：ほんとうにわくわくしますね！

> ☆一言アドバイス☆
> 文化・科学技術・環境などに関する話題は，読解問題のテーマとして取り上げられることがあるので，ふだんから興味を持っておこう。

〔４〕 (1) 直後に「アメリカを訪れる予定なのだから」と続くことや，アンディからのメールで，アンディがローズのおじさんを紹介していることなどから，エ「アメリカ出身の人物について書く」が適切となる。

(2) アンディのメールの最終段落を参照する。［B］にはローズのおじがアンディを招待する表現が入ると考えられる。

(3) 「私はお金のためではなく未来のために一生懸命に働いている」の理由は，because以下で述べられている。

(4) ローズのおじの太陽エネルギーの会社については，アンディのメールの12～14行目の３文で述べられている。２文目が，事業内容を説明している。

(5)① 「メグミは英語の宿題をもう終えましたか」 アメリカに行ってローズのおじに会って，彼について書くつもりである。

② 「アンディはローズの誕生日パーティーでだれに会いましたか」 アンディのメールの4～5行目を参照。

③ 「アンディの夢は何ですか」 アンディのメールの17行目を参照。

(6) アンディはメールの最後で，ローズのおじの宇宙船の会社をローズといっしょに訪問することを伝えている。また，いっしょに行かないかとメグミを誘っている。メグミはアンディのメールを読んだ後で，「それは大きな機会になるでしょうね！」と思ったことから，アンディたちといっしょにローズのおじを訪問するつもりであることを伝えればよい。解答例の訳は「ローズのおじさんについて聞いてとてもうれしい。彼を訪ねることはとてもわくわくすると思います。私は彼に彼の宇宙船の会社についてたずねたいです。宿題として彼について書く予定です」。

〈全訳〉

メグミは高校生です。彼女にはアメリカに友人がいます。彼の名前はアンディです。ある日，彼女は彼にメールを送りました。

【メグミからアンディへのメール】

こんにちは，アンディ。元気ですか。この冬，あなたとあなたの家族に会うためにアメリカに行くのが待ち切れないわ。

あなたを訪ねる前に，あなたの助けが必要なの。私の英語の先生が私たちに「冬休みの間の宿題をあなたたちに出します。ある人物について英語で書きなさい。自分の好きな人を選ぶことができます。たとえば，あなたの家族のメンバー，友人，あるいは有名な人物です」と言ったの。最初，私は自分の周りの人物について書きたいと思ったんだけど，私はアメリカを訪れる予定なのだからアメリカ出身の人物について書くことに決めたの。よい人を知っていますか。その人物が世界のために働いているなら，私に教えてください。突然助けを求めてごめんなさい。あなたにもうすぐ会えるのを願っています。

【アンディからメグミへのメール】

こんにちは，メグミ。

メールをありがとう。ぼくも君に会えるのでとてもわくわくしているよ！

ところで，よい人物を知っているんだ。君は彼について書くことができるよ。彼はぼくの国でとても有名な人なんだ。ぼくは8月に友人のローズの誕生日パーティーで彼に会った。彼は彼女のおじさんで，彼に会えて幸運だったよ。ぼくは彼に，彼の事業にとても興味があると言ったんだ。彼はたくさんの事業を持っていて，それらは世界の未来を変えるだろうね。彼はとても忙しい人だけれど，ぼくに「アンディ，この冬に(解答例)ローズといっしょに私を訪ねてきなさい」と言ったんだ。

パーティーでは彼はぼくに「世界が世界中の人々にとってよりよい場所になることを望んでいるから，私はお金のためではなく未来のために一生懸命に働いている」と言ったよ。ぼくは「彼はすばらしい人だ」と思ったよ。彼は彼のすべての事業が地球上の人々を救うために重要だと信じている。それらはとてもわくわくするし，ぼくはそれらが大好きだ。

たとえば，ローズのおじさんは太陽エネルギーの会社で働いている。その会社は電気自動車や家屋のために，太陽エネルギーから電気を作っている。彼は「人々が太陽エネルギーだけを使えば，将来化石燃料を使わなくなるだろう」と言っている。彼はまた，電気自動車の会社で働いている。世界の人々が二酸化炭素を削減するために彼の電気自動車を運転すれば，地球温暖化を止めることができると彼は信じている。彼はまた，ほかの違う事業のために働いている。信じられるかい？ ぼくの夢は彼のように世界の将来を変えるために働くことだよ。

冬休みに，ぼくはローズといっしょに彼の宇宙船の会社に彼を訪ねる予定なんだ。彼は，人々は将来生活するために火星に移動する必要があると信じているんだ。とてもおもしろい考えだね。その会社で彼に会いたいなら，ぼくたちに加わらないかい？ それについて考えてみて。

「それは大きな機会になるでしょうね！」とメグミは思いました。「今晩，アンディにメールを書くわ」

☆一言アドバイス☆

2023年度の入試では，本文中の下線部分に関連する文を，本文中から抜き出させる設問が出題されている。該当部分が下線部分の近くにあるとは限らないので，全体的に文章に目を通す必要がある。

〈放送文〉

(1)1 This is useful when we want to find a place.

Question：What is this?

2 Today is Tuesday, October 3. Yesterday, Miho was going to go to her piano lesson, but she had to change it to tomorrow.

Question：When is Miho going to go to her piano lesson?

3 Shinji's sister works at a bookstore near the station. Last Sunday, Shinji went to the bookstore with his friend Akira and bought a book about the U.K. Shinji is going to travel there this winter.

Question：Where did Shinji go last Sunday?

4 Jiro wanted to play tennis with Kate this morning, but she couldn't because she was sick. He asked his brother, but he was busy. So Jiro watched a DVD at home.

Question：Who was sick this morning?

(2)1 A：Hi, Yumi.

B：Hi, Andy. Where are you going?

A：I'm going to go to the library to do my homework.

Question：Is Andy going to do his homework in the library?

2 A：Mother, I'll get up at six tomorrow.

B：Why will you get up early, Sam? Do you have anything to do?

A：We usually start practicing soccer at nine. But tomorrow, we will have a game, and I need to get to school before eight.

B：I see.

Question：Why will Sam get up early tomorrow?

3 A：You look tired, Nobuko. What time did you go to bed yesterday?

B：At eleven thirty.

A：Oh, that's late. I always go to bed between ten and eleven.

B：I usually go to bed at ten thirty, but I had a lot of homework last night.

Question：What time did Nobuko go to bed yesterday?

4 A：I'm hungry, Yuko. Let's eat lunch at this restaurant.

B：Nice idea, John. I heard the hamburgers and pizza are good here.

A：OK. I'll have a pizza. How about you, Yuko?

B：I want a hamburger and a cup of coffee.

A：All right. I will have a cup of tea.

Question：What is John going to have at this restaurant?

(3) Hello, everyone. I went back to America last month. Thank you for helping me in Niigata. I enjoyed staying there. At first, talking with you in Japanese was not easy. But soon I could understand you well because you spoke to me every day. Here in America, I started doing volunteer work. I help Japanese people with English. We usually talk in English. Sometimes I talk to them in Japanese. Yesterday, we talked about our hobbies. The volunteer work is interesting because many Japanese people talk about different things.

Question 1 Was talking in Japanese easy for Mark at first during his stay in Niigata?

2 What did Mark and Japanese people talk about yesterday?

第５回新潟県統一模試

社　会

解答

〔１〕 (1) インド洋　(2) イ　(3) ウ　(4) ア　(5)a ニュージーランド　c ナイジェリア
配点 (1)3点 (2)3点 (3)3点 (4)3点 (5)a 2点 c 2点　小計16点

〔２〕 (1) ウ　(2) 台風
(3)(正答例) 水分を保ちにくいシラス台地が広がり，米の生産に向いていないから。　(4)A イ C エ
(5) 三角州
配点 (1)3点 (2)3点 (3)4点 (4)A 2点 C 2点 (5)3点　小計17点

〔３〕 (1) シルクロード　(2)① エ ② 御家人　(3) イエズス会
(4)①(正答例) 絵踏において踏絵を踏むことができなかった人。 ② オ
配点 (1)2点 (2)①2点 ②3点 (3)2点 (4)①4点 ②3点　小計16点

〔４〕 (1) ウ　(2) 富岡製糸場
(3)(正答例) (日本が行った)土地調査の結果，土地所有権が明確でない土地が没収されて日本人地主に払い下げられたから。
(4) ア　(5)X エ Y ウ　(6) イ
配点 (1)2点 (2)3点 (3)4点 (4)2点 (5)X 2点 Y 2点 (6)2点　小計17点

〔５〕 (1)① ア
②P(正答例) 原料や燃料を輸入し，高い技術力で優れた工業製品をつくって輸出する　Q 空洞(化)
(2)① 南北戦争 ② ウ ③ 貿易摩擦
(3)① ウ ②Ⅰ 中京(工業地帯)　Ⅱ(正答例) 軽くて価格の高い工業製品
(4)① (石油)危機〔ショック〕 ② 国際分業
配点 (1)①2点 ②P 4点 Q 2点 (2)①2点 ②2点 ③2点 (3)①2点 ②Ⅰ2点 Ⅱ3点
(4)①2点 ②2点　小計25点

〔６〕 (1)(正答例) インターネット利用者数の増加にしたがって，新聞の発行総数と１世帯当たりの発行部数が減少している。
(2)① 情報リテラシー ②(正答例) 幅広い対象に効率よく発信できる
配点 (1)4点 (2)①2点 ②3点　小計9点

解説

〔１〕 (1) 図は，円の中央部を通っているのが西経90度の経線なので，西半球であることがわかる。西経90度の経線の左側のAとDにはおもに太平洋が，右側のBとCには主に大西洋が広がっているが，東半球に広がっているインド洋はA～Dのいずれの範囲にも含まれない。

(2) Cは西半球の西経90度以東部分の南半分に当たり，南アメリカ大陸の赤道以南の部分がここに含まれる。地図中で南アメリカ大陸に位置しているのはイである。なお，アは図中のAに位置しているが，ウとエは，この図中には含まれない。

(3) サウジアラビアで信仰されている宗教はイスラム教であり，イスラム教の特色について述べているのはウである。なお，アはヨーロッパや南北アメリカに信者が多いキリスト教，イはタイの仏教，エは信者がインドに集中しているヒンドゥー教に当てはまる。

(4) アメリカの北緯37度以南の地域はサンベルトと呼ばれ，近年は，ＩＣＴ(情報通信技術)関連の先端的な産業が発達している。また，南部を中心に，メキシコなどスペイン語圏の国々からの移民が増えている。

(5) 人口は最も少ないが，一人当たり国民総所得が最も高い先進国で，主要輸出品の上位３品目がいずれも食用農産物であるａはニュージーランド。逆に，人口は最も多いが，一人当たり国民総所得が最も低いｃは，輸出額の約４分の３を原油が占めるモノカルチャー経済の国であることからナイジェリア。なお，ｂとｄのうち，一人当たり国民総所得が高いｄがフランスなので，ｂはタイである。

☆一言アドバイス☆
主な宗教の特色を調べ，それぞれの宗教の分布を地図帳などで確認しておこう。

〔２〕 (1) Ｘは佐賀県東部から福岡県南部にかけての地域であり，ここには九州地方を代表する稲作地帯である筑紫平野が広がっている。また，Ｙは熊本県北東部に当たり，巨大なカルデラで知られる阿蘇山がある。

(2) 竹富町を含む南西諸島は，夏から秋にかけて台風の通り道になる。そのため，伝統的な住居は，台風による強い風によって家屋が破壊されないよう，建物の屋根を低くして屋根瓦を漆喰で固定したり，家の周りを石垣や樹木で囲んだりしている。

(3) 鹿児島県には桜島御岳などの火山があり，シラスと呼ばれる灰白色の火山噴出物が広く積もっている。このようなシラス台地は水もちが悪く，もろくてくずれやすいので，多くの水を必要とする稲作には向いていない。そのため，農業産出額に占める米の割合は，全国と比べてかなり低い。

(4) 県庁所在地の人口が100万人を超えるイは，地方中枢都市である福岡市を県庁所在地とするA(福岡県)に当てはまる。豚の飼養頭数が最も多いウは，畜産がさかんなD(宮崎県)に当てはまる。漁業生産量が最も多いエは，東シナ海での漁業がさかんなC(長崎県)に当てはまる。化学工業の製造品出荷額等が最大であるアは，石油化学コンビナートが形成されているB(大分県)に当てはまる。

(5) 川の流れによって，上流や中流から運ばれてきた土砂が河口付近にたまって，低地が形成されることがある。このような低地は，上空から見ると三角形に近い形をしていることから，三角州またはデルタと呼ばれる。大規模な三角州の上には町や農地が形成されることも多い。

☆一言アドバイス☆
同じ地方であっても，県によってさかんな産業は異なる。各県の特徴的な産業をおさえておこう。

〔3〕(1) 漢の時代に，中国とローマ帝国･西アジア･南アジアを結ぶ陸上の交易路が開かれ，中国の絹織物(シルク)などが西方に伝えられたことから，この交易路は「シルクロード(絹の道)」と呼ばれた。遣唐使が唐から持ち帰った楽器は，シルクロードを通じてインドから中国にもたらされたと考えられている。

(2)① 一遍は，日本各地を訪れ，踊り念仏を行ったり，念仏の札を配ったりした。一遍の宗派は時宗と呼ばれる。なお，アは法然，イは親鸞，ウは栄西が開いた宗派である。

② 鎌倉時代後期になると，武士の領地は分割相続によってしだいに小さくなり，御家人の中には生活が苦しくなって領地を売ったり質に入れたりする者も出てきた。そのため，幕府は，借金を取り消しにし，手放した土地を取り戻させるため，永仁の徳政令を定めた。

(3) 16世紀前半にヨーロッパで起こった宗教改革により，プロテスタントの勢力が拡大すると，カトリック教会内部でも改革の動きが起こり，布教を目的としてイエズス会が結成された。フランシスコ＝ザビエルはイエズス会の宣教師で，1549年に鹿児島に上陸し，２年間にわたって西日本で布教を行った。

(4)① 絵踏とは，キリストや聖母マリアの像を刻んだ踏絵を踏ませてキリシタンを見つけ出す行事。踏むことができなかった者はキリシタンと見なされ，改宗させられたり処罰を受けたりした。

② Z(1637年)→X(1792年)→Y(1825年)の順となる。江戸幕府は，島原・天草一揆を鎮圧したあと，キリスト教の禁止と貿易の統制を主な目的として，「鎖国」の体制を整えた。しかし，18世紀末のラクスマンの来航をはじめとして，しだいに欧米列強の船が日本に接近するようになると，幕府は1825年に異国船打払令を出して「鎖国」の体制を維持しようとした。

☆一言アドバイス☆
仏教やキリスト教と政治との関係を，法令や政策などをもとにしてまとめておこう。

〔4〕(1) X…大老井伊直弼は，朝廷に許可を得ないまま日米修好通商条約を結んだり，将軍のあとつぎを独断で決めたりして反感を買ったが，反対派の大名・公家・藩士らを弾圧した(安政の大獄)。Y…長州藩士の吉田松陰は，松下村塾という私塾を開き，明治維新で活躍する人材を育てたが，幕府の対外政策に反対し，老中の暗殺を計画したため，処刑された。

(2) 殖産興業を進める政府は，官営模範工場を建てて工業の発展を図った。1872年に群馬県に建設された官営富岡製糸場は，フランス人技師の設計と指導によって操業を開始した。

(3) 日本政府は韓国を併合したあと，韓国を朝鮮と改称させ，土地調査を行った。その結果，所有者があいまいな土地は没収されて日本人地主の所有となった。一方，土地をうばわれた人々は，小作人となったり，日本や満州へ移住したりした。

(4) 第一次世界大戦が始まり，欧米列強のアジアへの関心が薄れると，日本政府は，中国に対して二十一か条の要求を出した。その中には山東省にあるドイツの利権を日本にゆずるという条項が含まれていた。

(5) 国民政府が中国全土を支配すると，関東軍は日本が中国にもつ権益を取りもどそうと，エの柳条湖事件を起こした。関東軍は南満州鉄道の線路爆破を中国側の仕業として軍事行動を開始した。この満州事変によって，関東軍は満州の主要地域を占領し，1932年には，清の最後の皇帝溥儀を元首とする満州国を成立させた。これを侵略であるとして中国が国際連盟に訴えると，連盟は調査を行い，満州国を認めず，日本軍の占領地からの撤兵を求める勧告を採択した。これに反発する日本は，ウの国際連盟脱退へと踏み切った。

(6) 1956年に日ソ共同宣言に調印してソ連との国交を回復したことにより，日本はソ連の支持を得て国際連合に加盟した。なお，アは1972年，ウは1978年，エは1941年のできごとである。

☆一言アドバイス☆
日本が近代国家として歩む中で，近隣の国々とどのような関係をもってきたか，整理しておこう。

〔5〕 (1)① **資料**Ⅰに示したのは，明でつくられた永楽通宝と呼ばれる銅銭である。足利義満は，倭寇を禁止して明との国交を開き，1404年，勘合と呼ばれる合札の証明書を正式の貿易船に持たせる日明貿易を開始した。この貿易を通じて，永楽通宝などの明銭が輸入され，日本でも使用された。

② 加工貿易における輸入品の中心は原料や燃料であるが，アジア諸国で工業化が進み，日本企業がそれらの国々に進出して現地で生産を行うことが多くなると，機械類などの工業製品の輸入額も増えてきた。その影響で，一部の工業では国内での生産が衰退し，産業の空洞化として問題になった。

(2)① 奴隷制度などをめぐって，アメリカの北部諸州と南部諸州とが対立し，1861年に南北戦争という内戦が始まった。そのため，アメリカは日本との貿易に力を注ぐことができなくなった。

② 現在の日本の貿易相手において最も大きな割合を占めているのは，東アジアの国(地域)であり，特に中国の占める割合は，輸出・輸入のどちらにおいても非常に大きい。

③ 1980年代に，アメリカで日本製自動車の需要が高まると，アメリカの自動車メーカーが生産を減らさざるを得なくなり，失業者が出るなどの問題が発生した。このような貿易摩擦を解決するため，日本の自動車メーカーは自動車の輸出を自主規制するようになった。

(3)① 1858年に結ばれた日米修好通商条約により，ア(函館)，イ(新潟)，ウ(神奈川)，エ(兵庫)，オ(長崎)の5港が開かれた。最大の貿易港は神奈川(横浜)で，その後，日本を代表する国際貿易港となった。

② Ⅰ…愛知県豊田市は中京工業地帯の代表的な工業都市の一つである。Ⅱ…集積回路に代表される小型・軽量で高価な工業製品は，輸送費の高い航空機を利用してもじゅうぶんな利益が得られる。

(4)① 石油の値上げにより，日本では物価が急激に上昇し，国民の間に混乱が広がった。また，日本の経済活動が衰え，1950年代後半から続いていた高度経済成長が終わった。

② 貿易を通じて国と国との間で行われる分業を国際分業という。各国がそれぞれの特性に最も適した商品をつくり，貿易を通じてその交換を行うことになる。

☆一言アドバイス☆
日本の主な貿易港の位置や主な輸出入品目を調べて，どのような特徴がみられるか確認しよう。

〔6〕 (1) インターネットでさまざまな情報を得られるようになると，新聞を読む人の減少にともなって，新聞の発行部数も減少している。

(2)① 情報化が進む中で，個人情報が本人の知らないうちに多くの人に知られたり，個人の行動が細かいところまで記録されて監視されたりするおそれがあるため，私たちには，情報の取り扱いなどについてよく考え，行動する能力が必要とされている。

② **資料**Ⅲにおいて，製造業と卸売・小売業の企業がインターネットを利用した広告を行う最大の理由は，「広範囲に情報発信できる」ということである。また，安い広告費で効率よく情報発信できることも重要な理由であると考えられる。

☆一言アドバイス☆
インターネットが社会にもたらした影響と課題を，具体的な資料を通して理解しよう。

第５回新潟県統一模試

理　科

解答

〔１〕 (1) ア　(2) クロウンモ　(3) エ　(4) 8(時)22(分)32(秒)　(5) ア　(6) ア
配点 (1)2点 (2)2点 (3)2点 (4)3点 (5)2点 (6)2点　小計13点

〔２〕 (1) ア　(2)(正答例) 手であおぐようにして調べる。　(3) 蒸留
(4) イ　(5) エ
配点 (1)2点 (2)4点 (3)3点 (4)2点 (5)2点　小計13点

〔３〕 (1) イ　(2) 0.5(N)　(3) ア　(4) ウ
配点 (1)3点 (2)3点 (3)3点 (4)3点　小計12点

〔４〕 (1) 感覚器官　(2) エ　(3) 0.26(秒)　(4) イ
配点 (1)3点 (2)3点 (3)3点 (4)3点　小計12点

〔５〕 (1)X：ユーラシアプレート　Y：フィリピン海プレート　(2) 隆起
(3) エ　(4) 津波
配点 (1)各3点 (2)3点 (3)2点 (4)3点　小計14点

〔６〕 (1) 磁界　(2) イ　(3) エ
(4)(正答例) ある地点からはなれると磁界の影響を受けなくなるから。
配点 (1)3点 (2)2点 (3)3点 (4)4点　小計12点

〔７〕 (1)(正答例) 加熱前の試験管内にあった空気が多くふくまれるから。
(2) イ　(3) $2Ag_2O \rightarrow 4Ag + O_2$　(4) 1.00(g)
配点 (1)4点 (2)2点 (3)3点 (4)3点　小計12点

〔８〕 (1) ウ　(2) ア　(3) 染色体　(4) (A→)B→D→E→F→C(完答)
配点 (1)3点 (2)3点 (3)3点 (4)3点　小計12点

解説

〔１〕 (1) 光合成は，光が当たっているときに，植物の細胞の葉緑体で行われる。図のB，Dはふ入りの部分であるため，葉緑体がなく，光合成は行われない。また，図のCはアルミニウムはくでおおっていたため，光が当たらず，光合成は行われない。

(2) クロウンモは黒色～褐色(かっしょく)の六角形の板状の鉱物で，うすくはがれる性質がある。

(3) 塩化アンモニウムと水酸化バリウムを混ぜ合わせると，アンモニアが発生する。このとき，周囲の熱を吸収するため，温度が下がる。

☆一言アドバイス☆
発熱反応→周囲に熱を放出し，温度が上がる。
吸熱反応→周囲の熱を吸収し，温度が下がる。

(4) 表より，震源からの距離が35kmの地点Xと震源からの距離が56kmの地点Yでの初期微動が始まった時刻の差は３秒である。よって，初期微動を伝える波は，56－35＝21〔km〕を３秒で伝わったことから，その速さは21÷３＝７〔km/s〕で，震源から地点Xまで35÷７＝５〔秒〕で伝わる。よって，地震の発生時刻は，地点Xで初期微動が始まった時刻の５秒前の，８時22分32秒である。

(5) 図より，P-Qの断層をはさんで，右側の地層が上側にずれていることがわかる。このようなずれ方をするとき，地層を左右方向から押す力がはたらく。

(6) 電熱線に流れる電流の大きさを調べたいときは，電流計を電熱線と直列につなぐ。また，電熱線の両端にかかる電圧の大きさを調べたいときは，電圧計を電熱線と並列につなぐ。

〔２〕 (1) 出てきた気体の温度を調べるため，枝分かれしている高さに温度計の球部がくるように高さを調節する。

(2) 有害な気体を吸いこまないようにするため，においは手であおぐようにして調べる。

(3) 液体を沸とうさせて，出てきた気体を冷やして再び液体としてとり出すことを蒸留という。

(4) 水とエタノールの混合物を加熱すると，先にエタノールを多くふくむ気体が出てくる。

(5) 混合物は沸点が一定に定まらない。一方で，純粋な物質(純物質)は一定の沸点をもつ。

☆一言アドバイス☆

純粋な物質(純物質)→1種類の物質でできているもの。
混合物→いくつかの物質が混じり合ったもの。

第5回模試

〔3〕 (1) 板には重力がはたらく他に，小球によって下向きに押される力と床から垂直抗力がはたらく。

(2) 100gの物体にはたらく重力の大きさは1Nであることから，地球上で板をばねばかりにつるすと3Nを示す。月面上での重力の大きさは地球上の$\frac{1}{6}$であることから，ばねばかりが示す値は0.5Nであると考えられる。

(3)(4) 2つの力がつり合うとき，2力は同一直線上にあり，向きは反対で，大きさは同じである。

☆一言アドバイス☆

地球上のすべての物体には，地球がその中心へ向かって引きつける力がはたらく。この力を重力という。

〔4〕 (1) 皮膚や目，耳などの刺激を受けとる器官をまとめて感覚器官という。

(2) 皮膚で受けとった刺激は感覚神経を通って脊髄，脳の順に送られ，脳から左手でにぎるという命令の信号が脊髄，運動神経を通って筋肉まで送られる。

(3) 刺激を受けて反応しているのは先生を除く14人である。反応にかかった時間の平均は(3.74＋3.71＋3.65)÷3＝3.70〔秒〕であるため，1人当たりにかかった時間は3.70÷14＝0.264…〔秒〕である。

(4) 手が熱いやかんに触れ，思わず手をひっこめるように，意識せずに起きる反応を反射という。

☆一言アドバイス☆

それぞれの感覚器官には，刺激を受けとるための特別な細胞である感覚細胞があり，脳からのびてきている神経とつながっている。

〔5〕 (1) 日本付近のプレートの名称とそれらの境界は右の図のようになっている。

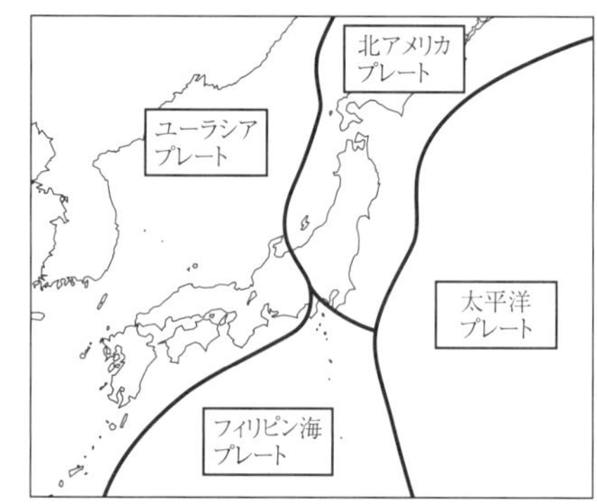

(2) 断層によるずれにともなって大地が持ち上がることを隆起(りゅうき)といい，沈(しず)むことを沈降(ちんこう)という。

(3) 海のプレートは陸のプレートに沈みこむように移動している。

(4) 北アメリカプレートと太平洋プレートの境界などで起こる地震では，陸のプレートがはね上がって起こるため，震源付近の海水が持ち上げられ津波が発生することがある。

☆一言アドバイス☆

地球の表面をおおう，厚さ100kmほどの板状の岩盤をプレートという。地球の表面は何枚ものプレートでおおわれていて，それぞれのプレートはさまざまな向きにゆっくりと動いている。

〔6〕 (1) 磁力のはたらく空間を磁界という。

(2)(3) 導線のまわりには同心円状の磁界ができ，このときできる磁界の向きは，電流の向きに右ねじを進ませるときのねじを回す向きになる。

(4) 導線に電流を流してできる磁界は，導線に近いところほど強く，はなれるとしだいに弱まっていく。

☆一言アドバイス☆

導線のまわりにできる磁界の向きは，電流の向きによって決まり，導線に流れる電流が大きいほど磁界は強く，また，導線に近いところほど磁界が強い。

〔7〕 (1) 加熱をしてすぐに出てくる気体には，もともと装置内にあった空気が多くふくまれる。

(2) 酸化銀は黒色の固体であるが，加熱することで分解して白色の銀が生じる。

(3) 化学反応式の矢印の左右では，原子の種類と数が等しくなるようにする。

(4) 加熱した酸化銀の質量と加熱後の試験管A内に残った物質の質量の差が結びついた酸素の質量である。それぞれの質量の酸化銀と結びついた酸素の質量は，酸化銀の質量が1.00gのとき0.07g，2.00gのとき0.14g，

3.00 g のとき0.21 g，4.00 g のとき0.21 g である。よって，加熱した酸化銀の質量が4.00 g のとき，反応した酸化銀は3.00 g であり生じた銀は2.79 g である。したがって，反応せずに残った酸化銀の質量は3.79-2.79＝1.00〔g〕である。

☆一言アドバイス☆

1種類の物質から複数の物質に分かれる化学変化を分解といい，加熱によって物質を分解することを熱分解という。

〔8〕(1) 根の細胞分裂は，根元よりも根の先端付近で盛んに行われるため，根の先端付近ほどよくのびる。

(2) うすい塩酸に入れてあたためることで，細胞1つ1つがはなれやすくなり，顕微鏡で観察しやすくなる。

(3) 染色液でよく染まったひものようなつくりを染色体という。

(4) 体細胞分裂は，次の順に行われる。それぞれの染色体が複製される→染色体が2本ずつくっついたまま太く短くなり，ひものように見えるようになる→染色体が中央付近に集まって並ぶ→2本の染色体がさけるように分かれて細胞の両端に移動する→2個の核の形ができる→細胞質が2つに分かれて2個の細胞ができる。

☆一言アドバイス☆

多細胞生物では，体細胞分裂によって細胞の数をふやし，そのそれぞれの細胞が大きくなることで成長していく。

第６回新潟県統一模試

国　語

解答

〔一〕 (一) 1　した(って)　2　ふしょく　3　ばいかい　4　わず(か)　5　しゃくりょう
(二) 1　狭(い)　2　混同　3　取捨　4　乱(して)　5　頭角
配点　(一)(二)2点×10　小計20点

〔二〕 (一)　ウ　(二)　希望　(三)　おとなしく・強かっ　(四)　エ　(五)　ウ
配点　(一)～(五)3点×5　＊(三)は完答　小計15点

〔三〕 (一)　おおせ
(二)(正答例)　立札の文を篁が読めたことから，立札を立てたのも篁だと疑ったから。
(三)(正答例)　立札を立てたのが自分だと疑われてしまうから。
(四)　ウ
(五)　ア
(六)　事なくてやみにけり
配点　(一)2点　(二)9点　(三)7点　(四)4点　(五)4点　(六)4点　小計30点

〔四〕 (一)(正答例)　ふさわしい(合わせて・応じて　等)
(二)(正答例)　その場の雰囲気や日頃の人間関係をもとに，自分がどのように振る舞うべきなのか気をつかうこと。
(三)　ウ
(四)　ウ
(五)(正答例)　大声ではしゃいだり，ふざけたりなど羽目を外す行動は，いつもの静かで落ち着いたキャラのイメージには反しているということ。
(六)(正答例)　キャラがあることで，そのイメージに沿った行動を取って仲間から受け入れられ，自分の振る舞い方に悩む必要がなくなる。しかしそのイメージに縛られて，気をつかいながら無理をして自分を演じたり，自分の内面を出せなかったりする不自由な面もある。
配点　(一)3点　(二)6点　(三)3点　(四)3点　(五)8点　(六)12点　小計35点

第6回模試

解説

〔一〕 (一)(二)　略。

☆一言アドバイス☆
漢字の書きは，とめ・はね・はらいまで，はっきりと丁寧に書くこと。うろ覚えではきちんとした解答を作れないので，練習は手を抜かずに，丁寧に書くことを心がけよう。

〔二〕 (一)　語句(多義語)の意味を識別する問題。例文は「(そのものが)必要である」という意味。アは「注意や意識がとどまる」という意味。イは「程度が増す」という意味。ウは例文と同じ。エは「(そのものに)頼る」という意味。

(二)　類義語の問題。例文の「志願」は「自ら願い出て希望すること」という意味であることから，漢字二字を組み合わせて「希望」が適当と考えられる。

(三)　品詞の識別問題。「おとなしく」は形容詞「おとなしい」の連用形。「強かっ」は形容詞「強い」の連用形。「色白で」は形容動詞「色白だ」の連用形なので注意。

(四)　動詞の活用形を識別する問題。例文「考える」は下一段活用動詞「考える」の連体形。「こと(名詞＝体言)」に接続している。ア「着る」は上一段活用動詞「着る」の終止形。イ「開ける」は下一段活用動詞「開ける」の終止形。接続助詞「と」は終止形に接続する言葉である。ウ「植え」は下一段活用動詞「植える」の連用形。いったん文を中止してからまた続ける中止法を用いている。中止法が使われる活用形は連用形である。エ「歌う」は五段活用動詞「歌う」の連体形。「の(格助詞)」は「こと・もの」に言い換えられる体言と同じ資格を持っている。

☆一言アドバイス☆
動詞の活用形は「未然形・連用形・終止形・連体形・仮定形・命令形」の六種類を指す。動詞の活用の種類は「五段活用・上一段活用・下一段活用・カ行変格活用・サ行変格活用」の五つに分けられる。「活用形」と「活用の種類」を混同しないように気を付けよう。

㈤　俳句の季語の問題。それぞれの俳句の季語を特定し，旧暦を考慮して判断する。例文の季語は「名月→秋」。ア「椿→春」　イ「枯野→冬」　ウ「天の川→秋」　エ「団扇→夏」　旧暦では7～9月は秋なので，7月の七夕に関連する「天の川」は秋の季語に分類される。したがってウを選択する。

〔三〕㈠　ほ→お　に直す。すべてひらがなの指示に注意。

㈡　指示された内容の理由を説明する問題。

ポイント1　帝の会話文から，帝が篁（たかむら）に対してどう思っているか考える。→「おのれ放ちては誰か書かん（おまえ以外に誰が〈立札を〉書こうか）」→立札を立てたのは篁だと疑っている

ポイント2　帝が立札を立てたのは篁だと疑った理由を考える。→篁が立札に書かれた文を読めたから

ポイント1・2の内容をまとめて，現代語で解答をつくること。文末の「～から。」を忘れずに。

㈢　指示された内容の理由を説明する問題。

ポイント　―― 線部分(3)の直前「さればこそ」の意味を考える。→「さればこそ（それだからこそ）」→それ＝帝に立札を立てたのが自分だと疑われてしまうこと

ポイントの内容をまとめて，現代語で解答をつくること。文末の「～から。」を忘れずに。

㈣　帝は立札を立てたのは篁だと疑ったが，篁が「さればこそ～申して候ひつれ（≒立札の文を読める者が立札の犯人だと疑われるから読みたくなかったのだ）」と反論していることに注目。篁の反論を受けて，帝は篁を試すことになる。―― 線部分(4)の「何でも書いたものなら読める＝他人が書いた漢詩文でも何でも読める」ということは，「立札を立てた本人ではないが立札の文を読める」ということになるので，疑いを晴らすことにつながる。したがって，ウを選択できる。

㈤　口語訳の問題。「何にても」は「何であっても」「何でも」という意味。「読み候ひなん」の「候ひ」は丁寧語であり，「なん（なむ）」は「～しよう」などの意志を表すことから，「お読みいたしましょう・お読み申し上げましょう」となる。したがって，アを選択できる。また，文脈からも，篁が自分の潔白を証明するために帝の挑戦を受けるという内容をうかがうことができる。

㈥　―― 線部分(6)の帝の難題とは，Aの文章では「片仮名の子文字を十二書かせて給ひて」を表している。それを篁が読んだあと，「御門ほほゑませ給ひて，事なくてやみにけり」と書かれていることから，文字数の指示にしたがって抜き出して答えること。

☆一言アドバイス☆

記述問題は，問題で要求されている内容が，文章のどの部分に書かれているか確実に探せるかどうかが得点のポイント。文章にチェックを入れてから解答を書き始めると，時間短縮もねらえる。もちろん，文のねじれや誤字脱字，解答の文末表現にも注意しよう。

〔四〕㈠　空欄Aの直前の内容に注目。「こういう相手には，こんな自分を出し，ああいう相手には，また別の自分を出す～」と書かれていることから，相手や場に応じて自分の出し方を決めていることがうかがえる。また，次の段落で「場の空気を読み，それに合わせて自分の出し方を調整～」と説明されていることからも，場に合わせて自分の出し方を決めていることがわかる。したがって，空欄Aには「応じて・合わせて・ふさわしい」などの意味の言葉が当てはまる。

㈡　指示された内容を説明する問題。

ポイント1　「自分を出す」ことについて書かれている部分を探す。→「こういう相手には，こんな自分を出し～まじめな自分で行くか，楽しくはしゃぐ自分で行くか…判断する。」→「行く」とはどうすることを意味しているか考える。→　振る舞う（行動する）

ポイント2　「頭を悩ます」とはどういうことか書かれている部分を探す。→「場の空気を読み（＝その場の雰囲気や日頃の人間関係をもとに判断する），それに合わせて自分の出し方を調整するのは，非常に気をつかう…」

ポイント1・2の内容をまとめて，解答をつくること。

㈢　略。

㈣　―― 線部分(2)より，キャラは何を拘束しているか（縛っているか）書かれている部分を探すと，「キャラに縛られ，自由に振る舞えない」が見つかることから，キャラは，振る舞い方を縛っていると考えられる。キャラと振る舞い方について説明されている部分を探すと，二つ前の段落で「とりあえずキャラが決まっていれば～どのように振る舞うことを期待されているかがはっきりする」が見つかる。「期待される振る舞い方がはっきりする」≒「振る舞い方を強く縛られる」と考えられることから判断して，ウを選択できる。

(五) 指示された内容を説明する問題。

ポイント1 —— 線部分(3)の「らしくない」の前に省略されている言葉を考える。→優等生キャラらしくない・もの静かで落ち着いたキャラらしくない→「らしくない」とはどういうことか考える。→イメージに反している・イメージに合っていない

ポイント2 ポイント1の補足として，どうすることがキャラのイメージに反しているのか具体的に書かれている部分を探す。→「そんなこと（＝大声ではしゃいだり，ふざけたりすること）をしたら～」

ポイント1・2の内容をまとめて，解答をつくること。

(六) 指示された内容を説明する問題。

ポイント1 キャラの良い面について説明している部分を探す。

Ⅰの文章から→「キャラが決まっていれば，それ（場に合わせた自分）を出せばよい～楽だ。」「実際，キャラがあることで～頭を悩ます必要がない…コミュニケーションが取りやすくなる」「とりあえずキャラが決まっていれば～自分の出し方に迷うことがなくなる。」「キャラに則って行動していれば～大目に見てもらえるという利点もある。」「そういったメリット（＝キャラのイメージに沿った行動を取ることによって仲間から受け入れられる。どんな行動がその場にふさわしいかいちいち頭を悩ませずにすむ。）」

ポイント2 キャラの悪い面について説明している部分を探す。

Ⅰの文章から→「キャラに縛られ，自由に振る舞えない」「自分のキャラにふさわしく振る舞わなければならない。」

Ⅱの文章から→「じつは気をつかいながら無理をしておちゃらけている～」「ゆえに，無理をしてはしゃぐことになる。」「いつも元気で～内面をほとんど出せなくなる。」「そんな暗い面はおくびにも出せない。」「人づきあいをスムーズにしてくれるはずのキャラに首を絞められる。」

ポイント1・2の内容をまとめて，解答をつくること。その際，重複する内容は一つにまとめること。また，具体例や比ゆ的な表現は避けることが望ましい。

☆一言アドバイス☆

記述問題の字数は，制限字数の8割以上を書くことが要求される。ただし，字数オーバーすると，減点になったり，採点の対象外になったりするので注意すること。書き出しは1マス空けずに書き，句読点やかぎかっこなどは，1マス使って書くことを忘れないようにしよう。

第６回新潟県統一模試

数　学

解答

〔１〕 (1)　-8　(2)　$-4a+b$　(3)　$16ab^3$　(4)　$9\sqrt{5}$　(5)$(x=)\dfrac{7\pm\sqrt{41}}{2}$　(6)$(\angle x=)30$(度)

(7)　ウ，オ　(8)①　0$(\leqq y \leqq)$18　②　24

配点　(1)～(6)4点×6　(7)2点×2　(8)3点×2　小計34点

※(7)は順不同，各2点

〔２〕 (1)$(n=)$6，7，8　(2)　$\dfrac{2}{9}$

(3)(証明)（正答例）

△ＡＢＥと△ＤＡＦにおいて，

仮定より，　∠ＡＥＢ＝∠ＤＦＡ＝90°　……①

四角形ＡＢＣＤは正方形だから，ＡＢ＝ＤＡ　……②

∠ＢＡＤ＝90°より，　∠ＢＡＥ＝180°－∠ＢＡＤ－∠ＤＡＦ＝90°－∠ＤＡＦ　……③

三角形の内角の和より，　∠ＡＤＦ＝180°－∠ＤＦＡ－∠ＤＡＦ＝90°－∠ＤＡＦ　……④

③，④より，　∠ＢＡＥ＝∠ＡＤＦ　……⑤

①，②，⑤より，直角三角形の斜辺と1つの鋭角がそれぞれ等しいから，

△ＡＢＥ≡△ＤＡＦ

(4)　右の図

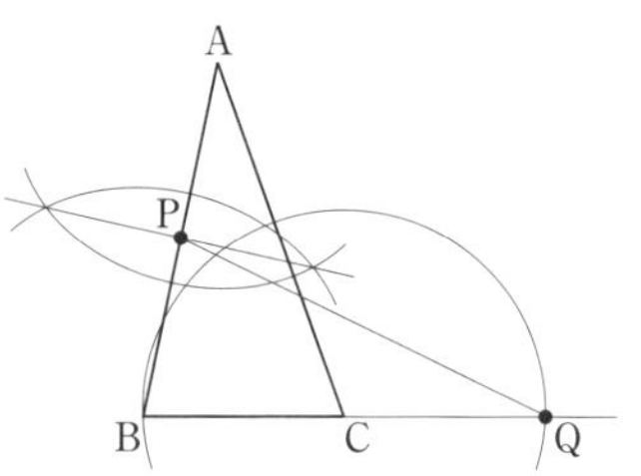

配点　(1)4点　(2)4点　(3)6点　(4)5点　小計19点

〔３〕 (1)$(y=)$12　(2)ア　$6x$　イ　8　ウ　$\dfrac{3}{2}x+6$　(3)　右下の図

配点　(1)3点　(2)3点×3　(3)4点　小計16点

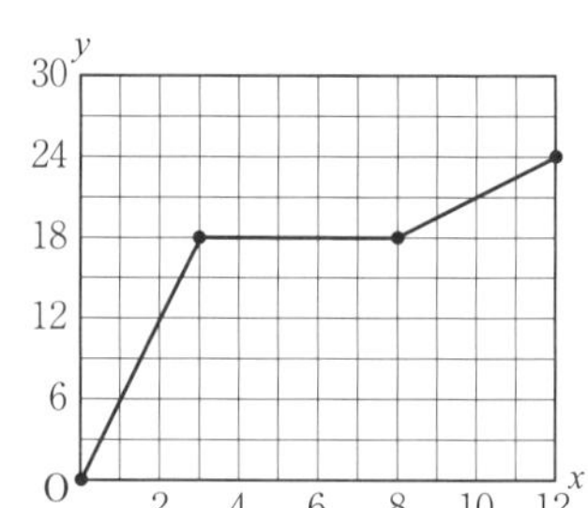

〔４〕 (1)ア　45　イ　1007

(2)(証明)(正答例)

（誕生日をa月b日とする。）

手順Ⅰより，$P=3a+b$，$Q=2a+b$

手順Ⅱより，$P^2-Q^2=(3a+b)^2-(2a+b)^2$

$=9a^2+6ab+b^2-(4a^2+4ab+b^2)=5a^2+2ab$

手順Ⅲより，$(5a^2+2ab)\div a=5a+2b$

手順Ⅳより，$(5a+2b)\times 20=100a+40b$

手順Ⅴより，$(100a+40b)-39b=100a+b$

bは1以上31以下の整数だから，Ⅴの計算結果で，百の位以上の数が誕生日の「月」，

下2けたの数が誕生日の「日」を表している。

（したがって，先生の「誕生日当てマジック」は，すべての誕生日で成り立つ。）

(3)③　5，④　$19b$

配点　(1)3点×2　(2)6点　(3)4点　小計16点

※(3)は完答で4点

〔５〕 (1)①　54π (cm³)　②　18π (cm²)　(2)$(a=)$70

配点　5点×3　小計15点

解説

〔１〕 (1)　$-10+3-1=3-10-1=3-11=-8$

(2)　$2(a-2b)-(6a-5b)=2a-4b-6a+5b=2a-6a-4b+5b=-4a+b$

(3)　$18ab^2\times\dfrac{8}{9}b=18\times\dfrac{8}{9}\times ab^2\times b=16ab^3$

(4)　$\sqrt{60}\div\sqrt{3}+7\sqrt{5}=\sqrt{20}+7\sqrt{5}=2\sqrt{5}+7\sqrt{5}=9\sqrt{5}$

(5)　左辺を因数分解できないので，解の公式を使って解く。

$x^2-7x+2=0$より，$x=\dfrac{-(-7)\pm\sqrt{(-7)^2-4\times1\times2}}{2\times1}=\dfrac{7\pm\sqrt{49-8}}{2}=\dfrac{7\pm\sqrt{41}}{2}$

(6)　平行四辺形の向かい合う角は等しいから，∠ＢＣＤ＝∠Ａ＝105°　ＡＢ//ＤＣより，平行線の同位角は等しいから，∠Ｂ＝∠ＤＣＦ＝180°－105°＝75°　△ＦＥＢはＢＦ＝ＥＦの二等辺三角形だから，$\angle x=180°-75°\times2=30°$

(7)ア　ひげの左端から右端までの長さが範囲を表している。範囲が大きいのは1組の方だから，正しくない。

イ　第1四分位数は，1組が75点より大きく，2組が75点より小さい。よって，1組の方が大きいから，正しくない。

ウ　中央値（第2四分位数）は，1組，2組とも80点より大きい。よって，各組の半数以上，つまり，1組と2組を合わせて(15＋15＝)30人以上が80点以上だから，正しい。

エ　2組の中央値は85点であるが，これはデータの値を小さい順に並べたときの15番目と16番目の平均値であり，例えば，15番目が84点，16番目が86点の場合が考えられる。よって，85点だった生徒が必ずしもいるとは限らないから，正しくない。

オ　第3四分位数は，1組，2組とも，データの値を小さい順に並べたときの23番目の値である。よって，90点以上だった生徒の人数は，1組が多くても7人，2組が少なくても8人だから，正しい。

第6回模試

(8)①　yの値は，$x=-6$のとき，$y=\frac{1}{2}\times(-6)^2=18$で最大となり，$x=0$のとき，$y=0$で最小となる。よって，求める$y$の変域は，$0\leqq y\leqq 18$

②　点Aは，関数$y=\frac{1}{2}x^2$のグラフ上の点だから，$x=4$を代入すると，$y=\frac{1}{2}\times4^2=8$より，A(4, 8)　点Aは，関数$y=\frac{a}{x}$のグラフ上の点でもあるから，$x=4$，$y=8$を代入すると，$8=\frac{a}{4}$，$a=32$　点Bは，関数$y=\frac{32}{x}$のグラフ上の点だから，$x=8$を代入すると，$y=\frac{32}{8}=4$より，B(8, 4)　よって，C(4, 0)，D(8, 0)　四角形ACDBはBD//ACの台形だから，その面積は，$\frac{1}{2}\times(\mathrm{BD}+\mathrm{AC})\times\mathrm{CD}=\frac{1}{2}\times(4+8)\times(8-4)=24$

☆一言アドバイス☆

x軸に平行な線分の長さ　⇒　両端の点のx座標の差で求める。
y軸に平行な線分の長さ　⇒　両端の点のy座標の差で求める。

〔2〕(1)〔求め方〕　$4<\sqrt{3n}<5$より，$\sqrt{4^2}<\sqrt{3n}<\sqrt{5^2}$だから，$4^2<3n<5^2$　よって，$16<3n<25$　これを満たす自然数nは，$n=6, 7, 8$

(2)〔求め方〕　右の図のように，Aさん，Bさんの手の出し方は全部で9通りあり，このうち，あなたが勝ちでBさんが負けとなる場合は，○印をつけた2通り。よって，求める確率は，$\frac{2}{9}$

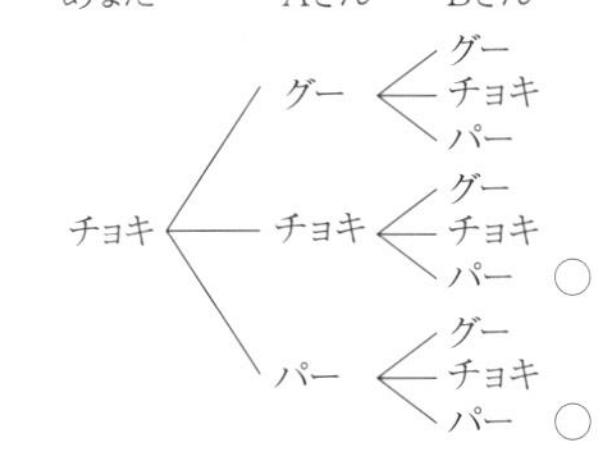

(3)　解答の③～⑤の式の代わりに，次の⑥～⑧の式を用いてもよい。

ここで，　$\angle\mathrm{ABE}=180^\circ-\angle\mathrm{AEB}-\angle\mathrm{BAE}=90^\circ-\angle\mathrm{BAE}$　……⑥

$\angle\mathrm{DAF}=180^\circ-\angle\mathrm{BAD}-\angle\mathrm{BAE}=90^\circ-\angle\mathrm{BAE}$　……⑦

⑥，⑦より，$\angle\mathrm{ABE}=\angle\mathrm{DAF}$　……⑧

(4)　AP＝BPのとき，△ACP＝△BCPとなるから，△ABC＝2△BCP　よって，辺BCをCの方向に延長した直線上に△PBQ＝2△BCPとなる点Qをとればよい。△PBQ＝2△BCPのとき，△BCP＝△CQPだから，BC＝CQとなる点Qをとればよい。

☆一言アドバイス☆

合同を証明する三角形が直角三角形であるとき，一般的な三角形の合同条件だけでなく，直角三角形の合同条件が使えないか考える。

<直角三角形の合同条件>

①　直角三角形の斜辺と1つの鋭角がそれぞれ等しい。

②　直角三角形の斜辺と他の1辺がそれぞれ等しい。

〔3〕(1)　底面P側の水面が仕切り板の高さに達するのは，(100×18)÷600＝3(分後)である。よって，$x=2$のとき，底面P側にだけ水が入っていて，その水面の高さは，$y=(600\times2)\div100=12$

(2)ア　(1)より，$0\leqq x\leqq 3$のとき，底面P側にだけ水が入っていて，その水面の高さは，$y=(600\times x)\div100=6x$

イ　$y=18$(一定)であるのは，底面P側から水があふれ出て底面Q側に入っているときである。底面Q側の水面が仕切り板の高さに達するのは，$3+\{300\times(18-8)\}\div 600=3+5=8$（分後）である。よって，$y=18$ であるのは，$3\leqq x\leqq 8$のとき。

ウ　$8\leqq x\leqq 12$のとき，水面の高さは仕切り板の高さ以上だから，水面の高さは，毎分$600\div(100+300)=\frac{3}{2}$(cm)の割合で高くなる。よって，求める式は$y=\frac{3}{2}x+b$と表される。この式に$x=8$, $y=18$を代入すると，

$18=\frac{3}{2}\times 8+b$，$b=6$　したがって，$y=\frac{3}{2}x+6$

(3)　(2)より，原点，点(3，18)，(8，18)，(12，24)を順に結ぶ折れ線をかけばよい。

第6回模試

☆一言アドバイス☆

関数の利用の問題で，グラフをかいたり式に表したりする場合，ようすが変化するときに注目する。
この問題では，水が入る部分の底面積が変わるときが注目すべきポイントである。

〔4〕 (1)ア　ユイさんの誕生日は5月30日だから，$a=5$，$b=30$を$3a+b$に代入すると，$P=3\times 5+30=45$

イ　Ⅴの計算結果で，百の位以上の数が誕生日の「月」，下2けたの数が誕生日の「日」を表すから，誕生日が10月7日であるリクさんの，Ⅴの計算結果は，$100\times 10+7=1007$となる。

(2)　手順Ⅱで，$P^2-Q^2=(3a+b)^2-(2a+b)^2=\{(3a+b)+(2a+b)\}\{(3a+b)-(2a+b)\}=(5a+2b)a$と計算してもよい。また，Ⅴの計算結果$100a+b$で，百の位以上の数が誕生日の「月」，下２けたの数が誕生日の「日」を表すためには，bが100以上であってはいけない。よって，「bは1以上31以下の整数だから」などの根拠が必要である。

(3)　$P=6a+b$，$Q=4a+b$に変えたから，$P^2-Q^2=(6a+b)^2-(4a+b)^2=36a^2+12ab+b^2-(16a^2+8ab+b^2)=20a^2+4ab$　手順Ⅲより，$(20a^2+4ab)\div a=20a+4b$　手順Ⅳで，aの係数を100にしたいから，Ⅲの計算結果に③$\underline{5}$をかけて，$(20a+4b)\times 5=100a+20b$　手順Ⅴで，bの係数を1にしたいから，Ⅳの計算結果から④$\underline{19b}$の値をひいて，$(100a+20b)-19b=100a+b$

☆一言アドバイス☆

十の位の数がa，一の位の数がbである2けたの自然数は，$10a+b$と表される。
同様に考えて，百の位以上の数がA，下2けたの数がBである自然数は，100A＋Bと表される。
ほかにも，千の位以上の数がX，下3けたの数がYである自然数は，1000X＋Yと表される。

〔5〕 (1)①〔求め方〕　図2の立体の体積は，底面が半径6cmの円，高さが6cmの円柱の体積の$\frac{90}{360}=\frac{1}{4}$だから，

$(\pi\times 6^2)\times 6\times\frac{1}{4}=54\pi$ (cm^3)

②〔求め方〕　図2の立体の曲面部分の面積は，底面が半径6cmの円，高さが6cmの円柱の側面積の$\frac{1}{4}$だから，

$6\times(2\pi\times 6)\times\frac{1}{4}=18\pi$ (cm^2)

(2)〔求め方〕　図4の立体の表面積は，半径6cm，中心角90°のおうぎ形の面積2つ分と，半径6cm，中心角a°のおうぎ形の面積と，曲面部分の面積の和で求められる。曲面部分の面積は，半径6cmの球の表面積の$\frac{1}{2}\times\frac{a}{360}=\frac{a}{720}$である。よって，図4の立体の表面積は，$\pi\times 6^2\times\frac{90}{360}\times 2+\pi\times 6^2\times\frac{a}{360}+4\pi\times 6^2\times\frac{a}{720}=18\pi+\frac{a}{10}\pi+\frac{a}{5}\pi=\left(\frac{3}{10}a+18\right)\pi$ (cm^2) と表される。これが39π cm^{2}だから，$\left(\frac{3}{10}a+18\right)\pi=39\pi$，$\frac{3}{10}a+18=39$，$\frac{3}{10}a=21$，$a=70$

☆一言アドバイス☆

複雑な形をした立体の表面積を求めるときは，すべての面の面積を1つずつ求めて，それらを足す方法が有効である。

第６回新潟県統一模試

英　語

解答

〔１〕 (1)1　エ　2　ア　3　イ　4　ウ　　(2)1　ウ　2　イ　3　エ　4　ウ

(3)1　No, it will not〔won't〕.　2　He needs to write about his dream (in English).

配点　3点×10　　小計30点

〔２〕 (1)　イ

(2) a (解答例)　I'm interested in Event D the most.

b (解答例)　I think many foreign people will come to the Christmas party.　I want to enjoy talking with them.　I also want to make a lot of friends from different countries there.

配点　(1)3点　(2) a 3点　b 6点　　小計12点

〔３〕 (1)　A　イ　D　ウ　　(2)　エ

(3)　The idea was making a map to introduce good things about our town to tourists.

(4)　クミの計画を実行するためにたくさんのお金を必要とするから。

(5)　(もし)クラウドファンディングを使えば，世界中の多くの人々に頼むことができるということ。

(6)　G　make our plan interesting for　H　happy to hear that　　(7)　ウ

配点　(1)2点×2　(2)3点　(3)3点　(4)4点　(5)4点　(6)3点×2　(7)3点　　小計27点

〔４〕 (1)　ウ　　(2)　多くの種類の本やアイデアを共有できるから。

(3)(解答例)　take care of　　(4)　エ

(5)①　Yes, he is.

②　She will〔she'll〕 build it by her house.

③　He got a bike.

(6)(解答例)　My tennis racket is very important to me because it was a birthday present from my parents.　I really like the racket, and I'll use it for a long time.

配点　(1)4点　(2)3点　(3)4点　(4)3点　(5)3点×3　(6)8点　　小計31点

解説

〔１〕 (1)1　「これは何ですか」という質問。服を洗うときに使う物なので，エの「洗濯機」が適切となる。

2　「ジムはオーストラリアでどのくらいの間，日本語を勉強しましたか」という質問。ジムはオーストラリアにいるときに２年間日本語を勉強した。

3　「この間の日曜日に，ブラウンさんはどうやって東京に行きましたか」という質問。Last Sunday, he went to Tokyo by car.を聞き取る。

4　「なぜメアリーは昨日，うれしく感じましたか」という質問。メアリーはタロウの家族と日本語で話したが，彼らがメアリーの日本語を理解してくれたので，メアリーはとてもうれしかった。

(2)1　「マークは今までに大阪に行ったことはありますか」という質問。現在完了形の経験用法の疑問文。マークは去年の夏に大阪に行ったので，大阪に行った経験があることになり，Yesの答えとなる。

2　「なぜジョーの母親は家に戻らなければなりませんか」という質問。ジョーの母親は，家にかばんを置いてきたので，それを取りに家に戻るつもりである。

3　「ナンシーの家族はいくつリンゴを持っていますか」という質問。ミヤタさんからもらったリンゴ10個と，ナンシーが買ってきたリンゴ４個を合わせると，14個あることになる。

4　「ボブは宿題を終えたあとに何をするでしょうか」という質問。エミリーがThen, can you go shopping with me?と言っているのに対して，ボブはSure.（中略）But, I need to finish my math homework first.と言っている。

(3)1　「トムのクラスは１時20分に歌い終わりますか」という質問。放送文で，After lunch, we'll practice singing for twenty minutes every day.　It begins at 1:10.と言っている。歌の練習は１時10分に始まって練習時間は20分間なので，１時30分に終わることになり，Noの答えとなる。

2　「トムは英語の宿題のために何をする必要がありますか」という質問。放送文で，The other thing is about our English homework.　We need to write about our dream.と言っている。答えの文では，質問文の主語Tomに合わせて，We→He，our→hisにすることを忘れないようにすること。

第6回模試

☆一言アドバイス☆
(2)4のように，ある時点での行動を問う問題はよく出題される。時を表す語句や行動の流れを，正確にメモを取ろう。

〔2〕 (1) I want to join ［　　］.に続くダニエルの発言を参照。音楽に興味があり，屋外で何かをしたいと言っているので，太鼓フェスティバルに参加したいことがわかる。【チラシ】のEvent B（太鼓フェスティバル）を選ぶのが適切となる。

(2) a　Which event are you interested in the most?「どのイベントにいちばん興味がありますか」に対する答えになるので，I'm interested in ～ the most.の形で答える。～にはEvent A～Dの中から，興味のあるものを一つ選んで入れる。

b　Why do you want to join it?「なぜあなたはそれに参加したいのですか」に対する答えになるので，そのイベントに参加してみたい理由を含めて英文を書く。習っている文法や単語・表現を使って英文を組み立てる。

〈全訳〉

【チラシ】

今年のワカバ市のイベント

ほかの国々出身の人々と会って楽しみましょう。

イベントA：スポーツイベント	イベントB：太鼓フェスティバル
スポーツイベントを開催します。綱引き，リレー競走，そして他にもたくさんのおもしろい競技があります！	屋外で太鼓を聞いて楽しむことができます。有名な太鼓の先生が，私たちに太鼓の叩き方を教えてくれます。
イベントC：市のツアー	**イベントD：クリスマスパーティー**
ワカバ市のツアーがあります。おもしろい場所を訪れたり，ワカバ市の地元の料理を楽しんだりします。	ワカバホールで，ゲームをしたり，クリスマスソングを歌ったり，特別なクッキーを作ったりして楽しみましょう。

◆イベントに参加する前に，私たちの事務所に電子メールを送る必要があります。

【会話】

＊＊＊：すべてのイベントがおもしろそうですね。あなたはどのイベントに参加したいですか。

ダニエル：ぼくはイベントBに参加したいです。音楽に興味があり，屋外で何かをしたいです。あなたはどうですか。どのイベントにいちばん興味がありますか。

＊＊＊：(解答例)　私はイベントDにいちばん興味があります。

ダニエル：なぜあなたはそれに参加したいのですか。

＊＊＊：(解答例)　多くの外国人がそのクリスマスパーティーに来ると思います。彼らと話して楽しみたいです。そこで多くの外国人の友だちも作りたいです。

☆一言アドバイス☆
資料を読み解く問題のパターンには，今回のようなイベント等の情報に関するものや，図表などの資料を使ったものなどがある。いくつかのパターンに慣れておこう。

〔3〕 (1)A　直前にbe動詞のwereがあることから，受け身形か進行形の文が考えられる。主語がtwo high school studentsなので，動詞部分を「招待された」という意味の受け身形にすると，自然になる。受け身形は〈be動詞＋過去分詞〉。規則動詞の過去分詞は過去形と同じ形である。

D　前文の「すでに同じアイデアを持っている」から考える。different「違った」

(2) 直後のYou will have a wonderful experience.「きみはすばらしい体験をするでしょうね」から，リッチ先生はクミがプロジェクトに参加することを好ましいと思っていることがわかる。

(3) the same idea「同じアイデア」は，クミの最初のアイデアと同じ内容である。クミの三つ目の発言の2文目を参照する。

(4) 「大きな問題があるのです」 その理由はbecause以下に述べられている。

(5) 「これはそれに関する利点の一つですね」 直前の文の内容を指している。

(6)G 並べ替える語の中に，形容詞のinterestingと動詞のmakeがあることに着目し，〈make＋目的語＋形容詞〉「～を…(の状態)にする」の形にする。そのあとにfor many peopleを続ける。

H be happy to ～「～してうれしい」 原因・理由を表す不定詞の副詞的用法である。

(7) ア：「リッチ先生は，生徒会の集会でクミは特別なプロジェクトのメンバーになるべきだと言いました」 クミにプロジェクトを紹介したのは，生徒会の先生である。イ：「特別なプロジェクトのメンバーたちはクミにコーヒーショップを作る彼らの計画について話しました」 コーヒーショップを作るのは，クミの二つ目のアイデアである。ウ：「リッチ先生がクミにクラウドファンディングについて話してくれる前は，クミはそれについてあまり知りませんでした」 クミはクラウドファンディングについてリッチ先生に質問しており，本文の内容に一致している。エ：「クミは次の会議でリッチ先生と，クラウドファンディングと自分の最初のアイデアについて再び話すでしょう」 クミは二つ目のアイデアについて再度話すつもりである。また，リッチ先生が会議に出るとは書いていない。

〈全訳〉

クミは高校生です。リッチ先生は彼女の学校のALTです。今，彼らは学校で話しています。

リッチ先生(以下先)：こんにちは，クミ。きみはこの町の特別なプロジェクトのメンバーになったそうですね。

クミ(以下K)：はい。そのプロジェクトの目的はこの町のよりよい未来を作ることです。私たちはそれについて考えています。このプロジェクトの大部分のメンバーは大人です。今年，２人の高校生がそのプロジェクトに招かれました。

先：なるほど。なぜきみはメンバーになることを決めたのですか？

K：私は生徒会に入っています。高校生はこの町のために何ができるのか？ 生徒会の集会で私たちのメンバーがそれについて話したとき，生徒会の先生がそのプロジェクトを紹介してくれました。それに参加すれば，私は多くのことができると思いました。

先：いいですね。特別なプロジェクトのメンバーになることはきみにとってよいと思います。きみはすばらしい体験をするでしょうね。この町のためのきみのアイデアは何ですか？

K：ええと，昨日私はプロジェクトの会議で，メンバーたちに私の最初のアイデアについて話しました。そのアイデアは旅行者にこの町のよいものを紹介する地図を作ることでした。でもメンバーの１人が「私たちはすでに同じアイデアを持っている。私たちには違った観点が必要なんだ」と言いました。そこで，私は旅行者がこの町の人々と会うためのコーヒーショップのような場所を作る別のアイデアについて話しました。

先：よいアイデアですね！ ほかのメンバーはそのアイデアを気に入りましたか？

K：いいえ，気に入りませんでした。私の計画を実行するためにたくさんのお金を必要とするので，大きな問題があるのです。

先：その通りですが，きみはクラウドファンディングについて知っていますか？ それは，人々が何かをしたいときに，たとえば，新しい映画を作ったり音楽フェスティバルを開催したりしたいときに，インターネットを通して人々に助けを求めることによってお金を得る方法です。クラウドファンディングを使えば，世界中の多くの人々に頼むことができます。これはそれに関する利点の一つですね。

K：とてもおもしろそうですね。私はどうやってそれを使うことができますか？

先：最初に，多くの人々を引きつけるすばらしい計画を立てるべきです。きみはまた，その計画を実行するために必要なお金についても考えなければなりません。

K：わかりました。私たちは私たちの計画を多くの人々にとっておもしろくして，必要なお金について考えなければならないのですね。そしてそれからは？

先：きみの計画をクラウドファンディングの組織に送らなければならず，それからその組織がそれを審査します。組織の審査員がそれを合格させれば，きみの計画をウェブサイトに載せて，人々に助けを求めることができます。

K：わかりました。どのようにクラウドファンディングの組織は審査するのですか？

先：たとえば，彼らは計画の実行の可能性を審査します。

K：クラウドファンディングが私のアイデアにとってよいことを理解しました。私は次の会議でクラウドファンディングと私のアイデアについて再び話します。

先：それを聞いてうれしいです。会議できみの発表がうまくいくことを願いますよ。

K：ありがとうございます，リッチ先生。

☆一言アドバイス☆
本文中の下線部分に関連する文を，本文中から抜き出させる設問は，長文読解問題だけでなく対話文読解問題でも出題されることがある。全体的に文章に目を通す必要がある。

〔4〕 (1) ウ「京都の多くの人々は古いものを大事にして，環境のためによいことをします」

(2) 「私はリトルフリーライブラリー（小さな自由な図書室）はよいと思います」の理由は，soの前の部分で述べられている。

(3) マサオの発表の4～5行目と，最後の文を参照する。waste things「物をむだに使う」をdon't take care of things「物の手入れをしない」で言い換える。

(4) 付喪神の話は自分にとっておもしろいとマサオが言っていることから考える。

(5)① 「コウジは京都の人々の行動に興味を持っていますか」 コウジの発表の10～11行目を参照。

② 「サオリは自分のリトルフリーライブラリーをどこに作るでしょうか」 サオリの発表の8行目を参照。

③ 「マサオは祖父から誕生日のプレゼントとして何をもらいましたか」 マサオの発表の2～3行目を参照。

(6) 「あなたにとって何が大切ですか。そしてなぜですか」という質問。まず大切なものについて述べ，それが大切な理由を続ける。解答例の訳は「私のテニスラケットは私にとってとても大切です。なぜならそれは両親からの誕生日プレゼントだったからです。私はそのラケットが本当に気に入っていて，長い間それを使うつもりです」。

〈全訳〉

コウジ，サオリ，マサオは新潟の中学生です。彼らは彼らの学校の同じクラスにいます。ナガセ先生は彼らの英語の先生です。先週，彼らは英語の授業で物を大事にすることについて勉強しました。今日は，コウジ，サオリ，マサオがその話題について発表をしました。

【コウジの発表】

「DO YOU KYOTO?」という質問を今までに聞いたことはありますか。京都の人々はどうやって物をむだに使うことを避けているのでしょうか。ぼくは何冊かの本からそれを学びました。彼らのプロジェクトのうちの二つについて話します。

最初のプロジェクトは運動着のリサイクルプロジェクトです。運動着が古くなると，人々はそれらを使うのをやめます。そこで，京都の一部の生徒たちはそれらを集めて新しい運動着へとリサイクルすることを始めました。

二つ目のプロジェクトはウェブサイトです。それはもっぺんと呼ばれています。そのことばはその地域の人々によって「もう一度」と言うために使われています。人々はそのウェブサイトで修理店と再利用店を簡単に見つけることができます。これらの店を使うことで，物を再び使うことができます。

このように，京都の多くの人々は古いものは使う価値があると考えます。彼らの行動は自然にとってよいです。ぼくはそれらに興味があります。今なら，その質問の意味がわかりますよね？ それは「あなたは環境にとってよいことをしていますか」を意味します。ぼくは新潟のぼくたちの学校で，制服のリサイクルプロジェクトを始めたいです。

【サオリの発表】

私はリトルフリーライブラリー（小さな自由な図書室）について話します。この写真を見てください。それは鳥の巣箱のように見えますが，一種の図書室です。これはアメリカで2009年に始まりました。今では，世界中でそのような図書室を見ることができます。

これらの小さな自由に参加できる図書室のたった一つのルールは「本を持っていって，本を戻す」です。一部の人々が自分自身の図書室を作り，その中に自分自身の本を入れます。リトルフリーライブラリーの近くの人々はとても短い間，または長い間ですらも本を借りることができます。私たちは多くの種類の本やアイデアを共有できるので，リトルフリーライブラリーはよいと思います。今年，私は私の家のそばに私のリトルフリーライブラリーを作るつもりです。読書が好きなら，私のリトルフリーライブラリーを訪れて，読書を楽しんでください。

【マサオの発表】

ぼくの祖父はおもちゃのお医者さんです。そのお医者さんたちはボランティアで，彼らは子どもたちのために壊れたおもちゃを修理します。彼は誕生日のプレゼントとしてぼくに自転車をくれて，手入れの仕方を教えてくれました。それはぼくにとってますます大切になっています。

祖父はよく「物をむだに使うと，道具のおばけがやってきて悪いことをするよ」と言います。伝統的な日本の話によると，長い時間がたつと物に魂が宿るそうです。私たちはそれらを付喪神と呼びます。彼らは人々が物の手入れをしないと怒ります。子どもたちに「むだに使うな」と教えるために付喪神について話してきた人々がいます。この古い話はぼくにはおもしろいです。伝統的な考え方は今でも重要です。ぼくは年下の人たちに古い物を手入れするべきだと言いたいです。

授業の終わりに，ナガセ先生は「あなたたちの考え方を教えてくれてありがとう。あなたたちの発表は本当にすばらしかったです」と言いました。そしてそれから，彼女はすべての生徒たちに「さて，みなさんに質問したいと思います。みなさんにとって何が大切ですか。そして，なぜですか。みなさんの答えを教えてください」と言いました。

☆一言アドバイス☆

ここ数年の入試の長文読解問題では，複数の人による発表やメールのやり取りなどを読み取る形式の問題が出題されている。だれがどのような発言や行動をし，どんな考えを持っているかをしっかり捉えよう。

〈放送文〉

(1)1 You use this when you wash your clothes.

Question : What is this?

2 Jim studied Japanese for two years when he was in Australia. Three years ago, he came to Japan to study Japanese more. So, he speaks Japanese very well.

Question : How long did Jim study Japanese in Australia?

3 Mr. Brown likes traveling. Last Sunday, he went to Tokyo by car. He was very tired, so next time he wants to go there by train or bus.

Question : How did Mr. Brown go to Tokyo last Sunday?

4 Mary is from America. Yesterday she went to her friend Taro's house, and had dinner with his family. His family doesn't speak English, so she talked with them in Japanese. Her Japanese wasn't so good, but they understood her Japanese. she was very happy.

Question : Why did Mary feel happy yesterday?

(2)1A : How was your vacation, Yumi?

B : Well, Mark. I went to Osaka to see my brother. I had a good time.

A : I went to Osaka last summer. There are many things to see in that city.

Question : Has Mark ever been to Osaka?

2A : Mother, what time will the bus come?

B : At 2:50. Oh, Joe. Wait! Where is my bag?

A : You left it at home. I saw it by the TV.

B : Oh, you are right. Wait here. I'll go back and get it.

Question : Why must Joe's mother go back home?

3A : Father, you have a big box. What's in it?

B : There are ten apples, Nancy. I got them from my friend, Mr. Miyata.

A : Really? I have just bought four apples!

B : Now we have so many apples. We can make an apple pie.

A : That's a good idea.

Question : How many apples does Nancy's family have?

4A : Bob, have you cleaned your room?

B : Yes, Emily.

A : Then, can you go shopping with me? I have many things to buy.

B : Sure. I'll carry them for you. But I need to finish my math homework first.

A : Of course.

Question : What will Bob do after finishing his homework?

(3) Hi, Tom. This is Makoto. I heard you were sick at home today. Are you OK now? I want to tell you two things about next week. Our class will practice singing for a contest. After lunch, we'll practice singing for twenty minutes every day. It begins at 1:10. The other thing is about our English homework. We need to write about our dream. We'll use it in English class next Wednesday. See you next Monday. Bye.

Question 1 Will Tom's class finish singing at one twenty?

2 What does Tom need to do for his English homework?

第６回新潟県統一模試

社　会

解答

〔１〕 (1) ウ　(2) B(と)D　(3) ウ　(4)①a　ペルー　c　アメリカ　②　モノカルチャー経済
配点　(1)2点　(2)3点　(3)2点　(4)①a 3点　c 3点　②3点　小計16点
※(2)は順不同，両方正解で3点。

〔２〕 (1) エ　(2) 関東ローム　(3) ア
(4)(正答例)　公共交通機関に乱れが生じ，帰宅が困難になる人が(多く)出る。　(5)①　エ　②　イ
配点　(1)2点　(2)3点　(3)2点　(4)4点　(5)①3点　②3点　小計17点

〔３〕 (1) ウ　(2) イ　(3) 二毛作　(4) イ　(5) ウ
(6)(正答例)　貿易や貨幣の発行権を独占することによって，(幕府の)経済力を強めることができる
(7) ア
配点　(1)2点　(2)2点　(3)3点　(4)2点　(5)2点　(6)4点　(7)2点　小計17点

〔４〕 (1) エ　(2) ア　(3)(正答例)　輸出額が(急激に)増加し，輸入額を(大幅に)上回った。
(4)①　イ　②X　オ　Y　エ　(5) バブル(経済)
配点　(1)2点　(2)2点　(3)4点　(4)①2点　②X 2点　Y 2点　(5)3点　小計17点

〔５〕 (1)①　ウ　②a　イ，b　ア
(2)①X　ア，Y　ウ，Z　イ　②(正答例)　年齢が低い人ほど割合が高くなる　③　芸術
(3)①　イギリス　②　ウ　③　国事行為
(4)①　エ　②　社会権　③(正答例)　男性の育児休業取得率が女性と比べて(かなり)低くなっている
配点　(1)①2点　②2点　(2)①2点　②3点　③2点　(3)①2点　②2点　③2点
(4)①2点　②2点　③3点　小計24点
※(1)②は両方正解で2点。(2)①は全部正解で2点。

〔６〕 (1) アイヌ　(2) 差別
(3)(正答例)　暖かく湿った空気が寒流の上で冷やされて，濃霧が発生するから。
配点　(1)3点　(2)2点　(3)4点　小計9点

解説

〔１〕 (1) 地図１中のⓐは東経120度線，ⓑは西経120度線，ⓒは本初子午線である。大陸Pはⓑとⓒの間に位置しているので，太平洋と大西洋にはさまれた南アメリカ大陸であることがわかる。また，日本の標準時子午線は東経135度の経線であるから，日本の位置はⓐとⓑの間となる。

(2) 線分A～Dは，いずれも西経160度の経線と180度の経線を結び，Aは北緯60度，Bは北緯40度，Cは0度，Dは南緯40度。緯線と経線が直角に交わる地図では，緯線上の同じ経度を結んだ線分の実際の長さは，高緯度になるほど短くなる。A～Dのうち，緯度が同じ40度であるBとDは，実際の長さも等しい。

(3) この家畜は，アンデス地方で飼育されているリャマで，高地の寒さにも強く，主に山道などで荷物を運ぶときに使われている。

(4)① 人口が最も多いbはインド，一人当たり国民総所得が最も高いcはアメリカ。残ったaとdのうち，銅鉱の輸出額割合が大きいaがペルーで，熱帯産のパーム油が上位３品目に含まれるdがマレーシア。

② ザンビアの輸出品の第１位の銅だけで輸出額の73.5％を占めている。このように特定の資源の輸出に頼った経済は，資源の産出量や価格の変動による影響が大きく，不安定になりやすい。アフリカ州には，このようなモノカルチャー経済の国が多くなっている。

☆一言アドバイス☆
特定の資源の輸出に頼っている国を調べて，その国の主要輸出品目と経済状況を確認しよう。

〔２〕 (1) 冬に，日本海側から山脈を越えて関東平野に吹きおろす冷たく乾燥した北西風をからっ風という。栃木県北部の那須野原では「那須おろし」，群馬県の赤城山ろくの平野では「赤城おろし」，関東平野中央部の利根川沿いでは「筑波おろし」とも呼ばれる。

(2) 関東ロームの構成物は火山灰で，風化によって粘土質になり，鉄分が酸化して赤くなっている。関東平野の台地に広く分布しており，それらの台地は主に畑作地帯となっている。

(3) A(茨城県)，B(群馬県)，C(埼玉県)は，日本有数のはくさい産地である。それらの県では，大消費地である東京都に近く，新鮮な状態で野菜を出荷できるという好条件をいかした近郊農業がさかんである。

(4) **資料**Ⅰから，神奈川・埼玉・千葉の３県から東京都へ通勤・通学する人が非常に多いことがわかる。また，**資料**Ⅱから，それらの県の通勤・通学者が主に利用しているのが鉄道であることがわかる。これらのことから，地震や台風などの大規模な自然災害が発生して，東京都で鉄道などの公共交通機関が渋滞したり止まったりすると，多くの帰宅困難者が出ると考えられる。

(5)① ア…市役所は◎で表されており，ＪＲ勝浦駅からみて右側(ほぼ真東)に位置している。イ…🕮は博物館ではなく図書館を表している。ウ…２万５千分の１の地形図では，１kmは100,000cm÷25,000＝4 cmで表される。ＪＲ勝浦駅と勝浦海上保安署の間の直線距離は２cm未満なので，実際の直線距離は１km未満。エ…２万５千分の１の地形図では，等高線の計曲線は50mごとに引かれる。

② Qは広葉樹林を表す記号である。なお，アの針葉樹林はΛ，ウの桑畑はY，エの茶畑は∴で表される。

☆一言アドバイス☆
東京大都市圏における過密状況が引き起こす問題について，さまざまな具体例を調べてみよう。

〔**3**〕(1) 朝廷軍が白村江の戦いで大敗したあと，中大兄皇子は，唐や新羅の攻撃に備えて，西日本に山城や水城を築いた。また，九州北部に防人を配置して，防衛に当たらせた。なお，唐と新羅は高句麗も滅ぼしたが，しだいに対立するようになった。

(2) 菅原道真は遣唐使に任じられたが，唐のおとろえや往復の危険などを理由に派遣の延期を主張して認められた。これ以降，遣唐使は派遣されなくなった。

(3) 同じ田畑で米を収穫したあとに麦を栽培する二毛作は，鎌倉時代に西日本で始まり，室町時代に広い範囲で行われるようになった。

(4) 一向一揆とは，一向宗(浄土真宗)の信仰で結びついた武士や農民が起こした一揆で，加賀(石川県)の一向一揆では，一揆の勢力が守護大名を倒し，約100年にわたって自治を行った。

(5) Y(1543年)→X(1575年)→Z(1587年)の順となる。ポルトガル人によって日本に鉄砲が伝えられて以来，鉄砲は戦国大名に注目され，織田信長は鉄砲を有効に使った戦術により，長篠の戦いで武田勝頼を破った。しかし，ポルトガル人などとの南蛮貿易によってキリスト教が日本に広まると，豊臣秀吉は，宣教師(バテレン)追放令を出して，キリスト教を禁止しようとした。

(6) 江戸幕府は，京都・大阪・長崎などの経済的に重要な都市や，主な鉱山を直接支配し，金・銀を原料とする貨幣の発行の権利や，長崎でのオランダ・中国との貿易を独占した。

(7) 十返舎一九の「東海道中膝栗毛」や，曲亭(滝沢)馬琴の「南総里見八犬伝」は，化政文化を代表する文学作品。なお，イは元禄文化を代表する人形浄瑠璃の台本作家，エは元禄文化を代表する浮世草子の作家。

☆一言アドバイス☆
仏教やキリスト教と政治との関係を，法令や政策などをもとにしてまとめておこう。

〔**4**〕(1) 開国当初，日本と欧米諸国との金銀の交換比率のちがいが原因となって，大量の小判が国外に流出した。そのため，幕府は小判の質を落としたが，物価が急速に上昇し，人々の生活はかえって苦しくなった。

(2) 日本はロシアの東アジア進出を警戒する点で利害が一致するイギリスと日英同盟(1902年)を結んだ。また，日露戦争が始まると，アメリカからも戦費の調達などによる支援を受けた。

(3) 第一次世界大戦中，ヨーロッパからの輸出が止まったことで，日本からアジアやアフリカへの製品の輸出が増えて，輸出額が輸入額を大幅に上回った。また，ヨーロッパからの工業製品の輸入がとだえたため，国内の重化学工業が発展した。

(4)① 1938年に成立した国家総動員法は，日中戦争の長期化に対応するための法律で，政府は議会の議決を経なくても，人や物資を戦争のために動員できるようになった。なお，アとエは1925年，ウは1947年に成立した法律である。

② 1950年に朝鮮戦争が始まると，アメリカ軍が日本本土や沖縄の基地を使用し，日本はアメリカ軍向けの軍需物資を大量に生産した。そのため，日本経済は好況となり，復興が早まった。

(5) 昭和時代末期の1980年代後半，投機によって株価や地価が実際の価値以上に上昇し，不健全な好景気となった。景気が泡のようにふくらんだ状態であったことから，これをバブル経済という。金融の引きしめなどによって株価や地価が暴落し，バブル経済は1991年に崩壊した。

☆一言アドバイス☆

近代から現代にかけての日本の経済状況を，その政治的・社会的背景をおさえた上で理解しよう。

〔5〕(1)① 核家族世帯とは，夫婦のみ，夫婦と子，ひとり親と子の３種類の世帯をまとめたものである。1960年では53.1％，2020年では54.0％となる。ア…約2.5倍なので３倍以上ではない。イ…夫婦と子の世帯数は，1960年が約851万，2020年が約1,393万なので，2020年のほうが1960年よりも多い。エ…単独世帯数は，1960年が約358万，2020年が約2,117万なので，約5.9倍の増加。

② 少子化による生産年齢人口の減少により，1970年度では高齢者一人の基礎年金を支える現役世代の人数は8.5人であったが，2050年度では1.2人になると予測されている。

(2)① 節分は，季節の変わり目に邪気をはらうため，煎(い)った大豆をまいたりする行事。七夕は，織姫牽牛(おりひめけんぎゅう)伝説にちなんで，短冊などを笹(ささ)に飾る行事。七五三は，７歳・５歳・３歳の子どもの成長を祝う行事。

② 1998年，2008年，2018年のいずれにおいても，信仰心が「まったくない」と答えた人の割合が最も高いのは18～39歳で，40～59歳，60歳以上，と年齢が高くなるにつれて割合が低下する傾向がみられる。

③ 文化に属する代表的なものとして，人々の暮らしを便利で快適にするためにさまざまな技術の発達を研究・開発する「科学」，神や仏の存在について考えることでより良い生き方を追求する「宗教」，音楽・美術・演劇などの作品や表現によって人々を精神的な面で豊かにする「芸術」などがあげられる。

(3)① イギリスの貴族たちは，1215年，国王の権力を制限し，議会の同意なしに税金をかけないこと，正当な手続きなしに逮捕・監禁をしないことなどを国王に認めさせるマグナ・カルタ(大憲章)を制定した。また，1689年には，議会の同意なしに税金をかけないこと，国王も法を守ること，議会での発言の自由などを定めた権利章典が制定された。

② 第一次世界大戦後に成立したドイツ共和国で制定されたワイマール憲法は，当時の最も民主的な憲法であり，社会権を保障した最初の憲法として知られる。

③ 日本国憲法では，天皇は主権者ではなく，「日本国の象徴」，「日本国民統合の象徴」とされ，国の政治についての権限をもたず，憲法に定められた国事行為だけを行うこととされた。

(4)① 経済活動の自由には，財産権の保障も含まれる。なお，アとウは精神(精神活動)の自由，イは身体(生命・身体)の自由に含まれる。

② 社会権とは，人間らしい生活を送ることを保障する権利であり，1919年に制定されたワイマール憲法で初めて規定された。

③ 近年，育児休業取得率は，女性が80％を超えているのに対し，男性は20％未満であり，この差を縮めるための法的な整備や職場の環境づくりが，男女平等のために必要とされている。

☆一言アドバイス☆

男女平等の社会をつくるための取り組みの具体例を，資料を利用して調べてみよう。

〔6〕(1) 蝦夷地(北海道とその周辺)には，アイヌと呼ばれる先住民族が生活し，本州などに住む和人との交易を行ってきたが，明治時代に開拓が進むと，しだいに土地や漁場をうばわれていった。しかし，1997年にはアイヌ文化振興法が制定され，アイヌ民族の伝統・文化を伝えようとする動きが高まった。

(2) 明治政府は，アイヌ民族を「日本国民」に同化させようとした。北海道旧土人保護法は，アイヌ民族の保護を名目としていたが，あまり効果はなく，1997年に廃止され，新たにアイヌ文化振興法が制定された。

(3) 北海道の太平洋側では，夏は南東から吹きつける湿った季節風が寒流の親潮の影響で冷やされ，沿岸部に濃霧を発生させる。そのため，根室市では夏の日照時間が短くなり，気温は札幌市よりも低くなる。

☆一言アドバイス☆

アイヌ民族の歴史，北海道の開拓の歴史などを，主なできごとをもとにして調べてみよう。

第６回新潟県統一模試

理　科

解答

〔１〕 (1) ウ　(2) イ　(3) ウ　(4) エ　(5) 26秒後　(6) ア

配点　(1)2点　(2)2点　(3)2点　(4)2点　(5)3点　(6)2点　小計13点

〔２〕 (1) 振動数　(2) ア　(3) B：X　C：Z　D：Y

配点　(1)3点　(2)3点　(3)各2点　小計12点

〔３〕 (1) イ　(2) X：葉緑体　Y：ア　(3) エ　(4) 気孔

配点　(1)3点　(2)X3点Y2点　(3)2点　(4)3点　小計13点

〔４〕 (1)(正答例) ある質量のマグネシウムと結びつく酸素の質量には限りがあるから。

(2) 右図　(3) 3：2　(4) 3.50 g　(5) 3.20 g

配点　(1)3点　(2)3点　(3)2点　(4)3点　(5)3点　小計14点

〔５〕 (1) エ　(2) 酸化鉄　(3) イ　(4) エ

配点　(1)3点　(2)3点　(3)3点　(4)3点　小計12点

〔６〕 (1) 対立形質　(2) オ　(3) エ

(4)(正答例) しわのある種子をまいて育てたものとかけ合わせて，得られた種子がすべて丸い種子となればよい。

配点　(1)3点　(2)3点　(3)3点　(4)3点　小計12点

〔７〕 (1) エ　(2) B：ウ　C：イ

(3)(正答例) 陸は海よりもあたたまりやすいため，ユーラシア大陸上で上昇気流が発生しやすいから。

配点　(1)3点　(2)各3点　(3)3点　小計12点

〔８〕 (1) 誘導電流　(2)(正答例) コイル内の磁界が変化しないから。　(3) エ　(4) エ

配点　(1)3点　(2)3点　(3)3点　(4)3点　小計12点

解説

〔１〕 (1) 多細胞生物のからだは，同じはたらきをもつ多数の細胞が集まって組織をつくり，さらに組織がいくつか集まることで器官をつくる。さまざまな器官が集まることで，ヒトのような個体をつくる。

(2) 図の天気記号は晴れを表し，晴れは雨や雪は降っておらず，雲量が2 ～ 8のときの天気をいう。

(3) 重力，電気の力，磁力(磁石の力)は物体どうしがはなれていてもはたらく力である。

(4) アンモナイトの化石は中生代を示す示準化石である。フズリナとサンヨウチュウは古生代，恐竜(きょうりゅう)は中生代，ビカリアは新生代に栄えた生物である。

☆一言アドバイス☆

示準化石→化石がふくまれる地層が堆積した年代を推定することに役立つ化石。

(5) 地点Mで主要動が始まるのは，地震が発生してから120〔km〕÷３〔km/s〕＝40〔s〕後である。緊急地震速報を受信したのは地震が発生してから14秒後であるから，地点Mでは緊急地震速報を受信してから40－14＝26秒後に主要動が始まる。

(6) スポイトから水をおし出すと，丸底フラスコ内のアンモニアが水にとけ体積が小さくなることで，水そう中の水を吸い上げる。フェノールフタレイン溶液はアルカリ性の溶液に加えると赤色になることから，アンモニアは水にとけるとアルカリ性を示すことがわかる。

〔２〕 (1) １秒間に音源が振動する回数を振動数という。

(2) 波形の振れ幅(波の高さ)を振幅という。

(3) 実験２から，おんさAとおんさCは音の高さが同じおんさであることがわかる。また，実験１よりおんさBは最も低い音が出たことがわかる。振動数が多いほど高い音となるため，振動数が図３と同じZはおんさCを，振動数が最も少ないXはおんさBをそれぞれたたいたときに出た音の波形である。

☆一言アドバイス☆

振動数→１秒間に音源が振動する回数を振動数といい，単位ヘルツ(記号：Hz)をつけて表す。振動数が多いほど音の高さは高く，少ないほど低くなる。

〔3〕 (1) あたためたエタノールにひたすことで葉の緑色を脱色することができる。

(2) AとCでは葉が緑色であるかどうかの条件が異なる。Aではヨウ素液の変化から光合成が行われていることがわかり，Cでは光合成が行われていないことから，光合成には葉の緑色の部分である葉緑体が必要であると考えられる。また，AとBでは光の有無の条件だけが異なることから，これらの結果を比べることで，光合成を行うためには光が必要であることがわかる。

(3) 光合成によって葉でつくられた養分は水にとけやすい物質に変化し，師管を通ってからだ全体の細胞に運ばれる。

(4) 葉の表面などに見られる2つの細胞に囲まれたすきまを気孔(きこう)という。

☆一言アドバイス☆
実験の結果のちがいが，ある条件によることを調べるには，調べたい条件以外の条件は同じにした実験を行えばよい。このような実験を対照実験という。

〔4〕 (1) ある質量のマグネシウムと結びつく酸素の質量には限りがあるため，加熱を繰り返してもやがて全体の質量は変化しなくなる。

(2) 質量が変化しなくなったときの質量から加熱前の質量を引くと，加熱したマグネシウムと結びついた酸素の質量を求めることができる。

(3) 0.30gのマグネシウムをじゅうぶんに加熱すると，加熱後の物質の質量は0.50gになるため，結びついた酸素の質量は0.20gであることがわかる。よって，加熱したマグネシウムの質量と結びつくことができる酸素の質量の比は，マグネシウム：酸素＝0.30：0.20＝3：2であることがわかる。

(4) 2.10gのマグネシウムと結びつくことができる酸素の質量は$\frac{2.10}{3}\times 2=1.40$〔g〕である。よって，加熱後の物質の質量は2.10＋1.40＝3.50gである。

(5) 2.40gのマグネシウムと結びつくことができる酸素の質量は$\frac{2.40}{3}\times 2=1.60$〔g〕より，加熱後の物質中にふくまれる酸化マグネシウムの質量は4.00gであり，残りの4.00gは酸化銅であることがわかる。加熱した銅の質量と結びつくことができる酸素の質量の比は4：1であることから，銅とじゅうぶんに加熱してできた酸化銅の質量の比は4：5である。よって，加熱した銅の質量は，$\frac{4.00}{5}\times 4=3.20$〔g〕である。

☆一言アドバイス☆
一定量の金属と結びつく酸素の質量には限度がある。また，金属の質量と結びつく酸素の質量は比例する。

〔5〕 (1)(2) 鉄粉と活性炭の混合物に食塩水を加えると，鉄が酸化される。

(3) 温度が上昇する化学変化を発熱反応といい，周囲へ熱を放出する。

(4) 鉄粉や食塩水をしみこませた木炭などを混ぜ合わせたかいろ（化学かいろ）では，密閉された袋に入れられているため，袋から取り出すまでは鉄が酸素と反応することができず，発熱反応が起こらない。袋から取り出すと鉄と酸素が反応してかいろがあたたかくなる。

☆一言アドバイス☆
発熱反応→周囲へ熱を放出し，温度が上昇する化学変化。
吸熱反応→周囲から熱を吸収し，温度が下がる化学変化。

〔6〕 (1) どちらか一方の形質しか現れない2つの形質同士を対立形質という。

(2) 丸い種子からできる生殖(せいしょく)細胞はAの遺伝子をもち，しわのある種子からできる生殖細胞はaの遺伝子をもつため，子の代の種子はAaの遺伝子の組み合わせをもつ。

(3) Aaの遺伝子をもつ個体を自家受粉させると，得られる子の遺伝子の組み合わせはAA：Aa：aa＝1：2：1の割合となる。よって，丸い種子：しわのある種子＝3：1となる。

(4) しわのある種子をまいて育てたものとかけ合わせたとき，純系の種子であれば得られた種子はすべて丸い種子となり，純系の種子でなければ得られた種子の形質の割合は丸い種子：しわのある種子＝1：1となる。

☆一言アドバイス☆

対立形質のうち，異なる形質をもつ純系の親どうしをかけ合わせたとき，子に現れる形質を顕性の形質(優性形質)，子に現れない形質を潜性の形質(劣性形質)という。

〔7〕 (1) Aの天気図は，西に高気圧，東に低気圧がある西高東低型の気圧配置である。このような気圧配置は冬の典型的な気圧配置である。

(2) Bは低気圧と高気圧が周期的に西から東へと移動するため，天気が周期的に変化する春の天気図である。Cは東西にのびた前線によって，雨やくもりの日が続くつゆ(梅雨)の天気図である。

(3) 陸は海よりもあたたまりやすいため，ユーラシア大陸上で上昇気流が発生しやすい。

☆一言アドバイス☆

つゆ（梅雨）には，小笠原(おがさわら)気団とオホーツク海気団の勢力がつり合って東西にのびた前線をつくる。これによって，雨やくもりの日が続くことが多い。

〔8〕 (1)(2) コイル内の磁界が変化することでコイルに電流が流れる現象を電磁誘導(でんじゆうどう)といい，このとき流れる電流を誘導電流という。

(3) 磁石を動かす向きや磁石の極の向きを逆にすると，コイルに流れる電流の向きは逆になる。

(4) 図2より，磁石のN極を下に向けて磁石に近づけていくと＋の向きに電流が流れる。その後，磁石のN極を下に向けたまま磁石がコイルから遠ざかっていくため，電流が流れる向きは逆になる。よって，初めは＋の向きに，その後－の向きに電流が流れる。このとき，磁石は時間が経過するにつれ移動する速さが大きくなるため，流れる電流は磁石がコイルから遠ざかっていくときの方が大きくなる。

☆一言アドバイス☆

電磁誘導によって流れる電流の大きさは，磁石の磁力を強くしたり，磁石をより速く動かすことで大きくなる。

第７回新潟県統一模試

国　語

解答

〔一〕 (一) 1　たいまん　2　こうばい　3　ふさ(がる)　4　さび(れて)　5　かんきゅう
(二) 1　型紙　2　縮尺　3　招(いて)　4　整列　5　連帯
配点　(一)(二)2×10　小計20点

〔二〕 (一)　エ
(二)　イ
(三)　四(文節)
(四)　エ
(五)　エ
配点　(一)2点　(二)2点　(三)2点　(四)3点　(五)3点　小計12点

〔三〕 (一)　あわれ
(二)(正答例)　村上天皇が，枯れた梅の木の代わりになる木を人に探させた。
(三)①　イ　②　ア
(四)　ウ
(五)(正答例)　自分の住まいのためとはいえ，人の家の梅の木を掘り取ってしまったことを，家の主人から和歌でとがめられたから。
配点　(一)2点　(二)6点　(三)①4点　②4点　(四)4点　(五)10点　小計30点

〔四〕 (一)　ウ
(二)　エ
(三)(正答例)　地域内でのものの交換は価格をつけるやり方ではなく，家でとれたものをあげたりもらったりするだけのことだから。
(四)　イ
(五)①　制約　②　価格に基づく
(六)(正答例)　もともと経済活動というのは，地域社会や生活，文化のなかに埋め込まれていた営みだったのに，いまは資本主義になって共同体の制約をもたなくなり，自由に展開するようになったから。
配点　(一)3点　(二)4点　(三)8点　(四)5点　(五)①4点　②4点　(六)10点　小計38点

解説

〔一〕 (一)(二)　略。

☆一言アドバイス☆
漢字の書きは，とめ・はね・はらいまで，はっきりと丁寧に書くこと。うろ覚えではきちんとした解答を作れないので，練習は手を抜かずに，丁寧に書くことを心がけよう。

〔二〕 (一)　熟語の構成の型を識別する問題。――線部分(1)「要素」は上の漢字が下の漢字を修飾している。(必要な素因)ア「敬老」は上の動詞の目的語が下の漢字になる。(老人を敬う)イ「根本」は似た意味の言葉を重ねている。(根もと≒本(もと))ウ「比較」はイと同じ。(比べる≒較(くら)べる)エ「強風」は(1)と同じ。(強い風)
(二)　助詞「の」の識別問題。――線部分(2)「の」は，主語を示す格助詞。アは順接の接続助詞「ので」の一部。イは(2)と同じ。ウは連体修飾語を示す格助詞。エは逆接の接続助詞「のに」の一部。

☆一言アドバイス☆
主語を示す格助詞「の」を識別するには，他の主語を示す格助詞「が」「は」などにも置き換えられるかどうかで判断できる。例：雨の降る日→雨が降る日

(三)　一文を文節に区切る問題。これらも／数字として／表現される／情報です。→四文節
(四)　語句の意味の問題。――線部分(3)の「取捨選択」とは「良いものを取り悪いものを捨てる＝選別する」という意味がある。ア「一石を投じる」は「問題を投げかけて議論を起こす」という意味。イ「軍配をあげる」は「勝利の判定をする」という意味。ウ「満を持す」は「万全の準備をして機会を待つ」という意味。エ「ふるいにかける」は「条件や基準に合わないものを除外する」という意味。したがって，エを選択できる。
(五)　文章の内容に関する問題。この文章は「情報と一緒に伝える数字」を題材にしている。「どれだけ『背が高い』のか，その具体的な情報，すなわち身長という数字が必要です。」「詳しく報道するためにどんな数字

が必要か」「数字があることで～具体的にわかるのです。」と書かれていることから判断して，エを選択できる。

〔三〕 ㈠ は → わ に直す。すべてひらがなの指示に注意。

㈡ 指示された内容を説明する問題。

ポイント1 「求めさせたまひ」は誰の行為か考える。→「たまひ」は尊敬語。身分が高い人の行為につける言葉。→「うけたまはりて(天皇の仰せを承りになって)」→村上天皇が求めさせた

ポイント2 村上天皇は何を求めさせたのか。求めさせるとはこの場合，何をすることか考える。→「清涼殿の～梅の木の枯れたりしかば」→枯れた梅の木の代わりの木が欲しいと考える→梅の木を探させる（＝求めさせる）

ポイント1・2の内容をまとめて，現代語で解答をつくること。

㈢ 和歌の鑑賞(口語訳)の問題。

① 「うぐひすの」の「の」は，この場合主語を示す「が」と同じ働きがある。「うぐひすの宿はと問はば」は，「鶯(うぐいす)が（梅の木がなくなって）『宿は？』と問うたならば」と訳すことができる。「梅と鶯」は，この時代も伝統的取り合わせと考えられている。したがって，「宿は？」の前後には，「私（鶯）の宿はどこに行ったの？」などの意味を補って考えることができる。したがって，イを選択できる。

② 和歌に込められた作者(家あるじ)の思いを考える。前半(上の句)は，梅の木が掘り取られるのは天皇の勅命によるものなので，つつしんで差し上げるという意思を示している。後半(下の句)は，鶯の問い(私の宿はどこに行ったの) に対して，「どう答えたものでしょう」と言っていることから，勅命によって家の梅の木が持っていかれることに対して，心遣いや誇りなどの良い感情ではないことがうかがえる。梅の木を掘り取られることへのあからさまな抗議ではなく，やんわりと和歌で不快感を訴(うった)えていると判断できることから，アを選択できる。

㈣ 口語訳の問題。「あやしく（あやし）」は現代語の「怪しい」の意味の他に，「不思議だ」などの意味がある。—— 線部分(4)の動作主は，尊敬語の「思し召して」から天皇の行為であると判断。天皇は，梅の木と一緒に持ってきた手紙を読んだ後で，「何者の家ぞ（誰の家か)」と梅の木があった家を探らせていることから判断して，ウを選択できる。

㈤ 指示された内容の理由を説明する問題。

ポイント1 天皇がきまり悪く思った直接の出来事は何か考える。→「遺恨のわざをもしたりけるかな」→梅の木を持ってこさせたことを「残念なこと」と言っている。

ポイント2 天皇はなぜ梅の木を持ってこさせたことを「残念なこと」と言ったのか，理由を考える。→梅の木を持っていかれたことをやんわりと非難する和歌がついていたから。→なぜ，非難されたのか。→自分の住まいのために，人の家の木を掘り取って持っていったから。

ポイント1・2の内容をまとめて，現代語で解答をつくること。文末の「～から。」を忘れずに。

☆一言アドバイス☆

記述問題は，問題で要求されている内容が，文章のどの部分に書かれているかを確実に探せるかどうかが得点のポイント。文章にチェックを入れてから解答を書き始めると，時間短縮もねらえる。もちろん，文のねじれや誤字脱字，解答の文末表現にも注意しよう。

〔四〕 ㈠ 略。

㈡ 空欄Bの前後の内容に注目。物と物を直接交換するのではなく間に「お金」をはさむことで，その物に見合った交換(等価交換)ができることがうかがえる。したがって，エを選択できる。

㈢ 指示された内容の理由を説明する問題。

ポイント1 地域内でどのような交換が行われているか書かれている部分を探す。→「なんとなく自分の家でダイコンがたくさんとれて～もらったほうも別にすぐにお返しをするわけでもなくて…そんな感じでやっているだけの話です。」

ポイント2 ポイント1のどういったところがややこしいと考えるのか書かれている部分を探す。→「地域内交換に価格などつけるはずがない。」「実際にはそんなやり方をしていないわけです。」

ポイント1・2の内容をまとめて，解答をつくること。文末の「～から。」を忘れずに。

㈣ —— 線部分(2)の「共同体の決まりみたいなもの」は，同じ段落内で「共同体のルール」という言葉で言い表されている。「共同体のルール」の具体例として，「たとえば，自分の家はダイコンが～去年の半値で売っ

ても採算がとれる。でも，そんなことをしたら他の家が困ってしまうわけです。」と書かれていることから判断して，イを選択できる。

㈤ 空欄①について，「共同体のルール」は流通にどのような影響を与えていたか書かれている部分を探すと，「共同体の決まり（≒共同体のルール）みたいなものにかなり制約されていました。」が見つかる。したがって，「制約」が当てはまる。

空欄②について，—— 線部分(3)の「野放し」は流通において何が野放しになることを指しているか考えること。直前までに具体例として「ダイコンの価格」について「半値」「相場」「価格設定」などの言葉で説明されていることから，「野放し」とは「価格設定」について述べている言葉だということがうかがえる。「価格」と「流通」を結びつける言葉を指定字数にしたがって文章中から探すと，次の段落の「価格に基づく流通」が見つかる。したがって，「価格に基づく」が当てはまる。

㈥ 指示された内容の理由を説明する問題。

ポイント —— 線部分(4)の「そういう」が指している内容を探す。→「もともと経済活動というのは～自分たちの地域社会のなかに埋め込まれているし…文化のなかにも埋め込まれていると言っても構わない。」「それがいまは～共同体の制約みたいなものをもたなくなって～自由に展開するようになった。」

ポイントの内容をまとめて，解答をつくること。文末の「～から。」を忘れずに。

☆一言アドバイス☆

記述問題の字数は，制限字数の8割以上を書くことが要求される。ただし，字数オーバーすると，減点になったり，採点の対象外になったりするので注意すること。書き出しは1マス空けずに書き，句読点やかぎかっこなどは，1マス使って書くことを忘れないようにしよう。

第７回新潟県統一模試

数　学

解答

〔1〕 (1)　-7　(2)　$3a-8b$　(3)　a^2b　(4)　$6\sqrt{3}$　(5)$(x=)9,\ -10$　(6)　20　(7)$(\angle x=)54$(度)

(8)　カ

配点　4点×8　小計32点

〔2〕 (1)$(x=)1800,\ (y=)900$

(2)(証明)(正答例)

△ＡＥＦと△ＣＨＧにおいて，

仮定より，四角形ＡＢＣＤは平行四辺形だから，∠ＥＡＦ＝∠ＨＣＧ　……①

ＡＦ//ＢＣより，平行線の錯角は等しいから，　∠ＡＦＥ＝∠ＣＧＨ　……②

①，②より，2組の角がそれぞれ等しいから，△ＡＥＦ∽△ＣＨＧ

(3)　右の図

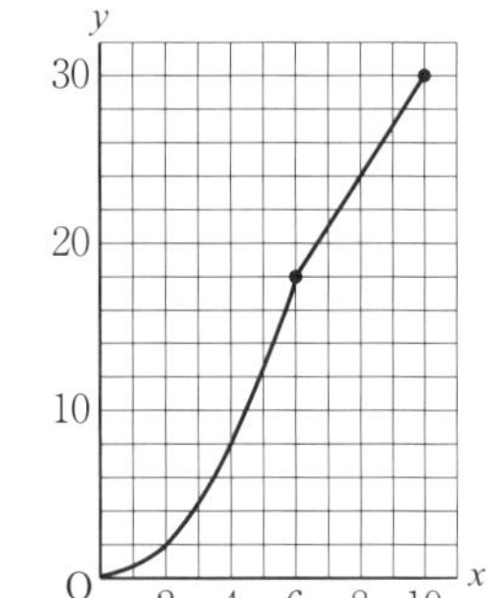

配点　6点×3　小計18点

〔3〕 (1)$(y=)8$　(2)①$(y=)\frac{1}{2}x^2$　②$(y=)3x$　(3)　右下の図

(4)$(t=)1+\sqrt{7}$

配点　(1)3点　(2)3点×2　(3)4点　(4)5点　小計18点

〔4〕 (1)①　33　②　14　③　12

(2)①　$\frac{21}{40}$

②(証明)(正答例)

①より，$m=5$のとき，$a<b$となる確率は，$\frac{21}{40}$

$m=6$のとき，$a<b$となる確率は，$\frac{23}{48}$

$\frac{21}{40}>\frac{1}{2}>\frac{23}{48}$であり，$m$の値を1ずつ大きくしていくと，$a<b$となる確率はしだいに小さくなるから，$n=8$のとき，$m$の値に関係なく，$a<b$となる確率がちょうど$\frac{1}{2}$になることはない。

配点　(1)2点×3　(2)①5点　②6点　小計17点

〔5〕 (1)　$\frac{15}{2}$(cm)　(2)　64(cm³)　(3)　$\frac{3\sqrt{34}}{17}$(cm)

配点　5点×3　小計15点

解説

〔1〕 (1)　$-9-6-(-8)=-9-6+8=-15+8=-7$

(2)　$5a+6b-2(a+7b)=5a+6b-2a-14b=5a-2a+6b-14b=3a-8b$

(3)　$a^5b^2\div a^3b=\frac{a^5b^2}{a^3b}=\frac{a\times a\times a\times a\times a\times b\times b}{a\times a\times a\times b}=a^2b$

(4)　$4\sqrt{2}\times\sqrt{6}-2\sqrt{3}=4\sqrt{2\times6}-2\sqrt{3}=4\sqrt{2^2\times3}-2\sqrt{3}=8\sqrt{3}-2\sqrt{3}=6\sqrt{3}$

(5)　$x^2+x-90=0$　左辺を因数分解すると，$(x-9)(x+10)=0$　よって，$x=9,\ -10$

(6)　$y=5x^2$に$x=1$を代入すると，$y=5\times1^2=5$　$y=5x^2$に$x=3$を代入すると，$y=5\times3^2=45$

よって，(変化の割合)$=\frac{(y\text{の増加量})}{(x\text{の増加量})}=\frac{45-5}{3-1}=\frac{40}{2}=20$

(7)　おうぎ形ＯＡＢの中心角∠ＡＯＢの大きさを$a°$とすると，$2\pi\times20\times\frac{a}{360}=8\pi$，$\frac{a}{18}=4$，$a=72$　△ＯＡＢはＯＡ＝ＯＢの二等辺三角形だから，$\angle x=(180°-72°)\div2=54°$

(8)　①…7.5秒以上8.0秒未満の階級の累積相対度数は，$\frac{1}{22}+\frac{4}{22}+\frac{5}{22}=\frac{1+4+5}{22}=\frac{10}{22}=0.454\cdots$　小数第3位を四捨五入すると，0.45　②…50ｍ走の記録の第3四分位数は，データの値を小さい順に並べたときの17番目の値である。8.0秒以上8.5秒未満の階級の累積度数は，$1+4+5+6=16$(人)，8.5秒以上9.0秒未満の階級の累積度数は，$16+3=19$(人)だから，17番目の値(第3四分位数)は8.5秒以上9.0秒未満の階級にふくまれる。したがって，カ。

☆一言アドバイス☆

関数$y=ax^2$について，xの値がpからqまで増加するときの変化の割合は，次のように求められる。

$(変化の割合)=\dfrac{(yの増加量)}{(xの増加量)}=\dfrac{aq^2-ap^2}{q-p}=\dfrac{a(q+p)(q-p)}{q-p}=a(p+q)$

この公式を利用すると，(6)の変化の割合は，$5\times(1+3)=20$と簡単に求めることができる。

〔2〕(1)〔求め方〕 商品Ａ，Ｂを1個ずつ定価で買ったときの合計金額が2700円だから，$x+y=2700$…① 商品Ａを定価の2割引きで1個買ったときの値引き額は$x\times\dfrac{2}{10}=\dfrac{1}{5}x$(円)，商品Ｂを定価の3割引きで1個買ったときの値引き額は$y\times\dfrac{3}{10}=\dfrac{3}{10}y$(円)で，値引き額の合計が630円だから，$\dfrac{1}{5}x+\dfrac{3}{10}y=630$ 両辺に10をかけると，$2x+3y=6300$…② ①×3－②より，$3x-2x=8100-6300$，$x=1800$ $x=1800$を①に代入すると，$1800+y=2700$，$y=900$ この解は問題に合っている。

(2) 解答の①または②の式の代わりに，次の③の式を用いてもよい。
ＡＥ//ＤＣより，平行線の錯角は等しいから，∠ＡＥＦ＝∠ＣＨＧ ……③

(3) 直線ＡＤと直線ＢＣの交点をＯとする。△ＯＣＤで，辺ＯＤが辺ＯＣに重なるように折ると，辺ＡＤが辺ＢＣに重なる。よって，∠ＤＯＣの二等分線を作図し，辺ＡＢ，ＣＤとの交点をそれぞれＥ，Ｆとすればよい。

☆一言アドバイス☆

三角形の相似条件をしっかり覚えて使えるようにしておこう。
① 3組の辺の比がすべて等しい。
② 2組の辺の比とその間の角がそれぞれ等しい。
③ 2組の角がそれぞれ等しい。

〔3〕(1) 点Ｐ，Ｑがそれぞれ頂点Ａを出発してから，4秒間で進んだ道のりは，$1\times4=4$(cm)だから，ＡＰ＝4cm，点Ｑは辺ＡＤ上にあり，ＡＱ＝4cmである。よって，△ＡＰＱの面積は，$y=\dfrac{1}{2}\times4\times4=8$

(2) 点Ｐ，Ｑがそれぞれ頂点Ａを出発してから，x秒間で進んだ道のりは，$1\times x=x$(cm)である。

① $0\leqq x\leqq6$のとき，ＡＰ＝$x$cm，点Ｑは辺ＡＤ上にあり，ＡＱ＝$x$cmである。よって，△ＡＰＱの面積は，$y=\dfrac{1}{2}\times x\times x=\dfrac{1}{2}x^2$

② $6\leqq x\leqq10$のとき，ＡＰ＝$x$cm，点Ｑは辺ＤＣ上にある。よって，△ＡＰＱの面積は，$y=\dfrac{1}{2}\times$ＡＰ×ＡＤ$=\dfrac{1}{2}\times x\times6=3x$

(3) (2)より，$0\leqq x\leqq6$の範囲では，原点，点(2，2)，(4，8)，(6，18)を通る放物線，$6\leqq x\leqq10$の範囲では，点(6，18)，(10，30)を両端とする線分をかけばよい。

(4)〔求め方〕 $x=t$のときのyの値は，$3<t<6$だから，(2)①より，$y=\dfrac{1}{2}x^2$に$x=t$を代入すると，$y=\dfrac{1}{2}t^2$ $x=t+3$のときのyの値は，$6<t+3<9$だから，(2)②より，$y=3x$に$x=t+3$を代入すると，$y=3(t+3)$ よって，$\dfrac{1}{2}t^2:3(t+3)=1:3$が成り立つ。これを解くと，$\dfrac{1}{2}t^2\times3=3(t+3)$，$t^2=2(t+3)$，$t^2-2t-6=0$，

$t=\dfrac{-(-2)\pm\sqrt{(-2)^2-4\times1\times(-6)}}{2\times1}=\dfrac{2\pm\sqrt{28}}{2}=\dfrac{2\pm2\sqrt{7}}{2}=1\pm\sqrt{7}$ $3<t<6$だから，$t=1+\sqrt{7}$

☆一言アドバイス☆

関数の利用の問題で，グラフをかいたり式に表したりする場合，ようすが変化するときに注目する。この問題では，点Ｑの動きが変わるときが注目すべきポイントである。

〔4〕 (1)① $n=7$を$n^2=7(40-m)$に代入すると，$7^2=7(40-m)$　両辺を7でわると，$7=40-m$　よって，$m=33$

② n^2が7の倍数になるのは，nが7の倍数のときである。よって，考えられるnの値のうち，7の次に小さい数は，$7\times2=14$である。

③ $n=14$を$n^2=7(40-m)$に代入すると，$14^2=7(40-m)$　両辺を7でわると，$28=40-m$　よって，$m=12$

(2)①〔求め方〕

$a=7$のとき，　$b=9,\ 16,\ 25,\ 36,\ 49,\ 64$

$a=14$のとき，$b=16,\ 25,\ 36,\ 49,\ 64$

$a=21$のとき，$b=25,\ 36,\ 49,\ 64$

$a=28$のとき，$b=36,\ 49,\ 64$

$a=35$のとき，$b=36,\ 49,\ 64$　であれば$a<b$となり，21通り。

すべての場合は$5\times8=40$通り。よって，$a<b$となる確率は$\frac{21}{40}$

② ①より，$m=5$，$n=8$のとき，$a<b$となる確率は$\frac{21}{40}\left(>\frac{1}{2}\right)$

mの値を1ずつ大きくしていくと，$a<b$となる確率はしだいに小さくなるから，mの値を1ずつ大きくした際，$a<b$となる確率がちょうど$\frac{1}{2}$になることなく，$\frac{1}{2}$より小さくなることを示せばよい。

$m=6$，$n=8$の場合，Aさんのカードに42が加わるため，$a=42$のとき，$b=49,\ 64$であれば，$a<b$となり2通りが①の21通りに加わるので，$21+2=23$(通り)。

このときのすべての場合の数は$6\times8=48$(通り)。よって，$a<b$となる確率は$\frac{23}{48}\left(<\frac{1}{2}\right)$

☆一言アドバイス☆

(2)②のような証明問題では，その証明に欠かすことのできない内容を入れたうえで，解答欄に収まる程度に書くとよい。今回は，$m=5$のときの確率$\frac{21}{40}$，$m=6$のときの確率$\frac{23}{48}$と，$\frac{21}{40}>\frac{1}{2}>\frac{23}{48}$という大小関係が証明に欠かすことのできない内容である。

〔5〕 (1)　△ＡＢＣで，ＥＦ//ＢＣだから，ＡＥ：ＡＢ＝ＥＦ：ＢＣが成り立つ。よって，$3:(3+1)=$ＥＦ：10，4ＥＦ＝30，ＥＦ＝$\frac{15}{2}$(cm)

(2)〔求め方〕　三角すいＡＢＣＤの底面を△ＡＣＤとすると，∠ＢＡＣ＝∠ＢＡＤ＝90°だから，高さはＡＢ＝6cmである。よって，三角すいＡＢＣＤの体積は，$\frac{1}{3}\times\frac{1}{2}\times8\times8\times6=64$(cm^3)

(3)〔求め方〕　三角すいＡＢＣＤの底面を△ＢＣＤとしたときの高さを$h$cmとすると，三角すいＡＢＣＤの体積について，$\frac{1}{3}\times8\sqrt{34}\times h=64$が成り立つ。これを解くと，$h=\frac{24}{\sqrt{34}}=\frac{24\sqrt{34}}{34}=\frac{12\sqrt{34}}{17}$(cm)　ここで，面ＥＦＧ//面ＢＣＤだから，三角すいＡＥＦＧと三角すいＡＢＣＤは相似で，その相似比は$3:(3+1)=3:4$である。よって，三角すいＡＥＦＧの底面を△ＥＦＧとしたときの高さは，$\frac{3}{4}h=\frac{3}{4}\times\frac{12\sqrt{34}}{17}=\frac{9\sqrt{34}}{17}$(cm)となり，点Ｅと平面ＢＣＤとの距離は，$\frac{12\sqrt{34}}{17}-\frac{9\sqrt{34}}{17}=\frac{3\sqrt{34}}{17}$(cm)

☆一言アドバイス☆

三角すいは，どの面を底面とみることもできる。

三角すいのある面を底面とみたとき，

・底面積とその底面に対する高さがわかっていれば，体積が求められる。
・底面積と体積がわかっていれば，その底面に対する高さが求められる。
・その底面に対する高さと体積がわかっていれば，底面積が求められる。

第７回新潟県統一模試

英　語

解答

〔1〕 (1)1　エ　2　イ　3　ア　4　ウ　　(2)1　イ　2　エ　3　ウ　4　ウ

(3)1　hot　2　July〔winter〕　3　white　4　sweeter

配点　(1)2点×4　(2)(3)3点×8　　小計32点

〔2〕 (1)　A　イ　E　ウ

(2)　農家の人の名前と野菜の育て方を知れば，安心を感じるということ。

(3)　C　from blueberries she grows　F　have made good knives since

(4)　農家の人が自分で値段を決めて，生産物を売ることができるから。

(5)　エ　　(6)　ア　　(7)　イ

配点　(1) 2点×2　(2)3点　(3)3点×2　(4)4点　(5)3点　(6)3点　(7)3点　　小計26点

〔3〕 (1)　My sister became a teacher three years ago.

(2)　Do you know where to buy this book?〔Do you know where I should buy this book?〕

(3)　The students (who〔that〕 are) dancing over there are my classmates.

配点　4点×3　　小計12点

〔4〕 (1)　エ　　(2)　300万

(3)　多くの食品廃棄物を燃やせば，二酸化炭素が発生してしまうから。

(4)　buying too much

(5)①　No, she was not〔wasn't〕.

②　(Because) their color or shape is bad for selling.

③　They collect food which was not eaten.

(6)(解答例)　I can join a volunteer activity to clean the river in my town.　My grandfather says that the river was clean when he was a child.　But it isn't clean now.　I want to make the river clean again for people in my town.

配点　(1)3点　(2)3点　(3)4点　(4)3点　(5)3点×3　(6)8点　　小計30点

解説

〔1〕 (1)1　「これは何ですか」という質問。植物に水をやるときに使う物なので，エ「じょうろ」が適切となる。

2　「サキの兄〔弟〕は今朝何時に起きましたか」という質問。サキは６時30分に起きた。サキの兄〔弟〕は彼女より15分早く起きたので，６時15分に起きたことになる。

3　「ジェーンとマークは音楽祭の前にどこで会いましたか」という質問。彼らは駅で会って，音楽祭が行われた公園にいっしょに行った。

4　「明日の午前中に，カレンは何をするでしょうか」という質問。Tomorrow, she will go shopping in the morning.を聞き取る。

(2)1　「タロウはティナにペンをあげるでしょうか」という質問。ペンがなかったので，鉛筆をあげることにした。

2　「昨日，新潟の天気はどうでしたか」という質問。昨日，スーザンが出かけていた東京は曇りで寒く，新潟は雨が降っていて寒かった。

3　「今日の午後，エミリーは最初に何をするでしょうか」という質問。最初に，和食のレストランを見つけるためにコンピュータ室でインターネットを使うつもりである。

4　「どれが駅の近くの動物病院を示していますか」という質問。毎日開いていて，午後の診察が２時～７時の動物病院はウとなる。

(3)1　「オーストラリアでは，なぜクリスマスに人々は外でパーティーをしますか」という質問。放送文で，It's very hot, so we have a Christmas party outside.と言っている。

2　「オーストラリアでは，もう一つのクリスマスはいつありますか」という質問。放送文で，And we have another Christmas.　Its name is Christmas in July.と言っている。

3　「オーストラリアでは，人々はふつうクリスマスツリーのために何色を使いますか」という質問。放送文で，In my country, we usually use blue, white, and green colors.と言っている。

4　「クリスマスケーキに関して，ニックは何がわかりましたか」という質問。放送文で，Ours has more fruits in it and is sweeter than Japanese one.と言っている。

☆一言アドバイス☆
(2)4のような，イラストや図表を使用した対話文の問題は，2023年度の入試では出題されなかったが，今後再び出題される可能性はあるので，慣れておこう。

〔2〕 (1)A　イのHow nice!は感嘆文。直前のマサミの発言に対して，「なんてすてきなんだ！」と反応している。
E　前に名詞のproductsがあることから，形容詞のような意味を持つsellingかsoldが考えられる。過去分詞のsoldを入れてsold only in this roadside station「この道の駅でだけ売られている」が後ろからproductsを修飾する形にするのが適切である。
(2)「私もそう思うわ」 soは直前のベンの発言内容を受けている。
(3)C　直前のitはjamのこと。itのあとにfrom blueberriesを続けて，makes it from blueberriesの形を作る。blueberriesのあとに「彼女が育てる」という意味のshe growsを続ける。〈主語＋動詞〉のかたまりが名詞を後ろから修飾する形である。
F　並べ替える語の中に，have，since，madeがあることに着目する。このmadeは過去分詞。現在完了形〈have＋過去分詞〉の継続用法の文を作る。
(4)　下線部分Dは「道の駅は地元の農家の人にとってよいのよ」という意味。その理由は，soの前の部分に述べられている。
(5)「それらは週末はいつも混雑しているわ」 crowdedより，theyは場所を表す語句だと判断できる。
(6)　ベンの10番目の発言の３文目を参照する。ベンは「それらの訪問者は地元の地域社会をより活発にする」と言っているので，多くの訪問者が訪れることで，地元の人たちにもよい影響が出ると考えられる。
(7)　ア：「サトウさんは畑でトマトを育てたとき，農薬を使いました」 トマトの箱に，農薬を使わずに育てたという説明がある。イ：「地元の農家の人は道の駅ですべての季節にジャムのような手作りの生産物を売ることができます」 マサミの６番目の発言内容に一致している。ウ：「その道の駅の隣の博物館では刃物研ぎのイベントがあります」 博物館で刃物研ぎのイベントを行うとは述べられていない。エ：「ベンは来週，別の道の駅を訪れたいとは思っていません」 最後のマサミとベンのやり取りより，マサミからの別の道の駅に行く誘いに，ベンは賛同している。

〈全訳〉
マサミは高校生です。ベンはアメリカ出身の生徒で，彼はマサミの家族のところに滞在しています。彼らはマサミの父親の車でドライブに出かけます。途中で，彼らはある場所を訪れます。
マサミ（以下M）：ここで休憩を取りましょう。
ベン（以下B）：いいよ。この場所は何なの？
M：これは道の駅よ。車のための駅ね。トイレを使ったり，休憩を取ったりすることができるわ。
B：見て！ ここではたくさんの野菜や果物を買えるんだね。それらはとても新鮮で，そんなに高くないよ。
M：そうね。農家の人はそれらをここの近くの畑から持ってくるの。彼らは自分たちの生産物の値段を決めることができるのよ。
B：なんてすてきなんだ！ ところで，トマトの箱には何が印刷されているの？
M：農家の人の名前，サトウさんよ。彼はトマトを農薬を使わずに育てたとも書いてあるわ。
B：なるほど。農家の人の名前と野菜の育て方を知れば，安心を感じるよね。
M：私もそう思うわ。
B：ええと，農家の人はほかに何か売っているの？
M：ええ，彼らは手作りの生産物も売っているの。たとえば，私の祖母はすべての季節にジャムを売っているの。彼女は自分の畑で育てるブルーベリーからジャムを作るのよ。それは人気があって，よく売れるの。
B：すばらしいね。
M：農家の人が自分で値段を決めて，生産物を売ることができるから，道の駅は地元の農家の人にとってよいのよ。
B：賛成するよ。この道の駅でだけ売られている独自の生産物を買うことができるよ。
M：それに，多くの人を引きつけるために道の駅で多くの独自のイベントが計画されているわ。私たちはそれらを楽しむことができるの。
B：本当？ どんな種類のイベントがあるの？
M：たとえば，この道の駅では毎月刃物研ぎのイベントがあるの。この町の一部の会社は江戸時代からずっとすばらしい刃物を作ってきたの。この建物の隣に生産物についての博物館があるわ。

B：ああ，歴史についても学ぶことができるんだね。

M：その上，旅行のためのたくさんの役に立つ情報を得ることができるわ。道の駅は彼らの町についての情報を広めているの。ほかの市から来る多くの人々はそれらを訪れて，それらは週末はいつも混雑しているわ。地元の人々はより元気が出るの。

B：それは本当だね。道の駅は多くの訪問者を引きつける。ぼくはそれらの訪問者が地元の地域社会をより活発にすると思う。ぼくはほかの道の駅もたくさん訪れたいな。

M：来週，ほかの道の駅を訪れるのはどうかしら？

B：よさそうだね。

☆一言アドバイス☆

（　　）内に適する語を選択肢の中から選ばせる問題…動詞の変化形を選ばせるパターンは頻出で，その中でも現在分詞や過去分詞が出題されることがあるので，慣れておこう。

〔3〕(1) becomeは不規則動詞で，過去形はbecame。「～前に」は～ ago。

(2) 「どこで～すればよいか」は〈where＋to＋動詞の原形〉の形を使って表す。

(3) 「向こうで踊っている生徒たち」を表す語句が文の主語になる。〈現在分詞（動詞のing形）＋語句〉の形のdancing over thereが後ろからthe studentsを修飾する。現在分詞の形容詞的用法。

☆一言アドバイス☆

不定詞には，「名詞的用法」「副詞的用法」「形容詞的用法」の基本３用法のほかに，〈疑問詞＋不定詞〉，It is ... (for —) to ～.などの表現があるので，ちがいに注意して覚えよう。

〔4〕(1) エ　feel sad to ～「～して悲しく感じる」 理由・原因を表す副詞的用法の不定詞。

(2) itは文の前半にあるabout 6 million tons of food that can still be eatenを指している。その約半分なので，約300万トンとなる。

(3) 直前の文が下線部分Cの理由を示している。

(4) 本文第３段落の２文目のpeople may buy too much foodに着目する。stopのあとに入れるので，buyを動名詞に変える。

(5)① 「キョウコは社会科の授業で食品ロスについて学ぶ前に，それに興味を持っていましたか」 本文第２段落の３文目を参照。

② 「なぜ一部の果物や野菜は捨てられますか」 本文第３段落の最後の文を参照。

③ 「フードバンクは何を集めていますか」 本文第４段落の最後から３文目を参照。

(6) まず，自分ができると考えることを表す文で始めるとよい。そのあとに，その理由を含めて英文を書く。解答例の訳は「私は私の町の川をそうじするボランティア活動に参加できます。私の祖父はその川は彼が子どものころはきれいだったと言います。しかし今，それはきれいではありません。私は町の人々のためにその川を再びきれいにしたいと思います」。

〈全訳〉

こんにちは，みなさん。今日，私は食品ロスの問題について話すつもりです。みなさんの多くがそれについて聞いたことがあると思いますが，私は自分の発表を通して，みなさんがこの問題についてもっと学んでくれることを望みます。

食品ロスはまだ食べることができる食べ物を無駄にすることを意味します。多くの人々が食べ物を捨てることはもったいないと知っていますが，自分たちの周りには多くの食べ物があるので，多くの人が食品ロスは大きな問題ではないと思っていると推測します。最初，私もこの問題に興味を持っていませんでした。しかしながら，先週の社会科の授業で，世界には800万人以上の飢えた人々がいますが，同時に毎年13億トンを超える食べ物が捨てられているということを，私たちは学びました。私はこのことを聞いてとても悲しく感じました。授業の後，私は日本の食品ロスについて知りたいと思いました。そこで，私はインターネットでより多くの情報を得ようとしました。そのとき，私はよいウェブサイトを見つけました。そのサイトは，日本では１年に，まだ食べられる食べ物が約600万トン捨てられ，その約半分が家庭から出ると示しています。それは私にとってとても意外でした。また，私は食べ物を捨てることは食べ物を作るために使われた水やエネルギーを無駄にすることを意味すると学びました。もう１つあります。多くの食品廃棄物を燃やせば，二酸化炭素が発生します。だから，食べ物を無駄にすることは環境にとっても悪いのです。

なぜ人々はそんなに多くの食べ物を無駄にするのでしょうか。たとえば，スーパーマーケットで，人々はあまりにも多くの食べ物を買うかもしれませんが，彼らはときどきそれを食べるのを忘れます。そして，それは食品廃棄物になります。レストランや家庭で，人々はときどきとても多くの食べ物を注文したり料理したりするので，彼らはそれをすべては食べず，そして彼らはそれを無駄にするのです。また，一部の人は見た目のいい果物や野菜を買いたがります。それで，色や形が売るのには悪いので一部の果物や野菜は捨てられるのです。

そこで，食品ロスを止めるために私たちには何ができるでしょうか。最初に，あまりにも多くの食べ物を買うのをやめることができます。買い物に行く前に，私たちは家の食べ物の量をチェックするべきです。2つ目に，私たちはあまりにも多くの食べ物を注文したり料理したりするのをやめることができます。そうすれば，私たちはすべて食べることができ，食べ物を無駄にしません。3つ目に，私たちは食べ物をフードバンクにあげることができます。みなさんはフードバンクを知っていますか。フードバンクは食べられなかった食べ物を集めています。それからそれらはそれを十分な食べ物のない人々にあげます。それで，必要のない多くの食べ物があるなら，それをフードバンクに送ることによって，私たちは食べ物を無駄にしないで人々を救うことができます。

私たちはみな多くの問題を解決したり多くの人を助けたりするために何かをすることができると私は信じています。私は私たちが日常の生活ですることができる小さなことから始めることが大切だと思います。私がすることができる小さなことの1つは，ボランティア活動に参加することです。そこで，私は食品ロスを止めるためにフードバンクで手伝うことに決めました。みなさんはどうですか。地域社会のため，あるいは人々のためにみなさんは何ができますか。私たちの生活をよりよくするために小さなことをしましょう。

ご清聴ありがとうございました。

☆一言アドバイス☆

論説文的な文章は，〈主格の関係代名詞＋動詞～〉などが後ろから名詞を修飾する形が比較的多く使われるので，しっかり押さえておこう。

〈放送文〉

(1)1 We use this when we give plants some water.

Question : What is this?

2 Saki got up at six thirty this morning. Her brother got up fifteen minutes earlier than her. He had to cook breakfast today.

Question : What time did Saki's brother get up this morning?

3 Last Sunday, Jane and Mark met at the station and went to the park together. They enjoyed the music festival there. After the festival, they talked about it at the coffee shop.

Question : Where did Jane and Mark meet before the music festival?

4 Karen played basketball at the gym this morning. She came back home early in the afternoon and listened to music. Tomorrow, she will go shopping in the morning. She will do her homework in the evening.

Question : What will Karen do tomorrow morning?

(2)1A : I just want to write something now. Do you have a pen, Taro?

B : No, Tina, but I have a pencil.

A : That's fine. Can I use it?

B : Sure.

Question : Will Taro give Tina a pen?

2A : Hi, Susan. You went to Tokyo yesterday, right?

B : Yes, Ken. It was fun. It was cloudy and cold in Tokyo.

A : In Niigata, it was rainy and cold yesterday.

B : Really? But it's sunny and warm today in Niigata. We can play tennis in the park.

Question : How was the weather in Niigata yesterday?

3A : I'll talk about Japanese food in class next week. What should I do, Mamoru?

B : Well, Emily. First, you should go to the library. Then, how about visiting a Japanese restaurant to ask some questions? After that, you can cook some Japanese food at your house.

A : Thank you, but I went to the library yesterday. So, first, to find a Japanese restaurant, I'll use the Internet in the computer room this afternoon.

B : That's a good idea.

Question : What will Emily do first this afternoon?

4A : Rina, do you know any good animal hospitals? My dog looks sick.

B : Oh no, Jim. The hospital near the station is good. The doctors there are all nice.

A : I want to take my dog to the hospital today.

B : Don't worry. The hospital is open every day, even on Saturday and Sunday.

A : Then, I want to go there after 3 p.m. today. Is it open?

B : Yes. It is open from 2 p.m. to 7 p.m.

Question : Which shows the animal hospital?

(3) In Australia, we have Christmas without snow because it's summer in my country. It's very hot, so we have a Christmas party outside. And we have another Christmas. Its name is Christmas in July. We can also enjoy Christmas in winter. Last year, I enjoyed a Christmas party at home in Japan. At the party, I found some things. I thought Christmas trees in Japan were beautiful with colors like red and gold. In my country, we usually use blue, white, and green colors. And the Christmas cake in Japan was different from ours. Ours has more fruits in it and is sweeter than Japanese one.

Question 1 In Australia, why do people have a party outside on Christmas?

2 When is another Christmas in Australia?

3 What colors do people usually use for Christmas trees in Australia?

4 What did Nick find about Christmas cake?

第7回模試

第７回新潟県統一模試

社　会

解答

〔1〕 (1) イ　(2) ウ　(3) ウ　(4) オリーブ　(5)A ウ C イ
配点 (1)2点 (2)2点 (3)3点 (4)3点 (5)A3点 C3点　小計16点

〔2〕 (1) 対馬海流　(2) イ　(3)宮津市 ア，高知市 ウ，松山市 イ
(4)(正答例) 高速バスや自動車の利用が増え，鉄道や航空機，船舶の利用が減った。　(5)① ア ② イ
配点 (1)2点 (2)2点 (3)3点 (4)4点 (5)①3点 ②3点　小計17点
※(3)は全部正解で3点。

〔3〕 (1)① ア ② ウ　(2) イ　(3) 堺
(4)改革 寛政の改革　理由(正答例) 出版物の統制など，厳しい(政策)であったから。
配点 (1)①2点 ②2点 (2)3点 (3)3点 (4)改革3点 理由4点　小計17点

〔4〕 (1) ウ　(2) オ　(3) ウ　(4)X エ Y オ
(5)(正答例) 国際協調よりも，(自国の)経済回復を優先させたから。　(6) 自衛隊
配点 (1)2点 (2)2点 (3)2点 (4)X2点 Y2点 (5)4点 (6)3点　小計17点

〔5〕 (1)① 国権 ②a イ，b ア
③(正答例) (参議院は，衆議院と異なり，)解散がなく，３年ごとに(議員の)半数が改選されるから。
(2)① エ ②Ⅰ ア，Ⅱ ウ，Ⅲ イ　(3)① エ ② ア ③ ア，ウ，エ
(4)① モンテスキュー ② ウ ③(正答例) 最高裁判所の裁判官として適任かどうか。
配点 (1)①2点 ②2点 ③3点 (2)①2点 ②2点 (3)①2点 ②2点 ③2点
(4)①2点 ②2点 ③3点　小計24点
※(1)②は両方正解で2点。(2)②，(3)③はそれぞれ全部正解で2点。

〔6〕 (1) ウ　(2) エ　(3)(正答例) 地方公共団体(の間)の歳入の格差を小さくする
配点 (1)2点 (2)3点 (3)4点　小計9点

解説

〔1〕 (1) ヨーロッパ南部を通るイは北緯40度の緯線であり，日本では秋田県の男鹿半島付近を通る。なお，アは北緯60度，ウは北緯20度，エは０度の緯線である。

(2) 図中の⇨は寒流のラブラドル海流，➡は暖流の北大西洋海流の向きを示している。高緯度地方に北上してきた北大西洋海流と，その上空を吹く偏西風とよばれる西寄りの風の影響により，ヨーロッパ西部は高緯度のわりに温暖である。

(3) 地球上のある地点の正反対の地点を対蹠点(たいせき)といい，地球上の１点と地球の中心を結ぶ直線の延長が，反対側で地球の表面と交わる点を意味する。相対する地球表面の２点の緯度の数値は同じであるが，北緯と南緯が異なり，経度は互いに180度異なる。国A(イギリス)のほぼ正反対にあるのはウ(ニュージーランド)。

(4) オリーブやぶどう，オレンジなどの果樹は，夏に高温になって乾燥する地中海沿岸の温帯地域でさかんに栽培される。国B(イタリア)やスペインは，世界有数のオリーブ生産国である。

(5) 首都の１月と７月の平均気温が非常に高く，国内総生産に占める農林水産業の割合が他の国と比べて高いイは，熱帯に位置するC(インドネシア)。首都の月平均気温が１月に高く７月に低いエはD(オーストラリア)。残ったアとウのうち，首都の月平均気温がやや高く，最大の貿易相手国がＥＵ加盟国のドイツであるアはB(イタリア)なので，ウはA(イギリス)。

☆一言アドバイス☆
海流や風が，世界各地の気候にどのような影響を及ぼしているか確認しよう。

〔2〕 (1) 対馬海流は，太平洋を北上する黒潮から分かれ，東シナ海から対馬海峡を通って日本海の東側を流れる暖流である。

(2) 文で述べているのは兵庫県の県庁所在地となっている神戸市。古くから貿易港が開かれ，日本を代表する港湾都市として発展してきたが，1995年に発生した阪神・淡路大震災(兵庫県南部地震)で大きな被害を受けた。沿岸の海を埋め立ててつくられた人工島には，ポートアイランド，神戸空港などがある。

(3) 日本海側に位置する宮津市には，冬に降水量が多いアが当てはまる。瀬戸内に位置する松山市には，温暖で夏から秋にかけての降水量が比較的少ないイが当てはまる。南四国に位置する高知市には，台風などの影響を受けやすく，夏から秋にかけて降水量が非常に多くなるウが当てはまる。

(4) 1988年に児島・坂出ルート，1998年に神戸・鳴門ルート，1999年に尾道・今治ルートという三つの中国・四国連絡橋が開通し，四国地方と中国･京阪神地方との間の自動車による移動が活発になった。その一方で，航空機や船舶の利用者数は大きく減り，瀬戸大橋を通る鉄道の利用者もやや減少した。

(5)① 地形図では，高等学校は⊗，郵便局は〒，博物館は⌂で表される。これらがすべてみられるのはアのみである。

② 地形図中のほぼ中央にある「姫路城跡」から見て，地点X は左下(南西)にある。

☆一言アドバイス☆
本州四国連絡橋の開通による四国地方と本州との間の輸送量の変化を，統計をもとに確認しよう。

〔3〕 (1)① 806年に唐から帰国した空海は，高野山(和歌山県)に金剛峯寺を建て，真言宗を広めた。真言宗は，同じころに最澄が広めた天台宗と同様に，山奥の寺で学問を修めたり厳しい修行をしたりすることを特徴とし，主に貴族の間で信仰されるようになった。

② 8世紀末から9世紀初めにかけて，朝廷は坂上田村麻呂を征夷大将軍とする大軍を東北地方に送って蝦夷の拠点を攻撃させ，朝廷の支配を東北地方北部まで広げた。アは11世紀後半，イは7世紀前半，エは7世紀後半のようすである。

(2) 後醍醐天皇による建武の新政では，公家を重視した政策に対する武士の不満が高まった。足利尊氏が武家政治の再興をよびかけて挙兵し，京都に新しい天皇を立てると，後醍醐天皇は吉野に逃れ，京都の北朝に対し，吉野の南朝が成立した。その後，50年以上にわたって南北朝の動乱が続くことになる。

(3) 大阪湾に面した堺は，中世においては，明や琉球との貿易によって港町として栄えた。戦乱の時代にあって，有力商人を中心に自治が行われていたが，織田信長によって自治権を奪われた。

(4) 田沼意次にかわって老中となった松平定信は，寛政の改革を進め，農村の立て直しや政治の引きしめを図ったが，政治批判の禁止，出版の統制など，厳しい政策を行ったことから，人々の反感を買った。

☆一言アドバイス☆
歴史的に重要な都市や町の特徴や，関係するできごとについて調べてみよう。

〔4〕 (1) 1863年に関門海峡を通る外国船への砲撃を行った長州藩は，翌年，四国連合艦隊による報復攻撃を受け，下関砲台を占領された。一方，薩摩藩は生麦事件の報復として，1863年にイギリス艦隊の攻撃を受けた。これらにより，欧米列強の強力な兵力を知った長州藩と薩摩藩は，日本を欧米列強に匹敵する近代国家とするために倒幕をめざすようになり，土佐藩出身の坂本龍馬の仲立ちで薩長同盟を結んだ。

(2) **Z**(1871年)→**X**(1876年)→**Y**(1886年)の順となる。不平等条約改正の予備交渉などを目的として，岩倉使節団が欧米に派遣されたが，条約改正は実現しなかった。この使節団に参加していた大久保利通や木戸孝允は，帰国後，征韓論をしりぞけたが，政府は日朝修好条規を結んで朝鮮を開国させ，日本が欧米列強と結んだような不平等条約を結ばせた。その後，イギリス船ノルマントン号が和歌山県沖で沈没して日本人乗客が見捨てられたノルマントン号事件が起こると，不平等条約改正を求める世論が高まった。

(3) 栃木県の足尾銅山から流れ出た鉱毒が渡良瀬川流域の田畑などに大きな被害をもたらすと，衆議院議員であった田中正造は政府を追及し，自らこの問題の解決に力を尽くすようになった。

(4) 1912年，立憲政友会の内閣が倒れ，軍人で藩閥の桂太郎が3度目の組閣を行うと，一部の政治家・新聞・知識人らが，桂内閣を打倒して立憲政治を守ることをめざす運動(第一次護憲運動)を始めた。その結果，桂内閣は退陣し，吉野作造の民本主義の主張などをはじめとする大正デモクラシーの風潮が高まった。

(5) 世界恐慌による深刻な不況を乗り切るため，多くの植民地をもつイギリスは，ブロック経済を行った。しかし，関税率が大幅に引き上げられると，貿易の上で不利な立場に置かれた国々が自らのブロック経済をつくろうと，新たな領土の獲得を始めたため，第二次世界大戦へとつながる国家間の対立が生まれた。

(6) 1950年に朝鮮戦争が始まると，在日アメリカ軍の出兵にともない，ＧＨＱの指令で国内の治安維持を目的に警察予備隊が創設された。これが保安隊となり，さらに強化されて1954年に自衛隊となった。自衛隊は，1992年に国際平和協力法(ＰＫＯ協力法)が成立したことにより，たびたび海外に派遣されている。

☆一言アドバイス☆
幕末から現代にかけての日本の外交や国際社会との関わりについてまとめておこう。

第7回模試

〔5〕 (1)① 「国権」とは国の権力のことであり，主権を持つ国民の選挙で選ばれた議員で構成される国会は，国のことを決める機関として強い権限が与えられ，「国権の最高機関」とされている。

② 任期が短く解散もあるため国民の意見を反映しやすい衆議院には，参議院よりも優越した権限が与えられている。内閣総理大臣の指名については，衆議院と参議院が異なる議員の指名を議決した場合，両院協議会を開いても意見が一致しなければ，衆議院が指名した議員が内閣総理大臣に指名される。

③ 衆議院と参議院は，議員定数・任期・被選挙権・選挙区のそれぞれに違いが設けられている。衆議院議員の任期は4年であるが，解散総選挙によって任期の途中でも議員の資格を失うことがある。一方，参議院には解散がなく，議員の任期は6年で，3年ごとに半数を改選することになっている。

(2)① 政権を担当する政党を与党，それ以外の政党を野党という。野党には与党の監視や批判を行う役割がある。連立政権は連立内閣ともいい，異なる政党どうしで政治を行うことから，政策について合意できなかった場合には内閣が倒れることもある。

② Ⅰ…衆議院には内閣に対する信任・不信任の決議を行う権限があるのに対し，内閣には衆議院を解散する権限がある。Ⅱ…内閣総理大臣は，国務大臣を任命したり辞めさせたりすることができる。Ⅲ…「内閣は，行政権の行使について，国会に対し連帯して責任を負ふ(う)。」(日本国憲法第66条③)と定められている。

(3)① アは家庭裁判所，イは簡易裁判所，ウは高等裁判所に当てはまる。なお，重大な犯罪に対して行われる刑事裁判については，地方裁判所の第一審が裁判員裁判になる。

② 犯罪が発生すると，警察官と検察官が捜査したのち，検察官は，罪を犯した疑いのある者(被疑者)を被告人とし，証拠を集めた上で裁判所に起訴する。これによって刑事裁判が始まり，被告人には弁護人がつけられる。

③ ア…裁判員と裁判官を合わせて有罪と判断した者が半数に達しないので無罪。イ…裁判員と裁判官を合わせて有罪と判断した者が過半数となるので有罪。ウ…裁判官の中に有罪と判断した者がいないので無罪。エ…過半数を占める裁判員全員が無罪と判断しているので無罪。

(4)① フランスの思想家モンテスキュー(1689～1755年)は，「法の精神」の中で，国家の権力を立法権・行政権・司法権の三つに分けて，権力が集中しないよう相互に抑制し合うという三権分立の必要性を説いた。

② Xは裁判所から内閣に対する抑制なので，命令や規則，処分など，内閣が行う行為が憲法や法律に違反していないかどうかを裁判所が審査するというはたらきが当てはまる。

③ 最高裁判所裁判官は，任命後，最初の衆議院議員総選挙の際(その後は前回の審査から10年経過後の総選挙ごと)に，国民審査によって適任かどうかを審査され，罷免を可とするものが過半数を占めた場合には辞めなければならない。

☆一言アドバイス☆

民事裁判と刑事裁判の違いや，裁判員制度のしくみは，模式図などを用いて理解しよう。

〔6〕 (1) 多くの知識と経験が求められる都道府県知事は，被選挙権の年齢が市(区)町村長よりも高い30歳以上に設定されている。

(2) 議会の解散，解職の請求が認められると，人の職業を奪うことになるので，有権者の3分の1以上(有権者が40万人を超える場合と，80万人を超える場合はそれぞれ条件が異なる)という多くの署名が必要となる。なお，請求後に住民投票が行われ，有効投票の過半数の同意があれば解散する。

(3) 地方公共団体の財源の不足分を補い，地方公共団体の間の収入の格差を小さくするため，国から地方交付税交付金が配分される。地方交付税交付金の使いみちは自由である。

☆一言アドバイス☆

さまざまな地方公共団体の歳入と歳出の内訳を見て，どのような傾向がみられるかまとめてみよう。

第７回新潟県統一模試

理　科

解答

〔1〕 (1) 11(g)　(2)(正答例) ステンレス電極を蒸留水(精製水)で洗う。　(3) 電解質　(4) オ

配点 (1)3点 (2)4点 (3)3点 (4)2点　小計12点

〔2〕 (1)(正答例) 空気が入るのを防ぐため。　(2) ウ→エ→ア→イ(完答)　(3) キ　(4) エ

配点 (1)4点 (2)3点 (3)3点 (4)2点　小計12点

〔3〕 (1) ア　(2)① 鉱物 ② ア　(3) エ

配点 (1)3点 (2)①3点 ②3点 (3)3点　小計12点

〔4〕 (1) ウ　(2) 物体と凸レンズの距離：16(cm)　目盛りの値：14(cm)　(3) ア

配点 (1)3点 (2)各3点 (3)3点　小計12点

〔5〕 (1) 弾性(の)力　(2) 右図　(3) フック(の法則)

(4) イ　(5) 27.0(cm)

配点 (1)3点 (2)3点 (3)3点 (4)2点 (5)3点　小計14点

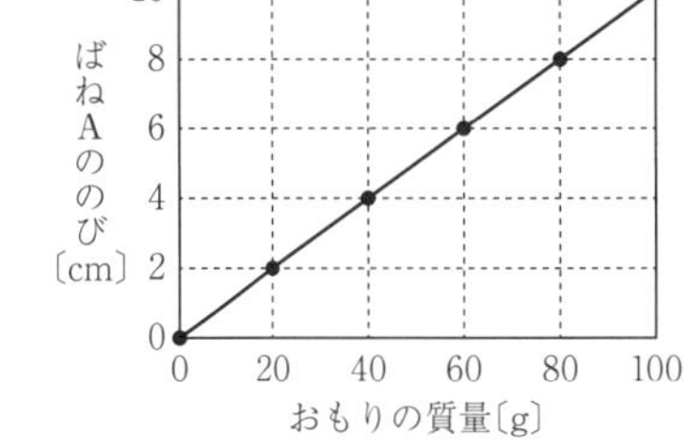

〔6〕 (1)(正答例) 銅が酸化されるのを防ぐため。

(2) $2CuO+C \rightarrow 2Cu+CO_2$　(3) X：還元　Y：酸化(完答)

(4) 酸化銅：4.00(g)　二酸化炭素：0.55(g)(完答)

配点 (1)4点 (2)3点 (3)3点 (4)3点　小計13点

〔7〕 (1) 相同器官　(2) 進化　(3)① シソチョウ(始祖鳥) ② イ　(4) ア

配点 (1)3点 (2)3点 (3)①3点 ②2点 (4)2点　小計13点

〔8〕 (1) 312.5(Pa)　(2) ウ，エ(完答)

(3)① エ ②(正答例) 吸盤と壁の間の気圧より大気圧の方が大きいから。

配点 (1)3点 (2)3点 (3)①2点 ②4点　小計12点

解説

〔1〕 (1) 加える塩化ナトリウムの質量を x gとすると，$\frac{x}{100+x} \times 100=10$ より $x=11.1\cdots$ よって，11gとなる。

(2) 水溶液どうしが混ざることを防ぐために，ステンレス電極を他の水溶液に入れるときには蒸留水または精製水でよく洗う。

(3) 水に溶けると電流が流れる物質を電解質，電流が流れない物質を非電解質という。

(4) 塩酸の溶質である塩化水素や塩化銅水溶液の溶質である塩化銅は電解質である。

☆一言アドバイス☆

電解質は，水中で電離するため水溶液に電流が流れる。

〔2〕 (1) カバーガラスを端からゆっくりかぶせることで，空気が入るのを防ぎ，観察しやすくする。

(2) 顕微鏡で観察を行うときは，まずステージには何ものせずに視野の明るさを調節する。また，ピントを合わせるときは，対物レンズとプレパラートを遠ざけながらピントを合わせる。

(3) 顕微鏡では上下左右が逆向きに見えているため，観察するものを右上に移動させたいとき，プレパラートは左下に動かす。

(4) スケッチは影をつけたり，線を二重にしたりしない。

☆一言アドバイス☆

スケッチは細い線と小さな点ではっきりかく。また，目的とするものだけを対象にしてかき，観察した日時や天気，場所，気づいたことなどを言葉で記録する。

〔3〕 (1) 火山灰の粒(つぶ)を観察するときは，ごみやよごれを洗い流すために，水を加えて指で押し洗い，にごった水を捨てる操作を繰り返す。

(2)① マグマが固まってできた結晶を鉱物という。

② 黒緑色(緑黒色)で柱状をしている鉱物にはカクセン石やキ石がある。また，白色で不規則な形をしている鉱物はセキエイであるため，アが適切である。

(3) マグマのねばりけが小さいと，その火山の火山噴出物(かざんふんしゅつぶつ)は全体が黒っぽい色になる。

☆一言アドバイス☆

無色鉱物→セキエイやチョウ石のように，無色や白色の鉱物。
有色鉱物→カクセン石やキ石などのように，無色鉱物以外の鉱物。

〔4〕 (1) 物体を凸(とつ)レンズに近づけていくと，はっきりとした像ができる位置は凸レンズから遠ざかっていく。このとき，像はしだいに大きくなる。

(2) 焦点距離(しょうてんきょり)の2倍の位置に物体を置いたとき，物体と像の大きさが等しくなる。

(3) 物体を凸レンズの焦点よりも内側に置くと，スクリーンに像がうつらなくなる。このとき，凸レンズごしに物体を見ると虚像が観察できる。

☆一言アドバイス☆

実像→実際に光が集まってできる像。上下左右の向きは逆向きになる。
虚像→物体が凸レンズと焦点の間にあるときにできる像。物体よりも大きく，上下左右の向きは同じ。

第7回模試

〔5〕 (1) ばねのように，変形した物体がもとに戻ろうとしてはたらく力を弾性(の)力という。

(2)(3)(4) ばねののびはばねに加えた力の大きさに比例する。このとき，ばねののびとばねに加えた力の大きさの関係を表すグラフは原点を通る直線となる。

(5) ばねBは20gのおもりをつるすと4.0cmのびるから，何もつるしていないときのばねBの長さは6.0cmである。よって，ばねB全体の長さが24.0cmになったときののびは18.0cmであることから，物体Xの質量は，$20\times\frac{18.0}{4.0}=90$〔g〕である。ばねAは20gのおもりをつるすと2.0cmのび，物体X 3個をばねAにつるすと，ばねAののびは$2.0\times\frac{90\times3}{20}=27.0$〔cm〕となる。

☆一言アドバイス☆

フックの法則→ばねののびは，ばねに加えた力の大きさに比例するという法則。

〔6〕 (1) ピンチコックでゴム管を止めることで，試験管Aに空気が入り反応で生じた銅が酸化することを防ぐ。

(2) 石灰水(せっかいすい)が白くにごったことから二酸化炭素が発生したことがわかる。

(3) 酸化銅は還元(かんげん)されて銅になり，炭素は酸化されて二酸化炭素になる。

(4) グラフから，酸化銅4.00gと炭素粉末0.30gが過不足なく反応することがわかる。よって，炭素粉末0.15gと過不足なく反応する酸化銅の質量は$4.00\times\frac{0.15}{0.30}=2.00$〔g〕である。また，酸化銅4.00gと炭素粉末0.30gを加熱したとき，試験管A中にある固体の質量は3.20gであることから，酸化銅4.00gが還元されると銅が3.20gでき，二酸化炭素は$(4.00+0.30)-3.20=1.10$〔g〕発生することがわかる。よって，発生した二酸化炭素の質量は$1.10\times\frac{2.00}{4.00}=0.55$〔g〕であることがわかる。

☆一言アドバイス☆

化学変化の前後では，全体の質量は変化しない。これを質量保存の法則という。

〔7〕 (1) 現在のはたらきや形が異なっていてももとは同じであったと考えられる器官を相同器官という。

(2) 相同器官やシソチョウのような生物は，生物が進化してきたことを示す証拠であると考えられている。

(3) シソチョウは鳥類とは虫類の両方の特徴(とくちょう)をもつ。

(4) 脊椎動物(せきついどうぶつ)は水中から陸上へと生活範囲(せいかつはんい)を広げるように進化してきた。

☆一言アドバイス☆

進化→生物が長い時間をかけて世代を重ねる間にその形質が変化すること。相同器官やシソチョウの化石は生物が進化してきたことの証拠であると考えられている。

〔8〕 (1) 直方体にはたらく重力の大きさは4.00Nである。よって，スポンジにはたらく圧力は，$\frac{4.00}{0.08\times0.16}=312.5$〔Pa〕となる。

(2) 直方体を2つ重ねるため，スポンジの面にはたらく力の大きさは2倍になる。よって，力がはたらく面積が2倍になれば，スポンジにはたらく圧力は等しくなる。

(3)① 大気圧はあらゆる向きにはたらき，地上に比べて上空ほど小さくなる。

② 吸盤(きゅうばん)を押すことで，壁(かべ)と吸盤の間の空気が少なくなるため気圧が小さくなる。

☆一言アドバイス☆

ある面積にはたらく力の大きさを圧力といい，パスカル（記号：Pa）の単位をつけて表す。圧力は次の式で求められる。

$$圧力〔Pa〕=\frac{面にはたらく力の大きさ〔N〕}{力がはたらく面積〔m^2〕}$$

第7回模試

第８回新潟県統一模試

国　語

解答

〔一〕 ㈠ 1　もっぱ(ら)　2　ふそん　3　きわ(める)　4　いちじる(しい)　5　かせ(ぐ)
㈡ 1　立証　2　白状　3　想定外　4　飼(って)　5　巡(る)
配点　㈠㈡2点×10　小計20点

〔二〕 ㈠　エ　㈡　ウ　㈢　ア　㈣　飛ぶ　㈤　エ
配点　㈠～㈤3点×5　小計15点

〔三〕 ㈠　まいりたまえる
㈡① ウ　② エ
㈢(正答例)　公任が和歌の船で上手に和歌を詠んだ。
㈣(正答例)　作文の船でこの和歌ぐらい上手な漢詩文を作っていたら，漢詩文の方が和歌よりも重んじられていたので，さらに名声が上がっただろうと思ったから。
㈤ａ(正答例)　すぐれている　ｂ(正答例)　認められている
配点　㈠2点　㈡①2点　②4点　㈢6点　㈣8点　㈤ａ4点　ｂ4点　小計30点

〔四〕 ㈠はじめ：本当はＡ品　終わり：なのです。
㈡　ア
㈢　重さ
㈣　ア
㈤(正答例)　雑草の高さでは，競い合って高く伸びたものや，競わずに草丈を低くするものは生き延びるが，平均的な高さのものは生存競争で負けてしまうということ。
㈥(正答例)　人間は自然界を理解するために，序列や優劣をつけて比べたり，平均値を作りだしたりした。しかし，自然界は複雑で多様であり，「違うこと」に価値を見出しているため，実際には，序列や優劣，平均的なものは存在していないという特性がある。
配点　㈠4点　㈡3点　㈢4点　㈣4点　㈤8点　㈥12点　小計35点

解説

〔一〕 ㈠㈡　略。

☆一言アドバイス☆
漢字の書きは，とめ・はね・はらいまで，はっきりと丁寧に書くこと。うろ覚えではきちんとした解答をつくれないので，練習は手を抜かずに，丁寧に書くことを心がけよう。

〔二〕 ㈠　連文節と文の成分の問題。二つ以上の連続する文節が結びついて，一つの文節と同じ働きをするものを連文節という。文の成分とは，意味のまとまりによってとらえた，文を組み立てている要素のことをいう。連文節でできている文の成分には，主部，述部，修飾部，接続部，独立部がある。例文の「春が　訪れると」は接続部。アの「冷たい　風が」は主部。イの「夏も　冬も」はアと同じ主部。ウの「熱い　お茶を」は修飾部。エの「置いて　あったので」は例文と同じ接続部。

㈡　漢字の読みの組み合わせ（音読み・訓読み）の問題。ア「手配」（訓読み＋音読み）　イ「役割」（音読み＋訓読み）　ウ「背中」（訓読み＋訓読み）　エ「月光」（音読み＋音読み）

㈢　品詞の識別問題。例文「ずいぶん」は「気に入っ（た）」を修飾する副詞。ア「たぶん」は「忘れ（て）」を修飾する例文と同じ副詞。イ「しかも」は接続詞。ウ「ほんの」は「わずか」を修飾する連体詞。エ「もしくは」はイと同じ接続詞。

㈣　動詞の終止形の問題。「飛ん」はバ行五段活用動詞「飛ぶ」の連用形。このように連用形の活用語尾が「―ん」となるものを撥(はつ)音便という。

㈤　助詞「で」の識別問題。例文の「で」は理由を示す格助詞。アの「で」は手段を示す格助詞。イの「で」は形容動詞「静かだ」の連用形の一部。ウの「で」は材料を示す格助詞。エの「で」は例文と同じ理由を示す格助詞。

〔三〕 ㈠　ゐ→い・へ→え　に直す。すべてひらがなの指示に注意。
㈡①　和歌の表現技法の問題。「掛詞」とは一つの言葉に二つ以上の意味を持たせた言葉である。

☆一言アドバイス☆

〈詩歌の表現技法〉

枕詞　：特定の言葉の前におかれる五音の言葉。それ自体は訳されることはないが，あとに続く特定の語句を修飾し，調子を整えるはたらきがある。

　例：ひさかたの→光・天・日　　たらちねの→母ちはやぶる→神　　あをによし→奈良

擬人法：人間でないものを人間であるように見立てる方法。

　例：花がほほえむ　　木の葉が風におどる

直喩法：あるものが他のものに似ていることを「ように」などを使って直接表現する方法。

　例：りんごのように赤いほほ　　花のように美しい

② 和歌の鑑賞の問題。この和歌は何を詠んだものなのかを考えると，人々が着ている衣（着物）に感動しているのではなく，風に散るもみじ（紅葉）に感動してうたっていることがうかがえる。したがって，実際に人々が着ている衣の模様や柄を指しているのではない。また，和歌を訳した「もみじが人々の衣に散りかかって錦の衣を着ない人はない」から，まるで錦の衣を着ているかのようにもみじが風で散りかかっている様子がわかる。そこには，ウのようにもみじを衣にかぶせるというわざとらしさはないことからも判断して，エを選択できる。

㈢ 指示された内容を説明する問題。

ポイント1 ―― 線部分⑵の動作主は誰か考える。→「申しうけたまへるかひありて」から，和歌の船に乗ったのは大納言殿（藤原公任）であることがわかる，誰が＝大納言，どこで＝和歌の船で

ポイント2 公任はどんなことをしたのか書かれている部分を探す。→「よみたまへるぞかし」＝（和歌を）お詠みになった→具体的にはどのように詠んだのか考える。→「自ら願い出て和歌の船にお乗りになっただけのことはあって」から，「和歌を上手に詠んだ」「すばらしい和歌を詠んだ」ということがうかがえる。

ポイント1・2の内容をまとめて，現代語で解答をつくること。

㈣ 指示された内容の理由を説明する問題。

ポイント1 公任が「口惜しかりける（残念なことをした）」と思った直接の理由が書かれている部分を探す。→「さてかばかりの詩をつくりたらましかば，名のあがらむこともまさりなまし」＝この和歌ぐらい（＝上手な）漢詩文を作っていたら，名声が上がるのはさらにいっそうのことだっただろう。

ポイント2 上手に漢詩文を作ったら和歌よりも名声が上がるのはなぜか考える。→「作文の船」の注釈より，当時の貴族の男性には漢詩文が第一に重んじられていたことから，和歌よりも重要視されていたことがわかる。

ポイント1・2の内容をまとめて，現代語で解答をつくること。文末の「～から。」を忘れずに。

☆一言アドバイス☆

記述問題は，問題で要求されている内容が，文章のどの部分に書かれているか確実に探せるかどうかが得点のポイント。文章にチェックを入れてから解答を書き始めると，時間短縮もねらえる。もちろん，文のねじれや誤字脱字，解答の文末表現にも注意しよう。

㈤ 古文内容理解の問題。道長（入道殿）は三つの船に，それぞれの道にすぐれている人々を分けて乗せていたが，公任（大納言殿）に対しては分けて乗せるようなことをせず，「いづれの船にか乗らるべき」と自由に選ばせていた。したがって，公任はどの船に乗っても技を競えるだけのすぐれた才能があるということを，道長は認めていたということになる。それが公任にとっては得意にならざるをえない名誉だったことがうかがえる。以上のことから，ａには「すぐれている」「抜群である」など，ｂには「認められている」「期待されている」「評価されている」などが当てはまる。

〔四〕 ㈠ ―― 線部分⑴では，Ａ品種とＢ品種の大きさを比較している。二つの品種の比較について，一度は「Ａ品種のほうが大きいということになります。」と答えているが，「本当にそうですか。」との問題提起を経て，筆者が最終的に結論付けている部分を指定字数にしたがって探すと，「本当はＡ品種とＢ品種とを比較すること自体，まったく意味がないことなのです。」が見つかる。一文の抜き出しは，句読点も一字に数えること。

㈡ 略。

㈢ ―― 線部分⑵の「尺度」とは，「評価・判断の基準」を意味している。ジャガイモの例の場合，大きさをはかるために「重さ」を尺度としていることが文脈から判断できる。

㈣　空欄Ｂの前後の内容に注目。「平均」「平均値」についての説明が続いていることから，空欄Ｂについても平均値について言及していることが推測できる。したがって，アを選択できる。

㈤　指示された内容を説明する問題。

ポイント1　〔　〕内の内容から，個体のばらつきにはどんな意味があるのか考える。→「雑草の高さでは〜競い合って高く伸びる…競争せずに，草丈を低くする」→高く伸びたものや草丈を低くするものは，生存競争に勝つ（＝生き延びる）

ポイント2　ポイント1の補足として，個体にばらつきがない場合はどのようなことになるのか考える。→「中途半端な草丈が一番，不利なのです。」→平均的な高さのもの（＝中途半端な草丈）は生存競争に負ける

ポイント1・2の内容をまとめて，解答をつくること。文末の「〜こと。」を忘れずに。

㈥　指示された内容を説明する問題。

ポイント1　人間が自然界を理解するためにしていることについて，述べられている部分を探す。

Ⅰの文章から→「集団を比較するために，人間が理解するために作りだしたのが，平均値なのです。」

Ⅱの文章から→「人間の脳は数値化し，序列をつけて並べることによって〜理解しようとします。」「点数をつけたり，順位をつけたり，優劣をつけたりするのです。」「序列をつけ，優劣をつけて比べることで〜」「人間は比べたがります。」「比べないと理解できない。」

ポイント2　自然界の特性について述べられている部分を探す。

Ⅰの文章から→「自然界に平均はありません」「生物の世界は，『違うこと』に価値を見出しています〜『違い』を出そうとしているとさえ言えます。」「だからこそ〜多様な世界を作り出しているのです。」「『ふつうなもの』も『平均的なもの』もありえません。」「『ふつうでないもの』も存在しないのです。」

Ⅱの文章から→「自然界は〜複雑で多様すぎるのです。」「忘れてはいけない大切なことは，本当は自然界には序列や優劣はないということなのです。」

ポイント1・2の内容をまとめて，解答をつくること。その際，重複する内容は一つにまとめること。

☆一言アドバイス☆

記述問題の字数は，制限字数の8割以上を書くことが要求される。ただし，字数オーバーすると，減点になったり，採点の対象外になったりするので注意すること。書き出しは1マス空けずに書き，句読点やかぎかっこなどは，1マス使って書くことを忘れないようにしよう。

第８回新潟県統一模試

数　学

解答

〔１〕 (1)　−11　　(2)　$-5a+9b$　　(3)　$7\sqrt{6}$　　(4)$(x=)\pm\frac{5}{3}$　　(5)　$-4\leqq y\leqq 0$　　(6)　$4\sqrt{2}$(cm)

(7)(∠x＝)48(度)　　(8)　エ

配点　4点×8　　小計32点

〔２〕 (1)　$\frac{2}{9}$

(2)(証明)(正答例)

△ＡＢＤと△ＥＦＣにおいて,

半円の弧に対する円周角だから,　　∠ＤＡＢ＝90°　……①

仮定より,　　∠ＣＥＦ＝90°　……②

①, ②より,　　∠ＤＡＢ＝∠ＣＥＦ　……③

$\overset{\frown}{AB}$に対する円周角は等しいから,　　∠ＡＤＢ＝∠ＡＣＢ　……④

対頂角は等しいから,　　∠ＡＣＢ＝∠ＥＣＦ　……⑤

④, ⑤より,　　∠ＡＤＢ＝∠ＥＣＦ　……⑥

③, ⑥より, 2組の角がそれぞれ等しいから, △ＡＢＤ∽△ＥＦＣ

(3)　右の図

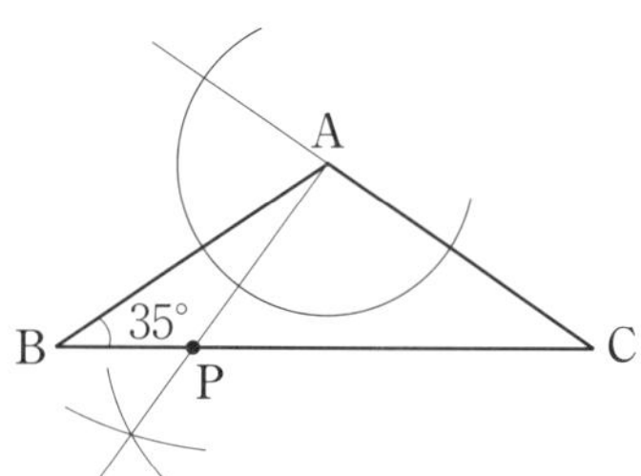

配点　6点×3　　小計18点

〔３〕 (1)ア　5800　イ　6700　　(2)　7000(円)

(3)①$(y=)1000x+2700$　②$(y=)750x+4000$　　(4)　$\frac{26}{5}$(年)

配点　(1)2点×2　(2)2点　(3)3点×2　(4)5点　　小計17点

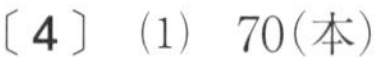

〔４〕 (1)　70(本)

(2)①　$2n+2$

②(求める過程)(正答例)

$T=4+6+8+\cdots\cdots+(2n+2)$とする。

次のように, Tと, Tの項の順番を逆にした式をたす。

$$
\begin{array}{rccccccc}
 & 4 & + & 6 & + & 8 & +\cdots\cdots+ (2n-2) + & 2n & + (2n+2) \\
+) & (2n+2) & + & 2n & + & (2n-2) & +\cdots\cdots+ \quad 8 \quad + & 6 & + \quad 4 \\
\hline
 & (2n+6) & + & (2n+6) & + & (2n+6) & +\cdots\cdots+ (2n+6) + & (2n+6) & + (2n+6)
\end{array}
$$

$T+T=(2n+6)\times n$となるから, $T=\frac{n(2n+6)}{2}=n^2+3n$と表される。

(答え)　n^2+3n(本)

(3)$(a=)14$

配点　(1)3点　(2)①3点　②6点　(3)4点　　小計16点

〔５〕 (1)　96(cm³)　　(2)　12(cm)　　(3)　30(cm³)

配点　(1)5点　(2)6点　(3)6点　　小計17点

解説

〔１〕 (1)　$5-8\times2=5-16=-(16-5)=-11$

(2)　$4(-a+2b)-(a-b)=-4a+8b-a+b=-4a-a+8b+b=-5a+9b$

(3)　$\frac{30}{\sqrt{6}}+\sqrt{24}=\frac{30\sqrt{6}}{\sqrt{6}\times\sqrt{6}}+\sqrt{2^2\times6}=\frac{30\sqrt{6}}{6}+2\sqrt{6}=5\sqrt{6}+2\sqrt{6}=7\sqrt{6}$

(4)　平方根の考えを使って解く。

$9x^2-25=0$, $9x^2=25$, $x^2=\frac{25}{9}$, $x=\pm\frac{5}{3}$

(5)　yの値は, $x=-6$のとき, $y=-\frac{1}{9}\times(-6)^2=-4$で最小となり, $x=0$のとき, $y=0$で最大となる。よって, 求めるyの変域は, $-4\leqq y\leqq 0$

(6)　△ＡＢＣで, 三平方の定理より, $5^2+4^2=AC^2$, $\underline{AC^2=41}$　また, △ＡＣＤで, 三平方の定理より,

$3^2+CD^2=\underline{AC^2}$，$9+CD^2=\underline{41}$，$CD^2=32$　$CD>0$だから，$CD=\sqrt{32}=4\sqrt{2}$(cm)

(7)　点Oと点Bを結ぶ。1つの円では，おうぎ形の弧の長さは，中心角の大きさに比例するから，$\angle BOC:\angle COD=\overset{\frown}{BC}:\overset{\frown}{CD}=3:2$　よって，$\angle BOC=64°\times\frac{3}{2}=96°$　円周角の定理より，$\angle x=\angle BAC=\frac{1}{2}\angle BOC=\frac{1}{2}\times96°=48°$

(8)　ア…度数が最も多いのは相対度数が最も大きい階級だから，最頻値は，A中学校が$\frac{60+80}{2}=70$(分)，B中学校が$\frac{40+60}{2}=50$(分)である。よって，正しい。イ…中央値は，A中学校が40分以上60分未満の階級に，B中学校が60分以上80分未満の階級にそれぞれふくまれる。よって，正しい。ウ…60分以上80分未満の階級の累積相対度数は，A中学校が$0.10+0.20+0.25+0.30=0.85$，B中学校が$0.04+0.10+0.33+0.31=0.78$である。よって，正しい。エ…100分以上120分未満の生徒の人数は，A中学校が$80\times0.05=4$(人)，B中学校が$200\times0.05=10$(人)で，B中学校の方が多い。よって，正しくない。したがって，エ。

☆一言アドバイス☆

三平方の定理

(1)　右の図1の直角三角形において，次の関係が成り立つ。
$a^2+b^2=c^2$

(2)　右の図2の直角三角形ABC，DEFにおいて，3辺の長さの比は，それぞれ次のようになる。
①　$AB:BC:AC=1:1:\sqrt{2}$
②　$DE:EF:FD=1:\sqrt{3}:2$

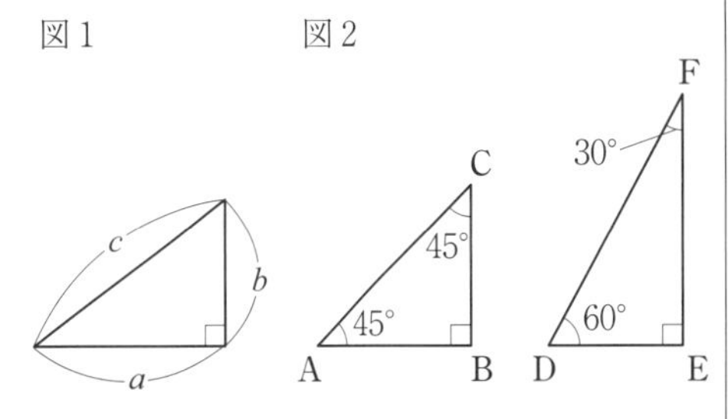

〔2〕(1)〔求め方〕　コマがGのマスに止まるのは，さいころの出た目の数の和が6または10となる場合で，(1回目，2回目)＝(1，5)，(2，4)，(3，3)，(4，2)，(4，6)，(5，1)，(5，5)，(6，4)の8通りある。さいころの目の出方は全部で36通りあるから，求める確率は，$\frac{8}{36}=\frac{2}{9}$

(2)　半円の弧に対する円周角の大きさは90°であることや，等しい弧に対する円周角は等しいこと，対頂角は等しいことなどを根拠として，2組の角がそれぞれ等しいことを導く。

(3)　△ABCはAB＝ACの二等辺三角形だから，$\angle BAC=180°-35°\times2=110°$　よって，$\angle CAP=\angle BAC-\angle BAP=110°-20°=90°$　よって，点Aを通る直線ACの垂線を作図し，辺BCとの交点をPとすればよい。

☆一言アドバイス☆

半円の弧に対する円周角は90°である。

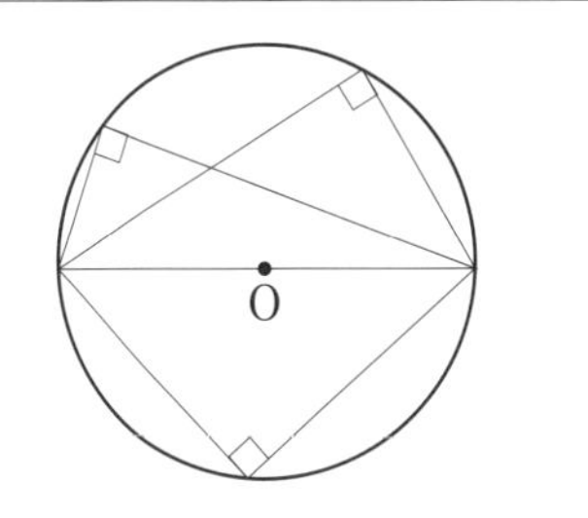

〔3〕(1)ア　電球型蛍光灯を4年使用して3個目の電球型蛍光灯を買う前の総費用は，$3800+1000\times2=5800$(円)だから，[ア]に当てはまる数は5800

イ　電球型蛍光灯を4年使用して3個目の電球型蛍光灯を買った後の総費用は，$5800+900=6700$(円)だから，[イ]に当てはまる数は6700

(2)　LED電球を4年使用したときの総費用は，$4000+750\times4=7000$(円)

(3)①　点(4，6700)を通り，傾きが1000の直線の式を求めればよい。よって，求める式を$y=1000x+b$として，$x=4$，$y=6700$を代入すると，$6700=1000\times4+b$，$b=2700$　したがって，$y=1000x+2700$

②　$y=4000+750\times x$より，$y=750x+4000$

(4)〔求め方〕 電球型蛍光灯のグラフに，ＬＥＤ電球のグラフをかき加えると，2つのグラフは，$4 \leqq x < 6$の範囲で交わる。よって，(3)で求めた2つの式$y = 1000x + 2700$，$y = 750x + 4000$を連立方程式として解くと，$x = \frac{26}{5}$(，$y = 7900$) したがって，総費用が等しくなるのは，それぞれの照明器具を$\frac{26}{5}$年使用したとき。

☆一言アドバイス☆

料金に関する関数の利用の問題で，xを使用時間や使用量，yを料金として，xとyの関係を表した2つのグラフを比較するとき，xの値に対応するyの値が大きい方が料金は高く，小さい方が料金は安いと判断できる。また，yの値が等しいとき，つまり，グラフが交わっている点では，料金は等しいと判断できる。

〔4〕 2番目の図形をつくるためには，1番目の図形の左の辺と下の辺に棒を1本ずつ追加して，大きい正方形の残り2つの辺に棒を2本ずつ追加するから，追加する棒の本数は，$1 \times 2 + 2 \times 2 = 6$(本)となる。3番目の図形をつくるためには，2番目の図形の左の辺と下の辺に棒を1本ずつ追加して，大きい正方形の残り2つの辺に棒を3本ずつ追加するから，追加する棒の本数は，$1 \times 2 + 3 \times 2 = 8$(本)となる。4番目の図形をつくるためには，3番目の図形の左の辺と下の辺に棒を1本ずつ追加して，大きい正方形の残り2つの辺に棒を4本ずつ追加するから，追加する棒の本数は，$1 \times 2 + 4 \times 2 = 10$(本)となる。このように，追加する棒の本数は2本ずつ増えていく。

(1) 7番目の図形に使われている棒の本数は，$4 + 6 + 8 + 10 + 12 + 14 + 16 = 70$(本)

(2)① 1番目の図形に使われている棒の本数は4本で，2番目は$4 + 6$(4から始まる連続する2つの偶数の和)，3番目は$4 + 6 + 8$(4から始まる連続する3つの偶数の和)，4番目は$4 + 6 + 8 + 10$(4から始まる連続する4つの偶数の和)，……でそれぞれ求められる。よって，n番目の図形に使われている棒の本数は，4から始まる連続するn個の偶数の和で求められる。4から数えてn番目の偶数は，$4 + 2 \times (n - 1) = 2n + 2$だから，$n$番目の図形に使われている棒の本数は，$4 + 6 + 8 + \cdots\cdots + (2n + 2)$で求められる。

② 問題文に「1＋2＋3＋……＋kの求め方を使って，」とあるので，どうすれば$4 + 6 + 8 + \cdots\cdots + (2n + 2)$を求めるのに利用できるかを考える。求める過程の書き方は1＋2＋3＋……＋kの求め方にならえばよい。

(3)〔求め方〕 a番目の図形に使われている棒の本数は$(a^2 + 3a)$本と表され，$(a + 1)$番目の図形に使われている棒の本数は，$(a + 1)^2 + 3(a + 1) = a^2 + 2a + 1 + 3a + 3 = a^2 + 5a + 4$(本)と表される。棒を500本用意して，8本足りなかったから，$(a^2 + 3a) + (a^2 + 5a + 4) = 500 + 8$が成り立つ。この式を整理すると，$a^2 + 4a - 252 = 0$，$(a - 14)(a + 18) = 0$より，$a = 14$，$-18$ aは自然数だから，$a = 14$

☆一言アドバイス☆

(2)①，②で表した文字式が正しいことを確認するためには，その式に$n = 1$，2，3(すでにわかっていたり，簡単に調べられたりする値)を代入して，式の値が正しくなることを確かめるとよい。

〔5〕 (1) 四角すいＡ－ＢＣＦＨにおいて，∠ＡＢＨ＝90°，∠ＥＤＣ＝90°だから，辺ＡＢが四角すいＡ－ＢＣＦＨの高さとなる。よって，四角すいＡ－ＢＣＦＨの体積は，$\frac{1}{3} \times 6^2 \times 8 = 96$(cm³)

(2)〔求め方〕 点Ｍ，Ｎはそれぞれ辺ＦＧ，ＧＨの中点だから，△ＦＧＨで，中点連結定理より，ＭＮ//ＦＨ，ＭＮ＝$\frac{1}{2}$ＦＨ＝$\frac{1}{2} \times 6 = 3$(cm) 右の図のように，2点Ｍ，Ｎを通り，底面ＢＣＦＨに平行な平面と，辺ＡＢ，ＡＣとの交点をそれぞれＯ，Ｐとすると，ＯＮ//ＢＨ，ＯＰ//ＢＣとなるから，ＡＯ：ＯＢ＝ＡＰ：ＰＣ＝ＡＮ：ＮＨ＝1:1より，点Ｏ，Ｐはそれぞれ辺ＡＢ，ＡＣの中点となる。よって，△ＡＢＨ，△ＡＢＣ，△ＡＣＦそれぞれで，中点連結定理より，

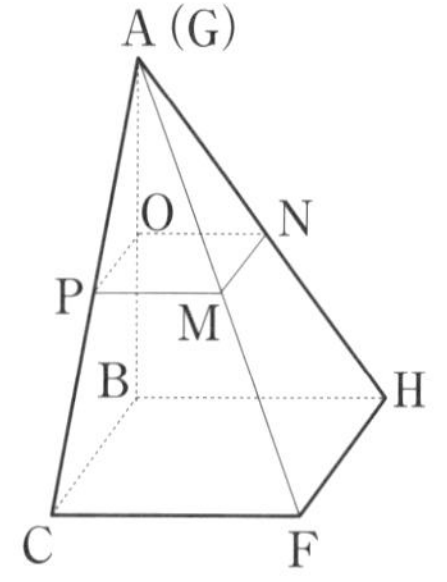

ＯＮ＝$\frac{1}{2}$ＢＨ＝$\frac{1}{2} \times 6 = 3$(cm)，ＯＰ＝$\frac{1}{2}$ＢＣ＝$\frac{1}{2} \times 6 = 3$(cm)，ＰＭ＝$\frac{1}{2}$ＣＦ＝$\frac{1}{2} \times 6 = 3$(cm) したがって，切り口の図形ＭＮＯＰの周の長さは，$3 + 3 + 3 + 3 = 12$(cm)

(3)〔求め方〕 右の図のように，2点M，Nを通り，底面ＢＣＦＨに垂直な平面と，辺ＣＦ，ＢＨとの交点をそれぞれＱ，Ｒとする。また，立体MN－ＱＦＨＲにおいて，点Mを通り，面ＮＲＨに平行な平面と，辺ＱＲ，ＦＨとの交点をそれぞれＳ，Ｔとすると，立体MN－ＱＦＨＲの体積は，四角すいM－ＱＦＴＳの体積と三角柱MＳＴ－ＮＲＨの体積の和で求められる。(2)と同様に，点Q，Ｒ，Ｓ，Ｔはそれぞれ辺ＣＦ，ＢＨ，ＱＲ，ＦＨの中点となる。また，ＭＳ＝ＮＲ＝$\frac{1}{2}$ＡＢ＝$\frac{1}{2}\times 8=4$(cm)となる。したがって，求める体積は，$\frac{1}{3}\times 3^2\times 4+\frac{1}{2}\times 3\times 4\times 3=12+18=30$(cm³)

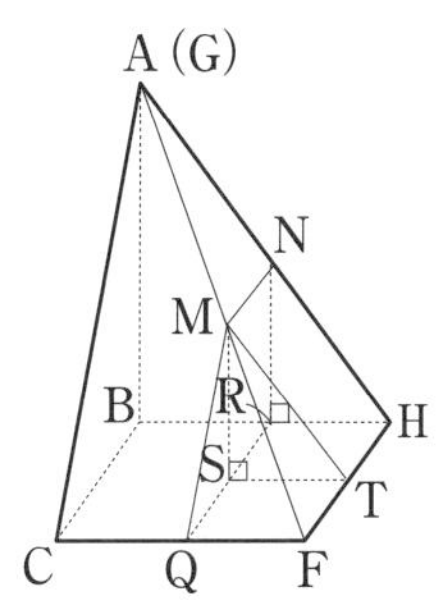

☆一言アドバイス☆

(3)は，次のように求めることもできる。
立体MN－ＱＦＨＲの体積は，四角すいM－ＱＦＨＲの体積と三角すいM－ＮＲＨの体積の和で求められる。MN//ＦＨ，ＦＨ⊥平面ＡＢＨだから，MN⊥平面ＡＢＨとなる。したがって，求める体積は，$\frac{1}{3}\times 6\times 3\times 4+\frac{1}{3}\times\frac{1}{2}\times 3\times 4\times 3=24+6=30$(cm³)

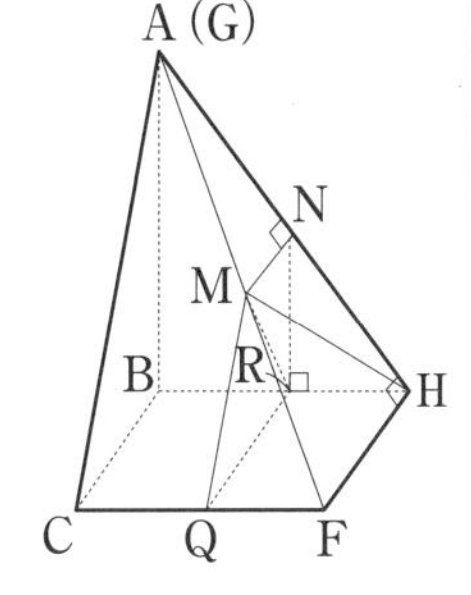

第8回模試

第8回新潟県統一模試

英　語

解答

〔1〕 (1)1　ウ　2　イ　3　ア　4　ウ　(2)1　ア　2　イ　3　エ　4　ア

(3)1　eight　2　town　3　music　4　foreign

配点　(1)2点×4　(2)(3)3点×8　小計32点

〔2〕 (1)　A　make my heart warm　H　important for us to decide　(2)　ウ

(3)　問題のある区域を見つけるために，一人で全部の畑をチェックすること。

(4)　D　イ　F　イ

(5)　人工知能は(キャベツ畑で起きている)問題の理由を示すことはできないから。

(6)　エ　(7)　ウ

配点　(1)3点×2　(2)3点　(3)4点　(4)2点×2　(5)3点　(6)3点　(7)3点　小計26点

〔3〕 (1)　My bag is not〔isn't〕 as heavy as yours〔your bag〕.

(2)　This is a house (which〔that〕 was) built five years ago.

(3)　If I were a bird, I could fly in the sky.

配点　4点×3　小計12点

〔4〕 (1)　一部の野生動物は広葉樹から(自分の)食べ物を得るが，人々がそれらの木を切り倒してしまったから。

(2)　イ　(3)　ウ

(4)　They also worked to leave some vegetables in the fields for the wild animals.

(5)①　Yes, they were.

②　They visited him to talk about the wild animals.

③　She was working at (a) high school.

(6)(解答例)　Some poor children in the world can't buy pencils or notebooks. I hear a volunteer group in my city collects pencils or notebooks that are not used and sends them to those children. I'll send such pencils and notebooks to the group.

配点　(1)4点　(2)3点　(3)3点　(4)3点　(5)3点×3　(6)8点　小計30点

第8回模試

解説

〔1〕 (1)1 「これらは何ですか」という質問。寒いときに手を入れて使う物なので，ウ「手袋」が適当となる。

2 「トムはカップをいくつ買いましたか」という質問。トムは日本に滞在中，両親にカップを二つ，姉〔妹〕にユカタを一着買った。

3 「ケンの問題は何でしたか」という質問。ケンは今朝バスを降りたときに，転んで脚を痛め，学校に遅刻した。ア「彼は脚を痛めた」が適当となる。

4 「今，ヨウコの家での仕事はどれですか」という質問。ヨウコの父は衣服の洗濯，母は料理，ヨウコは部屋の掃除，弟〔兄〕が花の水やりをしている。

(2)1 「彼らの旅行の3日目は晴れるでしょうか」という質問。The TV news says it will be cloudy on the second day and sunny on the third day.を聞き取る。

2 「週末にシンジは何をしましたか」という質問。シンジは家族と山にスキーに行き，ケイトは公園の近くの映画館で映画を見た。

3 「明日，スミス先生はタロウに何を持っていくでしょうか」という質問。スミス先生の発言I have many beautiful pictures of them.のthemは，直前のタロウの発言中のthe old buildings there(＝in the U.K.)を受けている。

4 「アキラの机はどこにありますか」という質問。アキラの机は黒板の近くで，アヤが隣の席で，窓の隣にある。すべての条件を満たしているのはアとなる。

(3)1 「サチコはどのくらいの間柔道をしていますか」という質問。放送文で，I've been doing it(＝judo) for eight years.と言っている。

2 「柔道のトーナメントは昨年どこで開催されましたか」という質問。放送文で，Last year, I joined a judo tournament in my town.と言っている。

3 「サチコとマークはトーナメント後に何について話しましたか」という質問。放送文で，After the tournament, I talked to him. We talked about many things like sports and music.と言っている。

4 「サチコは将来何をしたいと思っていますか」という質問。放送文で，I want to go to foreign countries to teach judo in the future.と言っている。

☆一言アドバイス☆

質問文の最初の疑問詞を聞き取れないと，質問内容を理解することが困難になる。疑問詞は特に注意して聞き取ろう。

〔2〕 (1)A 並べ替える語の中に，make, warmがあることに着目する。〈make＋目的語＋形容詞〉の形で「～を…(の状態)にする」という意味を表す。my heartがmakeの目的語となる。

H 前にIt's（＝It is）があることに着目し，〈It is〔It's〕... for － to ～.〉「～することは―にとって…である」の文を組み立てる。It'sのあとには形容詞のimportantを置き，それに〈for － to ～〉の形のfor us to decideを続ける。

(2) 下線部分Bは「伝統的なもの」。ウの「はがき」が伝統的なものに含まれる。ア「ドローン」，イ「人工知能」，エ「ウェブ会議システム」はthe new technology「新しい技術」に含まれる。

(3) 「…，そうするにはとても多くの時間がかかるんだよ」 下線部分Cは，butの前の部分のchecking all his fields by himself to find areas which have some problemsを受けている。whichは主格の関係代名詞で，which have some problemsが先行詞のareasを修飾している。

(4)D 直前にbe動詞のisがあることから，進行形か受け身形を考える。ここでは「送られる」という意味の受け身形〈be動詞＋過去分詞〉にするのが自然になる。sendは不規則動詞で，過去分詞はsent。

F such as「たとえば～のような」を入れると，such as having smaller cabbages「たとえば小さめのキャベツがあるというような」がa common problem「共通の問題」の例となり，自然な流れになる。

(5) 下線部分Eの理由は，because以下に示されている。

(6) 直前の文を参照する。the knowledge from his past experience「彼の過去の経験から来る知識」に自然に結びつくエ「彼は過去の畑での似たような状態を覚えているんだ」が適切となる。

(7) ア：「ジェフは以前アキトと話すためにウェブ会議システムを使ったことがあります」 ジェフはシンガポールの家族と話すためにウェブ会議システムを使っている。イ：「アキトは，彼のおじのドローンは畑に肥料と水を与えると言っています」 アキトのおじのドローンは畑の写真を撮るために使われている。ウ：「アキトのおじは問題のある区域だけをチェックするので，彼の仕事は楽になってきています」 本文21～23行目の内容に一致している。エ：「アキトのおじはキャベツを育てるためにドローンからのデータを使うことはできません」 アキトのおじはドローンのデータを使って，問題のある区域を見つけている。

〈全訳〉

アキトは高校生です。ジェフはシンガポール出身の生徒で，彼はアキトの同級生です。彼らは今，学校で話しています。

アキト（以下A）：やあ，ジェフ。今日の英語の授業はおもしろかったね。ウェブ会議システムを使うのはぼくには初めてだったよ。本当に楽しかった。

ジェフ(以下J)：うん。ぼくはインターネットでオーストラリアの生徒たちと話すのを楽しんだよ。

A：ウェブ会議システムを使えば，お互いの顔を見て話すことができるね。この情報技術は，よいコミュニケーションを取りたいときに役に立つよ。

J：本当だね。ぼくはシンガポールの家族と話すためにときどきこのシステムを使うんだ。

A：わー，君はすでに日常生活でもそのシステムを使っているんだね。

J：うん。それは本当に役に立つけれど，ぼくの家族はときどきぼくにシンガポールの写真のついた手書きのはがきを送ってくるよ。そのはがきはいつもぼくの心をあたたかくして，ぼくの国を思い出させるんだ。だからぼくにとって新しい技術と伝統的なものは両方とも重要だよ。

A：君の気持ちはわかる。君の話はぼくにおじの仕事を思い出させるよ。彼は農家で，長い間，彼の大きな畑でキャベツを育てているんだ。彼の持つ重要な仕事の一つは，問題のある区域を見つけるために一人で全部の畑をチェックすることだけれど，そうするにはとても多くの時間がかかるんだよ。そこで彼は今，新しい技術を使ってみている。彼はドローンと人工知能を使っているんだよ。彼のドローンは畑の写真を撮るために使われて，そのデータは人工知能に送られる。それから，人工知能はそのデータを使うことによって問題のある区域を見つけるんだ。

J：それはすごい。彼は問題のある区域だけをチェックするから，彼の仕事は楽になってきているんだよね？

第8回模試

A：うん。彼はそう言っている。でも彼は，人工知能はその問題の理由を示すことはできないから十分によくはないと言っているよ。

J：どういう意味なの？

A：たとえ人工知能が，いくつかの区域にはたとえば小さめのキャベツがあるというような共通の問題があると示すとしても，その問題の理由はそれぞれの区域で違うかもしれない。もっと肥料を必要としている区域もあれば，もっと水を必要としている区域もある。

J：本当に？ それなら，彼はどうやって理由を見つけるの？

A：ええと，彼は問題のある区域に行って，彼の過去の経験から来る知識で理由を見つける。彼は過去の畑での似たような状態を覚えているんだ。

J：ああ，それはおもしろそうだ！

A：うん，彼は新しい技術と自分の知識を両方とも効果的に使っていると思う。

J：ぼくもそう思うよ。それらの両方とも彼の仕事には役に立つから，ぼくたちはどちらを選ぶかについて考える必要はないね。

A：その通り。ぼくたちにとって，新しい技術と伝統的なものをいつ使うかと，それらをどうやって使うかを決めることが大切だね。

☆一言アドバイス☆
（　　）内に適する語を選択肢の中から選ばせる問題…会話表現や連語などを問われることもあるので，重要表現をまとめて覚えておこう。

〔3〕 (1) 「～ほど…ない」という表現は，〈not as＋形容詞〔副詞〕の原級＋as ～〉の形を使って表す。

(2) 〈過去分詞＋語句〉の形のbuilt five years ago「５年前に建てられた」が後ろからhouseを修飾する形にする。主格の関係代名詞節を使って，which〔that〕was built five years agoがhouseを修飾する形にしてもよい。

(3) 「もし～なら，…なのに」と，現在の事実と違う内容を仮定して言うときは仮定法を使う。〈If＋主語＋動詞の過去形～，主語＋助動詞の過去形＋動詞の原形....〉の形となる。If節にbe動詞が使われる場合，通常は主語に関係なくwereを使う。

☆一言アドバイス☆
仮定法と単なる条件のif ～の文を区別して覚えよう。
〈単なる条件〉If you are free, please help me.（あなたが暇なら，私を手伝ってください。）

〔4〕 (1) and nowの前の部分が下線部分Aの理由を示している。

(2) 「私たちが畑に残した野菜は［ B ］」 イを入れて，「動物にとってよい食べ物である」とすれば，動物たちが畑の野菜を食べに来る理由となる。

(3) 下線部分Cを含む本文第５段落を参照する。

(4) 野生動物たちのためにしたことは，本文28～29行目で述べられている。

(5)① 「ユカリと彼女の同級生は，先生が新聞記事について話した後に悲しかったですか」 本文９行目を参照。

② 「なぜユカリと彼女の同級生はナカムラさんを訪ねましたか」 本文第４段落の最初の文を参照。

③ 「ユカリは25歳のときどこで働いていましたか」 本文35行目を参照。

(6) 下線部分Eの意味は「私は世界の貧しい子どもたちを助けるためにボランティア活動をしたいと思います」。世界の貧しい子どもたちを助けるために，自分ができると思うボランティア活動を考えて，英文を書けばよい。解答例の訳は「世界の貧しい子どもたちの中には鉛筆やノートを買えない子どもたちもいます。私の市のあるボランティアグループは，使われていない鉛筆やノートを集めて，それらをその子どもたちに送っているそうです。私はそのような鉛筆やノートをそのグループに送るつもりです」。

〈全訳〉

「何が起こっているの？」と，ユカリは学校に行く前にある新聞記事を読んだときに言いました。それには「多くの野生動物がこの市の周辺の人々と畑を守るために捕まえられています」と書いてありました。

学校で，ユカリはその新聞記事を彼女の先生と同級生に見せました。「なぜ多くの野生動物がこの市に来るのだろう」 生徒たちはそれについて話しました。それから，彼らの先生がクラスの生徒たちに言いました。

「あなたたちに理由の一つを話します。一部の野生動物は広葉樹から食べ物を得ますが，人々がそれらの木を切り倒してしまったので，今では動物たちは山の中に食べるものが何もないのです。それで動物たちは食べ物を探しに市に来るのです」 生徒たちはそれを聞いたあと，悲しかったです。

放課後，ユカリと同級生は野生動物たちを救うためにこの問題について勉強し始めました。彼らは日本中で多くの野生動物が捕まえられていることを知りました。しかし彼らは動物たちを救う方法を見つけ出すことはできませんでした。そのときユカリは「私たちは若すぎるから，野生動物を救うことができません」と言いました。しかし彼らの先生が「あきらめてはいけません。本当に変化を起こしたいのなら，あなたたちはその問題について深く考えるべきです」と言いました。すべての生徒たちが賛同しました。彼らは野生動物を救う方法についていっしょに考え続けることを決めました。

ある日，ユカリと彼女の同級生は野生動物について話したいと思い，ある農家の人を訪ねました。その農家の人の名前はナカムラさんでした。彼は「野生動物は私たちの畑に来て野菜を食べます。私たち農家がこの状況を作っているのかもしれないと考えています。私たちが畑に残す野菜は動物にとってよい食べ物です。動物たちは生きるためにその野菜を食べに来ます。そのことはわかっています。でも私たちの野菜を守るために私たちは動物たちを捕まえなければならないのです」と言いました。ユカリは何をすればよいか決められませんでした。

その夜，ユカリはこのことについて母親と話しました。彼女の母親は「あなたが野生動物たちを本当に救いたいと思っているのはわかるのよ。私もその動物たちを救いたい。同時に，あなたが農家の人たちの気持ちを理解できることを私は望んでいるわ。彼らは毎日の生活のために自分たちの野菜を守る必要があるのよ」と言いました。ユカリは，何をすればよいかを決めました。

数日後，ユカリと彼女の同級生は多くの農家を訪ねました。彼らはいっしょにその問題に立ち向かう企画を始めました。多くの農家の人たちがすぐにそれに参加し始めました。生徒たちと農家の人たちは畑を守るために働きました。彼らはまた野生動物のために畑にいくらか野菜を残すために働きました。ある日，テレビのニュースが彼らの企画について報道しました。インタビュアーは「この企画からあなたは何を学びましたか」とたずねました。ユカリは「ええと，やろうとすれば，私たちのような若者でさえも状況を変えることができるのだと学びました。もちろん，他の人の助けなしに一人ではこの企画を始められませんでした。だから，私たちは問題へのよい解決策を見つけるためにいっしょに働く必要があるのです」と答えました。後に，彼らの企画はその市のいたるところで広がりました。

10年後，ユカリは25歳でした。彼女は高校の教師になりました。彼女はときどき生徒たちにその経験について話しました。ある日，彼女の生徒の１人が新聞を持って彼女のところに来ました。彼は「私は世界の貧しい子どもたちを助けるためにボランティア活動をしたいと思います。でも私は若すぎるので，何もできません」と言いました。ユカリは彼に「あなたが本当にその子どもたちを助けたいなら，その問題について深く考えるべきです」と言いました。

☆一言アドバイス☆

自由英作文…テーマには「自分の好きなことや大切なもの」「将来の夢」のようなものや，社会問題などに対する意見を述べるものがある。

〈放送文〉

(1)1 We use these when it is cold. We put our hands in them.

Question : What are these?

2 Tom came to Japan to meet his friend in Nagoya. He stayed there for three days. During his stay, he bought two cups for his parents and a *yukata* for his sister.

Question : How many cups did Tom buy?

3 When Ken got off the bus this morning, he fell down and hurt his leg. He couldn't walk well from the bus station to school, so he was late for school.

Question : What was Ken's problem?

4 Everyone in Yoko's family does some housework at home. Her father washes the clothes, and her mother cooks. Cleaning the rooms is Yoko's work. When she was a little girl, she gave water to flowers. Her brother does it now.

Question : Which is Yoko's work at home now?

(2)1 A : We are going to take a trip to Tokyo for three days. But I hear it will be rainy on the first day.

B : Really? How will the weather be on the other days?

A : The TV news says it will be cloudy on the second day and sunny on the third day.

Question : Will it be sunny on the third day of their trip?

2 A : Hi, Shinji. How was your weekend?

B : It was nice! I went skiing in the mountains with my family. How about you, Kate?

A : I watched a movie at the theater near the park. I enjoyed the story.

B : That's good.

Question : What did Shinji do on the weekend?

3 A : Ms. Smith, I want to go to the U.K. someday.

B : Oh, really? I went there to see my friends in 2014 and 2020. Why do you want to go there, Taro?

A : I'm interested in the history of that country. I want to see the old buildings there.

B : I have many beautiful pictures of them. I'll bring them tomorrow.

A : Thank you, Ms. Smith.

Question : What will Ms. Smith bring to Taro tomorrow?

4 A : Where is your desk in your classroom, Akira?

B : Now I sit near the blackboard, and Aya is next to me.

A : Do you like your place?

B : Yes. My desk is next to the window, so it's bright.

Question : Where is Akira's desk?

(3) I love judo. I've been doing it for eight years. When I was an elementary school student, I started practicing judo. Now, I'm a member of the judo club in junior high school. Last year, I joined a judo tournament in my town. On that day, I met Mark for the first time. He is a boy from India. He was a very good player. After the tournament, I talked to him. We talked about many things like sports and music. We became good friends. Later, he told me that there weren't many judo instructors in his country. I was surprised to hear that. I hope many people can enjoy judo. I want to go to foreign countries to teach judo in the future.

Question 1 How long has Sachiko been doing judo?

2 Where was the judo tournament held last year?

3 What did Sachiko and Mark talk about after the tournament?

4 What does Sachiko want to do in the future?

第８回新潟県統一模試

社　会

解答

〔1〕 (1) ウ　(2) 12(月)31(日)午後5(時)　(3)X　バイオ(エタノール/燃料)　Y　ア　(4) ヒスパニック
(5) 経済特区　(6)(正答例) 穀物の自給率が100%を超え，輸出量が輸入量を上回っている。
配点 (1)2点 (2)3点 (3)X2点 Y2点 (4)2点 (5)2点 (6)4点　小計17点

〔2〕 (1) エ　(2) ア　(3)① イ，② ア　(4) イ　(5)① 875(m)　② 北東
配点 (1)2点 (2)2点 (3)3点 (4)3点 (5)①3点 ②3点　小計16点
※(3)は両方正解で3点。

〔3〕 (1) イ　(2) エ　(3) 平清盛　(4) ウ　(5) ウ
(6)(正答例) 日本人の海外渡航(と海外からの帰国)が禁止されたから。　(7) 異国船打払令
配点 (1)2点 (2)2点 (3)2点 (4)2点 (5)2点 (6)4点 (7)3点　小計17点

〔4〕 (1) 関税(自主権)　(2)**A** イ，**B** ウ，**C** ア　(3) 五・四運動　(4) ア
(5)X エ　Y(正答例) 日本は独立を回復した。〔日本は独立国家としての主権を回復した。〕
(6) 沖縄(県)
配点 (1)2点 (2)3点 (3)2点 (4)2点 (5)X2点 Y4点 (6)2点　小計17点
※(2)は全部正解で3点。

〔5〕 (1)① エ　②(正答例) 衆議院を解散して総選挙で国民の意思を問わなければならない。　③ イ
(2)① 地方分権　② 公債(費)
(3)① ウ　② 製造　③(正答例) 流通にかかる労力や費用をおさえようとする
(4)① ウ　②ⓐ 株主総会　ⓑ ウ　ⓒ イ
配点 (1)①2点 ②3点 ③2点 (2)①2点 ②2点 (3)①2点 ②2点 ③3点
(4)①2点 ②ⓐ2点 ⓑ1点 ⓒ1点　小計24点

〔6〕 (1)A群 ア，B群 ク　(2) 2(議席)　(3)(正答例) 人口が少なく，投票率が低い
配点 (1)3点 (2)2点 (3)4点　小計9点
※(1)は両方正解で3点。

解説

〔1〕 (1) アはガーナ，イはペルー，ウはカナダ，エはフィリピンである。最も高緯度に位置しているのはカナダである。地球の地軸が約23.4度傾いているため，６月の夏至のころには，北極圏などの高緯度地域では夜になっても太陽がほとんど沈まない白夜がみられる。

(2) 国アの東部を通る経線が本初子午線なので，カイロ付近を通る経線は東経30度である。日本の標準時子午線は東経135度の経線なので，新潟市とカイロの標準時子午線の経度差は105度。経度15度ごとに１時間の時差が生じるので，カイロの時刻は新潟市よりも７時間遅れていることになる。

(3) さとうきびやとうもろこしなどからつくられるバイオエタノール(バイオ燃料)は，植物を原料としているため，二酸化炭素の排出量を抑えることに役立ち，枯渇する心配もない。しかし，国**P**(ブラジル)では，さとうきびの大規模な栽培を進めることで森林が破壊されるなど，環境問題も発生しており，開発と環境保全のバランスをとることが課題となっている。

(4) 国**Q**(アメリカ)の南部諸州やロサンゼルス圏は，メキシコや中央アメリカや西インド諸島の国々など，スペイン語圏と距離的に近く，多くの移民が流入する。アメリカでは，それらの移民やその子孫を，スペイン語を話す人という意味でヒスパニックという。

(5) 国**S**(中国)の南部のアモイ，スワトウ，シェンチェン，チューハイ，ハイナン省の五つの地区が経済特区に指定され，外国企業が誘致されている。

(6) 国**S**(中国)のみ穀物の自給率が100%に届かず，輸出量が輸入量を大きく下回っている。中国は米・小麦ともに生産量が世界最大であるが，国内供給量がそれを上回るため，輸出量は少なく輸入量は多い。

☆一言アドバイス☆
主な国の食用農産物の生産量，輸出量，輸入量，国内供給量などを確認しておこう。

〔2〕 (1) 海岸**A**は三陸海岸の南部に当たる。山地が海に沈んで谷間の部分に海水が浸入してできたリアス海岸には，岬や入り江の多い複雑な地形がみられる。入り江は波が小さくおだやかであることから，天然の良港になっており，三陸海岸では特にわかめの養殖がさかんである。

(2) 都市Bは福島県会津若松市である。この地域では，室町時代中期から椀や盆など日用の漆器が生産されていたが，本格的につくられるようになったのは16世紀末と考えられている。なお，イは秋田県，ウは青森県，エは岩手県の伝統的工芸品である。

(3) 図を見ると，東北地方の太平洋側の米の作況指数は，福島県東部が80 ～ 89で，それ以外の地域は80未満になっており，日本海側と比べて低い。これは，夏に太平洋上を吹くやませとよばれる冷たい北東風の影響で，特に太平洋側で気温が低くなったことによる。

(4) 千葉県には，東京湾臨海部を中心とする京葉工業地域があり，埋立地に石油化学コンビナートが形成されている。この工業地域の生産の中心になるのは機械工業ではなく化学工業や金属工業である。

(5)① 実際の距離は，地形図上の距離×縮尺の分母で計算されるので，地点X と地点Y の間の実際の距離は，3.5cm×25,000＝87,500cm＝875mとなる。

② 碓氷川に表示されている ➡ は川の流れる向きを表している。地点Z 付近では右上(北東)に向かって流れていると考えられる。

☆一言アドバイス☆
東北地方の日本海側と太平洋側の気候のちがいや，それによる影響について調べてみよう。

第8回模試

〔3〕 (1) 埼玉県行田市にある稲荷山古墳から出土した鉄剣には「獲加多支鹵大王」と刻まれていた。また，熊本県の江田船山古墳から出土した鉄刀にも同様の文字がみられ，ワカタケル大王(武)の支配が九州地方から関東地方にまで及んでいたことがわかる。

(2) Y(645年)→Z(701年)→X(801年)の順となる。中大兄皇子(のちの天智天皇)や中臣鎌足は，独断的な政治を行っていた蘇我氏を倒し，新しい支配のしくみをつくる改革(大化の改新)を始めた。701年には唐にならった大宝律令が制定され，朝廷を中心とする律令国家のしくみが完成したが，東北地方に住む蝦夷が朝廷の支配に抵抗していたため，朝廷は坂上田村麻呂を征夷大将軍に任じ，蝦夷の平定に当たらせた。

(3) 平清盛は1167年に武士として初めて太政大臣となり，一族も高い地位についた。清盛は，娘を天皇のきさきにして皇室との結びつきを強めながら政治の実権をにぎった。

(4) 琉球王国の貿易は，日本，中国，東南アジアと貿易圏を形成し，貿易圏内の品物のやりとりを仲介する中継貿易であった。

(5) 1498年，ポルトガル人のバスコ＝ダ＝ガマは，大西洋を南下し，アフリカ大陸南端を回って，インド洋経由でインドに達する航路を開いた。なお，アは1522年に世界一周を成し遂げた船隊を途中まで率いた人物，イは13世紀後半にユーラシア大陸を通ってイタリアから元まで旅した商人，エは1492年にスペインから西インド諸島に達する大西洋航路を開いた人物である。

(6) キリスト教の禁止と貿易の統制を図る徳川家光は，1635年に出された鎖国令で，日本人の海外渡航と海外にいる日本人の帰国を禁止した。そのため，それまで行われていた朱印船貿易が停止され，東南アジアで栄えた日本町や日本人在住地はさびれていった。

(7) 18世紀末から，ロシア，イギリス，アメリカなどの船が日本に接近するようになると，「鎖国」が破られることを警戒した江戸幕府は，日本の沿岸に近づく外国船への砲撃を命じる異国船打払令を出した。

☆一言アドバイス☆
古代～近世における，日本の貿易や外交の特徴は，海外情勢をふまえて理解しよう。

〔4〕 (1) 日米修好通商条約をはじめとし，日本が欧米諸国との間に結んだ通商条約は，相手国の領事裁判権を認めたうえに，日本に関税自主権がない不平等条約であった。

(2) 日清戦争で清が日本に敗れると，欧米列強は清への勢力を伸ばし始めた。隣国の国A(ロシア)は義和団事件後に満州を占領し，国B(ドイツ)は山東省，国C(イギリス)は長江流域を勢力圏とした。

(3) パリ講和会議では，ドイツの山東省での権益を日本が受け継ぐことを決定した。これによって中国では不満が高まり，1919年5月4日に北京で始まった学生集会をきっかけに反日運動が起こって全国に広がり，帝国主義に反対する運動へと発展した。また，中国はベルサイユ条約調印を拒絶した。

(4) 1945年2月，イギリスのチャーチル，アメリカのローズベルト(ルーズベルト)，ソ連のスターリンの三首脳がソ連のヤルタで会談を行い，国際連合の設立やソ連の対日参戦などについて協議した。

(5) 第二次世界大戦後，アメリカを中心とする資本主義陣営とソ連を中心とする社会主義陣営の対立が深刻化し，冷戦とよばれる緊張状態が続いていた。アジアの共産主義に対抗する役割を日本に求めるアメリカは日本との講和を急ぎ，吉田茂内閣は資本主義陣営の48か国とサンフランシスコ平和条約を結んだ。これによって連合国軍による占領が終わり，日本は独立国として主権を回復した。

(6) 日本と中国の国交が正常化したのは1972年。この年には，第二次世界大戦後にアメリカの統治下に置かれていた沖縄の本土復帰が実現した。しかし，沖縄には広大な米軍基地が残された。

☆一言アドバイス☆
二つの世界大戦を通じて日本が国際社会においてどのような立場に置かれたか，まとめてみよう。

〔5〕 (1)① 国民の意見がより広く国会に届けられるよう，衆議院と参議院の間で定数や任期，選挙制度などに違いが設けられている。また，審議を慎重に行うことで，一方の議院の行き過ぎを防ぐことができる。

② 内閣が衆議院を解散したときには，解散の日から40日以内に衆議院議員の総選挙が行われ，その選挙の日から30日以内に特別会(特別国会)が召集される。

③ 図中に裁判員席があるので，これが裁判員裁判であることがわかる。裁判員は，重大な犯罪事件をあつかう刑事裁判において，地方裁判所で行われる第一審に参加する。

(2)① 1999年に地方分権一括法が公布され，地方公共団体が国の下部機構として仕事を代行していたことが廃止されたり，国の事務権限や財源が地方公共団体に移されたりしている。

② 地方公共団体の多くは自主財源である地方税が不足するため，国からの補助金や，地方債とよばれる借金に頼っている。しかし，地方債の発行が増えると，利子の支払いや元金の返済にあてられる公債費が，地方公共団体にとって大きな負担になってくる。

(3)① 消費支出とは，家計における支出のうち，日常生活を営むために必要な品物やサービスを購入するための支出である。アとイは貯蓄，エは非消費支出である。

② 資料に示したのは製造物責任法(ＰＬ法)の条文。この法律では，製造物の欠陥による消費者の被害について，製造者に過失がなくても，製造者に損害賠償を請求できることも定められた。

③ 大規模な小売業者は，商品を生産者から直接仕入れることで流通の費用を削減し，フランチャイズ店やチェーン店では，多くの商品をまとめて仕入れることで，費用を削減している。

(4)① 資本主義経済で，利潤を目的とする企業を私企業(民間企業)といい，利潤を目的とせず，公共の目的のために国や地方公共団体の資金で運営される企業を公企業という。公企業の一つである独立行政法人とは，省庁が運営していた事業や組織のうち，独立して権利や義務をもつ組織となった団体である。

② 株式会社は，株式の発行によって多くの人から資本を集めて経営される。株式を購入した出資者(株主)は，株主総会に出席したり，会社の利潤の一部を配当として受け取ったりすることができる。

☆一言アドバイス☆
身近な地方公共団体の歳入・歳出の内訳を確認しよう。また，株式会社のしくみを理解しよう。

〔6〕 (1) 1950年に朝鮮戦争が始まると，在日アメリカ軍が出兵し，大量の軍需物資を日本で調達することになったため，日本では製造業を中心に特需景気(朝鮮特需)とよばれる好景気となった。なお，Ｂ群のカは1970年代，キは1990年代に当てはまる。

(2) 各政党の得票数を１，２，…の順に整数で割っていき，得られた数の大きいものから順に定数まで配分する。**資料Ⅱ**では，Ａ党が３議席，Ｂ党が２議席，Ｃ党が１議席で，Ｄ党は議席なしとなる。

(3) **資料Ⅲ**を見ると，20歳代の人口が選挙権をもつ他の年代に比べて少ないことがわかる。また，**資料Ⅳ**を見ると，20歳代の投票率が最も低いことがわかる。

☆一言アドバイス☆
比例代表制のしくみを理解するとともに，投票率にみられる特徴を読みとろう。

第８回新潟県統一模試

理　科

解答

〔１〕 ⑴ ウ　⑵ エ　⑶ 0.125（N）　⑷ 4.2（N）
配点 ⑴3点 ⑵3点 ⑶3点 ⑷3点　小計12点

〔２〕 ⑴（正答例） 水溶液中の銅イオンの数が減ったから。　⑵ $Zn \rightarrow Zn^{2+} + 2e^-$　⑶ ウ
⑷（正答例） 金属Ｚは亜鉛や銅よりイオンになりやすく，マグネシウムよりイオンになりにくい。
配点 ⑴4点 ⑵3点 ⑶2点 ⑷4点　小計13点

〔３〕 ⑴ ウ　⑵ ア　⑶ エ　⑷ ア
⑸（正答例） 子は親と同じ染色体を受け継ぐため，形質が同じ農作物を作ることができるから。
配点 ⑴2点 ⑵2点 ⑶2点 ⑷3点 ⑸4点　小計13点

〔４〕 ⑴ イ　⑵ 露点　⑶ ウ　⑷ エ
配点 ⑴3点 ⑵3点 ⑶3点 ⑷3点　小計12点

〔５〕 ⑴（力の）合成　⑵ 右図　⑶ エ
⑷（正答例） ばねばかりＸが示す値もばねばかりＹが示す値も，しだいに大きくなる。
配点 ⑴3点 ⑵3点 ⑶2点 ⑷4点　小計12点

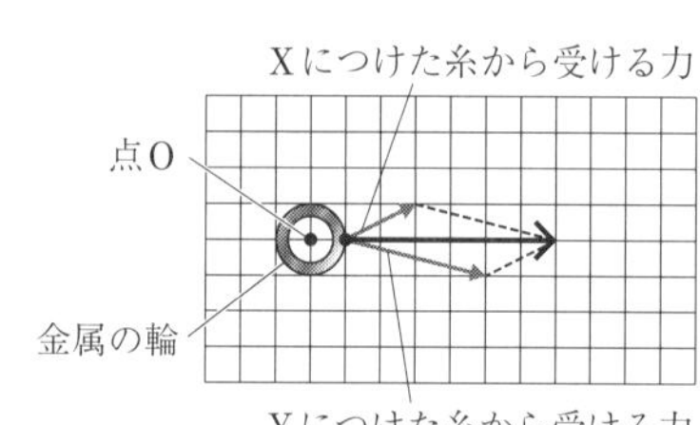

〔６〕 ⑴ エ　⑵ $NaOH \rightarrow Na^+ + OH^-$　⑶ ア
⑷ 水酸化物イオン
配点 ⑴3点 ⑵3点 ⑶3点 ⑷3点　小計12点

〔７〕 ⑴ 生態系　⑵ 食物網　⑶ エ　⑷ ア
配点 ⑴3点 ⑵3点 ⑶3点 ⑷3点　小計12点

〔８〕 ⑴ 衛星　⑵ ア　⑶ エ　⑷ ① エ　② 587（日後）
配点 ⑴3点 ⑵3点 ⑶3点 ⑷①2点 ②3点　小計14点

解説

〔１〕 ⑴ 水圧は水中の物体にあらゆる向きからはたらき，水面から深い位置ほどはたらく水圧は大きくなる。

⑵ 物体の全体が水中にあるとき，浮力の大きさは深さによらず一定である。

⑶ 図２より，おもりを水中に入れる前のばねののびは2.0cm，水面からおもりの底面までの距離が２cmのときばねののびは1.5cmである。おもりにはたらく重力の大きさは0.50Ｎであるから，水面からおもりの底面までの距離が２cmのとき，ばねに加わる力は$0.50 \times \frac{1.5}{2.0} = 0.375$〔N〕となる。おもりにはたらく浮力は，水中に入れる前のばねに加わる力と水面からおもりの底面までの距離が２cmのときにばねに加わる力の差から求められるから，求める値は$0.50 - 0.375 = 0.125$〔N〕となる。

⑷ おもりにはたらく浮力を作用としたとき，台ばかりには浮力と同じ大きさの反作用がはたらくため，浮力の大きさだけ，台ばかりにはたらく力は大きくなる。水面からおもりの底面までの距離が６cmのとき，ばねののびは1.25cmであるから，このときおもりにはたらく浮力は，$0.50 - 0.50 \times \frac{1.25}{2.0} = 0.1875$〔N〕である。ビーカーと水を合わせた質量は400ｇであるから，台ばかりが示す値は$4.00 + 0.1875 = 4.1875$〔N〕となる。

☆一言アドバイス☆
浮力は，物体の上面と底面にはたらく水圧の大きさの差によって生じる上向きの力である。

〔２〕 ⑴ 硫酸銅水溶液は青色の水溶液で，これは水溶液中の銅イオンによるものである。また，付着した赤い物質は，水溶液中の銅イオンが電子を受け取り銅原子となったものである。硫酸銅水溶液中の銅イオンの数が減少すると，水溶液の色はうすくなっていく。

⑵ 硫酸銅水溶液に亜鉛板を入れると，亜鉛原子は電子を放出してイオンとなる。

⑶⑷ 金属Ａのイオンをふくむ水溶液に異なる金属Ｂの固体を入れると，金属Ａよりも金属Ｂの方がイオンになりやすいとき金属Ａは固体となり金属Ｂはイオンとなる。また，金属Ａよりも金属Ｂの方がイオンになりにくいとき，変化は見られない。

☆一言アドバイス☆

金属は水溶液中にとけると陽イオンとなるため，電子を放出する。

〔3〕(1) 根は先端付近の部分で細胞分裂が活発に行われる。

(2) あたためたうすい塩酸の中に入れることで，細胞どうしがはなれやすくなり，顕微鏡による観察が行いやすくなる。

(3) 酢酸カーミン液や酢酸オルセイン液を用いると，核が染色されて観察しやすくなる。

(4) 細胞分裂は次の順に起こる。染色体が複製され，染色体が見えるようになる。→染色体が中央付近に集まる。→複製された染色体が分かれ，細胞の両端へ移動する。→植物の細胞ではしきりができ，2つの細胞ができる。

(5) 無性生殖では，親と子がもつ染色体は同じになる。

☆一言アドバイス☆

無性生殖→受精を行わずに子をつくる生殖。
有性生殖→卵と精子が受精することによって子をつくる生殖。

〔4〕(1)(2) 雲は，空気が冷やされて露点に達することで，空気中にふくみきれなくなった水蒸気が水滴や氷となったものである。

(3) 地表付近の空気が上昇すると，上空の方が地表付近と比べて気圧が低いため，空気が膨張する。これによって，空気の温度が下がり，やがて露点に達し，雲ができる。

(4) 冷たい空気のかたまりがあたたかい空気のかたまりにもぐりこむとき，空気のかたまりの境界面で雲ができる。

☆一言アドバイス☆

露点…水蒸気が冷やされて水滴に変わり始める温度を，その空気の露点という。

〔5〕(1) 1つの物体にはたらく2力を，同じはたらきをする1つの力におきかえることを力の合成という。

(2) 2力の合力は，2力をそれぞれ1辺とする平行四辺形の対角線で表される。

(3) ばねばかりZが示す値は図1のときと同じであることから，図2のとき，ばねばかりXとYが加えた力の合力は図1のときと等しい。この合力を作図すると，ばねばかりXが加える力は図1のときより大きく，ばねばかりYが加える力は図1のときよりも小さいことがわかる。

(4) 金属の輪の中心の位置は変わらないため，合力の大きさは同じであり，2力の間の角度が大きくなるほど，必要な力は大きくなる。

☆一言アドバイス☆

力のつり合い→ある物体に，大きさが同じで，向きが反対の同一直線上の力がはたらくとき，それらの力はつり合い，静止している物体は静止し続ける。

〔6〕(1) 用いる水溶液は中性で，電流を通すものであればよい。

(2) 水酸化ナトリウムは水中で，ナトリウムイオンと水酸化物イオンに電離する。

(3)(4) 水酸化ナトリウム水溶液はアルカリ性の水溶液であるため，赤色リトマス紙を青色に変色させる。また，赤色リトマス紙を青色に変色させるのは水酸化物イオンのはたらきであり，水酸化物イオンは－の電気を帯びているため，電圧を加えると色が変わった部分は陽極側に広がっていく。

☆一言アドバイス☆

電解質→水中で電離し，その水溶液が電流を流す物質を電解質という。硫酸ナトリウムや塩化ナトリウムなどがある。

〔7〕(1) ある地域に生息するすべての生物と，それらをとり巻く環境をひとつのまとまりでとらえたものを生態系という。

(2) 自然界では，食べる・食べられるの関係は，複数の生物間で見られ，複雑にからみあっている。このようなつながりを食物網という。

(3) Ⅰは植物，Ⅱは草食動物，Ⅲは肉食動物が当てはまる。一般に，ある生態系においては，生産者の個体数が多く，上位の消費者ほど個体数が少なくなる。

(4) 何らかの原因でⅡの生物が減少すると，Ⅱの生物を食べるⅢの生物の個体数は減少し，Ⅱの生物に食べられていたⅠの生物の個体数は増加する。Ⅰの生物の個体数が増加したことで，Ⅱの生物の個体数も増加し，やがて，つり合いのとれた状態へともどる。

☆一言アドバイス☆
生産者→光合成を行う生物。光合成によって有機物をつくる。
消費者→他の生物や生物の死がいなどを食べることで有機物を得る生物。

〔8〕 (1) 月のように，惑星のまわりを公転する天体を衛星という。

(2) 地球型惑星は主に岩石からできていて，密度は大きい。一方，木星型惑星は主に気体からできていて，密度は小さい。

(3) 明け方ごろに東の空に半月状に見えることから，図3のエの位置にあると考えられる。

(4)① 公転周期を比較すると，金星の方が短いため，1か月後には，地球，太陽，金星がなす角度は図3のときよりも大きくなる。このとき，金星はより満ちて見え，地球からは遠ざかるため見える大きさは小さくなる。

② 地球は1日に$\frac{360}{365}$度，金星は$\frac{360}{225}$度公転する。よって，1日あたり，$\left(\frac{360}{225}-\frac{360}{365}\right)$度ずつ地球と太陽，金星がなす角度はずれていき，その角度の差が360度になると同じ位置になるから，$360\div\left(\frac{360}{225}-\frac{360}{365}\right)=586.6\cdots$より，およそ587日後である。

☆一言アドバイス☆
金星は，地球よりも内側を公転する惑星であるため，地球から真夜中に見ることはできず，明け方ごろの東の空か，夕方ごろの西の空にしか見ることはできない。

第8回模試

新潟県公立高校入試

解答・解説

（令和４年度～令和６年度）

令和４年度　　新潟県公立高校入試

国　語

解答

〔一〕 (一) 1　うば(われる)　2　ただよ(う)　3　びょうしゃ　4　よくよう　5　ちんれつ

(二) 1　細(かく)　2　試(みる)　3　共鳴　4　議案　5　段階

配点　(一)(二)2点×10　小計20点

〔二〕 (一)　エ　(二)　ア　(三)　イ　(四)　エ　(五)　ウ

配点　(一)〜(五)3点×5　小計15点

〔三〕 (一)　おもう　(二)　イ　(三)　ア　(四)(正答例)　その場では，何も言わなかったということ。

(五)　エ

(六)(正答例)　中国の故事を踏まえて竜が和歌に詠まれていることに考えが及ばなかったということ。

配点　(一)2点　(二)4点　(三)4点　(四)5点　(五)5点　(六)10点　小計30点

〔四〕 (一)　はじめ：風景とは，　終わり：貌である。　(二)　イ　(三)　ウ

(四)(正答例)　風景は，外界からの刺激により身体に属する感覚器官に対して空間が感覚的に立ち現れ，心が動かされることで出現するということ。

(五)　エ

(六)(正答例)　人が風景と出会うという出来事は，自己の存在を了解するという本質的契機を提供することであり，風景についての考察を深めるということは，風景とともにある自分という存在がこの世界に存在していることを実感し，人間の自己理解を深めることになるから。

配点　(一)4点　(二)4点　(三)4点　(四)8点　(五)3点　(六)12点　小計35点

解説

〔一〕 (一)(二)　略。

漢字の書きは，とめ・はね・はらいまで楷書で正しく解答すること。

〔二〕 (一)　文節の問題。例文は「休日に/図書館で/本を/借りる」の４文節。アは「虫の/音に/秋の/気配を/感じる」の５文節。イは「こまやかな/配慮に/感謝する」の３文節。ウは「あの/山の/向こうに/海が/ある」の５文節。エは「風が/入るように/窓を/開ける」の４文節。

(二)　漢字(熟語)の意味の問題。「望」には「のぞむ・願う」「人気・名誉」などの意味の他に，「遠く見渡す」という意味もある。例文の「眺望」とアの「展望」は後者の意味である。

(三)　品詞の識別問題。例文の「ない」は打ち消しの助動詞「ない」の終止形。アは形容詞「ない」の終止形。イは例文と同じ。ウは形容詞「少ない」の終止形の一部。エはアと同じ。

(四)　俳句の季語の問題。例文は「若葉」が季語で夏を表す。アは「山茶花」が季語で冬を表す。イは「鳥渡る」が季語で秋を表す。ウは「水ぬるむ」が季語で春を表す。エは「噴水」が季語で夏を表す。

(五)　手紙文の問題。「説明にしたがって」と注意されていることから，空欄Aに当てはまる言葉は「相手の安否を気づかう言葉」に当たる。したがって，ウを選択できる。

〔三〕 (一)　現代かなづかいの問題。「ふ」を「う」に直すこと。すべてひらがなの指示に注意。

(二)　口語訳の問題。「口惜しや」とは，「口惜し(残念だ・くやしい)」＋「や(〜だなあ：詠嘆)」から構成されている。「口惜しい」は現代語でも「残念だ」という意味で使われており，古語とほぼ同じ意味を持っている。

(三)　内容理解の問題。直前の内容とのつながりに注目。「(口語訳)田鶴は沢にこそ住むが」から，逆接でつながる内容を選択すること。また，「やは＋ある(連体形)」で疑問や反語の意味を表していることから，直訳すると「雲のある空(雲の中)に住むことがあるだろうか。いや，そんなことはない。」となる。したがって，アを選択できる。

(四)　指示された内容を説明する問題。「座」とは「場所」を表し，「その座」とは「その場」という意味になる。「詞も加へず」からは，「言葉を言わなかった＝何も言わなかった」と考えられる。これらの内容を問題の指示に即してまとめ，指定字数にしたがって現代語で解答をつくること。

(五)　内容理解の問題。「かれがため」の「かれ」は誰を指しているかに注目。直前に「(口語訳)中国の誰それといった人が，竜に会いたいと思う気持ちが深かったので」と書かれていることから，「かれ」とは「竜に会いたいと強く願う人」だと判断できる。「現はれて見えたりし事の侍る」とは，「その人(竜に会いたいと強く願う人)のために，竜が現れて姿を見せた」と考えられることから，エを選択できる。

(六)　指示された内容を説明する問題。問題で「具体的にどういうことか。」と指示されていることから，この

文章中で「基俊がどんなことに深く考えをめぐらさずに俊頼の和歌を非難したのか」を考えること。直前のアキオの会話文に「この故事のことは忘れていたのでしょうか。」とあることから，基俊は中国の故事に考えが及ばなかったと判断できる。基俊は俊頼の和歌を非難していることから，中国の故事と俊頼の和歌の関係について書かれている部分を探すと，ハルカの会話文から「俊頼は，中国の故事を踏まえて，竜を和歌に詠んだことがわかりました。」が見つかる。これらの内容を問題の指示に即してまとめ，指定字数にしたがって現代語で解答をつくること。

〔四〕 (一) 内容理解の問題。「風景」についての説明が「三十字以内の一文」で書かれている部分を探す。３段落目に「風景とは，身体という空間的存在に立ち現れる空間の相貌である。」が見つかる。解答部分を抜き出す際は，句読点も一字として考えること。

(二) 内容理解の問題。「了解する」とはどういうことか説明されている内容を探すと，空欄Ａを含む一文より二つあとの文に「自己の存在を了解するとは，まず，自己の存在を感じること，実感することである。」と書かれている。空欄Ａの直後で「～ということではない。」と否定的な意味が書かれていることから，空欄Ａには「実感する」と比較対照されるような内容が当てはまることがうかがえる。「実感する」と対照的な内容を考えると「おおざっぱな（ざっくりまとめた）知識だけで理解しようとする」といった意味が当てはまると推測できる。したがって，イを選択できる。

(三) 内容理解の問題。――線部分(2)の直前に書かれている「このこと」に注目。「このこと」が指している内容を，――線部分(2)を含む段落内で探すこと。「海は行為を選択することができないからである。」「わたしが海を別の時間に，また別の場所で見た～違った風景が立ち現れたであろう。」と書かれていることから判断して，ウを選択できる。

(四) 指示された内容を説明する問題。――線部分(3)から，「外的環境と身体」がどのようになって「風景が出現する」のか説明されている部分を探す。３段落目に「空間が身体に対して，また，身体に属する感覚器官に対して感覚的に立ち現れるとき，そこに風景が出現する。」と書かれ，６段落目に「外界からの刺激によって心が動かされる。その刺激によって成立するのが～風景である。」と書かれているのが見つかる。これらの内容を問題の指示に即してまとめ，指定字数にしたがって解答をつくること。

(五) 適語補充（接続語）の問題。空欄ａの前後の内容を読み，そのつながり方を考えて選択すること。

(六) 指示された内容の理由を説明する問題。〰〰線部分から，ⅠとⅡの文章中で「風景について思索する」・「風景と自己の存在」について説明されている部分を探す。Ⅰの文章１段落目に「自己の存在を了解するということが，自己の存在の本質的契機である。風景との出会いは，そのような契機を提供する。」と書かれ，さらに最終段落に「人間にとって存在するとは，『風景とともにある』ということである。」と書かれている。Ⅱの文章２段落目に「風景について考えるということは，そのような体験の契機（人間が『風景―とともに―あること』を自覚する）に出会うということである。」「風景についての考察を深めるということは，『風景―とともに―あること』としての人間の自己理解を深めることを意味している。」と書かれている。これらの内容を，問題の指示に即してまとめ，指定字数にしたがって解答をつくること。理由を問う形式のため，文末の「～から。」は忘れずに書くこと。

令和４年度入試

令和４年度　　新潟県公立高校入試

数　学

解答

〔1〕 (1) -4　(2) $7a-17b$　(3) $2b$　(4) $\sqrt{2}$　(5)($x=$)-1，6　(6) $y=2x+3$　(7)($\angle x=$)80(度)

(8) ウ，オ

配点　4点×8　小計32点

※(8)は全部できて4点

〔2〕 (1)($n=$)14　(2) $\frac{4}{5}$　(3) 右の図

配点　(1)6点　(2)6点　(3)5点　小計17点

〔3〕 (1) $y=\frac{1}{4}x^2$　(2)(毎秒)7(m)　(3)($a=$)$\frac{249}{7}$

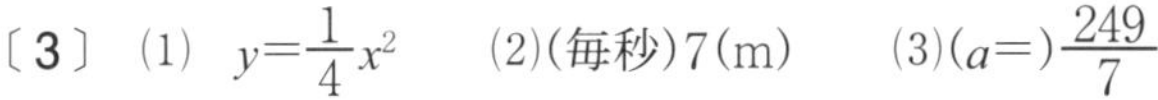

(4)ア　B　イ　A　ウ　$\frac{4}{7}$

配点　(1)4点　(2)4点　(3)6点　(4)4点　小計18点

※(4)は全部できて4点

〔4〕 (1)ア　144　イ　12　(2) 3(cm²)

(3)(正答例)

△ＰＱＲと△ＨＱＰにおいて，

仮定より，　∠ＲＰＱ＝∠ＰＨＱ＝90°……①

共通な角だから，∠ＰＱＲ＝∠ＨＱＰ …………②

①，②より，2組の角がそれぞれ等しいから，△ＰＱＲ∽△ＨＱＰ

(4) 12

(5)(正答例)

点Ｈは，図4と同じ点とする。

△ＰＱＨと△ＥＲＤにおいて，

仮定より，　ＱＨ＝ＲＤ＝9cm……①

∠ＰＨＱ＝∠ＥＤＲ＝90°……②

ここで，∠ＰＱＨ＝180°－90°－∠ＱＲＰ＝90°－∠ＱＲＰ……③

∠ＥＲＤ＝90°－∠ＱＲＰ……④

③，④より，∠ＰＱＨ＝∠ＥＲＤ……⑤

①，②，⑤より，1組の辺とその両端の角がそれぞれ等しいから，△ＰＱＨ≡△ＥＲＤ

よって，ＰＱ＝ＥＲ

配点　(1)1点×2　(2)2点　(3)4点　(4)3点　(5)6点　小計17点

〔5〕 (1) 1(cm)　(2) $\frac{4\sqrt{2}}{3}$(cm)　(3) $\frac{4\sqrt{6}}{3}$(cm²)

配点　(1)4点　(2)6点　(3)6点　小計16点

解説

〔1〕 (1) $2-11+5=2+5-11=7-11=-4$

(2) $3(a-3b)-4(-a+2b)=3a-9b+4a-8b=7a-17b$

(3) $8a^2b^3\div(-2ab)^2=8a^2b^3\div4a^2b^2=\frac{8a^2b^3}{4a^2b^2}=2b$

(4) $\sqrt{6}\times2\sqrt{3}-5\sqrt{2}=2\sqrt{6\times3}-5\sqrt{2}=2\sqrt{3^2\times2}-5\sqrt{2}=6\sqrt{2}-5\sqrt{2}=\sqrt{2}$

(5) $x^2-5x-6=0$

$(x+1)(x-6)=0$

$x+1=0$　または　$x-6=0$

よって，$x=-1$，6

(6)　2点$(-1,\ 1)$，$(2,\ 7)$を通る直線の傾きは，$\dfrac{7-1}{2-(-1)}=2$ よって，求める直線の式を$y=2x+b$として，$x=2$，$y=7$を代入すると，$7=2\times2+b$，$b=3$　したがって，$y=2x+3$

(7)　円周角の定理より，$\angle\mathrm{CAD}=\dfrac{1}{2}\angle\mathrm{COD}=\dfrac{1}{2}\times46°=23°$　半円の弧に対する円周角だから，$\angle\mathrm{BAD}=90°$　よって，$\angle\mathrm{ADB}=180°-(90°+33°)=57°$　三角形の内角，外角の性質より，$\angle x=\angle\mathrm{CAD}+\angle\mathrm{ADB}=23°+57°=80°$

(8)　ア…A組の最大値は28mだから，A組には30mを上回った生徒はいない。よって，誤り。

イ…箱ひげ図では，箱の幅が四分位範囲を表す。A組とB組を比べると，箱の幅はA組の方が長いから，四分位範囲はA組の方が大きい。よって，誤り。

ウ…箱ひげ図では，ひげの端から端までの長さが範囲を表す。B組とC組を比べると，ひげの端から端までの長さはB組の方が長いから，範囲はB組の方が大きい。よって，正しい。

エ…A組のデータの数は35だから，データを小さい順に並べたとき，9番目が第1四分位数で11m，18番目が第2四分位数で15m，27番目が第3四分位数で24mである。例えば，9～17番目が11m，18番目が15m，19～27番目が24mのとき，10m以上15m以下は10人以上，15m以上20m以下の生徒は1人となり，15m以上20m以下の生徒の人数の方が少ない場合がある。よって，誤り。

オ…C組のデータの数は35だから，データを小さい順に並べたとき，27番目が第3四分位数で23mである。よって，25m以下だった生徒が27人以上いるから，正しい。

〔2〕(1)　$\sqrt{56n}$が自然数となるためには，$56n=(\text{自然数})^2$となればよい。56を素因数分解すると，$56=2^3\times7$だから，最も小さい自然数nは，$n=2\times7=14$

(2)　2枚ある3と書いたカードのうちの1枚を③，4と書いたカードのうちの1枚を④で表す。2枚のカードの取り出し方は，下の樹形図のように全部で15通りあり，そのうち，2枚ともカードに偶数が書かれている場合は，※印をつけた3通りあるから，その確率は，$\dfrac{3}{15}=\dfrac{1}{5}$　よって，少なくとも1枚のカードに奇数が書かれている確率は，$1-\dfrac{1}{5}=\dfrac{4}{5}$

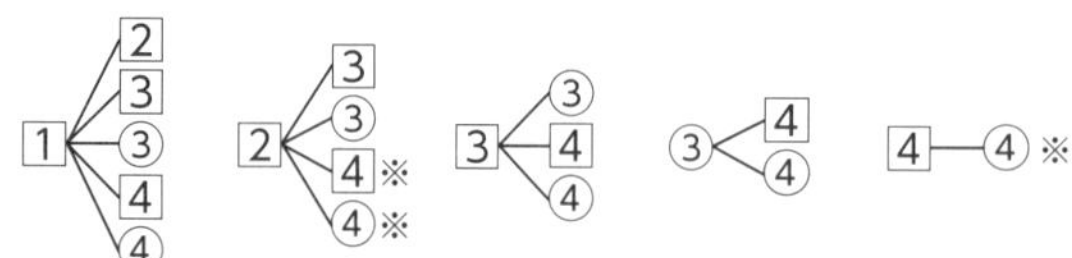

(3)　点Qは線分AB上にあるから，PQ＝AQのとき，PQ＋QB＝AQ＋QB＝ABとなる。よって，線分AB上にあり，PQ＝AQとなる点Qを求めればよいから，線分APの垂直二等分線を作図し，線分ABとの交点をQとすればよい。なお，解答の線分APはひかなくてもよい。

〔3〕(1)　$0\leqq x\leqq14$のときの放物線は，点$(14,\ 49)$を通るから，$y=px^2$として，$x=14$，$y=49$を代入すると，$49=p\times14^2$，$p=\dfrac{1}{4}$　よって，$y=\dfrac{1}{4}x^2$

(2)　$14\leqq x\leqq a$のときの直線は，2点$(14,\ 49)$，$(20,\ 91)$を通る。$20-14=6$(秒)で，$91-49=42$(m)進んでいるから，その速さは，毎秒$42\div6=7$(m)

(3)　(2)より，$14\leqq x\leqq a$のときの直線の式は，$y=7x+q$と表すことができる。この式に$x=20$，$y=91$を代入すると，$91=7\times20+q$，$q=-49$　よって，$14\leqq x\leqq a$のときの直線の式は$y=7x-49$となるから，この式に$y=200$を代入すると，$200=7x-49$，$x=\dfrac{249}{7}$　したがって，$a=\dfrac{249}{7}$

(4)　ボートBについて，$20\leqq x\leqq b$のときの直線は，2点$(20,\ 80)$，$(30,\ 160)$を通るから，その式は$y=8x-80$と求めることができる。この式に$y=200$を代入すると，$200=8x-80$，$x=35$　よって，$b=35$　$a=\dfrac{249}{7}=35+\dfrac{4}{7}$だから，先にゴールしたのはボートB(…ア)であり，ボートA(…イ)の$\dfrac{4}{7}$(…ウ)秒前にゴールした。

〔4〕(1)ア　縦9cm，横16cmの長方形の面積は，$9\times16=144(\mathrm{cm}^2)$

イ　求める正方形の1辺の長さを$x$cmとすると，$x^2=144$　$x>0$だから，$x=12$(cm)

(2) 最も面積の大きい長方形は，9cmと12cmを2辺とする長方形である。2番目に面積の大きい長方形は，1辺が9cmで，もう1辺が12−9=3(cm)の長方形である。最も面積の小さい長方形は，1辺が9÷3=3(cm)で，もう1辺が16−12−3=1(cm)の長方形である。よって，求める面積は，3×1=3(cm²)

(3) 仮定より，∠ＲＰＱ=∠ＰＨＱ(=90°)がいえる。また，共通な角だから，∠ＰＱＲ=∠ＨＱＰがいえる。

(4) △ＰＱＲ∽△ＨＱＰだから，ＰＱ：ＨＱ=ＱＲ：ＱＰ　ＰＱ=$y$cmとすると，$y:9=16:y$，$y^2=144$
$y>0$だから，$y=12$(cm)

(5) 図4と同じように，点Hをとる。△ＰＱＨ≡△ＥＲＤがいえると，ＰＱ=ＥＲであることを証明できる。
∠ＰＱＨ=∠ＥＲＤは，次のように示すこともできる。

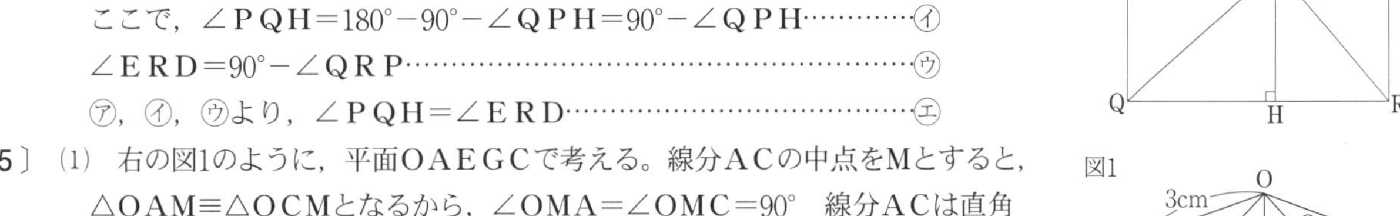

△ＰＱＲ∽△ＨＱＰだから，∠ＱＲＰ=∠ＱＰＨ……………………㋐
ここで，∠ＰＱＨ=180°−90°−∠ＱＰＨ=90°−∠ＱＰＨ…………㋑
∠ＥＲＤ=90°−∠ＱＲＰ……………………………………………………㋒
㋐，㋑，㋒より，∠ＰＱＨ=∠ＥＲＤ…………………………………㋓

〔5〕 (1) 右の図1のように，平面ＯＡＥＧＣで考える。線分ＡＣの中点をMとすると，△ＯＡM≡△ＯＣMとなるから，∠ＯMＡ=∠ＯMＣ=90°　線分ＡＣは直角二等辺三角形ＡＢＣの斜辺だから，$AC=AB\times\sqrt{2}=4\times\sqrt{2}=4\sqrt{2}$(cm)

よって，$AM=\frac{1}{2}AC=\frac{1}{2}\times4\sqrt{2}=2\sqrt{2}$(cm)　△ＯＡＭで，三平方の定理より，

$OM^2=OA^2-AM^2=3^2-(2\sqrt{2})^2=9-8=1$　OM>0だから，OM=1(cm)
よって，正四角すいＯＡＢＣＤの高さは1cm

(2) 線分ＯＭの延長と線分ＥＧの交点をNとする。ＡＣ//ＥＧだから，∠ＭＮＥ=∠ＯＭＡ=90°　四角形ＡＥＮＭは長方形になるから，ＭＮ=ＡＥ=2cm，ＥＮ=ＡＭ=$2\sqrt{2}$cm　△ＯＥＮで，ＰＭ//ＥＮだから，

ＰＭ：ＥＮ=ＯＭ：ＯＮ=1：(1+2)=1：3　よって，$PM=\frac{1}{3}EN=\frac{1}{3}\times2\sqrt{2}=\frac{2\sqrt{2}}{3}$(cm)　同様にして，

$QM=\frac{2\sqrt{2}}{3}$cmになるから，$PQ=PM+QM=\frac{2\sqrt{2}}{3}+\frac{2\sqrt{2}}{3}=\frac{4\sqrt{2}}{3}$(cm)

(3) △ＯＥＦ≡△ＯＧＦであり，$OP=\frac{1}{3}OE$，

$OQ=\frac{1}{3}OG$であるから，△ＯＰＦ≡△ＯＱＦ

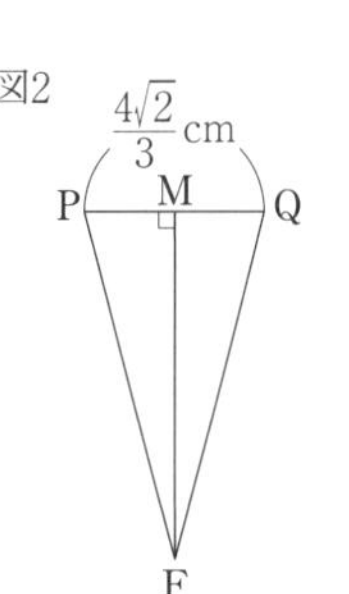

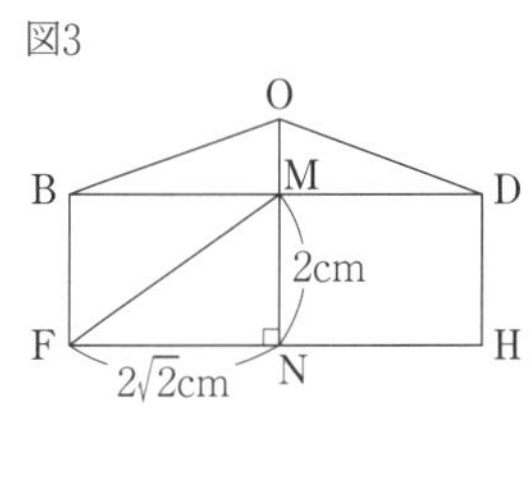

よって，ＰＦ=ＱＦとなり，△ＰＦＱは右の図2のような二等辺三角形になる。また，ＰＭ=ＱＭだから，△ＰＭＦ≡△ＱＭＦとなり，∠ＰＭＦ=∠ＱＭＦ=90°となる。よって，線分ＦＭの長さがわかれば，△ＰＦＱの面積が求められる。次に，右の図3のように，平面ＯＢＦＨＤで考える。五角形ＯＢＦＨＤは図1の五角形ＯＡＥＧＣと合同だから，ＭＮ=2cm，ＦＮ=$2\sqrt{2}$cmとなる。

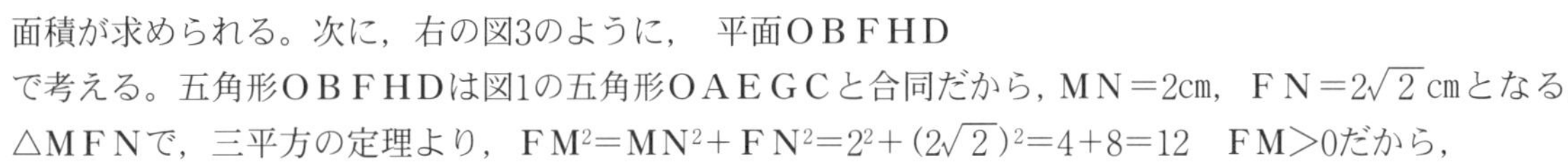

△ＭＦＮで，三平方の定理より，$FM^2=MN^2+FN^2=2^2+(2\sqrt{2})^2=4+8=12$　FM>0だから，

$FM=\sqrt{12}=2\sqrt{3}$(cm)　したがって，$\triangle PFQ=\frac{1}{2}\times\frac{4\sqrt{2}}{3}\times2\sqrt{3}=\frac{4\sqrt{6}}{3}$(cm²)

令和4年度入試

令和4年度　新潟県公立高校入試

英　語

解答

〔1〕 (1)1　ア　2　ウ　3　エ　4　ウ　(2)1　イ　2　エ　3　エ　4　ウ

(3)1(正答例)　No, they won't.　2(正答例)　She wants to take pictures with them.

配点　(1)3点×4　(2)3点×4　(3)3点×2　小計30点

〔2〕 (1)　ウ

(2) a (正答例)　I'm interested in Lecture B the most.

b (解答例)　Because I want to help children who hope to study at school. To find good ways to help them, I should know their problems.

配点　(1)3点　(2)a3点　b6点　小計12点

〔3〕 (1)A　エ　D　ウ

(2)B　what an interesting story　G　happy to hear that

(3)　It will rain when a swallow flies low. / By touching an aching body part, you can reduce pain.

(4)　イ

(5)(正答例)　「それはなぜ起こるのか」「それは本当に正しいか」というような疑問をいつも持ち，研究をする人々。

(6)　エ

配点　(1)2点×2　(2)3点×2　(3)3点×2(順不同)　(4)3点　(5)4点　(6)3点　小計26点

〔4〕 (1)(正答例)　レオは日本語をうまく話せず，ときどきカナたちの日本語を理解できないこと。

(2)　ア

(3)(正答例)　talk with them in Japanese

(4)　エ

(5)(正答例)　①　Yes, they can.

②　Because he doesn't look so happy when Kana and her classmates talk to him.

③　They can share ideas with people in the world.

(6)(解答例)　Hello,〔 Kana 〕. I'm ＊＊＊.

Why don't you ask him what he really wants? For example, he may like talking in Japanese because he is studying in Japan. You are kind, so you can help him better.

(解答例)　Hello,〔 Leo 〕. I'm ＊＊＊.

Your classmates will understand you if you tell them your true feelings. When I had an experience like yours and told my friends my feelings, we became better friends.

配点　(1)3点　(2)4点　(3)4点　(4)4点　(5)3点×3　(6)8点　小計32点

解説

〔1〕 (1)1 「あなたは自分の顔を見たいときにこれを使います」質問：「これとは何ですか」

2 「公園に9人の人がいます。彼らのうち4人はバスケットボールをしています。彼らのうち2人はサッカーをしています。彼らのうち3人は木の下で話しています」 質問：「何人の人が公園でスポーツをしていますか」

3 「ヒロコは自分の部屋をそうじしています。彼女のお父さんは夕食を料理しています。彼女のお兄さん〔弟さん〕は彼を手伝っています。彼女のお母さんは自分の部屋で手紙を書いています」質問：「だれが夕食を料理していますか」

4 「スティーブはいつもは自転車で図書館へ行きます。この前の日曜日，彼のお母さんも何冊か本を読みたいと思ったので，彼らは車でそこへ行きました。きょうは雨がたくさん降ったので，彼はバスでそこへ行きました。彼は正午前に図書館を出て，隣町の大きな本屋へ電車で行きました」質問：「スティーブはきょう，どうやって図書館へ行きましたか」

(2)1　質問:「彼らはきょう，英語の辞書が必要ですか」 Aに「きょうは英語の辞書は必要ですか」と聞かれて，Bは「きょうは英語の授業はありません」と答えている。

2　質問：「彼らはいつ映画を見に行きますか」 Aの2番目の発言の「(映画を見に行くのは)日曜日はどうですか」に対して，Bは「…午後行きませんか」と返し，Aは「いいですね！」と応じている。

3　質問：「電車は何時に発車しますか」対話の内容からBの時計は止まっていることがわかるので，Aの発言内容から判断する。Aは最初の発言で「電車が発車するまで20分しかありません」，次の発言で「もう9時40分です」と言っている。

4　質問：「2人の人は今どこで話していますか」　Bは2番目の発言で現在地から美術館までの行き方を説明している。「まっすぐ行って，花屋が見えたら左に曲がってください。それから，くつ屋と科学博物館が見えたら左へ曲がってください。約3分間歩くと美術館が見えます」

(3)〈全訳〉

こんにちは，みなさん。私はメアリーのための歓迎パーティーについて話します。私たちは9月24日のパーティーを計画してきました。けれども，9月24日は，彼女は海外からの生徒向けの活動をする予定があるため，来ることができません。それで，9月21日にパーティーをしましょう。えー，私たちはすでに英語の歌を何曲か歌うことを決めています。メアリーはパーティーで私たちと写真を撮りたいと思っています。ほかのアイデアはありますか。

質問1：「生徒たちは9月24日に歓迎パーティーを開きますか」

2：「メアリーはパーティーで生徒たちと何をしたいですか」

〔2〕(1)適語句選択の問題

オリバーがどの講演会を聞くつもりかを読み取る問題。[　　]の後にレストランで働く母親から多くの食べ物がむだになっていると聞いていて，その防ぎ方を知りたいと言っている。

(2)自由英作文の問題

aはI'm interested in Lecture ～ the most.「私は～の講演会にいちばん興味があります」の形で答える。bはその講演会を聞きたい理由を，3行以内(25～30語程度)で答える。ふだんから関心を持っていること，自分がしたいこと，その講演会を聞いて知りたいこと・やりたいことなどをからめて，3行以内にまとめる。

〈解答例の訳〉

a　私は講演会Bにいちばん興味があります。

b　なぜなら学校で学ぶことを望む子どもたちを助けたいからです。彼らを助けるためのよい方法を見つけるために，私は彼らのかかえる問題を知るべきです。

〈全訳〉

【案内】

講演会A：すべての人に安全な水を	講演会B：学校での学習
約22億人の人々がきれいで安全な水を飲むことができず，彼らの多くが病気になります。安全な水が彼らの健康的な生活に必要とされています。	約16億人の子どもたちが学校へ行っていません。彼らの多くは読み書きや計算，そして生活の向上のしかたを学ぶことを望んでいます。
講演会C：食べ物をむだにしない	**講演会D：森林の消失**
約20億人の人々が十分な食べ物を食べることができませんが，世界中の30％を超える食べ物がむだになっています。食べ物のむだをどうしたら防ぐことができるでしょうか。	2030年までに，アマゾンの熱帯雨林の60％が失われるかもしれません。そうすると，そこに生きている多くの動植物が生息地・生育地を失います。

【会話】

＊＊＊：うわー，どの講演会もおもしろそうだな。きみはどの講演会を聞くつもりなの。
オリバー：講演会Cを聞くつもりだよ。母がレストランで働いていて，よくたくさんの食べ物がむだになっていると言っているんだ。ぼくはそれを防ぐ方法を学びたいな。きみはどう？ どの講演会にいちばん興味があるの。
＊＊＊：（　a　）
オリバー：どうしてそれを聞きたいの。
＊＊＊：（　b　）

〔3〕 ⑴適語選択の問題

A 「そういう(　　)昆虫を食べるために，ツバメも低く飛びます」の(　　)内はinsectsを修飾する語が入る。エの現在分詞flying「飛んでいる」が適切。

D 迷信と思われるようなことが後世まで伝わってきたのは，親が子へとそれらを教えてきたからと考えられる。

⑵語順整序の問題

B 文末に！があるので感嘆文。whatの感嘆文は〈What＋(a〔an〕＋)形容詞＋名詞(＋主語＋動詞)!〉の語順。howの感嘆文〈How＋形容詞(＋主語＋動詞)!〉と区別する。

G be happy to ～で「～してうれしい」。to ～(動詞の原形)は前の感情を表す形容詞happyの原因・理由を表す不定詞。

⑶具体的な内容を表す文を本文から抜き出す問題

下線部分Cを含む文は「それらの話は人が経験から学んだことの２つの例です」という意味。これより前の部分から，人が経験から学んだことをさがす。前半のツバメが低く飛ぶ話と，後半の体の痛い部分にさわる話について，それぞれポイントを簡潔に表した1文を選ぶ。

⑷適文選択の問題

ジェーンは２つ前の発言で「科学的な研究をすることで，多くのことを知ることができる」と言ったばかりなのに，直前の発言では「科学は完全ではない」と言っているので，ルリはイ「どういう意味ですか」とたずねている。

⑸具体的な内容を日本語で説明する問題

下線部分Fを含む文は「長い間，そういう人々が科学を発達させてきています」という意味。直前の「『それはなぜ起こるのか』『それは本当に正しいか』科学者はいつもそんな疑問を持って研究をします」に述べられている科学者について，「～する人々」の形にまとめる。

⑹内容一致文選択の問題

ア 「迷信は役に立たないので人々はそれを信じるべきではないと，ルリは思っています」ルリはジェーンから，おばあさんから聞いたツバメの話などが，実は迷信ではなく真実であることを聞いているので，本文の内容と合っていない。

イ 「ジェーンは彼女のおばあさんに教えてもらったので，科学についての多くのおもしろい話を知っています」本文中にこのような記述はない。

ウ 「科学者はいつも何が本当に正しいのか知ることができて，異なる学説を持っていないとジェーンは考えています」ジェーンの10番目，11番目の発言のそれぞれ最後の文の内容と異なるし，常識的にも誤り。

エ 「ジェーンはルリに科学者でも本当のことを知るのは難しいと言ったが，ルリは科学を勉強したいと思っています」ジェーンの12番目の発言の２文目，ルリの最後の発言の内容と合う。

オ 「中学生は若すぎるので研究をすることはできないとジェーンは思っています」ジェーンの最後から２番目の発言の内容と合っていない。

〈全訳〉

ルリは中学生です。ジェーンはカナダ出身で，日本の大学で科学を学んでいます。ジェーンはルリの家に滞在しています。彼女たちは公園で話しています。

ジェーン（以下ジ）：見て，ツバメが飛んでいるわ。

ルリ（以下ル）：あら，あのツバメは低く飛んでいるわ。ねえ，祖母がここにいたら，「雨が降る前に家に帰りなさい」と言うわよ。彼女は本当に迷信が大好きなの。

ジ：ルリ，あなたのおばあさんは正しいかもしれないわ。ツバメが低く飛ぶと雨が降るのよ。

ル：何ですって？

ジ：それを科学の本で読んだの。ツバメは昆虫を食べるわ。雨が降り始める前は，昆虫は湿気のせいで高く飛べないの。そういう飛んでいる昆虫を食べるために，ツバメも低く飛ぶのよ。

ル：まあ，おもしろい話ね！迷信じゃないのね。

ジ：あなたのおばあさんはほかにも役に立つ話を知っているかもしれないわね。

ル：ええ，彼女に聞いてみるわ？

ジ：私はほかにもおもしろい話を知っているわ。ルリ，もしあなたの弟が足をテーブルの脚にぶつけて泣き始めたらどうする。

ル：そうね，「だいじょうぶ？」と言って，手で彼の足をさわると思うわ。

ジ：いいお姉さんね。でもそれで痛みが和らぐと思う？

ル：いいえ。それは迷信でしょ？

ジ：ルリ，科学者の中にはそれは迷信ではないと言う人もいるわ。痛んでいる体の部分にさわることで，痛みを和らげることができるのよ。この話を私の先生から聞いたわ。

ル：本当？ 驚いたわ！

ジ：それらの話は人が経験から学んだことの2つの例ね。人はそれらのことを彼らの子どもたちに教えてきたのよ。それらを迷信と考える人もいるかもしれないけど，それらのいくつかは真実よ。科学的な研究をすることで，多くのことを知ることができるわ。

ル：すごいわ！科学はとてもおもしろいわ。

ジ：そうよ。ねえ，あなたが科学を好きなら，1つあなたに覚えておいてほしいの。科学は完璧(かんぺき)ではないわ。

ル：どういうこと？科学的な研究をすることで，多くのことを知ることができると言ったばかりじゃない。

ジ：ええ。科学は有益で私たちに多くのことを教えてくれるわ。それでも，何が本当に真実なのかを知るのはとても難しいことなの。

ル：例をあげてくれる？

ジ：例えば，過去において，多くの科学者がすべての恐竜は死に絶えたと信じていたわ。でも今は，生き延びた恐竜もいたと言う科学者もいるわ。この例のように，科学者はあることについてときには異なる学説を持つこともあるの。

ル：なるほどね。科学は役に立つけど，本当のことを知るのは難しいのね。

ジ：そうよ。科学者でも本当のことを知るのは難しいのよ。「それはなぜ起こるのか」「それは本当に正しいのか」科学者はいつもそんな疑問を持って研究をするの。長い間，そういう人々が科学を発達させてきているの。

ル：どうしたらそのような人になれるのかしら？

ジ：いつもたくさん考えて，日常生活から疑問を見つけようと努力すべきよ。疑問を持ったら，それについてどのように調べるか考え，研究することよ。それに，たくさんの科学の本を読むことが大切よ。あなたはまだ中学生だけど，できることはたくさんあるわ。

ル：わかった，やってみる。そうして将来はあなたのように科学を勉強するわ！

ジ：それを聞いてうれしいわ。あなたはもっと科学を学ぶことを楽しめると思うわ。

〔**4**〕 (1)具体的な内容を日本語で説明する問題

下線部分Aを含む文は「でもそれが問題ではありません」という意味。下線部分は前の内容を指す代名詞のthat。前文の内容をまとめる。

(2)具体的な内容を表す文を完成させる問題(語句を選択)

下線部分の「彼(＝レオ)の問題」についてのカナの考えを答える。レオがかかえている本当の問題ではない点に注意する。カナは手紙の第3段落に，レオの問題についての自分の考えを書いている。

(3)文中に適する語句を入れる問題

直後からマイクが「レオ，ぼくも同じ願いを持っていたよ」と思ったことがわかる。レオの願いはレオの手紙の第4段落最後の2行，I want to以下に書かれている。「…，ぼくはクラスメートと日本語で意思を伝え合いたいです。もし学校で日本語を使わないと，ぼくの日本語を上達させられません」→「友だちと日本語で話して，自分の日本語を上達させたい」

(4)文中に適する語句を選択する問題

カナとレオの両方に共通しているのは，エの「お互いのことを考えている」こと。

(5)英問英答の問題

① 「生徒たちはマイクの『質問箱』に手紙を入れることで，マイクに質問することができますか」第1段落4文目に「生徒たちは質問があるときはそれ(マイクの質問箱)に手紙を入れることができます」とある。

② 「なぜカナは最近，レオのことを心配しているのですか」カナの手紙の第2段落の最後から2文目に「でも最近，私たちが彼に話しかけると，あまりうれしそうではありません」とある。

③ 「レオによれば，英語を使うことによってレオとクラスメートは将来何をすることができますか」レオの手紙の第4段落3文目に「将来，クラスメートとぼくは英語を使うことによって世界の人々と考えを共有できます」とある。

(6)自由英作文の問題

本文を読んで，カナとレオのかかえる問題を理解したうえで，２人へのアドバイスを考える。４行以内の英文なのでおおむね30～40語でまとめることになる。自分なりの考えを書いてもよいが，マイクの考えたことを参考にすれば効率的に解答できる。

〈解答例の訳〉

◇こんにちはカナ。私は＊＊＊です。彼に何を本当に望んでいるか聞いたらどうですか。例えば，彼は日本で勉強しているので，日本語で話すことが好きかもしれません。あなたは優しいので，もっと彼の力になれますよ。

◇こんにちはレオ。私は＊＊＊です。クラスメートにあなたの本当の気持ちを伝えれば，彼らはわかってくれます。私があなたと同じ経験をし，私の気持ちを友だちに話したとき，私たちはそれまで以上の友だちになりました。

〈全訳〉

マイクはアメリカ出身で，日本の大学で日本文化について勉強しました。今彼はヒカリ高校でALTをしています。彼は職員室の前のテーブルに『質問箱』を設置しています。生徒たちは質問があるときはそれに手紙を入れることができます。彼らは彼にアメリカについて，英語の学び方についてなどをたずねます。マイクは生徒と意思を伝え合うよい方法なので，『質問箱』を気に入っています。

10月のある日，彼は２通の長い手紙を受け取りました。１つの手紙は英語部員の女子のカナからでした。もう１通の手紙はフランス出身の生徒のレオからでした。

【カナからの手紙】

こんにちは，マイク。私はカナです。あなたはフランス出身の生徒のレオを知っていますか。彼は私たちのクラスに来て２か月になります。彼は優しくてみんな彼が好きです。でも今，私は彼のことが少し心配です。

彼は日本語をうまく話せず，ときどき私たちの日本語が理解できないことがあります。でもそれは問題ではありません。私たちは彼と英語で意思を伝え合えます。彼は英語がとてもじょうずで，私たちは彼から多くのことを学びます。先月，私たちと話したとき，彼はとても楽しそうでした。でも最近，私たちが彼に話しかけると，あまりうれしそうではありません。どうしてそのように見えるのでしょうか。

そうですね，彼がとても速く話して難しい言葉を使うので，私たちはレオの英語を理解できないことがあります。私たちもすべてを英語で表現するのは難しいです。それが彼をがっかりさせているのでしょうか。私たちの英語が上達したら，彼はうれしくなるのでしょうか。

私が彼に「だいじょうぶ？」とたずねると，彼はいつもだいじょうぶと言います。でも彼がトラブルをかかえているなら，私は彼の手助けをしたいです。マイク，彼の問題が何だか思い当たりますか。どうか何か私にアドバイスをして，私たちがよい友だちになる手助けをしてください。

【レオからの手紙】

こんにちは，マイク。ぼくはレオです。ぼくは８月に日本に来ました。あなたがぼくの気持ちを理解することができる唯一の人かもしれないので，この手紙を書いています。

ぼくは日本語をうまく話せないので，クラスメートは英語でぼくに話しかけます。彼らは外国人がみんなりっぱな英語を話すと思っているのかもしれません。ぼくの英語は彼らよりはじょうずかもしれませんが，ぼくは英語をじょうずに話せません。クラスメートと話すのは大好きですが，ときどき彼らがまるでただ英語の練習をしたいのでぼくに話しかけているように感じます。

ぼくは日本語を学びに日本へ来ました。毎日日本語を勉強していて，いくつかの言葉を覚えました。クラスメートがゆっくり話したら，彼らの日本語を少し理解できます。でも彼らはすべて英語で言おうとします。

英語がぼくたちの共通言語だというのはわかっています。英語はいつも話す言語ではありませんが，私たちはお互いに英語で意思を伝え合うことができます。将来，クラスメートとぼくは英語を使うことによって世界の人々と考えを共有できます。それはすばらしいですが，今は，ぼくはクラスメートと日本語で意思を伝え合いたいです。もし学校で日本語を使わないと，ぼくの日本語を上達させられません。

マイク，ぼくは自分の気持ちをクラスメートに伝えるべきでしょうか。彼らがぼくに優しくしようとしているのはわかっていますし，彼らの気持ちを傷つけたくありません。あなたがぼくだったら，どうしますか。

マイクは自分の大学の日々を思い出しました。彼は２人の気持ちが実によくわかりました。彼は「何人かの友だちがぼくの手助けをするために英語でぼくに話しかけてきた。彼らはよい友だちで彼らのおかげで日本での生活を楽しんだ。でもぼくは彼らと日本語で話し，自分の日本語を上達させたかった。レオ，ぼくも同じ願いを持っていたよ」と思いました。

しかし，マイクはそれほど心配しませんでした。彼は彼自身の心の中で「ときには他人と意思を伝え合うのは難しいけれど，カナもレオもお互いのことを考えている。彼らはよい友だちになるだろう」と考えました。マイクは彼らに手紙を書き始めました。

〈放送文〉

(1)1　When you want to see your face, you use this.

Question：What is this?

2　There are nine people in the park. Four of them are playing basketball. Two of them are playing soccer. Three of them are talking under the tree.

Question：How many people are playing sports in the park?

3　Hiroko is cleaning her room. Her father is cooking dinner. Her brother is helping him. Her mother is writing a letter in her room.

Question：Who are cooking dinner?

4　Steve usually goes to the library by bike. Last Sunday, his mother wanted to read some books too, so they went there by car. Today, he went there by bus because it rained a lot. He left the library before noon, and he went to a big book store in the next town by train.

Question：How did Steve go to the library today?

(2)1　A：Do we need an English dictionary today?

B：We have no English class today. But we have a Japanese class, so we need a Japanese dictionary.

A：OK.

Question：Do they need an English dictionary today?

2　A：Hi, Maki. Let's go to the movies on Saturday.

B：I'm going to go to my friend's house on Saturday morning. I'm also going to go to a swimming school in the afternoon.

A：How about on Sunday?

B：Well, I'm going to have a tennis game but I will come home before 11:30. Would you like to go in the afternoon?

A：Sounds good!

Question：When will they go to the movies?

3　A：Let's go now! We have only 20 minutes before the train leaves.

B：Don't worry. Look at my watch. It's still 9:00. We need only 10 minutes to go to the station.

A：Oh, your watch has stopped. Look at my watch. It's already 9:40.

B：Oh, no!

Question：What time does the train leave?

4　A：Excuse me, where is the art museum? My friend said it is next to a temple, but this is a book store, right?

B：Oh, yes. The art museum is next to another temple.

A：Oh, really? Can you tell me how to go to the art museum?

B：Sure. Go straight, and turn left when you see a flower shop. Then, turn left when you see a shoe shop and a science museum. Walk for about 3 minutes, and you'll see the art museum.

A：OK, thank you!

Question：Where are the two people talking now?

(3)　Hello, everyone. I'm going to talk about the welcome party for Mary. We have been planning the party on September 24. However, on September 24, she can't come because she is going to have some activities for students from foreign countries. So, let's have the party on September 21. Well, we have already decided to sing some English songs. Mary wants to take pictures with us at the party. Do you have other ideas?

Question 1：Will the students have the welcome party on September 24?

2：What does Mary want to do with the students at the party?

令和４年度　新潟県公立高校入試

社　会

解答

〔１〕(1)　ア　(2)　北(緯)30(度)東(経)150(度)　(3)　ウ　(4)　エ
(5)(正答例)　工業化が進んだアジア州の国々への鉱産資源の輸出が増加したから。
配点　(1)3点　(2)3点　(3)3点　(4)3点　(5)5点　小計17点
※(2)は全部正解で3点

〔２〕(1)　リアス海岸　(2)　エ　(3)①　静岡(県)　②　右の図
(4)①　エ　②　ウ
配点　(1)2点　(2)3点　(3)①3点　②3点　(4)①3点　②2点　小計16点

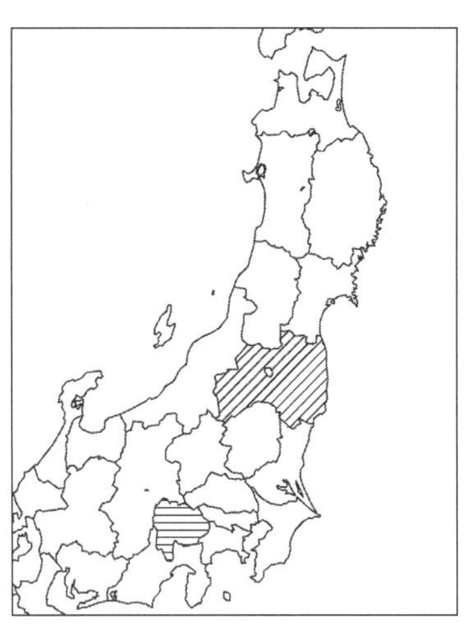

〔３〕(1)　奈良　(2)　イ
(3)①(正答例)　武士の慣習をもとに裁判の基準を定め，争いを公正に解決するため。
②　ア
(4)①　イ　②　カ　③　参勤交代
配点　(1)2点　(2)2点　(3)①5点　②2点　(4)①2点　②2点　③2点　小計17点

〔４〕(1)X　廃藩置県　Y　30　(2)(正答例)　欧米の進んだ技術を取り入れ，官営工場を設立した。
(3)①　イ→ウ→ア　②　ウ　(4)　イ
配点　(1)X2点　Y2点　(2)5点　(3)①2点　②2点　(4)3点　小計16点
※(3)①は全部正解で2点

〔５〕(1)①　子どもの権利条約〔児童の権利に関する条約〕　②　エ
(2)①　ア　②a　3(議席)，b　2(議席)，c　1(議席)，d　0(議席)
③(正答例)　衆議院の議決が国会の議決となる。
(3)①　エ　②　イ　③　ア　(4)①　平和維持活動〔PKO〕　②　ウ
配点　(1)①2点　②2点　(2)①2点　②3点　③3点　(3)①2点　②2点　③3点　(4)①2点　②2点　小計23点
※(2)②は全部正解で3点

〔６〕(1)　イ，オ
(2)X　エ
Y(正答例)　民法の未成年者を保護するための規定が適用されず，悪質な手口による被害が増加する
配点　(1)イ2点　オ2点　(2)X2点　Y5点　小計11点
※(1)は順不同

令和４年度入試

解説

〔１〕(1)　ロッキー山脈は，北アメリカ大陸の北西部から南東部にかけてのびる，高くて険しい山脈。環太平洋造山帯に属している。

(2)　赤道(０度の緯線)はインドネシアのスマトラ島やカリマンタン島を通る緯線なので，その１本上の緯線上にある地点Xは北緯30度。また本初子午線(０度の経線)はイギリスのロンドンを通る経線なので，そこから東に向かって５本目の経線上に位置する地点Xは東経150度。

(3)　アは冬の気温が非常に低く，夏との気温差が大きいので，冷帯(亜寒帯)に属するイルクーツクに当てはまる。イは四季の変化がみられるが，気温の変化は日本とは逆で，８月の気温が最も低い。したがって南半球の温帯に属するケープタウンに当てはまる。ウは一年を通して気温が高く，年降水量が非常に多いので，低緯度の熱帯に属するバンコクに当てはまる。エは気温の変化は北半球の温帯と同じ特徴を示しているが，一年を通して降水量が非常に少ないので，乾燥帯に属するカイロに当てはまる。

(4)　国Aはアルゼンチンである。パンパはラプラタ川流域に広がる草原で，農牧業がさかんである。なお，アはイギリス，イはコートジボワールやガーナ，ウはアメリカに当てはまる。

(5)　国Bはオーストラリアである。オーストラリアはイギリス連邦に属する国であり，かつてはイギリスとの結びつきが強かったが，近年の貿易相手の中心は，中国や日本などのアジア州の国々である。特に急激に工業化が進んだ中国・韓国・インドなどは，オーストラリアから大量の鉱産資源を輸入している。

〔2〕 (1) 起伏の大きな山地が海に沈み，谷の部分に海水が浸入することによって，岬と湾が複雑に入り組んだリアス海岸が形成される。地図中に示した三陸海岸中南部には典型的なリアス海岸が見られる。

(2) 千葉県内陸部の地点Pに位置する成田国際空港は，日本の玄関に当たり，出入国者数だけでなく輸出入総額でも日本最大となっている。航空輸送は輸送費が高いので，電子部品などの小型・軽量で高価な製造品の輸出入に適している。

(3)① aは人口密度が最も高く，製造品出荷額等が最大なので，面積のわりに人口が多く，工業のさかんな静岡県。bは人口密度が最も低く，米の産出額が最大なので，面積のわりに人口が少なく，米どころである秋田県。cは米の産出額が少ないが，果実の産出額が最大なので，ぶどう・ももの生産量が全国一である山梨県。dは野菜の産出額が最大で，製造品出荷額等も大きいので，大都市への野菜の出荷量が多く，輸送用機器などの製造がさかんな群馬県。

② 人口密度は，1㎢当たりの人口を表す数値である。表中の県c(山梨県)の人口密度は181.6人/㎢なので，地図中の山梨県に当たる部分に▤を入れる。

(4)① 高等学校は⊗，市役所は◎で表されている。地形図では上が北，下が南，右が東，左が西に当たる。高等学校は市役所から見て右(東)に位置しているのでエが正解。ア…Ⓐの北西部の丘陵の頂点の標高が80mで，Ⓐの美術館の標高は10m未満である。イ…実際の直線距離は，地形図上の直線距離×縮尺の分母で計算される。したがって，地形図上の5㎝の実際の直線距離は5㎝×25,000＝125,000㎝＝1,250m＝1.25kmである。ウ…河井町付近には建物が多く，広葉樹林(Q)は見られない。

② 石川県輪島市でつくられている伝統的工芸品は輪島塗とよばれる漆器。堅くて丈夫な塗りと優美な装飾が特徴である。

〔3〕 (1) 鑑真は，奈良時代(8世紀中ごろ)に唐から来日した僧で，日本に仏教の正しい教えを広めた。唐招提寺に収められている鑑真像は天平文化を代表する彫像である。

(2) 平等院鳳凰堂は，平安時代(11世紀中ごろ)に藤原頼通が宇治(京都府)に建てた阿弥陀堂。貴族の間に広まった浄土信仰(浄土の教え)を反映し，阿弥陀如来像が安置されている。

(3)① 鎌倉幕府の執権北条泰時は，1232年に御成敗式目(貞永式目)を制定した。これは51か条からなる武家法で，源頼朝以来の武士の先例や，慣習などをもとに，裁判の基準を御家人に示したものである。

② 平安時代に倒壊した東大寺南大門は，宋の最新の建築様式を用いて鎌倉時代に再建され，仏師の運慶らが制作した2体の金剛力士像が安置された。なお，イは室町時代の水墨画の絵師，ウは鎌倉時代に時宗を広めた僧，エは鎌倉時代に禅宗を広めた僧である。

(4)① 江戸時代，幕府や藩が年貢の確保のために新田開発を進めたため，耕地面積は増加した。また，百姓の間でも農具の発明や改良が進んで，田畑の生産量が増加した。絵に示された千歯こきは脱穀の効率を飛躍的に高めた。

② Z(1825年)→Y(1854年)→X(1860年)の順となる。江戸幕府は異国船打払令を出して鎖国体制を維持しようとしたが，アメリカ東インド艦隊司令長官のペリーの来航と日米和親条約の締結によって鎖国体制は幕を閉じた。その後，幕府の大老井伊直弼は，朝廷の許可を得ないまま，欧米諸国との間に日本にとって不利な通商条約を結んだり，政策に反対する者を弾圧したりした。そのため，井伊は水戸藩浪士らによって江戸城桜田門外で暗殺された。

③ 徳川家光は江戸幕府第3代将軍で，1635年に出した武家諸法度で参勤交代の制度を定めた。これは一年おきに領地と江戸とを往復すること，さらに大名の妻子を人質として江戸に住まわせることを大名に義務づけたもので，大名にとって重い負担となった。

〔4〕 (1) 1869年に行われた版籍奉還では，藩主の所有する土地と人民を朝廷に返させたが，もとの藩主がそのまま土地を治めたため，中央集権化が進まず，政府は1871年に藩を廃止して府県を置き，中央から府知事や県令(県知事)を派遣する廃藩置県を行った。現代の民主政治のもとでは，満30歳以上の男女に都道府県知事の被選挙権が与えられ，住民の直接選挙によって選出される。

(2) 殖産興業とは，富国強兵をめざす明治政府が，近代産業を育成するために示したスローガンである。これにしたがって，政府は欧米の技師を招き，その指導のもとに富岡製糸場(群馬県)をはじめとする官営模範工場を建設した。

(3)① イ(1912～1913年)→ウ(1918年)→ア(1925年)の順となる。1912年末に藩閥の第3次桂太郎内閣が成立すると，これに反対する議員や新聞，知識人らによる憲政擁護運動(第一次護憲運動)が高まり，翌年，桂内閣は総辞職した。1918年，シベリア出兵による米価の急激な値上がりによって米騒動が広がり，その責任をとって寺内正毅内閣が総辞職すると，立憲政友会総裁の原敬が本格的な政党内閣を成立させた。

令和4年度入試

また，1924年に貴族院中心の清浦内閣が成立すると，政党勢力を中心に第二次護憲運動が起こり，加藤高明を首相とする連立の政党内閣が成立した。

② 1925年に東京・名古屋・大阪でラジオ放送が始まり，新聞と並ぶ情報源として国民の間に普及した。なお，アは1953年，イは1990年代，エは1870年代のできごとである。

(4) 石油危機とは，1973年の第四次中東戦争のときに，アラブの産油国が石油価格を大幅に引き上げる戦略をとったことで日本を含む先進工業国の経済が不況におちいったできごとである。これによって日本の高度経済成長が終わったが，その後，経営の合理化や省エネルギー化が進んで不況を乗り切った結果，自動車などの輸出が拡大した。一方，アメリカの自動車産業が不振におちいるなど，貿易摩擦が深刻化したことから，日本は自動車の輸出を規制したり，海外に工場を建てて雇用を生み出したりして，摩擦の緩和を図った。

〔5〕 (1)① 子どもの権利条約(児童の権利に関する条約)は，子どもの基本的人権を国際的に保障するために定められた条約で，1989年に国際連合総会で採択された。18歳未満の子どもの保護，教育を受ける権利，意見を表明する権利などを保障している。

② 自由権の一つである表現の自由は保障されているが，他人の名誉を傷つける行為は，刑法によって禁止されている。

(2)① 議会制民主主義は間接民主制ともよばれるしくみで，国会や地方議会に採り入れられている。なお，イは人権を保障するため憲法によって政治権力を制限するという考え方，ウは議会に三つ以上の主要な政党がある状態，エは一つの事件について３回まで裁判を受けることができるしくみである。

② ドント式では，各政党の得票数を１，２，３…の順に整数で割っていき，得られた数の大きな順に定数まで各政党に配分する。

③ 国会における予算の議決については衆議院の優越が適用される。参議院が衆議院と異なった議決をして両院協議会でも意見が一致しない場合，参議院が衆議院の可決した予算を受け取って30日以内に議決しない場合には，衆議院の議決が国会の議決となる。

(3)① 直接税とは，税金を納める義務のある納税者と，実際に税金を負担する担税者が一致している税金である。国税の所得税・法人税・相続税・贈与税，地方税の住民税・事業税・自動車税・固定資産税などがこれに当たる。

② 好況時に政府が行う財政政策は，公共投資を減らしたり，増税したりすることで，これによって景気の行き過ぎをおさえる。不況時には，逆のことが行われる。

③ 少子高齢化にともなって年金・医療・介護の給付費などが増加し，社会保障関係費は年々ふくらみ続けている。

(4)① ＰＫＯは平和維持活動(Peacekeeping Operations)の略称。国際連合は，紛争地域への平和維持軍や停戦監視団の派遣などを行っている。

② 地図中に示されているのは東南アジアの国々である。ＡＳＥＡＮ(東南アジア諸国連合)は，地域内の平和・安全・安定の維持・向上や，政治・安全・経済・社会文化協力の促進を目的とし，現在では10か国が加盟している。

〔6〕 (1) 買い手(消費者)と売り手(販売者)との間で，何をいくらで売買するかの合意があったときに契約が成り立つが，ア，ウ，エの段階ではまだ合意には至っていない。

(2)X 「20～24歳」の年度別消費生活相談件数(平均値)を「18, 19歳」と比べたときの倍数は，2018年度が約1.8倍，2019年度と2020年度が約1.6倍となっている。

Y 資料Ⅲから，未成年者による契約は，親の同意がない場合には取り消すことができることがわかる。成年にはこの規定が適用されないので，資料Ⅳからわかるように，悪質な手口による契約を結んで被害を受け，契約を解消するために相談を依頼する人が多くなっていると考えられる。

令和４年度　新潟県公立高校入試

理　科

解答

〔１〕 (1) エ　(2) イ　(3) ア　(4) エ　(5) ウ　(6) ウ

配点　(1)3点　(2)3点　(3)3点　(4)3点　(5)3点　(6)3点　小計18点

〔２〕 (1) X　柱頭　Y　花粉　(2) 対立形質

(3)①　丸形の種子の遺伝子の組合せ　ア　しわ形の種子の遺伝子の組合せ　ウ　②　オ

(4) 丸形の種子の数：しわ形の種子の数＝３：５

配点　(1)X1点　Y1点　(2)2点　(3)①2点(完答)　②3点　(4)3点　小計12点

〔３〕 (1) カ　(2) 0.51 (N)　(3) ア　(4) 275 (Pa)

配点　(1)2点　(2)2点　(3)3点　(4)3点　小計10点

〔４〕 (1) イ　(2) 飽和水蒸気量　(3)①　11 (℃)　②　ア

配点　(1)2点　(2)2点　(3)①2点　②3点　小計9点

〔５〕 (1) エ　(2)①　X　相同器官　Y　進化

②(正答例)　目の向きが前向きであるため，シマウマと比較して，視野がせまいが，物体を立体的に見ることのできる範囲が広いという違いがある。

配点　(1)3点　(2)①X2点　Y2点　②3点　小計10点

〔６〕 (1) B　(2) ア　(3) イ　(4) エ

(5)(正答例)　太陽，地球，月の順で，３つの天体が一直線に並んだとき。

配点　(1)2点　(2)2点　(3)3点　(4)3点　(5)3点　小計13点

〔７〕 (1)①　24 (mA)　②　125 (Ω)　(2) 200 (mA)　(3) 0.45 (W)

(4) (ウ)→(イ)→(ア)→(エ)

配点　(1)①2点　②2点　(2)2点　(3)3点　(4)3点　小計12点

〔８〕 (1)①　右図

②　沸点　78 (℃)

理由(正答例)　沸騰している間は，温度が一定であるため。

(2)①　0.79 (g/cm³)　②　蒸留　③　ウ

配点　(1)①3点　②沸点2点　理由2点　(2)①3点　②3点　③3点　小計16点

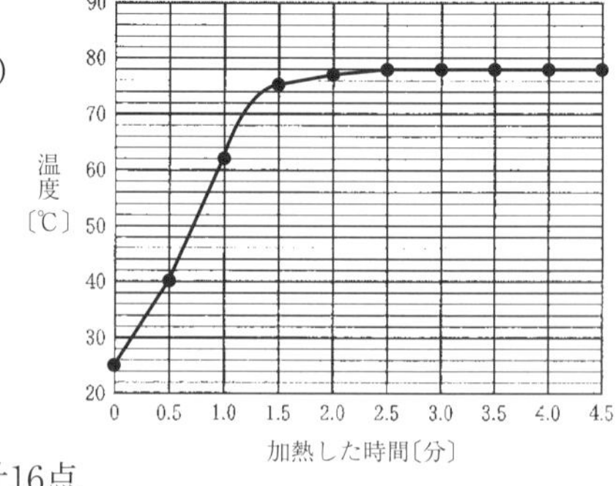

解説

〔１〕 (1) 石灰岩は炭酸カルシウムを多く含み，海の生物の遺骸(いがい)が海底に堆積してできた岩石である。石灰石にうすい塩酸をかけると，二酸化炭素が発生する。サンゴの化石のように当時の環境を知る手がかりとなる化石を示相化石という。また，フズリナ・サンヨウチュウやアンモナイト・恐竜のように，地層ができた時代が推定できる化石を示準化石という。

(2) シダ植物は，根・茎(くき)・葉の区別があり維管束(いかんそく)をもつ。シダ植物とコケ植物は胞子でなかまをふやす。

(3) γ(ガンマ)線はうすい金属は通りぬけてしまう(透過性)。鉛などの厚い板ならX線やγ(ガンマ)線を弱めることができる。また，放射線が人体に与える影響を表す単位としてSv(シーベルト)が使われる。私たちは，宇宙や食物や岩石などから年間平均2.1mSv(ミリシーベルト)程度の自然放射線を受けている。

(4) ２種類以上の元素からできている物質を化合物という。これに対して１種類の元素からできている物質を単体といい，酸素，水素，炭素，塩素，硫黄(いおう)，各種の金属などが単体である。

(5) 砂糖，デンプンなどの有機物は，炭素と水素を原子にもち，加熱すると燃えて二酸化炭素が発生し，同時に水ができる。食塩は無機物で，加熱してもこげない。

(6) 赤色のリトマス紙を青色にするのは，アルカリ性の水溶液である。アルカリ性の水溶液はOH^-をもち，電流を流すことで陰(いん)イオンのOH^-が陽極側に引きつけられて青色のしみが広がった。

〔２〕 (3)①　丸形が顕性形質で，丸形の遺伝子の組合せはＡＡかＡaのいずれかである。実験１では，自家受粉した結果，丸形としわ形の種子(子)ができた。親の遺伝子の組合せがＡＡだと丸形の種子の子しかできないことから，親の種子(丸形)の遺伝子の組合せはＡaであることがわかる。これから，実験１で得られた種子(子)の遺伝子の組合せは，ＡＡ，Ａa，aaのいずれかである。これとしわ形の種子(aa)とのかけ合わせからできた種子(孫)がすべて丸形であることから，かけ合わせた丸形の種子の遺伝子の組合せはＡＡであることがわかる。

② 孫の種子の遺伝子の組合せはすべてAaである。これを自家受粉させてできる種子の遺伝子の組合せはAA：Aa：aa＝1：2：1となり，丸形：しわ形＝3：1である。

(4) 丸形の種子(Aa)としわ形の種子(aa)のかけ合わせによって，Aa，Aa，aa，aaの種子(孫)ができる。この孫を自家受粉させてできる種子は，AaからはAA：Aa：aa＝2：4：2，aaからはすべてがしわ形となり，全部でAA(丸)が2，Aa(丸)が4，aa(しわ)が10となる。

〔3〕 (2) 浮力は水面下にある物体の体積に比例し，完全に水中に沈んだ状態では，深さに関係なく浮力は変わらない。半分沈めたときの浮力が0.95－0.73＝0.22(N)だから，完全に沈めたときの浮力は，0.44Nである。これより③の値は，0.95－0.44＝0.51(N)となる。

(3) 浮力が重さには関係しないことを確かめるため，他の条件は変えずにおもりの数を変えて確かめる。

(4) 容器の下面にはたらく圧力を求める。圧力(Pa)＝面にはたらく力(N)÷力がはたらく面積(㎡)より0.22(N)÷8.0/10000(㎡)＝275(Pa)

〔4〕 (3)① 空気中の水蒸気が凝結(ぎょうけつ)しはじめるときの温度が露点だから，地表からの高さが950mの地点の気温を求める。$20-\frac{(950-50)}{100}\times1=11$(℃)

② 湿度(%)＝その気温における空気1㎥が含む水蒸気量÷その気温での飽和(ほうわ)水蒸気量×100で求める。表より気温20℃での飽和水蒸気量は約17.3g/㎥，露点である11℃での飽和水蒸気量は10g/㎥だから，10÷17.3×100≒57.80(%)

〔5〕 (2)① 生物は生活する場所に適応できるようにからだのしくみを変化させた。

② ライオンは獲物(えもの)を捕らえやすくするために目が顔の前についている。シマウマのように常に命の危険がある動物は，すばやく敵を発見できるように目が顔の側面についている。これは視野を広くするためである。

〔6〕 (1) 月は地球のまわりを公転している。月の満ち欠けは，太陽，地球，月との位置関係を考える必要がある。

(2) 満月は，太陽，地球，月の順に一直線に並ぶときに起こる。このため，月が東の空に昇るのは日没の頃であり，南中するのは真夜中である。

(3) 月の公転周期は約27日だから，8日後に月は図のCの位置にある。この月は下弦の月である。

(4) 月は1日に約12度ずつ西から東に動いていく。このために南中時刻は1日あたり約50分遅くなる。

〔7〕 (1)① 電流計の－端子の50mAにつながれているので，50mAの目盛りを読む。

② 抵抗(Ω)＝電圧(V)÷電流(A)，24mA＝0.024Aより3.0(V)÷0.024(A)＝125(Ω)

(2) 電熱線bが2つ並列につながれていて，回路全体の電気抵抗は，$\frac{1}{30}+\frac{1}{30}=\frac{1}{15}$より15Ωである。

3.0(V)÷15(Ω)＝0.2(A)より200mAとなる。

(3) 電熱線cが2つ直列につながれていて，回路全体の電気抵抗は，10+10＝20(Ω)である。回路に流れる電流は3.0(V)÷20(Ω)＝0.15(A)，電力(W)＝電圧(V)×電流(A)より，3.0×0.15＝0.45(W)

(4) 抵抗が小さいほど電流は大きくなるから抵抗が小さい順に並べる。

ウは電熱線bとcを並列につないでいる。回路全体の抵抗＝$\frac{1}{30}+\frac{1}{10}=\frac{2}{15}$より7.5Ω

エは電熱線bとcを直列につないでいる。回路全体の抵抗＝30+10＝40(Ω)

抵抗が小さい順に並べると，ウ，イ，ア，エとなる。

〔8〕 (1)② 状態変化が起きている間は，加熱しても温度は上がらない。表から2.5分以降はすべて78℃である。

(2)① エタノール3.0㎤の質量は2.37gだから，密度(g/㎤)＝質量(g)÷体積(㎤)より求める。
2.37÷3.0＝0.79(g/㎤)

② 沸点の違いを利用して，何種類かの液体の混合液から特定の液体を取り出す方法を蒸留という。

③ エタノールは水よりも密度が小さいので，エタノールと水との混合液の中でエタノールの割合が高いほど質量が小さくなる。

令和５年度　　新潟県公立高校入試

国　語

解答

〔一〕 (一) 1 お(しんで) 2 あざ(やか) 3 とうたつ 4 こうけん 5 きっきん
(二) 1 吸(う) 2 勢(い) 3 節減 4 精密 5 類似
配点 (一)(二)2点×10 小計20点

〔二〕 (一) イ (二) ウ (三) ア (四) エ (五) ウ
配点 (一)～(五)3点×5 小計15点

〔三〕 (一) なお (二) イ (三) ア (四) エ
(五)(正答例) 宮の御前が，上の所有する笛の名前に掛けて，笛を交換するつもりはないという淑景舎の女御の気持ちを，僧都の君に伝えたこと。
(六) ウ
配点 (一)2点 (二)4点 (三)4点 (四)4点 (五)12点 (六)4点 小計30点

〔四〕 (一) エ (二) ウ
(三)(正答例) 物事の解釈を変更するだけでは，深刻な事態を乗り切ることができないから。
(四)(正答例) 自分が見たい部分や一度信じたことにだけ，繰り返し目を向けているうちに，自分の見方を固く信じて疑わないようになること。
(五) イ
(六)(正答例) 深刻な事態が続くと，私たちの見方は固定化し，自分の見方を正当化してくれる情報を求めるようになるので，多くの情報の中から何が正解かを判断するためには，自分が信じる常識とは固定観念にほかならないものであると，改めて確認する必要があるということ。
配点 (一)3点 (二)3点 (三)5点 (四)8点 (五)4点 (六)12点 小計35点

解説

〔一〕 (一)(二) 略。
漢字の書きは，とめ・はね・はらいまで楷書で正しく書けていないと得点にならないので注意すること。

〔二〕 (一) 語句の使い方(多義語)の問題。例文は「のちのために忘れないように書きとめる」という意味。アは「時間的に近くにある(さしせまっている)」という意味。イは例文と同じ。ウは「用があるまでその場にとどまっている」という意味。エは「度を越さないように分量や行動を抑える」という意味。

(二) 熟語の構成(組み立て)の問題。例文「乗車」は上の漢字の動作の意味を下の漢字が補足している。(車に→乗る)ア「往復」は反対の意味の漢字を重ねている。(往：行く⇔復：来た道を戻る)イ「過程」は上の漢字の意味が下の漢字の意味を修飾している。(過:通過していく,進行していく→程:みちすじ,行程)ウ「作文」は例文と同じ。(文を→作る)エ「選択」は似た意味の漢字を重ねている。(選:選ぶ≒択:良い方を選び出す)

(三) 品詞の識別問題。例文の「ついに」は用言「完成し(た)」を修飾する副詞。ア「はっきり」は例文と同じく,「見える」を修飾する副詞。イ「明るく」は形容詞「明るい」の連用形。ウ「きれいに」は形容動詞「きれいだ」の連用形。エ「大きな」は体言「池」を修飾する連体詞。

(四) 動詞の活用形を識別する問題。例文の「話し」は五段活用動詞「話す」の連用形。ア「見れ」は上一段活用動詞「見る」の仮定形。イ「来る」はカ行変格活用動詞「来る」の終止形。ウ「行こ」は五段活用動詞「行く」の未然形。エ「開け」は下一段活用動詞「開ける」の連用形。

(五) 語句の意味の問題。ノゾミの会話文からは語句Aの本来の意味がうかがえる。ツバサの会話文からは語句Aの誤用されがちな例がうかがえる。それぞれを照らし合わせて判断すること。ア「幕開け」は「物事が始まること」を意味する。イ「転機」は「物事がある状態から次の状態に移るきっかけ」を意味する。エ「大詰め」は「物事の終わり」を意味する。

〔三〕 (一) 歴史的かなづかいを現代かなづかいに直す問題。「ほ」を「お」に直すこと。すべてひらがなという指示に注意。

(二) 口語訳の問題。――線部(1)の「給へ」は「与ふ(与える)」の尊敬語にあたる「給ふ」の命令形である。また，文脈からも隆円(僧都の君)が淑景舎の笛を欲しがっていることがうかがえることから，イを選択できる。

(三) 内容理解(動作主把握)の問題。――線部(2)の直前までのやりとりに注目。僧都の君が「笛を私に与えてください」「自分の素晴らしい琴と交換してください」と頼んでいるのにも関わらず，「聞きも入れたまはで(お聞き入れなさらないで)，ことごとをのたまふ(他のことをおっしゃる≒話題を変えて話をそらす)」

としていたのは誰かを考えると，笛を頼まれる相手(つまり笛の持ち主)である淑景舎の女御であるアと判断できる。

(四) 内容理解の問題。――線部分(3)の直前の内容に注目。「いらへさせたてまつらむ(お返事をいただこう)」とは，誰からどのような返事をいただこうとしているのか考えること。それまでの文脈から(＊解説(三)参照)判断して，この場合の「お返事」とは，淑景舎から僧都の君への「笛」に関する返事だと考えられる。したがって，エを選択できる。

(五) 指示された内容を説明する問題。作者は誰の行為に対して「いみじうをかしきことぞ限りなき(たいへん素晴らしい)」と感じているのか考えること。――線部分(4)の直前に注目すると，「宮の御前の～御けしき」と書かれていることから，それが宮の御前の様子を指していることがわかる。その様子とは「宮の御前の，『いなかへじとおぼしたるものを』とのたまはせたる」＝「宮の御前は，『いいえ，笛と琴を交換するつもりはない(＊Bの文章参照)と淑景舎は思っていらっしゃるのに』とおっしゃった」ということである。ここでは，笛を欲しいと何度も頼むが淑景舎の女御から何も返事をされない僧都の君に対して，宮の御前が淑景舎の女御の思いを代弁して断っている。「いなかへじ」とは「いいえ，交換するつもりはない」という意味であり，上(天皇)が持っていた笛の名前でもある。宮の御前が機転を利かせて，淑景舎の女御の気持ちと笛の名前を掛けたこと(＊Bの文章参照)に，作者が「素晴らしい」と感じていることがうかがえる。これらの内容を問題の指示に即してまとめ，指定字数にしたがって現代語で解答をつくること。

(六) 内容理解の問題。――線部分(5)の「え知りたまはざりけれ」について，「え＋打ち消しの言葉」で「～でない」「～できない」という意味になる。「この御笛の名」とは「いなかへじ」のことであり，実在する「いなかへじ」は上が持っている笛を指している。したがって，ウを選択できる。

〔**四**〕 (一) 適語補充の問題。空欄Aの前後の内容を読み，そのつながり方を考えて選択すること。この部分では，空欄Aの前の「自分の見方を変えたい」という考えよりも，空欄Aの後の「柔軟でない相手や融通の利かない物事を変えたい」という考えの方が，当然である(適切である)という文意がうかがえる。したがって，エ「むしろ」が適当である。

(二) 内容理解の問題。「 a な物事の解釈」に注目。「物事の解釈」の仕方について次の段落で説明されている。「それ(＝物事の解釈)は自分の欲求に合わせて都合よく見方を変える場合が多い。」と書かれていることから，「都合よく見方を変える」≒「根本的に見方を変えず，うわべだけ変えるにすぎない」と考えることができる。したがって，ウを選択できる。

(三) 指示された内容の理由を説明する問題。――線部分(1)の「そんな場合」を一つの言葉で説明しているのが，さらに前に書かれている「深刻な事態」である。――線部分(1)に当てはめて「深刻な事態が起こった場合に根本的な見方を変える必要性に迫られる」のはなぜか考えること。「深刻な事態」に注目して本文を探すと，「だが，深刻な事態が起こったときには，それだけではうまくいかなくなる。」が見つかる。「それ」が指している内容を探すと，一つ前の文の「物事の解釈を変更すること」が見つかる。これらの内容を問題の指示に即してまとめ，指定字数にしたがって解答をつくること。理由を問う形式の問題のため，文末の「～から。」は忘れずに書くこと。

(四) 指示された内容を説明する問題。――線部分(2)の「まなざしの固定化」とは何か，直接説明している部分を探すと，最終段落で「自らが固く信じて疑わない見方，つまり私たちのまなざしが固定化した状態」が見つかる。したがって，「まなざしを固定化する」＝「自分の見方を固く信じて疑わない」と考えられる。また，「まなざしの固定化」がどのようにされていくのか説明している部分を探すと，――線部分(2)と同じ段落内で「自分が見たい部分や一度信じたことにだけ目を向けがちになる。そんな状態を繰り返しているうちに，私たちのまなざしは～固定化してしまう。」が見つかる。これらの内容を問題の指示に即してまとめ，指定字数にしたがって解答をつくること。

(五) 内容理解の問題。――線部分(3)の直後の内容に注目。「いくら妥当性がある～自分の信念に合わないものを間違っているとする方が，私たちには容易い。」と書かれている。「容易い」に注目して他の部分から探すと，二つ前の段落から「自分の見方が間違っていると改めるよりも～変更する方が私たちには容易い。」が見つかる。以上の内容から判断して，イを選択できる。

(六) 指示された内容を説明する問題。〰〰線部分の「そんなとき」が指している内容を探すと，直前の「あまりにもたくさんの情報～何が正解なのかの判断は簡単には下せなくなっている。」が見つかる。また，「常識とは何か」について説明されている部分を探すと，Ⅰの文章の最終段落で「私たちのまなざしが固定化した状態は『固定観念』あるいは『偏見』～それが社会にまで広がったものを…『常識』と呼ぶ。」「常識とはまなざし(＝自分の見方＊解説㈣参照)が固定化したものにほかならない。」などが見つかる。さらに，〰〰線部分の内容から，「常識」を確認することの必要性について考えると，Ⅰの文章で「次から次へと深刻な事態が続く～自ら進んでまなざしを固定化することを選ぶ…」「状況が厳しくなるほど，自分の都合の悪いものは視界から追いやって～一度信じたことにだけ目を向けがちになる…もう変えられないほど固定化してしまう。」「自分の見方を正当化してくれる情報や理屈，権威を追い求めるようになる～自分の見方をますます強めていく(＝まなざしが固定化していく＊解説㈣参照)。」などが見つかる。これらの内容を問題の指示に即してまとめ，指定字数にしたがって解答をつくること。

令和5年度入試

令和５年度　　新潟県公立高校入試

数　学

解答

〔１〕 (1) 7　(2) $-2a+8b$　(3) $9a$　(4)($x=$)6，($y=$)5　(5) $4\sqrt{5}$　(6) $130a>5b+750$

(7)($\angle x=$)120(度)　(8) ア

配点　4点×8　小計32点

〔２〕 (1) $\dfrac{17}{36}$

(2)(正答例)

△ＡＢＤと△ＥＣＢにおいて，

仮定より，∠ＤＢＡ＝∠ＢＣＥ　……①

∠ＢＣＤ＝∠ＢＤＣ　……②

②より，2つの角が等しいから，△ＢＣＤは二等辺三角形である。

よって，　ＢＤ＝ＣＢ　…………③

ＡＤ//ＢＣより，平行線の錯角は等しいから，

∠ＡＤＢ＝∠ＥＢＣ　……④

①，③，④より，1組の辺とその両端の角がそれぞれ等しいから，

△ＡＢＤ≡△ＥＣＢ

合同な図形の対応する辺は等しいから，ＡＢ＝ＥＣ

(3) 右の図

配点　6点×3　小計18点

〔３〕 

(1)($y=$)16　(2)① $y=4x^2$　② $y=-12x+72$

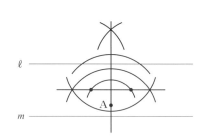

(3) 右の図　(4)($x=$) $\sqrt{5}$, $\dfrac{13}{3}$

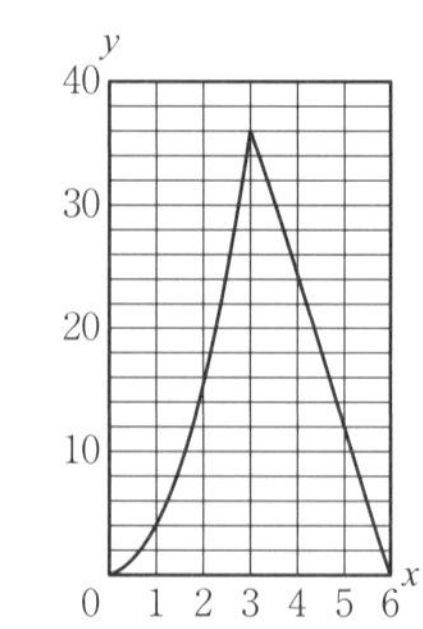

配点　(1)3点　(2)3点×2　(3)4点　(4)5点　小計18点

※(4)は全部できて5点

〔４〕 

(1) ア　4　イ　1　ウ　5

(2)①(正答例)

1番目の欄の数をa，2番目の欄の数をbとし，10の倍数を取り除きながら17番目まで順に書き出すと，

a，b，$a+b$，$a+2b$，$2a+3b$，$3a+5b$，$5a+8b$，$8a+3b$，$3a+b$，

$a+4b$，$4a+5b$，$5a+9b$，$9a+4b$，$4a+3b$，$3a+7b$，$7a$，$7b$(17番目)

したがって，17番目の欄の数は，1番目の欄の数に関係なく，2番目の欄の数によって決まる。

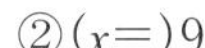

②($x=$)9

配点　(1)2点×3　(2)①6点　②4点　小計16点

〔５〕 (1) $\dfrac{5\sqrt{3}}{2}$(cm)　(2) $\dfrac{125\sqrt{2}}{3}$(cm^3)　(3) $\dfrac{125\sqrt{2}}{12}$(cm^3)

配点　(1)5点　(2)6点　(3)5点　小計16点

解説

〔１〕 (1) $7-(-3)-3=7+3-3=7$

(2) $2(3a-2b)-4(2a-3b)=6a-4b-8a+12b=-2a+8b$

(3) $(-6ab)^2\div 4ab^2=36a^2b^2\div 4ab^2=\dfrac{36a^2b^2}{4ab^2}=9a$

(4) $\begin{cases} x+3y=21 \cdots ① \\ 2x-y=7 \cdots ② \end{cases}$ とする。

①×2－②より，
$$\begin{array}{r} 2x+6y=42 \\ \underline{-)\ 2x-\ y=\ 7} \\ 7y=35 \\ y=\ 5 \end{array}$$

$y=5$を①に代入すると，$x+15=21$，$x=6$

(5) $\sqrt{45}-\sqrt{5}+\dfrac{10}{\sqrt{5}}=3\sqrt{5}-\sqrt{5}+\dfrac{10\times\sqrt{5}}{\sqrt{5}\times\sqrt{5}}=3\sqrt{5}-\sqrt{5}+\dfrac{10\sqrt{5}}{5}=3\sqrt{5}-\sqrt{5}+2\sqrt{5}=4\sqrt{5}$

(6) 払ったお金は，$a\times130=130a$(円)，代金の合計は，$b\times5+150\times5=5b+750$(円)と表される。おつりがあったから，払ったお金の方が代金の合計より多い。よって，$130a>5b+750$の関係がある。

(7) 右の図のように，点Dと点Fを結ぶ。円周上の9つの点は円周を9等分する点だから，

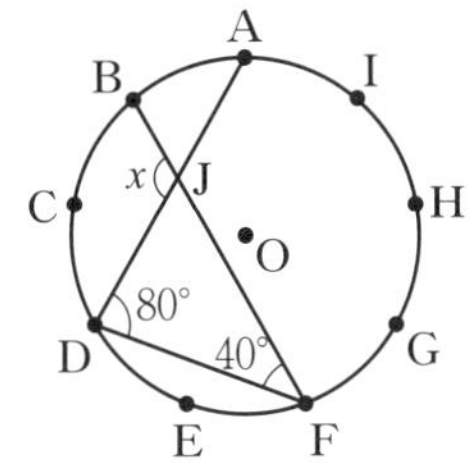

∠AOF$=360°\times\dfrac{4}{9}=160°$，∠BOD$=360°\times\dfrac{2}{9}=80°$　ここで，円周角の定理より，∠ADF$=\dfrac{1}{2}$∠AOF$=\dfrac{1}{2}\times160°=80°$，∠BFD$=\dfrac{1}{2}$∠BOD$=\dfrac{1}{2}\times80°=40°$　△DFJで，三角形の外角の性質より，$\angle x=$∠JDF＋∠JFD$=80°+40°=120°$

(8) ヒストグラムから，最小値は52ｇ以上54ｇ未満，最大値は62ｇ以上64ｇ未満とわかる。
また，度数の合計が40個だから，データの値を小さい順に並べたとき，第1四分位数は10番目と11番目の平均値，第2四分位数は20番目と21番目の平均値，第3四分位数は30番目と31番目の平均値である。10番目と11番目のデータはともに56ｇ以上58ｇ未満の階級に入っているから，第1四分位数は56ｇ以上58ｇ未満。同様に，20番目と21番目，30番目と31番目のデータはいずれも58ｇ以上60ｇ未満の階級に入っているから，第2四分位数，第3四分位数はどちらも58ｇ以上60ｇ未満。これらをすべて満たす箱ひげ図は，ア。

〔2〕(1) $\dfrac{24}{a+b}$が整数になるのは，$a+b$が24の約数のときで，$2\leqq a+b\leqq12$だから，$a+b=2$，3，4，6，8，12になるときである。右の表は，$a+b$の値をまとめたもので，さいころの目の出方は，全部で36通りあり，このうち，条件を満たす場合は，○で囲んだ17通りある。よって，求める確率は，$\dfrac{17}{36}$

a＼b	1	2	3	4	5	6
1	②	③	④	5	⑥	7
2	③	④	5	⑥	7	⑧
3	④	5	⑥	7	⑧	9
4	5	⑥	7	⑧	9	10
5	⑥	7	⑧	9	10	11
6	7	⑧	9	10	11	⑫

(2) ABを辺にもつ△ABDと，ECを辺にもつ△ECBに着目し，△ABD≡△ECBを証明することによって，AB＝ECを導けばよい。

(3) 点Aを通り，2直線ℓ，mの両方に接する円は，右の図のような，円Oと円Pが考えられる。点Oと2直線ℓ，mとの距離は等しく，その長さを$a$cmとすると，$a$cmが円Oの半径である。これは点Pについても同様である。ここで，点Aを通り，2直線ℓ，mに垂直な直線を引き，それぞれの交点をB，Cとすると，2点O，Pは線分BCの垂直二等分線上にある。また，AO＝AP＝$a$cmである。以上のことから，まず，点Aを通る直線ℓの垂線を作図する。次に，線分BCの垂直二等分線を作図する。最後に，点Aを中心とし，半径$a$cmの円をかく。この円と，線分BCの垂直二等分線との2つの交点が求める点である。

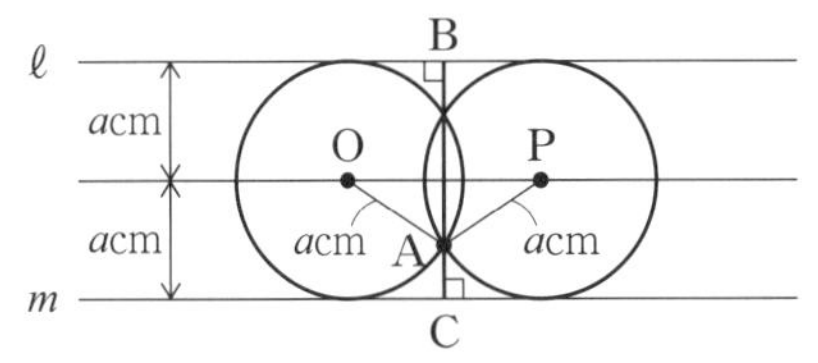

〔3〕(1) OP$=2\times2=4$(cm)だから，正方形PQRSの1辺の長さは4cmである。このとき，正方形PQRSは完全に長方形OABCの内部にあるから，$y=4^2=16$

(2) OP$=2\times x=2x$(cm)だから，正方形PQRSの1辺の長さは$2x$cmである。$x=3$のとき，OP$=2\times3=6$(cm)，正方形PQRSの1辺の長さは6cmである。このとき，正方形PQRSは完全に長方形OABCの内部にある。

① $0\leqq x\leqq3$のとき，正方形PQRSは完全に長方形OABCの内部にあるから，$y=(2x)^2=4x^2$

② $3\leqq x\leqq6$のとき，長方形OABCと正方形PQRSの重なっている部分は，BAを縦，PAを横とする長方形になる。BA＝6cm，PA＝OA－OP$=12-2x$(cm)だから，$y=6\times(12-2x)=-12x+72$

(3) (2)より，$0\leqq x\leqq3$のとき，$y=4x^2$だから，点(0，0)，(1，4)，(2，16)，(3，36)を通る放物線をかく。また，$3\leqq x\leqq6$のとき，$y=-12x+72$だから，点(3，36)，(6，0)を結ぶ線分をかく。

(4) $0 \leqq x \leqq 3$のとき，$y=4x^2$に$y=20$を代入すると，$20=4x^2$，$x^2=5$，$x=\pm\sqrt{5}$　$0 \leqq x \leqq 3$だから，$x=\sqrt{5}$が適する。$3 \leqq x \leqq 6$のとき，$y=-12x+72$に$y=20$を代入すると，$20=-12x+72$，$12x=52$，$x=\frac{13}{3}$　これは，$3 \leqq x \leqq 6$を満たす。したがって，$x=\sqrt{5}$，$\frac{13}{3}$

〔4〕(1) 1番目から順に書き出すと，次のようになる。

2，3，5，8，3，1，4，5，9，4，3，7，0，7，7，4(16番目)，1(17番目)，5(18番目)

(2)① 1番目の欄の数をa，2番目の欄の数をbとし，1番目から順に書き出すと，

$\underline{a}$
$\underline{b}$
$\underline{a+b}$
$b+(a+b)=\underline{a+2b}$
$(a+b)+(a+2b)=\underline{2a+3b}$
$(a+2b)+(2a+3b)=\underline{3a+5b}$
$(2a+3b)+(3a+5b)=\underline{5a+8b}$
$(3a+5b)+(5a+8b)=8a+13b$

ここで，$10b$は10の倍数だから，取り除いても$8a+13b$の一の位の数に影響はない。

よって，$(8a+13b)-10b=\underline{8a+3b}$とする。

$(5a+8b)+(8a+3b)=13a+11b$　$10a$と$10b$を取り除いて，$(13a+11b)-10a-10b=\underline{3a+b}$
$(8a+3b)+(3a+b)=11a+4b$　$10a$を取り除いて，$(11a+4b)-10a=\underline{a+4b}$
$(3a+b)+(a+4b)=\underline{4a+5b}$
$(a+4b)+(4a+5b)=\underline{5a+9b}$
$(4a+5b)+(5a+9b)=9a+14b$　$10b$を取り除いて，$(9a+14b)-10b=\underline{9a+4b}$
$(5a+9b)+(9a+4b)=14a+13b$　$10a$と$10b$を取り除いて，$(14a+13b)-10a-10b=\underline{4a+3b}$
$(9a+4b)+(4a+3b)=13a+7b$　$10a$を取り除いて，$(13a+7b)-10a=\underline{3a+7b}$
$(4a+3b)+(3a+7b)=7a+10b$　$10b$を取り除いて，$(7a+10b)-10b=\underline{7a}$
$(3a+7b)+7a=10a+7b$　$10a$を取り除いて，$(10a+7b)-10a=7b$　←17番目

17番目の式には，aをふくむ項がなく，bをふくむ項だけで表されるから，17番目の欄の数は，1番目の欄の数に関係なく，2番目の欄の数によって決まる。

② ①より，1番目の欄の数をa，2番目の欄の数をbとすると，18番目は，$7a+7b$と表される。よって，1番目の欄の数がx，2番目の欄の数が4のとき，18番目は，$7x+7\times4=7x+28$　$7x+28$の一の位の数が1となるのは，$7x$の一の位の数が3のときである。xは0以上9以下の整数だから，$x=9$

〔5〕(1) 図1のように，点Fから辺ＢＥに引いた垂線と辺ＢＥとの交点をGとする。$\angle$ＣＰＢ$=\angle$ＦＧＥ$=90°$，ＣＢ$=$ＦＥ，ＣＰ$=$ＦＧより，直角三角形の斜辺と他の1辺がそれぞれ等しいから，△ＣＢＰ≡△ＦＥＧ

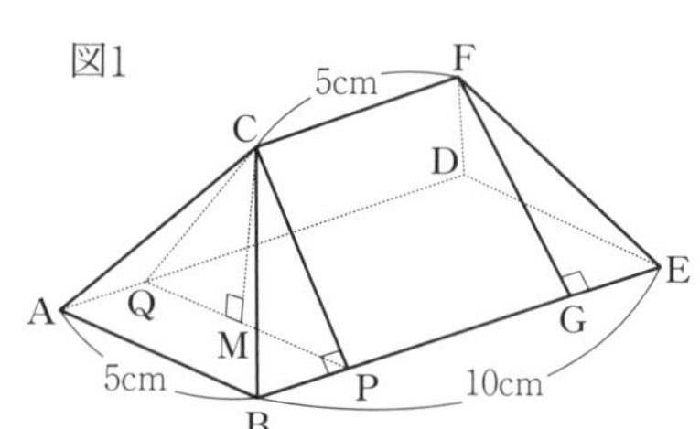

よって，ＢＰ$=$ＥＧ$=$(ＢＥ$-$ＣＦ)$\div2=(10-5)\div2=\frac{5}{2}$(cm)

△ＣＢＰで，三平方の定理より，$\mathrm{CP}^2=\mathrm{CB}^2-\mathrm{BP}^2=5^2-\left(\frac{5}{2}\right)^2=\frac{75}{4}$

ＣＰ>0だから，ＣＰ$=\frac{5\sqrt{3}}{2}$(cm)

(2) 図1のように，点Cから辺ＡＤに引いた垂線と辺ＡＤとの交点をQとする。線分ＣＱの長さは，線分ＣＰと同様に，ＣＱ$=\frac{5\sqrt{3}}{2}$cmと求められる。よって，△ＣＱＰは，図2のように，ＣＱ$=$ＣＰの二等辺三角形となる。点Cから辺ＱＰに引いた垂線と辺ＱＰとの交点をMとする。

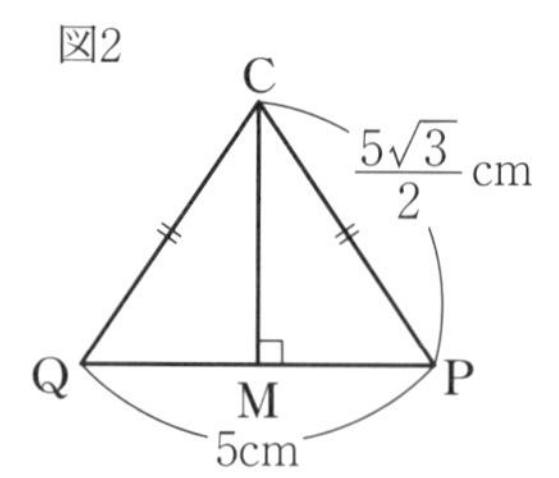

$\angle$CMQ$=\angle$CMP$=90^\circ$，CQ$=$CP，CM$=$CMより，直角三角形の斜辺と他の1辺がそれぞれ等しいから，△CQM≡△CPM　よって，QM$=$PM$=5\div2=\frac{5}{2}$(cm)

△CPMで，三平方の定理より，$CM^2=CP^2-PM^2=\left(\frac{5\sqrt{3}}{2}\right)^2-\left(\frac{5}{2}\right)^2=\frac{25}{2}$　CM>0だから，

$CM=\frac{5\sqrt{2}}{2}$(cm)

四角すいC－ABEDの底面を長方形ABEDとすると，高さはCM$=\frac{5\sqrt{2}}{2}$cmだから，その体積は，

$\frac{1}{3}\times5\times10\times\frac{5\sqrt{2}}{2}=\frac{125\sqrt{2}}{3}$(cm³)

(3) 図3のように，辺ABの中点をNとする。△CAN≡△CBNだから，CN⊥AB，△FAN≡△FBNだから，FN⊥ABとなる。よって，平面CNF⊥AB　三角すいABCFの体積は，三角すいA－CNFと三角すいB－CNFの体積の和で求められる。△CNFは，底辺をCFとすると，高さは，(2)より，

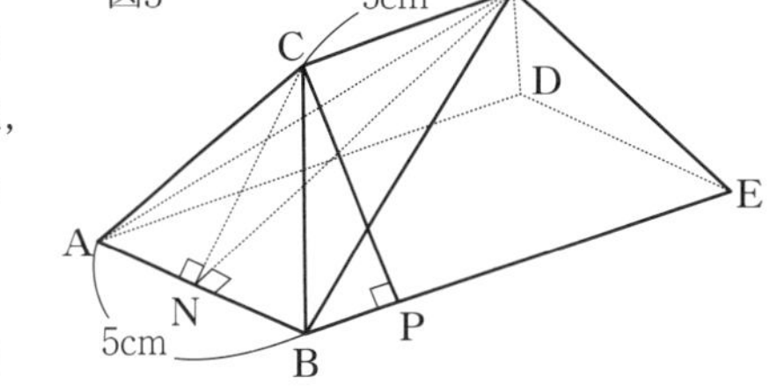

$CM=\frac{5\sqrt{2}}{2}$cmだから，その面積は，$\frac{1}{2}\times5\times\frac{5\sqrt{2}}{2}=\frac{25\sqrt{2}}{4}$(cm²)

したがって，求める体積は，$\frac{1}{3}\times\frac{25\sqrt{2}}{4}\times AN+\frac{1}{3}\times\frac{25\sqrt{2}}{4}\times BN$

$=\frac{1}{3}\times\frac{25\sqrt{2}}{4}\times(AN+BN)=\frac{1}{3}\times\frac{25\sqrt{2}}{4}\times AB=\frac{1}{3}\times\frac{25\sqrt{2}}{4}\times5=\frac{125\sqrt{2}}{12}$(cm³)

令和5年度入試

令和５年度　新潟県公立高校入試

英　語

解答

〔１〕 (1)1 イ　2 ア　3 ウ　4 ウ　(2)1 イ　2 ウ　3 エ　4 イ

(3)1(正答例)　Yes, she was.　2(正答例)　It starts in August.

配点　(1)3点×4　(2)3点×4　(3)3点×2　小計30点

〔２〕 (1)　ウ

(2)(解答例)　culture presentation is the most popular

(3)(解答例)　How about cooking? It's more popular than other activities in your school. Let's enjoy traditional dishes of each country.

配点　(1)3点　(2)3点　(3)6点　小計12点

〔３〕 (1)A　イ　E　エ

(2)(正答例)　日本の文化と自分たちの文化は異なると思っていたのに，同じような種類の伝統行事があったから。

(3)　C　help me make　G　if I were you

(4)　ウ

(5)(正答例)　野菜を植えるときに，環境にとって安全な方法の例。

(6)　ウ・オ

配点　(1)2点×2　(2)4点　(3)3点×2　(4)3点　(5)3点　(6)3点×2(順不同)　小計26点

〔４〕 (1)(正答例)　何を学ぶかを決める前に，自分の将来の仕事を決めるべきかということ。

(2)(解答例)　I can improve my skills

(3)　You don't know what will be useful in the future.

(4)　ア

(5)(正答例)　① No, she hasn't.

② She decided her goal first.

③ They sometimes make their own stories.

(6)(解答例)　You helped me a lot. I decided to follow my heart. Though I don't know what I will do in the future, I can learn something important through art history.

配点　(1)4点　(2)4点　(3)3点　(4)4点　(5)3点×3　(6)8点　小計32点

解説

〔１〕 (1)1 「雨がやむと，空にこれが見えることがあります」質問：「これとは何ですか」

2 「ブライアンは7時15分に家を出なければなりません。今，6時40分です」 質問：「彼は出かけるまでに何分ありますか」

3 「ナンシーはオーストラリアから来た学生でミキの家に滞在しています。彼女は毎週月曜日と水曜日に柔道を練習しています。土曜日には，彼女は日本料理の作り方をミキから習います。日曜日には，たいていは友だちと会います」質問：「ナンシーはいつミキと料理をしますか」

4 「ナツミは英語が好きです。彼女の英語の先生は外国での経験について話します。彼の話は興味深いです。ナツミは将来，アメリカ合衆国に住んでそこで職を得たいので，熱心に英語を勉強しています。彼女は外国の文化について学ぶために，多くの本も読んでいます」質問：「ナツミは将来何をしたいですか」

(2)1　質問：「ジャックはきょう，傘を持っていきますか」　ジャックは「夜に雨が降りますが，私は雨が降り始める前に帰ることができます」と言っている。

2　質問：「だれがタクミからプレゼントをもらいますか」　タクミは「姉〔妹〕が来週，日本を出発してカナダへ行きます。私は彼女に何かあげたいのです」と言って，ケイトに買い物に付き合ってほしいと頼んでいる。

3　質問：「その男性はどうやって美術館へ行きますか」男性に美術館へのアクセスをたずねられた人は最後に「自転車でそこに行ったらよいかもしれません。500円払えば，あそこの店で1台借りられますよ」と言っている。これを聞いた男性は「それがいちばんいい方法ですね。ありがとうございます」と応じている。

4　質問：「なぜルーシーはそのコンサートが気に入ったのですか」　ルーシーは最初の発言で「それ(＝コ

ンサート)をとても気に入りました。ミュージシャンたちについては知りませんでしたが，彼らの美しいサウンドがとても気に入りました」と言っている。

(3) 〈全訳〉

こんにちは，みなさん。私はアメリカのバーナード中学校で1年間学びました。文化がとても異なり，たいへん驚きました。例えば，多くの生徒は歩いて学校へ通いません。お父さんかお母さんが車で彼らを学校まで送るか，スクールバスを利用します。もうひとつ異なることは新年度の始まり(の時期)です。アメリカの学校はみな9月に始まると思いますか。私もそう思っていましたが，バーナード中学校は8月に始まります。私は異なる文化について学ぶことを楽しみました。

質問1　マキはアメリカの文化について学んで，驚きましたか。

2　バーナード中学校では新年度はいつ始まりますか。

〔2〕 (1)適語句選択の問題

「あなたの学校の数人の生徒しか[　　]に興味を持っていないことに驚きました」グラフを見ると，ブラウン高校の生徒の３％しかウsinging traditional songsに興味を持っていないことがわかる。

(2)自由英作文の問題

どちらの高校でもいちばん人気のあるculture presentation の活動を採用すると考えられるので，「ともかく，どちらの学校でも，文化についての発表がいちばん人気があるので，それをやりましょう」などとすると自然な流れになる。

(3)自由英作文の問題

直後でピーターが「それはいい考えかもしれませんね」と同意している。すでに決まっている「文化についての発表」以外の活動から選ぶ。ブラウン高校で2番人気のcooking traditional dishesを選ぶのが無難。他にも適切な理由などを含めて書けるのならば，communication gamesでもよい。相手の学校で不人気のsinging traditional songsは避ける。

〈解答例の訳〉

「料理するのはどうですか。あなたの学校で他の活動よりも人気があります。お互いの国の伝統料理を楽しみましょう」

〈全訳〉

【会話】

ピーター：私たちの学校の間で結果が異なりますね。
＊　＊　＊：はい。あなたの学校の数人の生徒しか[　　]に興味を持っていないことに驚きました。ともかく，どちらの学校でも，(　a　)なので，それをやりましょう。
ピーター：わかりました。もう１つ活動ができると思います。何をしたらよいでしょうか。
＊　＊　＊：(　b　)
ピーター：それはいい考えかもしれませんね。

〔3〕 (1)本文中の適語(句)選択の問題

A　(　　)のあとの「マリーゴールドの強いにおい」が(　　)の前の「先祖が帰ってくる」の理由になっているので，イのbecause of「～のために，～のせいで」が適切。アaccording to「～によると」，ウinstead of「～のかわりに」，エsuch as「～のような」

E　be動詞のis「～です」が後ろにあるので，エの動名詞Usingを選ぶとUsing marigoldsが主語になり，Using marigolds is ～.「マリーゴールドを使うことは～です」という文になる。

(2)具体的な内容を日本語で説明する問題

下線部分B「なんておもしろいのでしょう」の前後を参照する。直後のBy the way「ところで」は話題を転換するときに使う語句で下線部分には関係ないので，前の部分からさがす。前文は自分が思っていたことと実情が異なることを述べているので，ここが「おもしろい」と思ったことの理由にあたる。理由を書くので「～だから，～なので」のような形にする。

(3)語順整序の問題

C　〈help＋人(代名詞は目的格)＋(to＋)動詞の原形〉で「人が～するのを助ける〔手伝う〕」を表す。The marigolds help me make a safe vegetable garden.「そのマリーゴールドは私が安心な菜園を作るのを手伝います」→「そのマリーゴールドのおかげで私は安心して菜園を作ることができるのです」

G　仮定法過去の文。〈If+主語+動詞の過去形 ～，主語+would〔could, should, might〕+動詞の原形…〉

で現在のことについて,「もし～なら,…なのに〔だろう〕」を表す。下線部分がbe動詞のときは主語がなんであっても普通はwereを使う。If～の部分は現在の事実とは異なる内容を表す。全文の意味は「そうですね,私があなただったら,それらについてよく知っている人にたずねるでしょう」。

⑷本文中の適文選択の問題

「トマトの葉を食べる昆虫はそのにおいが好きではありません,だから[　　]」[　　]の部分は直前の下線部分の内容から類推される結論が入る。においが好きではないから,ウ「トマトの葉を食べに来ません」と続くのが自然。

⑸具体的な内容を日本語で説明する問題

下線部分Fの意味は「他の例を教えてくれませんか」。ケイタは会話の前半で,農薬を使わずにトマトを栽培する方法,下線部分Fのあとの発言では「れんげ草は天然肥料になること」を述べている。この2つはどちらも直前のケイタの発言「野菜を植えるときは,私は環境にとって安全な方法を選択したいです。マリーゴールドを使うのはよい方法です」の下線部分の例となっている。

⑹内容一致文選択の問題

ア 「トマトはメキシコで人気があり,11月のお祭りの期間中はお墓に置かれます」ルイスは2番目の発言で「それ(＝マリーゴールド)はメキシコでとても人気があります。私たちはその花を11月の伝統的なお祭りで使います」と述べているが,トマトについての記述ではないので,本文の内容に合わない。

イ 「メキシコの人々も日本の人々も祖先が夏に帰ってくると信じています」ルイスとケイタはそれぞれ3番目の発言で,祖先が帰ってくることについて述べている。このケイタの発言ではそれは夏のお盆の時期とわかるが,ルイスの2番目の発言よりそれは11月のお祭りの時期とわかるので,本文の内容に合わない。

ウ 「ケイタは野菜を植えるときに,環境にとって安全な方法を用いることがよいと信じています」ケイタは6番目の発言で「野菜を植えるときは,私は環境にとって安全な方法を選択したいです。マリーゴールドを使うのはよい方法です」と言っているので,本文の内容に合っている。

エ 「ルイスはおいしい野菜を作るためにケイタの友人の何人かに会いたいと思っています」ルイスは8番目の発言で「そういう方法(＝野菜を植えるときに環境にとって安全な方法)についてもっと知りたいです」と言っている。これに対しケイタはそれに詳しい人にたずねることをルイスに勧め,ルイスに友人の農場経営者の友人を紹介することになった。彼らに会うのはおいしい野菜を作るためではないので,本文の内容に合わない。

オ 「ルイスは彼の先生から人間はいくつかの行動から自然に被害を与えていることを学びました」ルイスの最後から2番目の発言に「私の先生は私たちに,人間の行動には環境を破壊しているものもあると言いました」とあるので,本文の内容に合っている。

〈全訳〉

ルイスはメキシコ出身の中学生です。彼は新潟のある家族のところに滞在しています。今彼は,その家族の父親のケイタと家庭菜園で話しています。

ケイタ(以下ケ):いっしょに菜園にトマトを植えましょう。トマトは好きですか。

ルイス(以下ル):はい。メキシコでは,トマトをたくさんの料理に使います。あした,あなたたちにいくつか料理を作りましょう。

ケ:いいですね。まず,トマトを植えてそれから,その近くにマリーゴールドを植えましょう。

ル:マリーゴールド？ それはメキシコでとても人気があります。私たちはその花を11月の伝統的なお祭りで使います。

ケ:それはどんなお祭りですか。

ル:たくさんのマリーゴールドでお墓を飾りつけます。マリーゴールドの強いにおいで,先祖が帰ってくると私たちは信じています。

ケ:それは日本のお盆のようなものですね。私たちも先祖が帰ってくると信じていて,先祖に花を供えます。その行事は夏にあります。

ル:まあ,私はあなたたちの文化と私たちの文化は異なると思っていましたが,同じたぐいの伝統行事があるのですね。なんておもしろいのでしょう。ところで,なぜあなたはトマトの近くにマリーゴールドを植えるのですか。

ケ:いい質問ですね。そのマリーゴールドのおかげで私は安心して菜園を作ることができるのです。

ル:ほんとうですか。なぜマリーゴールドがそのようなことをするのですか。

ケ：これも理由はその強いにおいです。トマトの葉を食べる昆虫はそのにおいが好きではないので，昆虫がトマトの葉を食べに来ないのです。

ル：すごいですね。農薬を使う必要がありませんね。

ケ：そのとおり。野菜を植えるときは，私は環境にとって安全な方法を選択したいです。マリーゴールドを使うのはよい方法です。

ル：なるほど。他の例を教えてくれませんか。

ケ：ええ，もちろん。例えば，あそこの花が見えますか。日本語で「れんげ草」と呼ばれています。れんげ草は天然肥料になるのです。

ル：ほんとうですか。そういう方法についてもっと知りたいです。どうしたらいいですか。

ケ：そうですね，私があなただったら，それらについてとてもよく知っている人にたずねるでしょう。

ル：それはいい方法ですね。私にそういう人を紹介してくれませんか。

ケ：いいですよ，私の友人の何人かは農業従事者ですから，彼らに頼みましょう。

ル：ありがとうございます。学校で，私は来月，クラスメートと自由研究を始めます。野菜を植えるための環境にやさしい方法について研究をするのはおもしろいかもしれません。

ケ：それはおもしろい研究テーマになるでしょうね。私の友人があなたたちをたくさん手伝ってくれると思いますよ。彼らの中には省エネの機械を持っている人もいますよ。あなたたちはそれらにも興味を持つかもしれませんね。

ル：おもしろそうですね。ありがとうございます。

ケ：どういたしまして。自由研究をがんばってください。

ル：そうします。私は新しい環境にやさしい方法を見つけることができますか。

ケ：そう簡単ではないですが，あなたが努力すれば将来それがきっとできると思います。

ル：そうなるといいですね。私の先生は人間の行動には環境を破壊しているものもあると私たちに言いました。この状況をもっと改善することが私たちにとって大切だと思います。

ケ：そうですね。人間は自然を利用して文明を発達させてきましたが，私たちが自然のものを使い続ければ，環境を破壊してしまいます。

ル：そうですね。私たちは自然とともに生きる方法をさがすべきです。

〔4〕 ⑴具体的な内容を日本語で説明する問題

このヒカリのメール全体が下線部分A「大きな疑問」にかかわるもので，ヒカリはフレッドに意見を求めている。疑問を持ったきっかけが第2段落に書かれていて，第３段落の最終文に「大きな疑問」の内容が疑問文の形で書かれている。

⑵本文中の適語句記入問題

「もし学ぶことを通じて□ならば，私はうれしいです」□の中にはうれしくなるような，自分にプラスになる内容が入る。前のフレッドのメールには「フレッドの学校の演劇クラスの授業を受けることが，創造力や発声の技能を向上させること」や，「フレッドのお兄さんが大学で専門外の音楽の授業をうけることで，チームワークを学べること」が書かれている。どちらも何かを学ぶことで何らかの技能を向上させることの例。

⑶指示された内容を表す文を本文中から抜き出す問題

次の段落は「この話が意味することがわかりますか」で始まり，「将来何が役に立つかわかりません」と続く。その後に「学んだ知識や将来役立つかもしれないこと」，「その知識を将来使わなくても，何か新しいことを学ぶのはとても楽しいということ」などが述べられている。ナイチンゲールの話は「看護師だったが，看護の知識だけでなく，数学や統計学の知識があり，それが役に立ったこと」なので，この内容は「将来何が役に立つかわからない」ことの例なので，この段落の２文目を抜き出す。

⑷本文中の適文選択の問題

フレッドのメールやフレッドが送ってくれたウェブサイトの記事を読んで，ヒカリが考えたこととして適するものを選ぶ。メールや記事には「目的・夢とは関係のないことを学んでも役に立つことがあること」「学んだことがすぐに役に立たなくても，将来役に立つこともあること」「新しいことを学ぶのは楽しいということ」などが書かれている。これらのことから考えられるのはアの「学ぶことにはさまざまな理由がある」ということ。

(5)英問英答の問題

① 「ヒカリはもう自分の将来の仕事を決めていますか」ヒカルのメールの第2段落4行目にI have no idea about my future job now.「私は今は将来の仕事について考えていません」とあるので，Noの答え。現在完了の疑問文なので，hasを使って答える。

② 「ユリはどのようにして自分が何を学ぶかを決めましたか」ヒカリのメールの第2段落の最終文に「彼女は自分が何を学ぶか決める前に，最初に目標を決めていました」とあるので，まず目標を決めてから，何を学ぶかを決めたことがわかる。

③ 「フレッドの学校の演劇クラスでは，生徒たちは何か新しいことを創り出すことが得意になるために何をしますか」フレッドのメールの第2段落6 ～ 8行目に「例えば，私たちはオリジナルの物語を作ることがあります。演劇の先生はこの作業(＝オリジナルの物語を作ること)を通じて，何か新しいものを創り出すことが得意になれると言っています」とある。

(6)自由英作文の問題

「こんにちは，フレッド。メールとおもしろい記事をありがとう」で始まるので，お礼の気持ち，メールと記事を読んで決めたこと，考えたことなどを4行以内の英文(おおむね40語以内)でまとめる。

〈解答例の訳〉

◇こんにちはフレッド。

メールとおもしろい記事をありがとう。

あなたのおかげでずいぶん助かりました。自分の気持ちに従うことにしました。自分が将来，何をするかわからないけど，美術史を通じて何か大切なことを学ぶことができます。

あなたの友だち，ヒカリ

〈全訳〉

ヒカリは高校生です。彼女は英語が好きで，アメリカ人の友人のフレッドとのやり取りを楽しんでいます。ある日，彼女は1通のメールを彼に送りました。

【ヒカリからフレッドへのメール】

こんにちは，フレッド。元気ですか。私は高校生活を楽しんでいますが，私には今，大きな疑問がひとつあるので，あなたの意見が聞きたいです。

きょう，友だちのユリと私は自分たちの将来について話しました。私は今，美術史に興味を持っていて，高校を出たら美術史を学びたいと思っています。ユリにそう言うと，彼女は私に「あなたは将来，教師か研究者になるの？」とたずねました。私は「今は将来の仕事について考えていないよ。私は美術史に興味があるのでそれを学びたいだけ」と言いました。ユリは私の答えを聞いてとても驚いていました。彼女は自分が何を学ぶか決める前に，最初に目標を決めていました。

フレッド，あなたは医者になりたいので，目的を達成するために一生懸命勉強しているのよね。私は何を学ぶか決める前に，自分の将来の仕事を決めたほうがいいのかな。

【フレッドからヒカリへのメール】

メールをありがとう，ヒカリ。ぼくは元気だよ。

難しい質問だね。今ぼくは自分の目標を達成するために勉強しているけど，医者になってからも勉強は続けるよ。それとぼくは自分の夢とは関連のない科目も楽しんで学んでいるよ。例えば，合衆国では，多くの学校に演劇クラスがあるよ。たいていの生徒は役者にはならないけど，演劇クラスはとても人気があるよ。ぼくはそのクラスが好きだよ。ぼくたちは演劇クラスを通じていくつかの技能を向上させることができると思うよ。例えば，ぼくたちはオリジナルの物語を作ることがあるんだ。演劇の先生はこの作業を通じて，何か新しいものを創り出すことが得意になれると言っているよ。それに，ぼくは今，前よりもはっきりと話せるよ。

ぼくの兄は大学で数学を学んでいるけど，音楽の授業も受けているよ。彼はそのクラスでよいチームワークというものを学べると言っているよ。きみは好きな科目を学ぶといいよ。そうすることできみはなんらかの技能を向上させることができるよ。

ヒカリはフレッドの意見はおもしろいと思いました。彼女も音楽家にはなりませんが，音楽が好きです。「もし学ぶことで私の技能を向上させることができれば，楽しいわ」と彼女は思いました。

1週間後に，フレッドがヒカリにあるウェブサイトの記事を紹介してくれました。それは大学の教授が学生のために書いた記事でした。

【ウェブサイトの記事】

> あなたはこのように考えるかもしれません。「自分はどうしてこの科目を学ばなければならないんだろう。その科目は好きではない。自分の目標にも関連がない」あなたの気持ちは理解できますが，自分の好きなことだけを学ぶのはほんとうによい考えでしょうか。
>
> フローレンス・ナイチンゲールのよい例を言わせてもらいましょう。彼女は世界でもっとも有名な看護師のひとりです。彼女は清潔な病院を作ろうとしました。人々の命を救うには，清潔な環境を作ることが重要であることを示す必要がありました。彼女には数学と統計学の知識がありました。その知識を使って彼女は自分独自のグラフを作り，不潔な環境が人々の生命をおびやかすことを示しました。
>
> この話が意味することがわかりますか。将来何が役に立つかわからないのです。例えば，将来，あなたが解決したい問題を見つけるかもしれません。そのとき，何かの知識があなたを助けるかもしれません。あるいはその知識を使って，あなたは何か新しいものを創り出すかもしれません。それを将来使わないかもしれませんが，何か新しいことを学ぶのはとても楽しいことです。たくさんのことを学んで楽しんでください。そうすることで，あなたの世界を広げることができます。
>
> 私の父は理科の教師でした。彼は75歳ですが，今，大学で古典文学を学んでいます。彼は何か新しいことを学ぶのはとても楽しいと言っています。

「学ぶことにはさまざまな理由があるのね」とヒカリは思いました。「今夜フレッドにメールを書きましょう」

〈放送文〉

(1)1　When it stops raining, you sometimes see it in the sky.

Question：What is this?

2　Brian has to leave home at seven fifteen. Now it is six forty.

Question：How many minutes does he have before he leaves?

3　Nancy is a student from Australia and she stays at Miki's house. She practices judo every Monday and Wednesday. On Saturday, she learns how to make Japanese foods from Miki. On Sunday, she usually meets her friends.

Question：When does Nancy cook with Miki?

4　Natsumi likes English. Her English teacher talks about his experiences in foreign countries. His stories are interesting. Natsumi studies English hard because she wants to live in the U. S. and get a job there in the future. She also reads many books to learn about foreign cultures.

Question：What does Natsumi want to do in the future?

(2)1　A：You should bring an umbrella today, Jack.

B：I don't need it. It'll rain at night, but I can come back before it starts raining.

A：Oh, I see.

Question：Will Jack bring an umbrella today?

2　A：Hi, Kate. I need your help. Do you have free time tomorrow?

B：Sure, Takumi. How can I help you?

A：Can you go shopping with me? My sister will leave Japan and go to Canada next week. I want to give her something, but I don't know what to buy.

B：OK, I'll think about it. I'll also ask my friend. She may give me some good ideas.

Question：Who will get a present from Takumi?

3　A：Excuse me, could you tell me how to get to the Art Museum?

B：Well, you can find it if you go straight, but it will take one hour if you walk from here. If you take a taxi, it will take about 15 minutes.

A：Oh, but it will be expensive. Can I go there by bus?

B：Yes, I'll check when the next bus will come. … Oh, it will come in 40 minutes. Maybe you should go there by bike. You can use one form the shop over there if you pay 500 yen.

A：That's the best way. Thank you!

Question：How will the man go to the Art Museum?

4　A：How was the concert, Lucy?

B：I really liked it. I didn't know about the musicians, but I loved their beautiful sound. Thank you for taking me to the concert.

A：You're welcome. Their music was wonderful, right? However, I hear that some of them didn't like practicing when they were children.

B：Wow, they are like me! I have been practicing the piano for many years, but I didn't like the piano when I was a child.

Question：Why did Lucy like the concert?

(3)　Hello, everyone. I studied at Barnard Junior High School in America for one year. The culture was so different and I was really surprised. For example, many students don't walk to school. Their fathers or mothers take them to school by car or they use a school bus. Another different thing is the beginning of a new school year. Do you think all schools in America start in September? I thought so, but Barnard Junior High School starts in August. I enjoyed learning about a different culture.

Question：1　Was Maki surprised to learn about American culture?

2　When does a new school year start at Barnard Junior High School?

令和５年度　　新潟県公立高校入試

社　会

解答

〔1〕 (1) Ⅱ　(2) C　(3) イ　(4) ウ　(5) a ドイツ　c 南アフリカ共和国
配点 (1)3点 (2)3点 (3)2点 (4)2点 (5)a 2点 b 2点 小計14点

〔2〕 (1) オ　(2) ウ　(3)① イ ② ウ
(4)符号 エ
理由(正答例) 日本海から吹く水蒸気を含んだ季節風により，冬は雪などが降る日が多くなるため，冬の降水量が増えているから。
配点 (1)2点 (2)3点 (3)①2点 ②2点 (4)符号2点 理由5点 小計16点

〔3〕 (1) 渡来人　(2)① イ ② 万葉集　(3) ア
(4)①(正答例) 働き手を工場に集め，分業により製品を生産するしくみ。 ② ウ
配点 (1)2点 (2)①2点 ②2点 (3)2点 (4)①5点 ②2点 小計15点

〔4〕 (1) エ　(2) 学制　(3)X イ Y ア　(4) ア
(5)(正答例) 多くの人々が預金を引き出して紙幣が不足したため，政府は急いで大量の紙幣を用意する必要があったから。
(6) エ
配点 (1)2点 (2)2点 (3)(1)X 2点 Y2点 (4)2点 (5)5点 (6)2点 小計17点

〔5〕 (1)① エ ② イ　(2)① ア ② 国政調査権 ③ ウ
(3)①(正答例) 株主総会において議決に参加したり，会社の利益の一部を配当として受け取ったりする権利を持っている。
② カ ③ 公正取引委員会
(4)①(正答例) 拒否権を持つ常任理事国が反対したから。 ② ウ ③ エ
配点 (1)①2点 ②2点 (2)①2点 ②2点 ③2点 (3)①5点 ②2点 ③2点
(4)①5点 ②2点 ③2点 小計28点

〔6〕 (1) B→A→C
(2)①(正答例) 排出量と吸収量を等しくすること。
②(正答例) 企業は顧客の需要や評価を重視する傾向にあるため，消費者が脱炭素社会づくりに貢献する製品やサービスを選択する
配点 (1)2点 (2)①3点 ②5点 小計10点
※(1)は全部正解で2点。

解説

〔1〕 (1) 赤道(０度の緯線)は，インドネシアのスマトラ島やカリマンタン島，ブラジルのアマゾン川河口付近を通るので，Ⅱが正解。なお，Ⅰは北緯30度，Ⅲは南緯30度，Ⅳは南緯60度の緯線である。

(2) 東京からの方位を正しく表した地図１を見ると，東京から真西(左)に向かって進むとアフリカ大陸南部を通ることがわかる。したがって，地図２では地点Cが，東京から見てほぼ西に位置することになる。

(3) イはアンデスの高地に住む人々の伝統的な衣装で，ポンチョと呼ばれる。リャマの毛や麻を材料とする布の中心に穴を開け，布をかぶって穴から首を出して着る。なお，アはインドの女性が着るサリー，ウは北アメリカ大陸北部のイヌイットが着るアノラック，エはサウジアラビアなど，中東の砂漠気候のもとで暮らす人々が着る衣装。

(4) X…ノルウェーの大西洋や北極海に面した地域には，氷河によって削られた奥深い湾が連続する，フィヨルドとよばれる地形がみられる。Y…ノルウェー北部の高緯度地域では，夏になると太陽が沈んでも暗くならない白夜がみられる。

(5) 一人当たり国民総所得が４か国中最大のaは，先進国のドイツ。輸出額第１位の輸出品が白金族であるcは，世界有数のレアメタル産出国である南アフリカ共和国。なお，bは，機械類の輸出額割合が大きく，熱帯で生産されるパーム油が輸出額第３位となっているのでマレーシア。また，dは，大豆，鉄鉱石の輸出額割合が大きいのでブラジルである。

〔2〕 (1) A(飛騨山脈)，B(木曽山脈)，C(赤石山脈)は，いずれも標高2,000～3,000m級の山々が連なり，雄大な風景がみられるため，まとめて「日本アルプス」と呼ばれる。

⑵　昼夜間人口比率が100％を超え，製造品出荷額等が４県中最大のｃは，大企業や大学などが集中し，中京工業地帯の中心に位置する愛知県。果実の産出額が４県中最大のｂは，りんごやぶどうの生産がさかんな長野県。残ったａとｄのうち，昼夜間人口比率が４県中最も低く，製造品出荷額等が大きいａは岐阜県なので，ｄは石川県。

⑶①　茶畑を表す∴の記号は，地形図中の標高70～80m付近に広がる平らな土地に多く分布している。このように，川や海沿いの平地よりも一段高くなっている土地を台地という。

②　地形図中の地点[X]は標高70mの等高線上，地点[Y]は標高10mの等高線上にあるので，標高差は約60m。

⑷　富山では日本海側の気候がみられる。冬に大陸から吹いてくる北西の季節風が，日本海を渡るときに水分を含んで雲をつくり，本州内陸部の山地にぶつかって日本海側に雪を降らせる。したがって，富山に当てはまるグラフは，冬の降水量が多いエである。なお，内陸の高原に位置する軽井沢は夏でも涼しいのでイ，内陸の盆地に位置する甲府は，夏に高温で年間を通じて降水量が少ないウ，太平洋側に位置する静岡は，冬でも比較的温暖で夏から秋にかけての降水量が多いアである。

〔３〕⑴　渡来人とは，４～６世紀のころに，中国や朝鮮半島から移り住んだ人々のことである。これらの人々は，資料に示した須恵器の製法のほか，ため池をつくる技術，機織りの技術，漢字，儒教，仏教などを伝え，大和政権(ヤマト王権)においても外交，政治，財政などで活躍した。

⑵①　奈良時代においては，人々は租・調・庸などの税を負担した。そのうちの調は，地方の特産品を都に運んで納める税である。なお，アは口分田にかけられた税で，稲の収穫の約３％を納めるもの，ウは労役の代わりに麻の布を約８ｍ納めるもの，エは中世から近世にかけて庶民が収めた税(米など)である。

②　「万葉集」は奈良時代末期に大伴家持がまとめたとされる，我が国最古の歌集で，天皇，貴族，農民，防人など，さまざまな身分の人がよんだ約4,500首の和歌が収められている。代表的な歌人は柿本人麻呂や山上憶良などである。

⑶　Ｘ…惣は南北朝の動乱期に発達した，有力な農民を中心とする自治組織で，寺や神社で寄合を開いて村の掟を定めたり，共有地の管理や村祭りの運営などを行ったりした。Ｙ…土倉は鎌倉・室町時代に活動した高利貸し業者で，醸造業者である酒屋も土倉を兼ねることが多かった。Ｚ…15世紀になると，馬借や農民が一致団結し，年貢や労役の軽減，借金の帳消し，不正をはたらく役人の免職などを求めて蜂起する土一揆がみられるようになった。

⑷①　資料に描かれているのは，綿織物づくりの作業所(工場)のようすである。ここでは，一つの作業所(工場)で，糸繰りをする人々，糸をそろえる人，糸を運ぶ人，機を織る人などによる分業が行われている。このような分業による生産のしくみを工場制手工業(マニュファクチュア)という。

②　老中の水野忠邦は，1841年から天保の改革を行った。江戸・大阪の周辺などを幕府の直接の支配地にしようとする政策は，大名や旗本の強い反対にあって失敗に終わった。なお，アは第８代将軍徳川吉宗による享保の改革，イは第５代将軍徳川綱吉による政治，エは老中松平定信による寛政の改革に当てはまる。

〔４〕⑴　Ｙ(1864年)→Ｚ(1866年)→Ｘ(1867年)の順となる。開国後，長州藩(山口県)を中心に尊王攘夷運動が高まり，1863年，長州藩は関門海峡を通る外国船を砲撃した。翌年，イギリス・フランス・アメリカ・オランダの四国連合艦隊が長州藩に対し報復攻撃を行い，下関砲台を占領した。欧米列強の軍事力の強大さを知った長州藩は攘夷をあきらめ，土佐藩(高知県)出身の坂本龍馬らの仲立ちで薩摩藩(鹿児島県)と薩長同盟を結んで，倒幕運動を進めていった。幕府は長州藩を攻撃したが失敗し，第15代将軍徳川慶喜は，新しい政権の中で主導権を維持するため，政権を朝廷に帰した(大政奉還)。

⑵　「富国強兵」をめざす明治新政府は，教育制度を整えるため，1872年に学制を発布して６歳以上の男女に小学校教育を受けさせることを定めた。写真が示しているのは，長野県佐久市に保存されている旧中込学校の校舎である。明治時代初期に建てられ，現存する最も古い西洋風の学校建築の一つとされている。

⑶　西南戦争は，武士の時代からの特権をうばわれて政府の改革に不満をもつ鹿児島の士族らが，西郷隆盛をかつぎ上げて反乱を起こしたことをきっかけに始まった。これは政府軍によって鎮圧され，これ以降の藩閥政府への批判は言論によるものが中心となって，自由民権運動の広がりをうながした。

⑷　Ｘ…平塚らいてうは，1911年に女性のための文芸誌「青鞜」を創刊し，女性の社会的な差別からの解放をめざした。また，1920年には新婦人協会を設立して，女性の参政権獲得などをめざす運動を進めた。Ｙ…政治学者の吉野作造は，1916年に民本主義を唱えた。これは，大日本帝国憲法の枠内で，民意にもとづく政治を実現すべきだとする考え方である。

⑸　1920年代後半，中小銀行が不良債権を抱えて経営が悪化したことから，人々が預金を引き出すために銀

令和5年度入試

行に殺到する取り付けさわぎが起こった。これにより，紙幣が不足したため，政府は急きょ裏面の印刷を省いた紙幣を発行した。

(6) 1972年，田中角栄内閣のときに日中共同声明が発表されて，日本と中国の国交が正常化した。なお，アは1989年，イは1955年，ウは1950年のできごとである。

〔5〕 (1)① エは「経済活動の自由」の一つである居住・移転・職業選択の自由（日本国憲法第22条）に当てはまる。なお，アは「精神（精神活動）の自由」の一つである学問の自由（日本国憲法第23条），イは参政権（日本国憲法第15条），ウは「精神（精神活動）の自由」の一つである信教の自由（日本国憲法第20条）に当てはまる。

② 国の最高法規である日本国憲法の改正については，日本国憲法第96条に定められているように，ほかの法律の改正とは異なる，慎重な手続きがとられる。

(2)① a…裁判所は，内閣の命令・規則・処分が憲法や法律に違反していないかどうかを，具体的に違反があったと訴えがあったときに審査できるという権限をもっている。b…裁判官が職務上の義務違反となる行為をしたとき，その裁判官を辞めさせるかどうかについて判断する裁判を弾劾裁判といい，弾劾裁判所は国会に設置される。

② 政治が正しく行われているかどうか調査するため，国会は，証人を呼んで質問（証人喚問）を行ったり，記録の提出を求めたりすることができる。この国政調査権は，衆議院・参議院のそれぞれが対等にもつ権限である。

③ 裁判において，経済的な理由などで弁護人を依頼できない場合，請求すれば裁判所が「国選弁護人」を用意する制度がある。ア…刑事裁判においては，検察官に起訴された被疑者は被告人となる。イ…当事者どうしの話し合いによる合意（和解）は，民事裁判で促されることがある。エ…個人と個人の間に起こる法的な紛争の解決を図る裁判は，民事裁判である。

(3)① 株主とは株式の所有者である。株主は株式会社に対して有限責任をもち，会社が利益をあげた場合には出資額に応じて配当金を受け取る。また，株主総会に出席して，会社の経営方針の決定，取締役や監査役などの役員の選任に関わることができる。

② 我が国の企業の大部分は中小企業であり，従業員数も７割近くが中小企業に属しているが，売上高では大企業が半分以上を占めている。

③ 資料に示した法律は独占禁止法（私的独占の禁止及び公正取引の確保に関する法律）であり，内閣府の外局（行政委員会）である公正取引委員会が運用に当たっている。

(4)① 賛成多数であるにもかかわらず，議題が決定されなかったのは，五つの常任理事国のうちの一つが反対しているからである。国際連合安全保障理事会の常任理事国（アメリカ，イギリス，中国，フランス，ロシア）は，それぞれ拒否権をもつので，１か国でも反対すれば，議題を決定することができない。

② 国連予算の国別分担率は，国の経済力に応じて決められる。近年，急激に経済成長を遂げたイ（中国）の分担率は，ウ（日本）を追い抜いて，ア（アメリカ）に次ぐ高さとなっている。

③ ＷＨＯは世界保健機関の略称である。アのＡＰＥＣはアジア太平洋経済協力会議の略称，イのＰＫＯは平和維持活動の略称，ウのＵＮＥＳＣＯは国連教育科学文化機関の略称である。

〔6〕 (1) Ｂ（1992年）→Ａ（1997年採択，2005年発効）→Ｃ（2015年採択，2016年発効）の順となる。京都議定書によって，先進国に温室効果ガスの排出量削減が義務づけられたが，アメリカの離脱や，先進国と発展途上国の対立で徹底されなかったため，パリ協定では，すべての国に対し，自国で目標を作成・提出し，措置を実施することを義務づけた。

(2)① 温室効果ガスの排出量を減らしていくとともに，吸収量を増やしていき，排出量と吸収量が等しくなれば，排出量は実質ゼロになると考えられる。

② 資料Ⅳから，脱炭素化の取組で企業が最も重視しているのが「顧客の需要，評価」であることがわかる。一方，資料Ⅴは温室効果ガスの排出量削減を，消費者の行動に求めるものであり，消費者が日常生活において「賢い選択」をすることで，脱炭素化が推進されると考えられる。

令和５年度入試

令和5年度　新潟県公立高校入試

理　科

解答

〔1〕(1) ウ　(2) エ　(3) (イ)→(エ)→(ア)→(ウ)
(4) 104(g)　(5) ア　(6) エ
配点 (1)3点 (2)3点 (3)3点 (4)3点 (5)3点 (6)3点 小計18点

〔2〕(1) ア　(2)① イ　② 染色体　③ (B)→(D)→(A)→(C)
配点 (1)2点 (2)①2点 ②2点 ③3点 小計9点

〔3〕(1)① X NaCl　Y Na^+　Z Cl^-　② 食塩 2(g)　水 38(g)
(2)① 発熱反応　② エ　(3) 伝導(熱伝導)
配点 (1)①それぞれ1点，YとZは順不同 ②3点(完答) (2)①2点 ②2点 (3)2点 小計12点

〔4〕(1) B　(2) 日周運動
(3)(正答例) 油性ペンの先端の影が，円の中心にくるようにして印をつける。
(4) イ　(5) ア　(6) イ
配点 (1)2点 (2)3点 (3)3点 (4)2点 (5)3点 (6)3点 小計16点

〔5〕(1) ア　(2) ウ　(3) エ　(4) X 77(cm)　Y 71(cm)
配点 (1)2点 (2)2点 (3)2点 (4)3点(完答) 小計9点

〔6〕(1)① 銅 Cu　亜鉛 Zn　② ウ　(2) イ　(3) ウ
配点 (1)①銅1点 亜鉛1点 ②2点 (2)3点 (3)3点 小計10点

〔7〕(1)(正答例) エタノールは引火しやすいから。
(2) X ア　Y カ
(3)(正答例) 調べたい条件以外の条件を同じにして行う実験。
配点 (1)3点 (2)X3点 Y3点 (3)4点 小計13点

〔8〕(1) 1(A)　(2) 8(W)　(3) エ　(4) 右図
(5)(正答例) 電力が一定のとき，水の上昇温度は，電流を流した時間に比例する。
配点 (1)2点 (2)2点 (3)3点 (4)3点 (5)3点 小計13点

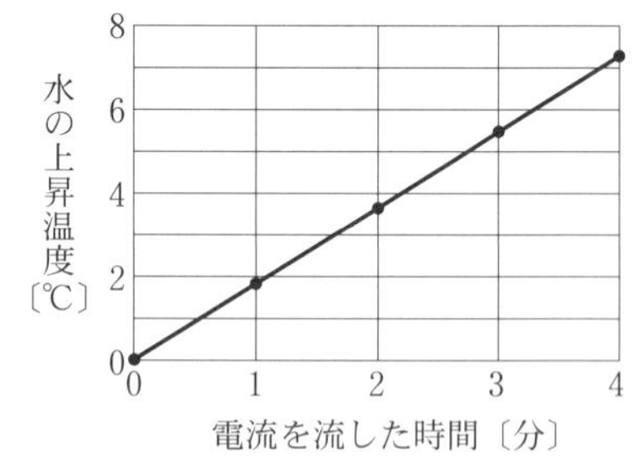

解説

〔1〕(1) 空気中の酸素は，肺の肺胞から取り入れられ，全身の細胞に運ばれる。肺から送り出される，酸素を多く含む血液のことを動脈血といい，全身の細胞に酸素を受け渡し，酸素を失った血液のことを静脈血という。また，空気を吸うときはろっ骨が上がり，横隔膜が下がることで肺に空気を取り入れている。

(2) 木星型惑星は，惑星の大きさが大きく，ガスを多く含むため，密度は小さい。木星型惑星には，木星，土星，天王星，海王星があてはまる。地球型惑星の特徴は，惑星の大きさが小さく，密度は大きい。地球型惑星には，地球，水星，金星，火星があてはまる。よって，地球に比べ半径が大きく，密度の小さい惑星を選べばよい。

(3) 火力発電の仕組みは化学エネルギーをもつ化石燃料を燃焼させて熱エネルギーに変換するところから始まる。次に，その熱エネルギーで水蒸気をつくり，タービンを回すことで運動エネルギーに変換する。そして最後に，運動エネルギーから発電機を用いて電気エネルギーに変換する。

(4) 硝酸カリウムは20℃の水100gに32g溶けるので，20℃の水300gには$32\times\frac{300}{100}=96$(g) の硝酸カリウムが溶けることができる。硝酸カリウムはビーカーに200g入れているので，60℃から20℃に温度を下げると，$200-96=104$gの結晶が出てくる。

(5) 火山岩のような比較的大きな鉱物(斑晶) と小さな粒(石基) が組み合わさったつくりは斑状組織といわれ，マグマが急に冷えることでこのような組織ができる。また，マグマがゆっくりと固まると鉱物の大きさがそろって集まった組織(等粒状組織) ができる。

(6) 天気記号より日中は快晴もしくは晴れなので正午から14時ごろにかけて気温が上昇すると予想できる。これよりcが気温を表す折れ線とわかる。また，湿度変化は晴れている場合，温度変化と逆になる。これは，空気中の水分があまり変わらず気温が上昇するため，飽和(ほうわ)水蒸気量の値が大きくなるからである。これより，aが湿度を表す折れ線とわかる。一日中晴れのとき気圧変化は少ないため，bが気圧を表す折れ

線とわかる。

〔2〕 (1) 植物の根の先端は成長点といわれ，細胞分裂がさかんに行われている。これより根の先端部分の印のみが移動しているアが正答とわかる。

(2)③ 細胞はいくつかの段階を経て分裂する。まず，核の中にある染色体が見えるようになり（B），染色体が細胞の中心に集まる（D）。次に，染色体が２等分され（A），やがて染色体が見えなくなり核を形作る（C）。

〔3〕 (1)① 塩化ナトリウムを化学式で表すと$NaCl$であり，塩化ナトリウムが電離するとNa^+とCl^-となる。

(1)② 質量パーセント濃度が５％の食塩水40ｇをつくるとき，必要な食塩の質量は$40\text{ g}\times\frac{5}{100}=(2\text{ g})$であり，

必要な水の質量は$40\text{ g}\times\frac{95}{100}=38(\text{g})$である。

(2)① 鉄粉と活性炭に食塩水を加えると，鉄が酸化し発熱反応が起こる。

(2)② 熱を周囲から吸収して温度が下がる反応を吸熱反応という。代表的な吸熱反応は炭酸水素ナトリウムとクエン酸水溶液の反応，塩化アンモニウムと水酸化カルシウムの反応である。

〔4〕 (1) Oから見て，A～Dのそれぞれの方角は，南中時刻に印をつけた点Pの位置からわかる。点PはAの方角にあるため，Aの方角は南とわかる。よって，Bの方角は東，Cの方角は北，Dの方角は西とわかる。

(5) 午前９時の点から午後３時の点までの長さが12cmであるから，１時間あたりの長さは12÷６時間＝２（cm/時間）とわかる。また，午前９時の点からPまでの長さは5.5cmである。これらより，太陽が南中する時刻は，午前９時から5.5÷２cm/時間＝2.75(時間) 経過したときである。よって，午前11時45分とわかる。

〔5〕 (3) 和実さんの目の位置は床から142(cm) であり，壁にかけた鏡の上端も床から142(cm) であるので，鏡には和実さんの目がぎりぎり映る。

(4) 必要な鏡の長さと鏡を設置する位置は，和実さんの目の高さより高い部分と低い部分の２つにわけて考える。まず，目の高さより低い部分について考える。光が反射するとき，入射角と反射角は等しいため，鏡に映った和実さんの足の先を，和実さんの目に届くようにするためには，少なくとも床から142÷２＝71(cm) の位置に鏡を設置しなくてはならない。次に，目の高さより高い部分について考える。和実さんの身長は154cmであり，和実さんの目の高さは142cmであるので，154－142＝12(cm) となる。鏡に映った和実さんの頭の先を，和実さんの目に届くようにするためには，12÷２＝６(cm) であるから，床から142＋６＝148(cm) より高い位置に鏡を設置しなくてはならない。これらより，Xは148－71＝77(cm)，Yは71cmとわかる。

〔6〕 (2) プロペラが実験１と実験２で逆に回転した理由は，＋極と－極が入れ替わったからである。＋極になることが多い金属は，イオンになりにくい金属である。亜鉛，銅，マグネシウムの中で最もイオンになりにくい金属は銅であり，順に亜鉛，マグネシウムとなっている。イオンになりやすい金属はこの順を逆転させた順となる。よって，実験１では＋極が銅板，－極が亜鉛板であり，実験２では＋極が銅板，－極がマグネシウム板とわかる。

(3) イオンが通過できないと電流は流れなくなる。

〔7〕 (2) アサガオの葉のAの部分とBの部分を比べると，どちらも光に当たっていて，Aは葉の緑色の部分，Bはふの部分なので，光合成は葉の緑色の部分で行われていることがわかる。次に，アサガオの葉のAの部分とCの部分を比べると，どちらも葉の緑色の部分で，Aは光に当たっていた部分，Cは光に当たっていなかった部分なので，光合成は葉に光を当てる必要があることがわかる。

〔8〕 (1) 電流（A）＝電圧（V）÷抵抗（Ω）であるから，2.0÷２＝１（A）とわかる。

(2) 電熱線を流れる電流は4.0÷２＝２（A）である。さらに，電力（W）＝電圧（V）×電流（A）であるから，4.0×２＝８（W）とわかる。

(3) 熱量（J）＝電力（W）×時間（秒）であるから，実験２で電流を１分間流したときに発生する熱量は，８×60＝480（J）である。次に，実験１で消費する電力は2.0×１＝２（W）なので，480÷２＝240（秒），つまり４分間とわかる。

令和5年度入試

令和６年度　新潟県公立高校入試

国　語

解答

〔一〕㈠ 1 うやま(う)　2 くわ(しい)　3 かいこ　4 のうむ　5 しんぼう
㈡ 1 盛(ん)　2 授(ける)　3 予兆　4 戦略　5 翌週
配点 ㈠㈡ 2点×10　小計20点

〔二〕㈠ ア　㈡ エ　㈢ (正答なし)　㈣ イ　㈤ イ
配点 3点×5　小計15点

〔三〕㈠ つたえ　㈡ エ　㈢ ア　㈣ イ　㈤ ウ
㈥(正答例) 資業の漢詩が数多く採用されたことを義忠がねたみ，民部卿が資業から金品を受け取って採用したという無責任な発言をしたから。
配点 ㈠2点 ㈡4点 ㈢4点 ㈣4点 ㈤4点 ㈥12点　小計30点

〔四〕㈠ ウ　㈡ ア
㈢(正答例) 人類の数が増え続ける一方で，人類より下に位置する無数の生物の数と多様性が減っていくこと。
㈣(はじめ)頂点の少数　(終わり)えていく。
㈤ エ
㈥(正答例) 技術発展の方向性を決める快適さや便利さ，効率性を追求する心，金銭的な利益が幸福と直結しないことを知り，生き物が個別の特殊性を持ち，それが全体としては多様性となる一方で，互いに生物としての普遍性を持っているという知識が広がって行く必要がある。
配点 ㈠3点 ㈡3点 ㈢8点 ㈣5点 ㈤4点 ㈥12点　小計35点

解説

〔一〕㈠㈡ 略。
漢字の書きは，楷書で字形をきちんと整えて書くように心がけること。

〔二〕㈠ 語句の使い方(多義語)の問題。例文の「立てる」は，「前もって考えて定める」という意味。アは例文と同じ。イは「空中に立ち上らせる」という意味。ウは「世間で認められた存在となる」という意味。「身を立てる」で「その仕事で食べていけるようになる」という意味となる。エは「注意を向ける」という意味。「聞き耳を立てる」で，「懸命に聞こうと注意する」という意味となる。

㈡ 単語の問題。例文は，「あなた(名詞)／と(助詞)／再び(副詞)／会え(動詞)／て(助詞)／うれしい(形容詞)」と分けられる(→六単語)。アは，「穏やかに(形容動詞)／日々(名詞)／を(助詞)／過ごし(動詞)／た(助動詞)」(→五単語)。「穏やかに」が一語であることに注意する。イは，「駅(名詞)／の(助詞)／ホーム(名詞)／で(助詞)／電車(名詞)／を(助詞)／待つ(動詞)」(→七単語)。ウは，「素早く(形容詞)／準備(名詞)／に(助詞)／取りかかる(動詞)」(→四単語)。複合動詞「取りかかる」が一語であることに注意する。エは，「借り(動詞)／た(助動詞)／本(名詞)／を(助詞)／いったん(副詞)／返す(動詞)」(→六単語)と分けられるので，これが正答である。

㈢ 修飾する文節の問題。正答を含め一部の選択肢が「文節」になっていなかったため，正答なしと発表されている。
例文を文節で分けると，「まるで／夢を／見て／いるような／気分だ。」となる。「まるで」は，「～ような」や「～ようだ」などで受ける呼応の副詞である。「まるで」が直接かかるのは，「ような」を含む文節。「ような」は助動詞のため，これのみで文節にはならない。

㈣ 四字熟語の構成(組み立て)の問題。例文の「花鳥風月」は，「花」「鳥」「風」「月」という四つの対等なものが並んでいる。自然の景色，風流な遊びなどという意味の四字熟語である。アは，「共存」と「共栄」という二つの類義の熟語の組み合わせ。イは，漢詩の構成「起句」「承句」「転句」「結句」を思い浮かべる人もいるだろう。漢詩に由来し，「始まり」「発展させる」「さらにひきつける」「結び」という構成を表す。四つの漢字が対等に並んでいるので，これが正答。ウは，「大器は晩成する」という，主語と述語となる熟語の組み合わせ。エは，「有名」「無実」という，二つの対照的な意味の熟語の組み合わせである。

㈤ 成句・ことわざ(故事成語)の問題。「一にも二にも」は「何よりもまず」，「一から十まで」は，「何から何まですべて」という意味の言い回しである。「百聞は一見に如かず」は，「人から何度も聞くよりも，一度自分の目で見るほうが確かでよくわかる」という意味の故事成語である。

〔三〕古文の問題。複数の人物について書かれている文章なので，人物名に印をしながら読むなどして，混乱しないように注意するとよい。おさえておきたいのは，漢詩を選定した「民部卿」，漢詩を多く選定された「資業」，資業をねたんだ「義忠」，義忠が不満を訴えた相手「宇治殿」である。なお，Aの文章に修正があった。“天皇が屏風に書く漢詩を達人たちに作らせ，そのうちのどの漢詩がよいか民部卿に選定させたところ，資業の作品が多く採用された”というのが正しい内容である。

㈠　歴史的かなづかいの問題。語頭と助詞以外のハ行音は，「わ・い・う・え・お」に直す。設問の「すべてひらがなで」という指示に注意する。

㈡　語句の意味の問題。資業の漢詩について，義忠は「難点が多い」，民部卿は「麗句微妙」と述べている。対極的な両者の意見を聞いた，宇治殿の心情を考える。ウ「不思議な」，エ「納得がいかない」で迷うかもしれないが，このあとの内容から判断できる。宇治殿が義忠に弁明もさせずにいきなり叱責していることから，二人の意見の食い違いを不思議だと思っているのではなく，義忠を信用していないのだとわかる。ゆえに，エが適当である。

㈢　まず，誰が詠(よ)んだ和歌なのか確認する。主語（動作主）を捉える問題と同様に，近くにある人物名を確認するとよい。また，「奉ける（＝差し上げた）」という謙譲語も参考になる。〈Ⅰ〉の和歌の直前の文に“義忠がある女房に託して和歌を差し上げた”という内容があり，義忠が高い身分の宇治殿に和歌を送ったのだと判断できる。よって，正答はアかイとなる。次に，和歌の下の句の“うらみを晴らさないままである”という内容と，この和歌を受けて筆者が“義忠も，資業に非難するべきところがあったから非難したのだろう”と思いやっていることに着目する。義忠にも言い分があったのに，ただ叱責されたという内容が，アに合う。イは，「謹慎を命じられた」が文章の内容に合わない。義忠は，恐縮して自分で家にこもっているのである。

㈣　内容理解の問題。「私（＝私情）」という語が前にもあることに着目する。民部卿は，“私情は交えないで漢詩を選んだ”ということを宇治殿に訴えている。民部卿は私情を交える人だという評判が立たないように，宇治殿は義忠を叱責したのだろうかと筆者は推測している。

㈤　内容理解の問題。――線部分(3)を含む一文は，“資業も，人の非難がある漢詩は作らなかったであろうよ”という筆者の推測を表している。資業が漢詩について非難されている内容をA・Bの文章中から探すと，義忠が「資業の作った漢詩は難点が多い」と宇治殿に訴えている。

㈥　指示された内容の理由を説明する問題。直前に「とぞ人云て」とある。“……と人々は言って，義忠を非難した”ということなので，「とぞ人云て」の前に人々が義忠を非難して言っていたことが書かれているはずである。前にあるのは“義忠が民部卿について無責任な発言をしたのがよくない”という内容で，これが非難した理由だと考えられる。この内容に義忠が発言した状況や内容を補って，不明瞭な点がないように指定字数にしたがって解答をまとめる。義忠は，資業の漢詩が多く採用されたことをねたんでいる。そして，民部卿が資業から金品を受け取ったという無責任なことを言い出したのである。これらの内容をまとめる。

〔四〕 ㈠　適語補充（接続語）の問題。前で述べた食物連鎖のピラミッドについて，あとで生物名を挙げながら説明している。前で述べた事柄に対して具体的な例を挙げて説明しているので，ウ「例えば」が適当である。

㈡　適語補充（文脈の理解）の問題。「現代のヒト」について，上位の捕食者である「タカやライオンの層」，あるいは「それより上の層」に入るかもしれないと述べられている。また，それは「自分たちを食べる動物がいるか否か」で判断すると述べられている。「現代のヒト」を食物連鎖のピラミッドに入れるのが適切かどうかわからないが，実際には食べられることがないから頂点だということを述べているので，アが適当である。

㈢　指示された内容を説明する問題。――線部分(1)を含む一文は，「これは，……であり，生物量の均衡を失うことである」という構造である。よって，文頭の「これ」が指す内容を探せばよい。指示語はふつう，前の内容を指す。この段落全体の「本来，……均衡の関係にある」「ところが今は，……生物量の均衡を失う」という構成に注目しながら，「これ」が指す部分を探す。「ところが今は」から始まる一文では，「（ピラミッドの頂点の）人類の数がどんどん増え続ける」，「（ピラミッドの下の）無数の生物については……数と多様性が減っている」と述べられている。この内容を，指定字数にしたがってまとめる。「どういうことか」と問われているので，文末は「〜こと。」などとする。

㈣　内容理解の問題。設問文に「その状態を具体的に……」とあるので，どのような「三角形（ピラミッド）」なのかが具体的にわかる部分を探す。第一・第二段落では，ピラミッドの各層に何の生物が位置づけられるかが述べられているが，どのような三角形かは読み取れない。第三段落の二文目で，「頂点の少数の生き物を……底辺へ向かうにしたがって……増えていく。」と述べられている。この文から，三角形の状態が具体的にわかる。

㈤ 内容理解の問題。——線部分(3)は，“ヒトは滅びゆく可能性がある”ということを述べている。この理由に当たる内容を探す。直前の文に，「ヒトが自然を改変した結果……種や個体の減少」とある。生物の種や個体が減少するということは，「生物量の均衡」が失われるということ，食物連鎖のピラミッドが崩れるということである。同じ段落で，「生物量の均衡」が失われると「ヒトという種の健全な存続が危ぶまれるようになるか，……生命システム全体が破綻してしまう」と筆者は述べている。この内容が，エに合う。アは，——線部分(3)の内容にそもそも反するので，不適当。イは，ヒトを食物連鎖のピラミッドに位置づけてよいか疑問の余地があるという文章の内容に一致するが，ヒトが滅びゆくこととは関係がないので，不適当。ウは，「自らを……頂点に位置づけ」てもいないし，「生命システム全体を破綻させた」とは述べられていないので，不適当である。

㈥ 指示された内容を説明する問題。設問文で，①ヒトが知る必要があること，②広がって行く必要がある知識，の二点を答えるように指示されていることに気をつける。Ⅱの文章の半ばにある「そうしたことをヒトが知り，ナチュラル・ヒストリーについての知識が広がって行けば，(現状の方向性は変わる)」という一文に着目して，①・②の内容を確認していく。①は，「そうしたこと」が指している，前の内容をまとめる。「こうした志向(＝技術発展の方向性を決める，快適さや便利さ，効率性を追求する心，経済的な利益を最大化しようとする欲求)だけでは……やって行けない」とある。これらの志向と「幸福」とは同じではない，直結しないと述べられている。これが，「そうしたこと」の内容である。次に②は，「ナチュラル・ヒストリー」についての説明を探す。Ⅰの文章の終わりから二段落目に，「ナチュラル・ヒストリーとは，……このような歴史のことである」とあることに着目する。「それぞれの生き物は個別の特殊性を持ち，それが全体としては多様性となる一方で，互いに構造や機能の共通性——生物としての普遍性——を持っている」という歴史が，「ナチュラル・ヒストリー」である。これら①・②の内容を，指定字数にしたがってまとめる。

令和６年度　新潟県公立高校入試

数　学

解答

〔1〕 (1) -2　(2) $11a-13b$　(3) $2x$　(4) $\frac{\sqrt{2}}{5}<\frac{3}{10}<\frac{1}{\sqrt{10}}$　(5) $(x=)-5\pm\sqrt{13}$

(6) 2(分)30(秒)　(7) $(\angle x=)36$(度)　(8)(およそ)2700(個)

配点　4点×8　小計32点

〔2〕 (1) $\frac{2}{7}$　(2) $(a=)\frac{5}{2}$

(3)(正答例１)

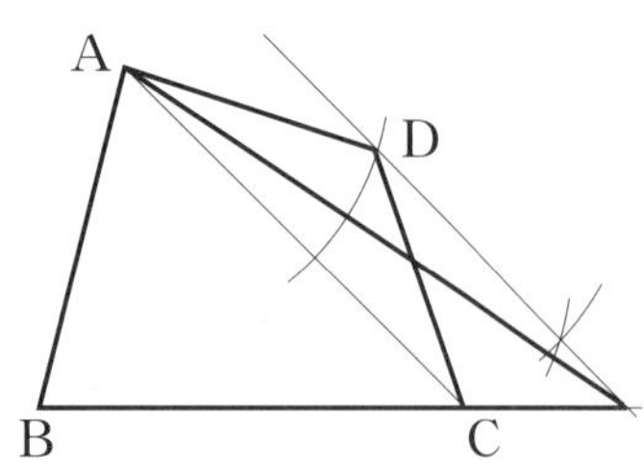

(正答例２)

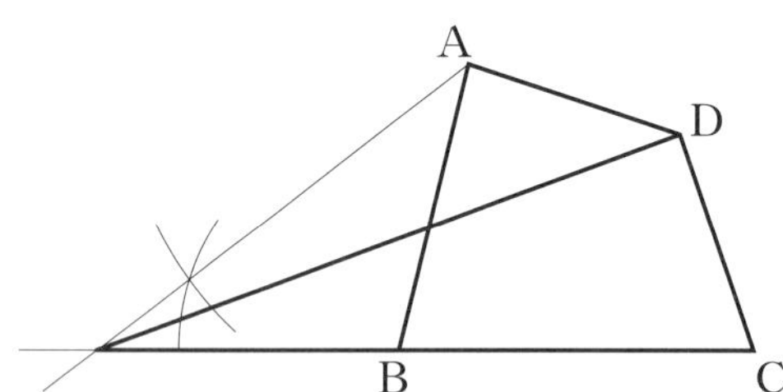

配点　6点×3　小計18点

〔3〕 (1) 36(:)25

(2)①(正答例)

△AGL と△DGHにおいて,

△ABC, △DEFは正三角形であるから,　∠GAL＝∠GDH＝60°　……①

対頂角は等しいから,　∠AGL＝∠DGH　……②

①, ②より, 2組の角がそれぞれ等しいから,　△AGL∽△DGH

② 11(cm)

配点　(1)4点　(2)①5点　②6点　小計15点

〔4〕 (1) 1500(cm²)　(2) B, C　(3) $80x-800$(cm²)　(4) 右の図

(5) $(x=)\frac{440}{9}$

配点　(1)2点　(2)4点　(3)4点　(4)4点　(5)4点　小計18点

※(2)は全部できて4点

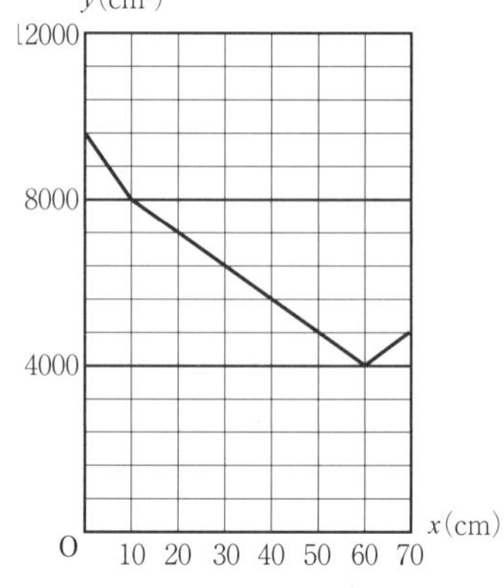

〔5〕 (1) 5(cm)　(2) 25(cm²)　(3)① $\frac{15}{8}$(cm)　② $\frac{645}{32}$(cm³)

配点　(1)2点　(2)3点　(3)①6点　②6点　小計17点

解説

〔1〕 (1) $3-12+7=3+7-12=10-12=-2$

(2) $3(2a-b)-5(-a+2b)=6a-3b+5a-10b=11a-13b$

(3) $18xy^2\div(-3y)^2=18xy^2\div 9y^2=\frac{18xy^2}{9y^2}=2x$

(4) $\frac{3}{10}=\frac{\sqrt{9}}{10}$, $\frac{\sqrt{2}}{5}=\frac{2\sqrt{2}}{10}=\frac{\sqrt{8}}{10}$, $\frac{1}{\sqrt{10}}=\frac{\sqrt{10}}{\sqrt{10}\times\sqrt{10}}=\frac{\sqrt{10}}{10}$　$\sqrt{8}<\sqrt{9}<\sqrt{10}$ より, $\frac{\sqrt{8}}{10}<\frac{\sqrt{9}}{10}<\frac{\sqrt{10}}{10}$

よって, $\frac{\sqrt{2}}{5}<\frac{3}{10}<\frac{1}{\sqrt{10}}$

(5) $(x+5)^2=13$, $x+5=\pm\sqrt{13}$, $x=-5\pm\sqrt{13}$

(6) この食品の適切な加熱時間を, x Wの出力で y 分とする。y は x に反比例するから, $y=\frac{a}{x}$ と表して,

$x=500$, $y=3$を代入すると, $3=\frac{a}{500}$, $a=1500$

よって, $y=\frac{1500}{x}$ に $x=600$を代入すると, $y=\frac{1500}{600}=\frac{5}{2}$

$\frac{5}{2}$(分)$=2+\frac{1}{2}$(分), $\frac{1}{2}\times 60=30$(秒)だから, 2分30秒。

(7) $\overset{\frown}{BC}$ に対する中心角の大きさを $a°$ とすると，$\overset{\frown}{BC}$ の長さについて，$10\pi \times \frac{a}{360} = 2\pi$ が成り立つ。これを解くと，$a = 72$　円周角の定理より，$\angle x = 72° \times \frac{1}{2} = 36°$

(8) この箱の中に入っている白玉の個数を x 個とすると，赤玉300個を入れた後の箱の中に入っている玉の個数は $(x + 300)$ 個と表される。母集団と標本において，全部の個数と赤玉の個数の比は等しいと考えると，$(x + 300) : 300 = 100 : 10$ が成り立つ。これを解くと，$10(x + 300) = 30000$，$x + 300 = 3000$，$x = 2700$ より，この箱の中には，およそ2700個の白玉が入っていると推定される。

また次のように，白玉の個数と赤玉の個数の比で考えることもできる。この箱の中に入っている白玉の数を x 個とする。また，この箱の中から100個の玉を取り出したところ，その中に赤玉が10個あったことから，この標本の白玉の数は90個である。母集団と標本において，白玉の個数と赤玉の個数の比は等しいと考えると，$x : 300 = 90 : 10$ が成り立つ。これを解くと，$x = 2700$ となり，この中の箱の中には，およそ2700個の白玉が入っていると推定される。

〔2〕(1) 代表に選ばれる2人の生徒の組み合わせは，右の図のように全部で21通りある。このうち，生徒Aが代表に選ばれる場合は6通りあるから，求める確率は，$\frac{6}{21} = \frac{2}{7}$

A－B, C, D, E, F, G　B－C, D, E, F, G　C－D, E, F, G　D－E, F, G　E－F, G　F－G

(2) $y = ax^2$ に $x = 1$，$x = 4$ をそれぞれ代入すると，$y = a \times 1^2 = a$，$y = a \times 4^2 = 16a$　よって，x の値が1から4まで増加するときの変化の割合は，$\frac{16a - a}{4 - 1} = \frac{15a}{3} = 5a$　よって，$5a = 2a^2$ が成り立つ。これを解くと，$2a^2 - 5a = 0$，$a(2a - 5) = 0$　$a \neq 0$ だから，$a = \frac{5}{2}$

(3) 右の図1のように，対角線AC上にAD＝AEとなる点Eをとり，ADを1辺とするひし形ADFEをつくる。直線DFと直線BCの交点をGとすると，DG∥ACだから，△DAC＝△GACとなり，(四角形ABCDの面積)＝△ABC＋△DAC＝△ABC＋△GAC＝△ABGとなるから，△ABGが求める三角形の1つである。

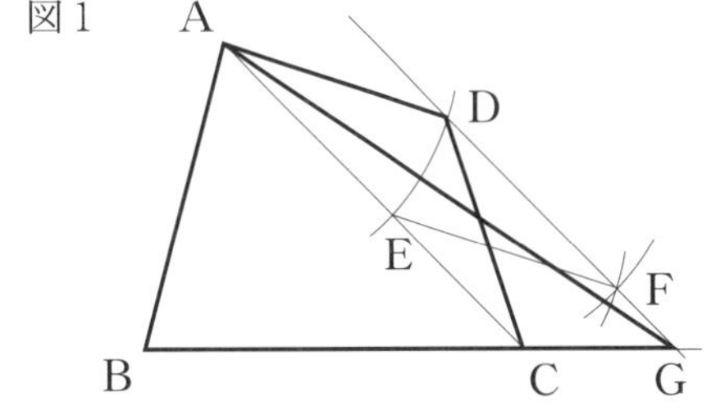

図1

右の図2のように，ADとBDが隣り合う2辺となる平行四辺形AHBDをつくる。直線AHと直線BCの交点をIとすると，AI∥DBだから，△ABD＝△IBDとなり，(四角形ABCDの面積)＝△ABD＋△DBC＝△IBD＋△DBC＝△DICとなるから，△DICが求める三角形の1つである。

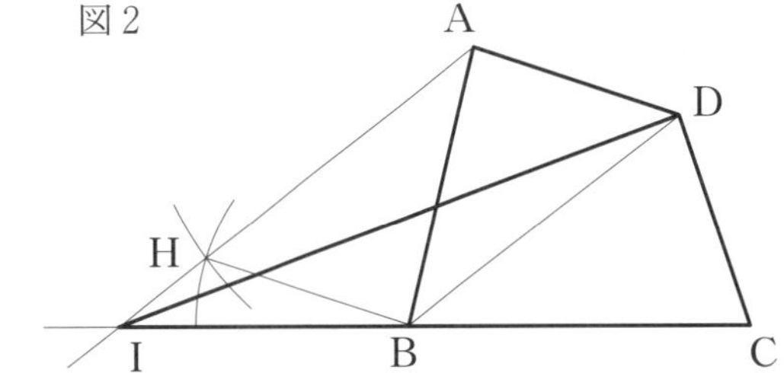

図2

〔3〕(1) 正三角形ABCと正三角形DEFは相似で，相似比は6：5だから，面積の比は，$6^2 : 5^2 = 36 : 25$

(2)① △ABC，△DEFは正三角形であるから，∠GAL＝∠GDH(＝60°)がいえる。また，対頂角は等しいから，∠AGL＝∠DGHがいえる。

② BC∥DFのとき，平行線の同位角や錯角はそれぞれ等しいことから，右の図で●印をつけた角の大きさはいずれも60°となり，六角形GHIJKLの外側にある6つの三角形はすべて正三角形となる。よって，LG＋GH＋HI＋IJ＋JK＋KL＝AG＋GH＋HB＋EJ＋JK＋KF＝AB＋EF＝6＋5＝11(cm)

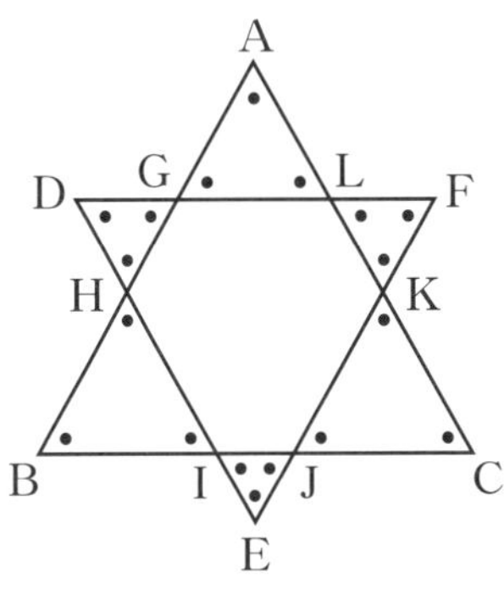

〔4〕(1) $x = 15$ のとき，Aは縦100cm，横15cmの長方形になるから，Aの面積は，$100 \times 15 = 1500(\text{cm}^2)$

(2) A，Dの面積は，$x = 0$ のとき 0cm^2 だから，問題の図7のようなグラフにはならない。B，Cの面積は，$x = 0$ のとき，$80 \times 60 = 4800(\text{cm}^2)$ で，$0 \leqq x \leqq 60$ のとき一定の割合で減少して，$x = 60$ のとき 0cm^2 になり，

$60 \leqq x \leqq 70$ のとき 0cm^2 で一定だから，問題の図7のようなグラフになる。

(3)　$10 \leqq x \leqq 70$ のとき，Dは縦80cm，横 $(x-10)$ cmの長方形になるから，Dの面積は，$80 \times (x-10) = 80x - 800$ (cm)

(4)　B，Cの面積は，$0 \leqq x \leqq 60$ のとき，$80 \times (60-x) = -80x + 4800$ (cm^2) であり，$60 \leqq x \leqq 70$ のとき 0cm^2　また，Dの面積は，$0 \leqq x \leqq 10$ のとき 0cm^2 であり，$10 \leqq x \leqq 70$ のとき $80x - 800$ (cm^2)　よって，

$0 \leqq x \leqq 10$ のとき，$y = (-80x + 4800) \times 2 + 0 = -160x + 9600$

$10 \leqq x \leqq 60$ のとき，$y = (-80x + 4800) \times 2 + (80x - 800) = -80x + 8800$

$60 \leqq x \leqq 70$ のとき，$y = 0 \times 2 + (80x - 800) = 80x - 800$

以上より，点(0，9600)，(10，8000)，(60，4000)，(70，4800)を順に結ぶ折れ線をかけばよい。

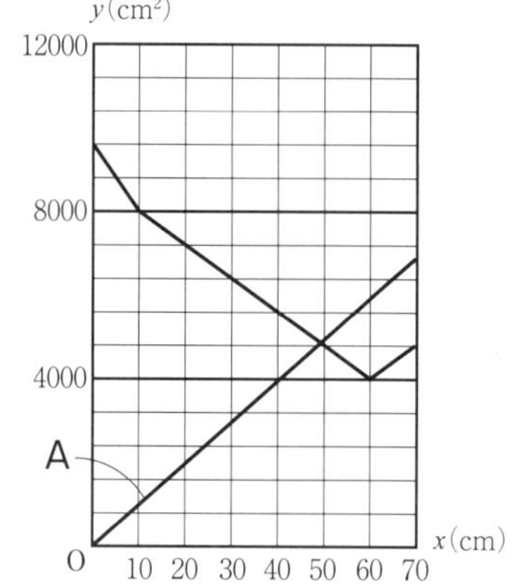

(5)　Aの面積を $y\text{cm}^2$ とすると，$0 \leqq x \leqq 70$ のとき，$y = 100 \times x = 100x$ である。Aのグラフを(4)でかいたグラフにかき入れると，右の図のようになる。2つのグラフの交点の x 座標を求めればよい。2つのグラフは $10 \leqq x \leqq 60$ の範囲で交わるから，$y = -80x + 8800$ と $y = 100x$ を連立方程式として解くと，$100x = -80x + 8800$，$180x = 8800$，$x = \dfrac{440}{9}$

〔5〕 (1)　△ABEで，三平方の定理より，$BE^2 = AB^2 + AE^2 = 3^2 + 4^2 = 25$　$BE > 0$ だから，$BE = 5$ (cm)

(2)　四角形BCHEはBC∥EH，BC＝EHだから，平行四辺形であり，BC⊥面ABFEより，BC⊥BEだから，四角形BCHEは長方形である。よって，その面積は，$BC \times BE = 5 \times 5 = 25$ (cm^2)

(3)①　右の図のように，2つの長方形ABCD，BEHCを合わせた長方形AEHDで考える。AP＋PHの長さが最も短くなるのは，3点A，P，Hが一直線上にあるときである。△AEHで，BP∥EHだから，BP：EH＝AB：AE，BP：5＝3：(3＋5)，8BP＝15，$BP = \dfrac{15}{8}$ (cm)

②　右の図のように，2直線AP，DCの交点をRとすると，PQ∥AHだから，直線HQも点Rを通る。体積を求める立体は，三角すいR－ADHから三角すいR－PCQを取り除いた部分である。三角すいR－ADHと三角すいR－PCQは相似で，相似比は，$PC : AD = \left(5 - \dfrac{15}{8}\right) : 5 = \dfrac{25}{8} : 5 = 5 : 8$ だから，体積比は，$5^3 : 8^3 = 125 : 512$　ここで，AB∥CRだから，AB：RC＝BP：CP，$3 : RC = \dfrac{15}{8} : \dfrac{25}{8}$，RC＝5(cm)　よって，三角すいR－ADHの体積は，$\dfrac{1}{3} \times \dfrac{1}{2} \times 5 \times 4 \times (5+3) = \dfrac{80}{3}$ (cm^3)　したがって，求める体積は，$\dfrac{80}{3} \times \dfrac{512 - 125}{512} = \dfrac{645}{32}$ (cm^3)

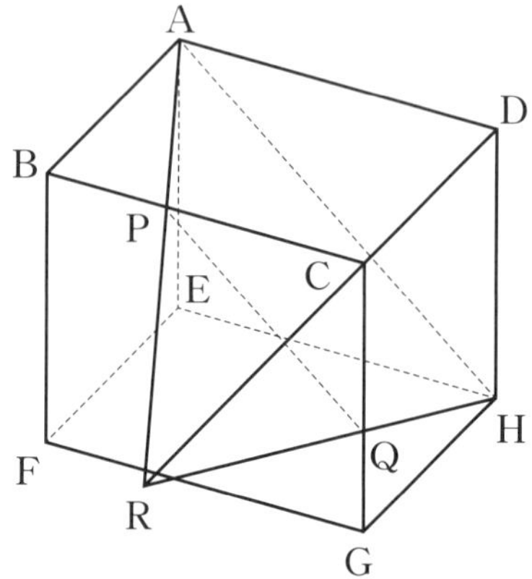

令和６年度　新潟県公立高校入試

英　語

解答

〔1〕(1)1　エ　2　ア　3　イ　4　ア　(2)1　ウ　2　イ　3　ウ　4　エ
(3)1(正答例)　No, he didn't.　2(正答例)　Because he wants to be a music teacher.
配点　(1)3点×4　(2)3点×4　(3)3点×2　小計30点

〔2〕(1)　ウ
(2)(解答例)　about half of the people visit Japan
(3)(解答例)　*Origami* is a Japanese traditional art of paper folding. We can make many kinds of things such as animals and flowers with paper.
配点　(1)3点　(2)3点　(3)6点　小計12点

〔3〕(1)A　know where it is　D　something I want
(2)B　gave　F　written
(3)(正答例)　すべての生徒たちが，読んだ文の内容をよりよく理解することや，学ぶことをもっと楽しむこと。
(4)　エ
(5)(正答例)　私たちの周りの，助けを必要とする多くの人々。
(6)　ウ・エ
配点　(1)3点×2　(2)2点×2　(3)4点　(4)3点　(5)3点　(6)3点×2（順不同）　小計26点

〔4〕(1)(正答例)　冷蔵庫の中の食べ物を食べきれず無駄にしてしまうことや，スーパーマーケットやコンビニエンスストアで，人々が買わなかった食べ物が無駄にされること。
(2)　b
(3)(解答例)　have more time to talk
(4)　ア・オ
(5)(正答例)　①　Yes, there are.
②　His family does.
③　He wants them to think critically about many things.
(6)(解答例)　I want to use AI to translate Japanese into other languages. If I use it, I can communicate with people all over the world. It helps me understand them.
配点　(1)4点　(2)3点　(3)4点　(4)2点×2（順不同）(5)3点×3　(6)8点　小計32点

解説

〔1〕(1)1　「部屋をそうじするときにこれを使います」　質問：「これとは何ですか」
2　「デイビッドはある動物に興味を持っています。それは飛ぶことができます」　質問：「デイビッドはどんな動物に興味を持っていますか」
3　「私の町には，郵便局の隣にホテルがあります。博物館が学校の正面にあります。公園が博物館と書店の間にあります。学校の隣によいレストランがあります」　質問：「どれがホテルですか」
4　「こんにちは，ミホ。私はジェーンです。あしたの私たちの予定について話したいと思います。私たちは午前9時に図書館で会ってそこで正午まで勉強し，それから海へ行くのですね。ニュースによればあしたの午後は晴れなので，ビーチで泳いだりバレーボールをしたりして楽しめます。何か聞きたいことがあれば，あとで電話してください。じゃあね」　質問：「ジェーンはあしたの午前中，ミホと何をする予定ですか」
(2)1　質問：「オリバーがその机を作ったのですか」　オリバーは「実は，それ(＝机)は私が作りました」と言っている。
2　質問：「ポールはどうやって学校祭へ行きますか」　ポールは「学校へ車で来ることはできません。その日は駐車する場所がありません。自転車かバスか電車で来るといいですよ」と言われて，「自転車で行きます」と言っている。
3　質問：「彼らはいついっしょに夕食を食べますか」　Bは最初に金曜日の夜に夕食に誘われたが，その日はピアノのレッスンがあると答えると，Aに次の日はどうかとたずねられ，OK. と答えている。
4　質問：「なぜヒナコはうれしく感じたのですか」　ヒナコは最後の発言で「彼ら(＝生徒たち)が私にたくさん質問をしたので，彼らと気持ちを伝えあうことができました。それが私にはとてもうれしかっ

令和６年度入試

たのです」と言っている。

(3) 〈全訳〉

こんにちは，みなさん。これがあなたたちへの私の最後のメッセージです。私は3年前の8月に日本に来ました。私は日本ですばらしい体験をしてきました。特に，この学校であなたたちみんなと時を過ごしたことをとても幸せに思っています。私のいちばんの思い出は合唱大会です。あなたたちの合唱はすばらしかったです。私はアメリカへ帰ったら，音楽の教師になりたいので，音楽を勉強するつもりです。すべてに感謝します。あなたたちにまた会えることを願っています。さようなら。

質問1　スミス先生は2年前の夏に日本に来ましたか。

2　スミス先生は，アメリカに帰ったらなぜ音楽を勉強するのですか。

〔2〕 (1)適語句選択の問題

「グラフ1によると，[　　]がいちばん多く日本を訪問していると言えます」 グラフ1「あなたはどこから来ましたか」を見ると，South Korea「韓国」の人々の訪問がいちばん多いことがわかる。

(2)自由英作文の問題

グラフ2「あなたはなぜ日本を訪れるのですか」から，To experience Japanese history and culture「日本の歴史と文化を体験するために」が約50％で日本訪問のいちばんの目的だとわかる。「人々の約半分が日本の歴史と文化を体験するために日本を訪れることがわかります」などとする。

(3)自由英作文の問題

直前でアリスが「私も何か日本の文化を体験したいです。何か挑戦することを教えてくれませんか」と言っているので，お勧めの日本文化体験を答える。「3行以内の英文で書きなさい」とあるので，理由などを添えて，ふくらませてもよい。解答例の折り紙のほかにも茶道を習う，和菓子のような日本の食べ物を食べる，着物を着る，などいろいろあるが，無理をせず，書きやすいものを選ぶのがよい。

〈解答例の訳〉

「折り紙は紙を折るという日本の伝統的な美術細工のひとつです。紙で動物や花など，多くの種類のものを作ることができます」

〈全訳〉

【会話】

アリス：グラフ1によると，[　　]いちばん多く日本を訪問していると言えます。
＊＊＊：ええ。グラフ2を見てください。日本の歴史と文化を体験するために（　a　）ことがわかります。
アリス：そのとおりです。私も何か日本の文化を体験したいです。何か挑戦することを教えてくれませんか。
＊＊＊：はい。（　b　）
アリス：ありがとうございます。それに挑戦します。

〔3〕 (1)語順整序の問題

A　Do you know ～?「あなたは～を知っていますか」の～に，疑問詞whereで始まる文中の疑問文(間接疑問文)が入り込んだ表現。～にはWhere is it?「それはどこにありますか」が入るが，間接疑問文は〈疑問詞＋主語＋動詞〉の語順になるので，where it isとする。

D　目的格の関係代名詞which〔that〕を使った文I have something which〔that〕 I want to show you.のwhich〔that〕が省略された形。(which〔that〕) I want to show you「あなたに見せたい」が前のsomethingを説明している。

I have something (which〔that〕) I want to show you.

私はあなたに見せたい ものがあります。

(2)語形変化の問題

B　文の構造は次のようになっている。

I have to read a handout **that** my teacher **gave** us in the social studies class **yesterday**

私はきのうの社会の授業で先生が私たちにくれた　プリントを読まなければなりません

thatは目的格の関係代名詞で，直後のmy teacher ～ yesterday「きのうの社会の授業で先生が私たちにくれた」が前のa handoutを説明している。that以下にはyesterdayがあり，過去の内容なので□内のgiveを過去形のgaveに直す。

なお，このあとのandのあとにI have toが省略されている。

→ and (I have to) write my opinion about it

F　直前にbe動詞のareがあるので，進行形〈be動詞＋～ing形〉「～している」か，受け身(受動態)〈be動詞＋過去分詞〉「～される」。ここでは意味から受け身と考えられる。writeを過去分詞のwrittenに直す。many以下は「それらの多くは日本語で書かれています」となる。

(3)具体的な内容を日本語で説明する問題

下線部分Cの直前のエマの発言の中で，日本のある市では，すべての子どもたちのためにUD字体を使ったプリントやデジタル教材を使うこと決めており，それによって，市がどのようなことを期待しているかを述べている。期待する内容は二つの文に分かれて書かれているので，両方を抜き出して解答となる日本語の文を作成する。

(4)適語句選択の問題

直前の文でエマは「今までこのデザインに全く気づかなかったわ」と言っているので，エマはカオリに言われるまで，目の悪い人のために牛乳パックにユニバーサルデザインがあることに気づいていなかったことがわかる。この話の流れに合うようにエを選び，「何か困ったことがあるまで，身の周りにこのような多くのよいデザインがあることに気がつかないこともあるのね」とする。

(5)具体的な内容を日本語で説明する問題

下線部分Gを含む文「あなたはそれらの人々を支えられる人になれるわ」の「それらの人々」を，直前のカオリの発言 3 文目の「私たちの周りには助けを必要とする人々がたくさんいるわ」の「助けを必要とする人々」をさすと考えると自然な流れになる。

(6)内容一致文選択の問題

ア　「UD字体は外国から来る人々のためだけに使われます」エマの4番目の発言から，先生からもらったプリントに，日本のある市では，UD字体がすべての小学校と中学校で使われていると書かれているとわかるので，本文の内容に合っていない。

イ　「カオリはすでに生徒たちのために使われるUD字体について知っていました」カオリはエマの4，5番目の発言で生徒たちのために使われるUD字体について聞いて，「おもしろそうね。もっと教えて」「すてきね」などと応答しているので，このUD字体について知らなかったことがわかる。したがって，本文の内容に合っていない。

ウ　「エマはカオリから見せられた牛乳パックのデザインをすばらしいと思っています」エマはカオリの8番目の発言で牛乳パックのデザインについて聞いて，Great!「すごいわ」と応答しているので，本文の内容に合っている。

エ　「カオリはエマが 2 週間前にバスに乗ったときに感じた気持ちを理解しています」カオリはエマの9番目の発言の 4 文目以降のエマが 2 週間前にバスに乗ったときの話を聞いて，「あなたの気持ちがわかるわ」と応じているので，本文の内容に合っている。

オ　「エマは多くの言語あるいは絵による標識についての自分の意見を書かなければなりません」エマは3番目の発言で，「きのうの社会の授業で先生が私たちにくれたプリントを読んで，それについての意見を書かなければならないの」と言っているが，そのプリントは次のエマの発言よりUD字体についてのプリントであることがわかるので，本文の内容に合っていない。

〈全訳〉

カオリは高校生です。エマはアメリカから来た中学生で，カオリの家に滞在しています。彼女たちはカオリの家で話しています。

カオリ (以下カ)：エマ，何をしているの。

エマ　(以下エ)：バッグをさがしているの。どこにあるか知らない？

カ：きのうの夜，あの机の下で見たわ。

エ：机の下？ ああ，見つけたわ。ありがとう。その中に宿題が入っているの。

カ：どんな宿題があるの？

エ：きのうの社会の授業で先生が私たちにくれたプリントを読んで，それについての意見を書かなければならないの。

カ：それは何についてなの。

エ：UD字体，ユニバーサル〔すべての人々のための〕デザインの一種，についてなの。伝統的な字体とは少し違うの。このプリントによると，日本のある市で，この字体がすべての小学校と中学校で使われているそうよ。

カ：おもしろそうね。もっと教えて。

エ：この市の調査によれば，UD字体はほかの字体がよく読めない生徒たちのためにだけではなく，多くのほかの生徒たちのためにも役に立ったそうよ。このため，その市は市のすべての子どもたちのために，この字体を使ったプリントやデジタル教材を使うことに決めたのよ。市はすべての生徒たちが，彼らが読む文の内容をよりよく理解することを期待しているのよ。そして市は生徒たちが学ぶことをもっと楽しむことも期待しているのよ。

カ：すてきね。その市はすばらしい願いを持っているのね。

エ：私もそう思うわ。私たちにとって，学ぶことに興味を持つことはとても大切よ。ところで，日本のユニバーサルデザインのほかの例を知ってる？

カ：ええ，知ってるわ。あなたに見せたいものがあるの。ちょっと待って。それを持ってくるわ。

エ：何？

カ：これは牛乳パックよ。開け口の反対側にある半月型の切り込みが見える？ ものがよく見えない人たちにとって，これはとても役に立つのよ。これはどれが牛乳パックなのかを彼らが見つけられるように使われているの。それは彼らが開け口を見つけるのにも役に立つのよ。

エ：すごいわ。今までこのデザインに全く気がつかなかったわ。何か困ったことがあるまで，身の周りにこのような多くのよいデザインがあることに気がつかないこともあるのね。

カ：あなたの言うとおりね。あなたはどうなの。これまで日本で助けが必要だったことがある？

エ：ええ。町にある標識についてね。私たちの周りにはたくさんの標識があるけど，それらの多くは日本語で書かれているから，よくわからないの。2週間前に，友だちの1人に会うために隣町に行ったとき，私は日本で初めてひとりでバスに乗ったの。そのとき私は「どのバスに乗ったらいいの？ どの方向へ行ったらいいの？」と思ったの。とても困ったわ。

カ：日本には外国人のために十分な標識があるとは思わないわ。あなたの気持ちがわかるわ。

エ：ありがとう。外国から多くの人々が日本を訪れるわ。だから多くの言語あるいは絵による標識がもっとあれば，彼らにとって大いに役に立つでしょうね。

カ：そのとおりね。私たちの町や国がだれにとってももっとよいところになるといいわ。私たちの周りには助けを必要とする人々がたくさんいるわ。わたしはいつか新しいユニバーサルデザインを創(つく)りたいわ。

エ：あなたはそれらの人たちを支えられる人になれるわ。

カ：ありがとう。大切なことは日常生活の中でだれかを助けることね。すぐ何かやってみない？

〔4〕 (1)具体的な内容を日本語で説明する問題

この段落の1文目で1つ目の問題として，自宅の冷蔵庫の食べ物が無駄になること，2～3文目で別の問題としてスーパーマーケットやコンビニエンスストアで食品が無駄になることが述べられている。

(2)本文中の適所への英文補充問題

補充する文の意味は「その後，1964年に，新幹線が導入されて，所要時間が約4時間になりました」。

[b]の前では新幹線導入前は最速でも6時間半かかっていたこと，[b]のあとでは今ではたった2時間半しかかからないことが述べられている。約4時間かかっていたことを表すこの文が[b]に入る。

(3)適語句補完問題

ケビンは4文目で「面と向かって話すことがもっと大切だと感じ始めています」と述べ，さらに次の2文で自分がオーストラリアにいたとき家族と面と向かって話していなかったことを述べているので，「オーストラリアに帰ったら，もっと家族と面と向かって話したい」という内容の文が続くと推測される。4語以上なので，解答例のようにhave more time to talk「話す時間をもっと持つ」(5語)などのような語句で答える。

(4)内容一致語句選択の問題

科学技術の発達について，リクトは冷蔵庫，メイは鉄道，ケビンはインターネットについて発表している。これらに該当するのはア「食物の長時間保存についての科学技術」(リクトの発表)，オ「ほかの場所への人の移動についての科学技術」(メイの発表)。イ「あしたの天気を知らせる科学技術」，ウ「環境をよりきれいにする科学技術」，エ「私たちが使う大量のエネルギーを蓄える科学技術」については発表内容には含まれない。

(5)英問英答の問題

① 「世界中には十分な食べものを手に入れられない人々が8億人以上いますか」リクトは第2段落の4文目で「ぼくはこれらの問題はすぐに解決されるべきだと思います。なぜなら世界中に十分な食べものを手に入れられない人々が8億人以上いるからです」と述べているので，Yesの答えになる。Are there ～? に対してはYes, there are. / No, there aren't.と答える。

② 「だれがインターネットを使って毎日ケビンと連絡を取り合っていますか」ケビンは2文目で「ぼくは今，日本にいますが，インターネットを使ってオーストラリアに暮らす家族と毎日連絡を取り合えます」と述べているので，His family does.「彼の家族がします〔連絡を取り合っています〕」と答える。ここではfamilyは単数扱いになっているので，doではなく，doesが使われている。

③ 「ヤマダ先生は生徒たちに将来，何をしてほしいと思っていますか」ヤマダ先生は最後の発言の4文目で「あなたたちが将来，多くのことについて批判力をもって考えることを期待しています」と述べているので，「彼は彼らに多くのことについて批判力をもって考えてほしいと思っています」のように答える。

(6)自由英作文の問題

英文の内容を考える前に，AIがどんなものか知っている必要があるので，ふだんから新聞やニュースに親しんで，世の中の動きに敏感になっておくことが大切。AIをどのように有効活用するか，という観点で，自分の考えを簡潔な英語で表現する。4行以内の英文(おおむね30～40語)でまとめる。

〈解答例の訳〉

私は日本語をほかの言語に翻訳するためにAIを使いたいと思います。私がAIを使えば，世界中の人々と連絡を取り合うことができます。AIは私が彼らを理解する助けとなります。

〈全訳〉

リクトとメイは日本の高校生です。ケビンはオーストラリアの出身で，彼らの学校で学んでいます。彼らはヤマダ先生の英語の授業で同級生に報告しています。

ヤマダ先生

きょうは，あなたたちは自分たちの調査について話します。科学技術の発達によって私たちの生活はより楽なものになりました。さあ，あなたたちが学んだことについて話し始めましょう。

リクト

あなたたちは冷蔵庫のない生活を想像できますか。1950年代には，日本のほとんどの人々は冷蔵庫を持っていませんでした。今は，それら(=冷蔵庫)のおかげで，魚や肉のようなたくさんの種類の食べ物を買って，家にそれらを保存できます。調理した料理を冷蔵庫に保存もできます。

しかし，冷蔵庫の食品の一部は食べることができなくて，無駄にしてしまうことがあります。ほかにも問題があります。スーパーマーケットやコンビニエンスストアで，人々が買わなかった食品の一部が無駄になります。ぼくはこれらの問題はすみやかに解決されるべきだと思います。なぜなら世界中には十分な食べものを手に入れられない人々が8億人以上いるからです。日本では，2020年には約522万トンの食品を無駄にしました。このことは，日本のみんなが毎日，茶わん約一杯の食品をごみ箱に捨てていることを意味します。

メイ

私は鉄道の発達について話そうと思います。新幹線が導入される前は，最速の列車に乗って東京から大阪まで旅行するのに6時間半かかっていました。その後，1964年に，新幹線が導入されて，所要時間が約4時間になりました。今では，たった2時間半しかかかりません。新幹線のおかげで旅行は以前よりさらに快適に，さらに速くなりました。リニア中央新幹線について聞いたことがありますか。それが導入されれば，東京から大阪まで約1時間しかかかりません。驚くべきことです。でもそのためにどれだけのエネルギーが必要でしょうか。

ケビン

インターネットの発達によって，ぼくたちはどこにいる人とでも連絡を取り合うことができるようになりました。ぼくは今，日本にいますが，インターネットを使ってオーストラリアに暮らす家族と毎日連絡を取り合えます。それはとても楽しいことです。でも，ぼくは面と向かって話すことはもっと大切だと感じ始めています。ぼくがオーストラリアで家族と暮らしていたときは，ぼくはよく自分の部屋でテレビゲームをして，あまり家族と話す時間を持ちませんでした。ときには家の中にいるときでも彼らにメールを送っていました。ぼくはオーストラリアに帰ったら，家族と面と向かって話す時間をもっと持ちたいと思います。

ヤマダ先生

科学技術の発達について話してくれてどうもありがとう。よい発表でしたね。あなたたちは科学技術の発達のよい点といくつかの問題点の両方を見つけました。あなたたちが将来，多くのことについて批判力をもって考えることを期待しています。これは世界の問題を解決する際に，いちばん大切なことのひとつだと思います。

また，情報科学技術は私たちの世界においてますます重要になってきています。あなたたちはレポートを作成したときにタブレット端末を使いましたね。こういうものを使うことは以前よりさらに普及してきました。こういう状況で生成AIを使うことが普及しましたね。AIは私たちの日常生活の中でより多く使われるでしょう。次回はそれについて話しましょう。

〈放送文〉

(1)1 When you clean rooms, you use this.
Question : What is this?
2 David is interested in an animal. It can fly.
Question : What animal is David interested in?
3 In my town, there is a hotel next to a post office. A museum is in front of a school. A park is between the museum and a book shop. We have a nice restaurant next to the school.
Question : Which is the hotel?
4 Hello, Miho. This is Jane. I want to talk about our plan for tomorrow. We are going to meet at the library at nine a.m. and study there until noon, and then go to the sea, right? The news says it will be sunny tomorrow afternoon, so we can enjoy swimming and playing volleyball on the beach. If you have any questions, call me later. Bye.
Question : What is Jane going to do with Miho tomorrow morning?

(2)1 A : Oliver, this desk is nice. I want to buy the same one.
B : Really? Actually, I made it.
A : Oh, you are great. I want to make one, too.
Question : Did Oliver make the desk?
2 A : Will you come to our school festival next week, Paul?
B : Of course, yes. I'll go with my sister. She will take me there by car.
A : Oh, you can't come to my school by car. There is no place for cars on that day. You should come by bike, by bus, or by train.
B : OK. I'll go by bike.
Question : How will Paul go to the school festival?
3 A : Please come and have dinner with us. Are you free this Friday evening?
B : Thank you, but I'm going to have a piano lesson on that day.
A : Then, how about the next day?
B : OK. I think I can visit you at seven in the evening.
Question : When will they have dinner together?
4 A : Ben, this is for you. I went to Canada during the winter vacation.
B : Oh, what a beautiful hat! Thank you, Hinako. What did you do there?
A : I joined a special winter English class there.
B : How was it?
A : At first, I was too shy and I couldn't talk to the students. But they asked me many questions, so I communicated with them. It made me very happy.
Question : Why did Hinako feel happy?

(3) Hello, everyone. This is my last message to you. I came to Japan in August three years ago. I have had a great experience in Japan. Especially, I'm very happy that I have spent time with all of you in this school. My best memory is the chorus festival. Your chorus was amazing! When I go back to America, I will study music because I want to be a music teacher. Thank you for everything. I hope I'll see you again. Bye.

Question 1 : Did Mr. Smith come to Japan in summer two years ago?
2 : Why will Mr. Smith study music when he goes back to America?

令和６年度　新潟県公立高校入試

社　会

解答

〔１〕 ⑴　Ⅱ　⑵　モノカルチャー経済　⑶　イ　⑷　ア

⑸(正答例)　16世紀にスペイン人やポルトガル人が進出し，先住民を征服して，植民地にしたため。

配点　⑴2点　⑵2点　⑶3点　⑷2点　⑸5点　小計14点

〔２〕 ⑴　やませ　⑵　ア

⑶(正答例)　原料の輸入に船を利用するため，臨海部に形成されている。

⑷　右の図　⑸①　イ　②　エ

配点　⑴2点　⑵2点　⑶5点　⑷3点　⑸①2点　②2点　小計16点

〔３〕 ⑴　エ

⑵(正答例)　自分の娘を天皇のきさきにし，その子を天皇の位に就けたから。

⑶　ア→エ→ウ→イ　⑷　松平定信　⑸　ウ　⑹　エ

配点　⑴2点　⑵5点　⑶3点　⑷2点　⑸2点　⑹2点　小計16点

※⑶は全部正解で3点。

〔４〕 ⑴　エ　⑵　イ

⑶(正答例)　戦費をまかなうため，国民は増税に苦しんだにもかかわらず，日本は賠償金を得ることができなかったから。

⑷　エ　⑸　三・一独立運動　⑹　ウ

配点　⑴2点　⑵2点　⑶5点　⑷3点　⑸2点　⑹2点　小計16点

〔５〕 ⑴①　エ　②　国際人権規約

⑵①(正答例)　一つの選挙区から一人の議員を選出するしくみで，死票が多くなるという問題点がある。

②　司法権の独立　③　カ

⑶①　ウ　②公共サービス　③　イ　⑷①　オ　②　ウ，オ

配点　⑴①2点　②2点　⑵①5点　②2点　③3点　⑶①3点　②2点　③2点　⑷①2点　②3点　小計26点

※⑷②は順不同，両方正解で３点。

〔６〕 ⑴　イ　⑵(正答例)　輸出量を増加させる

⑶(正答例)　原料の自給率が高く，１世帯当たりの支出金額が増加しているパンやめん類に加工されている

配点　⑴2点　⑵3点　⑶7点　小計12点

解説

〔１〕 ⑴　本初子午線とは，イギリスの首都ロンドンを通る経度０度の経線であり，アフリカ大陸のギニア湾で赤道と交わる。なお，Ⅰは西経15度の経線，Ⅲは東経15度の経線，Ⅳは東経30度の経線である。

⑵　一つの国の産業構造が，輸出を目的とするわずかな種類の鉱産資源や農産物の生産にたよっている状態をモノカルチャー経済という。鉱産資源や農産物は，工業製品に比べて価格の変動が大きいので，それらの輸出にたよった経済は不安定になりやすい。モノカルチャー経済の国は，アフリカ州に多くみられる。

⑶　４か国中で人口密度が最も高く，穀物生産量が最大のｃには，インドが当てはまる。人口密度が極端に低く，穀物生産量が多く，輸出額上位３品目中に鉱産資源である原油のほか，機械類や自動車も含まれているｄには，カナダが当てはまる。残ったａとｂのうち，輸出額第１位が銅鉱で第２位が銅であるｂには，世界最大の銅鉱産出国であるチリが当てはまる。また，各輸出品の輸出額が小さく，軽工業製品の衣類や，茶などが輸出額上位に含まれるａには，スリランカが当てはまる。

⑷　アメリカ南部の北緯37度線以南の地域は，日照時間が長くて温暖であることから，サンベルトと呼ばれる。サンベルトは労働力が豊富であり，広くて安い土地があったことから，1970年代以降に工業が発達した。近年，航空機・ＩＣＴ(情報通信技術)産業などの先端的な産業がさかんで，人口も増大している。

⑸　南アメリカ大陸西部のアンデス地方では，13世紀～16世紀初めに，先住民が建てたインカ帝国が栄えていた。しかし，1533年にピサロの率いるスペイン軍によって滅ぼされ，植民地となったことで，スペイン語が使われ，キリスト教が信仰されるようになった。また，ポルトガル人の航海者カブラルが1500年にブラジルに到達し，ポルトガル領としたことにより，ブラジルでポルトガル語が使われ，キリスト教が信仰されるようになった。

〔２〕 ⑴　やませは，梅雨のころから８月にかけて，主に東北地方の太平洋側に吹き込む北東風である。寒流の親潮(千

島海流)の上を吹く冷たく湿った風で，長期間吹くと農作物への被害(冷害)が大きくなりやすい。

(2)　1月の降水量が8月よりも多いイは日本海側に位置する金沢。1月の平均気温が0℃を下回り，8月の平均気温も比較的低いエは東北地方の内陸部に位置する盛岡。残ったアとウのうち，1月と8月の平均気温の差が大きいウは関東地方の内陸部に位置する前橋であり，8月の平均気温がやや低いアは東北地方の太平洋側に位置する小名浜である。

(3)　石油化学コンビナートは，地図中では，鹿島臨海工業地域，京葉工業地域，京浜工業地帯，中京工業地帯にみられる。原料・燃料となる原油の輸入や，重い工業製品の国内外への輸送のために大型船が使われるので，輸送に便利な港湾に造成されている。

(4)　人口密度がきわめて高く，製造品出荷額等が4県中最大であるAは，東京大都市圏に属し，京浜工業地帯を含む神奈川県。野菜の産出額と製造品出荷額等がともに大きいBは，東京大都市圏での近郊農業がさかんで，京葉工業地域が形成されている千葉県。残ったCとDのうち，人口密度と製造品出荷額等が上回るCが宮城県で，林業産出額が大きいDは，スギの産地として知られ，林業生産額が大きい秋田県。

(5)①　地形図における消防署の記号はYである。また，地形図では，上が北，下が南，右が東，左が西に当たる。消防署は松本城から見て左(西)に位置している。

②　地形図上の線分の実際の長さは，「地図上の線分の長さ×縮尺の分母」で求めることができる。したがって2万5千分の1の地形図上での0.5cmの実際の長さは，0.5cm×25,000＝12,500cm＝125mとなり，一辺の長さが125mの正方形の面積は，125m×125m＝15,625㎡となる。

〔3〕(1)　権力の回復をめざしていた後鳥羽上皇は，第3代将軍源実朝が暗殺され，鎌倉幕府に動揺が生まれていることを好機とみて，1221年に倒幕の兵を挙げた。しかし，初代将軍源頼朝の妻であった北条政子が御家人に結束を呼びかけると，幕府の大軍は京都を攻めて上皇の軍を破った。これを承久の乱という。

(2)　藤原道長は4人の娘をすべて天皇のきさきにし，生まれた子を新たな天皇に立てた。また，自らは摂政となり，天皇に代わって政治を行った。短歌の内容は「この世のすべてが自分のもののように思える。欠けたところのない満月のようだ」というもので，藤原氏が栄えていることへの満足感がうかがわれる。

(3)　ア(7世紀後半)→エ(11世紀後半)→ウ(14世紀)→イ(17世紀初め)の順となる。ア…壬申の乱に勝って即位したのは天武天皇。イ…この法律は江戸幕府が定めた禁中並公家諸法度。ウ…足利尊氏の挙兵によって1336年に後醍醐天皇が吉野(奈良県)に逃れ，京都の北朝と吉野の南朝の対立は1392年まで続いた。エ…1086年，白河天皇は位を子にゆずって上皇となり，院政を始めた。なお，Cの短歌を詠んだ大伴家持は，奈良時代に「万葉集」をまとめたとされる人物である。

(4)　Dは，短歌の形式で皮肉や洒落を詠んだ狂歌で，内容は「川があまりに清らかだと，魚にとってはかえってすみにくく，にごっていた田の沼が恋しくなる」というもの。「白河」は白河藩主から老中となった松平定信にかけられ，「田沼」は定信の前に老中であった田沼意次にかけられており，「厳しすぎる松平定信の政治に比べれば，乱れていた田沼意次の政治の方がましだった」という皮肉がこめられている。

(5)　短歌がつくられた時代は，Aが鎌倉時代，Bが平安時代，Cが奈良時代，Dが江戸時代である。アは鎌倉時代につくられた東大寺南大門金剛力士像，イは奈良時代につくられた興福寺阿修羅像，ウは室町時代に雪舟が描いた「秋冬山水図」，エは平安時代につくられた「源氏物語絵巻」，オは江戸時代に俵屋宗達が描いた「風神雷神図屏風」。したがって，A～Dの短歌がつくられた時代に当てはまらないのはウである。

(6)　ア…兵農分離が進められたのは安土桃山時代なので誤り。イ…墾田永年私財法が出されたのは奈良時代なので誤り。ウ…浄土真宗や日蓮宗が生まれたのは鎌倉時代なので誤り。

〔4〕(1)　1842年，アヘン戦争で清がイギリスに敗れたことが伝えられると，幕府の老中水野忠邦は，欧米列強の軍事力をおそれ，異国船打払令をやめて，天保薪水給与令を出した。

(2)　幕末に結ばれた通商条約により，日本は相手国の治外法権(領事裁判権)を認め，日本で罪を犯した外国人を日本の法律で裁くことができなかった。1894年，明治政府の外相であった陸奥宗光は，イギリスとの交渉で治外法権(領事裁判権)の撤廃に成功した。

(3)　ポーツマス条約は日露戦争の講和条約。日本はロシアから樺太の南半分やいくつかの権益を得たが，賠償金は得ることができなかった。そのため，戦争のために大きな犠牲や増税に耐えていた国民の不満が高まり，1905年には，政府の姿勢に反対する人々が東京で日比谷焼き打ち事件を起こした。

(4)　植民地の再分割などを求めて勢力の拡大を図っていたドイツ・オーストリア・イタリアの三国同盟に対抗するため，イギリス・フランス・ロシアは三国協商を結んだ。同盟国と協商国(連合国)の対立を背景に，第一次世界大戦が始まった。

(5)　1919年3月1日，日本の植民地となっていた朝鮮では，京城(現在のソウル)で朝鮮の独立が宣言され，人々が「独立万歳」を叫んで行進した。三・一独立運動と呼ばれるこの運動は朝鮮全土に広がった。その結果，日本政府は朝鮮の人々の権利を一部認め，統治の方針を改めたが，日本への同化政策はなおも進めた。

(6)　第二次世界大戦後，沖縄ではアメリカによる統治が続いていたが，1972年，佐藤栄作内閣のときに沖縄の本土復帰が実現した。なお，アは1949年，イは1989年，エは1991年のできごとである。

〔5〕 (1)①　X…権力者が政治権力を独占して国民を直接支配する「人の支配」に対し，国民の代表である議会が制定した法にもとづいて政府が行う政治活動を制限するしくみを「法の支配」という。Y…最高法規である憲法によって国家権力を制限する立憲主義は，国民の自由を確保するために生まれた考えである。

②　1948年に国際連合総会で採択された世界人権宣言の内容を条約化し，法的拘束力をもたせたものが国際人権規約で，1966年に採択された。

(2)①　小選挙区制では最も得票数の多い候補者しか選出されないため，大政党に有利になり，政治が安定しやすいが，死票(落選者に投じられた票)が多くなり，国民の意思が正確に反映されにくくなる。

②　裁判所は国会や内閣などから影響を受けず，それらの機関から独立して裁判を行う。この司法権の独立の原則のもとでは，裁判官は一つ一つの裁判を行うに当たって，自分の良心に従い，憲法と法律だけにしばられる。

③　内閣か国会議員が作成した法律案は，衆議院または参議院に提出される。法律案は分野別に数十人の国会議員で構成される委員会で審査されたあと，議員全員から成る本会議での質疑・討論を経て採決される。委員会では，関係者や学識経験者の意見を聴取する公聴会が開かれることもある。

(3)①　ア…歳出が税収を上回る状況が続いている。イ…国債依存度は2010年度から2015年度にかけては下がっている。ウ…歳出は1995年度が70兆円台で2020年度が140兆円台なので約2倍。エ…税収が増えても，歳出の状況によって国債依存度が上がる場合がある。

②　社会資本の整備や，警察・防衛・教育・福祉・医療・公営交通など，公共性の高いサービスは，国や地方公共団体によって提供される。

③　ア…勤労は権利であるとともに，子どもに普通教育を受けさせる義務，納税の義務と並ぶ，日本国憲法が定める三つの義務の一つである。イ…ストライキなどを行う団体行動権は，労働基本権(労働三権)の一つ。ウ…労働時間は週40時間以内，1日8時間以内。エ…労働者の休日は少なくとも週1日。

(4)①　国際司法裁判所は，国際連合の主要機関の一つで，国家間の法律的な争いについて，国際法に基づいて裁判を行い，平和的な解決を図ることを目的とした機関である。

②　ア…2016年に国民投票でＥＵ離脱を決定したのはイギリス。イ…新興工業経済地域(NIES)は1980年代から急速に工業が発展した韓国，シンガポール，台湾，ホンコンを指す。2000年代に急速に経済成長を果たしたブラジル，ロシア，インド，中国，南アフリカ共和国はＢＲＩＣＳ(ブリックス)とよばれる。ウ…生産物が不当に低い価格で取引されている発展途上国などに対して，公正な報酬を支払って行う貿易をフェアトレード(公正貿易)という。エ…南南問題とは，発展途上国どうしの間での経済格差の問題である。オ…「持続可能な開発目標」(SDGs)は，2015年，国際連合のすべての加盟国の賛成によって採択された。

〔6〕 (1)　田の面積は1980年には3,055(千ha)であったが，2020年には2,379(千ha)になっている。これは1980年の約78%であり，イの約20%減少が最も近い。

(2)　日本の国民1人当たりの米の消費量は減少してきており，食料自給率の向上や米農家の所得向上をめざす上で，海外市場に積極的に進出し，輸出を拡大していくことが課題となっている。

(3)　資料Ⅳから，近年，米の自給率が上昇していることがわかる。資料Ⅴから，1世帯当たりのパンやめん類の支出金額が増加傾向にあることがわかる。資料Ⅵから，米粉がパンやめん類に加工されていることがわかる。これらのことから米粉の利用の拡大が期待できると考えられる。

令和６年度　新潟県公立高校入試

理　科

解答

〔１〕 (1) ウ　(2) ア　(3) エ　(4) ウ　(5) 分離の法則　(6) イ

配点　(1)3点　(2)3点　(3)3点　(4)3点　(5)3点　(6)3点　小計18点

〔２〕 (1) ウ　(2)① イ

②(正答例)　砂の層に含まれる粒の方が，泥の層に含まれる粒よりも大きく，大きな粒ほど河口から近いところに堆積するため。

③ (イ)→(エ)→(ア)→(ウ)

配点　(1)2点　(2)①2点　②3点　③3点　小計10点

〔３〕 (1)X　ア　Y　イ　(2)b　ミミズ　f　イモリ，カエル

(3)コウモリ　c　マイマイ　a

配点　(1)それぞれ3点　(2)b 2点　f 2点　(3)それぞれ3点　小計16点

〔４〕 (1)(正答例)　電流を流しやすくするため。　(2) 気体の体積　1〔cm^3〕　気体の名称　水素

(3)①X　化学　Y　電気　Z　燃料電池　②$2H_2+O_2 \rightarrow 2H_2O$

配点　(1)2点　(2)両方できて3点　(3)①それぞれ1点　②2点　小計10点

〔５〕 (1) エ　(2) 比例　(3) 1.5〔cm〕　(4) ア

配点　(1)3点　(2)2点　(3)3点　(4)3点　小計11点

〔６〕 (1) 二酸化炭素　(2) 右図　(3)Y　酸化銅　Z　炭素

(4)物質の名称　酸化銅　物質の質量　2〔g〕

配点　(1)2点　(2)3点　(3)両方できて3点　(4)それぞれ2点　小計12点

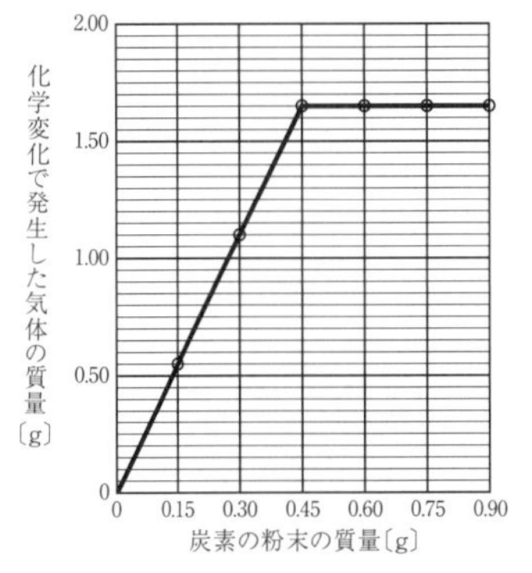

〔７〕 (1) 10〔Ω〕　(2)① 1.3〔V〕　② イ　(3) 4〔倍〕

配点　(1)2点　(2)①3点　②3点　(3)3点　小計11点

〔８〕 (1)① イ　② エ　(2) ア　(3) A

(4)(正答例)　地球から見て，さそり座が太陽と同じ方向にあるため。

配点　(1)それぞれ2点　(2)3点　(3)2点　(4)3点　小計12点

解説

〔１〕 (1) スケッチをするときは，よくけずった鉛筆を使い，細い線や小さい点ではっきりかく。また，背景，ルーペの視野，影をかかず，観察の対象のみをかく。

(2) 図２より，パイプをいろいろな向きに回転させてもゴム膜がへこんだことから，器具のあらゆる面に対して水圧がはたらいていることがわかる。また，水面からの深さが深いほどゴム膜が大きくへこんだことから，水面から深いところにある面は浅いところにある面に比べ，大きな力を水から受けている。水面から深いところにある面と浅いところにある面にかかる水から受ける力の合力を浮力という。

(3) 酢酸オルセイン液は，細胞にたらすことで核が赤く染まり，観察しやすくなるため，細胞を観察するときによく用いられる。

(4) 状態変化とは，気体，液体，固体の状態のうち，ある状態からほかの状態に変化することで，化学変化のようにある物質がほかの物質に変化することはない。よって，ウの食塩を加熱したら液体になったという記述が正しい。

(6) 加湿器から部屋の空気中に放出された水蒸気量を求めるには，室温と湿度の変化に着目すればよい。室温は変わらず，湿度は20％から50％に上がった。湿度が50％のとき，部屋に含まれる水蒸気量は，$17.3 \times 0.50 = 8.65$〔g/m^3〕で，湿度が20％のとき，部屋に含まれる水蒸気量は，$17.3 \times 0.20 = 3.46$〔g/m^3〕である。したがって，空気 1 m^3 あたり $8.65 - 3.46 = 5.19$〔g〕の水蒸気が含まれている。部屋の体積は50m^3であるから，加湿器から部屋の空気中に放出された水蒸気量は$5.19 \times 50 = 259.5$〔g〕である。

〔２〕 (2)① 示準化石とは，ある期間にだけ広い範囲に分布していた生物の化石のことであり，その化石が含まれていた地層の年代を推定することができる。ビカリアやアンモナイトがその例である。示相化石とは，地層が堆積した当時の環境を推定することができる化石のことであり，サンゴやアサリがその例である。

(2)③ 地層の堆積した順番は，基本的に下から上にいくにつれて新しい地層となる。また，古い地層ほど，その土地で起きたできごとの影響を多く受けている。したがって，イ→エ→ア→ウとなる。

〔３〕 (1) ｄに分類されたツルは鳥類，ｅに分類されたカメはは虫類に分類される。鳥類の特徴は，からだの表面

が羽毛でおおわれていること，卵生であることなどである。一方，は虫類の特徴は，からだの表面がうろこでおおわれていること，卵生であることなどである。

(2) bは無セキツイ動物のうち，外とう膜がない動物であるため，ミミズが該当する。fは幼生と成体で呼吸のしかたが異なる動物であるため，両生類とわかる。したがって，イモリとカエルが該当する。

(3) (1)(2)で記述したb，d，e，f以外の動物の分類は次のようになる。aは無セキツイ動物の軟体動物であり，イカやマイマイが含まれる。cは胎生が特徴的なほ乳類であり，キツネやコウモリが含まれる。gは魚類であり，サケが含まれる。

〔4〕 (2) 水を電気分解すると，陽極に酸素が発生し，陰極に水素が発生する。したがって，実験1の[I]では，管aに酸素が5 cm³，管bに水素が10cm³発生し，酸素：水素＝1：2の体積比であることがわかる。次に，実験1の[II]では，管aが16cm³になるまで電気分解を続けたことから，管aには16－5＝11〔cm³〕の水素が発生した。この状態で管aを点火装置で点火するとポンと音を立てて燃える。このとき，酸素と水素は1：2の体積比で反応するため，反応した酸素の体積は5 cm³，水素の体積は10cm³となり，管aには反応しきれなかった水素が1cm³残っている。

(3)① 水の電気分解の逆の反応を利用した例が燃料電池である。燃料電池は，水素と酸素の化学反応により，化学エネルギーを電気エネルギーに変えることで電流が流れるしくみとなる。

〔5〕 (1) ばねののびは，ばねにおもりをつけていない状態の長さからどれほどのびたかを測定した値である。

(3) 実験2では，ばねに12 gのおもりをつけているため，ばねを引く力の大きさは0.12 Nである。図2から，ばねののびが5cmのときばねを引く力の大きさは0.4 Nであるから，ばねを引く力の大きさが0.12 Nのときのばねののびは，$5\times\frac{0.12}{0.4}=1.5$〔cm〕である。

(4) 実験3では質量50 gのおもりを使っているため，電子てんびんに下向きの力が0.5 N加わっている。一方，上向きの力は，ばねをひく力と電子てんびんの垂直抗力の2つであり，これらの力はつり合っている。ばねののびが3.3cmであったことからばねを引く力を求めると，$0.4\times\frac{3.3}{5}=0.264$ Nである。したがって，電子てんびんの垂直抗力は0.5－0.264＝0.236 N。よって，電子てんびんの示す値は23.6 gである。

〔6〕 (1) 石灰水を白く濁らせる気体は二酸化炭素である。この実験で起こった反応は還元反応とよばれ，酸化銅内の結びついている酸素を炭素が奪う反応であり，化学反応式で表すと$2CuO + C \rightarrow 2Cu + CO_2$となる。

(4) 酸化銅と炭素が過不足なく反応したときの質量比は[I]の実験より，酸化銅6.00 gで炭素0.45 gのときなので，40：3となる。この質量比を用いると，炭素の粉末が0.60 gのときに酸化銅と過不足なく反応するには，酸化銅の粉末が8.00 g必要とわかる。したがって，試験管Aに入れる酸化銅の粉末が10.00 g，炭素の粉末の質量が0.60 gのとき，試験管Aには10.00－8.00＝2.00〔g〕の酸化銅が残るとわかる。

〔7〕 (1) オームの法則より，抵抗器aの電気抵抗をRとすると，4＝R×0.4より，R＝10〔Ω〕とわかる。

(2)① 抵抗器にかかる電圧を求めるには，まず並列回路全体の抵抗を求める。回路全体の抵抗をRとすると，$\frac{1}{R}=\frac{1}{10}+\frac{1}{5}$より，回路全体の抵抗は$\frac{10}{3}$〔Ω〕であるから，抵抗器にかかる電圧は，オームの法則より$\frac{10}{3}\times 0.4=1.33\cdots$〔V〕である。

(3) 電力(W)は電流(A)×電圧(V)で求めることができる。まず，図1の回路に流れる電流は1.5(V)÷10(Ω)＝0.15(A)である。よって，抵抗器bにかかる電圧は5(Ω)×0.15(A)＝0.75(V)となる。次に，図3の抵抗器bにかかる電圧は1.5(V)となるため，電流は1.5(V)÷5(Ω)=0.3(A)となる。そこで，図1と図3の抵抗器bにおける電流と電圧をそれぞれ比べてみると，図3の方は電流と電圧がともに図1の2倍になっているため，電力は2×2で4倍となる。

〔8〕 (1)① 北の空では，星は北極星を中心に反時計回りに回って見える。したがって，カシオペヤ座はaの向きに動く。また，南の空では，星は東→南→西へと動いて見えるため，さそり座はdの向きに動く。

(2) 星の年周運動は1か月で30度動くため，7月20日午後9時の15日後の8月4日午後9時では，さそり座がdの向きへ15度動いていることがわかる。星の日周運動は1時間で15度動くため，8月4日午後8時頃にさそり座が図2と同じ位置に見られると考えられる。

令和6年度入試

成績記録シート

※成績記録シートは，ミシン目が入っていますので，
　切り取ることができます。

※切り取った場合は，ファイルしておきましょう。

成績記録シートの利用の仕方

●「成績記録シート」には，次の３種類のシートがあります。

・成績の記録
・志望校合格可能性判定
・項目別得点一覧（２０２３年度新潟県統一模試）

※項目別得点一覧（２０２３年度新潟県統一模試）と志望校合格可能性得点一覧は，次のアドレスまたは上のQR コードからWeb でご利用ください。

https://t-moshi.jp/r7jukendata

●「成績記録シート」は以下のような方法で使用してください。

① 各教科平均点との比較（ 成績の記録：Ｐ１５９ ）

・「成績の記録」表に得点を記入し，教科ごとに平均点と比較します。
・実施回や科目によって難易度が異なるので，平均点との差異をもとに自分の得点状況を判断してください。

② 教科の項目別平均点比較（ 項目別得点一覧：Web からダウンロード ）

・「項目別得点一覧（２０２３年度新潟県統一模試）」をダウンロードして得点を記入します。
・自分の得点と平均点を項目別に比較することで，その教科の弱点単元が特定できるため，その後の学習対策（弱点攻略）が立てやすくなります。
・例えば第４回で，「古文／関数の利用／長文読解／近世の歴史／音」が弱点単元であれば，この部分を「出題形式別問題集（別売）」等を利用して集中的に学習します。

③ ５教科または３教科得点による志望校合格可能性判定（ 志望校合格可能性判定：Ｐ１６０ ）

＜志望校合格可能性判定の作成手順＞

○自己採点した得点を「１．成績の記録」に記入してください。
なお，「傾斜配点対応高校・学科」（次ページ参照）の場合は，得点計算に注意してください。

＜「１．成績の記録」の記入例＞

１．成績の記録

●下の表を使って成績を記録しておこう！

前年度実施回/科目		国語	数学	英語	社会	理科	3科合計	5科合計	5科平均
第４回（８月）	得　点	57	54	61	58	63	172	293	58.6
	平均点	41.0	49.2	45.9	54.7	49.4	136.3	240.6	48.0
第５回（１０月）	得　点								
	平均点	53.1	45.6	37.5	51.2	59.8	136.4	247.7	49.4

○「２．志望校合格可能性判定」の表への記入　（次ページの記入例を参照）

・志望高校および学科を記入します。
・「新潟県統一模試による高校合格可能性判定」の Web ページを見て，志望高校・学科の志望校判定得点「Ｓ／A~B／C~D」の点数を「２．志望校合格可能性判定」の表に転記してください。
なお，実施回（第４回～第８回）ごとに点数が異なるので，注意してください。

○志望校合格可能性の判定

・公立高校は５教科，私立高校は３教科（国数英）の得点で，志望校合格可能性を判定します。
・「１．成績の記録」に記入した得点が，「２．志望校合格可能性判定」の“Ｓ”“A~B”“C~D”

の点数のどの位置にあたるかを，○印やマーカーなどで目印をつけておくと，判定がわかりやすくなります。

＜記入例＞

模試による高校合格可能性

…合計点で高校合格可能性を見ることのできるものです。
…となります。
…ご注意ください。
…にした表記となっております。
…です。詳しくは，"成績記録シートの利用の仕方"をご覧

新潟地区

高校名	系・学科	合格可能性		
		S	A～B	C～D
新　潟	普　通	393	361	321
	※理　数	608	563	518
新潟中央	普　通	217	176	145
	※普通(学究)	367	323	279
	食　物	185	149	127
	※音　楽	234	188	120
新潟南	普　通	339	307	271
	※普通(理数)	525	491	417
新潟江南	普　通	285	244	204
新潟西	普　通	158	127	95

2．志望校合格可能性判定

第4回 新潟県統一模試　志望校合格可能性判定

公立志望校		学科	S	A～B	C～D
第1	新潟	普通	393（ ）	361（ ）	321（○）
第2	新潟南	普通	339（ ）	307（○）	271（ ）
第3	新潟江南	普通	285（○）	244（ ）	204（ ）
私立志望校		学科	S	A～B	C～D
第1	新潟第一	普通(併願)	163（○）	140（ ）	109（ ）
第2	北越	特進(併願)	136（○）	116（ ）	87（ ）

≪志望校合格可能性判定における傾斜配点実施について≫

傾斜配点とは：学校学科の特色に応じ，教科の配点（得点）を２倍に換算する制度

・傾斜配点を実施した高校学科・対象教科は，下の通りです。

・２０２３年度新潟県統一模試では，「令和６年度公立高校入試要項」と長岡高専の「令和６年度第１学年入学学生募集要項」に従い，以下の「傾斜配点対応高校・学科」について，傾斜配点をふまえた志望校合格可能性判定を実施いたしました。

なお，「高校合格可能性判定一覧」に掲載している５教科の点数は，傾斜配点をふまえて計算した点数となっています。

・傾斜配点実施の高校学科について志望校合格可能性判定を行う場合は，該当教科の得点を２倍した上で５教科の合計得点を計算し，「高校合格可能性判定一覧」に掲載されている点数と比較してください。

＜傾斜配点対応高校・学科＞

高校名	学科名	実施教科
新発田	理　数	数・理
新　潟	理　数	数・理
新潟南	理数コース	数・英
新潟中央	学究コース	数・英
	音　楽	国・英

高校名	学科名	実施教科
新潟商業	国際教養	英
万　代	英語理数	数・英
長　岡	理　数	数・理
高　田	理　数	数・理
長岡高専	全学科	数・英・理

1. 成績の記録

●下の表を使って成績を記録しておこう！

前年度実施回/科目		国語	数学	英語	社会	理科	3科合計	5科合計	5科平均
第4回(8月)	得　点								
	平均点	41.0	49.2	45.9	54.7	49.4	136.3	240.6	48.0
第5回(10月)	得　点								
	平均点	53.1	45.6	37.5	51.2	59.8	136.4	247.7	49.4
第6回(11月)	得　点								
	平均点	45.9	45.3	46.8	57.4	57.9	138.1	253.7	50.7
第7回(12月)	得　点								
	平均点	58.6	44.7	43.6	50.6	48.2	147.1	246.2	49.1
第8回(1月)	得　点								
	平均点	55.8	44.1	49.7	54.0	48.3	149.8	252.5	50.4
各科目4回～8回 平均点	得　点								
	平均点	50.9	45.8	44.7	53.6	52.7	141.4	247.7	49.5

●「2．志望校合格可能性判定」の書き方

1. まずは，問題集の模試をやってみる。
2. 答え合わせをして「1．成績の記録」の表に得点を書く。
3. 「2．志望校合格可能性判定」の表に志望校・学科を書く。
4. WEBの「高校合格可能性判定一覧」の資料を見て，志望校の合格判定「S」「A～B」「C～D」の点数を転記する。自分の得点がどの位置にあるかを確認すると，志望校合格可能性がわかります。
5. 自分の得点の位置を，「2．志望校合格可能性判定」の表に○印を付けておくと結果推移が把握しやすくなります。

「長岡大手のS判定までもう少し。よし，計画を立ててがんばろう♪」というように，「志望校合格可能性」を確認した上で，その後の学習をすすめることができます。

<記入例>「5教科 295点，3教科 175点」の記入例

公立志望校		学科	S	A～B	C～D
第 1	長岡大手高校	普通	303( )	267(○)	226( )
第 2	長岡向陵高校	普通	258(○)	222( )	190( )
第 3					
私立志望校		学科	S	A～B	C～D
第 1	中越高校	特進(併願)	163 (○)	138( )	103( )
第 2					

2. 志望校合格可能性判定

第４回 新潟県統一模試　志望校合格可能性判定

公立志望校		学科	S	A～B	C～D
第１			（　）	（　）	（　）
第２			（　）	（　）	（　）
第３			（　）	（　）	（　）
私立志望校		学科	S	A～B	C～D
第１			（　）	（　）	（　）
第２			（　）	（　）	（　）

第５回 新潟県統一模試　志望校合格可能性判定

公立志望校		学科	S	A～B	C～D
第１			（　）	（　）	（　）
第２			（　）	（　）	（　）
第３			（　）	（　）	（　）
私立志望校		学科	S	A～B	C～D
第１			（　）	（　）	（　）
第２			（　）	（　）	（　）

第６回 新潟県統一模試　志望校合格可能性判定

公立志望校		学科	S	A～B	C～D
第１			（　）	（　）	（　）
第２			（　）	（　）	（　）
第３			（　）	（　）	（　）
私立志望校		学科	S	A～B	C～D
第１			（　）	（　）	（　）
第２			（　）	（　）	（　）

第７回 新潟県統一模試　志望校合格可能性判定

公立志望校		学科	S	A～B	C～D
第１			（　）	（　）	（　）
第２			（　）	（　）	（　）
第３			（　）	（　）	（　）
私立志望校		学科	S	A～B	C～D
第１			（　）	（　）	（　）
第２			（　）	（　）	（　）

第８回 新潟県統一模試　志望校合格可能性判定

公立志望校		学科	S	A～B	C～D
第１			（　）	（　）	（　）
第２			（　）	（　）	（　）
第３			（　）	（　）	（　）
私立志望校		学科	S	A～B	C～D
第１			（　）	（　）	（　）
第２			（　）	（　）	（　）

2024年度　新潟県統一模試

ご案内

２０２４年度新潟県統一模試実施要項

★ 合格力向上サイクル～模試受験を力に変えるサイクル学習

① 模試を受ける
- 新潟県の中３生が実力を競う
- 新潟県高校入試に直結した出題内容
- 高校入試さながらの臨場感

② 個人成績データをＷＥＢで確認
- 的確に実力･志望校を判定
- 志望校に特化した成績分析が充実

③ 復習する（結果をもとに効率的に学習）
- 弱点補強･知識理解度アップ
- 入試の傾向を把握し実戦力を高める

④ もう一度，チャレンジ！
対策には次の問題集をおすすめします。
- 過去問題集（５教科総合型問題集）
- 入試出題形式別問題集（教科別問題集）

★ サイクル学習 （必要な教科や項目に絞り込んで進めるサイクル学習）

「①模試受験」⇒「②結果を確認」⇒「③復習する」⇒「④もう一度チャレンジ！」

★このフローをくり返すことで，単に学力が向上するだけでなく，入試傾向を把握することができ，入試で得点が取れる総合力が身につきます。

１．実施日

第３回　7月 6日（土）～14日（日）
第４回　8月17日（土）～9月1日（日）
第５回　9月28日（土）～10月6日（日）
第６回　11月 2日（土）～10日（日）
第７回　12月 7日（土）～15日（日）
第８回　2025年1月11日（土）～12日（日）
第９回　2025年2月 8日（土）～ 9日（日）

２．テスト科目

国語・数学・英語・社会・理科　各50分（英語はリスニング含む）

３．一般受験会場（設定予定地域）

- 新潟会場（中央区）
- 北新潟会場（北区）
- 西新潟会場（西区）
- 黒埼白根会場(南区)
- 新津会場（秋葉区）
- 村上会場
- 新発田会場
- 加茂会場
- 三条会場
- 燕（吉田）会場
- 長岡会場
- 柏崎会場
- 小千谷会場
- 六日町会場（南魚沼）
- 上越会場
- 新井会場（妙高）

※２０２４年度は，第３回・第５回・第６回・第７回・第９回で，一般会場にて実施予定です。
※会場の詳細並びにお申込み後の流れについては，ホームページで確認下さい。

４．受験料

１回あたり**４,６００円（税込）**
※当会ホームページから４回以上を一括でお申し込みの場合，１回あたり**４,０５０円（税込）**

５．申込締切

各回，実施日の２週間前を目安に設定しています。詳細はホームページにてご確認ください。

〔ご注意〕
申込後のキャンセル･返金はいかなる場合もお受けできません。スケジュールをご確認の上，お申込ください。

６．受験手続

● 当会に直接申込む場合

① ホームページからの申込

下記URL からお申込いただけます。

https://t-moshi.jp

② 郵送での申込

・申込書に必要事項をご記入の上，当会宛にお送りください。

※申込書はご連絡をいただければ郵送いたします。

・受付後，ご請求書をお送りしますので，受験料を銀行振込にてお支払いください。

● 協賛書店で申込む場合

問題集巻末ページの協賛書店へ受験料を直接ご持参ください。

● 協賛塾で申込む場合

各協賛塾で受験をご希望される方は，直接，希望の学習塾へお申込ください。

※座席の空き状況や実施上の都合によりお断りする場合がございます。予めご了承ください。

７．お申込から成績表閲覧まで

●会場受験の場合

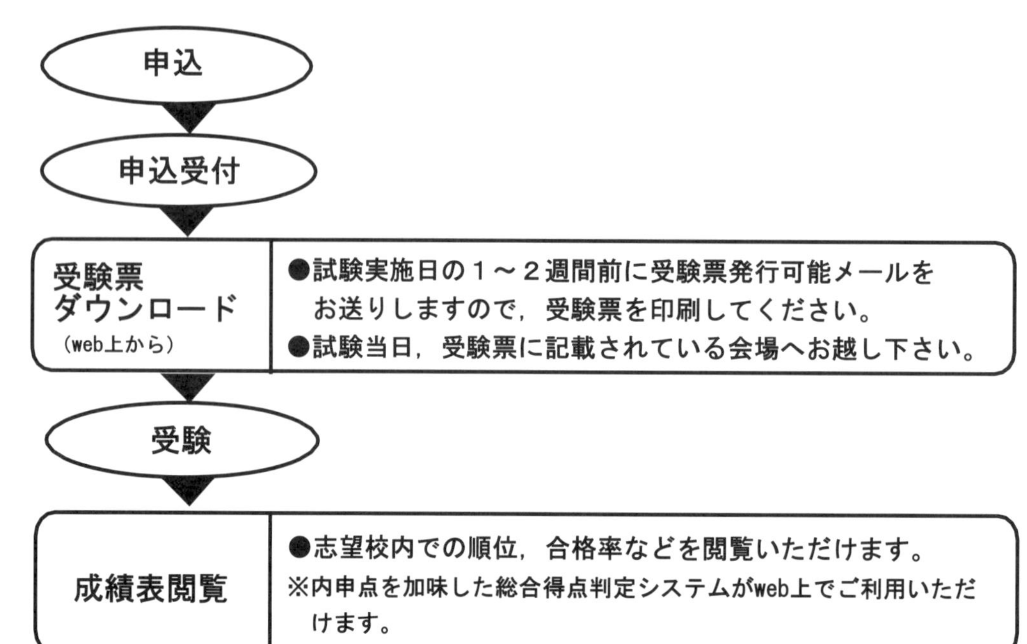

申込
申込受付
受験票
ダウンロード
（web上から）
●試験実施日の１～２週間前に受験票発行可能メールをお送りしますので，受験票を印刷してください。
●試験当日，受験票に記載されている会場へお越し下さい。
受験
成績表閲覧
●志望校内での順位，合格率などを閲覧いただけます。
※内申点を加味した総合得点判定システムがweb上でご利用いただけます。

●自宅受験の場合

ご自宅へ問題冊子をお届けします。ご自宅で実施後，解答用紙をご返送ください。
会場で受験した場合と同じ内容の成績表が閲覧いただけます。

安心の欠席者フォロー

会場受験を欠席された方には，試験日の１週間以内に模試問題・解答解説をお届けします。ご自宅で受験後，当会まで解答用紙を郵送いただければ，通常と同じく採点を行い，成績表も作成いたします。

私立高校紹介

（五十音順で掲載）